专家论证民事行政案件意见选编

ZHUANJIA LUNZHENG MINSHIXINGZHENG ANJIAN YIJIAN XUANBIAN

刘金友 编

中国政法大学出版社

2023 · 北京

图书在版编目（CIP）数据

专家论证民事行政案件意见选编/刘金友编. —北京：中国政法大学出版社，2023.1
ISBN 978-7-5764-0758-7

Ⅰ.①专… Ⅱ.①刘… Ⅲ.①民事诉讼－案例－中国②行政诉讼－案例－中国
Ⅳ.①D926.305

中国版本图书馆 CIP 数据核字(2022)第 252412 号

出 版 者	中国政法大学出版社
地　　址	北京市海淀区西土城路 25 号
邮寄地址	北京 100088 信箱 8034 分箱　邮编 100088
网　　址	http://www.cuplpress.com (网络实名：中国政法大学出版社)
电　　话	010-58908586(编辑部) 58908334(邮购部)
编辑邮箱	zhengfadch@126.com
承　　印	北京中科印刷有限公司
开　　本	720mm×960mm　1/16
印　　张	36.25
字　　数	630 千字
版　　次	2023 年 1 月第 1 版
印　　次	2023 年 1 月第 1 次印刷
定　　价	149.00 元

◇ | 编者简介 |

刘金友，男，1943年2月生，山东莱州人，中国政法大学首届研究生，获法学硕士学位，中国政法大学教授、博士生导师，曾先后担任校科研处副处长、继续教育学院综合教研室主任、副院长、校直属北京光大律师事务所主任，北京易准律师事务所主任，现任中国政法大学法律应用研究中心主任。

直接教授法律学科包括继续教育在内的各类学生万余名、法律、法学硕士研究生千余名，直接指导包括法律硕士、法学硕士、博士研究生60余名，多数已成为政法机关的重要骨干，有些已成为名校教授、硕士和博士研究生导师或名律师，被学校评为师德先进教师。

发表独著、合著的专著、教材30余部、论文百余篇，参加刑事诉讼法、律师法等国家级重点立法科研项目五项，合著、专著获国家级、省部级科研奖六项、院校级科研奖多项。主要学术创新观点有："平衡诉讼法学观"（在2007和其后法大数届诉讼专业博士生中进行讲解并发表了专论）；"三维证明标准说"（在《证明标准研究》专著中阐释）；"附带民事诉讼的公法性质"（在《附带民事诉讼研究》专著中阐释）；"法治规则与马克思主义认识论的圆融"等。

1984年取得律师执业资格，执业近40年来，曾被评为北京市优秀律师，在"严打"中通过辩护使十余名被判死刑的被告人得到改判。

2007年至今担任中国政法大学法律应用研究中心主任，组织参加国内法学顶级权威专家论证，发挥了实现维护委托人合法权益与维护法治、促进公平正义统一的作用。

近来，先后编著了《专家论证刑事案件意见选编》《专家论证行政民事案件意见选编》，获正式出版，《学思知行录》待发表，等，获中共中国政法大学党委"老有所为奖"。

序 言

PREFACE

（一）

在《专家论证民事行政案件意见选编》即将付梓之际，我心中满怀激动与感激之情。

之所以激动，因为这是十多年来的一个集体研究的结晶，所谓“十年磨一剑”啊！

中国政法大学法律应用研究中心成立于2007年3月14日，是中国政法大学唯一的一所以法律应用为研究对象的科研机构，我本人是中心的主任。中心被定位为：深入法律应用研究，为社会提供法律帮助，促进司法公平正义。其中，接受政府机关、公安司法机关、企事业单位、社会团体和当事人委托，代为聘请权威法学专家进行专家论证，提供法律意见，就成为本中心的重要任务之一。2022年3月14日，是中心成立15周年华诞。值此，中心拿什么来回馈学校和社会呢？正好，2022年是学校成立70周年，学校科研部门要求学校各科研机构提供最新科研成果，我就只好，将15年来本中心接受委托，代为组织专家论证形成的“专家论证法律意见书”，加以汇总、整理，形成了《专家论证刑事案件意见选编》和《专家

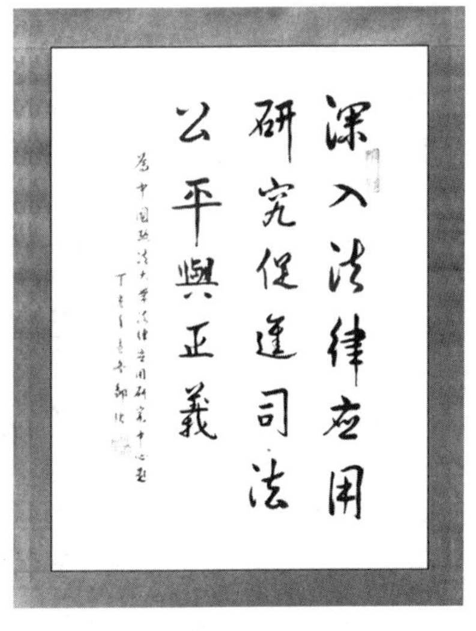

论证民事行政案件意见选编》两卷本，予以正式发表，就算是本中心和本人对学校和社会的一份献礼吧。

之所以感激，是因为十多年来，每一份《专家论证法律意见书》，都是参与论证的我国权威法学专家们的集体智慧的结晶，所凝聚的不仅是智慧和心血，而且是对法治忠诚和担当的精神。十多年来，我作为论证的组织者和参加者，从专家们身上学到的不只是他们的专业知识，而且是他们作为法律人对法治忠诚和担当的赤诚之心，即法律人应持守的良心。所以，我要借此机会代表中国政法大学法律应用研究中心，对每一位参加专家论证的专家的支持和帮助，表示衷心的感谢。同时，还要对委托方及代理律师们表示衷心的谢意，他们对当事人和法治高度负责的精神，也永远值得我学习。

此外，我的心情还有些忐忑。虽然每一篇《专家论证法律意见书》都是我国权威法学专家集体研究讨论的结果，可是，我本人虽然还可称为刑事诉讼法学、证据法学专家，但对案涉的刑法学、民事法学、行政法学问题，自己却是站立在其科学的大门之外，怎敢妄称专家？最要害的是，最后所涉及的民事行政案件的意见，绝大多数都是要由我本人来加以汇总、整理，形成正式文件，最后再请相关专家审核定稿，个别的案件，则是由相关专家撰写初稿，最后由我征求其他专家意见，修改定稿。但是，这样的文件，是否都能准确地反映每位权威专家的意见和水平呢？为此，我本人在每一个案件的论证过程中，都尽量怀着敬畏之心，怀着对事实、证据负责、对法律负责、对社会负责、对委托人负责、对司法机关负责、对论证专家负责，这“六个负责精神”，力图做到每一篇《专家论证法律意见书》都能反映出我国权威法学专家的负责精神和学术水平来，甚至包括文本中的体例、逻辑、层次、文字、标点符号和装潢，等等；我对于事实、证据问题，尤其是关键事实和证据，都要认真进行核查，许多都是要与原始卷宗材料进行核对；对于法条、司法解释，都要根据专家意见进行准确核对和把握；对于学理解释，都要追根求源，对专家们的相关著作和核心观点进行认真学习和消化理解。15年来，我对于每一个案件的论证，虽然经过“预审”，将不能论证的案件筛选掉，对于可以论证的案件都有了自己的粗浅把握，但我都是抱着一个“小学生”的态度，先将自己的先入之见“归零”，然后再认真地听取委托方和权威专家们的意见，认真地做好记录，对于有的较为复杂的案件还要做好录音，对不清楚、不明白的问题，要当面向委托方和专家请教；然后再认真消化理解，必要时，还要再翻阅资料，请教专家，务必尽力将案涉事实、证据、法律条文、司法解释规定、法理观点这“五个基本方面”，弄清、弄懂、弄通，然后在此基础上，才可形成文件，以充分体现出专家们对法治忠诚、担当的“法律人的良心”。15 年来，我都坚持尽可能亲自撰写每一篇《专家论证法律意见书》，我把这作为自己的一个再学习的极好的机会，都是想把每一篇《论证意见书》写成实质上是一篇法律应用的活的论文。我尽管力图让每一篇《论证意见书》都能反映出各位论证权威法学专家的水平；但毕竟自己能力所限，出现一些差误，必不可免，这并不能代表是专家们意见的差误，而只能是归于我没有领会到位、核查到位的责任。故，对于其中的差误之处，诚请能得到大家的及时斧正；而如果其中还能基本上反映出专家们的研究水平的话，那就只能是专家们的研究成果的反映；如果还可以从某种意义上算作是我中心和本人的科研成果的话，一是我全程组织并参与了所有案件的论证；二是民行“专家论证意见书”绝大多数都是由我亲自撰写、并由我亲自修改、定稿和出具正式文本；三是我对本“意见选编”中的【案件简况】和【论证意见】，为公开出版需要作了相应的编辑；四是在开头加上了一个【论证要旨】；五是在最后赘上了一个【瞽言刍议】的结尾，以借题发挥，谈了一下自己对专家论证意见的某些感悟。从小处说，算是提出了一些个人的粗浅体会；从大处说，算是提出了自己对我国司法落实法治的一种“拷问”。此即所谓“瞽言刍议，伏待斧钺”！仅此而已。

还需要特别说明的是，为正式出版需要，以防止对号入座，特将案情和“论证意见”中所涉的相关人名、单位名、地名等尽量隐去，多用“某某”等代替，而不再具有相关权威专家意见对相关具体个案的论证作用，即本“意见选编”，仅供对我国法律应用作普遍性研究参考之用。故，敬请切勿对号入座，以此对原案具体处理问题而借题发挥。

（二）

前段时间，周强在出席“2021 年度十大案件”评选结果揭晓活动时强调“一个案例胜过一打文件”，要深入挖掘司法案例“富矿”，注重案例收集整理，加强案例宣传发布和释法说理，讲好中国法治故事，传播好中国法治声音。

余以为，如果说这“十大案件”是我国 2021 年的具有示范引领作用的正面经验的案例，那么本“意见选编”收集整理的则是经过本中心十多年来组织和由权威专家参加论证的民事行政案件的较为典型的50个案例，是仅从另一个小的局部侧面，多是反映了司法和行政工作中的某些教训。总结经验固然重要，接受教训也必不可缺。深入挖掘司法案例“富矿”，从正面褒扬其中蕴含的正气、正能量，以抑恶扬善，讲道理，摆经验、明是非、彰力量、显温度，具有重要意义；而我们的论证“意见选编”，由权威专家来以此讲道理、明是非、摆教训、提建议、维法治，亦具有其内在的价值。这是“以案说法”，维护法治的一个问题的两个不同角度和方面。总之，这些论证案例，也属于“富矿”，是活的司法教材，甚至也可以说，一个好的典型的论证案例，也胜过多篇“文件”和学术论文，是法律应用的宝贵的公共财富，将它们公开发表出来，可供法律人共同进行发掘、研判。就本人的感受而言，包括本论证在内的我国刑民行的错案形成的最大教训，便是在司法心念上出了问题：一是出在“徇私枉法”上，个别公安司法负责人员，竟然徇私枉法，故意制造冤错案件，受贿上千万、上亿元，真所谓丧心病狂、胆大妄为。二是出在“徇公枉法”上，个别公安司法人员，竟然形成“司法利益共同体”，打着“为公”的旗号，冠冕堂皇地枉法裁判，以便攫取所谓的“公共利益”和维护“司法利益共同体”的所谓“公信力”。三是出在“徇念枉法”上，王阳明讲，“去恶存善，致良知”，致良知即致中和；而这些出问题的，就是出在“去善存恶，毁中和”上。一个执法人员，心念上出了问题，执法理念上出了问题，就不可能使案件实现真正的公平正义。故，余以为，本“意见选编”的公开出版，对于我国的法律应用，对于民事行政的立法、司法、教学、科研都应当是有着不可替代的价值和意义的。

（三）

最后，我还想借此机会说一下有关我国的法学专家论证的立法问题。在我国，对于个案开展法学专家论证，从改革开放开始，也已有几十年的历史了，应当说这对一些重大疑难案件的正确处理起到了重要的指导作用，特别是对于一些重大冤错案件的纠错，如聂树斌案、呼格案等，都起到了关键的把关、定向和促进作用。但由于我国对于专家论证问题在立法上没有定位，司法部门对其也有不同态度，有的很为尊重，甚至主动提出要求，有的态度比较消极，甚至有的还责难其是干预司法，有的在判决书里还曾载明：律师提供的专家论证意见，不是证据，本院不予采信，云云。为此，余以为参照英美法关于“法院之友”（或称“法庭之友”）的立法、司法，将我国法学专家论证纳入立法的规范轨道，将专家论证意见，正式纳入司法领域，以趋利避弊，发挥其应有的重要作用，是势在必行的。

关于对于我国的专家论证立法问题，已有很多学者和司法人员作了多年的呼吁，提出了许多宝贵的资料和建议。

对这些宝贵的资料和意见，我是非常赞成的。但愿这些宝贵的建议意见能早日变成立法的议案，纳入立法的日程。果如此，我坚信，由此立法确定，将我国的法律专家的建议，作为我国的“法院之友”而正式纳入各级法院裁判参考的视野之中，使法院判决能有机会不断吸纳法学专家们的科研意见和建议，这将会促进我国司法的民主化、法治化建设上一个新的台阶，这对于我国司法真正实现使每一案件都能让人民群众感受到公平正义，是具有重大意义的。

最后，我的心情可以用弘一法师的“悲欣交集”来反映，为此，特赋诗一首，以表达我对两卷“专家论证意见”的敬畏之心。

题目是：法律人的良心与匠心。

陈兴良说，法学教育培养的是法律的良心与手艺人；余以为，这里的两卷《专家论证意见》，就是凝结了法律人的良心与匠心，而所敬奉者，也只能是法律的良心并“手艺人”。

正所谓：

十年磨一剑
沥血存于斯；
良心与匠心，
凝结舍利子。

刘金友

2022年7月1日

目录

CONTENTS

1. 通达公司与科恩特公司买卖合同纠纷抗诉案

【论证要旨】

专家们指出，先履行抗辩权是后履行义务一方的权利，先履行义务一方不具有先履行抗辩权；先履行抗辩权，是在合同履行期间后履行义务一方的有条件的行使的权利，其与在诉讼中行使的以先履行抗辩权为由的诉讼抗辩权，是不同的概念。前者属拒绝后履行合同义务的权利，是实体权利，后者属诉讼抗辩权利；后者以前者在合同履行期间的行使为前提，后者是前者行使的实体权利的诉讼保障。故先履行合同义务一方没有权利行使先履行抗辩权；在合同履行期间没有行使先履行抗辩权的，无权在诉讼中主张保障其先履行抗辩权的诉讼权利。

【案涉简况】

论证委托方：科恩特公司（甲方）。

论证受托方：中国政法大学法律应用研究中心。

论证事项：案涉抗诉意见依法是否成立。

论证依据的事实材料：本案全部卷宗材料。

案情概况：

本案对方是先履行合同义务一方的当事人，在合同履行期间其无权行使且也并没有行使先履行抗辩权；在诉讼过程中，其先期也没有行使以先履行抗辩权为由诉讼抗辩权；其后，在法官的“释明”下，才以此进行抗辩。在其主张被原审终审判决予以驳回后，又通过省检察院提起抗诉，以其先履行抗辩权为由，为其怠于履行先履行合同义务，进行抗辩。

【论证意见】

一、申请人不具有先履行抗辩权

（一）根据《协议书》其不具有先履行抗辩权

《协议书》明确约定：

（1）乙方付款时间：2003 年 8 月 1 日前一次付清，过期违约。

（2）“从 2003 年 8 月 5 日以后，乙方在任何时候都可办理过户。”由于《协议书》明确约定申请人乙方是先履行合同义务一方，而不是后履行合同义务一方，所以其就不具有先履行抗辩权。

（二）《补充协议》没有明确约定变更双方履行时间和顺序，申请人亦不具有先履行抗辩权

其一，《补充协议》虽然在第 1 条、第 2 条中补充约定了乙方提前支付给甲方 50 万元人民币，让甲方帮助乙方将土地使用证、房产证、土地使用承包协议过户到乙方名下，但约定的甲方没有办成上述证件手续的后果责任仅为：甲方须交付乙方违约金 10 万元，乙方则不能追究甲方其他任何责任，而其他任何责任就理所当然包括乙方可行使先履行抗辩权的责任。

其二，该《补充协议》没有明确约定变更《协议书》约定的双方履行时间和顺序。如果是对此明确约定予以变更就应当明确补充约定下述内容：

（1）如甲方未能在约定的 180 天内完成过户手续，应当继续先行办理过户手续；

（2）在甲方未将有关证件手续过户到乙方名下之前，乙方有权拒绝履行到期一次性付清全款的义务，但该《补充协议》没有这样明确约定：将《协议书》甲方履行时间“从 2003 年 8 月 5 日以后”改为 2003 年 8 月 1 日以前；而将乙方履行时间从“2003 年 8 月 1 日前”改为甲方将全部证件、手续过户到乙方之后：即将乙方先履行义务，改为后履行义务，将甲方的后履行义务改为先履行义务，对履行顺序予以这样明确变更。但《补充协议》并没有这

样明确约定变更。根据《合同法》[1][2]第 78 条的规定，当事人对合同变更的内容约定不明确的，推定为未变更。

其三，《协议书》和《补充协议》对乙方履行时间都有明确约定。

《协议书》明确约定，乙方先履行付清全款义务的时限是 2003 年 8 月 1 日前，而《补充协议》仍约定其付清全款的时限为 2003 年 8 月 1 日前，而且没有附加任何条件，即无论甲方是否事先将有关证件手续过户到乙方名下，乙方都要在 2003 年 8 月 1 日前无条件的付清全款证明乙方的履行付清全款的义务的时限，不因甲方未办成过户手续而变更。

综上可见，根据《协议书》和《补充协议》，乙方都不具有先履行抗辩权。

二、申请人在合同履行期间没有行使先履行抗辩权

《协议书》明确约定，合同履行的节点为合同有效期 2003 年 12 月 31 日止。经查，申请人在此节点之前并没有行使过先履行抗辩权。

先履行抗辩权必须在合同履行中行使，具体行使应当是先履行一方当事人没有履行合同义务而对后履行一方提出履行要求时，后履行一方即成就了先履行抗辩权，后履行一方在先履行一方对其提出先履行要求后，其行使先履行抗辩权应当是正式通知对方当事人其行使先履行抗辩权，并以实际行为拒绝履行其后履行的义务。但申请人自被申请人 180 天内未办成过户手续起，至 2003 年 12 月 31 日合同有效期终止日止，都没有行使过先履行抗辩权，其既没有通知对方，也没有拒绝被申请方要求其先行履行义务。

相反，其却应被申请人要求，曾先后两次向被申请人支付款项 230 万元。而这一行为表明：

其一，申请人明知其没有先履行抗辩权，从而也并没有行使过先履行抗辩权；

其二，退一步讲，假定申请人具有先履行抗辩权，其亦以实际行为放弃

---

〔1〕《合同法》即《中华人民共和国合同法》，为论述方便，本书中涉及我国法律法规，省去“中华人民共和国”字样，直接使用简称，全书统一，后不赘述。

〔2〕该案论证时《民法典》尚未出台，故本书行文中使用《民法通则》《合同法》等法律，其规定与《民法典》相应条文，基本一致，故不影响论证结论。后文同类情形皆采用论证时有效的法律，不再赘述。

了行使先履行抗辩权。

可见，由于申请人在合同履行期间没有行使先履行抗辩权，在法律上就并不能产生先履行抗辩权的法律效果，就无权以先履行抗辩权为由，主张免除其不履行合同义务的后果责任。

三、申请人无权以先履行抗辩权为由进行诉讼抗辩权

根据《合同法》和《民事诉讼法》的相关规定，当事人以先履行抗辩权为由进行诉讼抗辩必须具备以下条件：

其一，当事人在合同履行过程中依法成就了先履行抗辩权；

其二，当事人在合同履行过程中依法行使了先履行抗辩权；

其三，当事人在诉讼过程中依法提出了以先履行抗辩权为由的诉讼抗辩；

其四，当事人要提供有效的证据足以证明其在合同履行中具有并行使了先履行抗辩权。

必须明确：先履行抗辩权和以先履行抗辩权为由的诉讼抗辩权是两个概念，前者只能在合同履行过程中行使，而后者则只能在诉讼过程中行使，前者的行使是后者行使的前提，后者行使是前者行使的法律保障，二者互相联系，但不能混为一谈。

但是如上所述，申请人在本合同履行中并没有依法成就先履行抗辩权，更没有依法行使过先履行抗辩权；并且申请人在诉讼中，甚至在最先一、二审及再审一、二审中都没有提出以此为由的诉讼抗辩，甚至诉至今日，也始终没有提供有效证据足以证明其在合同履行过程中曾行使过先履行抗辩权。

其法律后果是：

其一，在其没有提供证据足以证明其在合同履行中曾行使过先履行抗辩权的情况下，其无权在诉讼中以先履行抗辩权为由进行诉讼抗辩；

其二，即使其具有先履行抗辩权，但在没有行使先履行抗辩权，并以实际行为放弃了行使先履行抗辩权的情况下，其也无权在诉讼中以此为由进行诉讼抗辩；

其三，当申请人在先前两次一、二审中均未以先履行抗辩权为由进行抗辩的情况下，法院也无权以先履行抗辩权为由进行释明和裁判，否则就违背了不告不理和诉审分离的诉讼原则。

经查，本案第一次提出先履行抗辩权的问题是在本案第六次判决裁定中，

即在大连市中级人民法院7××号裁定中提出来的：一审应将申请人是否违约或行使抗辩权作为焦点问题之一来进行审理；其后，在一审1××号判决书中才载明申请人第一次提出“被告不付清全款是因为原告不履行合同约定的房地产权证的过户义务，已构成严重违约”。但其时已经距起诉日过了三年之久。申请人在法院主动裁判的“释明”启发下，才在其后提出以此为由的诉讼抗辩，这有违不告不理之嫌；但即便如此，申请人也始终没有提供任何证据证明其在合同履行过程中行使过先履行抗辩权。

可见，由于申请人在合同履行中并没有行使过先履行抗辩权，其在诉讼中以此为由进行抗辩，没有事实和法律根据，其诉讼抗辩理由依法不能成立。

四、本案合同应予解除，“抗诉书”理由不能成立

（一）申请人根本违约，被申请人有权解除合同

（1）《协议书》和《补充协议》均明确约定申请人于2003年8月1日前必须付清全款，否则违约。对此并没有附加任何条件，而申请人在约定的时间内并没有付清全款，因此构成根本违约。

（2）《协议书》明确约定：“任何一方违约均终止本协议。”

（3）《合同法》第93条第2款明确规定：“当事人可以约定一方解除合同条件。解除合同的条件成就时，解除权人可以解除合同。”

据上，本案解除合同条件依法成立，故被申请人有权解除合同。

（二）抗诉书的理由不能成立

抗诉书提出本案不具有解除合同的理由均不能成立：

其一，以先履行抗辩权为由，不能成立，这如上所述，无需赘言。

其二，抗诉书指出，不能追究任何责任，这并不等于免除了科恩特公司按补充协议约定办理过户的主合同义务，更不等于放弃了抗辩权。这里的错误在于，将《补充协议》中没有明确变更的内容推定为明确变更，这直接违背了《合同法》第78条的规定，当事人对合同变更的内容约定不明确的，推定为未变更，而这里实际上是推定为变更，是违反法律的。

其三，认为本案合同不存在合同目的不能实现的条件，因这是法定解除合同的条件，而不是约定解除合同的条件，属于适用法律错误，故亦不能成立。并且由于乙方长期拖延诉讼，致使时过境迁，过户条件早已经丧失，案中没有证据证明该合同目的仍能实现，此不待言。

需要指出的是，申请人不仅没有付清全款，根本违约，而且长期非法无偿占用被申请人的巨额房产和土地租赁权，并且以各种理由、借口、手段拖延诉讼，其主观恶意明显，对此合议庭予以明确决断。

综上所述，原审判决解除合同，事实清楚，证据确凿，适用法律正确，本案抗诉意见没有事实法律依据，依法不能成立。故，再审高级人民法院应依法裁定：维持原判，驳回抗诉。

以上意见，供参考。

【瞽言刍议】

本案是一起十分奇特的普通合同纠纷案件。

本案的一个核心问题是被告是否有权行使先履行抗辩权。而这一问题之所以造成本案的困境，与该权利的称谓及由此造成的误解直接有关，而这又与合同法中的三大抗辩权的规定与称谓有关。

实际上，合同法理论与实务中将当事人的三大抗辩权，作为先履行抗辩权、不安抗辩权、同时履行抗辩权的称谓存有疑义。余以为，应相应地将其分别称为：后履行抗辩权、先履行抗辩权和同时履行抗辩权，以便使之与当事人的履行时序相统一，这不仅可在逻辑上使之顺理成章、名正言顺，而且能有效防止因对原来称谓顾名思义的理解所造成的误解和歧义。这虽是称谓上的“小事”，但也会影响到是否有利于对抗辩权正确适用的大事。故，对三大抗辩权的称谓作统一梳理，无论在理论上和实务上，都具有重要意义。

我曾在收到了杨立新教授的赠书《中华人民共和国民法典条文要义》后，表示：“非常感谢，指正不敢当，拜读是必须的。”

恰好刚接到某省高级人民法院民事判决书，是我代理原告方胜诉的，也是经专家共同论证过的这一案件，主要争议的是“先履行抗辩权”问题。此案是一个原告方因被告方拒付租赁厂房设备对价款而原告起诉解除租赁合同案件。从2010年起诉到这次省高院最终判决，历经了10年，共有12个判决书、裁定书，外加一个省检察院的抗诉书；仅是为对方以行使“先履行抗辩权”为由抗诉而提起的再审，我接的这最后一棒，省高院就历经了三年才下了判决。可见，“先履行抗辩权”问题，说起来容易，但在实际应用中，却还是存在着许多误区需要加以探讨、澄清的。

正因为有上述缘由，我就急于想看一下杨立新教授的大作是如何解析

"先履行抗辩权"的。打开他的大作，《民法典》第526条（以下简称"本条"），先看其条文为："当事人互负债务，有先后履行顺序，应当先履行债务一方未履行的，后履行一方有权拒绝其履行请求。先履行一方履行债务不符合约定的，后履行一方有权拒绝其相应的履行请求。"本条文比《合同法》第67条的规定条文，在"先履行一方未履行的"前边加了"应当"两个字，这无疑是加得好，可防止产生没必要的歧义，此不赘言。

再看他的"要义"，《民法典》第526条，开宗明义为："本条是对后履行抗辩权的规定。"〔1〕方知他是主张以"后履行抗辩权"来概括本条规定权利的，不知这是否为他一贯所持的观点。

自《合同法》颁布实施以来，我对此条内容以"先履行抗辩权"来命名，是始终感到疑惑的，因为这很容易让人顾名思义，使人产生这是"先履行一方"行使的"抗辩权"的误解。那么，为什么不为了防止误解，而将此叫作"后履行抗辩权"呢？为什么民法学界对"后履行抗辩权"这样的概括提法，大多数学者却不予认同呢？我所代理的这一场官司，之前他们之所以打那么久，与这一概括称谓造成的误解，不能说没有相当的关系。如被告方拒绝履行合同义务，一会儿说是因原告方违约在先，一会儿说是其行使不安抗辩权，一会儿又说是其行使先履行抗辩权，其诉讼抗辩理由前后矛盾，混乱如此，不能不说，是与他们对"先履行抗辩权"等抗辩权的误解有直接关系。

经查，我的同事隋彭生教授赠我的专著《合同法要义》载：对此"有的学者称之为后履行抗辩权。笔者在1995年和1997年提出先履行抗辩权的概念时，曾考虑使用哪一种提法较好。当时笔者的思路是：不安抗辩权不是从顺序的角度命名，而是从逻辑关系的角度命名，借鉴不安抗辩权的命名思路，笔者使用了先履行抗辩权这个提法，以表明双方行为之间的逻辑关系，即先履行抗辩权是后履行义务人针对先履行义务人先期违约的抗辩"。〔2〕

我一向认为，隋彭生教授对《合同法》的研究是以精细、务实而著称的。是不是先履行抗辩权是由他最先在我国命名的，我无从考证；是否后来因此而造成了既成事实，我亦不敢断言。但其主张命名应以逻辑关系为基础，我

〔1〕 杨立新：《中华人民共和国民法典条文要义》，中国法制出版社2020年版，第387~388页。

〔2〕 隋彭生：《合同法要义》，中国政法大学出版社2003年版，第209页。

认为应当是理所当然的；可是对他以此逻辑关系将这一抗辩权命名为“先履行抗辩权”，我是始终感到疑惑的。

因为分类是根据对象的共同点和差异点，把它们区分为不同类别的逻辑思维方式。其共同点可以作为划分为同类的根据，其差异点可以作为划分为不同种的根据，而将同类划分为不同种，其差异点也应依据其共同的逻辑基础来划分。就《合同法》和《民法典》“合同编”规定的抗辩权而言，其共分为三种，多称为“不安抗辩权”“同时履行抗辩权”和“先履行抗辩权”。抗辩权是它们的共同点，是民事权利的一个同类，都是法定的合同履行义务一方对抗、防御、阻却合同相对方行使请求权的民事权利；而按其差异点，则分为这三种不同的抗辩权。那么，这三种有差异点的抗辩权，其命名的逻辑关系又应当有个同一的差异点作为逻辑基础。而我认为，这个同一的差异点的逻辑基础，应当是以行使抗辩权主体的履行合同义务的时序为基础，即应以行使抗辩权的主体履行合同义务的时序不同来界定其不同的抗辩权。

具体而言，《民法典》第527条规定的“应当先履行债务的当事人，有确切证据证明对方有下列情形之一的，可以中止履行”的抗辩权，据此逻辑应概括为“先履行抗辩权”，因为可顾名思义地理解为：在履行中有先履行义务的一方当事人行使的抗辩权。而纠正对此以“不安抗辩权”来命名，则可防止误认为这是只要对履行合同义务感到不安的一方当事人，就都可行使的抗辩权。

而《民法典》第525条规定“当事人互负债务，没有先后履行顺序的，应当同时履行。一方在对方履行之前有权拒绝其履行请求。一方在对方履行债务不符合约定时，有权拒绝其相应的履行请求。”该条规定的抗辩权已被统称为“同时履行抗辩权”，这可理解为：这是同时履行合同义务的一方行使的抗辩权。

而本条规定的应为“后履行抗辩权”，因为可顾名思义地理解为：是后履行义务的一方行使的抗辩权。

这样将抗辩权以抗辩权利主体履行合同义务的时序不同作为不同命名的根据，既有同一的逻辑基础，又能防止因顾名思义而对抗辩权的权利行使而产生的误解。

可见，对抗辩权按照以上履行时序不同来命名，就应当将这三大抗辩权，原称的“不安抗辩权”称为“先履行抗辩权”，因为这是先履行合同义务一方行使的抗辩权；而本条规定的抗辩权则应称为“后履行抗辩权”，因为这是后履行义务一方行使的抗辩权，而不应称为“先履行抗辩权”；而原称为“同时履行抗辩权”的，则称谓不变，因为这是同时履行的一方行使的抗辩权，这一称谓与上述抗辩权称谓的逻辑基础一致。尽管权利的命名仅是个称号问题，而重在权利的实质，但最好对权利的命名予以“正名”，使之名副其实，以便在实践中容易理解掌握，且可尽量避免造成无谓的误解或无端的歧义。因而，愚以为，以此为基础来对《民法典》“合同编”中的三大抗辩权命名，岂不更为“名正言顺”？

这就是余对此的一种纠结，认为民法学理论与实务中，对此的学理命名最好以《民法典》颁布为契机，能统一调整一下，且最好能以杨立新等主张的“后履行抗辩权”来为本条规定的抗辩权命名，再将“不安抗辩权”调整为“先履行抗辩权”，并与原称的“同时履行抗辩权”在逻辑上相统一。余提出上述观点，也许是节外生枝，或小题大做，其缘由虽是临时起意，而借机提出的一点管见，但也许可以是小中见大，对司法实践有不可否定的裨益。以上是余对该案论证引发的一点体悟。

此外，对本案论证本身而言，专家们提出的先履行抗辩权的实体权利的行使与以先履行抗辩权为由的诉讼抗辩权的行使的关系，亦有相应的参考价值。

2. 双盛合记公司上诉国家知识产权局及第三人任诚意公司商标权无效宣告行政纠纷案

【论证要旨】

对于二者是否可以共存问题：

其一，既要对商标作整体比对，又要对商标主要部分进行比对。

1. 从作整体比对来看，对文字的音、形、意作整体比对，二者有显著不同。

2. 从对商标文字主要部分进行比对来看。

（1）从关键词“任诚意”与“诚意祥”来看，其音、形、意明显不同；

（2）其第一个字和最后一个字，明显不同，而尤其首字不同这是对一般公众的注意力不容易造成混淆或误认的心理学根源所在。

其二，应当坚持以相关公众的一般注意力为准。

零点公司《某商标相关公众认知调查项目调查报告》和现有事实根据证明消费者不会对二者混淆或误认。

其三，应当考虑保护注册商标的显著性和知名度。

从两个商标的显著性和知名度来看，闻喜县任诚意某某食品开发有限公司（以下简称“任诚意公司”）“任诚意”品牌的知名度要远高于“诚意祥”。

其四，适用商标法应正确适用相关司法政策。

1. 应当着重注意争议商标系其有效注册的文字商标的合理延续。

2. 应当着重注意争议商标形成的市场格局。

“任诚意”商标2015年曾经被评为“山西省著名商标”，是当地的标杆企业之一。

3. 应当充分注意商标法的诚实信用原则，制止不正当的恶意行为。

委托方提供了相关案件材料，如果查证属实，说明对方相关行为涉嫌违背诚实信用的恶意。

4. 应当充分考虑商标的文化传承以及历史因素的影响。

5. 应当充分考虑消费者的认可和需求，保障为消费者提供更好的消费服务。

综上，专家们认为，二者商标的共存，不仅不违背商标法律规定，而且有利于正确适用国家政策，有利于商标的文化传承，有利于保护商标法的诚实信用原则，有利于充分考虑消费者的认可和需求，保障为消费者提供更好的消费服务。

【案涉简况】

论证委托方：北京谷盈律师事务所。

论证受托方：中国政法大学法律应用研究中心。

论证事项：对北京市高级人民法院［2019］京行终 99××号行政判决应否提起再审。

参加论证的专家：五名知识产权法学专家（具体略）。

委托方提供的案件材料：

1. 第 8822977 号“任` 标注册证；

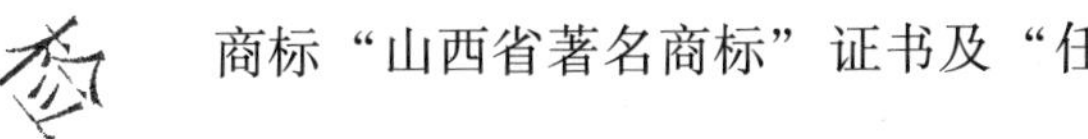

2. 2015 年第 8822977 商标“山西省著名商标”证书及“任诚意”品牌获奖证书；

3. 商评字［2019］第 0000 ×号关于第 8822977 号“任诚意”商标无效宣告请求裁定书；

4. 闻喜县任诚意公司 2015 年度、2016 年度及 2017 年度利润表；

5. 闻发改备案［2014］××号闻喜县发展和改革局企业投资项目备案证；

6. 第 17899942 号“任诚意及图”商标注册证；

7. 商评字［2019］第 00000961××号关于第 17899942 号“任诚意及图”商标无效宣告请求裁定书；

8. 北京知识产权法院第［2019］京 73 行初 76××号行政判决书；

9. 北京市高级人民法院［2019］京行终 99××号行政判决书；

10. 第 331930 号“诚意祥 CHENGYIXIANG 及图形”商标档案；

11. 第 331930 号“诚意祥 CHENGYIXIANG 及图形”商标初步审定公告

页、2009 年及 2015 年两次商标转让公告页；

12. 中国商标网第 5761948 号商标“诚意”、第 8602156 号商标“尚诚意”、第 45162766 号商标“诚意生”、第 12554291 号“诚意合”、第 14765277 号商标“诚意德”、第 16701562 号商标“独诚意”、第 30121653 号商标“诚意尚礼”、第 5165627 号商标“诚意龙”、第 9054269 号“诚意伯”、第 9217921 号商标“诚意浓情”商标注册信息；

13. 零点公司《某商标相关公众认知调查项目调查报告》；

14. 晋商史料全览（运城卷）摘录；

15. 闻喜县诚意祥煮饼厂、闻喜诚意祥食品有限公司、山西诚意合食品销售有限公司及闻喜县双盛合记食品有限公司（以下简称“双盛合记公司”）注册信息；

16. 运城市食品药品监督管理局听证意见书；

17. 山西省运城市中级人民法院［2019］晋 08 民终 17××号民事判决书；

18. 山西省运城市中级人民法院［2019］晋 08 民终 12××号民事判决书；

19. 山西省运城市中级人民法院［2019］晋 08 刑终 5××号刑事裁定书；

20. 北京知识产权法院［2019］京 73 行初 76××号案件卷宗；

21. 北京市高级人民法院［2019］京行终 99××号案卷卷宗；

22. 其他有关材料。

以上材料都是复印件，委托方对这些材料的真实性和来源的合法性负责。

委托方根据案件材料提供如下案涉情况：

1. 第 17899942 号诉争商标“任诚意”由闻喜县任诚意公司于 2015 年 9 月 15 日提出申请，2016 年 10 月 21 日注册，核定商品为“蛋糕；谷粉制食品；以米为主的零食小吃；糕点；以谷物为主的零食小吃；饼干；汉堡包；由碎谷、干果和坚果制的早餐食品；馒头；面包”，2018 年 7 月 5 日，闻喜县双盛合记公司基于山西诚意合食品销售有限公司的第 331930 号商标“诚意祥 CHENGYIXIANG”提出无效宣告，国家知识产权局及北京知识产权法院认为双方商标在文字构成、图形、整体外观等方面存在一定差异，不构成近似商标，北京市高级人民法院判决认为诉争商标与引证商标均含有文字“诚意”，两者在文字构成、呼叫上相近，整体比对区别不明显，进而认为争议商标的注册申请已构成

2013 年《商标法》第 30 条规定所指情形。

2. 第 8822977 号“任诚意”商标由闻喜县任诚意公司于 2010 年 11 月 8 日提出申请，经异议程序后在“饼干；蛋糕；糕点；汉堡包；面包；糖点（酥皮糕点）；甜食；小蛋糕（糕点）；由碎谷、干果和坚果制的早餐食品”上获得核准注册，2018 年 10 月 30 日，闻喜县双盛合记公司基于山西诚意合食品销售有限公司第 331930 号商标“CHENGYIXIANG”提出无效宣告，国家知识产权局认为该商标与引证商标在首要文字构成、整体外观等方面存在一定差异，未构成近似商标，两者共存不易造成相关公众的混淆，该商标的注册未违反 2001 年《商标法》第 28 条的规定。目前，第 8822977 号“任诚意”商标已经注册满 5 年以上。该商标 2015 年曾经被评为“山西省著名商标”，闻喜县任诚意公司利润表显示该公司 2015 年度、2016 年度及 2017 年度的主营业务收入分别为 21 538 160 元、31 458 000 元及 37 878 654 元。

3. 第 331930 号商标“诚意祥 CHENGYIXIANG 及图”由闻喜县诚意祥煮饼厂于 1987 年 12 月 22 日申请，2009 年转让至闻喜诚意祥食品有限公司，2015 年再次转让至山西诚意合食品销售有限公司。国家企业信用系统显示闻喜县诚意祥煮饼厂为个体工商户，经营者为刘某某，目前闻喜县诚意祥煮饼厂已经注销。闻喜诚意祥食品有限公司于 2008 年 6 月 20 日成立，股东为闫某某。山西诚意合食品销售有限公司于 2015 年 3 月 9 日成立，法定代表人为任某某，闻喜县双盛合记公司于 2015 年 10 月 19 日成立，法定代表人任某林是任某某的儿子。

4. 闻喜县任诚意公司法定代表人为任红某，该公司于 2010 年 7 月 15 日成立，为任某某的侄子。双方之间存在众多诉讼，从部分判决书查明的事实来看，任某某自 2011 年 1 月起为闻喜县任诚意公司销售人员，任某某及任红某于 2011 年 12 月 22 日合资成立闻喜县任诚意公司专门销售闻喜县任诚意公司的“任诚意”品牌的产品，2013 年 10 月 28 日任某某也曾经将其使用的土地提供给闻喜县任诚意公司建厂使用，之后双方因货款欠款、土地流转等存在纠纷。

5. 2015 年 3 月 9 日，任某某成立山西诚意合食品销售有限公司并自闻喜诚意祥食品有限公司购买第 331930 号商标“CHENGYIXIANG”，2015 年 4 月 27 日，山西诚意合食品销售有限公司提出该商标的转让申请，并自该商标正式转让后基于该商标采取一系列的工商投诉等举动，山西省运城市中级人民法院［2019］晋08刑终5××号刑事裁定书中也显示其自2016年至2019年期间持续在闻喜县工商局办公室及负责人家庭住宅采取过激手段要求工商局处理其商标投诉。

6. 由于其“诚意祥 CHENGYIXIANG”品牌经营不善，而闻喜县任诚意公司“任诚意”商标作为山西著名商标具有极高的知名度及市场占有率，任某某便意图在其产品包装上同时印制“任诚意”以拓展销路。

7. 针对任某某上述行为，2018年9月18日，闻喜县工商和质量监督管理局接到闻喜县任诚意公司投诉，2018年9月21日立案。

8. 在上述背景之下，闻喜县双盛合记公司进而对闻喜县任诚意公司商标“任诚意”提出无效宣告。

9. 根据晋商史料全览（运城卷）摘录：闻喜煮饼首创于何时，已无精确资料考证。据闻喜县城南关村任氏族人相传，早在明末清初的时候，任家有位四老爷开了个小小的“任记点心铺”，由于经营不善，点心铺开开停停，最终因四老爷英年早逝而关闭。到了清嘉庆年间，南关任氏家族中又出了办点心铺的人即任诚意的父亲，店铺取名“诚意点心铺”；1818年任诚意将点心铺改名为“诚意祥”；1929年，由于任氏后人经营不善，转到高氏名下，高氏又和席某某、张某某、陈某某合资更名为“合记诚意祥”；1938年日军占领闻喜县，营业中断；1939年，刘某太购买高氏股金，并连同席某某、张某某、陈某某，新吸收邵王村王某加入，重启“诚意祥”。

10. 1956年公私合营后，“诚意祥”与酱醋加工厂合营为闻喜食品联合加工厂，该品牌自此不再使用。直到1987年由村办企业闻喜县诚意祥煮饼厂（经营者刘某旺）申请第331930号商标“诚意祥 CHENGYIXIANG 及图”商标，但是此后也由于经营不善一直予以闲置。2008年6月20日，山西海能石油有限公司闫某某成立闻喜诚意祥食品有限公司，并自闻喜县诚意祥煮饼厂购买该商标，但是由于项目立项无法通过，因此该商标仍处于闲置状态，一直到2015年任某某以山西诚意合食品销售有限公司名义购买该商标并开始以老字号“诚意祥”传承人的名义自居。

11. 任某某与闻喜县任诚意公司法定代表人任红某为亲叔侄关系，据称分别为任诚意先生第七代及第八代孙。

以上情况，由委托方提供，并对其真实、合法性负责。

【论证意见】

委托方因闻喜县双盛合记公司上诉国家知识产权局及第三人闻喜县任诚意公司商标权无效宣告行政纠纷一案，向受托方提交专家论证申请和案件材料，请求代为组织专家论证，由专家提供论证法律意见。受托方在审阅委托方提交的案件材料后，认为符合专家论证的条件，邀请中国社会科学院、中国政法大学、中国人民大学法学院、北京大学法学院等五名专家、教授，于2020年11月22日召开了专家论证会。专家们在仔细研究委托方提交的案件材料、向委托方询问有关情况、在假定论证委托方提供的情况真实合法的基础上，经深入讨论，形成一致法律意见，供委托人和司法机关参考。具体论证意见如下：

北京市高级人民法院［2019］京行终99××号判决认为：诉争商标核定使用的“馒头；面包；谷粉制食品；蛋糕；以米为主的零食小吃；糕点；以谷物为主的零食小吃；饼干；汉堡包；由碎谷、干果和坚果制的早餐食品”商品与引证商标核定使用的“煮饼”商品均为食品小吃，两者在功能用途、销售对象、销售渠道等方面存在较大关联性。诉争商标由汉字“任诚意”及图形构成，引证商标由汉字“诚意祥”、拼音“CHENGYIXIANG”及图形构成，诉争商标与引证商标均含有文字“诚意”，两者在文字构成、呼叫上相近，整体比对区别不明显。同时，考虑到在诉争商标申请注册之前，引证商标在其核定使用的煮饼商品上已具有一定知名度，加之任诚意公司与双盛合记公司地处同一区域，任诚意公司理应知晓“诚意祥”商标的存在，但其却在与“诚意祥”商标所使用的“煮饼”商品具有较大关联性的上述商品上申请注册“任诚意”商标，其行为难谓正当。综合考虑上述因素，若将诉争商标与引证商标共同使用于上述商品上，容易使相关公众认为两者系同一市场主体的系列商标，或认为两者的商标持有人之间存在某种特定联系，从而对商品来源产生混淆误认，故而诉争商标的注册申请已构成2013年《商标法》第30条规定所指情形。

专家们认为，该判决确有错误，依法应当提起再审，纠正该判决的错误。

一、关于混淆、误认和《商标法》第30条及相关司法解释的规定

(一)2013年《商标法》第30条的规定

该条规定:申请注册的商标,凡不符合本法有关规定或者同他人在同一种商品或者类似商品上已经注册的或者初步审定的商标相同或者近似的,由商标局驳回申请,不予公告。

2002年最高人民法院《关于审理商标民事纠纷案件适用法律若干问题的解释》第10条规定:"人民法院依据商标法第五十二条第(一)项的规定,认定商标相同或者近似按照以下原则进行:(一)以相关公众的一般注意力为准;(二)既要进行对商标的整体比对,又要进行对商标主要部分的比对,比对应当在比对对象隔离的状态下分别进行;(三)判断商标是否近似,应当考虑请求保护注册商标的显著性和知名度。"

2010年最高人民法院《关于审理商标授权确权行政案件若干问题的意见》第14条规定:"人民法院在审理商标授权确权行政案件中判断商品类似和商标近似,可以参照最高人民法院《关于审理商标民事纠纷案件适用法律若干问题的解释》的相关规定。"

(二)《商标法》关于"混淆"的规定

混淆的规定体现在《商标法》第13条、第30条、第57条等条款之中,虽然《商标法》第30条没有出现混淆这个词语,但其法理的依据却根源于混淆的理论。

2010年最高人民法院《关于审理商标授权确权行政案件若干问题的意见》第16条也规定:"人民法院认定商标是否近似,既要考虑商标标志构成要素及其整体的近似程度,也要考虑相关商标的显著性和知名度、所使用商品的关联程度等因素,以是否容易导致混淆作为判断标准。"

结合相关条文精神、司法解释意见以及大量判决中所体现的关于混淆的判断标准,是否混淆的考量因素应该包括:

(1)商标标志的近似程度;

(2)商标的显著性和知名度,包括引证商标的显著性和知名度诉争商标的使用情况和知名度;

(3)商品的相同或者类似程度;

(4)商品/服务类型和销售渠道、商标使用方式及相关公众注意力程度;

（5）诉争商标权利人的主观状态；

（6）历史原因；

（7）基础商标和延续商标。

二、根据本案事实、证据、法律规定和司法解释如何正确确定本案争议问题

专家们指出，对本案争议问题，应当严格根据本案事实、证据和上述《商标法》及其相关司法解释规定，整体地、全面客观地作出界定。

（一）既要对商标作整体比对，又要对商标主要部分进行比对

1. 从作整体比对来看，对文字的音、形、意作整体比对，二者有显著不同

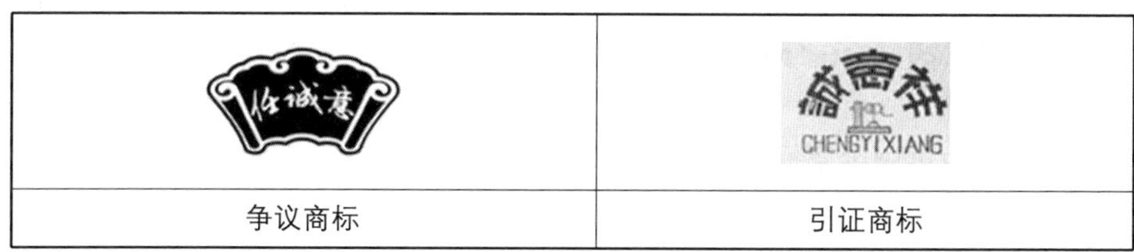

争议商标	引证商标

（1）从发音来看，“任诚意”与“诚意祥”有显著区别，一般公众不会对此产生混淆或误认。

（2）从字形来看，二者虽然都是美术字，但二者有显著不同，亦不可能产生混淆或误认的效果。

（3）从商标整体来看，争议商标为“任诚意”加作为背景的类似卷轴的图形；引证商标为“诚意祥”、拼音“CHENGYIXIANG”及位于图形中央的类似“井”的图形。

2. 从对商标文字主要部分进行比对来看

其一，从关键词“任诚意”与“诚意祥”来看，其音、形、意明显不同已如上述。

其二，其第一个字和最后一个字，明显不同，而尤其首字不同这是对一般公众的注意力不容易造成混淆或误认的心理学根源所在。

3. 二审法院的判决不当的缘由

从二者商标的文字加图形整体和主要部分比对来看，尤其是对文字的音、

形、意的比对来看，二者有明显不同，因而不会产生公众混淆或误认的效果。

二审法院对此的认定，由于忽略了对二者的整体性比对和主要部分比对结合的原则，孤立地将文字部分进行比对，且对文字比对仅着重强调二者三个字重复了两个字，就断言会产生对二者的混淆和误认。其错误在于：一是，完全忽略了二者“音、形、意”的实质性区别；二是，完全忽略了“任诚意”文字商标的在先注册的有效性和争议商标二者的延续关系；三是，尤其是完全忽视了二者所重复的两个字“诚意”是个公共词汇，其固有显著性不强的问题，因而作出了错误的判断。

经查，“诚意”作为一个汉语词汇，一般指诚恳的心意，使其意念发于精诚，不欺人，也不自欺。一般用于人与人之间相处态度诚恳，真心实意。语出《大学》：“欲正其心者，先诚其意。”专家们据此指出，如果认为商标在三个字中重复了这两个字，即会产生混淆和误认，那么就是将这一公共词汇专属化，就会将许多商标纳入相同或近似的范围，这无疑，既是不现实的，也是不公平的。

比如，通过中国商标网的查询结果，第 30 类第 5761948 号商标“诚意”、第 8602156 号商标“尚诚意”、第 45162766 号商标“诚意生”、第 12554291 号“诚意合”、第 14765277 号商标“诚意德”、第 16701562 号商标“独诚意”、第 30121653 号商标“诚意尚礼”、第 5165627 号商标“诚意龙”、第 9054269 号“诚意伯”、第 9217921 号商标“诚意浓情”商标均已经共存注册。从大量的商标共存的情形来判断，商标均含有文字“诚意”，并不必然得出两者在文字构成、呼叫上相近，整体比对区别不明显的结论。

（二）应当坚持以相关公众的一般注意力为准

二审法院判决认为“若将诉争商标与引证商标共同使用于上述商品上，容易使相关公众认为两者系同一市场主体的系列商标，或认为两者的商标持有人之间存在某种特定联系，从而对商品来源产生混淆误认”，但没有任何事实根据。

现有事实根据也证明消费者不会误认，据零点公司《某商标相关公众认知调查项目调查报告》经过 2020 年 10 月 22 日至 24 日在运城市、闻喜县两个城市进行的问卷调查也显示：①提到煮饼品牌，36.4%的受访者在开放性回答中回答“任诚意”；②52.5%的受访者见过或知道“任诚意”品牌的商标标识；③超八成受访者能够区分“任诚意”和“诚意祥”的商标标识；④能够作出明确判断的受访者中，超八成认为分别印有两个商标标识的煮饼不是同一厂家生产的。

（三）应当考虑保护注册商标的显著性和知名度

从两个商标的显著性和知名度来看，闻喜县任诚意某某公司“任诚意”品牌的知名度要远高于“诚意祥”。如之前所述，“任诚意”商标2015年曾经被评为“山西省著名商标”，闻喜县任诚意某某公司利润表也显示该公司2015年度、2016年度及2017年度的主营业务收入分别为21 538 160元、31 458 000元及37 878 654元，属于闻喜县的标杆性企业之一，相应品牌开发也得到了当地政府的大力支持。

而引证商标“诚意祥CHENGYIXIANG及图”闲置至少超过10年以上，2015年，任某某受让该商标后虽然开始使用，但是其也主要将该商标作为诉讼或竞争的工具使用，实际使用从提交的证据来看非常有限，甚至存在其在产品包装上印制“任诚意”并模仿“任诚意”品牌的包装被以假冒注册商标罪起诉的情形。

（四）适用商标法应正确适用相关司法政策

专家们指出，正确适用商标法旨在正确实现商标法的目的，而只有正确适用商标法的司法政策，才能正确适用商标法的规定。

最高人民法院《关于当前经济形势下知识产权审判服务大局若干问题的意见》也认为：使知识产权审判更好地服务于有效应对国际金融危机冲击，促进经济平稳较快发展的大局，为“保增长、保民生、保稳定”作出更加积极的贡献。

该意见第6条认为：“完善商标司法政策，加强商标权保护，促进自主品牌的培育。正确把握商标权的专用权属性，合理界定权利范围，既确保合理利用商标资源，又维护公平竞争；既以核定使用的商品和核准使用的商标为基础，加强商标专用权核心领域的保护，又以市场混淆为指针，合理划定商标权的排斥范围，确保经营者之间在商标的使用上保持清晰的边界，使自主品牌的创立和发展具有足够的法律空间……认定商品类似和商标近似要考虑请求保护的注册商标的显著程度和市场知名度，对于显著性越强和市场知名度越高的注册商标，给予其范围越宽和强度越大的保护，以激励市场竞争的优胜者，净化市场环境，遏制不正当搭车、模仿行为。”

该意见第9条也认为：“加强商标授权确权案件的审判工作，正确处理保护商标权与维持市场秩序的关系。既要有效遏制不正当抢注他人在先商标行为，加强对于具有一定知名度的在先商标的保护，又要准确把握商标权的相对权属性，不能轻率地给予非驰名注册商标跨类保护。正确区分撤销注册商标的公权事由和私权事由，防止不适当地扩张撤销注册商标的范围，避免撤销注册商标的随意性。对于注册使用时间较长、已建立较高市场声誉和形成自身的相关公众群体的商标，不能轻率地予以撤销，在依法保护在先权利的同时，尊重相关公众已在客观上将相关商标区别开来的市场实际。要把握商标法有关保护在先权利与维护市场秩序相协调的立法精神，注重维护已经形成和稳定了的市场秩序，防止当事人假商标争议制度不正当地投机取巧和巧取豪夺，避免因轻率撤销已注册商标给企业正常经营造成重大困难……”

具体对本案而言，应着重注意如下几点：

1. 应当着重注意争议商标系其有效注册的文字商标的合理延续

闻喜县任诚意公司在先已经注册第 8822977 号“任诚意”商标，核定商品为“饼干；蛋糕；糕点；汉堡包；面包；糖点（酥皮糕点）；甜食；小蛋糕（糕点）；由碎谷、干果和坚果制的早餐食品”，而煮饼就性质来讲，属于糕点的一种，在该在先注册的范围之内。2018 年 10 月 30 日，闻喜县双盛合记公司基于山西诚意合食品销售有限公司第 331930 号商标“诚意祥 CHENGYIXIANG”提出无效宣告，国家知识产权局已经认为该商标与引证商标在首要文字构成、整体外观等方面存在一定差异，未构成近似商标，两者共存不易造成相关公众的混淆。目前，第 8822977 号“任诚意”商标已经注册满 5 年以上，也就意味着第 331930 号商标“诚意祥 CHENGYIXIANG”的权利方已经不能再基于该商标主张《商标法》第 30 条的适用，虽然《商标法》第 13 条对于恶意注册的情形不受 5 年期限的限制，但是作为闲置多年的商标，引证商标在第 8822977 号“任诚意”商标申请日之前根本不可能处于驰名状态。

如此，闻喜县任诚意公司在先已经注册第 8822977 号“任诚意”商标权利相对已经非常稳固，并且该商标也曾经被认定为山西省著名商标，已经具有一定的知名度。

本案争议商标“任诚意”与该在先注册商标文字及文字的呈现方式完全

相同，增加的图形部分仅仅是在文字的基础上加上背景，增加的图形部分与引证商标也没有任何近似之处，在此情况下，争议商标完全可以视为第8822977号“任诚意”商标的延伸注册，相应基础注册的商标的知名度也应该完全可以延续到该争议商标。

诉讼裁判的主要目的是定分止争，二审判决不考虑该在先注册的商标的状态不仅起不到定分止争的目的，反而使得双方之间的纠纷更加混乱，也会给基层商标执法人员带来困扰，即如果第331930号商标“诚意祥 CHENGYIXIANG”的权利方基于该商标制止“任诚意”商标在糕点类商品上的使用，而闻喜县任诚意公司又主张糕点在其在先已经注册第8822977号“任诚意”核定范围之内，各方将无所适从。如此，旧的纠纷未去新的纠纷又起，反而会增加新的不必要的社会成本并浪费各方资源。

2. 应当着重注意争议商标形成的市场格局

“任诚意”商标2015年曾经被评为“山西省著名商标”，闻喜县任诚意公司利润表显示该公司2015年度、2016年度及2017年度的主营业务收入分别为21 538 160元、31 458 000元及37 878 654元。相应诉讼案件中的资料也能够显示闻喜县任诚意公司得到了闻喜县政府的大力支持，作为当地的标杆企业之一，其不仅为当地带来了收入，也解决了大量就业问题，同时食品加工行业作为中间产业，不仅连接消费者，也连接上游的原料供应方。二审判决轻率撤销已注册商标会破坏已经形成的市场格局，给企业及关联方的正常经营造成重大困难。

3. 应当充分注意商标法的诚实信用原则，制止不正当的恶意行为

上述最高人民法院《关于当前经济形势下知识产权审判服务大局若干问题的意见》明确提到防止当事人假商标争议制度不正当地投机取巧和巧取豪夺。

委托方提供了相关案件材料，说明任某某等的相关行为涉嫌违背诚实信用的恶意。

专家们指出，对于委托方提供的相关情况是否属实，司法机关应当予以审查，论证专家对此不持意见。但如果经司法机关审查，相关情况属实，那么其受让“诚意祥 CHENGYIXIANG 及图”的目的并非要培育该品牌，而主要是假商标争议制度而不正当地投机取巧，这就完全违背了商标法的立法宗

旨以及目的，二审判决对此恶意未予审查考虑，是为失误。

4. 应当充分考虑商标的文化传承以及历史因素的影响

对此，委托方介绍如下情况：

“诚意祥”字号的确切历史已经不可考，晋商史料全览（运城卷）摘录中的记载也是来自任氏族人的相传，如果相应记载准确，“诚意祥”由任诚意先生于1818年所创，但是后续多次转手由他姓经营。1987年由村办企业闻喜县诚意祥煮饼厂（经营者刘某旺）申请第331930号商标“诚意祥 CHENGYIXIANG 及图”商标，但是该商标与历史上的“诚意祥”是否具有承继关系并无法证明。尤其，在任某某购买该商标之前，该商标也多次转让并已经闲置超过十年，任某某提交的证据也存在混淆历史上的“诚意祥”的知名度以及村办企业闻喜县诚意祥煮饼厂（经营者刘某旺）申请第331930号商标“诚意祥 CHENGYIXIANG 及图”的商标知名度的情形，两者并不能混为一谈。尤其，老字号是指历史悠久，拥有世代传承的产品、技艺或服务，具有鲜明的中华民族传统文化背景和深厚的文化底蕴，取得社会广泛认同，形成良好信誉的品牌。任某某单纯购买他人商标，并不意味着就承继了老字号应有的世代传承的产品、技艺或服务。

而且，如“诚意祥”的历史的报道，该品牌几经易手，历史沿革复杂，如果说1987年村办企业闻喜县诚意祥煮饼厂（经营者刘某旺）申请第331930号商标“诚意祥 CHENGYIXIANG 及图”商标就意味着其承继老字号的一切甚至可以承继老字号创始人的名字，无疑对任氏后人也极不公平。

5. 应当充分考虑消费者的认可和需求，保障为消费者提供更好的消费服务

从前述零点公司《某商标相关公众认知调查项目调查报告》在运城市、闻喜县两个城市进行的问卷调查来看，提到煮饼品牌，36.4%的受访者在开放性回答中回答“任诚意”，主动提到“诚意祥”的仅有4.7%。“任诚意”商标2015年曾经被评为“山西省著名商标”，闻喜县任诚意公司利润表也显示该公司2015年度、2016年度及2017年度的主营业务收入分别为21 538 160元、31 458 000元及37 878 654元，上述数据也能够说明“任诚意”在消费者中具有更高的认可度和需求。

（五）关于二商标共存问题

在最高人民法院［2015］知行字第××号行政裁定书中，相应也对商标的

共存予以充分考虑，在该案中，由秦皇岛市北戴河杨氏肠子肉制品有限公司第4318663号“北戴河杨肠子 BEIDAIHEYANGCHANGZI”，秦皇岛市北戴河杨老爷子肠子食品有限公司基于其第1798469号“杨肠及图”商标提出异议。最高人民法院裁定认为：被异议商标含有与引证商标“楊腸”字意相同的“杨肠”，但考虑本案的特定的历史背景，不能仅因二者含义相同，就认定二者构成了近似商标。根据原审查明的事实，引证商标曾于2003年1月10日被杨氏公司提出争议。经北京市高级人民法院［2008］高行终字第××号行政判决书认定，杨某珍生前因其灌肠技术博得了“杨肠子”的美誉，该称呼因具有一定的市场号召力而产生一定的财产价值，这种有一定财产价值的称号不宜由某一继承人独享和垄断，杨老爷子公司和杨氏公司均为杨某珍后裔创办的企业，两公司均有权在各自的生产经营活动中利用“杨肠子”的声誉，杨氏公司不能仅以其在先注册了“楊長子”商标就当然排斥具有同样渊源的杨老爷子公司在后注册的引证商标，且双方商标在读音、字形、外观方面差异较为明显，未构成使用在类似商品上的近似商标，判决维持引证商标的注册。该判决亦已经本院［2009］行监字第1××号《驳回再审申请通知书》予以维持。因此，在被异议商标与引证商标具有一定区别的情况下，消费者施以普通注意力能将二者分开，不能仅以被异议商标含有与引证商标“楊腸”字意相同的“杨肠”就认定二者构成近似商标，杨老爷子公司认为被异议商标与引证商标构成近似商标的再审申请理由，本院不予支持。

本案实际上早已形成争议商标的所由延续的文字商标“任诚意”与“诚意祥”商标长期合法共存的格局，如果将争议商标以文字内容三字重复二字即会造成混淆和误认为由，而予以撤销，那么势必破坏了共存利益平衡和多年形成的市场格局，对争议商标权人明显不公，并且更会加剧市场混乱，这样就直接违背了最高人民法院该判例的要旨，法律效果与社会效果都是不可容许的。

综上，北京市高级人民法院［2019］京行终99××号行政判决书确有错误，根据法律规定，应当依法提起再审，纠正该判决的错误。

以上意见供参考。

【瞽言刍议】

本案所涉法院主要以诉争商标“任诚意”与引证商标“诚意祥”，二者在三个汉字中重复了两个，又是在同一地区、同一种商品中使用，容易引起混淆误认为由，认定二者不具有共存性。其错误在于，既没有对二者整体性和主要部分进行综合比对分析，又没有对二者作历史传承性和延续性的分析，并且，更没有对于二者的公众注意力和知名度做实际的调查分析，因而作出了具有片面性、表面性的认定。这一认定既不符合商标法的规制宗旨，又不符合国家关于适用商标法的相关政策规定。从哲学观点上看，是属于形而上学，孤立地、片面地、表面地看问题，而不是历史地、综合地、全面地、实事求是地看问题。

余始终认为，无论是刑事司法、民事司法，还是行政司法，其核心要义就是要坚持两条指导原则，其一是要坚持法治原则，其二是要坚持实事求是原则。坚持实事求是原则虽然要受法治原则的制约或限制，但并不是要排斥实事求是原则，相反坚持法治原则，不仅不排斥坚持实事求是原则，而且在本质上还是在召唤着坚持实事求是原则的援助，二者是公平正义的不可或缺的两个支柱。这可以说是我国司法改革的历史性的必然趋势。当然，这又牵涉证明要求和标准的老问题，但这又是另外的问题了，而不应和指导原则混为一谈。不过，我从本案的事实判断的两种思路，引发了这一感慨，即所谓是“有感而发”吧。当然这是一个大问题，不是几句话能说清楚的，只是留此存照，请方家评判吧。

3. 超级汽车公司、香港四宝、珠海四宝、某某公司《意向书》纠纷案

【论证要旨】

其一，本案依约应适用香港法律，但当事人需要明确具体的条款，或引用相关判例。

其二，《意向书》是作为条件成熟后签订正式合同的附约定终止期限的协议，虽然属于具有生效合同的要件，但不属于也不能替代双方约定需要签订的《正式合同》。

其三，关于《意向书》已经终止，还是否应继续履行问题，本案中，在《意向书》签订后360日内，并由两个《备忘录》签订后两次延长6个月共1年的延长期内，本《意向书》各方并没有就继续履行本《意向书》签订相应的正式合同书（协定），因而《意向书》履行终期已经届满，终止条件早已成就，故该《意向书》届时已经终止，不应继续履行。

其四，在“平行诉讼”中，香港的仲裁裁决对内地法院不具有预决法律效力，不能作为后作出判决的人民法院确认或采纳确认的依据。

（1）本案香港仲裁裁决未经人民法院审查认可，在内地不发生强制性法律效力。

（2）未经审查认可的香港仲裁裁决的内容和结果不能成为内地法院的裁判依据。

【案涉简况】

论证委托方：超级汽车投资有限公司。

论证受托方：中国政法大学法律应用研究中心。

委托论证的事项：

1. 本案诉讼应适用香港法律还是内地法律；

2.《意向书》的效力与性质问题；

3.《意向书》已经终止，还是否应继续履行问题；

4. 在“平行诉讼”中，后作出判决的人民法院应如何对待先作出的香港仲裁裁决的问题。

参加论证的专家：中国政法大学、中国人民大学法学院、清华大学法学院等四位教授。

委托方提交的本案案件事实材料：

1. 一审案件部分证据材料；

2. 一审开庭笔录；

3. 二审案件证据材料；

4. 二审开庭笔录；

5.《意向书》及两个《备忘录》；

6. 一审代理词；

7. 二审代理词；

8. 一审判决书；

9. 二审判决书；

10. 其他相关事实材料。

以上材料是论证委托方所提供的材料，委托方对这些材料的真实性和来源的合法性负责。专家们以这些材料显示的案件情况为事实根据提供论证意见。

专家们确认的案件事实和审判仲裁情况：

专家们在认真研究案件材料显示的案情的基础上，确认本案如下事实情况：

（一）本案基本事实情况

2006年4月12日，超级汽车投资有限公司作为甲方（以下简称“超级汽车公司”），某某有限公司作为乙方（以下简称“某某公司”），四宝咨询有限公司（以下简称“香港四宝”）作为丙方，珠海市四宝咨询有限公司作为丁方（以下简称“珠海四宝”），共同签订了一份《意向书》，主要内容为：鉴于，①超级汽车公司保证全资拥有香港四宝的全部股权，香港四宝全资拥有珠海四宝的全部股权；②案外人澳门四宝同意将在君悦来酒店名下产权证号为珠国用［1996］字第0402号（39 219.70平方米）的土地使用权及六处房地产产权、债权及发展权转售给香港四宝，并协助过户到香港四宝下属的珠海四宝。③超级汽车公司保证可实际控制珠海四宝的运作，在签订本协议时，本意向书所述的交易及资料已经得到香港四宝及珠海四宝全部股东及董事的书面同意。④澳门四宝承接及购买了原珠海市珠光集团抵押在中银投资公司债务包括中银投资公司的债权，该债权包括了抵押物，其中有在君悦来酒店名下的上述土地使用权和六处房地产权。⑤超级汽车公司、香港四宝、珠海四宝保证在意向书生效后12个月内可以令澳门四宝将上述全部资产的完整产权转让珠海四宝。⑥在超级汽车公司将上述全部资产完整转入珠海四宝后，某某公司有意采取通过收购香港四宝全部股权的方式以期收购下属珠海四宝名下的全部资产，从而进行后期开发，各方达成本意向书，第1条“收购资产定义”：“1.1，是指超级汽车公司承诺的珠海四宝实际拥有产权的君悦来酒店名下产权证号为珠国用［1996］字第0402号（39 219.70平方米）的土地使用权及六处房地产权。1.2，以下所称“上述全部资产”均指本条1.1条所定义的完整的财产权益。”第2条“交易方式”：“2.1，在超级汽车公司将全部资产完整转入珠海四宝后，某某公司有意通过收购香港四宝全部股权的方式达到收购上述全部资产的目的，某某公司同意以总价2.08亿港元收购香港四宝的股权以得到上述全部资产和后续开发权。交易分三步走，第一步，超级汽车公司、香港四宝、珠海四宝及澳门四宝向某某公司提供关于本意向书所述交易的相关法律文件，资料，某某公司在确认完全符合其要求的情况下，将5000万港元交付给超级汽车公司，超级汽车公司授权某某公司将5000万港元直接交给澳门四宝作为超级汽车公司向澳门四宝购买上述全部资产的代价余款，与此同时，超级汽车公司将上述全部资产以某某公司为抵押权人设立首次按揭，作为第一步5000万港元及第二步5000万港元的抵押。第二步，当某某公司确认及完全满意珠海四宝已拥有上述全部资产，超级汽车公司在将香港四宝的全部股权转让给某某公司并办理了工商变更登记交接手续及某某公司指定的股东正式接管香港四宝从而正式接管珠海四宝的前提下，某某公司将5000万港元交付给超级汽车公司。超级汽车公司、某某公司同意在12个月内完成第二步，经某某公司同意可以延期。第三步，某某公司同意在已经收购香港四宝从而正式接管珠海四宝的前提下，超级汽车公司负责办理珠海四宝拥有产权的原在君悦酒店名下的土地使用权的变更土地用途和容积率工作，超级汽车公司承诺将土地用途办理为商住用途，容积率办理不少于1：4.5。待珠海市规划委员会同意变更土地用途和容积率后10天内，某某公司将余款1.08亿港元交付给超级汽车公司。2.3，上述款项已经包括各种税费。”第3条“保证及承诺”（略），第4条“保密”（略）第5条“通知”（略）。

第6条“其他条款”：“6.1，本意向书在签订后360日内，各方若没有就继续履行本意向书签订相应的正式合同（协定）书，则本意向书终止履行。6.2本意向书于各方授权代表签署之日起对各方具有约束力。6.3，任何对本意向书重大更改或者补充均应采用书面形式，并由各方签署。”第7条“适用法律及司法管辖权”：“7.1，本意向书须由香港法律管辖及按照香港法律解释。7.2，如不能协商解决，该等纠纷和争议应由上述全部资产主要财产所在地法院管辖或香港仲裁处作出仲裁。7.3，在本意向书签订后360日内，各方若没有就继续履行本意向书签订相应的正式合同协定书，或虽然签订了相应的正式合同协定书，但由于不可归责于某某公司的原因，最终未能完成上述交易，超级汽车公司应如数归还某某公司所有已付款及利息。”

2007年4月2日，超级汽车公司作为甲方，某某公司作为乙方，香港四宝作为丙方，珠海四宝作为丁方，共同签署一份《备忘录》，约定：“1.下列甲，乙，丙，丁方于2006年4月12日签订《意向书》，各方在平等自愿基础上，根据公司法规定就某某公司通过收购香港四宝股权方式，实际收购珠海四宝作为权利人的君悦酒店名下的土地使用权及六处房地产产权，债权及后续开发权等。2.关于《意向书》内所须完成的交易模式，大部分已经办妥，而某某公司也向超级汽车公司支付《意向书》内的部分款项，合共1亿港元。3.现各方同意将《意向书》内待完成的交易的期限再伸延6个月，即到2007年10月12日，其他《意向书》条款持续不变。”

2007年10月10日，超级汽车公司与某某公司及香港四宝、珠海四宝又签订一份《备忘录》，将《意向书》内待完成交易（即把全部资产正式转入珠海四宝）的期限再延长6个月至2008年4月12日，其他内容与2007年4月2日的《备忘录》一致。

2010年1月20日，超级汽车公司的代理律师行香港苏合成律师行向某某公司发函，称虽然《意向书》各方其后共同签署有关《备忘录》，将待完成的交易期限伸延两次到2008年4月12日，但是至今未能安排将全部有关资产正式转入珠海四宝，由于《意向书》的交易期限已过，而交易未能最终完成，超级汽车公司决定依约终止《意向书》，将某某公司已付的部分款项1亿港元及利息，全数付回某某公司。

2010年2月12日，某某公司通过金杜律师事务所向香港苏合成律师行发函，称听闻超级汽车公司已经将其在香港四宝的所有权益售予第三方，如属实，属于严重违反《意向书》的行为，要求做出澄清。

以上是本案一审法院广东高级人民法院查明的基本事实。

（二）本案诉讼一审、二审审判及仲裁情况

原告超级汽车公司诉被告某某公司、第三人香港四宝、珠海四宝股权转让纠纷一案，超级汽车公司于2010年4月1日向珠海市中级人民法院提起诉讼，珠海市中级人民法院于同年4月6日受理，因某某公司在答辩期提出级别管辖异议，珠海市中级人民法院于同年8月9日作出［2010］珠中法民四初字第×号民事裁定，驳回某某公司管辖异议，某某公司不服，向广东省高级人民法院提起上诉。同年8月4日，某某公司又以超级汽车公司、香港四宝、珠海四宝为被告，向广东省高级人民法院另案提起诉讼。广东省高级人民法院于同年9月30日以粤［2010］高法民四初字第×号立案受理，并于同年10月11日作出［2010］粤高法立民终字第2××号民事裁定，裁定撤销珠海市中级人民法院［2010］珠中法民四初字第×号民事裁定，将珠海市中级人民法院受理的超级汽车公司诉被告某某公司、第三人香港四宝、珠海四宝股权转让纠纷一案作为本诉提级由本院审理，并与某某公司诉超级汽车公司、香港四宝、珠海四宝一案作为反诉合并审理。

超级汽车公司的本诉的诉讼请求为：（1）请求确认超级汽车公司与某某公司及香港四宝、珠海四宝签订的《意向书》及《备忘录》已经终止。（2）判令某某公司提供账号受领超级汽车公司返回的本息122 969 855港元，其中本金1亿港元，利息22 969 855港元，利息计算至2010年1月29日，利率按照香港上海汇丰银行的最优惠利率计算。（3）判令某某公司向超级汽车公司退还其持有的所有文件包括：①珠海四宝的印章、财务章及其他印章等；②香港四宝的商业登记证副本、公司登记证副本等；③君悦来酒店与金城银行香港分行于1998年8月10日签署的《贷款抵押合同》；④1995年12月31日《珠海市国有土地使用权出让合同书》；⑤君悦来酒店董事会记录（1998年7月30日）复印本。（4）本案诉讼费、律师费由某某公司承担。

某某公司的反诉的诉讼请求为：（1）2006 年 4 月 12 日《意向书》合法有效，并应继续履行；（2）超级汽车公司将其持有的香港四宝的全部已发股份过户给某某公司；（3）香港四宝将其持有的珠海四宝的 100%股权过户给某某公司；（4）超级汽车公司、香港四宝、珠海四宝负责将君悦来酒店名下产权证号为珠国用［1996］字第 0402 号（39 219.70 平方米）的土地使用权及六处房地产权所有权过户到珠海四宝名下；（5）超级汽车公司及香港四宝将香港四宝的董事苏某某更换为某某公司指定的耿某某或其他人员；（6）香港四宝及珠海四宝将珠海四宝的执行董事苏某某及法人代表尤某某更换为某某公司指定的耿某某或其他人员；（7）某某公司不予退还超级汽车公司及香港四宝、珠海四宝已经向某某公司交付的全部文件及印鉴；（8）超级汽车公司及香港四宝、珠海四宝于 2010 年 2 月 9 日以后取得的印章及企业执照文件交付给某某公司；（9）超级汽车公司及香港四宝、珠海四宝向某某公司赔偿 3000 万元；（10）超级汽车公司及香港四宝、珠海四宝共同承担本案的受理费、保全费等全部诉讼费用。

广东省高级人民法院归纳了三个焦点并进行了审理：①适用香港法律还是内地法律；②《意向书》已经终止，还是应继续履行；③某某公司主张赔偿 3000 万元依据是否充分。

针对三个焦点问题，广东省高级人民法院审理认为，第一个焦点问题，应适用内地法律，理由（略）（见一审判决书第 50 页倒数第 2 行至第 52 页顺数第 2 行）；第二个焦点问题，一审法院认为《意向书》应当终止，理由（略）（见一审判决书第 52 页至 56 页顺数第 12 行）；第三个焦点问题，一审法院认为某某公司主张赔偿 3000 万元依据不充分。故，判决如下：（1）超级汽车公司及香港四宝、珠海四宝、某某公司于 2006 年 4 月 12 日签订的《意向书》和 2007 年 4 月 2 日、2007 年 10 月 10 日签订的《备忘录》已于 2008 年 4 月 12 日终止履行；（2）某某公司返回超级汽车公司取走的文件（略）；（3）超级汽车公司返还某某公司 1 亿元本息；（4）驳回超级汽车公司的其他诉讼请求；（5）驳回某某公司的反诉。

其后，某某公司提出上诉，主要理由是《意向书》应当继续履行（详细见二审判决第 26 页至第 27 页）。超级汽车公司也提起上诉，主要理由是利息计算错误，应当截至 2010 年 1 月 29 日，而不是判决确定的履行之日（详见二审判决书第 30 页至第 31 页）。

二审期间，最高人民法院查明，2010 年 3 月 3 日，某某公司作为申请人，以超级汽车公司、香港四宝、珠海四宝为被申请人，向香港国际仲裁中心提起仲裁，请求裁决继续履行协议，裁令超级汽车公司、香港四宝协助完成将超级汽车公司在香港四宝的股份转让给某某公司，将澳门四宝的资产转让给珠海四宝等。超级汽车公司、香港四宝、珠海四宝提出管辖异议，认为该案应该由内地法院管辖，香港国际仲裁中心于 2011 年 4 月 14 日作出第一份仲裁裁决，认定仲裁庭对该案具有管辖权，超级汽车公司、香港四宝、珠海四宝提出反请求，请求裁决《意向书》已经终止，裁令某某公司赔偿损失等。2014 年 1 月 25 日，香港仲裁庭作出第二份及第三份裁决，主要内容是支持某某公司请求，裁定《意向书》有效且存续，不支持超级汽车公司的请求（详见二审判决书第 33 页至第 34 页）。

二审法院确认一审法院基本事实，对以下几个焦点问题进行了归纳：①适用香港法律还是内地法律；②《意向书》的效力与性质问题；③《意向书》已经终止，还是继续履行问题；④香港仲裁裁决在本案中法院是否有权予以确认与采纳问题；⑤本案一审程序是否违法问题。

二审法院经过审理认为，第一个焦点适用香港法律还是内地法律问题?二审法院认为应当适用香港法律，具体理由为合同第 7.1 条明确约定适用香港法律（见二审判决书第 35 页）；第二个焦点《意向书》的效力与性质问题，二审法院认为，意向书可以独立具备合同性质（见二审判决书第 36 页）；第三个焦点关于《意向书》已经终止，还是继续履行问题，二审法院认为，应当继续履行，理由是两次延期已经突破了 360 天的合同终止期限（见二审判决书第 36 页至第 38 页）；第四个焦点关于香港仲裁裁决是否应确认与采纳问题，二审法院认为，香港仲裁裁决已经生效并部分执行，故应当予以承认其效力（见二审判决书第 39 页及第 32 页至第 34 页）；第五个焦点关于本案一审程序是否违法问题，二审法院认为，本案既可以由香港仲裁，也可由一审法院二者同时审理，属于平行解决纠纷现象，内地法院依法行使管辖权不受当事人香港解决争议程序的影响，除非香港裁决已经得到内地法院认可和执行（见二审判决书第 40 页）。

因此，二审法院判决主要内容如下：（1）撤销广东省高级人民法院［2010］粤高法民初四字第×号判决；（2）《意向书》继续履行。

超级汽车公司、珠海四宝等认为一审法院判决正确，认为最高人民法院终审判决错误，向最高人民法院提出再审，请求撤销最高人民法院判决，维持广东省高级人民法院一审判决。

【论证意见】

委托方超级汽车公司因与某某公司、香港四宝、珠海四宝《意向书》纠纷一案，向受托方提交案件材料，委托受托方邀请有关法律专家进行论证、提供专家论证意见。受托方审阅委托方提交的案件材料之后，认为符合专家论证的条件，邀请我国四名民事法学权威专家学者，于2019年9月8日举行了专家论证会。专家们在预先仔细研读委托方提交的案件材料显示的案件事实的基础上，进行了深入的讨论，形成本论证意见书。

一、本案应适用香港法律，但需要明确具体条款，或引用相关判例

专家认为：本案讼争的《意向书》第7.1条约定的意向书须由香港法律管辖及按照香港法律解释。根据最高人民法院《关于审理涉外民事或商事合同纠纷案件法律适用若干问题的规定》第9条和第11条的规定，本案当事人已经在《意向书》中选择适用香港法律解释争议，而某某公司作为主张适用香港法律一方，应当提供或者主张香港法律的相关内容，为此某某公司提供了香港陈某某律师出具的《法律意见书》，超级汽车公司等主张使用内地法律，但为反驳某某公司的主张，超级汽车公司、珠海四宝也提供了香港吴某某律师的《法律意见书》。专家认为，依据最高人民法院《关于审理涉外民事或商事合同纠纷案件法律适用若干问题的规定》第9条的规定，本案应适用香港法律，但需要查明具体条款，或引用相关判例。

最高人民法院《关于审理涉外民事或商事合同纠纷案件法律适用若干问题的规定》第9条第1、2款规定：“当事人选择或者变更选择合同争议应适用的法律为外国法律时，由当事人提供或者证明该外国法律的相关内容。人民法院根据最密切联系原则确定合同争议应适用的法律为外国法律时，可以依职权查明该外国法律，亦可以要求当事人提供或者证明该外国法律的内容。”此外，其第11条规定：“涉及香港特别行政区、澳门特别行政区的民事或商事合同的法律适用，参照本规定。”二审判决表明（见二审判决书第36、37页），“关于《意向书》的法律性质，根据香港合同法，一份有效合同须具备下列三项基本要素”，“关于《意向书》的解释，涉及的关键问题就是如何

理解《意向书》第 6.1 条、第 7.3 条的约定。根据香港法律确立的合同解释原则，对合同的解释不应仅限于文义，还要顾及合同的整体性以及商业常理”。该内容即是对香港法律的查明部分，虽然已查明香港法律的内容，但在适用时并未明确具体的条款及内容，也并未明确引用相关判例。因此，二审法院适用法律不当。

二、关于《意向书》的效力与性质问题

专家认为《意向书》是作为条件成熟后签订正式合同的附约定终止期限的协议，虽然属于具有生效合同的要件，但不属于也不能替代双方约定需要签订的《正式合同》。

专家们一致认为，首先，《意向书》的名称、内容均表明该协议是超级汽车公司、香港四宝、珠海四宝与某某公司就转让香港四宝股权所达成的初步意向，《意向书》鉴于部分对某某公司签约目的有明确的阐述，即在超级汽车公司将资产完整转入珠海四宝后，某某公司有意采取收购香港四宝全部股权方式以期收购下属珠海四宝的有关资产，从而进行后续开发，该条款用了“有意”的字眼，表明这是一种设想和意向，这与《意向书》的名称和“鉴于”，“有意”“作为相关各方签订正式合同的前提、基础”的真实意思也是一致的，而在签订《意向书》时珠海四宝根本没有成立，更没有取得资产所有权，因此，《意向书》才给予超级汽车公司、香港四宝、珠海四宝从签署《意向书》之日起 12 个月的期限将有关资产转入珠海四宝，有关资产能否顺利转入珠海四宝，又依赖于某某公司在香港的破产重组，可见，《意向书》能否在签署之后顺利履行完全依赖于案外人的行为，客观上具有不确定性，也正是这种不确定性，各方才在《意向书》的“鉴于”部分强调作为相关各方签订相关正式合同的前提。

其次，《意向书》第 6.1 条约定了导致其丧失约束力的条款，第 7.3 条约定了终止履行合同的后果，表明当事人对交易能否完成的风险是有所预见的。《意向书》第 6.1 条约定终止履行的期限为 360 日，两份《备忘录》将《意向书》的履行期限延长至 2008 年 4 月 12 日。《意向书》鉴于部分第 5 点，第 2.1 条第二步和第 6.1 条、第 7.3 条分别约定了 12 个月和 360 日的期限，其中，鉴于部分第 5 点，第 2.1 条第二步约定的 12 个月是珠海四宝确定资产所有权的期限。

第6.1条、第7.3条分别约定的360日是终止意向书履行的期限。虽然对期限的表述不同，但仍然可以看出签订《意向书》的意图是在限期内签订正式合同完成全部交易，否则终止《意向书》的履行。因此，《意向书》是作为条件成熟后签订正式合同的约定终止期限附条件协议，不属于也不能替代双方需要签订的《正式合同》。

三、关于《意向书》已经终止，还是否应继续履行问题

专家认为，首先，《意向书》第6.1条、第7.3条分别约定的360日是终止《意向书》履行的期限，各方于2007年4月2日签订《备忘录》，将全部有关资产正式转入珠海四宝的期限延长到2007年10月12日。该《备忘录》是否对意向书第6.1条及第7.3条360日终止履行期限的延长，这要看《备忘录》的约定和各方在《意向书》中的签约目的，该《备忘录》在360日到期前签署，并明示“意向书其他条款不变”，说明各方以约定和行为表明第6.1条并未废止，仍然需要签订正式合同或者以《备忘录》的形式延长交易期限，再签订正式合同，否则《意向书》即告终止，各方按《意向书》第7.3条处理终止后的法律后果。某某公司签约的目的是控制珠海四宝名下的有关资产，如果有关资产不能如期转让珠海四宝，则，某某公司收购香港四宝股权不能实现其预期利益，因此，备忘录对有关资产转入珠海四宝的延长，也是对《意向书》第6.1条第7.3条分别约定的360日是终止意向书履行的期限的延长，各方当事人两次通过备忘录的形式将意向书的履行期限延长至2008年4月12日，之后，各方没有再就《意向书》的履行期限签订过任何书面协议，应视为各方均认为《意向书》已经终止。

其次，各方在2008年4月12日后继续协商、沟通，但并没有进一步就协商、沟通结果或者《意向书》的继续履行签订正式合同，这表明各方放弃了原来的意向，《意向书》及《备忘录》终止。

最后，《意向书》鉴于部分对某某公司签约目的有明确的阐述，即在超级汽车公司将资产完整转入珠海四宝后，某某公司有意采取收购香港四宝全部股权的方式以期收购其下属珠海四宝的有关资产，从而进行后续开发；第7.3条对于未完成前述交易的法律后果也有明确约定，即“本意向书签订后360日内，本意向书各方若没有就继续履行本意向书签订相应的正式合同（协定）书，或虽然签订了相应的正式合同（协定）书，但由于不可归责于某某公司

之原因，最终未能完成上述交易，超级汽车公司应全数归还某某公司所有已付款项及利息”，该约定仅限于退还已付款项及利息，而不包含损害赔偿部分，原因在于合同各方作为成熟的商业主体均明晰项目本身存在的风险，资产最终是否能完整转入珠海四宝并非合同各方可以完全控制，需要依赖于某某公司在香港的破产重组，可见，《意向书》能否在签署之后顺利履行完全依赖于案外人的行为，客观上具有不确定性，因此，合同各方在签订《意向书》时才约定签订正式合同的履行期限 360 日，同时将交易未能完成的法律后果仅限于退款及支付利息。而事实上，到目前为止，案外人的资产珠海君悦来酒店全部资产根本没有转入珠海四宝的名下，合同履行的根本前提就没有成就，所以，本《意向书》及《备忘录》已经予以终止。

专家们指出，本案中，在《意向书》签订后 360 日内，并由两个《备忘录》签订后两次延长 6 个月共 1 年的延长期内，本《意向书》各方并没有就继续履行本《意向书》签订相应的正式合同书（协定），因而《意向书》履行终期已经届满，终止条件早已成就，故该《意向书》届时已经终止，不应继续履行。

针对本案二审判决认定的观点：认为两个《备忘录》关于延长履行期限的约定实质就是取消了各方要限期终止履行的约定，从而认定了《意向书》并未限期终止，而应继续履行。二审判决具体认定的内容是“由于当事人签订了两份《备忘录》，意向书第 6. 1 条和第 7. 3 条约定的期限对各方不再具有约束力”，“可以认定，意向书并未终止，而是继续有效，各方应继续履行”。

专家们认为，二审判决该认定的观点没有合同依据。相反，两份《备忘录》第 3 条分别最终约定：“现下列各方同意将《意向书》内待完成的交易，（即把全部有关资产正式转入丁方）的期限延长 6 个月，即到 2008 年 4 月 12 日，其他《意向书》条款持续不变。”可见，该条约定是将《意向书》第 7. 3 条的交易期限进行了延长，并明确约定，“其他《意向书》条款持续不变”。而《意向书》第 6. 1 条约定的合同履行期限，虽应当由此而顺延，但终止条件仍应持续不变，即本《意向书》签订后顺延至 2008 年 4 月 12 日，“本意向书各方若没有就继续履行本意向书签订相应的正式合同书（协定），则本意向书终止履行”。本案一个不争的事实是，至 2008 年 4 月 12 日，本《意向书》各方并没有就继续履行该《意向书》签订相应的正式合同书（协定），二审判决混淆合同履行期限与合同解除权的概念，在《意向书》明确约定终止履行条件的情况下，赋予一方当事人主张《意向书》继续履行的选择权，在360日内未签订正式书面协议的客观事实下，剥夺另一方当事人对《意向书》终止履行的选择权，违背意思自治原则。因此，从合同各方《意向书》中的明确约定、真实意思表示及后续行为均可见，《意向书》已经终止。

四、在“平行诉讼”中，先作出的香港仲裁裁决在本案中不能作为后作出判决的人民法院确认或采纳确认的依据

专家一致认为，本案的香港仲裁裁决对内地法院不具有预决法律效力，不能作为后作出判决人民法院确认或采纳确认的依据。现在从以下三个方面阐述相应的法律依据：

（1）本案香港仲裁裁决未经人民法院审查认可在内地不发生强制性法律效力。

1997年香港回归之后，原本依据《承认及执行外国仲裁裁决公约》（以下简称《纽约公约》）申请承认、执行外国仲裁裁决的情况发生变化，两地相互执行对方仲裁裁决时不再适用《纽约公约》。香港仲裁裁决执行的依据，已经成为一个主权国家内不同法律区域间司法协助的重要组成部分。在“一国两制”的基本国策下，内地与香港是两个地位平等、相互独立、司法机关互不隶属的法域。两地对仲裁裁决的效力和执行各有规定，内地与香港保留对在对方法域作出的仲裁裁决的法律效力进行确认的权力是保证各自司法独立的重要内容。

1999年6月18日，最高人民法院审判委员会第1069次会议通过了《最高人民法院关于内地与香港特别行政区相互执行仲裁裁决的安排》(法释［2000］3号）（以下简称《执行仲裁裁决安排》），就内地和香港之间仲裁裁决相互执行的制度达成协议，对两地之间仲裁裁决相互执行的条件、程序以及适用的时间范围作出了规定。《执行仲裁裁决安排》最大限度地保留了《纽约公约》关于仲裁裁决执行条件的规定，把《纽约公约》中的有关规则纳入《执行仲裁裁决安排》之中。

虽然《执行仲裁裁决安排》和最高人民法院《关于香港仲裁裁决在内地执行的有关问题的通知》（以下简称《通知》）均没有明确将《纽约公约》中的申请承认仲裁裁决作为人民法院认可香港仲裁裁决效力的必经程序，但是《执行仲裁裁决安排》与《通知》均明确了人民法院对香港仲裁裁决的审查标

准，即香港仲裁裁决不存在《执行仲裁裁决安排》第 7 条规定的情形的，[1]才可以在内地得到执行。值得注意的是，除语言表述略有差别外，《执行仲裁裁决安排》第 7 条与《纽约公约》第 5 条[2]关于不予承认与执行的情形完全一致。由此可见，人民法院在审查香港仲裁裁决是否可以被执行时与人民法院审查外国仲裁裁决是否可以得到承认时的标准是一样的。因此，未经人民法院审查的香港仲裁裁决在内地不直接发生强制性法律效力。

另外，2011 年最高人民法院颁布的《民事案件案由规定》在申请承认与执行法院判决、仲裁裁决案件的案由中，与香港仲裁裁决有关的案由为“申请认可和执行香港特别行政区仲裁裁决”。在司法实践中，各级人民法院对于申请人申请执行香港仲裁裁决的案由也都是“申请认可和执行香港特别行政区仲裁裁决”。最高人民法院在［2013］执监字第 202 号执行裁定中也明确了承认认可香港仲裁裁决是执行香港仲裁裁决的前提。在该案中，最高人民法院认为，根据《执行仲裁裁决安排》和《通知》，香港国际仲裁中心作出的仲裁裁决“必须经过相关司法程序的审查，被人民法院承认后才能予以执行”。大连海事法院在［2015］大海商初字第 313 号民事裁定书中也确认受理

---

〔1〕《执行仲裁裁决安排》第 7 条规定：“在内地或者香港特区申请执行的仲裁裁决，被申请人接到通知后，提出证据证明有下列情形之一的，经审查核实，有关法院可裁定不予执行：（一）仲裁协议当事人依对其适用的法律属于某种无行为能力的情形；或者该项仲裁协议依约定的准据法无效；或者未指明以何种法律为准时，依仲裁裁决地的法律是无效的；（二）被申请人未接到指派仲裁员的适当通知，或者因他故未能陈述意见的；（三）裁决所处理的争议不是交付仲裁的标的或者不在仲裁协议条款之内，或者裁决载有关于交付仲裁范围以外事项的决定的；但交付仲裁事项的决定可与未交付仲裁的事项划分时，裁决中关于交付仲裁事项的决定部分应当予以执行；（四）仲裁庭的组成或者仲裁庭程序与当事人之间的协议不符，或者在有关当事人没有这种协议时与仲裁地的法律不符的；（五）裁决对当事人尚无约束力，或者业经仲裁地的法院或者按仲裁地的法律撤销或者停止执行的。有关法院认定依执行地法律，争议事项不能以仲裁解决的，则可不予执行该裁决。内地法院认定在内地执行该仲裁裁决违反内地社会公共利益，或者香港特区法院决定在香港特区执行该仲裁裁决违反香港特区的公共政策，则可不予执行该裁决。”

〔2〕《纽约公约》第 5 条规定：“一、裁决唯有于受裁决援用之一造向声请承认及执行地之主管机关提具证据证明有下列情形之一时，始得依该造之请求，拒予承认及执行：（甲）第二条所称协定之当事人依对其适用之法律有某种无行为能力情形者，或该项协定依当事人作为协定准据之法律系属无效，或未指明以何法律为准时，依裁决地所在国法律系属无效者；（乙）受裁决援用之一造未接获关于指派仲裁员或仲裁程序之适当通知，或因他故，致未能申辩者；（丙）裁决所处理之争议非为交付仲裁之标的或不在其条款之列，或裁决载有关于交付仲裁范围以外事项之决定者，但交付仲裁事项之决定可与未交付仲裁之事项划分时，裁决中关于交付仲裁事项之决定部分得予承认及执行；（丁）仲裁机关之组成或仲裁程序与各造间之协议不符，或无协议而与仲裁地所在国法律不符者；（戊）裁决对各造尚无拘束力，或业经裁决地所在国或裁决所依据法律之国家之主管机关撤销或停止执行者。……”

并审理了该案申请人杰瑞船务有限公司仅申请承认香港仲裁裁决而未申请执行的案件。由此可见，在司法实践中，申请认可香港裁决可以作为一个单独的案件被人民法院受理、审理。因此，未经人民法院认可的香港仲裁裁决在内地不发生强制性法律效力，不能当然地等同人民法院的生效判决或内地仲裁裁决。

（2）未经人民法院审查认可的香港仲裁裁决的内容和结果不能成为内地法院的裁判依据。

2015年最高人民法院《关于适用〈中华人民共和国民事诉讼法〉的解释》第93条规定了七种免证事实[1]，其中包括“已为仲裁机构生效裁决所确认的事实”。但，此处“已为仲裁机构生效裁决所确认的事实”应仅指中国内地仲裁裁决，并不包括香港仲裁裁决、台湾仲裁裁决。

当事人提交的香港仲裁机构作出的仲裁裁决，除该裁决已为内地法院认可外，或对方当事人认可该裁决所认定的事实及裁决结果的，即使办理了公证认证或其他证明手续，内地法院也不得直接采用该裁决所认定的事实及裁决结果。

（3）在“平行诉讼”中，先作出的香港仲裁裁决不能直接作为后作出的最高人民法院判决的依据。

顾名思义，平行程序就是域外法院、仲裁机构与域内法院或仲裁机构对同一争议均拥有司法管辖权，在此情况下，各方均应依照本法域的法律规定对争议作出裁判，哪怕裁判结果一样，也不应以域外法院或仲裁机构的裁判结果为依据作出裁决。当然，亦不能延续域外法院或仲裁机构的裁判结果处理所谓域外法院或仲裁机构未处理的事项。

二审判决在评述“关于本案一审程序是否违法时”（见二审判决书第39、40页），认为与香港仲裁是属于平行解决纠纷现象，但在评述“关于本案争议的具体处理”时，居然以“鉴于本案二审期间，通过香港仲裁裁决的执行，

---

〔1〕 最高人民法院《关于适用〈中华人民共和国民事诉讼法〉的解释》第93条规定：“下列事实，当事人无须举证证明：（一）自然规律以及定理、定律；（二）众所周知的事实；（三）根据法律规定推定的事实；（四）根据已知的事实和日常生活经验法则推定出的另一事实；（五）已为人民法院发生法律效力的裁判所确认的事实；（六）已为仲裁机构生效裁决所确认的事实；（七）已为有效公证文书所证明的事实。前款第二项至第四项规定的事实，当事人有相反证据足以反驳的除外；第五项至第七项规定的事实，当事人有相反证据足以推翻的除外。”

某某公司已经取得了香港四宝的全部股权及实际控制权，因此，应当判令继续履行的内容是，判令超级汽车公司协助某某公司和香港四宝办理珠海四宝的法定代表人、执行董事等的变更登记手续”。这完全违背了平行程序的基本原则。

因此，无论是从法律规定，还是司法实践来看，未经人民法院认可，香港仲裁裁决的内容和结果不应成为人民法院裁判的免证事实或被人民法院直接采信。

专家的一致意见，从法律规定及司法程序来看，未经人民法院认可的香港仲裁裁决在内地不发生强制性法律效力，不能当然地等同于人民法院的生效判决或内地仲裁裁决。未经人民法院认可，香港仲裁裁决的内容和结果不应成为人民法院裁判的依据。

以上意见供委托人和相关司法机关参考。

【瞽言刍议】

本案是关于涉港《意向书》纠纷处理案件的论证。

其一是，涉及《意向书》的性质，根据其性质确认是否届时终止问题；

其二是，涉及适用何地法律问题；

其三是，涉及香港仲裁机构仲裁和内地法院“平行诉讼”，可否确认香港仲裁机构裁决的预决法律效力问题。

本案论证对于涉域外仲裁案的“平行诉讼”案处理，具有一定的参考价值。

4. 陈某某诉某某银行侵权责任纠纷案

【论证要旨】

1. 陈某某的损失是由案涉犯罪行为直接造成的。

2. 李某某的行为不属于职务行为，某某银行不应承担替代赔偿责任。

（1）李某某的行为不属于职务行为。

（2）某某银行不应承担替代赔偿责任。

一审判决既然正确认定李某某的行为不是职务行为，某某银行就依法不存在为李某某的非职务行为承担替代责任的问题。

3. 某某银行不承担补充赔偿责任。

（1）该银行的上述行为，不足以构成其补充责任。

（2）适用法律错误。

适用《侵权责任法》第 6 条第 1 款错误。该条款规定的是直接责任、自己责任，而非补充责任。如上所述，李某某的行为非职务行为，某某银行无替代责任，更无直接责任，该判决不能以承担自己责任的条款，作为承担补充责任的依据。

4. 某某银行也不应承担“过失相抵”责任。

本案某某银行既不是《侵权责任法》第 6 条第 1 款规定的直接侵权人，也不是《侵权责任法》第 34 条第 1 款规定的替代责任人，因而，不存在某某银行作为侵权人与陈某某“过失相抵”问题。

论证结论：

某某银行依法不承担任何侵权赔偿责任。

【案涉简况】

论证委托申请人：北京德恒（厦门）律师事务所。

论证事项：某某银行是否应承担案涉侵权责任。

论证专家：中国人民大学法学院、北京大学法学院、清华大学法学院、中国政法大学等五名民事法学专家，具体从略。

论证所依据的事实材料：

1. ［2018］某 0203 民初 15273 号《民事裁定书》；
2. ［2019］某 02 民终 147 号《民事裁定书》；
3. ［2019］某 0203 民初 10628 号《民事判决书》；
4. ［2017］某 03 刑终 728 号《刑事判决书》；
5. ［2018］某 0203 刑初 920 号《刑事判决书》；
6. ［2016］某 0105 刑初 485 号《刑事判决书》；
7. 其他相关事实材料。

以上事实材料均为复印件或扫描件，委托方对上列事实材料的真实性和来源的合法性负责。

上述事实材料反映，李某某系某某银行工作人员，其违反规章制度，私下向客户陈某某推销案涉基金产品而涉及相关刑事犯罪案件，造成了客户陈某某 600 万元的损失，案涉一审法院判决某某银行应承担相应的侵权责任。

【论证意见】

论证专家接受委托邀请，于 2020 年 8 月 22 日在京召开了专家论证会，与会五名专家出席会议，在会前审阅论证事实材料的基础上，对本案论证事项所涉及的事实认定、证据运用和法律适用问题，进行了认真的审查鉴别、分析研究，并就案涉相关问题，询问了委托方。在查明事实的基础上，根据法律规定，形成一致法律意见。

一、陈某某的损失是由案涉犯罪行为直接造成的

根据［2017］某 03 刑终 728 号《刑事判决书》、［2018］某 0203 刑初 920 号《刑事判决书》、［2016］某 0105 刑初 485 号《刑事判决书》、［2019］某 0203 民初 10628 号《民事判决书》、［2018］某 0203 刑初 920 号《刑事判决书》查明的事实，陈某某的损失是由案涉犯罪行为直接造成的。

陈某某一审中提供的其于 2012 年 11 月 12 日向涉刑公司北京某某投资中心（有限合伙）汇款 600 万元的电汇凭证、某某银行卡、中商财富融典龙鼎

十三期私募投资基金说明书、基金认购协议、有限合伙协议、有限合伙人信息登记、合伙期展期协议、关于成都市金牛区余家新居拆迁安置房建设工程项目的承诺、成都市金牛区财政局关于文件核查说明及相关承诺函说明，上述证据均证明陈某某与北京某某投资中心的合同关系，没有任何某某银行厦门分行的字样与签章；且陈某某的600万元投资款直接从其个人的某某银行账户汇至北京某某投资中心（有限合伙）开设的某商银行账户，未经过某某银行的任何账户，某某银行也从未收取任何相关手续费或佣金；而李某某是因为罗某某的唆使为赚取佣金私自将案涉基金介绍给陈某某；同时陈某某购买上述案涉基金是在其私人住所。以上事实及证据均证明陈某某的600万元款项全部被涉刑公司北京某某投资中心（有限合伙）骗取，其损失由案涉犯罪行为直接造成。

现案涉公司、案涉公司的相关人员及李某某、罗某某等人已全部伏法。北京市第三中级人民法院作出的［2017］某03刑终728号《刑事判决书》及北京市朝阳区法院作出的［2016］某0105刑初485号《刑事判决书》，对包括陈某某在内的700余名投资人购买案涉基金产品的损失已经予以认定，并判决被告人王某某、徐某某、曲某、吴某、杜某某等退赔相关投资人的经济损失；继续追缴被告人陈某某、童某、乔某、李某等9人的违法所得，用于发还相关投资人，冻结在案之账户内存款及在案之人民币5 315 710.8元用于退赔投资人的经济损失。北京某某投资中心多个银行账户、中某资产公司、王某某等名下房产、青海某某工贸有限公司多个采矿权、某某资产公司多个股权、滕州市某某置业有限责任公司名下多个土地使用权均已被法院查封在案等待处置。

二、李某某的行为不属于职务行为，某某银行不应承担替代赔偿责任

（一）李某某的行为不属于职务行为

某某区法院判决认为李某某向陈某某销售案涉私募基金的行为并非履行职务行为。

判决认为：陈某某提供的证据不足以证明李某某向其销售案涉基金产品系根据某某银行的授权或指示，仅凭李某某销售案涉理财产品时某某银行客户经理的身份并不足以认定其具备履行职务的表现形式或与履行职务有内在

关系，故不应认定为履行职务行为。理由如下：

（1）陈某某陈述购买案涉基金系李某某前往其家中办理，并非在某某银行办公区域内办理，这不符合购买理财产品一般需在银行办公区域内进行的常理，且陈某某购买的案涉基金收益亦明显高于商业银行普通理财产品的收益。

（2）陈某某签订的案涉基金合同均未出现任何有关某某银行的字样和印章，陈某某签订的《中商财富·某某龙鼎十三期私募投资基金认购协议》等亦是与北京某某投资中心（有限合伙）或北京某某投资管理有限公司所签订，并因此成为北京某某投资中心（有限合伙）有限合伙人，这与一般商业银行销售理财产品所出具的购买凭证明显不同。

（3）陈某某支付的600万元投资款系转入北京某某投资中心（有限合伙）名下某商银行账户，并非某某银行账户，这与一般商业银行销售理财产品存在本质区别。关于投资收益，陈某某主张李某某代其办理一张某某银行卡并告知其上述银行账户为案涉基金收益账户，但案涉《有限合伙人信息登记表》明确载明基金收益分配账户为陈某某名下卡号为62239319××××××××的某某银行账户，并非李某某为其办理的某某银行账户。

（4）从李某某在公安部门所作的询问笔录来看，其表示案涉基金不是在某某银行托管和代售，而是其朋友罗某某向其推荐的，案涉基金合同亦是从罗某某处取得，佣金亦是罗某某向其支付。

（5）陈某某提供的谈话录音虽显示戴某某、李某某向其表述某某银行领导知道案涉基金产品一事，但上述内容仅系戴某某、李某某的单方陈述，不能代表某某银行的真实意思表示。

专家们认为，一审法院判决书中的上述认定是正确的，证据充分，具有说服力。

陈某某作为具有多年理财经验的私营企业主，其对李某某所销售的理财产品应有充分认知。从其签订《中商财富·某某十三期私募投资基金认购协议》必须明确亲自签字认可的条款，从其资金转入的银行名称，从其基金收益分配账户为陈某某名下卡号为62239319××××××××的某某银行账户，从其办理理财产品的场所和收益明显高于某某银行理财产品情况等，均应明知该产品不是某某银行销售或代为销售的产品。其仅凭李某某是在工作日，穿某某银行工作服，挂某某银行的工作牌等，不足以使其产生李某某是某某银行授权代理的外观信赖；更何况陈某某也没有举证证明李某某当日穿某某银行工作服，挂某某银行的工作牌。

对于诸如上述行为外观上是否存在使陈某某相信李某某有某某银行外观代理授权事宜问题，参照最高人民法院印发的《关于当前形势下审理民商事合同纠纷案件若干问题的指导意见》第13条的规定："合同法第四十九条规定的表见代理制度不仅要求代理人的无权代理行为在客观上形成具有代理权的表象，而且要求相对人在主观上善意且无过失地相信行为人有代理权。合同相对人主张构成表见代理的，应当承担举证责任，不仅应当举证证明代理行为存在诸如合同书、公章、印鉴等有权代理的客观表象形式要素，而且应当证明其善意且无过失地相信行为人具有代理权。"由此可见，构成外观授权信赖，须在授权行为外观上存在使相对人相信行为人具有授权的理由，这包括两个方面的内容：其一，存在外观授权，即存在有授权的外观，其授权的外观足以使相对人相信有授权的事实。如或者有授权书、合同书、公章、印鉴等有授权性的凭证，或者根据交易习惯行为人的行为外观表明其有代理授权，方可构成外观授权。其二，相对人是善意且无过失，对行为人有代理授权足以形成了合理信赖。相对人对外观授权的信赖是否合理，应当以是否有正当理由作为判断标准。

陈某某主张李某某构成某某银行的外观授权信赖，应当承担举证责任，不仅应当举证证明授权行为存在诸如授权书、合同书、公章、印鉴等有某某银行授权的外观表象形式要素，而且还应当证明其善意，且已尽应有的注意义务，而属无过失地相信李某某的行为是经该银行授权。但根据上述李某某销售该产品的全部文件、手续和经过，证明该银行对该行为毫不知情，李某某的该行为也没有利用某某银行的任何名义、任何资源，是在明显与某某银行无关的情况下，仅据单方辩称有李某某在工作日，穿某某银行工作服，挂某某银行的胸牌等外观表象，对陈某某这样一个有理财经验的正常人来说，完全不足以形成其对李某某的行为属于某某银行外观授权的信赖。

另外，陈某某也未能证明自己是善意且无过失的。某某区法院的一审判决认定："基金理财系高风险高收益的投资业务，陈某某作为之前就有多次理财经验的客户，理应有足够的认知能力对李某某介绍的基金产品尽到必要合理的注意义务，不但要在合同签订时关注合同相对方的资质和履约能力，还要在履约过程中注意高收益下高风险的防范。即便基于对李某某客户经理身份的信任，误以为购买的是某某银行的理财产品，但其对于购买案涉基金产品交易过程中出现的如上述争议焦点所分析的多个问题，并未向某某银行进行反映和核实，现有证据亦未体现陈某某在案涉基金产品到期未能兑付后及时向某某银行反映，故陈某某对本案损失的发生具有严重过失，理应承担主要责任。”上述判决对陈某某应尽必要的合理注意义务进行了较充分的说理，并确认陈某某对本案损失的发生具有严重过失，这个认定是正确的，但是又同时认定陈某某应承担主要责任，该责任认定与前文相互矛盾，更重要的是违反了最高人民法院《关于当前形势下审理民商事合同纠纷案件若干问题的指导意见》第 13 条的规定，陈某某在购买案涉基金过程中不是善意且无过失，而是具有严重过失；且陈某某也未能证明李某某有某某银行的诸如合同书、公章、印鉴等有权代理的客观表象形式要素。

综上证明，陈某某对李某某的行为属于某某银行外观授权的主张不能成立。

（二）某某银行不应承担替代赔偿责任

关于替代责任，《侵权责任法》第 34 条第 1 款作了明确规定：“用人者责任”：“用人单位的工作人员因执行工作任务造成他人损害的，由用人单位承担侵权责任。”

由此可见，用人单位承担替代责任的前提是“用人单位的工作人员因执行工作任务造成他人损害的”；而一审判决既然正确认定李某某的行为不是职务行为，某某银行就不存在为李某某的非职务行为承担替代责任的问题。

三、某某银行不承担补充赔偿责任

关于补充责任，《侵权责任法》有明确的规定。其第 37 条规定了“违反安全保障义务的侵权责任”：“宾馆、商场、银行、车站、娱乐场所等公共场所的管理人或者群众性活动的组织者，未尽到安全保障义务，造成他人损害的，应当承担侵权责任。因第三人的行为造成他人损害的，由第三人承担侵权责任；管理人或者组织者未尽到安全保障义务的，承担相应的补充责任。”其第 40 条规定了“第三人侵权时教育机构的侵权责任”：“无民事行为能力人或者限制民事行为能力人在幼儿园、学校或者其他教育机构学习、生活期间，受到幼儿园、学校或者其他教育机构以外的人员人身损害的，由侵权人承担侵权责任；幼儿园、学校或者其他教育机构未尽到管理职责的，承担相应的补充责任。”

所谓补充责任，是指多个责任主体对同一损害后果承担共同责任时的一种侵权赔偿责任，简称为补充责任或补充赔偿责任。补充责任，主要发生在一个侵权行为造成的损害事实产生了两个相重合的赔偿请求权的情况下，法律规定权利人必须按照先后顺序行使赔偿请求权。只有排在前位的赔偿义务人的赔偿不足以弥补损害时，才能请求排在后位的赔偿义务人赔偿。在这样的案件中，后位赔偿义务人承担的侵权责任为补充的侵权责任。

某某区法院一审判决认为：“某某银行作为金融机构，理应加强对员工私售理财产品行为的防控，强化对员工选任及日常履职的管理，尽管某某银行提供了其禁止员工私售理财产品的内部规范性文件以及组织员工进行学习，但客观上某某银行对于本案损失的发生仍存在一定过错。理由如下：1. 某某银行除李某某外，还有两名工作人员因向客户推销案涉基金产品而涉及相关刑事案件，对于多名员工的私售行为，某某银行自述在 2018 年 9 月底通过内部排查才知悉。但李某某在 2018 年 3 月 15 日因涉嫌犯非法吸收公众存款罪即被取保候审，从陈某某提供的录音资料来看，陈某某在 2015 年之后亦有前往某某银行反映案涉基金存在的问题，某某银行理应早有察觉，但在行为发生后近 6 年才通过内部排查发现问题，可见其对于员工私售理财产品的监控、排查、治理明显不到位。2. 案涉基金产品签订合同的时间是 2012 年 11 月 12 日，当日是属于工作日，李某某系在工作时间前往陈某某家签订案涉基金合同，且某某银行亦无法提供李某某后续前往北京处理案涉基金产品事宜的相关请假材料，足以说明某某银行在人员选任和员工日常履职管理中存在明显漏洞。本案损失的发生与某某银行对私售行为监督防控不到位、人员管理存在明显疏漏存在一定关联。故某某银行对本案损失存在一定过错、理应承担相应的过错责任。因李某某违规代销案涉基金产品的行为是造成本案损失的根本原因，综合分析讼争双方过错大小以及造成损害结果的原因力，本院确定某某银行承担过错的责任比例为 20%。”

专家们指出，上述一审判决错误，理由如下：

1. 某某银行的上述行为，不足以构成其补充责任

经查，案中证据证明，某某银行并没有“违反安全保障义务”。

某某银行制定并下发了大量内部规范性文件，包括：《关于落实〈商业银行理财产品销售管理办法〉的通知》《某某银行个人理财产品销售管理办法》

《某某银行个人理财产品风险揭示书》《某某银行客户投资风险承受能力评估问卷》《关于印发〈某某银行合规管理有效性工作指引〉及〈合规管理有效性评价表〉的通知》《某某银行代销业务管理办法》《某某银行代理销售业务管理办法》《关于认真组织学习某某银行员工从业要求通知》《关于对我行营业网点私售金融产品进行风险排查的紧急通知》《某某银行关于开展营业网点私售金融产品风险排查的报告》《某某银行代理销售业务管理办法》《某某银行广义理财业务管理办法》等。同时，某某银行经常组织员工对理财产品合规销售等举办讲座、会议进行学习。上述文件在一审中已举证并经一审法院查明认定，由此可见某某银行在其管理中，不仅以规章制度规范员工，同时积极组织员工进行学习、培训，另外还开展风险紧急排查等工作，且李某某入职时即签署了《某某银行员工合规及案防责任承诺书》，承诺抵制和杜绝各种违法犯罪行为，某某银行已经尽到了合理的监督、防控及安全保障义务，不应对其安全保障义务做无限扩大解释。

可见，某某银行对于安全保障义务并没有违反，对于规章制度和员工纪律，该规定的规定了，该组织员工学习的学习了，该对员工教育警示的反复教育警示了，发现李某某等员工违法犯罪行为，也及时处理了，并不存在有违反安全保障义务规定的情形。对于判决认定的其过错事实，多是根据陈某某的单方陈述，而无客观证据证明；即使某某银行的管理行为有不到位的情形，那与李某某的犯罪行为也不存在因果关系，对由此造成的损失也不具有原因力，因而也就不能由此而认为某某银行构成了“违反安全保障义务的侵权责任”。

譬如，某水库管理者，在水库边树立了明显的警示标识“水深危险，严禁在水库游泳”，但有未成年人不听警示，在该水库游泳溺亡，能说该水库管理者构成“违反安全保障义务的侵权责任”吗？

又如，某加油站，有明显标识警示“严禁吸烟”，但有人不顾警示，偷偷吸烟而引起爆炸，造成他人损失，难道该加油站还要承担“违反安全保障义务的侵权责任”吗？

再如，由于某国家企事业单位工作人员违法犯罪，由此而造成他人损失，就能够仅据此而认定该国家企事业单位构成“违反安全保障义务的侵权责任”吗？

诸如此类，不一而足。由此可知，某某银行，不“违反安全保障义务”，并不一定能保证其员工就不违法犯罪，而造成他人损失，反之亦然，也不能因其员工一有违法犯罪行为，并造成了他人损失，就可以此而反推该单位监管不到位，而构成了“违反安全保障义务的侵权责任”。

2. 适用法律错误

其一，适用《侵权责任法》第 6 条第 1 款错误。该条款规定的是直接责任、自己责任，而非补充责任。如上所述，李某某的行为非职务行为，银行无替代责任，更无直接责任，该判决不能以承担自己责任的条款，作为承担补充责任的依据。

其二，即使引用《侵权责任法》的补充责任条款，作为上述判决的依据，也是错误的。本案明显不适用其第 40 条的规定，此不需论；而适用其第 37 条“违反安全保障义务的侵权责任”第 2 款的规定“因第三人的行为造成他人损害的，由第三人承担侵权责任；管理人或者组织者未尽到安全保障义务的，承担相应的补充责任”，也明显不当。因为李某某是某某银行的工作人员，不是第三人。如果某某银行要对李某某的行为负责，那是承担替代责任，而不是补充责任，而上述论证已证明了某某银行并不应替代李某某承担赔偿责任。在某某银行对其工作人员李某某的行为不承担赔偿责任的情况下，没有事实根据和法律依据可将李某某作为第三人，让某某银行承担补充责任。

四、某某银行也不应承担“过失相抵”责任

关于“过失相抵”，《侵权责任法》第 26 条关于“与有过失及过失相抵”规则作了明确规定：“被侵权人对损害的发生也有过错的，可以减轻侵权人的责任。”所谓“与有过失”，是指对于损失，侵权人和被侵权人都有过失及原因力；所谓“过失相抵”是指行为人各自对自己的行为造成的损失负责。适用本条的对象，只能是在侵权人和被侵权人之中。而本案某某银行既不是《侵权责任法》第 6 条第 1 款规定的直接侵权人，也不是《侵权责任法》第 34 条第 1 款规定的替代责任人，因而，不存在某某银行作为侵权人与陈某某“过失相抵”问题。

五、某某区法院一审判决适用《侵权责任法》的条款错误

［2019］某 0203 民初 10628 号《民事判决书》的判决依据是适用《侵权责任法》第 6 条第 1 款、第 26 条、第 34 条第 1 款。但专家们认为，一审法院

判决依据的这些条款，属于适用法律错误。理由是：

（一）同时适用《侵权责任法》第6条第1款和第34条第1款相互冲突

前者是侵权人的过错责任，侵权责任形态是自己承担责任，即对造成的损失由本人承担；后者是用人单位责任，侵权责任形态是替代责任，即造成损失的工作人员不是责任主体，而是由其执行职务的单位替代其承担赔偿责任。二者均具有独立的请求权，且相互冲突，以前者作为请求权基础，就不能以后者作为请求权基础，反之亦然。一审判决同时适用上述两个条款，其判决确认的请求权基础错误，适用法律明显不当。

（二）适用《侵权责任法》第6条第1款错误

该条款既然是对侵权人的过错责任自己承担责任的规定，而一审判决既然认定李某某的行为不是职务行为，某某银行亦非有过错的直接侵权人，该判决适用此条款，让银行承担直接侵权责任，无异于张冠李戴。

（三）适用《侵权责任法》第34条第1款错误

其第34条第1款规定的是"用人者责任"："用人单位的工作人员因执行工作任务造成他人损害的，由用人单位承担侵权责任。"用人单位承担替代责任的前提是"用人单位的工作人员因执行工作任务造成他人损害的"；而一审判决既然认定李某某的行为不是职务行为，又适用了以李某某的行为是职务行为的条款，让其单位承担替代责任，本身就自相矛盾，也是违背事实及法律的。

（四）适用《侵权责任法》第26条错误

见上述，此不赘言。

由上可见，本案一审判决适用《侵权责任法》的条款错误。

论证结论：

［2019］某0203民初10628号《民事判决书》认定某某银行承担侵权责任错误，适用法律不当，依法应通过二审程序予以纠正，改判某某银行不承担任何侵权赔偿责任。

以上意见仅供二审法院参考。

【瞽言刍议】

这是一起由某一审法院对于某某银行因其工作人员违反规章制度，私下向客户推销案涉基金产品而涉及相关刑事犯罪案件，造成客户损失，而判决该银行承担侵权责任的案件。

专家们论证认为，某某银行依法不应承担替代赔偿责任、补充赔偿责任和“过失相抵”责任；该判决不仅对侵权事实认定有误，而且适用《侵权责任法》的条款错误。

可见，正确理解和适用法律条款，在司法实践中仍是需要进一步强化的一项重要任务。

5. 天虹公司工程款优先受偿权纠纷案

【论证要旨】

（1）不应把建设工程竣工之日或者建设工程合同约定的竣工之日作为诉争建设工程款优先受偿权的行使期限的起算时间，而应把“发包人应当给付建设工程价款之日”作为起算时间。

其一，从实现债权层面讲，建设工程款优先受偿权作为工程款债权，其行使，必然以工程款债务已届履行期限为条件，或者说以工程款债权可以行使之时为前提。只要工程款债务尚未届期，工程款债权就不得行使，亦即工程款优先受偿权不得行使。

其二，从立法目的层面讲，把建设工程竣工之日或者建设工程合同约定的竣工之日作为建设工程款优先受偿权行使期限的起算点，有时会导致建设工程款优先受偿权不适当地消灭，尽管承包人没有躺在建设工程款优先受偿权之上“睡眠”，特别想积极行使该权利，也无能为力。这种导致立法目的落空、立法目的与具体规定不匹配的设置显然缺乏正当性，应予纠正。

其三，从是非曲直权衡的层面讲，把“建设工程竣工之日或者建设工程合同约定的竣工之日”确定为建设工程款优先受偿权的行使期限的起算点，即使承包人没有怠于行使优先受偿权，也会导致建设工程款优先受偿权行使因过期限而消灭，最终使在承包人处就业的农民工拿不到工资报酬，无力养家糊口，这就颠倒了是非曲直，绝不能被允许。

其四，从法不溯及既往层面讲：法不溯及既往，固然是法治的原则，但并非唯一的原则，亦非完全排斥例外的原则。当一项具体规定适用于个案会导致极不公正的结果时，裁判者有权也应当径直适用法律的基本原则予以裁判，而将该具体规定弃之一边。遇有此类情形，处理个案就不宜甚至不应固执地适用不合时宜的“旧法”，而应适用发挥正能量的“新法”。最高人民法院《关于适用〈中华人民共和国民法典〉时间效力的若干规定》（法释［2020］15号）第2条但书即为一例。

（2）本案再审一二审应当正确认定和依法纠正原审判决的错误。

（3）本案应依法提起抗诉，纠正原审判决错误。

【案涉简况】

论证委托方：某某咨询服务有限公司。

论证受托方：中国政法大学法律应用研究中心。

论证事项：本案应当如何依法保障承包人行使建设工程款优先受偿权。

参加论证的专家：中国政法大学、清华大学法学院、中国人民大学法学院四名权威民事法律专家教授。

专家论证所依据的案件材料：

1. 案涉原审民事判决书［2017］某0591民初68号；
2. 案涉再审一审民事判决书［2021］某0591民再2号；
3. 某市中级人民法院民事判决书［2022］某05民再9号；
4. 案涉建设工程施工合同（GF—2013——0201）；
5. 民事抗诉申请书；
6. 召开法学专家法律论证书；
7. 其他相关的事实材料。

委托方对以上事实材料的真实性和来源的合法性负责。

【专家论证意见】

某某咨询服务有限公司，向中国政法大学法律应用研究中心提交申请和案件材料，请求本中心就本案应当如何依法保障承包人行使建设工程款优先受偿权问题，提供专家论证法律意见。本中心审阅了所提交的案件材料之后，认为符合专家论证的条件，邀请上列专家教授，就案件材料显示的案件事实进行了研讨。专家们经过深入讨论，形成了本论证法律意见书，以供委托方和有关司法机关参考。

专家们的论证法律意见如下：

一、不应把建设工程竣工之日或者建设工程合同约定的竣工之日作为诉争建设工程款优先受偿权的行使期限的起算时间

我国《合同法》第286条规定了建设工程款优先受偿权："发包人未按照约定支付价款的，承包人可以催告发包人在合理期限内支付价款。发包人逾期不支付的，除按照建设工程的性质不宜折价、拍卖的以外，承包人可以与发包人协议将该工程折价，也可以申请人民法院将该工程依法拍卖。建设工程的价款就该工程折价或者拍卖的价款优先受偿。"但未明确该权利行使的期限及其起算点，存在法律漏洞。最高人民法院《关于建设工程价款优先受偿权问题的批复》（法释［2002］16号，当时有效，本文下同）第4条填补了该法律漏洞："建设工程承包人行使优先权的期限为六个月，自建设工程竣工之日或者建设工程合同约定的竣工之日起计算。"鉴于如此确定建设工程款优先受偿权行使期限（也有人叫作除斥期间）的起算点暴露出缺点，最高人民法院2018年出台的《关于审理建设工程施工合同纠纷案件适用法律问题的解释（二）》（法释［2018］20号，当时有效，本文下同）第22条，将其改为："承包人行使建设工程价款优先受偿权的期限为六个月，自发包人应当给付建设工程价款之日起算。"考虑到把建设工程款优先受偿权的行使期限限制在6个月过短，不利于保护承包人、农民工的合法权益，最高人民法院2020年出台的《关于审理建设工程施工合同纠纷案件适用法律问题的解释（一）》（法释［2020］25号）再作修改，于第41条规定："承包人应当在合理期限内行使建设工程价款优先受偿权，但最长不得超过十八个月，自发包人应当给付建设工程价款之日起算。"

这三个司法解释的规定明显不一致，究竟以何者为准？特别是面对诉争案件发生于《关于审理建设工程施工合同纠纷案件适用法律问题的解释（二）》（法释［2018］20号）、《关于审理建设工程施工合同纠纷案件适用法律问题的解释（一）》（法释［2020］25号）之前的背景，诉争案件可否甚至应否适用《关于审理建设工程施工合同纠纷案件适用法律问题的解释（二）》（法释［2018］20号）、《关于审理建设工程施工合同纠纷案件适用法律问题的解释（一）》（法释［2020］25号）的规定，不容回避。

法律专家们认为，诉争案件应当适用《关于审理建设工程施工合同纠纷案件适用法律问题的解释（二）》（法释［2018］20号）第22条、《关于审

理建设工程施工合同纠纷案件适用法律问题的解释（一）》（法释［2020］25号）第41条的规定，理由如下：

其一，从实现债权层面讲：最高人民法院《关于建设工程价款优先受偿权问题的批复》（法释［2002］16号）第4条把“建设工程竣工之日或者建设工程合同约定的竣工之日”确定为建设工程款优先受偿权的行使期限的起算点，有时不利于保护承包人、农民工的合法权益，确有必要予以修正。对此，可从建设工程款优先受偿权的机理观察。对于建设工程价款优先受偿权，可有两种理解。第一种理解：建设工程款优先受偿权含有建设工程价款债权与其优先受偿的效力这两个元素，换言之，建设工程价款优先受偿权是一个权利，但其含有两个元素，一个是建设工程价款债权，另一个是该债权具有优先于抵押权和其他债权的效力。第二种理解：建设工程款优先受偿权这个概念，同时指向工程价款债权和优先权，前者为债权，后者是物权，两个权利同时产生。承包人请求发包人支付工程价款，只要没有其他说明，就是在同时行使建设工程价款债权和优先权。无论哪种理解，建设工程款优先受偿权都含有工程款债权。而工程款债权的行使，必然以工程款债务已届履行期限为条件，或者说以工程款债权可以行使之时为前提。只要工程款债务尚未届期，工程款债权就不得行使，亦即工程款优先受偿权不得行使。

实践证明，建设工程竣工之日或者建设工程合同约定的竣工之日有时不是建设工程款债权能够行使之日，亦即，不是工程款债务应当履行之日。例如，建设工程竣工之日或者建设工程合同约定的竣工之日是2000年1月1日，但当事人约定的工程款支付日期是2001年1月1日。再如，工程款债务的履行附生效条件，该条件的成就不确定，可能远远迟于建设工程竣工之日或者建设工程合同约定的竣工之日。还如，发包人和承包人之间存在数个合同关系，工程款的支付受制于其他合同关系，致使工程款支付日期远远迟于建设工程竣工之日或者建设工程合同约定的竣工之日。既然工程款债务的履行期限尚未届至，或者所附生效条件尚未成就，那么，承包人就不得行使工程款债权。这种状态持续至建设工程竣工之日或者建设工程合同约定的竣工之日后满6个月，建设工程款优先受偿权归于消灭。最后，建设工程竣工了，但工程价款却未确定下来，双方当事人一直在“扯皮”，6个月过去了，依然如故。所有这些现象，都颠覆了权利及其行使的机理，是错误的。

其二，从立法目的层面讲：发包人和承包人之间的建设工程施工合同关系，本为典型的债的关系，承包人的工程款债权也未经公示，依债权平等原则，它与其他债权至多处于平等地位，没有抵押权的效力优先。但是，我国《合同法》及其司法解释却赋予它优先于抵押权的效力，优惠保护承包人，实质上是通过保护承包人而保护农民工的生存权。据此，便于，至少不人为地阻碍建设工程款优先受偿权的行使，才合乎逻辑，才利于立法目的的达到。可是，从上文“首先”的分析不难发现，把建设工程竣工之日或者建设工程合同约定的竣工之日作为建设工程款优先受偿权行使期限的起算点，有时会导致建设工程款优先受偿权不适当地消灭，尽管承包人没有躺在建设工程款优先受偿权之上“睡眠”，特别想积极行使该权，也无能为力。这种导致立法目的落空、立法目的与具体规定不匹配的设置显然缺乏正当性，应予纠正。

其三，从是非曲直的权衡层面讲：如果承包人怠于行使建设工程款优先受偿权，法律认定该权消灭，则具有一定道理，但承包人没有躺在建设工程款优先受偿权之上“睡眠”，千方百计地创造条件行使该权，只是由于该权行使期限尚未届至或行使条件尚未成就而不得行使，却因最高人民法院《关于建设工程价款优先受偿权问题的批复》（法释［2002］16 号）第 4 条把“建设工程竣工之日或者建设工程合同约定的竣工之日”确定为建设工程款优先受偿权的行使期限的起算点，导致建设工程款优先受偿权消灭，最终使在承包人处就业的农民工拿不到工资报酬，无力养家糊口，这就颠倒了是非曲直，绝不能被允许。

最后，从法不溯及既往层面讲：法不溯及既往，固然是法治的原则，但并非唯一的原则，亦非完全排斥例外的原则。当一项具体规定适用于个案会导致极不公正的结果时，裁判者有权也应当径直适用法律的基本原则予以裁判，而将该具体规定弃之一边。如果适用某一具体规定裁判案件会导致极不公正的结果，亦非个别现象，而是具有了一定的普遍性，仅凭个别裁判已经难以矫正局面，那么，修正法律已经势在必行！因法律颁行不久等原因进入修法程序不够现实时，通过出台司法解释修正不合时宜的具体规定，亦不失为一种可行、有效的途径。遇有此类情形，处理个案就不宜甚至不应固执地适用不合时宜的“旧法”，而应适用发挥正能量的“新法”。最高人民法院《关于适用〈中华人民共和国民法典〉时间效力的若干规定》（法释［2020］15 号）第 2 条但书即为一例。

如同上文分析的那样，鉴于最高人民法院《关于建设工程价款优先受偿权问题的批复》（法释［2002］16号）第4条存在瑕疵，最高人民法院《关于审理建设工程施工合同纠纷案件适用法律问题的解释（二）》（法释［2018］20号）第22条对其进行了修正，把建设工程款优先受偿权行使期限的起算点更改为“自发包人应当给付建设工程价款之日起算”。最高人民法院《关于审理建设工程施工合同纠纷案件适用法律问题的解释（一）》（法释［2020］25号）第41条对此予以确认，同时变建设工程价款行使期限的6个月为最长18个月。在这种背景下，诉争案件无疑应当适用最高人民法院《关于审理建设工程施工合同纠纷案件适用法律问题的解释（二）》（法释［2018］20号）第22条，甚至可以适用最高人民法院《关于审理建设工程施工合同纠纷案件适用法律问题的解释（一）》（法释［2020］25号）第41条的规定。

毋庸讳言，上述结论系相对最高人民法院《关于建设工程价款优先受偿权问题的批复》（法释［2002］16号）第4条而言的，其实，建设工程款优先受偿权的行使期限“自建设工程竣工之日或者建设工程合同约定的竣工之日起计算”，仍有完善的空间。站在立法论的立场，可作如下设计：建设工程价款优先受偿权的行使期限的起算点应为承包人能够行使建设工程价款优先受偿权之日，同时引入公平理念，一是防止承包人对工程建设的不当干涉，二是避免建设工程价款优先受偿权于不可归责于承包人时消失，这可通过承认该期限在正当事由出现时可以中止、延长的规则达到目的。所谓承包人能够行使建设工程价款优先受偿权，包括如下元素：①承包人的建设工程价款债权已经确定，特别是数额已定；②发包人付款期限已经届满，却未支付建设工程价款；③承包人行使建设工程价款优先受偿权没有自身方面的障碍，如承包人具有行为能力、无不可抗力等客观情形阻碍权利的行使等。

此外，专家们指出，从应当适用最高人民法院《关于审理建设工程施工合同纠纷案件适用法律问题的解释（二）》（法释［2018］20号）第22条而言，最高人民法院的相关判例亦可供本案诉争裁判借鉴：

判例一，最高人民法院民事裁定书［2019］最高法民申2351号裁定认为：“在当事人约定的工程款付款期限届满日晚于竣工日的情况下，如严格适用前述规定，自竣工日开始计算承包人行使优先权的期限，那么根据《中华人民共和国合同法》第二百八十六条，将导致优先受偿权行使条件尚未具备，行使期限已经开始起算，甚至届满的情形发生，这不利于对承包人合法权益的保护。因此，在合同约定付款时间晚于竣工时间时，应作对承包人有利解释，行使优先受偿权的时间应从合同约定的付款日期届满之日起计算。”

专家们认为，本案的实际情况就是案涉合同约定，竣工验收合格之后，才能进行竣工结算确定工程款项和付款日期，即使可以按合同约定，最后结算出工程款，但那也只能是在竣工验收之后的事，因而也应适用这一裁判要旨。

判例二，最高人民法院民事裁定书［2012］民再申字第16号裁定认为：“由于爱德利尔公司一直未对讼争工程组织竣工验收，导致工程款一直处于不确定状态，据此应认定汉沽建筑公司享有的工程款优先权未过6个月除斥期间，故爱德利尔公司和工行丰南支行关于工程款优先权已过除斥期间的申请理由均不能成立。”

专家们认为，该裁判要旨，应当适用于本案情况，本案承包人依约申请发包人组织竣工验收和竣工结算，但发包人拒不组织，并恶意占有使用案涉工程，致使工程款实际上一直处于不确定状态，故应当适用该裁判要旨，确认承包人并未超过6个月的优先受偿权行使期限。

二、本案再审一二审应当正确认定和依法纠正原审判决的错误

专家们指出，再审一审通过院长发现原审判决确有错误，而提起再审，以便通过再审纠正原审的判决错误，这无疑是正确的。但应当如何正确确定原审判决的错误问题，就成了再审一审甚至二审要正确认定的关键性问题。

（一）原审判决的错误

原审判决认为，本案应适用最高人民法院《关于建设工程价款优先受偿权问题的批复》（法释［2002］16号）第4条的规定，建设工程承包人行使优先受偿权的期限为6个月，自建设工程竣工之日或者建设工程合同约定的竣工之日起计算。根据涉案《建设工程施工合同》关于竣工日期的约定，工程未经竣工验收，发包方擅自使用的，以转移占有工程之日为实际竣工日期，诉争案件原被告均认可涉案工程于2015年8月份完工并交付被告，故原告于2017年1月4日向本院提起诉讼主张权利，已经超过了6个月的期限限制。

专家们指出，这一判决认定，表面上看似乎有理，但实质上具有两方面明显错误：

其一，没有事实根据。该判决认定“本案原被告均认可涉案工程于2015年8月份完工并交付被告”，经查。这完全违背事实，没有任何证据支持，属

于无证据认定案件事实，依法不能成立。案中证据确凿证明，诉争案件并未经过竣工验收，而发包方擅自占有、使用，不属于合法行为，欠缺正当性。作为原告的承包人从未对被告的这种不正当的占有、使用行为表示认可。案涉工程本未经过竣工验收，原告的建设工程款优先受偿权行使期限尚未起算，被告擅自占有、使用本应承受由此带来的不利后果，判决却将之认定为案涉工程已经竣工验收，据此认定原告的建设工程款优先受偿权因于6个月内未行使而消灭，救助了不法之人，损害了没有过错、诚信的承包人，是非颠倒，背离了社会主义核心价值观，应予纠正。

其二，诉争案件即使按最高人民法院《关于建设工程价款优先受偿权问题的批复》（法释［2002］16号）的规定来认定优先受偿权行使的起算日，也应当以《关于建设工程价款优先受偿权问题的批复》（法释［2002］16号）明确规定的“自建设工程竣工之日或者建设工程合同约定的竣工之日起计算”，而不应按该工程未经竣工验收，被告擅自占有、使用之日起算。

（1）案涉建设工程，未经竣工验收，就谈不上以“自建设工程竣工之日”起算的问题。

（2）诉争案件就应当以“建设工程约定的竣工之日起算”。由于涉案建设工程合同并没有约定具体明确的竣工之日，就应当根据合同明确约定的竣工验收的起算日和竣工验收的期限规定，来计算出本案工程所约定的明确的竣工日。

其三，该判决，代以发包人擅自占有、使用涉案工程之日作为优先受偿权行使的起算时间，不仅直接违背了最高人民法院《关于建设工程价款优先受偿权问题的批复》（法释［2002］16号）关于应以合同约定竣工日为准的规定，反而优先选择对没有过错的权利人最为不利的相关司法解释的个别规定，有失公平。

对于以被告实际占有、使用建设工程为认定竣工之日的规定，《民事审判指导与参考》载：最高人民法院《关于建设工程价款优先受偿权问题的批复》（法释［2002］16号）第4条规定，建设工程承包人行使优先权的期限为6个月，自建设工程竣工之日或者建设工程合同约定的竣工之日起计算，该批复第4条规定的“建设工竣工之日”不包括最高人民法院《关于审理建设工程施工合同纠纷案件适用法律问题的解释》（当时有效）第14条第2、3项规定的两种情形。

人民法院依据上述解释第 14 条第 2、3 项规定认定建设工程实际竣工日期的两种情形，是针对发包人恶意拖延工程竣工验收时间，以期达到拖延支付工程价款的违法目的而作出的惩罚性规定，人民法院不宜依据此规定，作为承包人行使优先权的 6 个月期限的起算点。

由上可见，原审判决，违背工程款优先受偿权的立法精神与充分有效保护承包人权益的原则；工程款优先受偿权的立法司法目的和精神，是充分有效保护承包人即施工方中大量弱势的农民工获得工资报酬的基本权利。因此，法院判决认定工程款优先受偿权行使期限起算日，应当作出有利于承包人即天虹公司的解释，而不应支持发包人故意拖延支付工程款并使其从违法违约中获利，继续逃避债务和责任。

（二）再审一审的判决错误

再审一审判决却没有从实质上纠正原审判决错误，其判决认为，原审判决根据上述司法解释第 14 条第 3 项规定，确认 2015 年 8 月原审被告开始使用涉案工程之日，为竣工之日。但根据上述司法解释第 14 条第 2 项的规定，2016 年 5 月 8 日，原审原告向被告提交了《工程竣工报告》，该时间点应认定为竣工日期。故本案于 2017 年 1 月 4 日起诉，超过了优先受偿权行使期限（见该判决书第 18 页）。

该判决虽然纠正了原一审判决以根据上述司法解释第 14 条第 3 项，确认 2015 年 8 月原审被告开始使用涉案工程之日，为竣工之日的认定错误；但是却根据上述司法解释第 14 条第 2 项规定，认定 2016 年 5 月 8 日原审原告向被告提交了《工程竣工报告》该时间点为竣工日期。故同样认定本案于 2017 年 1 月 4 日起诉，超过了优先受偿权行使期限。

可见，再审一审的判决认定，仍然错误地将上述司法解释对发包人的“惩罚性规定”（实际上是变相成为其保护性规定）来作为认定依据，而这个依据，已被最高人民法院的司法指导意见（已如上述）所否定，此不赘论。

（三）再审二审判决的认定错误

再审二审判决认为，原再审一审判决以上诉人提交原审原告向被告提交了《工程竣工报告》日期（2016 年 5 月 8 日）为竣工日期，并将该日期确定为本案行使优先受偿权的起算时间，符合法律规定和合同约定。上诉人于 2017 年 1 月 4 日起诉本案主张权利，已经超过了建设工程优先受偿权行使期限（见该判决书第 15 页至第 16 页）。

该判决完全维持再审一审判决对优先受偿权起算时间的认定，其错误就与再审一审判决错误完全相同，此不重述。

（四）从立法和司法解释的发展变化层面上来看，再审一二审的判决错误

1. 再审一审对此的判决错误

该判决认为："但是，工程价款优先受偿，应当以工程款确定为前提，本案中双方均认可，2016 年 3 月 18 日根据某某市造价工程有限公司某某分公司出具的造价咨询结算报告书涉案工程价款得以确定，因此，2016 年 3 月 18 日工程价款确定之日才具备了优先受偿权行使的条件。"只是因为 2016 年 5 月 8 日承包人向发包人提交了《工程竣工报告单》，将此日认定为竣工日期，故从本案事实以及保护承包人权益综合考量并结合上述法律规定，2016 年 5 月 8 日应认定为原审原告行使优先受偿权的起算点（见该判决第 18 页）。

专家们指出，该判决的难能可贵之处，在于其正确确定了"工程价款优先受偿，应当以工程款确定为前提"；但非常遗憾的是，该判决将工程款确定之日，错误地认定为 2016 年 3 月 18 日，从而使该判决"从本案事实以及保护承包人权益综合考量并结合上述法律规定"，以保障承包人充分有效实现优先受偿权的良好愿望初衷，彻底落空。其最后的判决错误，不在于是正确确定了"工程价款优先受偿，应当以工程款确定为前提"，而在于对该前提的认定，违背了该案的事实，对此将在下文进行论证。

2. 再审二审对此的判决错误

该判决的错误，不仅在于维持了再审一审判决对本案优先受偿权起算时间认定为 2016 年 5 月 8 日的错误，而且更在于，其完全无视了再审一审判决对"工程价款优先受偿，应当以工程款确定为前提"认定的正确意见。如果该判决能够正确正视并维持再审一审的这一正确意见，并能够正确纠正其在确定工程款日期上的错误认定，那么本案就有机会使承包人行使优先受偿权，得以依法实现。但遗憾的是，该判决并没有对再审一审判决的这一"前提"认定作出任何评判，致使承包人通过再审判决依法保障其行使优先受偿权的合法权益最终落空。

3. 认定再审一二审的判决错误的法律依据

专家们指出，这里的关键在于，要正确对待再审一审判决所认定的"工程价款优先受偿，应当以工程款确定为前提"的问题，质言之，再审判决要以"工程款确定"之日，即工程款付款日作为承包人行使优先受偿权的起算

之日。其法理已在本法律意见书“一”中予以阐释，此不再赘言。

三、本案应如何确保承包人优先受偿权的实现

（一）本案应依法纠正原审和再审一二审判决的错误

其一，要纠正原判决和再审一二审，对优先受偿权行使起算时间所确定的错误，改为依法正确认定“自发包人应当给付建设工程价款之日起算”。

其二，要纠正原判决和再审一二审判决对是否超过优先受偿权行使期限的计算错误。

既然本案应依法正确认定该优先受偿权“自发包人应当给付建设工程价款之日起算”，那么就应据此，正确认定承包人是否超过了 6 个月的行使期限。

经查：

1. 案涉合同约定了竣工验收时间。

本案的《建设工程施工合同》约定了专用条款第 13. 2. 2 条“关于竣工验收程序的约定：执行合同通用款”。合同通用条款第 13. 2. 2 条约定：“除专用合同条款另有约定外，承包人申请竣工验收的，应当按照以下程序进行：（1）承包人向监理人报送竣工验收申请报告，监理人应在收到竣工验收申请报告后 14 天内完成审查并报送发包人；（2）监理人审查后认为已具备竣工验收条件的，应将竣工验收申请报告提交发包人，发包人应在收到经监理人审核的竣工验收申请报告后 28 天内审核完毕并组织监理人、承包人、设计人等相关单位完成竣工验收。”

监理人收到竣工验收申请报告后审查期限 14 天，提交给发包人审核的期限为 28 天，至 2016 年 6 月 19 日才是发包人应当签发竣工验收报告之日。

但发包人拒不组织竣工验收，承包人提交的《工程竣工报告》日期为 2016 年 5 月 8 日，就被再审一二审法院认定为涉案工程的“竣工日期”，其当然错误。

2. 该合同约定了竣工结算时间。

涉案建设工程合同中，有约定，按“执行通用条款”的规定，竣工验收合格后，承包方提交竣工结算的期限为 28 天，发包方竣工结算审核的期限为 28 天。原审和再审法院判决罔顾合同双方有明确约定工程竣工验收和竣工结算的相应期限的这一事实，错误地将承包人天虹公司提交工程竣工报告日，

认定为工程价款优先受偿权行使期限的起算日期，从而错误地将起始时间缩短为 14+28+28+28=98 天。

由上，应正确认定，依照涉案合同约定，2016 年 5 月 8 日，承包人提出《工程竣工申请报告》后，要经过 14 天对竣工验收的监理审查时间，再经过发包人对竣工验收 28 天的审查时间，发包人才能确认对工程的竣工验收合格。竣工验收合格后，还要进行竣工结算：先要由承包人在 28 天内提出提交竣工结算申请报告，然后由发包人在 28 天内审核批准竣工结算报告，最顺利至此时才能依约形成发包人审核批准竣工结算报告，以此作为发包人“应当给付建设工程价款之日”的起算时间。何况，根据合同约定，如果发包人对《竣工验收结算报告》有异议，还需要有个相互协商过程，此还不论。故此，从承包人 2016 年 5 月 8 日提出竣工验收申请报告，要经过其后 98 天，才是承包人行使优先受偿权的起算日期，故承包人于 2017 年 1 月 4 日，起诉主张权利，完全不超过 6 个月的行使期限。

（二）本案应依法提起抗诉，纠正原审错误

根据以上论证意见，原一审判决、再审一二审判决，认定事实、适用法律均有根本性错误。承包人应依据《民事诉讼法》第 215 条、第 207 条第 3 项、第 216 条第 3 项规定的情形，申请人民检察院依法提起抗诉，纠正原审判决错误，以充分有效地保障承包人享有的建设工程款优先受偿权的合法权益。

以上意见供参考。

【瞽言刍议】

这是一起论证难度较大，论证意见含金量较高的，名副其实的疑难案件的论证意见。专家们从实现债权层面、立法目的层面、是非曲直权衡层面、法不溯及既往层面，多角度对本案核心问题进行了论证，得出的结论为：本案不应把建设工程竣工之日或者建设工程合同约定的竣工之日作为诉争建设工程款优先受偿权的行使期限的起算时间，而应把“发包人应当给付建设工程价款之日”作为起算时间。根据这一结论，提出了本案应当纠正原一审、再审一二审判决错误的论证意见。

本论证意见可供解决建设工程款优先受偿权纠纷疑难案件参考。

6. 时代公司与某某市政府 BT 合同纠纷案

【论证要旨】

本案属于建设项目合同纠纷，主体双方分别为某民营企业和某某市政府。对该案件论证，主要涉及对该合同的准确定性以及处理的根本途径和根本原则问题。

其一，关于合同性质：

专家们对于该《项目建设协议书》，从不同角度，对其性质作了不同的界定：

1. 从案涉协议所涉建设项目的性质来说，其属于 BT 项目合同。

2. 从合同性质的法律关系来看，该协议属于无名合同。

3. 从案涉合同纠纷涉及的权利义务内容来看，其并不属于行政争议。

4. 从案涉《项目建设协议书》中甲乙双方权利义务的约定而言，其争议的民事纠纷更符合承揽合同的争议性质。

结论是：案涉合同争议属于民事纠纷争议，而非行政纠纷争议，其民事纠纷争议更符合民事承揽合同纠纷争议的性质。

其二，处理的途径：

专家们指出，无论从案涉合同争议性质，还是从相关司法解释的适用看，本案都应当通过民事诉讼途径去解决。

其三，处理的根本原则：

专家们指出，对于本案的处理，从根本上来说是要从遵循政府信赖保护原则出发，有效保护当事人的信赖利益，遂从案涉多方面进行了具体阐释。

【案涉简况】

论证委托方：甘肃云钦律师事务所。

论证受托方：中国政法大学法律应用研究中心。

委托论证的事项：对时代公司与某某市人民政府合同纠纷案应当如何定性处理。

参加论证的专家：中国社会科学院、中国人民大学法学院、北京大学法学院、清华大学法学院、中国政法大学共五名专家，具体从略。

委托方提交的本案案件事实材料：

1. 合作建设甘肃某某天马文化产业园项目框架协议书；

2. 甘肃某某天马文化产业园摩天轮主题公园项目建设协议书；

3. 某某市政府第 17 次常务会议纪要（审定通过摩天轮主题公园修建性详细规划）；

4. 关于请求协调解决天马文化产业园摩天轮主题公园项目建设有关问题的请示；

5. 审计报告；

6. 关于申请移交摩天轮主题公园建设项目的报告；

7. 其他相关事实材料。

以上材料都是复印件，委托方对这些材料的真实性和来源的合法性负责。专家们以这些材料显示的案件情况为事实根据提供论证意见。

委托方根据以上事实材料所介绍的案件情况：

为了贯彻落实十七届六中全会精神，着力推进实施《华夏文明保护传承和创新发展示范区》、全力打造特色文化市，某某市政府招商引资、与时代公司合作开展甘肃某某天马文化产业园摩天轮主题公园项目。2012 年 3 月 13 日，双方签订《合作建设甘肃某某天马文化产业园项目框架协议书》，确定初步合作意向；同年 4 月 21 日，双方签订《甘肃某某天马文化产业园摩天轮主题公园项目建设协议书》，就主题公园建设作出细化约定，核心即由时代公司在某州区植物园东侧投资建设摩天轮主题公园，建成后项目整体移交市政府，投资总额以中介机构评估审计为准，由市政府为时代公司补偿以 2012 年同等价值的净地用于商业建设。

前述协议签订后，在市政府及各部门的协调配合下，时代公司积极推进项目的开发建设，2012 年 5 月 2 日项目奠基开工。同时，时代公司根据双方约定在某某市注册设立“甘肃某某丝绸之路时代天马文化产业发展股份有限公司”作为项目公司，并由该公司负责项目具体实施工作。

2014 年 5 月 1 日，摩天轮主题公园项目正式投入试运营，经某某市审计局批复、文广局委托，甘肃某某会计师事务所出具审计意见：“截止 2014 年 6 月 30 日，某某天马文化产业园项目整体完成投资 6843. 73 万元。”

自项目完成审计后，时代公司多次请求市政府接收项目，履行净地补偿的约定，期间虽形成多份相关政府会议纪要、机关单位批文、主管领导批示文件，但问题始终未得到有效解决，企业损失持续扩大，现欲通过诉讼途径救济权利。

【论证意见】

委托方甘肃云钦律师事务所，因时代公司与某某市人民政府合同纠纷一案，向受托方提交案件材料，就本案如何定性处理问题，委托受托方代为邀请有关法律专家进行论证、提供专家论证意见。受托方审阅委托方提交的案件材料之后，认为符合专家论证的条件，邀请我国五名著名民事法学专家，于 2020 年 7 月 18 日在京召开了专家论证会。专家们在预先仔细研究委托方提交的案件材料的基础上，进行了深入的讨论，根据事实法律，形成如下一致法律意见。

一、关于《项目建设协议书》争议的性质问题

专家们指出，对于案涉《项目建设协议书》（以下简称“案涉协议”）的性质，从不同角度，可对其性质作如下不同情况的界定：

其一，从案涉协议所涉建设项目的性质来说，其属于 BT 项目合同。所谓 BT 项目，是指根据项目发起人通过与投资者签订合同，由投资者负责项目的融资、建设，并在规定时限内将竣工后的项目移交项目发起人，项目发起人根据事先签订的协议向投资者支付项目总投资及确定的回报。案涉协议即是以某某市人民政府作为项目发起人、时代公司作为投资者，二者在 BT 项目案涉摩天轮建设所确立的权利义务关系。

其二，从合同有性质不同的法律关系来看，该协议属于无名合同。案涉合同所涉法律关系，不仅含有某某市人民政府对项目建设必要的行政授权的

行政法律关系，而且包括其作为发起人与时代公司作为投资建设者所涉项目的投资建设与投资建设回报的民事法律关系。故，合同法法定的有名合同，不足以概括其合同法律关系的不同性质，因而只能将其概括为无名合同。

其三，从案涉合同纠纷涉及的权利义务内容来看，其并不属于行政争议。案涉争议仅仅涉及项目建成后的移交和回报问题，这显然属于双方作为平等的民事法律关系主体所涉及的民事纠纷问题；而绝不是该市政府与具体行政行为相对人对具体行政行为的合法性的行政争议问题。

其四，从案涉《项目建设协议书》中甲乙双方权利义务的约定而言，其争议的民事纠纷更符合承揽合同的争议性质。《合同法》第 251 条第 1 款规定："承揽合同是承揽人按照定作人的要求完成工作，交付工作成果，定作人给付报酬的合同。"在本案中，定作人为某某市政府，承揽人为时代公司，定作人某某市政府授权时代公司定作合同项目，而承揽人时代公司提供融资、材料承揽合同项目，而定作的成果即案涉摩天轮的建设，验收合格，移交某某市政府，某某市政府应向时代公司偿付相应的报酬。

结论是：案涉合同争议属于民事纠纷争议，而非行政纠纷争议，其民事纠纷争议更符合民事承揽合同纠纷争议的性质。

二、关于时代公司的合同权益的救济应选择何种程序问题

虽然《项目建设协议书》一方当事人为某某市政府，但合同相对方时代公司在订立合同及决定合同内容等方面仍享有充分的意思自治，并不受单方行政行为强制，合同内容包括具体的权利义务及违约责任，均体现了双方当事人的平等、等价、协商一致的合意，因此，如上所述，该《项目建设协议书》的争议既然属于民事合同争议，该协议的争议解决就理应选择民事诉讼程序。

退一步讲，即便是将《项目建设协议书》视为行政协议，根据最高人民法院《关于审理行政协议案件若干问题的规定》（法释［2019］17 号）第 27 条第 2 款规定："人民法院审理行政协议案件，可以参照适用民事法律规范关于民事合同的相关规定。"其第 28 条规定："2015 年 5 月 1 日后订立的行政协议发生纠纷的，适用行政诉讼法及本规定。2015 年 5 月 1 日前订立的行政协议发生纠纷的，适用当时的法律、行政法规及司法解释。"本案亦是属于 2015 年 5 月 1 日前订立的行政协议发生纠纷，根据当时的司法解释和司法实践，

其所涉建设项目的对价偿付问题，亦都应作为民事纠纷来处理。

故此，专家们认为，本案应通过民事诉讼程序处理。

三、关于《项目建设协议书》的效力问题

关于《项目建设协议书》的效力问题，涉及如下几个方面：

其一，项目建设的土地使用权转让问题。由于该建设项目属于 BT 项目，与 BOT 项目不同，不存在中间有个“O”，即所有权转移问题，时代公司仅是投资建设方，其对案涉项目自始至终并不享有所有权，项目建成后，其土地使用权连同土地之上的建设项目始终归属于某某市政府，其移交与否，并不影响该项目的所有权归属。因此，该项目的建设并不存在需要将案涉土地使用权转让的问题。

其二，项目建设的证件和招投标问题。按照法律规定，即使是某某市政府发起的建设项目，亦应办理必要的与建设相关的证件和履行招投标手续。

但鉴于该项目：

一是属于某某市政府 2012 年重点招商引资的文化项目，其按照政府规定的“政府主导、企业筹划、政策支持、市场运作”的 BT 模式进行合作开发建设。

二是该项目是在该市市委、市政府的直接领导下开展的项目。经该市市委、市政府正式批准，成立了以市委副书记、市长为组长，市委常委、副市长等为副组长，以该市发改委、国土局、建设局、规划局、工商局等各职能部门主要领导为组员的专门的该项目“建设领导小组”。由于该项目是该市市委、市政府直接领导的项目，该市政府不仅完全有责任，而且有能力直接办理与该项目建设相关的证件和必要手续，这是依法行政的应有之义。

三是该项目有该市人民政府常务会议审定的该项目的《修建性详细规划》。

四是该项目选定投资方业经政府充分考察认可，并予以授权，其投资建设是在政府的直接领导、直接参与并监督下进行的。

五是该项目也业经最后验收合格并进行了审计、评估，不仅达到了约定的移交条件，而且多次依约申请移交，未果。

故此，基于行政法的信赖保护原则，投资建设方的信赖利益应受到切实有效的充分保障，而不应因由政府过错应办未办案涉项目的建设手续问题，

按合同无效处理，而直接损害时代公司的信赖利益。

其三，关于《项目建设协议书》第 5 条的问题。该条规定："市政府以 2012 年同等价值的净地补偿时代公司用于商业建设。"该约定因违反法律强制性规定而无效，但该条款的无效过错在于某某市政府，时代公司的信赖利益应受保护，且市政府不能因该条款被认定无效而从中获益，否则，就直接侵害了时代公司的信赖利益。由于该约定的实质，是为了满足时代公司享有招商引资的优惠待遇，为了确保时代公司的投资建设能有效得到保障，并能获得充分的升值空间，现在此对价偿付方式的预约虽因无效而不能实现，但政府承诺的给予对方充分享有的优惠偿付对价的实质约定，并不能因此而废止。为此，某某市政府应当参照该约定给付时代公司相应的报酬，不仅应偿付相对应的投资款，而且还应保障其应获得的相应利润。具体偿付可参照当时的相关地价标准，附加该地价的溢价情况，予以综合考虑。

四、关于某某市政府的违约行为与相对应的责任问题

某某市政府未能依约及时接收建成的摩天轮，亦未向时代公司给付投资相应补偿，构成严重违约，依法应当承担继续履行、赔偿损失的违约责任。

五、关于某某市政府应当给付的款项及应当赔偿的损失范围问题

承揽合同中，自承揽人完成工作成果，定作人即应当支付报酬，本案中，某某市政府应当按照约定给付时代公司投资款和同行业通常应获的适当利润（譬如以投入资金的 10% 为宜）、违约金，以及参照《项目建设协议书》第 5 条"市政府以 2012 年同等价值的净地补偿时代公司用于商业建设"约定的净地在同时期的市场价值及其后的溢价给付时代公司相应的报酬，并赔偿时代公司的融资利息损失及政府迟延接收项目期间产生的运营管理费用等。

六、关于案涉摩天轮移交时价值是否应当折旧计算问题

因案涉摩天轮的所有权属于某某市政府，且时代公司不存在应移交而未交的问题，而是某某市政府一直拒绝接收，故本案不存在折旧计算问题。

以上意见供参考。

【瞽言刍议】

本案属于建设项目合同纠纷，主体双方分别为某民营企业和某某市政府。对该案件论证，主要涉及对该合同的准确定性以及处理的根本途径和根本原则问题。

余以为，本案论证意见对当事人与政府部门的合同纠纷处理有参考价值。

7. 邓某某调解书再审案

【论证要旨】

第一，关于能否以该调解协议违法作为对调解书提起再审的事由问题：

经查，再审申请人主张，调解协议中关于违约金条款的约定违反了最高人民法院 2015 年《关于审理民间借贷案件适用法律若干问题的规定》（以下简称《借贷规定》）第 26 条的规定，调解书对此确认违反了法院调解的合法性原则，故调解书确有错误，应当予以再审。

而某某省高级人民法院民事裁定书［2020］某民监 22 号载："本院审查认为，该调解书确有错误，应予再审。"

专家们指出，最高人民法院《关于适用〈中华人民共和国民事诉讼法〉的解释》（2015 年）第 409 条和最高人民法院《关于人民法院民事调解工作若干问题的规定》（2020 年）第 10 条规定，对调解书再审事由的"确有错误"，界定为"违反法律、行政法规禁止性规定的"。

专家们指出，上述《借贷规定》，其一，属于司法解释，而不属于法律、行政法规；其二，《借贷规定》的上述规定，亦不属于法律、行政法规禁止性规定；其三，《借贷规定》是对借贷法律关系利率所作的司法解释，而不是对股权处分法律关系违约金所作的司法解释。故，套用《借贷规定》作为调解书确认协议约定金违法无效或应予撤销，不仅是张冠李戴，混淆了两种不同的法律关系的界限，而且也是对"违反法律、行政法规禁止性规定的"的误解，因而该主张依法不能成立。

第二，关于能否以该调解协议约定的违约金过高作为对该调解书提起再审事由问题：

再审申请人提出调解协议约定违约金比率，超过了《借贷规定》所允许保护的（年化利率36%）的两倍多，故应当对该调解书提起再审。

专家们指出，案涉违约金的约定是否过高，不能以《借贷规定》作为参照标准，因为调解协议约定的是违约金，而不是借贷利率。

根据《合同法》第114条和《最高人民法院关于适用〈中华人民共和国合同法〉若干问题的解释（二）》（本文以下简称《合同法解释（二）》）第29条，对于当事人的违约金，“人民法院应当以实际损失为基础，兼顾合同的履行情况、当事人的过错程度以及预期利益等综合因素，根据公平原则和诚实信用原则予以衡量，并作出裁决。当事人约定的违约金超过造成损失的百分之三十的，一般可以认定为合同法第一百一十四条第二款规定的‘过分高于造成的损失’”。可见，不能以借贷利率而应以违约造成的损失作为标准衡量违约金的高低。在本案中，违约损失的是邓某某的投资股权损失和重新投资的预期利益损失。

第三，案中没有证据证明调解书协议违反自愿原则，相反，案中证据证明该协议是双方自愿达成的。

第四，撤销案涉调解协议将会对法律效果、社会效果造成严重危害。

故，该调解书依法不宜通过再审撤销。

【案涉简况】

论证委托方：邓某某。

论证受托方：中国政法大学法律应用研究中心。

论证事项：对于本案再审应依法如何处理。

参加论证的专家：中国政法大学、中国人民大学法学院、清华大学法学院、北京大学法学院等五名民事法学专家。

委托方提供的案件材料：

1. 调解协议；
2. 民事再审申请书；
3. 某某省某某中级人民法院民事调解书［2013］某中民一初字第3号；
4. 还款承诺书；
5. 某某省高级人民法院执行裁定书［2019］某执监6号；
6. 某某省高级人民法院民事裁定书［2020］某民监22号；
7. 其他相关事实材料。

以上材料均为复印件，委托方对这些材料的真实性和来源的合法性负责。

【论证意见】

委托方因案涉调解书再审一案，向受托方提交专家论证申请和案件材料，请求代为邀请专家论证，提供专家论证法律意见。受托方在审阅委托方提交的案件材料后，认为符合专家论证的条件，邀请五名法学专家于 2021 年 1 月 11 日在京召开了专家论证会。专家们在仔细研究委托方提交的案件材料、向委托方询问有关情况、深入讨论的基础上，形成一致法律意见：即案涉调解书不应撤销，而应维持，继续履行。

具体论证意见如下：

一、关于能否以该调解协议书违法作为对调解书提起再审的事由问题

经查，某某省高级人民法院民事裁定书［2020］某民监 22 号（以下简称“再审裁定书”），载：“本院审查认为，该调解书确有错误，应予再审。”但对该调解书确有何种错误，却语焉不详。故专家们只能根据案涉“再审申请书”主张的观点来加以分析。

该再审申请书主张，调解协议中关于违约金条款的约定违反了《借贷规定》第 26 条的规定，调解书对此确认违反了法院调解的合法性原则，故调解书确有错误，应当予以再审。

专家们指出，最高人民法院《关于适用〈中华人民共和国民事诉讼法〉的解释》（2015 年）第 409 条第 1 项规定：“人民法院对调解书裁定再审后，按照下列情形分别处理：（一）当事人提出的调解违反自愿原则的事由不成立，且调解书的内容不违反法律强制性规定的，裁定驳回再审申请。”

最高人民法院《关于人民法院民事调解工作若干问题的规定》（2020 年）第 10 条第 4 项规定：调解协议具有下列情形之一的，人民法院不予确认：“违反法律、行政法规禁止性规定的。”

由上可见，上述两个司法解释，均将调解书再审事由的违法性，界定为“违反法律、行政法规禁止性规定的”。

专家们认为，上述《借贷规定》，其一，属于司法解释，而不属于法律、行政法规；其二，《借贷规定》，亦不属于法律、行政法规禁止性规定；其三，《借贷规定》是对借贷法律关系利率所作的司法解释，而不是对股权处分法律

关系违约金所作的司法解释。故，套用《借贷规定》作为调解书确认协议约定金违法无效或应予撤销，不仅是张冠李戴，混淆了两种不同的法律关系的界限，而且，也是对“违反法律、行政法规禁止性规定的”误解，因而该主张依法不能成立。

二、关于能否以该调解协议约定的违约金过高作为对该调解书提起再审事由的问题

再审申请书提出，该调解协议约定违约金比率为日2‰，超过了《借贷规定》所允许保护的（年化利率36%）的两倍多，故应当因此对该调解书提起再审。

专家们认为，再审申请人以此为由，认为调解协议约定的违约金过高，依法不能成立，案涉违约金的约定是否过高，不能以《借贷规定》作为参照标准，因为调解协议约定的是违约金，而不是借贷利率，这已如上述，无需赘论。

《合同法》第114条规定：“当事人可以约定一方违约时应当根据违约情况向对方支付一定数额的违约金，也可以约定因违约产生的损失赔偿额的计算方法。约定的违约金低于造成的损失的，当事人可以请求人民法院或者仲裁机构予以增加；约定的违约金过分高于造成的损失的，当事人可以请求人民法院或者仲裁机构予以适当减少。当事人就迟延履行约定违约金的，违约方支付违约金后，还应当履行债务。”

《合同法解释（二）》第29条规定：“当事人主张约定的违约金过高请求予以适当减少的，人民法院应当以实际损失为基础，兼顾合同的履行情况、当事人的过错程度以及预期利益等综合因素，根据公平原则和诚实信用原则予以衡量，并作出裁决。当事人约定的违约金超过造成损失的百分之三十的，一般可以认定为合同法第一百一十四条第二款规定的‘过分高于造成的损失’。”

可见，对案涉违约金约定是否过高，人民法院应当以实际损失为基础，兼顾合同的履行情况、当事人的过错程度以及预期利益等综合因素，根据公平原则和诚实信用原则予以衡量，并作出裁决。就实际损失而言，对方当事人违约，所造成的损失，不是不及时偿还借款给邓某某等造成的利息损失问题，而是不及时归还投资款，给他们造成的重新投资的机会问题；邓某某之

所以同意放弃股权而收回投资款，是出于对收回投资款重新投资，会取得不低于坚持股权的预期利益的考量，否则，他不会同意放弃股权，而收回投资款，这应当是交易常识问题。因此，违约所造成的损失是否过高，应当参照邓某某等坚持股权所可获得的预期利益，而不是参照其可获得的借款利息。

就当事人过错而言，本案的股权确认纠纷，就是因对方当事人未经邓某某的同意，而将其股权过户到他人名下，此为过错一；协议达成后，对方当事人不及时履行协议偿还投资款，此为过错二；邓某某申请强制执行，对方当事人不得已而出具《还款承诺书》，但仍然不予全面履行，此为过错三；此后历经 7 年之久，不仅投资款尚有约 3000 万元不予偿还，违约金更是分文未交，此为过错四；之后，对方当事人又通过申请再审，拖延履行，并企图将违约金，变更为借款利息，亦即将应予返还的投资款，变更为借款，此为过错五。对方当事人强调违约金约定过高，但假定其不违约，及时依约返还投资款，约定的违约金再高，也不会对他造成任何损失；况且，即使约定了“过高”的违约金，他还是不管不顾，由此即使造成了自己的损失，那也是由于自己的恶性违约行为造成的。

退一步讲，即使该协议约定的违约金过高，属于显失公平，当事人有撤销权，但行使撤销权和起诉，也要受期限的限制。对方当事人在 7 年之后才行使撤销权，因撤销权早已消灭，以此请求法律保护，亦没有法律根据，且也早已过了诉讼时效。

三、关于协议是否违反自愿原则的问题

第一，该调解协议载：“经本院主持调解，各方自愿达成如下调解协议。”对该调解协议，均有各方当事人签字认可。与此相应，法院确认该调解协议的调解书，亦明确记载：“经本院主持调解，各方自愿达成如下调解协议。”对该调解书，也均有各方当事人签字认可。此为当事人承认，若无反证足以推翻，其主张不出于自愿，依法不能成立。

第二，法院调解书确认的调解协议共有 3 份，分别对应 3 名投资当事人，其中 2 份已经履行完毕，案涉邓某某的调解协议也已部分执行，在此情况下，7 年后，对方当事人提出调解协议不是出于自愿，依法难以自圆其说。

第三，对方当事人对调解协议违反自愿原则负有举证责任，但案中缺乏相应证据证明，主要是缺乏主持调解法官强迫调解和诱导调解的证据，再审

申请书提出的事由，不足以证明其主张成立。

第四，撤销案涉调解协议将会严重危害案涉调解协议项下的法律关系的安定性，对再审申请方也会造成极为不利的法律后果。

再审申请人以调解协议违法、调解程序违法、调解违反自愿原则为由，请求法院再审，依法撤销该调解书。如果再审法院支持这一请求，裁决撤销该调解书，那么，就必然导致该调解协议无效亦被撤销，这样就导致调解书确认的调解协议项下的法律关系遭到破坏，致使法律关系回复到原审股权确认纠纷状态。在这种情况下，将会产生如下法律后果：

邓某某等当事人不再同意放弃股权，那么，法院不能拒绝裁判，一旦确认股权归其所有，那么他们就自始享有公司的股权，该公司的一切收益都可由其按股权份额享有；如果确认其并不享有案涉股权，这又与先前双方签订的调解协议所反映的基本事实相矛盾，而依法不能成立；同时，调解协议无效，邓某某等当事人，还要返还所收到的投资款，而所收到的投资款或出于对方当事人的自愿履行或出于法院执行裁定的强制执行，这些裁判文书不加以依法撤销，返还这些投资款，又会遇到不可克服的法律障碍。凡此种种，其法律效果违背法治精神，社会效果造成法律关系和交易秩序的混乱，无端给双方当事人、社会造成不必要的无法克服的矛盾和困难，给法律资源造成浪费，这不仅不利于解纷息讼，而且相反是无事生非，凭空制造纠纷和麻烦，对再审申请方也十分不利。

为此，请再审法院三思。

以上意见供参考。

【瞽言刍议】

本案是某高级人民法院裁定对中级人民法院的调解书提起再审案件。

其提起再审的理由是调解协议“确有错误”。

其裁定的错误，一是认为约定的违约金违反了《借贷规定》第 26 条规定的借贷利率的最高标准，但这是适用法律根本性错误。二是认为违反自愿原则，但没有证据支持。三是若撤销调解协议将使法律效果、社会效果产生严重危害。故结论：不应通过再审撤销该《调解书》。

本案论证对于调解协议的再审事由的正确把握，具有参考价值。

8. “HRC201××××”项目招标投标纠纷案

【论证要旨】

本案是奇特的招投标案件。中标方仅因“营业执照复印件未按招标文件规定标注与原件一致”就被宣告为“废标”，而随后又重新宣布中标方，但其投标文件却具有实质性瑕疵。这既违反了招投标法的相关规定，又违反了本案招投标合同的相关约定，还直接违背了诚实信用原则，采用了双重标准，属根本违法，应依法予以纠正。

【案涉简况】

论证委托方：某某振海水产养殖有限公司（以下简称“振海公司”）。

论证受托方：中国政法大学法律应用研究中心。

论证事项：

1. 招标代理机构宣布振海公司废标、宝某贸易有限公司（以下简称“宝某公司”）中标是否合法有效；

2. 振海公司中标是否合法有效；

3. 应如何依法维护振海公司的合法权益。

论证专家：中国政法大学、北京大学法学院、中国人民大学法学院等五名行政法学权威教授。

论证所依据的事实材料：

1. 省道201线太湖至下张边北侧的东进村浅滩和下尾村浅滩合并围垦的养殖池塘（重新招租）项目（以下简称“该项目”）通知；

2. 该项目招租文件；

3. 该项目投标文件；

4. 振海公司异议书；
5. 振海公司投诉书；
6. 振海公司举报信；
7. 其他相关事实材料。

以上事实材料均为复印件，委托单位对上述事实材料的真实性和来源的合法性负责。

【论证意见】

中国政法大学法律应用研究中心接受委托，于2019年8月14日在京召开了专家论证会，五名教授出席会议，对本案论证事项所涉及的事实、证据和法律问题，进行了认真的审查鉴别、分析研究。专家们得出如下完全一致法律意见，具体如下：

一、振海公司被依法确认中标合法有效，而代理机构宣布振海公司废标为非法无效

经查，该项目招标代理机构为某某市华某某项目管理有限公司，在先已宣布振海公司中标的情况下，后在20分钟后，又以振海公司“营业执照复印件未按招标文件规定标注与原件一致”，故按废标处理。专家们一致认为，这是非法无效的，依法不能成立。理由如下：

其一，振海公司营业执照的复印件虽未按招标文件规定标注有“与原件一致”字样，但所附文件的说明及该文件盖章足以证明该营业执照复印件与原件一致。经查，投标文件附件4“法人营业执照、税务登记、组织代码证”致：华某某项目管理有限公司（招标代理人），正式标明：“现附上由某某市市场监督管理局（签发机关名称）签发的我方法人营业执照副本复印件，该执照真实有效。”该附件加盖了该公司公章和法定代表人的签名和盖章，且在所附营业执照复印件上加盖了该公司的公章。二者结合，就实质上足以证明，所附营业执照复印件与原件一致，并合法有效。

其二，振海公司的投标文件经招标代理机构审核合格，其投标文件的投标人资格、资质和有效性评审一览表证明，经审查，振海公司具有投标人的资格、资质，其投标文件完全符合评审一览表4栏的标准要求的有效性，完全没有废标的情况；其“重新招租查验投标人代表身份情况表”证明，振海

公司投标人代表资格经审查“合格”；其“开标记录确认表”亦证明，振海公司的报价、其营业执照经营范围，完全符合水产养殖的投标要求；现场开标结果，宣布振海公司中标。以上足以证明，振海公司被依法确认中标，合法有效。

其三，即使振海公司并未在该营业执照复印件上标注有“与原件一致”字样，那也不能作为废标条件，作为废标处理，因为这不是影响中标的实质性要素。在该营业执照复印件上标注“与原件一致”字样，其实质在于，防止投标人以不一致、不真实合法的营业执照复印件，偷换真实合法的营业执照。既然业已经投标机构审查，振海公司已盖章说明其营业执照及其复印件真实合法、有效，这种未标注“与原件一致”的情况，充其量只是一个填表行为上的瑕疵，若开标时对此有疑义，只需要让振海公司代表在现场出示一下其营业执照原件，比对一下即可。据悉，振海公司在投标现场已拿出了营业执照原件，证明其复印件与原件一致，但却不被认可。这就属于不是按实事求是态度处理，而是蛮不讲理，寻找一个借口，故意对振海公司按废标处理而已。

其四，以“营业执照复印件未按招标文件规定标注与原件一致，故按废标处理”，无法定和约定依据。

《招标投标法实施条例》第 51 条规定了“评标委员会应当否决其投标”的七种情形，振海公司的情况一条也不具备。只有其中第一种情况与本案有一定关联：“投标文件未经投标单位盖章和单位负责人签字”，但振海公司提交的投标文件均盖有公司公章并经负责人签字。其中“营业执照复印件”的说明，也盖有公司公章并经单位负责人签字，其营业执照复印件上还盖有公司公章。故此，该公司不具有废标的法定条件。

而招标文件约定的废标情形有五条，即：“(1) 未按招租文件规定提交投标保证金；(2) 投标文件字迹模糊不清；(3) 报价内容、相关要求没有实质性响应招租文件要求；(4) 缺少以下任何一项内容者：①投标人须提供法人营业执照、税务登记、组织机构代码及法定代表人或授予投标经办人的法定代表人授权书；②投标文件主要内容（具体指：投标书、投标报价及承诺书等）加盖投标人印鉴章、投标人签名；(5) 投标人未对第三部分招租项目及要求作出承诺的，视为投标无效。”由上可见，上述“营业执照复印件未按招标文件规定标注与原件一致”，并不属于该投标文件所确定的“视为投标无效”的情形。

综上，“营业执照复印件未按招标文件规定标注与原件一致”既不属于法定的“应当否决其投标”的情形，也不属于投标文件约定的“视为投标无效”的情形。该投标代理机构以“营业执照复印件未按招标文件规定标注与原件一致”为由，将振海公司的中标作废标处理，既违反法律规定的“应当否决其投标”情形的依据，也违反投标文件自身约定的“视为投标无效”的情形依据，既违反法律，又违反约定、违反诚实信用原则，依法根本不能成立。故，依法应恢复振海公司的中标资格。

二、招标代理机构、招标单位对振海公司按废标处理并确认宝某公司中标属于严重违法

（1）《招标投标法》第 5 条规定，招标投标活动应当遵循公开、公平、公正和诚实信用的原则。但该招标活动却不按法定的“应当否决其投标”和约定的“视为投标无效”的情形，一视同仁公平对待。对振海公司用法外和招标文件约定之外的投标文件瑕疵，即“营业执照复印件未按招标文件规定标注与原件一致”，作为按废标处理的理由而又确认宝某公司中标，其投标书的所有文件特别是其授权委托书都没有法定代表人签名，这已经违反了《招标投标法实施条例》第 51 条规定的“评标委员会应当否决其投标”的七种情形之一，即“投标文件未经投标单位盖章和单位负责人签字”，同时也违反了招标文件约定的废标情形第 4 之“B 投标文件主要内容（具体指：投标书、投标报价及承诺书等）加盖投标人印鉴章、投标人签名”。无论按照法定“应当否定其投标”的情形和约定的“视为投标无效”的情形，宝某公司都构成了实质性的应“视为投标无效”的情形，都不能将宝某公司按中标处理，更不能将振海公司按废标处理。案涉投标机构这种对两公司实行双重标准，不应当按废标处理的按废标处理，不应当按中标处理的按中标处理，既违背法律，又违背诚实信用原则，是法所不容的。

（2）《招标投标法》第 41 条规定：“中标人的投标应当符合下列条件之一：（一）能够最大限度地满足招标文件中规定的各项综合评价标准；（二）能够满足招标文件的实质性要求，并且经评审的投标价格最低；但是投标价格低于成本的除外。”但招标机构将振海公司按废标处理，将宝某公司按中标处理，将高于宝某公司标价 183.064 万元的振海公司废标直接违背了招标投标

要最大限度地满足招标文件中规定的各项综合评价标准，以及能够满足招标文件的实质性要求，并且经评审的投标价格能使投标人的投标利益最大化的“综合评价标准”条件。

（3）《招标投标法》第45条规定：“中标人确定后，招标人应当向中标人发出中标通知书，并同时将中标结果通知所有未中标的投标人。中标通知书对招标人和中标人具有法律效力。中标通知书发出后，招标人改变中标结果的，或者中标人放弃中标项目的，应当依法承担法律责任。”但本案招标机构在中标人确定之后，当场向中标人和未中标人公开宣布振海公司中标，该宣布的中标结果对中标人和未中标人具有法律效力。而其在20分钟后又随意改变中标结果，通知振海公司按废标处理，确定宝某公司中标，根据以上规定，对此，招标机构和招标人“应当依法承担法律责任”。其法律后果：一是，其随意宣布改变中标人非法无效；二是，要对由此给振海公司造成的损失后果负赔偿责任。

（4）《招标投标法实施条例》第53条第2款规定：“评标报告应当由评标委员会全体成员签字。……”但经查，案涉中标公告中“评标委员会成员名单”一栏为空缺，而“评标委员会”对评标结果也只有一人签名；并且，该中标公告中所列“中标单位”是“宝某公司”，而“中标人联系人/电话”却登记的是“吴先生132××××××××”，即登记的是振海公司法定代表人吴某及其联系电话。根据以上情况，专家们认为，该公告具有实质性的根本缺陷，因而该评审结果的公告不具有法律效力。

（5）参照《招标投标法实施条例》第54条第2款规定，投标人或者其他利害关系人对评标结果有异议，可以提出异议，“投标人应当自收到异议之日起3日内作出答复；作出答复前，应当暂停招标投标活动”。而在本案中，当振海公司当场提出异议后，应当由“评标委员会”慎重研究决定，在宣布决定前应当暂停招标投标活动。但案涉“招标代理人”未经“评标委员会”全体成员讨论决定，就直接贸然宣布，对振海公司按废标处理，对宝某公司按中标处理，这是严重越权、是非法无效的。

专家们指出，案涉招标机构、招标单位及中标人宝某公司，明显是将宝某公司按超低价中标对待，并不顾其投标材料中明显的根本影响其中标的瑕疵，毫无理由地寻找借口将中标人振海公司按废标处理，这些极不正常的行为不能不怀疑其涉嫌相互串标，对此，提请行政监督部门予以审查。

三、关于本案的处理问题

《招标投标法实施条例》第 60 条规定：“投标人或者其他利害关系人认为招标投标活动不符合法律、行政法规规定的，可以自知道或者应当知道之日起 10 日内向有关行政监督部门投诉。……”据此，专家们认为，本案招标人及其招标代理机构，违背了《招标投标法》及其实施条例的上述规定，严重地侵害了振海公司的合法权益，振海公司依法有权向某某市市场管理局、某某市建设委员会，或某某市政府提出投诉；根据最高人民法院《关于执行〈中华人民共和国行政诉讼法〉若干问题的解释》（当时有效）第 39 条的规定，公民、法人或者其他组织申请行政机关履行法定职责，行政机关在接到申请之日起 60 日内不履行的，公民、法人或者其他组织可以向人民法院依法提起行政诉讼，人民法院应当依法受理。

专家们确信，该案振海公司的合法权益依法应当得到维护，也相信当地政府会依法保护其合法权益，使该招标投标纠纷得到一个满意的解决。

以上供委托方和相关行政监督部门、司法部门参考。

【瞽言刍议】

本案论证可供审查废标案的合法性参考。

9. 北京某某文化传媒有限公司诉刘某某借名购房纠纷案

【论证要旨】

其一，本案的实质是房屋产权纠纷，北京某某文化传媒有限公司（以下简称“公司”）主张是借名买房，房屋产权归属公司，而被告及上诉人刘某某（以下简称“被告”）主张是公司赠与被告，房屋产权归属被告。

其二，该产权的归属，取决于双方主张的两种法律关系，即借名买房合同与赠与房产合同的何种法律关系的真实合法成立。

其三，公司主张借名买房合同法律关系真实合法成立，应负举证责任，其举证属于本证，而对方举证反驳，属于反证，二者证明效果相交，公司举证应达到明显优势的证明标准；被告主张赠与房产合同法律关系真实合法有效，应负举证责任，其举证属于本证，公司举证反驳，属于反证，二者证明效果相交，被告举证应达到明显优势的证明标准。

其四，本案公司举证达到了明显优势的证明标准；而被告的举证没有达到明显优势的证明标准。故依法应确认房屋产权应归属公司。

【案涉简况】

委托方：北京某某文化传媒有限公司。

受托方：中国政法大学法律应用研究中心。

论证事项：本案一、二审判决应否通过再审予以改判。

论证专家：中国政法大学、中国人民大学法学院等五名著名法学教授（具体略）。

委托方提供的论证材料：

1. 一审卷宗材料；
2. 二审卷宗材料；
3. 再审提供的新证据材料；
4. 其他相关事实材料。

以上事实材料均为复印件，委托人对上述事实材料的真实性、来源的合法性负责。

论证材料显示的简要案情：

本案公司主张案涉房屋是公司借被告之名的借名购房，案涉房屋产权属于公司；而被告主张，案涉房屋属公司买房赠与其本人，产权属其本人，是公司福利分房。鉴于本案被告已将公司保管的“房主证”通通挂失，补办成了“不动产证明书”，一、二审法院裁判以公司举证不足，而主张的借名购房合同法律关系不能成立，实质上就是确认被告主张的公司买房赠与合同法律关系成立，案涉房屋属公司福利分房，产权归属被告。

【专家意见】

中国政法大学法律应用研究中心接受委托，就本案论证事项，于2017年8月26日在京召开了专家论证会，五名教授出席了论证会，就本案一、二审法院事实认定、证据适用和法律适用问题进行了认真的审查判断和深入的讨论研究，一致认为，本案一、二审裁判认定事实、证据适用和法律适用确有根本错误，应当通过再审程序，依法予以纠正。现将论证事由具体阐述如下：

一、本案审质是两种法律关系的争议问题

综观本案一、二审当事人双方主张、反驳主张的争议和一、二审裁判内容的实质，反映的是本案涉及的两种法律关系的争议。

一审原告和二审上诉人公司主张案涉房屋是公司借被告之名的借名购房，案涉房屋产权属于公司；而被告主张，案涉房屋属公司买房赠与其本人，产权属其本人，是公司福利分房。鉴于本案被告已将公司保管的“房主证”通通挂失，补办成了“不动产证明书”，一、二审法院裁判以公司举证不足，而主张的借名购房合同法律关系不能成立，实质上就是确认被告主张的公司买房赠与合同法律关系成立，案涉房屋属公司福利分房，产权归属被告。

二、本案举证责任的分配

2012年《民事诉讼法》第64条和2008年最高人民法院《关于民事诉讼证据的若干规定》第2条第1款规定："当事人对自己提出的诉讼请求所依据的事实或者反驳对方诉讼请求所依据的事实有责任提供证据加以证明。"

据此，公司主张借名购房法律关系成立，公司就负有对该法律关系成立的要件事实的举证责任，由此而达到推翻不动产登记簿权利（所有权）之推定，并推翻案涉房主证之公文书证的证明效力；而被告在案中并未直接反驳公司主张的借名购房法律关系的成立，而是反证公司购房赠与被告法律关系的成立，从而间接反驳公司主张法律关系的成立。被告这种间接反驳性的反证在理论上属于"间接反证"实质是对其主张的公司购房赠与被告法律关系成立，是主张了一个独立的法律关系的成立，故对此被告应负对该法律关系成立的要件事实的实质的举证责任，因为这种举证实质上属于本证，而非反证，故被告应对此负本证的举证责任。

故此，当事人双方对两种法律关系成立的各自主张，各自对其主张成立的要件事实各负本证的举证责任，二者并行不悖，不可有所偏废。

三、当事人双方要达到的证明标准问题

2008年最高人民法院《关于民事诉讼证据的若干规定》第73条第1款规定："双方当事人对同一事实分别举出相反的证据，但都没有足够的依据否定对方证据的，人民法院应当结合案件情况，判断一方提供证据的证明力是否明显大于另一方提供证据的证明力，并对证明力较大的证据予以确认。"

对案涉双方当事人的分别举证进行综合审查判断，正确确定何方当事人的举证证明力明显大于另一方，其证明力较大，便是正确裁判本案何方主张的法律关系成立，案涉房产产权归属何方的关键所在。

四、公司举证足以证明案涉公司借名购买房屋合同法律关系成立

（一）7套《房屋所有权证》

其中包括案涉朝私字第548×××号，各房购房发票、购房合同、贷款文件，全部为公司所证明：①案涉房屋为公司出资购房，通常情况谁出资买房，产权就归谁所有，本案被告主张为自己所有，必须有例外的特殊情况的证明。

②房屋所有权和使用权是可以分离的，房屋所有权等证书掌控在公司手中，通常是对公司享有产权的宣示和管控。③如果被告认为该房是公司交给他的福利分房，那就理所应当地可以要求公司将该房产证交付给其本人。但他本人在诉讼前从未向公司讨要过房产证，这只能说明他明知公司不会给他产权证，因为公司从未承诺过将案涉房屋产权赠与他本人。被告对此解释是为了公司还贷方便需要，但公司还贷并不需要房产证，这一解释不具有合理性和说服力。

（二）被告登报遗失房产证声明和补发房产证

《不动产权证书》（1100001××××号），补发单位：北京市国土资源局，补发时间：2015 年 11 月 23 日。

该声明和补办证书是被告瞒着公司，捏造房产证丢失的事实、隐瞒该房产证在公司统一管控的真相，是以欺诈手段获得的。被告以欺诈手段补办房产证的事实证明，他不敢向公司讨要房产证，因为他明知讨要，公司也不会给，因为公司从未将该房产权赠与他本人。其以欺诈手段骗取主管机关补办房产证的事实，不仅不能证明，该房产是由公司赠与其本人所有，而且相反，他是明知公司不承认其有产权，于是其为了获取产权证书，只能采取欺诈手段。在法律上该“不动产权证书”是其以欺诈手段骗取的，是非法无效的。

（三）物业服务协议

《嘉铭园 E 区前期物业服务协议》载：案涉房屋产权人甲方（委托方）为公司，乙方（受委托方）为物业公司，双方签订公司房屋包括被告住房在内的该物业服务协议，被告为“授权代理人”，而非“委托方”。证明被告承认案涉房屋产权归属公司而非被告。

（四）房产证

被告 2013 年 10 月 28 日以办理住房公积金为由，将公司保管的房产证等证件进行了办理，办案后，又归还了公司，文件上有被告归还文件的亲笔签字。证明被告，承认公司管控案涉房产证的正当性、合法性，等于承认该房产归公司所有。

（五）录音资料

案涉录音证据资料是被告提供的证据，当然也是他认可的证据，他将此提交法庭，应确定凡是对被告不利的，应视为被告自认。录音时张某某处于喝了酒的情况，对被告等录音并不知情；而被告是在补办了“不动产证明书”

后，为获得张某某承认案涉房屋是公司赠与他本人的福利房，而精心作了准备，共录了2个半小时之久。但，在全部录音中，张某某并没有说过一句话，说是该房屋公司给被告买的福利房或公司买房将产权赠与了他本人；而相反却是张某某要求被告离职后必须交房，否则就扰乱了公司；而被告本人当时也明确承诺，离职就交房，而不扰乱公司。

至于录音中张某某承诺聘任被告后给他买房，以及被告离职后给他买房，其一是个人承诺，并没明确是代表公司承诺；其二他也无权代表公司承诺，且先前的承诺，他也并未明确是公司要给他买产权房，因而也就不能与后来公司的买房必然联系在一起。

（六）公司章程

该章程记载的股东股份，张某某40%，殷某某58%，李某某1%，张庆某1%。根据《公司法》规定，有限公司之重要事项经股东会讨论决定，公司买房赠与被告无疑属于公司重要事项，理应由股东会集体决定，而张某某并非控股股东，因此他在任何情况下都无权未经股东会研究决定，或未经控股股东同意而代表公司将公司出资购房赠与他人。

（七）案涉13份民事判决

公司提供13份生效民事判决书证明被告住房与这13份判决所涉住房类似，是公司统一出资、统一购买、统一分配职工居住，统一管控房产证及一切证件（合同等）手续，统一由公司与物业签订服务合同等，法院这13份生效判决均确定各职工居住的房屋产权归属公司，被告的房屋产权无例外地也应归属公司。

上述证据为类似证据，类似证据虽在刑事诉讼中一般不予采纳，但在民事诉讼中并不予以排除，只是不能由此类似事实而必然得出待证事实即为类似事实的结论，而只能得出相当可能是类似事实的结论，而且允许以反证例外予以反驳。在本案中，虽然不能从上述13份生效判决确定类似房屋产权归属公司的预决事实，证明被告居住的房屋也必然是房屋产权归属公司，但可以而且应当得出结论，被告所住房屋和13份判决案涉房屋类似，产权很可能归公司所有，除非有反证证明有明显特殊情况，该房屋产权与其他类似房屋不同，产权确属被告；而被告对此反证应负举证责任，举证不能，举证不足，应负不利后果责任。但案涉证据公司及其证人证言证明，被告在公司并无特殊贡献或特殊才能，公司无任何理由会对他特殊对待，以致公司要对他特殊奖励或给他特殊待遇，将房屋产权赠与他本人。被告及其证人证言，也无反证对此足以反驳，证明他确有特殊才能或在公司有特殊贡献，从而导致公司将房屋产权赠与他本人。

（八）当事人陈述与证人证言

（1）公司称是单位借名买房，给单位职工居住，产权归属公司，职工只有居住权，公司将房产证件统一管控，表明公司对房屋具有所有权。

（2）公司办理买房手续的公司控股股东殷某某证明，公司买房是公司投资，当时借职工之名买房是为了买房办手续和贷款方便，公司从未说过将房屋产权分给职工，包括被告。

（3）公司职工证人证言，证明从未听到过公司说将房屋产权分给任何一名职工，被告在公司没有任何特殊才能和特殊贡献可以得到公司房屋产权。

（4）北京嘉铭房地产开发有限公司经手办理案涉房产的工作人员雷某证明，公司办理的是单位投资买房，本来说是以公司名义买房，但考虑到公司不能办理银行按揭，她建议可借公司职工名义买房，“这样手续比较简便，又容易办理银行贷款”。后来他们回去商量同意了，就借公司职员之名买房，“殷主任明确说是公司出钱统一购买，是公司资产，与员工个人没有什么关系”。她表示愿意对此出庭作证。雷某的上述证言，具有很重要的证明作用。

以上言词证据一致证明是公司借名购房，房屋产权归公司而非被告。

五、被告举证不足以证明公司买房赠与被告合同法律关系成立

被告举证主要有：当事人陈述、证人证言、书证（“不动产证明书”）及录音资料。

（一）言词证据

被告除自己提出主张说是公司分给自己的福利分房，产权属于自己外，并没有说明公司因何特殊原因理由决定将房屋产权分给他本人；其余包括其父亲和三名离职职工在内的四名证人的证言，只能证明下述内容：

其一，张某某曾承诺过被告到公司任职要给被告买房，但未明确是其个人买房，还是代公司承诺由公司买房，更没明确买房产权归其本人还是仅供其个人居住。

其二，分给被告居住的房大一些，但未明确所有权归属个人；只有吴某某证明，公司开会时明确说，一部分房归员工个人，其中包括被告和她本人。

但没有说公司是在何时、何地、开何种会议、何人代表公司说的，公司又是怎么说的。该证人不仅与本案有直接利害关系，且证言不具体、明确，又属孤证，显然不足为凭。

（二）书证

被告提供的书证《不动产权证书》，是被告通过登报“遗失房产证声明”，捏造遗失房产证事实，掩盖公司统一管控房产证真相，以欺诈手段，骗取主管部门“补发”了案涉房屋的产权证明。这一事实不仅不能证明该房产权是公司赠与他本人的，因为如果这样，他应当正大光明地向公司讨要公司管控的房产证，或以其他诉讼与非诉讼的方式依法主张自己的权利；但是，他却反其道而行之，竟然瞒着公司，以不正当甚至违法手段骗取“补发”房产证明，说明他本人不敢向公司要房产证、不敢以合法手段主张自己的权利，这只能证明，他明知公司统一管控的房产证是公司对自己所有权的宣示，他要也要不回来，只能采取非法手段取得。该“书证”的取得，从正反两方面证明，公司从未承诺将该房产权归属被告，被告也明知该房产权并不归属自己。

（三）录音资料

被告举证中，录音资料占有很大的比重。被告煞费苦心录了两个多小时的录音资料，其中对被告有利的，只有两点：

其一，张某某承认，在聘任被告前，在被告家承诺过给他买一套房，但可惜到底买一套什么房，是他个人给被告买房，还是公司给被告买房，若是公司给被告买房，产权归被告还是归其居住，都没有任何明确说明。

其二，张某某明确承诺，被告离职后，可给他另外买一套房，800 万元，1000 万元都可以。这明确的是他个人为被告离职后买房，与公司无关。

对被告最为不利的也有两点：

其一，张某某明确告知被告，离职必须交房，否则就是扰乱公司。

其二，被告明确承诺，离职一定交房，决不扰乱公司。

以上两点意思表示清楚、明确，无可否认地确定，张某某与被告的这一谈话内容是代表公司正式要求被告离职交房，而被告也正式向公司承诺，离职一定交房，二者形成了离职交房的合意。被告将此录音提交法庭，对此不利的要约与承诺，属被告“自认”。

2008 年最高人民法院《关于民事诉讼证据的若干规定》第 8 条第 1 款规

定："诉讼过程中，一方当事人对另一方当事人陈述的案件事实明确表示承认的，另一方当事人无需举证。但涉及身份关系的案件除外。"既然被告提供的录音资料正式自认"离职交房"，那么就是直接承认公司没有将该房产权赠与其本人，仅凭此点，被告在诉讼中又主张公司买房赠与其本人的合同法律关系就不成立。

五、综合审查判断本案证据

综观全案证据，足以证明涉案公司借名购房合同法律关系成立，当事人双方存在借名买房的合意。

借名购房合同，是借名购房双方当事人意思表示合意形成的协议，只有所作的意思表示真实、合法，才具有法律的约束力。

在本案中当事人双方虽然没有书面协议，也看不出形成完整的口头协议，但并不表明当事人双方对此没有明确的意思表示，也并不表明二者没有形成借名购房合意。因为意思表示指向外部表明意欲发生一定民事法律效果的行为，而该行为又反过来表明或明示，行为人的真实意思表示，故意示表示的形式虽以书面、口头证言表达形式为主，但，同时也包括当事人通过自己的民事行为，来表达自己的真实意思表示。

（1）公司出资以职工名义购房，分给部分职工居住，形成公司与部分职工的合意。对此，任何职工均未提出异议，且积极配合，对此毫无争议。

（2）公司买房，将居住权分给部分职工，但买房的一切书面凭据，包括房产证和购房合同等，都由公司统一管控，这是公司对房屋所有权归己所有的明确的意思表示，是一种公开宣示，属意思表示的明示行为。而案涉所有职工包括被告在内，至诉讼前八年来，对此没有任何异议，更没有任何人以任何形式主张过案涉房屋所有权的权利。这种不作为的行为，表明的是被告等职工，对公司拥有房屋产权的默示，故由此不作为特定行为，可推定其承认公司拥有产权，对房屋产权形成了归属公司的合意。其中包括被告将公司管控的房产证借出又如期归还的行为，在其作为公司授权代理人与物业签的服务合同中，也是以公司作为甲方即产权主体，这无疑表明其仍然坚持房产归公司所有的意思表示。

同时，其登报遗失房产证声明和以此补发的《不动产证明书》的行为也表明，他知道公司不存在将房产赠与他人的意思表示。

（3）更为重要的是，在被告提交的录音资料中，反映了张某某作为公司负责人正式要求其离职交房，被告也明确表示离职交房，不扰乱公司，双方意思表示一致。这一方面反映了公司与被告借名买房所有权归公司的合意，另一方面也形成了被告离职退房的合意，这种合意由被告提交法庭，属当事人自认，具有免除对方当事人举证责任的法律效力，该形成的买房、退房的口头合意转变为书面，由被告加以文字记载的协议具有真实性与合法性，对双方都具有法律的约束力。

（4）被告方应举证证明当事人双方曾形成公司买房赠与被告的合同法律关系成立，应举证证明公司与他曾形成购房将产权赠与他本人的合意。

其举证张某某在聘任前曾承诺给他买一套房。但第一，张某某并没有说代表公司，张某某报恩买房只能代表自己，而他无权不经其他股东同意代表公司为其买房，且买房是让被告居住，还是产权归属被告本人，并不明确。从形成合意来说，张某某不具有代表公司的主体资格，其意思表示不能代表公司，且意思表示不明，不能反映出公司与被告形成了购房赠与其本人的合意。第二，四位证人的证言，没有证明公司有购房赠与被告的意思表示，只有证人吴某某证明公司在会上曾明确公司将房产赠与被告也包括其本人。该证言由于有直接利害关系，且含糊不清，又属孤证，故不足为证。第三，被告在诉讼中虽否认双方存在借名买房合意，但其上述行为（作为和不作为）尤其是录音资料只能表明其与公司早已形成了借名买房合意，并由此形成了离职交房合意，这是无可辩驳的。第四，借名《购房证明》不是证明是否构成借名购房合同成立的必要要件。案涉十三名职工与公司签订了借名“购房证明”，法院依法判决借名购房合同法律关系成立，而有三名职工和被告没有与公司签订借名“购房证明”为由，被告证人证明公司主张存在借名买房合同关系并不成立，但，借名《购房证明》并不是借名买房合同关系成立与否的必要证据。以被告与公司没有签署“购房证明”作为公司没有完成举证责任的依据，没有任何事实与法律依据。

综上所述，专家们一致认为，本案公司举证足以证明借名购房合同法律关系成立，案涉房屋产权归公司所有，已完成了举证责任；而被告既没有举证直接反驳公司主张的成立，形成优势的证明力，更没有对其反证的主张公司购房赠与本人合同，举证证明其主张成立，属没有完成举证责任。二者相较，公司举证的证明力具有明显优势，而被告举证的证明力很薄弱，不具有任何说服力。

为此专家一致认为，本案应通过再审程序，改判支持公司的诉讼请求。

以上意见，供参考。

【瞽言刍议】

本案的论证意见，因为具有不可辩驳的法律效果，公司以此提起再审，纠正了原审裁判的错误，使案涉产权归属了公司。

本案论证的成功，关键在于，紧紧抓住了本案的核心问题：是公司借名买房还是公司赠与被告房产，围绕着这两种法律关系对于原被告各自主张的举证证明与反证的举证证明，看何方当事人的证明达到了证明标准。这样，就将被原一二审判决裁定搞混乱的法律关系和对此的证明关系理清楚了，使案件得到了澄清，达到了无可辩驳的论证效果。

所以说，法律关系是个纲，只有围绕着法律关系来确认案件基本事实，围绕着基本事实展开基本证据的证明，围绕着基本事实证明是否达到证明标准，案件就能迎刃而解。

10. 陈某某诉兰某离婚案所涉公司资产争议问题

【论证要旨】

兰某在婚前向北京金某某科技股份有限公司（以下简称“金某某公司”）投资750万元，持有相应的股份；兰某与陈某某结婚后，该公司多次增资兰某均未以自有资金增资，历次增资导致该公司形成巨额资本公积金，又因为资本公积金增资使得兰某在该公司的股份发生了变化，根据这些事实和相关法律规定，这些股份资产是他的婚前财产。利某某光电股份有限公司（以下简称“利某某公司”）公司并购北京金某某公司购买该公司股东的股份，兰某在北京金某某公司的股份转化为他在利某某公司的股票，依法不能改变这些财产属于婚前财产的性质和地位。利某某公司股份转让对价和其余股票，也仍然是婚前财产的延续，依法并不具有转化为夫妻共有财产的性质。

【案涉简况】

论证委托方：兰某。

论证受托方：中国政法大学法律应用研究中心。

参加论证的专家：中国政法大学、中国人民大学法学院、国家法官学院等六名权威教授。

委托方提供的案件材料：

（一）一审原告陈某某证明婚姻存续期间兰某投资收益属于夫妻共同财产的证据

1. 北京金某某公司《工商登记信息》；

2. 北京金某某公司工商档案；

3. 利某某公司公告、交易报告书及某某律师事务所法律意见书（三）的公证书；

4. 发行股份及支付现金购买资产协议；

5. 发行股份及支付现金购买资产协议之补充协议、资产评估报告及公证书；

6. 中国证监会《关于核准利某某公司向周某某等发行股份购买资产并募集配套资金的批复》；

7. 华泰证券《关于利某某公司发行股份及支付现金购买资产并募集配套资金暨关联交易实施情况之独立财务顾问核查意见》；

8. 北京市第一中级人民法院《民事判决书》［2016］京01民终58××号；

9. 北京金某某公司《工商登记信息》（利某某收购股权的变更）；

10. 北京金某某公司工商档案（2015年利某某收购股权变更登记）。

（二）一审被告兰某的证据

1. 金某某公司工商档案信息；

2. 金某某公司2011年3月份增资的《验资报告书》；

3. 金某某公司2010年3月份增资的《借款协议》；

4. 金某某公司2010年3月份增资《借款协议》项下款项的《银行流水及凭证》；

5. 《发行股份及支付现金购买资产协议》及《发行股份及支付现金购买资产协议之补充协议》；

6. 中国证券监督管理委员会批复。

（三）其他相关材料

1. 北京金某某公司历史变更、股东结构与兰某所占股权情况。

2. 关于陈某某诉兰某离婚纠纷案案情介绍及委托论证的事项。

委托方委托论证的问题：

1. 2010年3月份兰某对北京金某某公司的增资及增资所产生的财产权益，是否属于夫妻共同财产。

2. 2011年3月份兰某对北京金某某公司的增资及增资所产生的财产权益，是否属于夫妻共同财产。

3. 2014年12月31日北京金某某公司被上市公司并购，兰某取得的现金对价、股票是否属于夫妻共同财产；股票增资部分是否属于夫妻共同财产。

【论证意见】

委托方因陈某某诉兰某离婚案所涉兰某在公司的股份资产问题，向受托方提交案件材料和委托论证的问题，委托方审阅案件材料后认为符合论证的条件，邀请中国政法大学、中国人民大学法学院等法律院校的有关六名专家教授，于2017年9月16日举行了专家论证会，委托方参加了会议并回答了专家们的询问。专家们详细研究了案件材料和相关法律规定，进行了深入讨论，形成本论证意见，供委托方和有关司法机关参考。

专家们在深入研究讨论的基础上，形成以下一致意见：

（1）兰某与陈某某结婚之前，在北京金某某公司、深圳金某某科技有限公司（以下简称“深圳金某某公司”）拥有的股份是他的婚前财产。

（2）2010年3月份、2011年3月份，北京金某某公司的增资使兰某在该公司增加了股份。

（3）2014年12月31日北京金某某公司被上市公司利某某公司并购，兰某取得的现金对价、股份，均系他在北京金某某公司和深圳金某某公司婚前财产的自然增值，依法属于他的婚前财产，不应属于夫妻共同财产。

具体理由和根据如下：

一、兰某在与陈某某结婚之前，向北京金某某公司、深圳金某某公司投资所持有的股份是其婚前财产

根据《婚姻法》第18条的规定，一方的婚前财产为夫妻一方的财产，另外最高人民法院《关于适用〈中华人民共和国婚姻法〉若干问题的解释（一）》第19条的规定：“婚姻法第十八条规定为夫妻一方所有的财产，不因婚姻关系的延续而转化为夫妻共同财产。但当事人另有约定的除外。”

兰某与陈某某于2008年底结婚，北京金某某公司、深圳金某某公司均成立于兰某和陈某某结婚之前，兰某在婚前向该两个公司投资取得股份，二人之间没有关于兰某在这些公司的财产的约定。

根据以上法律规定和案件事实，兰某在他与陈某某结婚之前向这两家公司投资所持有的股份，属于他的婚前财产。这一点，无可置疑。

二、证据显示，北京金某某公司2010年3月份的增资，是该公司并购深圳金某某公司的结果，由于兰某持有深圳金某某公司的股份，该次并购中的股份变化是他居于北京金某某公司股东的地位，取得自己在深圳金某某公司的股份；从资金情况看，北京金某某公司全体股东向浙江某某光电产业投资有限公司（以下简称“某某公司”）借款500万元，增资并购完成后，是北京金某某公司而不是兰某等股东向某某公司偿还了借款，该次增资通过借款过账、履行并购程序后公司还款的方式完成，兰某并没有投入资金。没有证据能够证明兰某使用夫妻共同财产进行了增资，所增加的股份不应认为夫妻共同财产

其理由有以下两点：

（一）兰某在深圳金某某公司享有的股份是婚前财产，他作为北京金某某公司股东通过公司并购，将自己在深圳金某某公司的婚前财产转移到北京金某某公司，属于婚前财产的合法移转，不改变婚前财产的性质

这一点，是一个浅显、明白的事实。就此事实而论，兰某在这次增资中取得的资产，是他的婚前财产。

（二）该次增资通过借款过账、履行并购程序后由北京金某某公司归还借款的资金往来方式完成，兰某没有投入自有资金，没有使用夫妻共同财产

下列证据证明了这一事实：

1. 2010年2月24日“某某公司与北京金某某公司全体股东之借款协议”（以下简称“借款协议”）

借款协议第1条第1.1款约定，某某公司向北京金某某公司三位股东提供500万元借款，其中借给兰某250万元；第1.2款约定，“双方同意并确认，协议借款应专门用于对乙方控股企业北京金某某科技有限公司的增资，以完成对深圳市金某某科技有限公司的收购”；第8条第8.1款约定，“未经甲方书面同意，乙方不得将其在本协议项下的任何权利、义务转让给第三人”。

根据上述条款，①该借款协议是北京金某某公司全体股东的共同行为，兰某名下增资的250万元，是该次共同借款的组成部分；②该次借款是为了使北京金某某公司收购深圳金某某公司；③兰某名下的250万元借款由公司偿还，兰某没有投入自有资金，没有使用夫妻共同财产；④北京金某某公司三位股东在借款协议中的权利义务，具有“专属性”，不可转让，也不能由其

他任何人享有权利和承担义务。

2. 金某某公司2010年3月份增资《借款协议》项下款项的《银行流水及凭证》

这是一组证据，包括多份证据。

该组证据确定无疑地证实：①某某公司按照借款协议，将该协议项下250万元汇入兰某名下；②兰某将借款250万元交付北京金某某公司；③2014年4月27日，北京金某某公司将250万元汇给兰某，之后，兰某将250万元支付某某公司；④包括兰某名下250万元在内的500万元借款，由公司偿还。

三、北京金某某公司2011年3月份的增资，是该公司将公司资本公积金转增注册资本，兰某名下增资的1289.99万元，是公司资本公积金的转增，依法不能认为是兰某与陈某某的夫妻共同财产

对此，有以下五个方面的根据和理由：

(一) 北京金某某公司工商档案信息中的“北京金某某公司第三届第二次股东会决议”“北京金某某公司章程”(2011年3月11日) 证明，该次增资是公司资本公积金转增而来的

北京金某某公司第三届第二次股东会决议显示，该次会议形成决议，以公司资本公积金转增注册资本，兰某获得公司资本公积金转增1289.99万元。

2011年3月11日北京金某某公司章程第2页的图表显示，兰某1289.99万元的“出资方式”是“资本公积金”。

(二) 北京中人信会计事务所2011年3月11日关于北京金某某公司的《验资报告书》证明，北京金某某公司该次增资，是公司以资本公积金转增注册资本，兰某的1289.99万元，系公司资本公积金转增，兰某没有出资

该《验资报告书》第4页至第6页分别记载：

1. “二、新增资本的出资规定”

北京金某某公司“本次申请新增的注册资本为人民币3035.29万元，公司以资本公积金（资本溢价）转增注册资本，全体股东分别按各自出资比例合计增加注册资本3035.29万元，本次增资全部是由资本公积金转增3015.29万元，其中：兰某出资1289.99万元，占新增注册资本42.5%，本次以资本公积金转增1289.99万元”（见该报告书第4页）。

2. “三、审验结果”

“截至 2011 年 2 月 28 日止，贵公司已将资本公积金 3035. 29 万元转增注册资本，转增时已调整财务报表并进行相应的会计处理。转增后各股东的出资额为：(一) 兰某出资总额 2039. 99 万元，其中本次增加注册资本 1289. 99 万元。全部以资本公积金转增 1289. 99 万元”(见该报告书第 5 页)。

3. “四、其他事项”

“1. 上述用于本次转增的资本公积金，是公司 2010 年 12 月增加注册资本到 1764. 71 万元时，股东福建某某投资有限公司和湖北某某高投创业投资有限公司多投资的资本即资本溢价，加上原来贵公司账上的资本公积金 0. 14 万元，故本次转增前公司资本公积金合计为人民币 3110. 43 万元。本次以资本公积金转增注册资本 3035. 29 万元，资本公积金来源于资本溢价”(见该报告书第 6 页)。

(三) 根据《验资报告书》，北京金某某公司 2011 年 3 月增资的资金，源于该公司的资本公积金、该公司的资本溢价，其中兰某名下的部分，不能认为是兰某在婚姻关系存续期间以个人财产投资取得的收益，也不能认为是他个人财产在婚后产生的应当认定为夫妻共同财产的收益

《验资报告书》清楚地说明了北京金某某公司 2011 年 3 月增资的资金来源，即“本次以资本公积金转增注册资本 3035. 29 万元，资本公积金来源于资本溢价”。资本溢价，是指企业投资者投入的资金超过其在注册资本中所占份额的部分，是资本公积金的组成部分。《验资报告书》还具体地说明了该公司资本公积金的来源是该公司“2010 年 12 月增加注册资本到 1764. 71 万元时，股东福建某某投资有限公司和湖北某某高投创业投资有限公司多投资的资本即资本溢价，加上原来贵公司账上的资本公积金 0. 14 万元”，鉴于兰某在该次增资中的 1289. 99 万元部分，属于北京金某某公司的资本公积金，所以，其既不是他在婚姻存续期间以个人财产投资取得的收益，也不是他个人财产在婚后产生的、不应认定为夫妻共同财产的收益。

(四) 根据《公司法》(2013 年，本文下同) 的规定，公司资本公积金具有公司资本的性质和法定用途，绝不能认其为夫妻共同财产，以公司资本公积金转增注册资本的股份，不能认其为夫妻共同财产

资本公积金是在公司的生产经营之外，由资本、资产本身及其他原因形成的股东权益收入。资本公积金从形成来源看是投资者投入的资本金额中超

过法定资本部分的资本，或者其他人（或单位）投入的不形成实收资本的资产的转化形式，它不是由企业实现的净利润转化而来，由所有投资者共同享有，不能任意支付给股东，通常作为公司的永久性资本，本质上属于资本的范畴。

按照《公司法》的规定，公司的资本公积金用于弥补公司的亏损、扩大公司生产经营或者转为增加公司资本。

因此，北京金某某公司该次增资的 3035.29 万元不是该公司经营所得利润，不是兰某经营收益，不能认为该次增资中兰某以公司资本公积金转增注册资本的 1289.99 万元属于夫妻共同财产。

（五）北京金某某公司第三届第二次股东会决议、公司章程、《验资报告书》等工商档案信息都属于客观证据、原始证据、直接证据，具有很强的证明力；《公司法》属于强制性法律规范，必须予以遵行。这些证据和法律规定，为依法、实事求是地审判当事人之间的财产争议纠纷，提供了可靠的证据和法律依据

我国《民事诉讼法》贯彻“以事实为根据，以法律为准绳”的原则，诉讼当事人通过举证证明自己的主张，运用法律支持自己的主张，人民法院审判案件也要通过对证据的审理和法律的适用认定当事人双方的权利义务。北京金某某公司的这些工商档案信息，证明了兰某的婚前财产，《公司法》及其司法解释的有关规定应当作为审判当事人之间财产纠纷的准绳。

四、2014 年 12 月利某某公司并购北京金某某公司，兰某在北京金某某公司的股份资产随之成为其在利某某公司的股份，但是，不能因此改变这些股份资产属于婚前财产的性质，兰某在利某某公司得到的资金和股份，包括在利某某公司获得的股份转让现金对价 24 603 105 元、股票对价 3 423 781 股（2015 年证监会核准向兰某发行 6 882 658 股），依法不应属于夫妻共同财产

“利某某公司与兰某、李某某、兰明、谢某某、刘某某、北京某某文化发展中心（有限合伙）、湖北某某高投创业投资有限公司、福建某某投资有限公司、北京某某创业投资有限公司之发行股份及支付现金购买资产协议”（以下简称《发行股份及支付现金购买资产协议》），利某某公司与兰某、李某某、兰明、谢某某、刘某某、北京某某文化发展中心（有限合伙）、湖北某某高投

创业投资有限公司、福建某某投资有限公司、北京某某创业投资有限公司之发行股份及支付现金购买资产协议之补充协议”（以下简称《发行股份及支付现金购买资产协议之补充协议》），中联资产评估集团有限公司 2014 年 12 月 16 日的“利某某公司拟发行股份及支付现金购买北京金某某科技股份有限公司 100%股权项目资产评估报告（中联评报字［2014］第 1379 号）”（以下简称《资产评估报告》）等客观证据，清楚地证明了这一事实。

（一）《资产评估报告》完整、系统、客观地报告了北京金某某公司资产变动的情况，其关于兰某在该公司中投资和持股的情况应当予以确认

对此，有以下几方面的理由和根据：

1.《资产评估报告》具有客观性、真实性，是确凿的、证明力很强的证据

该评估报告自第 9 页至第 20 页，完整、系统、有可靠根据地叙述了北京金某某公司从成立到评估截止日的发展情况、资产变更状况、股权变更数据等。

由于《资产评估报告》按照北京金某某公司自成立以来历次股权变更的年份和情况，逐一援引北京市工商局的企业登记文件和会计师事务所、合法资产评估机构的评估报告或者验资报告，而且，在利某某公司并购北京金某某公司的程序中，该报告的结果被证监会采信，利某某公司顺利实现了并购目的，所以，该评估报告的客观性、真实性、可靠性应当得到确认。

2.《资产评估报告》完整、系统、真实叙述了北京金某某公司资产变化和兰某股份变化的情况

据该报告记载，北京金某某公司于 2005 年设立，兰某分别于 2006 年增资 55 万元、2007 年 5 月 25 日增资 95 万元、2007 年 6 月增资 250 万元、2007 年 7 月增资 100 万元。截至 2008 年 8 月底，兰某在北京金某某公司投资 500 万元，持股比例为 50%。

2010 年 3 月至 2014 年 12 月初，北京金某某公司先后又有福建某某投资有限公司、湖北某某高投创业投资有限公司、北京某某文化发展中心（有限合伙）、北京某某创业投资有限公司等多名新股东的增资，这些增资，少量的计入公司注册资本，多数计入公司资本公积金。

根据该报告的内容，2010 年 3 月之后，北京金某某公司多次增资而且金额巨大，绝大多数的增资成为该公司的资本公积金。同时，未见兰某以自有

资金增资的数据，无法认为他在这些增资中有新的出资。

根据该报告：

(1) 第13页、第14页记载，2010年3月、12月两次增资后，兰某名下出资额共750（655+95）万元，持股比例分别为50%、42.5%。

(2) 第15页至第16页记载，2011年3月北京金某某公司3035.29万元资本公积金转增注册资本，未见兰某投入资金，但是，他名下的出资额增加为人民币2039.99（1944.99+95）万元，持股比例变更为42.5%。

(3) 第16页至第19页记载，2011年7月至2012年4月，北京金某某公司增资，未见兰某投入资金，但是，他名下的出资额一直是2039.99万元，持股比例最后变更为36.04%。

3. 根据《资产评估报告》和《发行股份及支付现金购买资产协议》，截至2014年12月31日北京金某某公司和利某某公司签订《发行股份及支付现金购买资产协议》，兰某在北京金某某公司的股份价值额为2039.99万元

《资产评估报告》的截止时间是2014年12月，未见该时间之后北京金某某公司资产和股东股份变更的评估报告或者验资报告，有鉴于此，可以认为，截至2014年12月底，兰某在北京金某某公司的股份是2039.99万元。

《发行股份及支付现金购买资产协议之补充协议》第4页显示，利某某公司并购北京金某某公司，兰某获得股权转让总对价金额850 032 850.46元，其中现金对价24 603 105元，股份对价60 429 745.46元（股票数为3 423 781股）。该协议附件一显示，股东兰某对北京金某某公司的持股为20 399 900股，兰某在2014年北京金某某公司被利某某公司并购时，获得的利某某公司给他的现金对价及股票，来源就是他在北京金某某公司的2039.99万元股份。

（二）《资产评估报告》关于北京金某某公司资产变化和兰某在该公司股份变化情况的报告，以及《发行股份及支付现金购买资产协议》关于兰某股份的记载，证明了兰某在北京金某某公司的全部股份属于婚前财产

(1) 兰某和陈某某是2008年12月结婚，他在结婚前即2008年12月之前的投资及取得的股份，属于婚前财产。

(2) 2010年3月北京金某某公司的增资，虽然是公司三股东以个人名义借款完成增资，但是，增资程序完成后，该公司将兰某名下250万元借款支付给兰某并偿还出借人某某公司，还款的是该公司不是兰某，兰某没有新的出资，也就是没有用夫妻共同财产增资。这一事实，前文中已论证清楚，此

不赘述。

（3）兰某在2010年3月之后北京金某某公司的历次增资中，均没有以自有资金增资，几次增资，都是将新增股东的投资大部分计入公司资本公积金，然后又由资本公积金转增，公司股东的股份得到增加，兰某的股份逐渐由2010年的750万元，增加到2014年的2039.99万元。这2039.99万元，是由兰某婚前财产750万元投资以及北京金某某公司资本公积金增资所形成，其中没有兰某任何新的投资，当然不能发生以夫妻共同财产增资的事情。

（4）2014年12月利某某公司并购北京金某某公司，兰某在该公司2039.99万元的股份全部被利某某公司收购，得到的利某某公司总对价金额为850 032 850.46元的现金及股票，完全是因为兰某婚前财产750万元投资和他在北京金某某公司的公司资本公积金增资所得，并没有向利某某公司投入其他资金，当然也不能发生以夫妻共同财产投资的情况。

因此，兰某按照《发行股份及支付现金购买资产协议》及《发行股份及支付现金购买资产协议之补充协议》获得的股份转让现金对价24 603 105元和利某某公司的股票3 423 781股的财产，在事实上和法律上都不能属于夫妻共同财产。

（三）利某某公司并购北京金某某公司购买兰某的股份向他发行对应数额的股票，不能改变这些资产属于兰某婚前财产的性质，兰某根据《发行股份及支付现金购买资产协议》和《发行股份及支付现金购买资产协议之补充协议》所得的利某某公司股份的转让现金对价24 603 105元、股票3 423 781股，依法不应属于夫妻共同财产

理由是，如上所论证：

第一，根据证据所证实的北京金某某公司资产变化情况和兰某在该公司中股份变化的事实，兰某先前在北京金某某公司持有的2039.99万元股份以及后来转化为在利某某公司的股票数为3 423 781股是他的婚前财产。

第二，根据《婚姻法》和最高人民法院《关于适用〈中华人民共和国婚姻法〉若干问题的解释（一）》的相关规定，婚前财产不因婚姻关系的延续而转化为夫妻共同财产。

第三，兰某根据《发行股份及支付现金购买资产协议》和《发行股份及支付现金购买资产协议之补充协议》所得的利某某公司股份的转让现金对价24 603 105元以及3 423 781股股票，是他婚前财产的组成部分，依法不应属

于夫妻共同财产。

综上所述，根据证据证明的事实，兰某在婚前向北京金某某公司投资750万元，持有相应的股份；兰某与陈某某结婚后，该公司多次增资兰某均未以自有资金增资，历次增资导致该公司形成巨额资本公积金，又因为资本公积金增资使得兰某在该公司的股份变化为2039.99万元，根据这些事实和相关法律，这些股份资产是他的婚前财产。利某某公司并购北京金某某公司购买该公司股东的股份，兰某在北京金某某公司的股份转化为他在利某某公司的股票，依法不能改变这些财产属于婚前财产的性质和地位。利某某公司股份转让对价和其余股票，也仍然是婚前财产。

另外，根据《发行股份及支付现金购买资产协议》和《发行股份及支付现金购买资产协议之补充协议》，这些协议具有“对赌协议”的内容和性质，北京金某某公司包括兰某在内的股东负有按照协议完成对利某某公司承诺的利润的义务，如果不能完成承诺的利润，要承担现金补偿的责任，现还在“对赌期”。而且，兰某根据这些协议取得的股票绝大部分处于对赌锁仓期内未能解禁，不能转让，无法进场操作管理。

以上意见，供委托方和有关司法机关参考。

【瞽言刍议】

本案论证的是因离婚，所涉公司财产、公司股权增值、被并购及股份增加等，因其为婚前投资所增值和延续所致，而不是出自婚后财产投资或增资所致，故在夫妻没有特别约定的情况下，依法不能转化为夫妻共有财产。

本案论证对夫妻离婚分割公司财产，具有一定的参考价值。

11. 卢某某与尚某某因未成年女儿抚养权及离婚纠纷案

【论证要旨】

其一，被告尚某某回国后连续居住在佛山市南海区超过一年时间，而搬离佛山市南海区住所在深圳市福田区居住时间不超过一年。故应由佛山市南海区人民法院管辖，而不应由深圳市南山区人民法院管辖。

此外，尚某某起诉卢某某的抚养权案也已确定由佛山市南海区人民法院管辖。由佛山市南海区人民法院一并审理卢某某提起的离婚案，有利于合并解决双方纠纷，符合便利当事人诉讼的司法原则，更可节约司法资源。

其二，本案证据显示，二人婚前相互了解不够，结婚后未能建立起正常的夫妻感情；从其他事实方面看，二人的夫妻关系也无法正常维系。

其三，建议提供调解方式解决离婚和女儿抚养以及财产处理问题。

【案涉简况】

论证申请人提供的案件材料显示的基本案情：

2015 年 11 月 24 日，卢某某与尚某某在广东省佛山市珠江公证处办理婚前财产协议公证。2015 年 12 月 7 日，二人在深圳市南山区登记结婚。2016 年 12 月 4 日，二人的女儿卢某小在澳大利亚出生，是澳大利亚国籍。

2014 年 4 月 1 日至 2018 年 6 月 22 日，卢某某在广东省佛山市南海区居住。2017 年 5 月 3 日至 2018 年 6 月 25 日，尚某某在广东省佛山市南海区居住；2018 年 6 月 25 日至 2018 年 8 月 20 日，尚某某在广东省深圳市福田区等多地居住。

2018 年 7 月 12 日，尚某某向佛山市禅城区人民法院提起抚养权诉讼

（［2018］粤0604民初158××号），要求在夫妻分居期间女儿的抚养权归属其自己。卢某某于2018年8月1日对此提出管辖权异议，请求将该案移送至佛山市南海区人民法院管辖。2018年8月10日，佛山市禅城区人民法院作出［2018］粤0604民初158××号《民事裁定书》，裁定其异议成立，案件移送佛山市南海区人民法院审理。2018年9月19日，佛山市南海区人民法院立案受理（［2018］粤0605民初192××号）。

2018年8月6日，卢某某向佛山市南海区人民法院提起离婚诉讼（［2018］粤0605民初143××号），要求解除二人的婚姻关系、婚生女卢某小归原告抚养。2018年8月22日，尚某某提出管辖权异议申请，佛山市南海区人民法院作出［2018］粤0605民初14338号之二《民事裁定书》，裁定将案件移送深圳市南山区人民法院审理。卢某某对该裁定不服，向佛山市中级人民法院提起上诉，现正在审理中。

2018年6月22日至2018年8月29日，卢某某、尚某某二人微信聊天记录显示：二人微信对话中对女儿抚养问题、离婚问题、财产问题各自表达了意见。

卢某某在微信中对尚某某诉说了许多问题。主要是：①尚某某和他恋爱后，跟其他男性在一起怀过孕、之后以强奸为由报警，将该男子送进看守所；②尚某某转走某某公司100万元，该男性刑事举报尚某某涉嫌侵占罪。卢某某出手帮助了尚某某，否则尚某某恐怕会在监狱里；③尚某某结婚期间每天生活就是炒股、按摩，不做家务；④家里来客人不打招呼，和家政服务者吵吵闹闹，搞得家无宁日；⑤尚某某在其父母分居时，逼着卢某某为其分居父母每人买3000万元的房子；⑥尚某某经常以带着孩子回娘家要挟卢某某，数次提出离婚；⑦卢某某带孩子离开后不到3天，尚某某就把家里快搬空了；⑧共同生活的3年里，尚某某不但把卢某某当成提款机、保姆兼厨师，而且沉迷于炒股和去深圳会“友”，根本没有从一个主妇、一个妻子的角度照顾家庭、对待丈夫；⑨尚某某在日常生活中常常喜怒无常、歇斯底里、出尔反尔，令卢某某无法接受，更会影响女儿的成长及身心健康；⑩卢某某是澳大利亚永久居民，女儿是澳大利亚公民，当初卢某某花了许多精力、资源让尚某某也可以取得澳大利亚永久居留权，一家人可以共同在澳大利亚生活，陪伴女儿快乐地长大。可尚某某忽然决定撤销申请，主动放弃；⑪尚某某捏造卢某某双重国籍，向公安机关实名举报要求处罚卢某某，恶意报复；⑫卢某某提出离婚，尚某某同意；⑬卢某某表示“我爱卢某小。有了她，不仅有老年得女的欢恩喜悦，更有跟女儿相依为命的血脉相连”；⑭卢某某表示，他为女儿在澳大利亚生活、上学，作了充足的准备，为她未来健康、幸福、快乐，做了很多悉心安排；在澳大利亚生活，对她而言是最好的选择；⑮卢某某在微信中表示：“既然无法在一起生活，希望我们可以好聚好散。我带卢某小去澳大利亚正是源于对她的爱，对她的保护。以你的作为，如果卢某小在身边，我们闹离婚，你一定会搅得鸡犬不宁，一哭二闹三上吊。我不想大人的过错让孩子承受，不想她的生活受到丝毫影响，更愿意在孩子的心目中为你保留一个好的形象。”

尚某某在微信中主要表示：①“我同意离婚”，“也许是我们性格不合”；②能不把女儿带出国吗；③卢某某把女儿带走，对于她来说实在是太残忍了。

委托方提出离婚案管辖法院、小孩抚养权归属、离婚诉请应否支持、财产关系等问题，希望得到专家们的论证意见。

【论证意见】

委托方广东天地正律师事务所因卢某某与尚某某未成年女儿抚养权及离婚纠纷案，向受托方提交论证申请和案件材料，请求提供法律专家论证意见。受托方审阅其提交的案件材料之后，认为符合专家论证的条件，邀请中国政法大学、北京大学法学院等民事法学七名专家，于 2018 年 10 月 14 日在京召开了专家论证会，委托方有关人士在论证会上向专家们介绍了基本案情，回答了专家们的询问。专家们根据委托方提供的案件材料和介绍的基本案情，结合相关的法律规定进行了认真的讨论和研究，形成本论证意见供委托方和有关司法机关参考。专家们经过认真研究讨论，形成以下四个方面的一致意见：

一、关于离婚案件的管辖法院问题

根据《民事诉讼法》第 12 条关于一般地域管辖的规定，对公民提出的民事诉讼，由被告住所地人民法院管辖；被告住所地与经常居住地不一致的，由经常居住地人民法院管辖。

2015 年最高人民法院《关于适用〈中华人民共和国民事诉讼法〉的解释》（以下简称《民事诉讼法解释》）第 3 条对“住所地”的解释，“公民的住所地是指公民的户籍所在地”。第 4 条对“经常居住地”的解释：“公民的经常居住地是指公民离开住所地至起诉时已连续居住一年以上的地方，但公民住院就医的地方除外。”第 12 条第 2 款对夫妻一方或双方离开住所地超过一年的离婚纠纷管辖的规定：“夫妻双方离开住所地超过一年，一方起诉离婚的案件，由被告经常居住地人民法院管辖；没有经常居住地的，由原告起诉时被告居住地人民法院管辖。”

对于公民经常居住地的认定，有两个重要衡量标准：是否连续居住一年以上，满足连续居住一年以上条件的居住时间段是否离起诉时间最近且与诉讼相关。法律对于经常居住地的规定，尤其离婚诉讼案件中经常居住地规定的适用，其目的在于方便诉讼中对周围群众走访、证据采纳，方便当事人诉讼以及有效约束当事人对管辖法院的规避。

（一）双方离开住所地均超过一年，应适用《民事诉讼法解释》第 12 条第 2 款对夫妻一方或双方离开住所地超过一年的离婚纠纷管辖的规定

卢某某住所地为广东省佛山市禅城区。2014 年 4 月 1 日至 2018 年 6 月 22 日，卢某某在广东省佛山市南海区居住，离开住所地超过一年时间。

尚某某住所地为广东省深圳市南山区。2017 年 5 月 3 日回国后至 2018 年 6 月 25 日，在广东省佛山市南海区居住；2018 年 6 月 25 日至 2018 年 8 月 20 日，尚某某在广东省深圳市福田区等多地居住，离开住所地超过一年时间。

（二）尚某某 2018 年 6 月 25 日至起诉时居住在深圳市福田区等多地，不应认定为无经常居住地

公民离开住所地至起诉时已经连续居住一年以上的地方为经常居住地。“起诉时”应理解为诉讼发生时或离起诉时间接近与起诉有高度相关性的时间点。

若将“起诉时”机械地理解为诉讼发生时，则可能出现当事人选择案件管辖地的情况——在诉讼开始前，为规避原管辖地，搬离至新住所，使案件受新住所地法院管辖或受户籍所在地管辖。

尚某某回国后连续居住在佛山市南海区超过一年时间，搬离佛山市南海区住所与后续发生的离婚诉讼具有高度相关性，且在深圳市福田区居住时间不超过一年。若将尚某某认定为无经常居住地，由深圳市南山区人民法院管辖，既不能实现节约诉讼成本、方便当事人的立法目的，也不利于证据采集与调取。

（三）本案应由佛山市南海区人民法院管辖

根据以上论述，“起诉时”应理解为诉讼发生时或离起诉时间接近与起诉有高度相关性的时间点。经常居住地应为当事人离开住所地后至起诉时最后居住满一年的地方。据此，尚某某的经常居住地应为佛山市南海区。

此外，尚某某起诉卢某某的抚养权案（［2018］粤0605民初192××号）已确定由佛山市南海区人民法院管辖。由佛山市南海区人民法院一并审理卢某某提起的离婚案，有利于合并解决双方纠纷，符合便利当事人诉讼的司法原则，更可节约司法资源。

因此，本案应由佛山市南海区人民法院管辖。

二、关于离婚诉请应否支持问题

《婚姻法》第32条第2、3款规定：“人民法院审理离婚案件，应当进行调解；如感情确已破裂，调解无效，应准予离婚。有下列情形之一，调解无效的，应准予离婚：（一）重婚或有配偶者与他人同居的；（二）实施家庭暴力或虐待、遗弃家庭成员的；（三）有赌博、吸毒等恶习屡教不改的；（四）因感情不和分居满二年的；（五）其他导致夫妻感情破裂的情形。”

在司法实践中判断夫妻感情是否确已破裂，应当从婚姻基础、婚后感情、离婚原因、夫妻关系的现状及有无和好可能等方面综合分析。参照最高人民法院《关于人民法院审理离婚案件如何认定夫妻感情确已破裂的若干具体意见》及审判实践经验，其他导致夫妻感情破裂的情形，主要包括以下几个方面：①婚前缺乏了解，草率结婚，结婚后未能建立起夫妻感情，难以共同生活；②其他难以维持夫妻共同生活的情形，诸如双方性格不合、志趣不投，难以继续共同生活等。

关于本案离婚诉请应否支持问题，应当按照上述法律规定和卢某某、尚某某二人的婚姻状况进行分析。

（一）根据二人微信对话的内容，二人婚前相互了解不够，结婚后未能建立起正常的夫妻感情

1. 二人婚前相互了解不够，婚后夫妻感情不好

根据卢某某与尚某某之间的微信对话，卢某某表示与尚某某结婚系出于尚某某将前海三川公司100万元转走，涉嫌侵占罪，自己“英雄救美”为尚某某处理了这件事。双方相互了解不够，婚后二人三观严重不合，尚某某以

炒股为主，不料理家务，经常离家去深圳会“友”，二人稍有争执和分歧，女方便用抱走孩子、威胁离婚等手段逼迫男方妥协。尚某某也表示，“也许是我们二人性格不合”。这些情况，应属于婚姻基础薄弱，婚后矛盾冲突日益增多，没有建立正常的夫妻感情。

2. 二人在财产问题上矛盾很深

卢某某在微信中提出，尚某某的家人经常向他要钱，而且是“今天 3 万元，明天 5 万元”，让他为这种行为难受，还提出尚某某逼他为分居的父母每人买 3000 万元的房子，等等，造成卢某某心理上的严重反感。

卢某某的商业背景及经济实力，与尚某某婚前以强奸为由胁迫其前男友承诺 300 万元分手费、婚姻期间以各种名义要钱、离婚诉讼前起诉卢某某的哥哥卢某伟，要求确认卢某伟名下的深圳房产归其所有等对比，体现了二人金钱观的重大差别。

3. 尚某某举报卢某某双重国籍等，导致二人之间失去了起码的夫妻感情，无法共同生活

根据卢某某与尚某某之间的微信对话，尚某某曾经向有关机关举报卢某某双重国籍等。显然，尚某某的这些行为具有导致卢某某遭受重大不利甚至身陷囹圄的主观意图。从夫妻关系角度来说，这些行为足以严重伤害卢某某的感情，导致夫妻无法再共同生活，夫妻感情彻底丧失，夫妻关系彻底破裂。

4. 卢某某在微信上提出离婚，尚某某表示同意离婚

这一事实，应当是双方各自表达了同意离婚的意思表示。尽管不构成协议，也显示了双方夫妻感情的脆弱和破裂。

（二）从其他事实方面看，二人的夫妻感情已经破裂，夫妻关系无法维系

（1）根据二人的微信，二人女儿是澳大利亚国籍。卢某某有澳大利亚的永居权。卢某某出力出资帮尚某某办理澳大利亚永居权，尚某某在即将取得批准之前撤销申请、主动放弃。

尚某某在其微信中没有否认这一情况，应该认为卢某某的说法属实。对这一情况，按照一般人的标准理解，应当是尚某某表明不愿意和卢某某在澳大利亚共同生活。

（2）从二人微信对话中可见，尚某某不操持家务，卢某某成为家里的厨师。这一情况对夫妻感情和共同生活造成不利影响。

尚某某在微信中陈述，她放弃工作跟卢某某一起共同生活。卢某某则陈

述尚某某只顾炒股，不操持家务、不做饭，他则是既要管理公司的工作又要在家做饭。尚某某在微信中没有否定。

(3) 卢某某带孩子离家、二人发生矛盾的三天后，尚某某叫来其父母，快把家里搬空了，表明二人的夫妻感情急剧恶化。尚某某的微信中没有否定卢某某微信中的这一说法。

(4) 二人在未成年女儿卢某小抚养问题上的争执和对立，表明二人之间无法维系正常的夫妻关系。关于这一事实，不但二人的微信记录中有充分的体现，二人分居和争夺女儿抚养权的现实客观情况也给予了足够的证实，无须赘述。

总之，根据上述法律规定和事实，按照一般人的夫妻关系来看，二人之间已经丧失了正常夫妻应有的、起码的感情，夫妻关系呈现破裂状态，失去了继续维系夫妻共同生活的基本条件。卢某某提出离婚，尚某某也表示同意。法院应当理解二人之间存在的诸多无法解决的矛盾和冲突，依法处理二人之间的婚姻关系，同意离婚是合法合情合理的。

(三) 如调解解决婚姻问题，对双方和女儿都是最好的

依《婚姻法》第32条的规定，离婚案件应当调解，调解不成的才判决离婚。实际上，无数的离婚案件证明，调解离婚对当事人双方有极大的好处。在有未成年子女的离婚案件中，调解离婚的，对子女的健康成长极为有利。

希望二人能够妥善对待无法维系的婚姻关系，在解除婚姻关系的条件下，给各自营造一个友善的关系，尤其是给女儿卢某小的健康成长营造良好条件。

卢某某在对尚某某的微信对话中曾经表态“其他事情看在卢某小的份上可以慢慢商量”，应该认为是愿意同尚某某协商，通过调解的方式处理离婚事宜。希望法院主持双方冷静、理智地协商，妥善地解决各个方面的问题。

三、关于女儿抚养权归属问题

(一) 关于双方抚养权争议的法律适用问题

二人的未成年女儿卢某小是澳大利亚国籍。二人作为中国公民，在我国法院提起抚养权纠纷的诉讼，我国法院对案件有管辖权，自然适用我国法律。这一点，毋庸置疑。

(二) 应当本着最有利于未成年人的立场考虑

根据二人之间的微信对话，卢某小出生于澳大利亚，是澳大利亚国籍，

是二人共同的选择，也就是二人对女儿未来在澳大利亚生活是共同认可的。

根据委托方在论证会上的陈述，卢某小出生后，卢某某在选定的高档幼儿园附近购置房产，尚某某认可和支持。这一点，应当是夫妻二人对卢某小未来教育的规划与投资，表明二人对未成年女儿在澳大利亚的抚养，已经有了充分规划和物资准备。卢某小将来的生活是在澳大利亚为主，她的语言、生活习惯、受教育条件、生活条件等，都会以澳大利亚为主。从最有利于未成年人角度讲，卢某小在我国度过幼年时期的教育和生活，应当没有二人在澳大利亚为她的教育和抚养所做的规划和准备工作更为充分。

因此，根据儿童最大利益原则，卢某某在澳大利亚抚养卢某小的诉求更为合理。

（三）从个人情况看，女儿归卢某某抚养有利于其健康成长；从人道主义方面讲，也比较合情合理

（1）卢某某的财产状况比较好，对女儿的健康成长而言有良好的物质条件。假定由尚某某抚养而卢某某提供一定的抚养费，应当不如经济条件优越的生身父亲抚养更实在、更可靠，条件更好，对孩子的身心健康成长更有利。

（2）从人道主义方面讲，卢某某已经年近花甲，属于老来得女，对女儿的珍爱不言而喻。他已经为女儿的健康成长做好了思想上、物质上的良好准备的情况足以说明这一点。

（3）还是从人道主义方面讲，尚某某也深爱着女儿。但是她还年轻，离婚后的生活会有新的内容，在保持对女儿的探望权、维系和发展母女感情的同时，对今后的新生活也能够大大地减少其他的因素。

（四）应处理好探望权问题

根据卢某某和尚某某的微信对话，卢某某提出："卢某小和我在澳大利亚生活，离婚的事情处理后，你可以探望孩子或者我们定期回大陆让你探望，其他事情看在卢某小的份上也可以慢慢商量。"

对此，应当认为卢某某对尚某某对女儿卢某小的探望权有足够的理解和认知，有合理的规划和对待。

四、关于二人之间的财产关系问题

二人在婚前已经签订《婚前财产协议》并且经过合法的公证，协议中约定各自的婚前婚后财产归各自所有。

双方的婚前婚后财产问题，应当按照这个协议处理。

综上所述，专家们一致认为：依据法律和事实，卢某某请求与尚某某离婚的诉求应当得到支持；对卢某小的抚养，应当从最有利于她成长和生活以及将来生活和发展的角度出发，由卢某某在澳大利亚抚养，同时合理确定尚某某的探望权问题；双方财产关系应按公证的《婚前财产协议》执行。

以上意见，仅供委托方和有关司法机关参考。

【瞽言刍议】

本案论证意见对于管辖、认定和处理离婚基础事实以及调解处理所涉财产和子女抚养问题，有一定的参考价值。

12. 陈某某民间借贷纠纷案

【论证要旨】

其一，陈某某与于某某于2014年4月9日签订的《股权转让协议书》中关于陈某某将其持有的51%的股权转让给于某某的部分有效。

其二，《股权转让协议书》第4条与第5条关于利润分配与债务清偿的部分，违反了《公司法》（2013年，本文下同）关于公司财务会计制度的强制性规定，股东决议作出公司利润分配与债务清偿的内容及程序违反了《公司法》关于股东决议事项及股东决议程序的规定，并且违反了《民法通则》与《合同法》的相关规定，侵害了其他股东的权益，属于无效约定。

其三，《股权转让协议书》约定的股权转让关系与陈某某与某某公司的借贷关系属于不同的法律关系，应适用不同的法律规定，股权转让的约定不能及于陈某某与某某公司的借贷关系。

其四，《股权转让协议书》不应对陈某某与某某公司的民间借贷法律关系附加条件，因此其约定的附加条件无效。

其五，《股权转让协议书》关于为某某公司清偿三位股东债务所设定的履行条件无效，侵害了股东利益，违反了债权的平等性原则，属于无效条件。

其六，一审与二审判决对“公司资金能够正常运行”“当公司还清刘某某余下的1500万元借款本息后”等进行了错误解释；即便《股权转让协议书》中关于债务清偿与利润分配的约定有效，那么某某公司已经偿还刘某某1500万元债务，并且某某公司目前资金正常运行，清偿三位股东债务的条件也已经实现。

其七，基于以上几点的分析，一审与二审判决认定某某公司清偿陈某某1400万元债务及利息的履行条件未实现，驳回陈某某要求某某公司偿还1400万元债务及利息的诉讼请求的事实根据与法律依据都是不成立的。

【案涉简况】

委托人：陈某某。

受托单位：中国政法大学法律应用研究中心。

论证专家：中国政法大学、中国人民大学法学院等四名民事法学专家。

论证事项：

1. 陈某某与于某某于2014年4月9日签订的《股权转让协议书》中关于股权转让的部分是否有效；

2. 《股权转让协议书》中关于利润分配及债务清偿的部分是否有效；

3. 《股权转让协议书》是否可以就陈某某与某某公司的债权债务关系进行约定；

4. 陈某某与某某公司的民间借贷的法律关系是否可以被附加履行条件；

5. 《股权转让协议书》关于为某某公司清偿三位股东债务所设定的履行条件是否有效；

6. 一二审判决对“公司资金能够正常运行”“当公司还清刘某某余下的1500万元借款本息后”等合同所附条件的解释是否正确；某某公司是否已经偿还了刘某某1500万元债务；

7. 一二审判决认定某某公司清偿陈某某1400万元债务及利息的履行条件未实现，驳回陈某某要求某某公司偿还1400万元债务及利息的诉讼请求的事实根据与法律依据能否成立。

论证依据材料：

1. 山东省临沭县人民法院［2016］鲁1329民初12××号《民事判决书》；

2. 陈某某与某某公司的借款借据、记账凭证及账户往来明细；

3. 陈某某与于某某签订的《股权转让协议书》（2014年4月9日）；

4. 陈某某《民事上诉状》（2016年12月15日）；

5. 山东省临沂市中级人民法院［2017］鲁13民终1××号《民事判决书》；

6. 某某公司工商登记信息及变更登记；

7. 某某公司资产负债表（2016 年 3 月 31 日）；

8. 某某公司现有资产情况（2016 年 4 月 5 日）；

9. 其他相关事实材料。

以上事实材料均为复印件，委托人对事实材料的真实性和来源的合法性负责。

案情概要：

2012 年 9 月 28 日，某某公司经工商部门注册成立，注册资本 1000 万元，由陈某某、李某、杨某某三名原始股东出资设立。公司的股权结构为：陈某某出资 700 万元，占公司 70%的股权；李某出资 200 万元，占公司 20%的股权；杨某某出资 100 万元，占公司 10%的股权；陈某某担任公司的董事长，兼任总经理。

2014 年 4 月 9 日，陈某某与于某某签订《股权转让协议书》，陈某某将其持有的公司 51%的股权以 2500 万元的作价转让给于某某。其中《股权转让协议书》第 4 条约定：某某公司所借刘某某 2000 万元还余下 1500 万元资金，是某某公司债务，与原三个股东个人无关，但公司股权转让成功后，于某某负领导责任和主要责任，当公司资金能够保证正常运行时，其多余的资金应当首先及时地偿还本息，不得首先决定股东收回给公司的借款和分配利润。第 5 条约定：某某公司现有三个股东给公司的借款余额为 1700 万元，当公司还清刘某某余下的 1500 万元借款本息后，在公司资金能够正常运行的条件下，其多余的资金应当偿还陈某某、李某、杨某某三个股东给公司的借款，不得先行决定分配公司利润。鉴于李某向陈某某借款 400 万元用于给公司的投资，当三位股东向公司收回 1700 万元借款时，于某某应监督李某及时归还陈某某的借款本息。

2014 年 4 月 28 日，某某公司向临沭县天某建设有限公司借款 1500 万元，借款利率为月息 1 分 5 厘，双方签订了借款合同。某某公司偿还刘某某余下的 1500 万元借款。

2016 年 3 月 28 日，陈某某将某某公司作为被告，于某某、李某、杨某某作为第三人起诉至山东省临沭县人民法院，请求被告某某公司支付原告借款 1400 万元及利息。

临沭县人民法院认为，案件的争议焦点为：被告某某公司偿还原告借款1400万元的条件是否成就。根据《合同法》第45条的规定，当事人对合同的效力可以约定附条件。附条件生效的合同，自条件成就时生效。附解除条件的合同，自条件成就时失效。当事人为自己的利益不正当地阻止条件成就的，视为条件已成就；不正当地促成条件成就的，视为条件不成就。本案原告陈某某与第三人于某某在《股权转让协议书》第5条中约定了“当公司还清刘某某余下的1500万元借款本息后，在公司资金能够正常运行的条件下，其多余的资金应当偿还陈某某、李某、杨某某三个股东给公司的借款，不得先行决定分配公司利润”。陈某某作为公司的法定代表人既代表自己也代表被告公司，为包括自己在内的三位股东向公司追要借款设定了三个条件：①公司必须还清刘某某余下的1500万元借款本息；②还清刘某某余下的1500万元借款本息后，公司资金仍然能够正常运营；③还需有多余资金的情况下才能偿还陈某某的借款。从表面看，刘某某的1500万元借款本息已经还清，不再欠刘某某的借款本息，但偿还刘某某借款的款项来源并非某某公司多余的资金或流动资金等，而是某某公司借临沭县天某建设有限公司的款，由原来借刘某某的月息2分的利率变为借临沭县天某建设有限公司的月息1分5厘的利率，实质上被告某某公司的债务1500万元并未减少或消失，即1500万元的债务依然存在，只是将来应支付的利息减少了。再者，被告某某公司尚有3000万元左右的债务未支付，并未达到条件2和条件3约定的“公司自己仍然能够正常运行，还有多余资金”；结合《股权转让协议书》第4条，一再强调了“公司资金能够保证正常运行”“其多余的资金”“不得首先决定股东收回给公司的借款”等，足以认定股东收回给公司的借款的条件尚不成就。因此，临沭县人民法院驳回了原告陈某某的诉讼请求。

二审法院认为：《股权转让协议书》第4、5条均着重强调“公司资金能够保证正常运行”的内容，并结合“其余多余资金”以及“不得首先决定股东收回给公司的借款”等内容，应认定该协议约定系对公司长远发展和股东长远利益的保证，也是原审第三人于某某受让上诉人股权的基础；既是对公司内部股东向公司主张返还借款权利的保障，又是对公司股东主张权利设定的条件。上诉人在签订《股权转让协议书》时系被上诉人公司的法定代表人及大股东，且现在仍为被上诉人公司的股东，其对公司经营状况系充分了解。

原审法院在查明被上诉人公司现在仍负债3000余万元的情况下，认定上诉人向被上诉人主张收回借款的条件不成就，驳回其诉讼请求正确。因此，驳回上诉，维持原判。

【论证意见】

陈某某民间借贷纠纷一案，历经一审（山东省临沭县人民法院）、二审（山东省临沂市中级人民法院）。委托人委托本中心对一二审判决中认定某某公司清偿陈某某1400万元债务及利息的履行条件未实现，驳回陈某某要求某某公司偿还1400万元债务及利息的诉讼请求的事实根据与法律依据进行了审查。本中心在组织专家论证前，将委托人提供的文件资料转送各位专家详细查阅和研究，对主要争议事实、证据庭审质证情况邀请陈某某的代理律师来本中心接受了各位专家的询问。

本中心于2017年9月25日，在京召开了专家论证会，四名论证专家参加本次论证，经全体专家认真研究当事人反映的案件事实、资金流动情况、证据材料、两审法院判决等，认为纠纷的关键问题是陈某某与于某某于2014年4月9日签订的《股权转让协议书》中股权转让的约定是否有效、关于相关债务清偿与利润分配的约定是否有效、协议是否可以就陈某某与某某公司的债权债务关系进行约定、陈某某与某某公司之间的民间借贷法律关系是否可以被附加履行条件、协议中为某某公司清偿三位股东债务所设定的履行条件是否有效、一二审判决对“公司资金能够正常运行”“当公司还清刘某某余下的1500万元借款本息后”等合同所附条件的解释是否正确、某某公司是否已经偿还了刘某某1500万元债务等。

经专家认真、详细地分析证据、纠纷形成的过程、双方主张，结合法律及司法解释，本着公平、公正、权威的原则，出具本专家论证法律意见书。

一、《股权转让协议书》中关于陈某某将其持有的某某公司股权转让给第三人的约定有效

根据《公司法》第 42 条[1]、第 71 条[2]与最高人民法院《关于适用〈中华人民共和国公司法〉若干问题的规定（四）》（法释［2017］16 号，本文下同）第 17 条[3]，股东向股东以外的第三人转让股权应满足下列条件：

（1）经过其他股东过半数同意；

（2）其他股东享有优先购买权；股东可以强制转让其股权，因为其他股东要么同意这一股东向股东以外的人转让股权，要么自己购买该转让的股权，但不能绝对否决该股东转让其股权的申请。

结合本案，《股权转让协议书》约定：陈某某同意转让某某公司 51%的股权给于某某，陈某某于 2014 年 2 月 26 日已经口头通知某某公司原股东李某、杨某某拟转让股权及行使优先购买权的事实，2014 年 2 月 27 日，陈某某又以特快专递的形式书面通知股权转让事实。鉴于在 2014 年 4 月 9 日签署《股权转让协议书》之前，陈某某已经书面通知其他股东关于转让 51%的股权给第三人的股权转让事宜，且 30 日后，未收到其他两位股东任何答复，所以应当认定《股权转让协议书》中关于陈某某将 51%的股权转让给第三人于某某的部分有效。

---

〔1〕《公司法》第 42 条规定："股东会会议由股东按照出资比例行使表决权；但是，公司章程另有规定的除外。"

〔2〕《公司法》第 71 条规定："有限责任公司的股东之间可以相互转让其全部或者部分股权。股东向股东以外的人转让股权，应当经其他股东过半数同意。股东应就其股权转让事项书面通知其他股东征求同意，其他股东自接到书面通知之日起满三十日未答复的，视为同意转让。其他股东半数以上不同意转让的，不同意的股东应当购买该转让的股权；不购买的，视为同意转让。经股东同意转让的股权，在同等条件下，其他股东有优先购买权。两个以上股东主张行使优先购买权的，协商确定各自的购买比例；协商不成的，按照转让时各自的出资比例行使优先购买权。公司章程对股权转让另有规定的，从其规定。"

〔3〕 最高人民法院《关于适用〈中华人民共和国公司法〉若干问题的规定（四）》第 17 条规定："有限责任公司的股东向股东以外的人转让股权，应就其股权转让事项以书面或者其他能够确认收悉的合理方式通知其他股东征求同意。其他股东半数以上不同意转让，不同意的股东不购买的，人民法院应当认定视为同意转让。经股东同意转让的股权，其他股东主张转让股东应当向其以书面或者其他能够确认收悉的合理方式通知转让股权的同等条件的，人民法院应当予以支持。经股东同意转让的股权，在同等条件下，转让股东以外的其他股东主张优先购买的，人民法院应当予以支持，但转让股东依据本规定第二十条放弃转让的除外。"

二、《股权转让协议书》中关于股东利润分配与债务清偿的约定无效

（一）从《公司法》角度分析

1.《股权转让协议书》中关于股东利润分配与债务清偿的约定违反了《公司法》关于公司财务、会计的强制性规定

《公司法》第163条至171条[1]明确规定了公司财务会计制度，公司应当在每一会计年度终了时编制财务会计报告，并依法经会计师事务所审计。财务会计报告应当依照法律、行政法规和国务院财政部门的规定制作。有限责任公司应当依照公司章程规定的期限将财务会计报告送交各股东。按照《公司法》的规定，有限责任公司首先应当缴纳企业所得税等，在分配税后利

[1]《公司法》第163条规定："公司应当依照法律、行政法规和国务院财政部门的规定建立本公司的财务、会计制度。"

第164条规定："公司应当在每一会计年度终了时编制财务会计报告，并依法经会计师事务所审计。财务会计报告应当依照法律、行政法规和国务院财政部门的规定制作。"

第165条规定："有限责任公司应当依照公司章程规定的期限将财务会计报告送交各股东。股份有限公司的财务会计报告应当在召开股东大会年会的二十日前置备于本公司，供股东查阅；公开发行股票的股份有限公司必须公告其财务会计报告。"

第166条规定："公司分配当年税后利润时，应当提取利润的百分之十列入公司法定公积金。公司法定公积金累计额为公司注册资本的百分之五十以上的，可以不再提取。公司的法定公积金不足以弥补以前年度亏损的，在依照前款规定提取法定公积金之前，应当先用当年利润弥补亏损。公司从税后利润中提取法定公积金后，经股东会或者股东大会决议，还可以从税后利润中提取任意公积金。公司弥补亏损和提取公积金后所余税后利润，有限责任公司依照本法第三十四条的规定分配；股份有限公司按照股东持有的股份比例分配，但股份有限公司章程规定不按持股比例分配的除外。股东会、股东大会或者董事会违反前款规定，在公司弥补亏损和提取法定公积金之前向股东分配利润的，股东必须将违反规定分配的利润退还公司。公司持有的本公司股份不得分配利润。"

第167条规定："股份有限公司以超过股票票面金额的发行价格发行股份所得的溢价款以及国务院财政部门规定列入资本公积金的其他收入，应当列为公司资本公积金。"

第168条规定："公司的公积金用于弥补公司的亏损、扩大公司生产经营或者转为增加公司资本。但是，资本公积金不得用于弥补公司的亏损。法定公积金转为资本时，所留存的该项公积金不得少于转增前公司注册资本的百分之二十五。"

第169条规定："公司聘用、解聘承办公司审计业务的会计师事务所，依照公司章程的规定，由股东会、股东大会或者董事会决定。公司股东会、股东大会或者董事会就解聘会计师事务所进行表决时，应当允许会计师事务所陈述意见。"

第170条规定："公司应当向聘用的会计师事务所提供真实、完整的会计凭证、会计账簿、财务会计报告及其他会计资料，不得拒绝、隐匿、谎报。"

第171条规定："公司除法定的会计账簿外，不得另立会计账簿。对公司资产，不得以任何个人名义开立账户存储。"

润时应当按照以下顺序分配：

（1）应当提取利润的10%列入公司法定公积金；

（2）公司的法定公积金不足以弥补以前年度亏损的，在依照前款规定提取法定公积金之前，应当先用当年利润弥补亏损；

（3）公司从税后利润中提取法定公积金后，经股东会或者股东大会决议，还可以从税后利润中提取任意公积金；

（4）公司弥补亏损和提取公积金后所余税后利润，有限责任公司依照该法第 34 条〔1〕的规定分配；股份有限公司按照股东持有的股份比例分配，但股份有限公司章程规定不按持股比例分配的除外；

（5）股东会、股东大会或者董事会违反前款规定，在公司弥补亏损和提取法定公积金之前向股东分配利润的，股东必须将违反规定分配的利润退还公司；

（6）公司持有的本公司股份不得分配利润。

这些关于公司的财务会计制度是《公司法》所确立的在公司设立、营运以及管理的整个过程中为确保公司资本的真实、安全而必须遵循的法律准则。财务会计制度的强制性规定，对于保证国家税收、维持公司交易秩序稳定、保障中小股东利益起到了重要作用。《公司法》第八章财务会计制度体现了《公司法》的公法性质，在这一领域公司的意思自治受到了一定程度的限制。《公司法》中的强制性规定正是为了弥补公司单纯意思自治所带来的巨大风险。

本案中，《股权转让协议书》第 4 条约定，某某公司所借刘某某 2000 万元还余下 1500 万元资金，是某某公司债务，与原三个股东个人无关，但公司股权转让成功后，于某某负领导责任和主要责任，当公司资金能够保证正常运行时，其多余的资金应当首先及时地偿还本息，不得首先决定股东收回给公司的借款和分配利润。第 5 条约定，某某置业公司现有三个股东给公司的借款余额为 1700 万元，当公司还清刘某某余下的 1500 万元借款本息后，在公司资金能够正常运行的条件下，其多余的资金应当偿还陈某某、李某、杨某某三个股东给公司的借款，不得先行决定分配公司利润。鉴于李某向陈某某借款 400 万元用于给公司的投资，当三位股东向公司收回 1700 万元借款

〔1〕《公司法》第 34 条规定："股东按照实缴的出资比例分取红利；公司新增资本时，股东有权优先按照实缴的出资比例认缴出资。但是，全体股东约定不按照出资比例分取红利或者不按照出资比例优先认缴出资的除外。"

时，于某某应监督李某及时归还陈某某借款本息。

该约定主要针对某某公司的具体财务制度，包括某某公司债务清偿、利润分配等，根据前述法律分析，涉及公司具体的财务会计制度应当遵守《公司法》的强制性规定，有限责任公司应当依照公司章程规定的期限将财务会计报告送交各股东。公司分配当年税后利润时，应当提取利润的10%列入公司法定公积金。公司的法定公积金不足以弥补以前年度亏损的，在依照前款规定提取法定公积金之前，应当先用当年利润弥补亏损等，但是本案中，陈某某与于某某强行约定公司应当先偿还刘某某的债权，然后再偿还其他股东的借款，之后再分配利润等，违反了《公司法》关于会计与财务制度的强制性规定。

2.《股权转让协议书》中关于利润分配与债务清偿的约定违反了《公司法》关于公司决议事项的程序规定，侵害了其他股东的知情权与表决权

《公司法》第37条[1]规定关于公司的经营方针、投资计划、年度财务预算方案、决算方案、公司的利润分配方案和弥补亏损方案等事项要召开股东会进行决议，即使股东对前列事项表示一致同意，可以不召开股东会会议，直接作出决定，但是由全体股东在决定文件上签名、盖章；《公司法》第165条规定有限责任公司应当依照公司章程规定的期限将财务会计报告送交各股东。《公司法》第16条[2]规定了公司对外对内担保的实际规定；《公司法》第100条[3]规定了应当召开股东大会的情形，包括公司未弥补的亏损达实收

[1]《公司法》第37条规定："股东会行使下列职权：（一）决定公司的经营方针和投资计划；（二）选举和更换非由职工代表担任的董事、监事，决定有关董事、监事的报酬事项；（三）审议批准董事会的报告；（四）审议批准监事会或者监事的报告；（五）审议批准公司的年度财务预算方案、决算方案；（六）审议批准公司的利润分配方案和弥补亏损方案；（七）对公司增加或者减少注册资本作出决议；（八）对发行公司债券作出决议；（九）对公司合并、分立、解散、清算或者变更公司形式作出决议；（十）修改公司章程；（十一）公司章程规定的其他职权。对前款所列事项股东以书面形式一致表示同意的，可以不召开股东会会议，直接作出决定，并由全体股东在决定文件上签名、盖章。"

[2]《公司法》第16条规定："公司向其他企业投资或者为他人提供担保，依照公司章程的规定，由董事会或者股东会、股东大会决议；公司章程对投资或者担保的总额及单项投资或者担保的数额有限额规定的，不得超过规定的限额。公司为公司股东或者实际控制人提供担保的，必须经股东会或者股东大会决议。前款规定的股东或者受前款规定的实际控制人支配的股东，不得参加前款规定事项的表决。该项表决由出席会议的其他股东所持表决权的过半数通过。"

[3]《公司法》第100条规定："股东大会应当每年召开一次年会。有下列情形之一的，应当在两个月内召开临时股东大会：（一）董事人数不足本法规定人数或者公司章程所定人数的三分之二时；（二）公司未弥补的亏损达实收股本总额三分之一时；（三）单独或者合计持有公司百分之十以上股份的股东请求时；（四）董事会认为必要时；（五）监事会提议召开时；（六）公司章程规定的其他情形。"

股本总额1/3时；单独或者合计持有公司10%以上股份的股东请求时；《公司法》第103条[1]规定股东大会作出决议，必须经出席会议的股东所持表决权过半数通过。

上述列举的《公司法》的规定体现了对于中小股东利益，知情权、表决权的保护。这些规定表明股东是公司的实际所有者，尽管不参与公司的实际经营，但是涉及公司的重大事项，例如，公司的经营方针、投资计划、年度财务的预算、决算方案，公司的利润分配方案和弥补亏损方案等涉及公司的兴衰存亡与股东切身利益有直接联系的事项都需要召开股东会进行决议，一方面体现了有限责任公司的人合性质，尊重每一位股东应有的知情权与表决权；另一方面体现了对中小股东利益的保护，在涉及公司的重大事项时，大股东很可能滥用股东权利，损害小股东权利，因此《公司法》规定涉及公司与股东利益的重大事项要召开股东会，形成股东会决议来保护小股东的知情权与表决权。

此外，《公司法》第37条与第46条[2]对股东决议事项与董事会决议事项进行了严格的划分，表明股东才是公司的所有者，决定公司的重大经营事项，利润分配，弥补亏损方案，年度预算决算与公司合并、分立、解散等重大事项，董事会仅仅负责公司日常经营的一般事项，例如，制订公司的利润分配方案和弥补亏损方案、决定公司内部管理机构的设置、决定聘任或者解聘公司经理及其报酬事项，并根据经理的提名决定聘任或者解聘公司副经理、财务负责人及其报酬事项及公司章程规定的其他职权。《公司法》对股东会与董事会职权的划分表明了股东会有权对公司的重大事项作出决定，股东是公司的所有者，公司的每一个决议都牵扯到股东的切身利益，所以股东对公司的重大事项享有当然的知情权与表决权。

---

〔1〕《公司法》第103条规定："股东出席股东大会会议，所持每一股份有一表决权。但是，公司持有的本公司股份没有表决权。股东大会作出决议，必须经出席会议的股东所持表决权过半数通过。但是，股东大会作出修改公司章程、增加或者减少注册资本的决议，以及公司合并、分立、解散或者变更公司形式的决议，必须经出席会议的股东所持表决权的三分之二以上通过。"

〔2〕《公司法》第46条规定："董事会对股东会负责，行使下列职权：（一）召集股东会会议，并向股东会报告工作；（二）执行股东会的决议；（三）决定公司的经营计划和投资方案；（四）制订公司的年度财务预算方案、决算方案；（五）制订公司的利润分配方案和弥补亏损方案；（六）制订公司增加或者减少注册资本以及发行公司债券的方案；（七）制订公司合并、分立、解散或者变更公司形式的方案；（八）决定公司内部管理机构的设置；（九）决定聘任或者解聘公司经理及其报酬事项，并根据经理的提名决定聘任或者解聘公司副经理、财务负责人及其报酬事项；（十）制定公司的基本管理制度；（十一）公司章程规定的其他职权。"

陈某某与于某某签订的《股权转让协议书》第4条与第5条对某某公司的债务清偿顺序与利润分配方案进行了约定，某某公司现有三个股东给公司的借款余额为1700万元，当公司还清刘某某余下的1500万元借款本息后，在公司资金能够正常运行的条件下，其多余的资金应当偿还陈某某、李某、杨某某三个股东给公司的借款，不得先行决定分配公司利润。鉴于李某向陈某某借款400万元用于给公司的投资，当三位股东向公司收回1700万元借款时，于某某应监督李某及时归还陈某某借款本息。上述约定的事项属于利润分配方案与涉及公司经营的重大事项，且上述债权不仅涉及陈某某本人的债权并且牵扯其他两位股东的债权，属于应当由股东会表决的事项，但陈某某与于某某没有召开股东会，甚至在其他两位股东完全不知情的情况下，私自决定某某公司的债权清偿顺序与利润分配方案，违反了《公司法》关于公司决议的程序规定，侵害了其他股东的知情权与表决权。

3.《股权转让协议书》中陈某某与于某某作出的关于利润分配与债务清偿的公司决议，内容违法，侵害了其他股东的权益

根据《公司法》第37条、第100条与第22条[1]的规定，有关公司经营、利润分配等涉及公司利益与股东利益的重大事项应当召开股东会进行决议，并对召开股东会的程序作出了具体规定；在股东会决议内容违法的情况下，股东可以请求人民法院撤销。该规定的目的是防止大股东操纵公司侵害小股东的利益。《合同法》第52条[2]更是对涉及损害第三人利益的约定无效作出了明确规定。

《股权转让协议书》第4条与第5条约定了某某公司现有三个股东给公司的借款余额为1700万元，当公司还清刘某某余下的1500万元借款本息后，在公司资金能够正常运行的条件下，其多余的资金应当偿还陈某某、李某、

---

[1]《公司法》第22条规定："公司股东会或者股东大会、董事会的决议内容违反法律、行政法规的无效。股东会或者股东大会、董事会的会议召集程序、表决方式违反法律、行政法规或者公司章程，或者决议内容违反公司章程的，股东可以自决议作出之日起六十日内，请求人民法院撤销。股东依照前款规定提起诉讼的，人民法院可以应公司的请求，要求股东提供相应担保。公司根据股东会或者股东大会、董事会决议已办理变更登记的，人民法院宣告该决议无效或者撤销该决议后，公司应当向公司登记机关申请撤销变更登记。"

[2]《合同法》第52条规定："有下列情形之一的，合同无效：(一)一方以欺诈、胁迫的手段订立合同，损害国家利益；(二)恶意串通，损害国家、集体或者第三人利益；(三)以合法形式掩盖非法目的；(四)损害社会公共利益；(五)违反法律、行政法规的强制性规定。"

杨某某三个股东给公司的借款，不得先行决定分配公司利润。也就是说，陈某某与于某某签订的《股权转让协议书》为其他两位股东的债权与利润分配请求权设定了负担，其他两位股东作为权利人没有自主决定的权利，甚至毫不知情，就被《股权转让协议书》中的约定设定了权利负担。因此，《股权转让协议书》第 4 条与第 5 条关于股东利润分配与债务清偿的内容侵害了其他股东的权利，违反了《合同法》第 52 条的规定，属于内容违法。

（二）从合同法角度分析

1.《股权转让协议书》约定的股权转让关系与陈某某与某某公司的借贷关系属于不同的法律关系，应适用不同的法律规定，股权转让的约定不能及于陈某某与某某公司的借贷关系

首先，《股权转让协议书》约定的股权转让关系与某某公司和陈某某之间的民间借贷关系中的主体不同。股权转让关系中的主体是陈某某与于某某两位自然人，而陈某某与某某公司的债权债务关系的主体是某某公司与陈某某。

其次，陈某某与于某某的股权转让中约定的权利义务与陈某某与某某公司民间借贷关系的权利义务性质不同。股权转让中自然人股东约定的权利义务属于股东之间的约定，而民间借贷关系中约定的权利义务属于债权人与债务人之间的约定，从权利义务的本质属性来看二者截然不同。

再次，股权转让关系与民间借贷关系分别适用不同的法律规定。股权转让关系适用《公司法》的相关规定，民间借贷关系适用《合同法》的相关规定，两者不能适用同样的法律规定。

最后，陈某某与某某公司的借贷协议中没有附任何条件，《股权转让协议书》中约定的股权转让的效力不能自然地及于民间借贷关系。股权转让的约定属于两位自然人股东的约定，只在当事人之间产生法律效力，但是借贷关系属于陈某某与某某公司之间的约定，只有某某公司与陈某某才能对彼此设定权利义务，第三人没有权利代替某某公司与陈某某作出约定，而某某公司在作出任何决议时都要遵守《公司法》及公司章程的相关规定，例如召开股东会等，而不能由陈某某与于某某之间的股权转让协议对此借贷关系进行约定。

2. 陈某某与某某公司的民间借贷法律关系不应当额外附加条件，因此《股权转让协议书》中为还贷约定的附加条件无效

陈某某与某某公司的债权债务关系明确，陈某某曾经借给某某公司 1400 万元借款，当事人之间意思表示真实，不存在任何法律规定的无效情形，借

贷关系成立。依据《民法通则》第4条[1]、《合同法》第6条[2]、第210条[3]、第206条[4]、第201条[5]的规定，当事人的借款合同自贷款人提供借款时就已经生效，并且在借款期限没有约定的情况下，应当根据《合同法》第62条之规定，债权人可以随时要求债务人履行还款义务，履行方式约定不明的以实现合同目的为原则，由此导致的一切费用由债务人承担。债权人可以随时催告借款人在合理的期限内返还。借款人应当基于诚实信用的原则积极履行还款义务而不应恶意为债权人的债权设定不利的负担。如果借款人未按照约定的日期、数额提供借款，还应当赔偿借款人损失。

结合本案来看，本案中，陈某某与某某公司之间的借款合同自陈某某向某某公司提供借款时生效，某某公司应当在陈某某催告后的合理期限内偿还债务。但是于某某在与陈某某签订的《股权转让协议书》中擅自为某某公司履行债务设定了条件，侵害了债权人的利益。某某公司作为债务人应当积极履行对陈某某的债务，而不是为逃避债务寻找借口，在公司有充足资金偿债的情况下，认为自己只要对外还负有债务，就不能偿还对陈某某的债务。

再者，陈某某与某某公司之间的借款合同自陈某某向某某公司提供借款时已经生效，如果按照本案中一、二审法院认为某某公司与陈某某的借贷合同适用《合同法》第45条，属于附生效条件的合同，且条件尚未成就，那么陈某某与某某公司之间的借款无效，某某公司应当根据《民法通则》第92条[6]不当得利的规定，返还陈某某的1400万元。借贷合同与赠与合同、射幸合同有本质的区别，借贷合同的最终目的是债务人履行还款义务，因此只能附期限，而不能附条件。

---

〔1〕《民法通则》第4条规定："民事活动应当遵循自愿、公平、等价有偿、诚实信用的原则。"

〔2〕《合同法》第6条规定："当事人行使权利、履行义务应当遵循诚实信用原则。"

〔3〕《合同法》第210条规定："自然人之间的借款合同，自贷款人提供借款时生效。"

〔4〕《合同法》第206条规定："借款人应当按照约定的期限返还借款。对借款期限没有约定或者约定不明确，依照本法第六十一条的规定仍不能确定的，借款人可以随时返还；贷款人可以催告借款人在合理期限内返还。"

〔5〕《合同法》第201条规定："贷款人未按照约定的日期、数额提供借款，造成借款人损失的，应当赔偿损失。借款人未按照约定的日期、数额收取借款的，应当按照约定的日期、数额支付利息。"

〔6〕《民法通则》第92条规定："没有合法根据，取得不当利益，造成他人损失的，应当将取得的不当利益返还受损失的人。"

3.《股权转让协议书》中关于为某某公司清偿三位股东债务所设定的履行条件无效

根据《合同法》第 45 条的规定，当事人对合同的效力可以约定附条件。附条件生效的合同，自条件成就时生效。附解除条件的合同，自条件成就时失效。当事人为自己的利益不正当地阻止条件成就的，视为条件已成就；不正当地促成条件成就的，视为条件不成就。一般合同在合同成立时即生效。该条款适用的是合同生效的条件，而不是合同履行的条件。并且该条件应当是将来发生的、不确定的事实，必须是合法的事实。也就是说，为合同一方设定履行条件的前置条件必须是合法并且不确定的事实。

但《股权转让协议书》中关于利润分配与债务清偿的约定违反了《合同法》第 52 条与《民法通则》第 59 条〔1〕的规定，在未经他人许可的前提下，为他人的债权实现约定了履行前提，损害了其他两位不知情股东的债权，并且对其他股东，甚至公司的其他债权人而言都是不公平的，因此，《股权转让协议书》对某某公司履行对三位股东的债务设定履行前提是不能成立的，清偿债务的履行条件是违背法律规定、侵害其他第三人权益的。

再者，合同约定的履行条件应当是不确定的事实，但是《股权转让协议书》约定条件的不确定性完全由一方，即某某公司掌握，如果某某公司恶意不清偿对刘某某的债务，那么其他股东的债权与利润分配请求权就会永远受到限制，得不到实现。所以，关于某某公司偿还其他债权人债务与股东利润分配的履行条件是无效的，某某公司不能借此侵害其他债权人债权与股东的利益。

4.《股权转让协议书》中关于利润分配与债务清偿的约定违反了债权的平等性原则

债权具有相容性和平等性，不仅在同一标的物上可以同时并存数个债权，而且数个债权人对同一个债务人先后发生数个普通债权时，其效力一律平等，不因其成立先后而有效力上的优劣，是为债权平等原则。《民法通则》第 3 条规定，当事人在民事活动中的地位平等。债权平等是基于债权人的主体平等，

〔1〕《民法通则》第 59 条规定："下列民事行为，一方有权请求人民法院或者仲裁机关予以变更或者撤销：（一）行为人对行为内容有重大误解的；（二）显失公平的。被撤销的民事行为从行为开始起无效。"

而主体平等在法律上即指权利的平等，体现在债的关系上，则是指债权的平等。

《股权转让协议书》第4条与第5条的约定涉及的债权有刘某某对某某公司的债权、陈某某对某某公司的债权，李某对某某公司的债权，以及杨某某对某某公司的债权，此处的四个债权皆为普通债权，没有担保等特殊情况，所以四个人的债权应当是平等的，不存在优先债权。但是该约定对四个普通债权设定了先后顺序，特别是在刘某某、李某、杨某某对此并不同意，甚至毫不知情的情况下进行了债权清偿顺序的约定，如前所述，不仅侵害了不知情的李某、杨某某甚至刘某某的权利，也违反了债权平等性原则。

5. 一审与二审判决对“公司资金能够正常运行”“当公司还清刘某某余下的1500万元借款本息后”等进行了错误解释

《股权转让协议书》第5条约定某某公司现有三个股东给公司的借款余额为1700万元，当公司还清刘某某余下的1500万元借款本息后，在公司资金能够正常运行的条件下，其多余的资金应当偿还陈某某、李某、杨某某三个股东给公司的借款，不得先行决定分配公司利润。

本案中，一审法院认为：从表面看，刘某某的1500万元借款本息已经还清，不再欠刘某某的借款本息，但偿还刘某某借款的款项来源并非某某公司多余的资金或流动资金等，而是某某公司借临沭县天某建设有限公司的款，由原来借刘某某的月息2分的利率变为借临沭县天某建设有限公司的月息1分5厘的利率，实质上被告某某公司的债务1500万元并未减少或消失，即1500万元的债务依然存在，只是将来应支付的利息减少了。

二审法院认为：《股权转让协议书》第4、5条均着重强调“公司资金能够保证正常运行”的内容，并结合“其余多余资金”以及“不得首先决定股东收回给公司的借款”等内容，应认定该协议约定系对公司长远发展和股东长远利益的保证，也是原审第三人于某某受让上诉人股权的基础；原审法院在查明被上诉人公司现在仍负债3000余万元情况下，认定上诉人向被上诉人公司现在仍负债3000余万元情况下，认定上诉人向被上诉人主张收回借款的条件不成就，驳回其诉讼请求正确。

（1）关于“公司还清刘某某余下的1500万元借款本息后”的解释。

《股权转让协议书》约定的“公司还清刘某某余下的1500万元借款本息后”，是指某某公司清偿其对刘某某本人的1500万元债务及利息，并不是指某某公司对其他所有除公司股东以外第三人的债务及利息都进行清偿。结合本案事实，某某公司对刘某某的1500万元债务及利息已经进行了清偿，但本案一、二审法院认为只要是公司对除公司股东以外第三人负有债务，那么《股权转让协议书》约定的“公司还清刘某某余下的1500万元借款本息”这个条件就没有达到。

根据债权是相对权，债权是一方当事人请求他方当事人为一定行为（作为或不作为）的私法上权利，本着权利义务相对原则，相对于债权者为债务，即必须为一定行为（作为或不作为）的私法上义务。债权人的请求权只对特定的债务人发生效力。同样债务人也只对特定的债权人负有义务。同样，“公司还清刘某某余下的1500万元借款本息”是指某某公司对刘某某本人特定的债权，在债权债务关系中，刘某某只对某某公司享有债权，某某公司也只对刘某某负有债务，并不涉及其他第三者的债权债务，因此本案一、二审法院将“公司还清刘某某余下的1500万元借款本息”扩大到某某公司对其他所有除公司股东以外第三人的债务及利息的解释违反了债权是相对权的债的特征，是错误的。

（2）关于“公司资金能够正常运行”的解释。

“企业资金能够正常运行”是一个经济学概念，在现代社会中，企业的正常运行并不是指企业对外没有任何负债的情况下就是企业资金的正常运行。现代企业中许多公司都是在负债经营，目前的经济环境下，利用财务杠杆进行负债经营已经极为普遍，这不仅是一种财务融资手段，而且关系到企业经营发展的重大决策。负债经营可以有效地降低企业的加权平均资本成本，由于现行的企业会计准则和相关制度规定，银行借款和企业债券等利息支出都允许在税前列支，由此，企业可以获得税收方面的好处，从而降低资金成本。〔1〕结合本案，本案中某某公司的资产负债表表明某某公司财务状况良好，并没有不能正常经营情形，公司对外的负债是公司正常经营活动中的正常负债和资金周转需要。

因此，本案一、二审法院根据某某公司现在仍负债3000余万元的情况，便认定某某公司达不到“公司资金能够正常运行”的情形，是对“公司资金

〔1〕 参见陈兆江、王珊琦：“论负债经营对企业的重要意义——以万科为例”，载《中国证券期货》2013年第8期。

能够正常运行”的一种狭义错误的解释，并不符合当代社会企业资金正常运行的解释标准，并且将《股权转让协议书》第5条约定的“应当偿还陈某某、李某、杨某某三个股东给公司的借款”变成了只有“公司资金能够正常运行”，“才能偿还陈某某、李某、杨某某三个股东给公司的借款”，这完全改变了该约定的真实意思表示，属于错误解释。

6. 即便《股权转让协议书》中关于债务清偿与利润分配的约定有效，那么清偿三位股东债务的条件也已经成就

《股权转让协议书》第5条约定公司清偿某某公司三位股东债务的履行条件是：①某某公司还清刘某某余下的1500万元借款本息；②某某公司资金能够正常运行。根据目前的证据，某某公司已经清偿了对刘某某的1500万元债务及利息，至于一审法院认为《股权转让协议书》约定的刘某某的债权依然存在，只是债权人变为临沭县天某建设有限公司的理由完全没有任何事实依据与法律依据。根据《合同法》第77条[1]、第80条[2]，当事人协商一致可以变更合同内容；债权人转让债权要履行通知义务，没有通知的，对债务人不发生效力。一审法院认为，“某某公司借临沭县天某建设有限公司的款，由原来借刘某某的月息2分的利率变为借临沭县天某建设有限公司的月息1分5厘的利率，实质上被告某某公司的债务1500万元并未减少或消失，即1500万元的债务依然存在，只是将来应支付的利息减少了”。

按照一审法院的观点，某某公司与刘某某的债务依然存在，只是债权人与利息发生了变化。首先，刘某某的债权已经实现，并且刘某某并未告知某某公司其将属于自己的1500万元的债权转让给了第三人，因此刘某某的债权已经实现并且没有转让。其次，原刘某某债权的利息约定了月息2分的利率，而临沭县天某建设有限公司债权的利率是月息1分5厘，而合同内容发生如此大的变化并没有经过某某公司、刘某某、临沭县天某建设有限公司协商一致，达成合同变更的约定。基于以上两点可以看出，刘某某与某某公司的1500万元债权债务与某某公司与临沭县天某建设有限公司的1500万元债权债务并不是同一债权债务，更不是刘某某转让给临沭县天某建设有限公司的债

[1]《合同法》第77条规定：“当事人协商一致，可以变更合同。法律、行政法规规定变更合同应当办理批准、登记等手续的，依照其规定。”

[2]《合同法》第80条规定：“债权人转让权利的，应当通知债务人。未经通知，该转让对债务人不发生效力。债权人转让权利的通知不得撤销，但经受让人同意的除外。”

权，因此刘某某与某某公司的债权债务因清偿而消灭。《股权转让协议书》约定的第一个履行条件已经实现。

如前所述，现代公司的正常运行并不是指企业对外没有任何负债的情况就是企业资金的正常运行。现代企业中许多公司都是在负债经营，并且经营情况良好。据目前证据表明，某某公司现有净资产 3.275 亿元，已竣工未售商铺近 1000 套，余下待开发土地 65 亩，企业资产负债表表明企业资产负债状况良好，企业经营正常，并没有出现经营不能、僵局的情况，因此不能因为企业只要有对外债务就认为企业的资金不能够正常运行。结合企业的现有资产状况、经营状况、资产负债表来看，企业目前资金运行情况良好，企业资金能够正常运行，因此《股权转让协议书》约定的第二个履行条件也已经实现。

三、专家论证结论

鉴于以上分析，论证专家一致认为：

(1) 陈某某与于某某于 2014 年 4 月 9 日签订的《股权转让协议书》关于陈某某将其持有的 51%的股权转让给于某某的部分有效。

(2)《股权转让协议书》第 4 条与第 5 条关于利润分配与债务清偿的部分，违反了《公司法》关于公司财务会计制度的强制性规定，股东决议作出公司利润分配与债务清偿的内容及程序违反了《公司法》关于股东决议事项及股东决议程序的规定，并且违反了《民法通则》与《合同法》的相关规定，侵害了其他股东的权益，属于无效约定。

(3)《股权转让协议书》约定的股权转让关系与陈某某与某某公司的借贷关系属于不同的法律关系，应适用不同的法律规定，股权转让的约定不能及于陈某某与某某公司的借贷关系。

(4)《股权转让协议书》不应对于陈某某与某某公司的民间借贷法律关系附加条件，因此其约定的附加条件无效。

(5)《股权转让协议书》关于为某某公司清偿三位股东债务所设定的履行条件无效，侵害了股东利益，违反了债权的平等性原则，属于无效条件。

(6) 一审与二审判决对“公司资金能够正常运行”“当公司还清刘某某余下的 1500 万元借款本息后”等进行了错误解释；即便《股权转让协议书》关于债务清偿与利润分配的约定有效，那么某某公司已经偿还刘某某 1500 万元债务，并且某某公司目前资金正常运行，清偿三位股东债务的条件也已经实现。

（7）基于以上几点的分析，一审与二审判决认定某某公司清偿陈某某1400万元债务及利息的履行条件未实现，驳回陈某某要求某某公司偿还1400万元债务及利息的诉讼请求的事实根据与法律依据都是不成立的。

综上，根据《公司法》《民法通则》《合同法》的相关规定，从《公司法》与民法的角度论证，《股权转让协议书》中关于债务清偿与利润分配的约定属于无效约定，即为债权人陈某某对某某公司1400万元债权及利息设定履行条件的约定无效；即便该约定有效，那么，所附的履行条件也已经成就，某某公司应清偿陈某某1400万元债务及利息。

以上意见供参考。

【瞽言刍议】

这是一起案涉公司多重债务并存，又与公司股权转让关联的较为重大复杂的债务清偿的案件，案件涉及《公司法》和《合同法》的相关规定适用的交叉与关联。本案论证紧紧抓住借贷法律关系和股权转让法律关系的合法有效性这个纲，对于案涉论证问题作出了鞭辟入里的分析。本案论证可作为相关问题的分析研究参考。

13. 林旺农场经营管理权案

【论证要旨】

其一，某某区政府作为乡（镇）农民集体所有土地的“代管”主体，已不合时宜；

其二，应根据立法成立相关村民委员会和村民小组，保障当地农民的合法权益。

【案涉简况】

论证委托人：三亚市某某区林旺农场，委托代理人：黎某君，北京黎某君律师事务所律师。

论证受托单位：中国政法大学法律应用研究中心。

论证事项：某某区政府可否作为乡（镇）农民集体所有土地的“代管”主体；林旺农场是否可代表行使乡（镇）农民集体所有土地经营、管理权；林旺农场集体经济组织成员的资格如何加以保护。

论证专家：中国政法大学、中国人民大学法学院、清华大学法学院等五名民事、行政法学权威教授。

案件基本情况：

某某区政府的建制沿革。1958 年设海燕人民公社（林旺农场也在当年设立），1961 年更名林旺人民公社，1983 年置林旺乡，1986 年撤销林旺乡改建林旺镇。2001 年 6 月 15 日，海南省人民政府批准调整三亚市乡（镇）行政区划。8 月，林旺镇、藤桥镇合并成立某某湾镇。2008 年，中共某某湾工作委员会、某某湾管理委员会成立。2014 年 1 月 25 日，国务院《关于同意海南省调整三亚市部分行政区划的批复》（国函 14 号）批复同意海南省撤销三亚市所辖六镇，新设四个市辖区。其中，同意撤销三亚市某某湾镇，设立三亚市某某区，以原某某湾镇的行政区域为某某区的行政区域，某某区人民政府驻新民路 116 号。2015 年 1 月 2 日，三亚市某某区正式挂牌成立。

林旺农场设立时的土地状况。1958 年当时的海燕人民公社以 180 亩田作为出资条件设立了林旺农场。

林旺农场绝大部分土地由移民开荒形成。1960 年林旺农场从福建招募移民到海南开荒逐步形成了目前约 2900 亩农用地，并由林旺农场农户谁开荒谁占有、使用、收益至今。林旺农场农户没有工资，其生活来源为开展的农业生产收益。在取消农业税和公粮统购前，林旺农场农户还要交公粮和税费。1987 年当时的林旺镇人民政府以发包人主体向林旺农场农户发包土地 40 年，2018 年林旺农场重新发包土地给场内农户 30 年。林旺农场设场长、副场长、文书和会计等职务以经营、管理农场。

2003 年三亚市开展农村集体土地所有权地籍调查，林旺农场以某某湾镇农场名义进行土地登记申请并提交有关申报材料，当年是否形成某某湾镇林旺农场集体土地所有权证情况不详。2014 年三亚市人民政府对林旺农场集体所有土地确认登记土地所有权属为“三亚市某某湾镇农民集体”所有并颁发集体土地所有权证——三亚集有［2014］第 09569 号（除 583、584、587、589、591、592、594、596）至第 09605 号共 17 宗地。

2012 年林旺农场与三亚市某某湾镇湾坡村民委员会应村民小组发生农村集体土地所有权属争议，由某某湾镇人民政府、藤桥法庭、三亚市司法局某某湾司法所、三亚市某某湾国土环境资源管理所主持调解，达成了《某某湾镇湾坡村民委员会湾应村小组与某某湾镇林旺农场土地权属争议调解协议书》，对争议的 1 号、2 号地块明确归属于原告林旺农场。

2015 年林旺农场申请改制为海文村民委员会，下设文尖组、海升组，并经某某区民政局向某某区政府申报批准，但，至今未果。

2015 年 9 月 23 日某某区政府出具关于某某区林旺农场系 1958 年成立的集体农场，现隶属我区直接领导，目前该农场分为海升组、文尖组，全场人口 586 人。同年还出具钱某某为林旺农场法定代表人的证明。

2016 年某某区政府征收林旺农场海升组集体土地约 90 亩用于公墓建设，征地行政机关未支付土地补偿费、安置补助费，仅支付了青苗费。林旺农场于 2016 年 12 月 12 日以《关于林旺农场集体土地确权证发放申请报告》为题向某某区国土资源分局提出申请，要求将集体土地所有权证书归还给林旺农场持有。2017 年 1 月 21 日，某某区政府作出 23 号批复告知林旺农场："你场所使用土地，属林旺镇政府发包，所有权确权登记发证的权利人为三亚市某某湾镇农民集体，《集体土地所有权证》已由某某区国土资源管理分局移交档案管理中心存档。"林旺农场不服该批复，向三亚市政府申请行政复议。2018 年 1 月 20 日，三亚市政府作出 506 号决定书，以"某某区国土分局将权属证书移交档案管理中心存档，对林旺农场合法权益不产生实际影响"为由，驳回了林旺农场的行政复议申请。林旺农场为此提起行政诉讼，三亚市中级人民法院经过审理认为林旺农场诉请与农村集体土地所有证上的名称不符而驳回了其起诉。

【论证意见】

2019 年 3 月 31 日论证委托人三亚市某某区林旺农场，因海南省三亚市某某区人民政府（以下简称"某某区政府"）"代管"林旺农场经营、管理的乡（镇）农民集体土地所有权纠纷一案，向中国政法大学法律应用研究中心申请专家法律论证，以支持其主张的正确性和正当性。按照林旺农场的指名要求，邀请了在京五位民事、行政法学专家，于 2019 年 4 月 14 日召开了专家论证会，着重分析了某某区政府作为乡（镇）农民集体所有土地的"代管"［涉案乡（镇）农民集体所有权证书保管］的主体资格以及行使集体土地所有权的法律依据和法理、林旺农场是否可代表行使乡（镇）农民集体所有土地经营、管理权、林旺农场集体经济组织成员的保护等问题，以形成一致的专家论证法律意见，供司法、行政等机关参考。

一、从构建农村集体成员的立法发展精神来看

关于构建集体成员保护的立法精神是从农村农民集体到农村农民集体成员的保护。主要体现在土地承包经营权方面，这种特别的权利包括了对承包土地的占有权、使用权、收益权、生产经营自主权、依法流转权、土地征收的补偿权等，后来《物权法》颁布后将土地承包经营权确定为用益物权，对其可以抵押、入股等形式进行流转。并且明确承包期限到期后由土地承包经营权人按照国家有关规定继续承包。（《物权法》第 126 条第 2 款）。《物权法》第 59 条第 1 款还规定，农民集体所有的不动产和动产，属于本集体成员

集体所有。这就是说，国家对农村农民集体成员权益的保护是非常具体的。例如，国务院《关于深化改革严格土地管理的决定》（国发［2004］28 号）第 15 项规定，省、自治区、直辖市人民政府应当根据土地补偿费主要用于被征地农户的原则，制订土地补偿费在农村集体经济组织内部的分配办法。被征地的农村集体经济组织应当将征地补偿费用的收支和分配情况，向本集体经济组织成员公布，接受监督。农业、民政等部门要加强对农村集体经济组织内部征地补偿费用分配和使用的监督。如海南征收农村集体经济组织的土地补偿费，70%给予土地承包人的农村农民集体成员，30%由农村集体经济组织享有。

农村的基本核算单位从原来的村、组和乡（镇）农村集体经济组织演化为农户。乡（镇）农民集体土地所有权的行使重要的就是体现在农户的土地承包权、收益权以及法律法规对农村农民集体成员权益保护方面。本案的问题是行政机关行使集体土地所有权的“代管”权必然损害林旺农场农户的土地承包经营权及其衍生的合法权益。2016 年征地的土地补偿费、安置补助费，林旺农场及其农户都不能享有，这怎么保护集体成员的农户的合法权益？这就是“代管”所产生的后果！

二、从政府“代管”的性质来看

所谓“代管”，就是指“代替所有者进行管理的意思”。结合乡（镇）农民集体所有土地的概念，就是由乡（镇）人民政府代为管理乡（镇）农民集体所有的土地。

我国土地制度为公有制，即国家所有和农民集体所有。国有土地所有权，是指国家对自己所有的土地依法享有的占有、使用、收益和处分的权利。中华人民共和国是国有土地所有权的唯一主体，国务院代表国家对国有土地行使所有权，而就地方政府而言，其还不具有代表国家行使国有土地所有权的职权。

农村农民集体土地所有权是指乡（镇）、村、组农民对集体土地享有占有、使用、收益和处分的权利。《土地管理法》（2004 年，本文下同）第 10 条规定有，已经属于乡（镇）农民集体所有的，由乡（镇）农村集体经济组织经营、管理。既然是行政机关，怎么还能以“代管”形式去行使农村集体土地所有权呢？行使农村集体土地所有权的主体只能是村、组、乡（镇）农民集体经济组织等农业生产经营组织。即使没有设立乡（镇）农民集体经济组织，也可以在乡（镇）农民集体中设立集体经济组织或者由已经存在的乡（镇）设立的农民生产经营组织进行管理，这才符合宪法和法律的规定。

应松年教授在《关于行政法的理念》（人民法院报刊载）一文中提道：依法行政就是要求政府依照法定权限和程序行使权力，履行职责，既不失职，又不越权。切实做到有权必有责、用权受监督、失职要问责、违法要追究，保证人民赋予的权力始终用来为人民谋福利。可见，依法行政的主体是行政机关，核心是规范政府权力，保护公民权利。政府的职权是法无授权不可为。政府的权力是人民通过法律授予的，因此，职权法定，必须依法行使，不得不作为，也不得乱作为。政府的权力绝不能“法无禁止皆可为”。政府行使权力，既要有实体权限的规范，如政府各部门的职权，以及以这些职权为核心制定的单行法等。

《地方各级人民代表大会和地方各级人民政府组织法》（2015 年，本文下同）第 61 条规定了乡、民族乡、镇的人民政府行使的职权，其中当然并没有“代管”乡（镇）农民集体土地所有权的职权。本案中行政机关对乡（镇）农民集体所有的土地行使“代管”权，尽管可能有一定的部门行政规范性文件或地方性法规等规定，但“没有乡（镇）农民集体经济组织的，乡（镇）集体土地所有权由乡（镇）政府代管”这样的规定既无宪法依据，又与法律法规相抵触，同时法律没有授权行政机关“代管”乡（镇）农民集体土地所有权。其他规范性文件也未授权行政机关“代管”乡（镇）农民集体土地所有权。因此，某某区政府行使乡（镇）农民集体土地所有权超越了其行政职权。

当然，这一“代管”还涉及乡（镇）人民政府怎么去行使“代管”权力的问题；涉及该“代管”的权力与乡（镇）集体土地所有权的权利和义务的关系；涉及以怎样的法律规范来调整行政机关行使乡（镇）农民集体土地所有权的占有、使用、收益和处分的“代管”权利（力）和义务问题。但这一切目前仍属于法律空白！

三、从“代管”的形成和现状与权利义务相适应来看

关于林旺农场占有、使用、收益的农村集体土地所有权由某某区政府“代管”问题，虽然某某区政府作出的某某府［2017］23 号批复中并没有

“代管”乡（镇）农民集体所有土地的表述，而是由其保管争议的集体土地所有权证，并将某某湾镇农民集体土地所有权证由某某国土资源分局移交区档案管理中心存档。但，据林旺农场称，2016 年某某区政府征收约 90 亩林旺农场土地用于公墓建设，这实际上就是某某区政府“代管”了林旺农场的集体土地，因其行使了被征收土地农民集体及成员的决策等权利，且没有对林旺农场及被征收农户给予土地补偿和安置补助费。即使地方性法规或行政规范性文件立法在没有乡（镇）集体经济组织的情况下，乡（镇）农民集体土地所有权可以由乡（镇）人民政府代管，但林旺农场的乡（镇）农民集体土地也不应当由某某区政府的区一级行政机关“代管”。我们回顾一下某某区政府的建制沿革，就知道争议的集体土地所有权原属于林旺乡（镇）农民集体所有，2001 年林旺镇与藤桥镇合并为某某湾镇，2015 年某某区政府挂牌。争议集体土地所有权从林旺乡（镇）农民集体所有，再到某某湾镇农民集体所有，以后发展到实际“代管”的某某区农民集体所有，这个发展脉络非常清楚。但林旺乡（镇）农民集体所有土地范围在 2001 年就扩大到了包括藤桥乡（镇）农民在内的某某湾镇农民集体所有土地，2015 年更是扩大到了区一级的农民集体所有土地，即使这时的区一级农民集体成员的数量并没有太大变化（婚姻生育增加人口），但行政区划从乡（镇）一级变化到县区一级，无论是《土地管理法》第 10 条，还是《物权法》第 60 条第 3 项，均规定“乡（镇）农民集体所有”，而非“区县农民集体所有”。这是由“乡（镇）农民集体所有”概念的内涵或含义所规范的。概念的外延是概念量的方面，通常叫“适用范围”，依法，这个“适用范围”仅指林旺乡（镇）农民集体成员所有不动产的土地，关于某某湾镇或某某区农民集体所有土地均扩大了“适用范围”，举例来说，地方性法规只能在其行政区划辖区内适用，不能适用于全国，所以，“区县级农民集体所有”与法律规定相悖，这些问题请某某区政府予以考虑，应当依法行政并妥善化解这些矛盾。

专家们指出，就本案而言，假设某某区政府可以“代管”乡（镇）农民集体所有的土地，但从逻辑上看存在无法解释的问题。首先，要清楚农村农民集体所有的概念。简单地说，《物权法》第 59 条第 1 款的规定定义了农村农民集体所有的概念，即“农民集体所有的不动产和动产，属于本集体成员集体所有”。其次，如林旺农场集体所有的不动产和动产为林旺乡（镇）农民集体成员集体所有。依“农民集体所有的概念”和法理，林旺农场的集体成员就包括了林旺乡（镇）全体各村、组的农民集体成员。但问题就出来了。这些林旺乡（镇）农民集体成员自己是所在村、组的集体成员，如果他们同时还是林旺乡（镇）农民集体成员，那他们就还享有林旺农场农民集体所有的不动产或动产的集体成员权利，他们岂不是双重的或两个以上的农民集体的集体成员了吗？这对林旺农场的集体成员的农户就不公平了。问题还在延续。集体成员不只是说说而已，而是要享有相应的权利和承担相应的义务。例如，《民法总则》第55条规定，农村集体经济组织的成员，依法取得农村土地承包经营权。那些除林旺农场的农户以外的林旺乡（镇）的所有农民，他们并不享有林旺农场的土地承包权、宅基地权等权利，当然，同时他们这些林旺乡（镇）集体成员的农民也无须履行什么义务。还如，某某区政府“代管”林旺农场的集体土地，那不仅仅是原林旺乡（镇）的农民成为林旺农场的集体成员，原藤桥镇农民也一并成了林旺农场的集体成员。据统计，1990年藤桥全镇有8个村委会，其中，一个渔业村委会，一个黎族村民委员会，一个墟镇居委会，47个自然村，其中，黎族村庄10个，总人口11 997人。这些人口都演变为某某湾镇农民集体的成员，如对于依某某区政府的“代管”做法，这11 997人他们都享有林旺农场的不动产和动产的权利，但这与生活和生产的实际情况完全不符，同时也与现行法律法规相抵触。故，这些问题是值得认真思考的，例如，对某某区政府“代管”或保管集体土地所有权证等，不论行政机关是否有法律的授权，单单就机关法人的法律地位问题（机关法人，是指依法行使国家权力，并因行使国家权力的需要而享有相应的民事权利能力和民事行为能力的国家机关），就无法行使乡（镇）农民集体经济组织的民事权利和承担相应的义务。机关法人可以法人资格与其他主体进行经济交往。但行政机关代行农村集体经济组织经营管理，如发展集体经济，利用集体建设用地入股等形式与其他公司合作进行经营、行政机关以集体经济组织的民事主体去谈判、协商、代表农民去决策等，那都是违背法律的，因为机关法人是不允许经商的，也不允许侵犯农民的自主承包经营权。还有按照民事权利和义务相一致的原则，机关法人享有“代管”权力，那么承担什么义务呢？这些都无法进行解释。

四、从立法规范的情况来看

对林旺农场农民集体而言，关涉的不仅仅是一个获得对集体土地经营、管理权利的问题，而且是进一步享有林旺农场农民集体土地所有权的问题。这里需要注意几个问题：一是什么是乡（镇）农民集体经济组织，我国有无乡（镇）农民集体经济组织？二是没有设立乡（镇）农民集体经济组织，是应当由开荒、占有、使用、收益土地权益的其他形式的农民集体经济组织管理、经营所有土地，还是应当由某某区政府“代管”？三是由此是否应由林旺农场农民集体所有其经营、管理的土地？

农村集体经济组织主要是指从人民公社转变来的乡农业合作经济联合组织、由生产大队转变来的村农业生产联合社。有观点认为农村集体经济组织应界定为生产资料集体所有制下的独立核算的经济组织。法律法规等规范性文件并没有农村集体经济组织的定义。1982 年《宪法》作出了两项重大规定：一是将人民公社原来政经合一的体制改为政社分设体制，设立乡人民政府；二是设立乡农业合作经济联合组织。1983 年 10 月 12 日，中共中央、国务院发出《关于实行政社分开建立乡政府的通知》。该通知指出：当前农村改变政社合一体制的首要任务是把政社分开，建立乡政府；同时按乡建立乡党委，并根据生产的需要和群众的意愿逐步建立经济组织。这一通知规定乡的规模一般以原有公社的管辖范围为基础，要求各地有领导、有步骤地搞好农村政社分开的改革，争取在 1984 年底以前大体上完成建立乡政府的工作，改变党不管党、政不管政和政企不分的状况。但是到 1984 年底中国基本完成由社到乡转变改制时，由于全国绝大部分农村地区已基本不存在集体生产经营活动，所以乡农业合作经济联合组织一直没有建立，有的地方如北京市丰台区原黄土岗人民公社就设立了乡农工商联合社等农村集体经济组织，并由这些农村集体经济组织行使农村集体所有权的管理、经营职能。有的地方并没有建立上述乡（镇）或村集体经济组织，而是由乡（镇）举办的农业组织对其使用的土地进行占有、使用、收益、有限制地处分。林旺农场就属于后者。当时的林旺乡（镇）不仅有林旺农场，还有如三亚市某某湾镇经济发展办公室这些企事业单位，2004 年某某湾镇农村集体土地所有权确权时，其取得了某某湾镇集有［2004］字第（012）号《集体土地所有证》，三亚市某某湾镇经济发展办公室为乡（镇）农村集体土地所有者。尽管 2014 年集体土地登记时所有权人可能发生了变化，但，这可以证明三亚市某某湾镇（林旺镇）的确是以乡（镇）办场等代行了乡（镇）农村集体经济组织职能并代表乡（镇）集体经济组织行使经营、管理乡（镇）农民集体土地所有权的权利

(限其经营、管理的地)。

林旺农场于 1958 年当时的海燕人民公社以 180 余亩土地设立。两年后由福建移民进行开荒，海燕人民公社和以后变更后的行政主体对林旺农场并没有进行直接的管理，而是由林旺农场及其农户自我经营，农场没有账户、农户没有工资，也没有其他物质待遇，开荒的土地由移民家庭占有、使用、收益并承担农业税费和公粮交购任务。

客观上，林旺农场虽然不能代表林旺乡（镇）行使其农民集体土地所有权的职能，但在没有设立林旺乡（镇）农村集体经济组织前提下，林旺农场就是林旺乡（镇）农村集体经济组织的一员，其自行行使林旺乡（镇）农村集体经济组织的职能（无处分权)。《民法总则》第 101 条第 2 款规定，未设立村集体经济组织的，村民委员会可以依法代行村集体经济组织的职能。林旺农场在政社分开时没有设立全乡（镇）农业合作经济联合组织的情况下，根据其占有、使用、收益林旺农场集体土地的实际情况，可以代行乡（镇）集体经济组织一员的职能，在其占有的土地范围内代表乡（镇）农村集体经济组织行使集体土地所有权的职能。

我们还可以从《土地管理法》《物权法》《土地承包法》《农业法》等立法精神和法条规定来理解林旺农场及其农户的合法权益方面保护的其他问题。原农村集体成员之间的劳动关系在《土地承包法》等法律实施以后，逐步演变成对集体土地等不动产、动产财产的所有关系。就林旺农场而言，其农户在林旺农场这个集体经济组织或者农业生产组织框架内，已经在《土地承包法》颁布之前的 20 世纪 60 年代初就开荒占有、使用和收益土地，除 180 亩海燕人民公社的财产外，实际上其他 2000 多亩土地都是他们开荒出来的，即使其土地性质可以是乡（镇）农民集体所有，但除公共利益依法征收外，没有哪个行政机关、社会团体等能平调、占有他们的土地，否则，土地这个命根子的丢失，会使他们丧失自己的家园和赖以生存的土地。所以，从生产和生活实际方面，我们的行政机关需要依法且谨慎办事。另外，即使行政机关可以依法征收土地，但林旺农场及其农户依法受补偿安置的权利是不能够被剥夺的。党中央、国务院多次强调要依法征收并对农民进行补偿安置，这个补偿不仅仅是土地上的青苗和其他附着物的补偿，还包括土地补偿费的绝大部分以及安置补助费。就林旺农场海升组约 90 亩土地被征收，据称，行政机关并没有给予农户土地补偿费和安置补助费。这个做法是不合法的，林旺农场农户是农业生产者，其土地被征收就意味着其丧失了部分土地进行耕种，也就减少或者没有了收益。法律应保障被征收土地农民保持原有生活水平不降低。《土地管理法》第47条第6款规定："依照本条第二款的规定支付土地补偿费和安置补助费，尚不能使需要安置的农民保持原有生活水平的，经省、自治区、直辖市人民政府批准，可以增加安置补助费。但是，土地补偿费和安置补助费的总和不得超过土地被征收前三年平均年产值的三十倍。"

还有，即使某某区政府"代管"土地，也不能忘记了林旺农场的农户也是林旺乡（镇）农民集体成员，或者说某某区政府"代管"下的"某某区乡（镇）农民集体成员"。法律依据是《物权法》第59条第1款，该条款规定，农民集体所有的不动产和动产，属于本集体成员集体所有。他们当然有权利享有集体成员资产分配的权利。《物权法》第42条第1、2款规定，为了公共利益的需要，依照法律规定的权限和程序可以征收集体所有的土地和单位、个人的房屋及其他不动产。征收集体所有的土地，应当依法足额支付土地补偿费、安置补助费、地上附着物和青苗的补偿费等费用，安排被征地农民的社会保障费用，保障被征地农民的生活，维护被征地农民的合法权益。不仅如此，作为林旺农场的农户，他们还可以依据法律，如《物权法》第59条第2款应当依照法定程序经本集体成员决定的事项进行表决。这涉及集体所有财产权益以及征收土地等方面。依据法律，"代管"也不能剥夺乡（镇）农民集体成员的合法权益。林旺农场在发展壮大集体经济方面也应当受到法律保护。《农业法》第13条第3款规定，农村集体经济组织应当在家庭承包经营的基础上，依法管理集体资产，为其成员提供生产、技术、信息等服务，组织合理开发、利用集体资源，壮大经济实力。因此，某某区政府应当考虑法律法规对林旺农场及其农户的保护，妥善处置乡（镇）农民集体土地所有权与"代管"的关系。

专家们还对1987年林旺镇政府发包土地给林旺农场的问题进行了交流。专家们一致认为，1983年10月12日，中共中央、国务院发出《关于实行政社分开建立乡政府的通知》，其第4条规定，乡人民政府建立后，要按照《地方各级人民代表大会和地方各级人民政府组织法》的规定行使职权，1987年政社分开的改制早已经结束，作为行政机关的乡（镇）人民政府的林旺镇依法不能作为集体经济组织或农业生产经营组织发包主体向林旺镇发包土地，其行为不符合《地方各级人民代表大会和地方各级人民政府组织法》第61条的规定。所以，某某区政府以 1987 年林旺镇发包农村集体土地为依据进行“代管”是无效行政行为。

关于林旺农场集体土地先于乡（镇）农民集体土地客观存在的问题。1986 年通过的《土地管理法》第 8 条规定，已经属于乡（镇）农民集体经济组织所有的，可以属于乡（镇）农民集体所有。该法条的含义是指当时的乡（镇）农民集体经济组织所有的土地，包括政社分开成立的乡（镇）农业合作经济联合组织，或没有设立乡（镇）一级的诸如林旺农场这样的农民集体经济组织所有的土地，可以属于乡（镇）农民集体所有。也就是说，先有乡（镇）农民集体经济组织等所有的土地，才有可能属于乡（镇）农民集体所有的土地。林旺农场设立于 1958 年，继而移民开荒，1983 年林旺乡（镇）没有设立乡（镇）农业合作经济联合组织，因此，先存在林旺农场所有的经营、管理的土地，才有林旺乡（镇）农民集体所有土地的存在。以历史分析方法看待，其实林旺农场就具有乡（镇）农民集体经济组织的代表性。

关于林旺农场的特别法人地位问题。尽管林旺农场一直没有账户，没有组织机构代码，但，《民法总则》第 96 条规定农村集体经济组织法人为特别法人。第 99 条第 1 款规定，农村集体经济组织依法取得法人资格。《农业法》第 2 条第 2 款规定，该法所称农业生产经营组织，是指农村集体经济组织、农民专业合作经济组织、农业企业和其他从事农业生产经营的组织。林旺农场应是特别法人的农村集体经济组织或农业生产经营组织。

关于三亚市中级人民法院的行政裁定问题。三亚市中级人民法院作出的［2018］琼 02 行初 53 号裁定认为林旺农场主张农民集体持有的土地所有权证与“三亚市某某湾镇农民集体”的集体土地所有证名称不符，如其主张集体土地所有权应当撤销以上权证并诉求重新颁证。据林旺农场称，三亚市中级人民法院是同情农民的，但三亚市中级人民法院对土地确权以及农村集体土地所有权证登记名称规定不熟悉。2001 年国土资源部《关于依法加快集体土地所有权登记发证工作的通知》（国土资发［2001］359 号）第 2 条第 3 项规定，农村集体土地的土地所有权主体以“××村（组、乡）农民集体”表示。

当时《民法典》编纂工作备受关注。专家们还强调指出，在第十一届中国法学家论坛会上，最高人民法院副部级专委杜万华作了主旨发言，他指出，在《民法典》中规定农村集体组织法律地位及其成员资格势在必行。我国 70%左右的人口拥有农村户籍，是农村集体组织成员。《民法总则》应当明确农村集体组织的民事主体资格，解决农村集体组织成员资格问题。农村集体组织成员资格的享有，可以考虑以在农村集体组织所在地形成较为固定的生产、生活关系并拥有依法登记的常住户口等为基本依据，同时对外嫁女等特殊情形作出特别规定。随着城镇化的加快，涉及农村集体土地征用补偿分配、农村土地经营权保护等案件不断增多，尽管《物权法》《村民委员会组织法》等多部法律提到了农村集体经济组织，但尚未对其概念及资格认定给出具体解释，成员资格标准的法律缺失是农村集体经济组织内部征地补偿费等成员利益分配纠纷频发的主要原因。此次《民法总则》（草案）在第 51 条规定，农村集体经济组织的成员，依法取得农村土地承包经营权，从事家庭承包经营的，为农村承包经营户。

杜万华认为，可考虑以是否在集体组织所在地形成较为固定的生产、生活并依法登记常住户口等作为界定成员资格的基本依据来处理。此外，考虑到农村富余劳动力向城市转移的大趋势、农村承包土地对未丧失集体组织成员资格的人所具有的唯一基本生活保障功能，还应对一些特殊情形（如外嫁女）作出特别规定。"我们编纂民法典不将农村集体组织和农村集体组织成员作为民事主体，那我们的民法典就难以适应现实的中国国情。"

专家们指出，上述讲话代表了最高人民法院对于确立我国农村集体组织和农村集体组织成员作为民事主体的立法、司法的明确态度，也明确反映了我国对于确立农村集体组织和农村集体组织成员作为民事主体的立法、司法的必然趋势。这对于本案中的立法、司法解释空白问题的处理，具有明确的指导意义。

因此，专家们认为，林旺农场的集体土地所有权以及诸多的问题与历史发展存在关联性，需要当地人民政府依照"尊重历史、面对现实、有利生产、方便生活"原则化解矛盾。

五、专家们建议

其一，某某区政府可以批准 2015 年某某区民政局关于林旺农场海文村民委员会的报告，将林旺农场改制为海文村村民委员会，下设相关村民小组，以化解林旺农场长期无账户等存在的问题。

其二，同时，将土地由改制后的村、组享有农民集体土地所有权，并办理相关证件。

其三，某某区政府保障改制后的村组对农村集体经济组织经营、管理活动等权益，以处置历史遗留问题，化解争议。

以上建议仅供参考，专家们支持乡（镇）农民集体土地矛盾的化解！

【瞽言刍议】

本案“代管”问题，是历史遗留的问题，应当遵从“尊重历史、面对现实、有利生产、方便生活”的原则，以落实法治为根本，从而化解矛盾，以建立符合法治的农村经济体制。本论证意见对正确认识和分析我国农村经济组织的历史发展和现状及当前法治要求，有一定参考意义。

14. 宝康公司被执行案

【论证要旨】

对本案，要先厘清两种法律关系：债权债务法律关系和股权转让款分配法律关系。廖某某起诉与《调解书》解决的是其债权实现问题，而不是，也无权解决公司股权转让款分配问题。

据此，廖某某有权据《调解书》申请执行以实现债权，有权在股权转让款中优先受偿其债权，但无权据此申请执行其在公司的25%的股权的转让款。其在公司的25%的股权转让款，应当由全体股东按公司章程进行分配，而且要先行清偿公司债务，其中包括要将转让款先减去其受偿的债权数额，然后才能进行分配。

【案涉简况】

论证委托人：宝康旅业有限公司（以下简称“宝康公司”）。

委托代理人：北京黎某君律师事务所。

论证受托单位：中国政法大学法律应用研究中心。

论证专家：中国政法大学、中国人民大学法学院、北京大学法学院四名民事法学专家。

案件基本情况：

2011年宝康公司（台商独资）增资扩股开发“某市四季阳光国际酒店项目”（以下简称“涉案项目”），引进黄某某、申请执行人廖某某为宝康公司新股东，廖某某出资52.5万美元（折算人民币为373万元投资额），持股25%；廖某某为宝康公司股东的同时，采取挂靠湖南某某建设集团公司方法成为涉案项目的施工单位实际控制人。2013年1月因开发资金问题，涉案项目停工，成为“半拉子工程”；同年，廖某某与宝康公司签订《补充合约》，主要约定廖某某提供涉案项目建设资金并获得持有作价 3800 万元 20 套房屋的权利。廖某某共支付了 4185.9 万元建设资金作为涉案项目工程款，后因涉案项目建设停滞，2014 年廖某某起诉宝康公司一审胜诉，2015 年 9 月 8 日二审开庭审理并形成调解协议，同时，廖某某与宝康公司法定代表人廖某胜另行签订了一份《协议》，约定涉案项目出售为转让，交易完成后，转让所得款，双方均认为可先清偿公司债务。

2015 年 9 月 15 日，某省高级人民法院作出［2015］某民三终字第 3 号《民事调解书》（以下简称“第 3 号调解书”）并送达结案。第 3 号调解书解决廖某某的债权 4185.9 万元本金及利息的方式有三个：一是通过出售涉案项目获取转让款后参与股东分配，即“所分配的款项包括 25%股权及 4185.9 万元本金及利息”（第 3 条）；二是一年内涉案项目无法出售，宝康公司以其名义进行借款偿还本案本息（第 5 条）；三是一年三个月内，宝康公司无法足额清偿债务可申请法院强制执行（第 6 条）。

第 3 号调解书的主要协议条款为：

在本案二审审理过程中，经本院主持调解，宝康公司与廖某某自愿达成如下调解协议：

一、宝康公司按照调解协议向湖南某某建设集团有限公司支付涉案项目尚欠的工程款，全体股东按照股权比例承担款项支付义务，廖某某负责湖南某某建设集团有限公司退场事宜，在总额不超过 150 万元的范围内，双方各承担 50%。

二、廖某某配合宝康公司办理涉案项目报建及工程验收等相关行政手续。廖某某向宝康公司提供其所持有的与项目相关的材料，并配合宝康公司取得与项目相关的材料，做好衔接工作。

三、自协议生效之日起半年内，宝康公司和廖某某均可通过转让方式出售涉案项目。售价不低于 2.2 亿元，各方必须无条件配合。如果半年内无法完成出售，宝康公司和廖某某均可降价在半年内寻求出售，价格不低于 1.9 亿元，各方必须无条件配合。廖某某所分配的款项包括 25%股权及 4185.9 万元本金及利息，4185.9 万元利息计算以本协议第 4 条为准。

四、自本协议生效之日起一年内，如果涉案项目无法出售，宝康公司向廖某某支付《补充合约》约定的融资款本金 4185.9 万元及利息，利息计算方式为：2013 年 1 月 1 日起至本协议生效之日，年利率为 4%；自本协议生效之日起半年内，年利率为 5%；半年后至款项还清之日，年利率为 6%. 双方原签订的《补充合约》不再履行。

五、如自本协议生效之日起一年内涉案项目无法出售，宝康公司可以以公司名义进行借款偿还本案本息，如借款利息年利率不超过 15%，廖某某一方应配合公司完成借款事宜。

六、如宝康公司自本协议生效之日起一年三个月内无法足额清偿债务、廖某某可申请法院强制执行。

七、目前涉案项目部分房屋被法院查封。在本协议生效后，廖某某在一个月内申请法院解封，如有买方需要尽快解封，廖某某应予配合。

八、本协议生效后，宝康公司诉某某农业开发有限公司合作开发房地产合同纠纷案，由宝康公司一个月内向法院申请撤诉。双方原签订的涉该案合作协议不再履行。

2016 年 6 月 9 日，经宝康公司除廖某某之外的其他 8 名股东同意并授权，委托宝康公司原法定代表人廖某胜以 2.6 亿元价值将其涉案项目及其各股东股份 100%（对应涉案项目）转让给了贾某某，并签订了《股权转让协议书》。目前贾某某已支付 1.1 亿元涉案项目转让款。

《股权转让协议书》第 6 条第 2 项约定“本协议签字后，甲方收到第一期、二期期款合计壹仟万元人民币后，此协议即刻生效”，贾某某已按此履约。《股权转让协议书》还约定，股权转让协议成立前的一切债务均由宝康公司负责承担，即非承债式并购。

宝康公司收到转让款后即清偿了公司原部分债务。

2017 年 1 月 3 日，廖某某认为宝康公司未履行第 3 号调解书确定的支付 4185.9 万元本金及利息的义务，向某省某市中级人民法院（以下简称“某市中院”）申请强制执行，该院同日立［2017］某 02 执 2 号案进行执行。某市中院采取执行措施查封涉案项目土地及一期房产、通知停工并不准施工作业，导致宝康公司合作的施工企业退出施工现场等。为此，贾某某暂停支付涉案项目转让款。某市中院对宝康公司强制执行合计本金和利息 58 906 700 余元，其中执行了贾某某部分款项。

廖某某通过执行宝康公司实现了 4158.9 万元本金及利息债权后，又于 2017 年 11 月 8 日，以宝康公司未履行第 3 号民事调解书第 3 条确定的 25%股权转让款的支付义务为由，再向某市中院申请强制执行25%股权，该院同日又立［2017］某02执153号案执行，作出了［2017］某02执153号《执行通知书》及《报告财产令》等。为此，宝康公司不服并提出异议。

2017年12月28日，某市中院作出［2017］某02执异26号《执行裁定书》（以下简称“第26号执行裁定书”），指出：“第3号调解书第三项仅约定廖某某所分配的款项包括25%的股权，属对其应分配的股权款份额的确认，但对25%股权的价值及支付时间没有进行明确约定，其他调解条款中亦未进行约定，在其应分配的25%股权款数额未明确且履行期限未确定的情况下，廖某某的执行申请不符合最高人民法院《关于人民法院执行工作若干问题的规定（试行）》第18条第1款第（4）（5）项规定的人民法院受理执行案件的条件，应予驳回其执行申请并终结某省某市中院案号为［2017］某02执153号案的执行。”

廖某某不服向某省高级人民法院（以下简称“某省高院”）申请复议。2018年4月26日，某省高院作出［2018］某执复9号《行政裁定书》（以下简称“第9号执行裁定书”），就25%的股权的执行问题，某省高院认为：“至于宝康公司应给付廖某某25%股权转让款的数额究竟是出售涉案项目全部价款2.6亿元的25%，即6500万元，还是出售涉案项目全部价款2.6亿元在扣除该公司欠付廖某某债4185.9万元及其利息后的25%，执行法院应按诚实信用原则，在执行过程可向出具第3号调解书的审判业务部门征询或通过调解或听证等方式来确定双方当事人的真实意思表示。”但某省高院认为25%的股权是可以执行的，并撤销了第26号执行裁定书和某市中院作出的［2017］某02执153号《执行通知书》。

宝康公司不服向最高人民法院申诉。

在最高人民法院审理过程中，第9号执行裁定书生效后，某市中院随即在2018年5月10日作出［2017］某02执153号《执行裁定书》，查询、冻结、扣划宝康公司相应债权的银行存款、股权或相应到期债权至该院执行专用账户上；查封宝康公司相应本案债务。

2018年6月7日，某省高院民三庭（第3号调解书审判庭）就某市中院［2017］某02执153号释明函作出《某省高级人民法院民三庭关于［2017］某02执153号释明函的答复》（以下简称“第3号调解书释明函”），指出第3号调解书的“内容解释应尊重当事人的意思表示，不能以审判权替代当事人意思表示，因此本复函对相关问题的解读仅供你院参考，不作为执行依据”；“3 号调解书中‘25%的股权’文字表示清楚，无任何当事人提出系笔误，根据文意解释，25%股权指的是公司法上的股权，并非股权转让款。有关股权的分配可依据公司法的相关规定予以认定”；“第 3 号调解书中明确约定的是 4185.9 万元的债务如何清偿的问题，对于项目转让的约定仅是一个预先性的大概方案。第 3 号调解书签订之时项目能否出售待定，无法预判和拘束当事人与案外人签订的项目合同，更不可能预知案外人支付收购项目的价款数和付款方式，因此利息等其他问题，并未在第 3 号调解书中进行约定”。

2018 年 5 月 14 日，案外人贾某某对执行冻结、划扣宝康公司名下的银行存款提出书面异议。同年 6 月 20 日，某市中院作出［2018］某 02 执异 32 号《执行裁定书》，驳回了其异议请求。

2019 年 4 月 11 日，某市中院作出：“本案通过本院审判委员会讨论决定：宝康公司应给付廖某某股权转让款 2.6 亿元中的 25%，即 6500 万元，同月 12 日本院再次扣划，被执行人保管上述账户银行存款 4900 万元。”（［2017］某 02 执 153 之二第 2 页倒数第 10 行起）

2019 年 4 月 22 日，某市中院作出［2017］某 02 执 153 之一《中华人民共和国某省某市中院执行裁定书》，将已划扣的款项作为申请执行费支付到财政资金账户；将已划扣的款项 1200 万元支付给廖某某，余款继续执行。

2019 年 5 月 10 日，某市中院作出［2017］某 02 执 153 之一《某省某市中院执行通知书》，责令宝康公司履行“一、向廖某某支付宝康公司 25%的股权转让款及利息共计 7000 万元”，并负担案件的执行费。

2019 年 9 月 29 日，最高人民法院作出［2018］最高法执监 443 号《执行裁定书》（以下简称“第 443 号执行裁定书”），就 25%的股权的执行问题指出：“至于调解书规定的‘25%股权分配款’在当前情况下应给付到何种程度，执行法院可以根据实际情况及公平与诚实信用原则予以确定。此外廖某某根据调解书的相关内容申请强制执行并由法院查封涉案项目，系依法行使权利的行为，申诉人以该查封行为导致贾某某不履行支付义务为由，认定‘25%股权分配款’不具备给付条件，依据不足。”（第 443 号执行裁定书第 18 页倒数 13 行起）最高人民法院还指出：“申诉人提供的某省高院民三庭《关于［2017］某 022 执 153 号释明函的答复》，系复议裁定作出后该审判庭根据执行法院的征询意见作出的，执行法院在执行中具体确定执行数额等内容时，可结合答复函的内容予以考虑，根据该答复函不能得出复议裁定错误的结论。”（第 443 号执行裁定书第 18 页倒数 2 行起），驳回了宝康公司的申诉。

2019 年 10 月 14 日，某市中院作出的［2017］某 02 执 153 之二《中华人民共和国某省某市中院执行裁定书》，将已扣划该院代管账户宝康公司存款 24 133 500 元中剩余的 4 651 350. 3 元支付给廖某某，余款继续执行。

宝康公司和贾某某均不服某市中院作出的［2017］某 02 执 153 之一、之二《执行裁定书》，分别向某省高院提出复议申请。2020 年 9 月 9 日，某省高院就复议申请人贾某某的复议申请作出了［2020］某执复 113 号《执行裁定书》，撤销某市中院作出的［2020］某 02 执异 32 号《执行裁定书》，发回某市中院重新审查。宝康公司的复议申请被驳回。

目前宝康公司涉案项目还处于停工状态。

【论证意见】

2020 年 9 月 8 日，宝康公司与其原股东廖某某执行一案专家论证事项，由北京黎某君律师事务所黎某君律师代为提交论证申请材料。经我中心审查同意后，邀请了四名民事法学专家，于 2020 年 9 月 16 日召开了由宝康公司股权受让人贾某某和代理人黎某君律师参加的论证会议。会议首先由专家们归纳了本案争议焦点及其事实与理由，再由各专家们对案件争议的事实、债权和股权法律关系等发表观点，经过讨论并形成了以下专家一致的法律论证意见，供司法机关等参考。现将具体情况和意见阐述如下：

一、关于本案执行依据第 3 号调解书方面问题的专家意见

第 3 号调解书作为执行依据存在权利义务主体、给付内容不明确的问题。民事调解书反映的是人民法院依法进行调解，促成双方当事人自愿、合法地达成协议的具有法律效力的文书，但如果具有执行依据效力，必须在权利义务主体、给付内容，如继续履行合同方面予以明确。最高人民法院《关于适用〈中华人民共和国民事诉讼法〉的解释》（法释［2015］5 号）第 463 条规定：“当事人申请人民法院执行的生效法律文书应当具备下列条件：（一）权利义务主体明确；（二）给付内容明确。法律文书确定继续履行合同的，应当明确继续履行的具体内容。”

最高人民法院《关于人民法院执行工作若干问题的规定（试行）》（法释［1998］15号）第18条第2、4项规定："人民法院受理执行案件应当符合下列条件：……（2）申请执行人是生效法律文书确定的权利人或其继承人、权利承受人；……（4）申请执行的法律文书有给付内容，且执行标的和被执行人明确；……"

首先，关于廖某某4185.9万元"分配"（指涉案项目出售后的股权转让款的"分配"）债权的权利义务主体不明确的问题。第3号调解书解决的主要债务是宝康公司欠廖某某的4185.9万元的债权关系问题。正如第3号调解书释明函所言："第3号调解书明确约定的是4185.9万元的债务如何清偿的问题。"第3号调解书未生效前或生效后，并在涉案项目未出售前4185.9万元债权债务，应由宝康公司承担清偿责任是没有争议而明确的。但是，从哪里来钱解决这一债权债务呢？于是第3号调解书欲通过三种方式来解决廖某某债权的实现。如第3号调解书对假设或附条件等的三种方式不一一明确约定或规定，在实现涉案项目出售后，就会产生歧义，甚至存在相反理解的可能。如某市中院第26号执行裁定书就认为第3号调解书的25%股权价值及支付时间没有进行明确约定而不符合受理执行案件的条件，而某省高院第9号执行裁定书、最高人民法院第443号执行裁定书却认为可以执行等。前面已经讲道：第3号调解书规定的廖某某的4185.9万元债权，一是通过出售涉案项目获取转让款后让廖某某参与股东"分配"，即"所分配的款项包括25%股权及4185.9万元本金及利息"来实现债权（第3条）；二是一年内涉案项目无法出售，宝康公司以其名义进行借款偿还廖某某4185.9万元本息以实现债权（第5条）；三是一年三个月内，宝康公司无法足额清偿债务可申请法院强制执行来实现债权（第6条）。简单地概括，就是廖某某以股东身份参与涉案项目转让款"分配"4185.9万元和"25%股权"；宝康公司以"借贷""偿还"、在一定期限内不能足额清偿债务"申请强制执行"来分别实现债权。"分配"的前提是涉案项目已出售；宝康公司"借贷"的前提是涉案项目未出售；"申请强制执行"的前提也应当是涉案项目未出售。这里请注意，分析第3号调解书的用意是：如果涉案项目以不低于1.9亿元出售，廖某某的4185.9万元本息就能解决了，同时25%股权也就一并"分配"了；但是涉案项目出售是以股权转让方式进行的，不能以宝康公司名义进行转让，因股权属于股东的财产权益，实践中房地产项目转让通常是通过以转让股权形式来实现的。再有宝康公司原股东有 9 名，所以就避不开股东股权转让款的“分配”问题，也不能避开“借贷”“偿还”债务的问题，就必然要将 4185.9 万元的债权归入涉案项目出售后的转让款“分配”关系范畴内，这样就完全解决了廖某某所诉的主要请求。但涉案项目是否能够出售，也不是第 3 号调解书能保证实现的问题，而是未来可能发生也可能不发生的事实。为此，第 3 号调解书中出现了附条件的民事法律行为（一般指附有决定该行为效力发生或者消灭条件的民事法律行为，条件类型分为延缓条件与解除条件）。民事法律行为生效，就发生效果意思所负载的权利义务关系。涉案项目出售就是所谓的“条件”，其是将来发生的决定法律行为效力的不确定的事实。但是，如果涉案项目不能出售呢？所以，还要保留“偿还”的“借贷”附条件；如果“借贷”也不能足额清偿债务，那还要保留“申请强制执行”的附条件。故第 3 号调解书将“分配”“借贷”“申请强制执行”都作为一种附条件设置在其中。这就是其基本的逻辑思路。

条件决定民事法律行为固有效力的发生、存续或者消灭，决定其所附着的民事法律行为固有效力发生或消灭。如涉案项目出售了，就必然发生了股权转让或资产买卖民事法律行为。民事法律行为是民事主体通过意思表示设立、变更、终止民事法律关系的行为。例如，涉案项目出售（100%股权转让）给了贾某某的民事法律行为，目标公司就是宝康公司，第 3 号调解书所附的涉案项目出售的条件成就了，新的受公司法调整的股权转让法律关系发生了，那第 3 号调解书中所附的“偿还”的“借贷”和“申请强制执行”的条件就解除了，其法律关系就终止了。简单地说，“偿还”合同债权债务关系（以下简称“偿还”关系），即案由为合作开发房地产合同纠纷案件，另一种是涉案项目出售后的股权转让产生的“分配”的权利义务关系（以下简称“分配”关系），在民事诉讼案件中为公司法和合同法共同调整的股权转让债权债务关系（这还包含了廖某某 4185.9 万元的债权的优先分配权的合同债权在内，关于 25%股权另行分析）。前者的依据就是第 3 号调解书第 4 条、第 5 条、第 6 条；后者的依据就是第 3 号调解书第 3 条。以此推出前者的权利主体当然是廖某某，义务主体也是宝康公司。但后者呢？权利主体是谁，义务主体又是谁呢？案件事实已经告诉我们，即使涉案项目已经出售，发生了新的“分配”关系，但某市中院在执行案件中仍然是按照“偿还”关系来确定廖某某为申请执行权利主体，确定宝康公司为义务主体即被执行人。这就混淆了“偿还”和“分配”两种法律关系的界限。解决法律纠纷问题首先需要做的就是要分析并判断出“纠纷问题”属于哪类法律规范调整的权利义务关系。第3号调解书释明函解释：“根据文意解释，25%股权指的是公司法上的股权，并非股权转让款。有关股权的分配可依据公司法的相关规定予以认定。”这就是说，第3号调解书里的“分配”指股东内部依公司法、公司章程或决议等进行约定“分配”，这主要是由《公司法》调整的，也同时属于《合同法》调整的权利义务关系。

按照第3号调解书第3条的规定，如果实现了涉案项目的出售（100%股权转让），股东“分配”关系权利主体不仅仅是廖某某（4185.9万元具有分配的优先权），还包括了宝康公司原8名股东权利主体在内，义务主体当然就不再是宝康公司，而是受让宝康公司原9名股东100%股权的贾某某，其义务是支付2.6亿元的对价给原9名股东，以履行《股权转让协议书》的义务；9名股东与贾某某在涉案项目出售后（包括其100%股权转让后）形成了“分配”关系主体，根本与宝康公司无关。

“偿还”关系在涉案项目出售后，反转为“分配”关系，但是反转后却不能从“分配”关系再反转到“偿还”关系了。其中的原因并不复杂，涉案项目出售后或100%股权转让给贾某某后，其共同按股权比例享有的股权转让款的其他8名原股东不是第3号调解书的当事人，同理，贾某某也不是第3号调解书的当事人，正如第3号调解书释明函所言：“第3号调解书明确约定的是4185.9万元的债务如何清偿的问题，对于项目转让的约定仅是一个预先性的大概方案，第3号调解书签订之时项目能否出售待定，无法预判和拘束当事人与案外人签订的项目合同。”不仅如此，即使是第3号调解书的当事人的廖某某的主体身份也随着涉案项目出售附条件的成就而发生了变更或变化，即为“分配”关系的主体了，“偿还”关系消灭了。就宝康公司而言，涉案项目出售是以9名股东100%股权转让来实现的，同时，第3号调解书把4185.9万元的合同债权归于“分配”关系中，彼时的宝康公司和此时的目标公司的宝康公司也没有改变也还是宝康公司，但变的是公司的股东和法人财产权的控制权，即包括廖某某在内的9名股东已经不是宝康公司的股东了（尽管因未进行变更登记，在形式上还是），其除按股权比例享有股权转让的对价之外，对宝康公司享有的资产收益权、参与重大决策权、选择管理者等权利已经转移给了受让股权的股东即贾某某。此时的宝康公司已经换了“主人”。因而当然不能对宝康公司以第 3 号调解书为执行依据去直接执行了。

最高人民法院［2012］民二终字第 23 号对其他案件的裁判规则认为，当事人“争议双方两次股权转让后，虽然出让方将房地产公司的全部股权转让给了受让方，但原属该目标公司的建设用地使用权权属始终登记于目标公司名下，属于目标公司的资产，并未因股权转让而发生流转。因此，不能仅以转让了房地产公司的全部股权，而认定该股权转让行为实为建设用地使用权转让行为，并因此认定股权转让合同无效”。

法释［2015］5 号规定的“权利义务主体明确”、法释［1998］15 号要求的“申请执行人是生效法律文书确定的权利人或其继承人、权利承受人”，对比第 3 号调解书设立的“偿还”和“分配”关系，通过附条件发生的涉案项目出售情形的新的法律关系的发生与“偿还”关系消灭的复杂化，要正确理解的确要经过一番诊断或识别及仔细分析。通过以上简单分析，第 3 号调解书的权利义务主体显然并不明确。这就是第 3 号调解书存在的一个问题。

其次，25%股权“分配”关系，并不在第 3 号调解书执行依据范畴之内，某市中院根本就涉及不到受理廖某某申请强制执行宝康公司的“25%股权”转让款的问题。

前面专家们已经就“分配”关系作了一定程度的论证，还需要归纳和补充的是：其一，虽然第 3 号调解书给宝康公司和廖某某规定的涉案项目的出售为“预先性的大概方案”的义务，但出售涉案项目所产生的法律后果及其法律关系不是第 3 号调解书确定的“偿还”关系，而是“分配”关系。其二，涉案项目出售后所涉及的权利义务主体已经变更或变化，宝康公司已经不再是“分配”关系的义务主体，取而代之的义务主体是 100%股权受让人的贾某某。其三，《股权转让协议书》经 9 名股东中的 8 名股东（廖某某未签字）授权廖某胜代表签字，其效力为第 3 号调解书第 3 条“自协议生效之日起半年内，宝康公司和廖某某可通过转让方式出售涉案项目。售价不低于 2.2 亿元，各方无条件配合”规定所具有配合或同意遵守的效力，且涉案项目以溢价 2.6 亿元转让，廖某某并未就其 25%股权转让及其价款等提出异议还积极申请强制执行代替“分配”。其四，即使廖某某认为《股权转让协议》无效或者存在其他问题，其可以依法提起股权转让纠纷民事诉讼以解决争议，待判决胜诉生效后依据该判决申请强制执行等，而不是依据第 3 号调解书申请强制执行。其五，即使贾某某因强制执行宝康公司停止支付出售涉案项目转让款，其采取了同时履行抗辩权，如包括廖某某在内的9名股东可以提起民事诉讼解决争议，当然不能依据第3号调解书直接申请强制执行25%股权。其六，设置涉案项目出售的“分配”附条件成就后，第3号调解书再无“偿还”“申请强制执行”的执行依据，廖某某必须依“分配”实现4185.9万元债权和25%股权款项。其七，“分配”是依公司法或宝康公司章程或股东决议程序或合同法进行，这是公司法赋予股东的权利并且具有内部处置性，未经诉讼或评估、拍卖等程序，人民法院不能“以执代审”擅自决定25%股权价值及其金额，这样做就侵害了其他8名股东的实体和程序权利。其八，廖某某25%股权分配权不具有优先权，与其他8名股东的股权只是比例和表决权利方面的差异，其无权甩开其他8名股东而自行或通过申请强制执行进行“分配”。

最高人民法院［2012］民二终字第38号民事判决书关于股权转让合同中共同债权人受偿比例的认定案例规则的裁判要旨为：“两个以上的债权人作为共同一方接受债务人的履行，原则上应当按照各自的债权比例受领款项，但如果债权人内部存在关于各自受偿比例的约定，且并未损害债务人利益的，人民法院应当认定该约定有效。”这里的“债权人”指目标公司的转让股权的二名或以上股东；这里的“债务人”指股权转让的受让人；如参照“债权人内部存在关于各自受偿比例的约定”与本案应当清偿共同债务后的债权产生“受偿比例的”变更是贴切的，且并未损害债务人贾某某的利益的约定是有效的（但，还未共同进行约定）；同时，也可以说明，本案强制执行的廖某某的25%股权的行为替代了股权转让合同中共同债权人内部的约定行为的程序性和实体权利了。

还有，作为目标公司的宝康公司作为法人并不享有股东的股权财产权益，也不承担廖某某的25%股权价款的义务；9名股东100%股权转让后，享有“分配”股权转让款的权利人是9名股东，廖某某申请执行的义务主体却是宝康公司，的确张冠李戴了。

最后，本案25%股权“分配”给付内容不明确的问题。具有给付内容，一般是指发生法律效力的法律文书必须具有义务主体给付权利主体金钱或某种财物或为或不为一定行为的内容。这里需要解释的是，专家们的观点认为本案不能依据第3号调解书申请人民法院强制执行。假设在可以申请强制执行的条件下，25%股权“分配”关系中的股权转让款给付内容也是不明确的。

从逻辑学的角度来看，涉案项目出售实现后的“分配”关系与涉案项目无法出售后的“偿还”和“申请强制执行”在第3号调解书里是矛盾关系，即“涉案项目出售了”“偿还”关系以及“申请强制执行”关系就消灭了，在第3号调解书里二者不能同时存在，是矛盾对立关系。

“偿还”关系的给付内容很明确，即4185.9万元本息，但既然涉案项目都出售给了第三人，宝康公司作为目标公司已经“易主”，廖某某继续申请执行宝康公司“偿还”4185.9万元本息，不就是“脚踏两只船”了吗？并且第3号调解书设置了涉案项目出售后参加“分配”的“预先性的大概方案”，廖某某要么参与“分配”，要么主张宝康公司“偿还”，没有二者都要同时占有的权利。但廖某某要参加本息债权和25%股权的“分配”，就必须通过和其他8名股东一起形成“分配”方案等约定。问题在于，在没有形成“分配”方案或约定之前，廖某某通过申请强制执行宝康公司就直接实现了4158.9万元本息，这显然违反了第3号调解书关于“分配”的规定。这里我们暂不讨论执行的问题。原9名股东的股权比例都是确定的，股东资格等都不存在争议，但存在的是25%股权价值的确定问题以及“分配”的时间约定。这个权利不是执行人民法院的司法权力，而是9名股东之间依公司法和宝康公司章程或者股东决议或约定进行“分配”的权利。可以判断，9名股东的“分配”金额，除廖某某4185.9万元债权分配金额明确之外，25%股权价值的确定还未依法或依约进行，就如第3号调解书释明函说的那样：“第3号调解书签订之时项目能否出售待定，无法预判和拘束当事人与案外人签订的项目合同。”连第3号调解书对涉案项目出售都“无法预判和拘束当事人与案外人”，廖某某就更不能依据第3号调解书去申请执行25%股权转让款了。以此类推，某市中院也不能“拘束当事人与案外人”而受理执行所谓25%股权转让款了。

不仅如此，即使是支持某市中院执行25%股权“分配”的最高人民法院对25%股权价值的给付内容也是不能完全支持的，其在第443号执行裁定书里认为：“至于调解书规定的‘25%股权分配款’在当前情况下应给付到何种程度，执行法院可以根据实际情况及公平与诚实信用原则予以确定。”某省高院也不例外，其在第9号执行裁定书中认为：“至于宝康公司应给付廖某某25%股权转让款的数额究竟是出售涉案项目全部价款2.6亿元的25%（即6500万元），还是出售涉案项目全部价款2.6亿元在扣除该公司欠付廖某某债4185.9万元及其利息后的25%，执行法院应按诚实信用原则，在执行过程可向出具第3号调解书的审判业务部门征询或通过调解或听证等方式来确定双方当事人的真实意思表示。”其实，9名股东对转让股权的价款分配方案不仅没有形成，而且还存在严重的争议。

关于执行宝康公司25%股权问题，转让方或主体是9名股东，与宝康公司无关；受让股权的是贾某某，也非宝康公司，即使宝康公司在《股权转让协议书》落款上有印章，也不影响其合同效力，与宝康公司无关系。本案执行过程中，主张执行异议和复议以及申诉的却是宝康公司，因为，廖某某申请执行的被执行人就是宝康公司，某市中院经审查确定的被执行人也是宝康公司，而除引发争议的股东廖某某外，其他8名股东至今没有一位程序性地提出过执行异议等，这因某市中院根本就没有厘清本案被执行人主体等法律关系，也影响了绝大部分人。

关于“出售涉案项目全部价款2.6亿元”怎么“分配”的问题，其实也涉及本案执行给付内容是否明确的问题。究竟这2.6亿元是按照某市中院审判委员会理解和决定的“25%股权”的“纯利润”计算的6500万元，还是应当扣除其4185.9万元债权，还是其他应当扣除的100%股权转让前的宝康公司债务呢？虽然，9名股东已经将100%股权转让了，其股东已经变更为股权转让的共同债权人，但宝康公司的《企业章程》等对其履行有关义务是有约束力的。其一，宝康公司《企业章程》第7章第50条规定的纳税义务金额为：“独资公司依法缴纳所得税和提取各项基金后的利润，按照甲、乙、丙、丁、戊、己、庚、壬、癸方在注册资本中的比例进行分配（但经董事会一致同意，另行规定者除外）。”该条款规定的“纳税”也是税收法律关系中的缴纳义务，作为股东之一的廖某某当然有义务承担，宝康公司应缴纳的税费金额应当在2.6亿元中扣除。其二，《股权转让协议书》第5条第4项约定的债务为：“转让协议成立后，宝康公司的所有债务（转让协议成立前的一切债务由甲方负责）。”贾某某不是以公司法上的承债式方式收购宝康公司原股东的100%股权的，约定宝康公司股东转让股权之前的其他债务应当通过审计或者鉴定等确定具体债务后在2.6亿元中扣除。

2.6亿元“分配”应当先行扣除廖某某优先分配权的4185.9万元本金和利息，这也是涉案项目出售前宝康公司的债务，再扣除有关税费，还有其他经协商确定或者审计、鉴定的债务金额，剩余款项再依据股权转让共同债权人决议或约定或经诉讼确定的分配方案进行“分配”（4185.9万元优先分配）。如果按照某市中院依司法职权确定的以廖某某25%股权乘以涉案项目出售款项2.6亿元得6500万元（后来加利息7000万元）进行分配，就廖某某4185.9万元的本金债务，用25%股权比例计算，廖某某就比其他股东多“分配”1039.7万元；至于500万元利息债权从何而来？9名股东还没有共同确定怎么“分配”股权转让款，廖某某却捷足先登先行“分配”25%股权的所谓6500万元；也无发生其他股东拒付关系，8名股东就“违约”而承担500万元的利息了。这种逻辑的确让人费解。

二、关于确定被执行人为宝康公司错误的问题

以上已经提及宝康公司不能为本案执行案件的被执行人，这里再加以简单论证。第3号调解书第7条规定最能说明本案被执行人不能是宝康公司的情况：“七、目前涉案项目部分房屋被法院查封。在本协议生效后，廖某某在一个月内申请法院解封。如有买方需要尽快解封，廖某某应予配合。”

按照文义解释就很清楚，涉案项目出售就必须要解除人民法院的查封，否则，谁敢来买呢？并且明确规定如有买方廖某某应予配合解封。可是涉案项目出售后，廖某某又回头申请法院查封了买方贾某某控制的目标公司的宝康公司涉案项目，这不仅仅是查封，还下发了停工令，实际上涉案项目建设、销售、施工单位停工停产等一系列问题就产生了。早在2016年，中共中央、国务院《关于完善产权保护制度依法保护产权的意见》就明确：“有恒产者有恒心，经济主体财产权的有效保障和实现是经济社会持续健康发展的基础。”人民法院不仅要依法保护企业的产权，还要维护市场交易安全，对在交易过程中的善意交易行为的意思表示一致的交易有效行为，对其交易行为取得交易的新利益，予以保障善意当事人的利益、交易率及交易秩序。本案中取得涉案项目出售交易新利益的贾某某，怎么也没有想到自己会遇到转让股权的廖某某股东居然申请强制执行自己买的东西这样的问题。

廖某某申请解封出售给第三人的贾某某后又去执行买方的贾某某，还非要责令停工停产，搞得一个项目一会儿是“半拉子工程”，盘活后又被执行成为一个新的“半拉子工程”！这不仅仅是一个法律问题，而是一个违反基本生活常识的问题。某省高院第9号执行裁定书就25%股权的申请可以强制执行的基本观点是不能成立的，当然也可能是没有理清“分配”关系；某市中院就25%股权的执行也存在两种相反的观点。如果坚持“以事实为根据，以法律为准绳”的法律原则去认识本案，或者就像第26号裁定书那样对廖某某的

申请执行"驳回其执行申请并终结执行"，本案就可以避免发生目前多方受损的局面。

三、专家建议

综上，专家们建议执行法院认真研究第 3 号调解书，明确 25%股权的受理执行的确存在严重问题。为避免扩大宝康公司以及关联的其他企业以及其他股权转让等当事人的财产等损失，执行法院应及时对宝康公司被冻结的商品房预售资金账户予以解冻、执行回转预售资金账户中建设资金 2413.35 万元并解封被查封的房屋，给宝康公司提供复工复产的条件。至于已被执行的 4185.9 万元本金已成事实，且在股权"分配"关系中廖某某具有的合法的分配权应当予以保障。

建议股权转让当事人双方经协商补充协议，并尽快向有管辖权的工商行政管理机关申请股东、法人代表变更登记和外商企业股权转让的批准或备案。8 名股东不再以宝康公司名义进行活动；受让人贾某某待本案执行终止后，积极履行《股权转让协议书》确定的未给付款项，以免再遭纠葛。

以上意见供参考。

【瞽言刍议】

本案是一起既复杂又简单的民事纠纷案件。之所以说其复杂，是因为案涉多重民事法律关系，且该案经中级人民法院一审判决，高级人民法院二审调解，中级人民法院执行债权，后又经申请股权转让款，执行异议、复议，直至最高人民法院裁定等。之所以说其简单，皆是因为对二审的"调解书"的一条内容的理解产生歧义而引起的，只要厘清其所涉"债权"与"股权"两种法律关系，案中的执行争议问题，就迎刃而解了。

执行申请人廖某某，在被执行人宝康公司有 25%的股权，后又共支付了 4185.9 万元建设资金款，后其起诉宝康公司追偿该建设投资款，经二审调解，达成"协议"，形成《调解书》，《调解书》解决廖某某的债权 4185.9 万元本金及利息的方式有三个：一是通过出售涉案项目获取转让款后参与股东分配，即"所分配的款项包括 25%股权及 4185.9 万元本金及利息"（第 3 条）；二是一年内涉案项目无法出售，宝康公司以其名义进行借款偿还本案本息（第 5 条）；三是一年三个月内，宝康公司无法足额清偿债务可申请法院强制执行

(第6条)。争议的焦点问题是，廖某某通过申请强制执行，实现了4186.9万元之后，其是否还有权申请强制执行其公司25%的股权转让款呢？对此只要厘清二者所涉法律关系，就很容易予以解决：

其一，从债权债务法律关系而言，廖某某为债权人，而宝康公司为债务人，起诉和《调解书》解决的就是实现廖某某的债权问题，既经执行，廖某某实现了债权，其诉讼、调解的目的已经实现，案涉债权债务法律关系就归于消灭，根本就不存在可以申请执行其25%股权转让款的问题。

其二，从股权转让和股权转让费的分配问题而言，股权转让是公司股东和股权受让人之间转让和受让的法律关系，而转让款的分配是公司股东对公司转让款的债权债务处理与分配的法律关系。原《调解书》是廖某某与宝康公司达成的协议，其涉及的仅是实现廖某某与该公司的债权问题，充其量，廖某某有权优先从转让款中获得债权，而无权据此而优先获得25%的股权转让款，因为廖某某与宝康公司无权决定宝康公司的股权分配，质言之，《调解书》所涉股权转让款的内容，对该公司的股权转让款的分配问题，没有法律效力。因此，廖某某无权依据该《调解书》而申请执行其公司25%股权的转让款。

其三，从债权实现与股权转让款的分配关系而言，廖某某根据《调解书》当然有权从转让款中优先受偿债权，但他没权优先分配股权转让款，而且，其转让款的实现顺序不仅与其他股东属于同一序列，而且其股权转让款的计算，要和其他股东一样，先将股权转让款减去其实现的债权数额，再减去公司其他债务数额，然后才能按比例进行分配，而不能容许其享有优先分配权，更不能容许在分配时，如他申请执行中主张的，要将转让款的25%分配给他，因为这样就是将公司债务完全抛给了其他股东，这对其他股东也是不公平的。

本案论证由于案涉一些内情问题，专家论证意见，讲得有些委婉，以免引起不必要的纷争，特作说明。

这一民事案件的论证，再次证明，复杂问题要抓根本，根本问题要抓法律关系，法律关系是个纲，只有纲举目才张；法律关系一厘清，复杂问题变简单，法律关系不厘清，复杂案就只能是一笔糊涂账。

15. 丽贝亚公司、中城建某局、关某公司债权及抵押权转让争议案

【论证要旨】

丽贝亚公司享有的案涉债权及抵押权合法有效，应当受到依法保护。

【案涉简况】

论证委托方：北京市某某律师事务所。

论证受托方：中国政法大学法律应用研究中心。

参加论证的专家：中国政法大学、中国人民大学法学院、国家法官学院、清华大学法学院、国家检察官学院等八名权威民商事法学专家。

委托方提交的案件材料：

1. 关某公司、中城建某局、李某某三方 2013 年 5 月 17 日签订的“协议书”。

2. 中城建某局、关某公司、李某某三方 2014 年 9 月 12 日签订的“协议书”。

3. 加盖关某公司印章的李某某的身份证复印件。

4. 支付业务回单、电子银行转账凭证、北京银行客户回单、中国光大银行借记通知。

5. 中城建某局、关某公司、李某某三方 2014 年 10 月 15 日签订的“债务确认协议书”。

6. 平安银行业务回单。

7. 中城建某局和北京某某装饰工程有限公司签订的“借款合同”。

8. 中国民生银行支付业务回单。

9. 北京某某装饰工程有限公司和丽贝亚公司签订的“借款合同”。

10. 北京市方圆公证处［2015］京方圆执字第02××号“执行证书”。

11. 北京市第一中级人民法院执行通知书［2016］京01执××号。

12. 北京市第一中级人民法院执行裁定书［2016］京01执异1××号。

13. 北京市高级人民法院执行裁定书［2017］京执复××号。

14. 丽贝亚公司2017年10月24日给关某公司破产管理人的“关于资金往来情况的说明”。

15. 丽贝亚公司给关某公司破产管理人的债权“申报书”。

16. 丽贝亚公司的“主要经过简介”。

17. 其他相关事实材料。

以上材料都是复印件。委托方对这些材料的真实性和来源的合法性负责。

【论证意见】

委托方因丽贝亚公司、中城建某局、关某公司之间的债权及抵押权转让纠纷案，向受托方提交案件材料和论证申请，请求提供法律专家论证意见。受托方审阅了委托方提交的案件材料后，认为符合专家论证的条件，邀请在京八名民商法学专家，于2017年11月4日在北京举行了专家论证会议。委托方有关负责人参加了论证会并向专家们介绍了案情。专家们预先研读了案件材料，在论证会上向委托方与会负责人询问了有关情况，结合案件材料显示的案情和有关法律规定，进行了深入研究讨论，在此基础上形成本论证意见，供委托方和有关司法机关参考。

【论证意见】

专家们经过深入研究讨论，形成以下一致意见：

一、本案中的各个协议、合同均为有效合同，是认定各个当事人权利义务的合法根据

根据本案当事人之间的协议和合同，关某公司和中城建某局约定以中城建某局的名义从华某公司取得3.9亿元信托融资款，再以委托贷款方式交由关某公司使用，关某公司则用其土地使用权抵押给华某公司进行抵押担保；华某公司对中城建某局享有债权，对关某公司享有抵押权；关某公司和中城

建某局还约定，关某公司向中城建某局偿还委托贷款之款项而中城建某局即将偿还之款项转付华某公司偿还信托融资之欠款，如关某公司违约，自愿承担违约责任；由于关某公司没有向中城建某局全部偿还委托贷款，致使中城建某局因此未能对华某公司还清信托融资款；后来，华某公司将其债权转让给丽贝亚公司，丽贝亚公司合法取得对中城建某局的债权和对关某公司的抵押权，中城建某局没有向丽贝亚公司清偿债务，关某公司也没有向丽贝亚公司履行抵押担保义务，因此，人民法院应当依法支持和保护丽贝亚公司对中城建某局的债权和关某公司的抵押权。

现从以下三个方面予以说明：

（一）根据上列案件材料显示的情况，案涉协议和合同均合法、有效

经过对案涉协议和合同的分析研究，能够认定：

其一，中城建某局和华某公司签订的《债权转让协议》《债权转让协议之补充协议》《还款合同》《还款合同之补充协议》，关某公司和华某公司签订的《抵押合同》《抵押合同之补充协议》。

其二，关某公司、中城建某局、李某某三方 2013 年 5 月 17 日签订的《协议书》、2014 年 9 月 12 日签订的《协议书》、2014 年 10 月 15 日签订的《债务确认协议书》。

其三，华某公司、丽贝亚公司、中城建某局签订的《信托财产转让合同》。以及中城建某局和北京某某装饰工程有限公司签订的“借款合同”、北京某某装饰工程有限公司和丽贝亚公司签订的“借款合同”等协议和合同均具备了合同的有效条件，不存在无效的情形，没有证据或裁判文书证明案涉协议和合同无效或已被撤销。根据《合同法》的规定，这些协议和合同都是合法、有效的民事合同。

按照《合同法》第 8 条的规定，依法成立的合同，对当事人具有法律约束力，当事人应当按照约定履行自己的义务，依法成立的合同，受法律保护。因此，应当根据案涉各个协议和合同衡量和认定当事人的权利义务和责任。

（二）根据案涉协议和合同认定当事人的权利和义务，是依法、公正处理本案的根本问题

从案涉协议和合同看，关某公司和中城建某局约定，中城建某局以自己名义为关某公司取得 3.9 亿元信托融资款，关某公司为信托融资提供土地使用权抵押担保，中城建某局通过委托贷款合同方式将 3.9 亿元交由关某公司

使用，关某公司向中城建某局偿还委托贷款合同项下之款项，中城建某局即将关某公司偿还之款项转付华某公司偿还信托融资之欠款，双方当事人之间就案涉3.9亿元款项，存在因果关联性的法律关系。

1. 根据中城建某局和华某公司签订的《债权转让协议》《债权转让协议之补充协议》《还款合同》《还款合同之补充协议》，关某公司和华某公司签订的《抵押合同》《抵押合同之补充协议》，华某公司是案涉资金3.9亿元信托融资的主债权人和抵押权人，中城建某局是主债务人，关某公司是担保中城建某局偿还该3.9亿元债务的抵押人，抵押财产是本案中关某公司抵押的土地使用权

2. 根据关某公司、中城建某局、李某某三方先后于2013年5月17日和2014年9月12日签订的两份《协议书》、2014年10月15日签订的《债务确认协议书》以及其他相关的证据，案涉3.9亿元款项，在中城建某局和关某公司之间存在因果关联性法律关系

（1）2013年5月17日的《协议书》显示，中城建某局和关某公司约定，以中城建某局的名义从华某公司融资所取得的3.9亿元，随即以委托贷款方式转付给了关某公司，由关某公司使用，关某公司向华某公司提供土地使用权抵押担保。该《协议书》证明了三个关联性的事实：

第一，双方约定由中城建某局以本局名义从华某公司取得3.9亿元信托融资款、承担偿还融资款债务是为了关某公司使用该款项，关某公司之所以向华某公司提供抵押担保，也是这个目的。

第二，为达到关某公司使用该3.9亿元的目的，双方通过《委托贷款委托协议》和《委托贷款总合同》，将信托融资所得3.9亿元交由关某公司使用，关某公司是中城建某局的债务人，对中城建某局承担偿还该合同项下3.9亿元委托贷款的债务。

第三，关某公司偿还委托贷款合同项下的款项，由中城建某局转付华某公司偿还信托融资合同项下的融资款，如果关某公司不履行委托贷款合同项下的还款义务，承担违约责任，如果中城建某局未将关某公司偿还的委托贷款合同项下的款项转付华某公司，造成中城建某局和关某公司对华某公司违约，由中城建某局承担责任（见该《协议书》第1页第2点、第2页第2、3两点）。

该《协议书》显示的这三个关联性事实，证实了双方当事人之间因3.9

亿元款项，存在一种“中城建某局从华某公司取得信托融资款是为了给关某公司使用、而关某公司为此提供担保；委托贷款是为了将信托融资款合法交由关某公司使用，而关某公司偿还委托贷款的款项是为了偿还信托融资款”的因果关联性法律关系。

（2）根据关某公司和中城建某局2014年9月12日的《协议书》和2014年10月15日的《债务确认协议书》，关某公司和中城建某局之间存在两个性质不同的债务关系。

第一个债务关系，是2014年9月12日《协议书》所形成的7800万元借款和2800万元补偿款债权债务关系。即双方当事人在《债务确认协议书》中确定的“债务一”。

关某公司在该《协议书》中确认，根据双方2014年9月12日《协议书》，该公司向中城建某局借款7800万元，此外，尚欠中城建某局补偿2800万元。对该两项债务，关某公司和中城建某局在《债务确认协议书》中称为“债务一”。

第二个债务关系，是关某公司因未能清偿委托贷款合同项下欠款的债务关系。即双方当事人在《债务确认协议书》中确定的“债务二”。

关某公司根据《委托贷款委托协议》和《委托贷款总合同》，尚欠中城建某局1.17亿元未能清偿。双方的当事人在《债务确认协议书》中称该债务为“债务二”。

显而易见，应当强调的是，这两个债务关系的基础不同、性质各异，不能混为一谈。债务一是关某公司为偿还委托贷款合同项下借款，直接向中城建某局举债，以及拖欠补偿款所形成的债务关系；债务二是关某公司未能清偿委托贷款合同项下借款、致使中城建某局未能向华某公司偿还信托融资款所存在的债务关系。比较而言可以认为，债务一是新债务关系，债务二是先前存在的委托贷款债务关系中未能清偿部分的债务。如果不能正确区分甚至不予区分，势必违背案件事实，认定事实错误、处理结果不合法、不公正。

3. 关某公司和中城建某局明确约定，关某公司按照先偿还债务一、再偿还债务二的顺次偿还债务

《债务确认协议书》第3条约定，关某公司承诺在2014年10月21日按债务一、债务二之顺次向中城建某局偿还总额不低于1.45亿元人民币的债务。其中的“顺次”，按照“合同解释”原则中“文义解释”的规则，是

"挨着次序""先后顺序"的意思。因此，按照《债务确认协议书》的约定，关某公司应当向中城建某局偿还的不低于 1.45 亿元的债务，属于先还债务一，余额部分再偿还债务二。

从交易习惯和常情常理的角度看，债务一是双方当事人之间直接发生的债务，而且，其中的 7800 万元，是中城建某局帮助关某公司"缓解资金紧张的局面"（见 2014 年 9 月 12 日《协议书》第 2 页）直接借款形成的债务，而债务二则是通过银行委托贷款存在的债务，对于出借人而言，7800 万元直接借款的资金压力要超过债务二，对于借款人关某公司而言，中城建某局帮助"缓解资金紧张的局面"，除利息之外还有情义因素，双方约定先还债务一，合法、合情、合理。

准确理解和解释《债务确认协议书》第 3 条，事关合法、公正认定和处理关某公司偿还中城建某局款项的性质。如果不分青红皂白，把关某公司偿还的款项全都认为偿还债务二即委托贷款合同项下的债务，明显不符合《债务确认协议书》的约定，与双方当事人在订立该协议时的真实意思表示相违背，结果必然不公正、不合理。

（三）丽贝亚公司通过债权转让合同从华某公司合法取得对中城建某局的债权和对关某公司的抵押权，中城建某局没有向丽贝亚公司清偿债务，关某公司没有向丽贝亚公司履行抵押担保义务

（1）根据北京市方圆公证处［2015］京方圆执字第 02××号"执行证书"、业已生效的北京市第一中级人民法院［2016］京 01 执异 1××号"执行裁定书"（以下简称"北京一中院裁定书"）、北京市高级人民法院［2017］京执复××号"执行裁定书"（以下简称"北京高院裁定书"），以及华某公司、丽贝亚公司、中城建某局三方签订的《信托财产转让合同》，中城建某局对华某公司没有全部履行还款债务。

据此，华某公司对中城建某局仍然享有债权，对关某公司仍然享有抵押权。

（2）根据华某公司、丽贝亚公司、中城建某局三方签订的《信托财产转让合同》，华某公司以 108 561 134.25 元价格将其对中城建某局的债权转让给了丽贝亚公司。

华某公司将其对中城建某局的债权转让给丽贝亚公司的《信托财产转让合同》，不仅满足了财产转让合同的有效条件，而且因为债务人中城建某局也是合同当事人，具备了通知债务人中城建某局的效果，同时，该合同业已履

行完毕，故而发生了债权转让的法律效果。

（3）根据《物权法》第192条的规定，除法律另有规定或者当事人另有约定者外，债权转让的，担保该债权的抵押权一并转让。债权受让人丽贝亚公司取得对中城建某局的债权，也取得了对抵押人关某公司的抵押权。

债权受让人丽贝亚公司于2015年10月25日以《通知函》将债权转让事项通知了抵押人关某公司，关某公司法定代表人李某某于同年11月2日签收了该《通知函》。

我国民商事法律不禁止债权人转让其财产性债权时转让该债权的抵押权，华某公司和关某公司之间也没有禁止转让债权和抵押权的约定。根据上述《物权法》的规定，丽贝亚公司对关某公司享有抵押权，而且通知了关某公司，关某公司不能对抗丽贝亚公司的抵押权。

（4）中城建某局和关某公司都没有向丽贝亚公司履行义务。关于这一点，已经生效的北京一中院裁定书和北京高院裁定书有明确记载，具有生效裁判的法定预决性，无须赘论。

二、丽贝亚公司与华某公司签订《信托财产转让合同》从华某公司受让债权和抵押权，既不是代理中城建某局偿还债务，也不能构成抵销，而是通过合同法律行为，为本公司取得债权和抵押权

（一）丽贝亚公司以自己名义同华某公司订立合同，不存在代理的证据和事实

丽贝亚公司是独立的公司法人，具有民事权利能力，依法独立享有权利和承担义务，以自己名义同华某公司、中城建某局订立《信托财产转让合同》，事先没有也无须他人的授权，事后不必他人承认，合同生效，即享有合同权利，合同履行即以自己名义独立受让债权和抵押权，受让债权和抵押权后以自己名义独立享有债权和抵押权。因此，不能认为其代理他人偿还债务、代为受让债权和抵押权。

（二）丽贝亚公司与华某公司、中城建某局订立《信托财产转让合同》，不存在抵销的法定要件，没有抵销的前提和效果

（1）丽贝亚公司与债权人华某公司之间、债务人中城建某局之间没有抵销的前提条件。

《合同法》第99条、第100条分别规定了法定抵销和约定抵销。根据这

些规定，抵销有法定的构成要件。无论法定抵销还是约定抵销，共同的前提条件是当事人之间有“互负债务”，也就是有可以抵销的债务。

丽贝亚公司与华某公司之间、中城建某局之间都不存在债务关系，可以抵销的债务更是无从谈起，因此，不存在法定抵销和约定抵销的前提条件。

（2）丽贝亚公司与华某公司经过协商，订立《信托财产转让合同》进行债权有偿转让，不存在《合同法》第 99 条第 2 款规定的“当事人主张抵销的，应当通知对方”的“通知”条件。

（3）丽贝亚公司与华某公司之间的《信托财产转让合同》，意思表示是丽贝亚公司从华某公司有偿受让债权，不是《合同法》第 100 条规定的协商一致，抵销债务。

（4）丽贝亚公司和华某公司订立《信托财产转让合同》，其意思表示是为本公司受让债权和抵押权，其行为后果归属本公司，没有为其他人代理、将行为后果即受让的债权和抵押权归属他人的意思表示和证据及客观事实。

无论法定抵销还是约定抵销，都有法定要件，不具备法定要件就不是抵销，也不能具有抵销的法律效果。

总之，丽贝亚公司与华某公司、中城建某局订立《信托财产转让合同》，不具备“债务抵销”的法定构成要件，也无从发生“债务抵销”的法律效果。

三、丽贝亚公司为购买华某公司对中城建某局的债权所支付的价款，依法属于该公司的资产，该公司从其他公司借款收购华某公司的债权，不存在违法现象，无可归咎

从上列案件材料看，丽贝亚公司从北京某某装饰工程有限公司借款 108 561 134. 25元收购华某公司的债权，而北京某某装饰工程有限公司又恰恰与中城建某局有相同金额的借款情形，形成一种中城建某局把 108 561 134. 25 元借给北京某某装饰工程有限公司，北京某某装饰工程有限公司把该款项借给丽贝亚公司去收购华某公司债权的外观情形，利害关系人或者有关方面会因此认为事实上是中城建某局收购了华某公司对该局的债权，是债务人收购自己债权人的债权，并进一步认为华某公司对中城建某局的债权因债务人的收购而抵销、消灭。这种理解和认识在法律上没有根据，在事实上牵强附会，在依法进行利益衡量方面也有失公正。

第一，丽贝亚公司是公司法人，其法律人格独立、财产独立，独立承担民事责任，依法能够独立决定自己的财产行为。收购债权是财产性法律行为，该公司有权独立决定和实施这种行为。

第二，丽贝亚公司是投资公司，收购债权是合法经营活动。本案中收购华某公司债权属于经营活动，北京一中院裁定书和北京高院裁定书认定丽贝亚公司收购华某公司的债权合法有效，已经确认了这一经营活动的合法性。

第三，丽贝亚公司是投资公司，合法筹措资金开展业务是其合法的经营范围，无可指责。借款是融资行为，法人为合法业务向其他法人借款不是法律和行政法规禁止的行为，是市场上的普通民事行为。

第四，无论丽贝亚公司和中城建某局之间是什么关系，该公司合法借贷、合法收购的华某公司的债权，在法律上和事实上都归属于该公司，属于该公司的合法财产。以合法行为取得合法财产，理应得到法律和人民法院的保护。

第五，中城建某局与北京某某装饰工程有限公司之间的借款合同、丽贝亚公司和北京某某装饰工程有限公司之间的借款合同，虽然时间接近、金额相同，但毕竟是不同民商事主体之间不同的两个法律关系，在法律层面，合同标的物的权利分别属于不同的主体，在会计制度方面，分别记账于不同公司法人的财务账目，在利益方面也分属不同的民事主体。因此，不能混为一谈。

第六，华某公司和中城建某局之间的债权债务关系和关某公司之间的抵押权关系，是普通的、合法的民事法律关系，不违反社会公共利益，丽贝亚公司合法受让该债权和抵押权，同样不违反法律和社会公共利益；丽贝亚公司通过借款方式融资后收购该债权的行为不违反法律，认为该行为违反社会公共利益的观点，是任意修改社会公共利益的内涵，无限扩大社会公共利益的外延，在法律和逻辑上都讲不通。

综上所述，华某公司将其对中城建某局的债权合法转让给丽贝亚公司，该公司对关某公司的抵押权一并转让给丽贝亚公司，中城建某局和关某公司对丽贝亚公司分别承担主债务和抵押担保义务；丽贝亚公司借款收购华某公司的债权，合法、有效，无可归咎，该公司合法取得对关某公司的抵押权，依法有权对抵押物行使抵押权；没有法律依据能够认为中城建某局与北京某某装饰工程有限公司之间的借款合同、丽贝亚公司和北京某某装饰工程有限公司之间的借款合同违反法律，即便是丽贝亚公司从北京某某装饰工程有限公司得到的借款最终来自中城建某局，认为该行为违反社会公共利益或损害第三人的利益，也没有事实和法律根据。

更重要的是，专家们强调，合同、协议是当事人意思表示的合意，根据意思自治原则，案涉当事人所签合同、协议分别只有借款和收购债权的意思表示的合意，而并没有抵偿主债务而消灭抵押权的意思表示合意；相反，其意思表示合意中却明显含有维护案涉主债权和抵押权的主要意思；没有任何法律禁止民商事主体用该意思表示合意合法地去维护自己的合法权益；该行为既不违反法律，又不违反公共利益，亦不损害第三人的合法权益，在法律上没有任何根据和理由予以否定而不予以保护。

以上意见供参考。

【瞽言刍议】

本案是一个较为复杂的民商事案件，对于案涉存在债权与抵押权多重法律关系，只有一一厘清，并理顺各自的履行顺序，才能顺利予以解决。

16. 陈某某与景×乐园公司、黄某某及景×投资公司合同纠纷案

【论证要旨】

对于案涉《授权委托书》和《收条》，从主体上看，是合同单方的意思表示，不是案涉合同双方当事人的“解除协议”；从内容上看，没有解除合同具体的内容条款，更没有解除合同的应有的对价处分条款；从证据视角看，充其量只能算是解除协议的辅助性、间接性证据，但仅据此不足以证明双方形成了解除合同协议。

此外，新证据证明，此后，当事人仍在协商合作履行协议的情况，并没有据此而发生此后解除案涉协议的法律效果。故某省高级人民法院，仅据此即判定案涉协议解除，违背了事实法律，应当依法纠正。

【案涉简况】

论证委托方：陈某某，居民身份证号：略。

论证受托方：中国政法大学法律应用研究中心。

参加论证的专家：中国政法大学、中国人民大学法学院、清华大学法学院五名权威民法教授。

委托方提交的案件材料：

1. 2004 年 4 月 1 日陈某某与景×乐园发展有限公司（以下简称“景×乐园公司”）、黄某某签订的《关于合作开发某某民俗村及国家级旅游度假村项目协议书》。

2. 2004 年 5 月 18 日景×乐园公司给某某村民委员会的“申请报告”。

3. 2004 年 5 月 21 日某某市某某区某某社区居民委员会“会议记录”。

4. 2004 年 6 月 18 日景×乐园公司给某某市计委的“某某民俗村（景×乐园）关于申请延长立项批文期限的报告”。

5. 2004 年 9 月 3 日黄某某、陈某某和景×乐园公司员工关于由陈某某向员工支付拖欠薪资的“协议书”。

6. 2004 年 10 月 5 日陈某某、黄某某和景×乐园公司债权人黄某某、林某某等签订的“协议书”。

7. 2005 年 1 月 20 日某某市国土资源与房产管理局、某某市规划局的“某某土房函［2005］×号”文件《某某市国土资源与房产管理局　某某市规划局关于“景×乐园”项目办理用地手续的函》。

8. 2005 年 6 月 5 日某某市规划局给景×乐园公司的《建设项目选址意见书》。

9. 2006 年 2 月 6 日陈某某给卢某某的《授权委托书》。

10. 2006 年 6 月 13 日黄某某和王某某签订的《“某某民俗村”项目合作合同书》。

11. 2007 年 7 月 16 日黄某某和王某某签订的《“某某民俗村”项目合作合同书补充协议》。

12. 2007 年 2 月 8 日卢某某的《收条》。

13. 景×乐园公司 2010 年度财务报表附注。

14. 2011 年 9 月 28 日黄某某和景×投资有限公司（以下简称“景×投资公司”）签订的“股权转让协议书”。

15. 景×乐园公司由“台港澳自然人独资的有限责任公司”变更为“港澳台合资的有限责任公司”的景×乐园公司“变更（备案）登记申请事项”表。

16. 2012 年 12 月 2 日卢某某致景×乐园公司的“通知书”及某某市鹭江公证处［2012］某鹭证内字第 107××号公证书。

17. 2012 年未注明具体日期、落款为景×乐园公司但是无签章的“确认函”。

18. 赵某某 2018 年 8 月 6 日的“证明”及某某市鹭江公证处［2018］某鹭证内字第 361××号公证书。

19. 卢某某 2018 年 8 月 17 日的“证明”及某某市鹭江公证处［2018］某鹭证内字第 389××号公证书。

20. 陈某某以黄某某、景×投资公司、景×乐园公司为被告的“民事起诉状”及证据目录、补充证据目录。

21. 陈某某以黄某某、景×乐园公司为被告的“民事起诉状”及证据材料一览表。

22. 景×乐园公司的“民事反诉状”及证据清单。

23. 陈某某的“反诉答辩状”。

24. 黄某某的“答辩状”及证据清单。

25. 景×投资公司的“答辩状”及证据清单。

26. 景×乐园公司的“答辩状”及证据清单。

27. 陈某某的“案件合并审理申请书”。

28. 某某省高级人民法院［2014］某民初字第48-1号民事裁定书。

29. 某某省高级人民法院［2013］某民初字第91-2号民事裁定书。

30. 某某省高级人民法院［2013］某民初字第91号、［2014］闽民初字第××号民事判决书。

31. 陈某某的“民事上诉状”及证据目录、补充上诉状、补充证据目录。

32. 陈某某针对一审判决中查明事实提出的异议。

33. 景×乐园公司的“上诉请求”及证据清单

34. 最高人民法院［2017］最高法民终5××号民事判决书。

35. 陈某某的“再审申请书”及再审证据目录。

以上材料都是复印件，委托方对这些材料的真实性和来源的合法性负责。

专家们以上列案件材料显示的案件情况为事实根据，对之外的情况不发表意见。

【论证意见】

委托方因与景×乐园公司、黄某某以及景×投资公司合同纠纷案，向受托方提交案件材料和论证申请，请求提供法律专家论证意见。受托方审阅委托方提交的案件材料后，认为符合专家论证的条件，邀请有关民商事法律方面的专家教授于2018年8月27日举行了专家论证会议，委托方向专家们介绍了案件情况并回答了专家们询问的问题。专家们在仔细研究案件材料的基础上，结合相关法律规定进行深入分析讨论，形成了以下四方面的一致意见：

一、陈某某与景×乐园公司、黄某某于2004年4月1日签订的《关于合作开发某某民俗村及国家级旅游度假村项目协议书》合法、有效，对双方当事人具有法律约束力，任何一方都不能擅自解除；当事人应当遵循诚实信用原则，任何一方在实现自己利益时都不能损害对方当事人的合法权益

经查，本案陈某某和景×乐园公司与2004年4月1日签订的《关于合作开发某某民俗村及国家级旅游度假村项目协议书》（以下简称《合作开发协议书》），当事人行为能力合格、意思表示真实、合同的内容不违反法律、法规的强制性规定，因此，依法属于有效的合同。

《合同法》第8条第1款规定："依法成立的合同，对当事人具有法律约束力。当事人应当按照约定履行自己的义务，不得擅自变更或者解除合同。"第60条规定："当事人应当按照约定全面履行自己的义务。当事人应当遵循诚实信用原则，根据合同的性质、目的和交易习惯履行通知、协助、保密等义务。"根据这些法律规定，本案《合作开发协议书》的当事人应当诚实信用、信守合同，在实现自己利益的时候，不应当使自己的行为损害对方当事人的合同权益。否则，应当按照《合同法》的相关规定承担法律责任。

二、《合作开发协议书》第6条约定了当事人双方的合同权利义务，陈某某享有该合同约定的"50%股份取得权"。证据证明，陈某某尽管后来因其他事务人身自由受到限制，但是已经履行了合同主要义务，而景×乐园公司和黄某某在享受陈某某工作成果和长期占用其大量投资的情形下，没有履行合同义务，侵害了陈某某的股份取得权

理由和根据如下：

（一）陈某某以和景×乐园公司共同承担现有债务以及项目开发义务作为对价，换取该公司个人独资投资者黄某某50%的股份

1. 黄某某是案涉项目的投资人

前列案件材料中的景×乐园公司"变更（备案）登记申请事项"表、黄某某和王某某签订的"某某民俗村"项目合作合同书等证据证实，该公司注册资本500万美元，黄某某自然人个人独资占100%股份，2004年4月1日该公司与陈某某签订《合作开发协议书》时的股份持有情况也是如此。

2. 黄某某以公司法定代表人身份和陈某某签订《合作开发协议书》，他清楚地知晓、完全理解该协议书的内容，意思表示真实

黄某某是完全行为能力人，能够完全理解自己的行为及行为后果，他签订《合作开发协议书》，完全理解该协议书第 6 条第 4 款“甲方现有债务，由甲、乙双方共同承担，同时甲、乙双方各占 50%股份”这个约定在《合同法》上的含义和效果。他签订该协议书，就是以明示的意思表示，同意按照该款约定享有权利、承担义务。

3.《合作开发协议书》第 6 条第 4 款关于双方各占 50%股份的约定，是黄某某对于自己在景×乐园公司中 100%股份的意思表示

黄某某虽然以该公司法定代表人身份签订《合作开发协议书》，但是，该公司是他一人投资的自然人独资公司，在签订该协议书时，该公司的意思表示由他一人确定和实施，该公司的合同权利义务也由他一人决定并承受，景×乐园公司和黄某某之间就是典型的出资人人格和公司人格混同的现象。按照公司法和公司法理论，在具体法律关系中，公司人格和公司出资人人格混同，应当“揭开公司的面纱”，由出资人承担相关的责任。由于黄某某持有该公司 100%的股份，该协议书第 6 条第 4 款中关于 50%股份的约定，完全是黄某某对于自己在该公司中 100%股份的意思表示，依照公司法和公司法理论上“揭开公司面纱”的规则和原理，本案《合作开发协议书》关系中，应当由黄某某承担“双方各占 50%股份”的合同责任，景×乐园公司作为签约者，应当尊重和保障这一合同责任。

4. 陈某某根据《合作开发协议书》，以承担景×乐园公司现有债务和具体开发工作为对价，换取黄某某在该公司中的 50%股份

《合作开发协议书》第 6 条约定，陈某某的合同义务是与景×乐园公司：①合作进一步开发完善某某民俗村及国家级旅游度假村；②共同继续申办完善项目建设用地出让红线手续；③通力合作再把某某民俗村经营发展得更好，以及动工兴建高档次的国家级旅游度假村；④共同承担景×乐园公司的现有债务。

陈某某的合同权利是：在和甲方共同承担公司现有债务和参加开发的条件下，按照双方各占 50%的股份的约定，享有黄某某所持股份的 50%的取得权。也就是说，陈某某的合同权利是以共同承担该公司现有债务和参加开发为对价，换取黄某某所持该公司股份的 50%。

（二）陈某某在因为其他事务人身自由受到限制之前，已按照《合作开发协议书》履行了合同义务，向景×乐园公司投入了大量资金，开展了卓有成效的开发工作

1. 明确记载陈某某参加公司工作的证据证明他履行了约定的合同义务

前列案件材料中，2004 年 9 月 3 日黄某某、陈某某和景×乐园公司员工关于由陈某某向员工支付拖欠薪资的“协议书”，2004 年 10 月 5 日陈某某、黄某某和景×乐园公司债权人黄某某、林某某等签订的“协议书”等证据证明，陈某某在《合作开发协议书》签订之后，为了解决景×乐园公司和黄某某原来拖欠公司员工薪资问题、该公司债权人黄某某等人与公司的债权债务问题等，与公司员工、债权人等进行了协商谈判，达成了协议，妥善解决了这些问题，使得公司能够正常运转。这些证据材料上都有当时陈某某和黄某某的签名，具有极强的证明力，足以证明陈某某履行了约定的公司开发义务和共同承担债务的义务。

2.《合作开发协议书》签订之后，景×乐园公司取得有关项目开发的手续，证明陈某某履行了约定的开发工作义务

2005 年 1 月 20 日某某市国土资源与房产管理局、某某市规划局的“某国土房函［2005］×号”文件《某某市国土资源与房产管理局　某某市规划局关于“景×乐园”项目办理用地手续的函》，2005 年 6 月 5 日某某市规划局给景×乐园公司的《建设项目选址意见书》等，表明《合作开发协议书》签订之后，景×乐园公司的项目开发手续取得了突破性进展。这些文件虽然不具有陈某某的签名而直接证明是陈某某个人独自工作的成效，但是，在这个时间段，陈某某不但是黄某某委托授权的总经理，而且还是景×乐园公司向某某村民委员会、某某市计委报告的入股者和合作开发者，项目开发手续的取得，应当主要是陈某某完成的工作，在客观事实上起码是陈某某为此起到了决定性的作用。

3. 陈某某按照约定向景×乐园公司投入了大量资金，履行了和正在履行约定的“共同承担”公司“现有债务”的出资义务

尽管在本案诉讼过程中当事人双方对陈某某向公司投入资金的性质和数额有争议，但是，陈某某已经向公司投入大量资金是无可争议的事实。即便是按照前列案件材料中的“景×乐园公司 2010 年度财务报表附注”，也可确认陈某某业已向公司投入 140 余万元。当然，按照陈某某的主张，140 余万元只

是他有据可查的投资的一小部分。

景×乐园公司否认陈某某的投资是根据《合作开发协议书》进行的投资，但是，没有提供证据证明陈某某投入公司的资金不是《合作开发协议书》所约定的“共同承担”该公司“现有债务”的出资。世界上没有无缘无故的给付金钱，尤其是商业中大额金钱的给付，必然有其商业原因和目的。根据《合作开发协议书》第6条第4款的约定和陈某某向该公司投入资金之间的逻辑关联性，把陈某某向该公司投入的资金认为按照《合作开发协议书》第6条“共同承担”该公司“现有债务”，既有合同依据也符合事理逻辑。

（三）陈某某根据《合作开发协议书》享有在“共同承担现有债务”条件下对黄某某所持景×乐园公司100%股份中50%股份的取得权，景×乐园公司和黄某某没有履行《合作开发协议书》第6条第4款约定的“双方各占50%股份”的股权变更登记义务，导致陈某某未能在法律上享有该50%股份，陈某某根据合同享有的“50%股份取得权”受到侵害

景×乐园公司、黄某某和陈某某于2004年4月1日签订《合作开发协议书》之后，尽管陈某某履行了合同义务，但是，黄某某没有将其所持股份的50%变更登记到陈某某名下的任何意思表示和实际行动。

《合作开发协议书》第6条第4款关于“双方各占50%股份”的约定虽然不能使陈某某直接取得股权，但是，他根据该条款有权请求黄某某将约定的股份在工商行政管理局变更登记至他名下从而取得该股份，因此，他根据合同享有“50%股份取得权”，不但黄某某应当履行这一合同义务，景×乐园公司也应当尊重他的这一权利。

陈某某因其他事务，人身自由受到限制。2006年6月，黄某某和王某某签订《“某某民俗村”项目合作合同书》，共同在香港设立景×投资公司，黄某某将其在景×乐园公司所持股份中的90%转让给景×投资公司，并担任该公司的董事长。后来，黄某某在工商行政管理机关办理了变更登记。

黄某某和景×乐园公司、景×投资公司的行为，导致陈某某不能实现《合作开发协议书》约定的股份取得权，合同权利受到侵害。

三、本案一、二审法院根据陈某某给卢某某的《授权委托书》和卢某某的《收条》，认定陈某某和景×乐园公司都向对方进行了解除《合作开发协议书》的意思表示，双方达成了解除合同的协议，该协议书于2007年2月8日解除。这样的事实认定，一不符合《授权委托书》的意思表示，二不符合《收条》的内容和性质，三不符合《合同法》第93条第1款关于协商解除合同的规定；本案证据中没有当事人协商一致解除合同的协议，更没有对所谓“协议”进行质证的程序，《收条》的内容和《授权委托书》的明确授权范围严重不一致，景×乐园公司也明知《收条》的内容和《授权委托书》的授权范围严重不一致，《收条》没有具备《合同法》第93条第1款规定的“当事人协商一致”的法定要件，因此，不能发生协商解除合同的法律效力。两审判决认定事实不清、证据不足、适用法律不当、判决错误，应当纠正

理由和根据是：

（一）一二审法院认定，经当事人双方意思表示，2007年2月8日达成了解除合同的协议，但是，两审法院判决书罗列的证据中没有这种协议，所以，这一认定没有证据支持

两审法院都认定，陈某某和景×乐园公司各自向对方进行了解除合同的意思表示。

某某省高级人民法院［2013］某民初字第××号、［2014］某民初字第××号民事判决书（以下简称“一审判决书”）“本院认为”部分的第28页记载，“且从卢某某持《授权委托书》就《合作协议》履行进行协商事实看，被告景×乐园公司已经明确向卢某某表明终止双方项目合作的意思表示”，“结合卢某某在《授权委托书》项下的权限以及其所签署的《收条》看，合同解除可以认定为是原告陈某某的意思表示”。

显然，一审法院认定当事人双方各自向对方进行了解除合同的意思表示，双方以一致的意思表示解除了《合作开发协议书》。

最高人民法院［2017］最高法民终5××号民事判决书（以下简称“二审判决书”）直接援用《合同法》第93条第1款的规定，认定“结合《授权委托书》关于卢某某可以代为决定终止案涉合作项目的授权及卢某某出具的《收条》中关于达成协议、收取返还款的内容分析，卢某某代陈某某与景×乐

园公司已于2007年2月8日前就终止合作事宜达成了协议”。不仅认定当事人双方“协商解除”了合同，而且还认为当事人双方达成了解除合同的“协议”。

卢某某的《收条》提及，“根据2006年2月6日陈某某先生出具给我的授权委托书内相关内容及本人与景×乐园公司和黄某某先生协商达成的协议内容”，但是，本案证据中，没有《收条》所提及的“协议”及其内容的证据，《收条》也没有显示所谓的“协商达成的协议内容”是什么样的内容，凭借《收条》上语焉不详的“协议”和“返还款”这些字样，认为当事人已经达成了“协商解除合同”的协议，是没有事实证据的牵强附会。

（二）陈某某的《授权委托书》的内容证实，陈某某对卢某某的授权不是简单地只要求解除《合作开发协议书》，所以，不能认为他只是为了单纯地解除合同而进行授权的意思表示

该《授权委托书》在授权部分的第1点明确地表示：“受委托人卢某某有权决定与景×乐园公司是否继续合作”，“若继续合作，受委托人有权代为签署补充协议，履行协议，收取红利”；“若终止合作，受委托人有权决定退股方案，收取退股金及红利”。

据此内容，陈某某对卢某某授权的意思表示，不是只要解除《合作开发协议书》，而是在授权“决定是否继续合作”的同时，确定了卢某某“在继续合作”条件下如何办理、“在终止合作条件下办理退股金和红利”的具体权限范围。

同时，经过某某市鹭江公证处［2012］某鹭证内字第107××号公证书公证的、卢某某2012年12月2日致景×乐园公司的《通知书》，某某市鹭江公证处［2018］某鹭证内字第389××号公证书公证的卢某某2018年8月17日的“证明”这些公证文件证明，卢某某不但在2007年2月8日以及之前没有和景×乐园公司达成“协商解除”合同的“一致意思表示”，而且还多次找黄某某商谈，并向景×乐园公司寄发《通知书》主张继续合作和相关的合同权利。此一点，表明卢某某理解其权限范围不是只要简单地解除《合作开发协议书》。

（三）《授权委托书》清楚地确定了对卢某某的授权范围，包括“继续履行合同”情况下的授权范围和“解除合同”情况下的授权范围，2007 年 2 月 8 日的《收条》内容不符合《授权委托书》确定的“解除合同”情况下授权范围的意思表示，与《授权委托书》的授权范围有重大的实质性的差别，不是卢某某依据授权范围实施法律行为的产物，因此，当事人之间不存在“协商一致”解除合同的协议，《收条》不具备合同解除协议的性质、地位和效力，不能构成解除《合作开发协议书》的有效文书

陈某某《授权委托书》第 1 点的内容，给卢某某确定了两种情况下的授权范围：

（1）继续合作情况下的授权范围：“若继续合作，受委托人有权代为签署补充协议，履行协议，收取红利。”

（2）解除合同情况下的授权范围：“若终止合作，受委托人有权决定退股方案，收取退股金及红利。”

显而易见，《授权委托书》的授权是“若继续合作”和“若终止合作”两种可能情况下的授权。

“解除合同”情况下的授权范围是：假如卢某某决定终止合作，应当决定退股方案、收取退股金及红利。

卢某某明知《授权委托书》对其“解除合同情况下的授权范围”自不待言，景×乐园公司和黄某某既然知晓《授权委托书》的内容，也就明知“解除合同”情况下的授权范围。

但是，卢某某 2007 年 2 月 8 日《收条》的内容，既没有退股方案，也没有收取退股金及红利的文字或者含义，与《授权委托书》确定的“解除合同”情况下的授权范围有着重大的实质性差别，二者之间风马牛不相及。

即使按照景×乐园公司会计账簿的记载，该公司收到陈某某的资金有 140 余万元，而《收条》上的所谓“返还款”仅为 2 万元，这 2 万元和 140 余万元相比，无论从何种角度都不能得出是“退股金”“退股金及红利”的结论。

（四）卢某某的《收条》中对“协议”并没有明确是“解除合同协议”，又缺乏“解除合同”条件下的授权范围所确定的内容，《收条》的内容和《授权委托书》确定的“解除合同”情况下的授权范围没有法律上的合理逻辑关系，不应构成“协商一致”解除合同的有效文件。根据《授权委托书》和《收条》上的“协议”二字，且与陈某某实际投资差额巨大、与授权范围有重大和实质差异的《收条》，就认定合同已经“协商解除”，显然是牵强附会，违背一般社会经验和公平、正义的法律观念

（1）如上所论证，《授权委托书》确定的授权，包括“若继续合作”情况下的授权和“若终止合作”情况下的授权。卢某某和景×乐园公司协商“若终止合作”，就应当根据《授权委托书》，协商确定退股方案、退股金和红利。若非如此，就不是根据《授权委托书》的授权范围形成的解除合同的协议，依法不应当由授权人承担行为人的行为后果。

（2）《收条》的内容语焉不详，无论文义解释还是目的解释，或者其他解释方法，都不能得出是按照《授权委托书》中“解除合同”情况下的授权范围“协商一致”解除合同的结论。《收条》的内容和《授权委托书》确定的“解除合同”情况下的授权范围没有法律上的逻辑关系。

《收条》的语焉不详表现为：①“本人与景×乐园公司和黄某某协商达成的协议”，究竟是什么样的协议？口头的还是书面的？内容是什么？无法得出结论。②“返还款”返还的是什么款？是借款、暂存款，还是投资款？无法定论。能够确定的是，所谓返还款，与《授权委托书》所指“退股金”中的“股金”和“红利”不是同一法律概念。③2 万元是所谓“协商解除”合同的对价，还是其他？从《收条》本身得不出结论。景×乐园公司在诉讼中主张是所谓“协商解除”合同的全部对价，因为虚假陈述、严重失实，已经被两审法院彻底否定。

从《收条》的内容看，不仅卢某某熟知其在“解除合同”情况下的授权范围，景×乐园公司对《授权委托书》也一清二楚，对卢某某在“解除合同”情况下的授权范围当然也全部明了。但是，在没有“协商一致解除合同”的证据的条件下，语焉不详的《收条》的内容与陈某某在“解除合同”情况下的授权范围的意思表示相去甚远，从而在意思表示的法律逻辑上形成的重大、实质的差别，完全不是陈某某“解除合同”情况下的授权范围的意思表示。

（3）在没有其他可靠证据的条件下，把收取 2 万元返还款的《收条》认

定为“协商解除”2004年至2007年间上百万元乃至更大金额合同的决定性根据，完全是牵强附会、有悖解除商事合同的法律和法理的。

本案诉讼过程中，景×乐园公司主张《收条》上的2万元是协商解除合同的对价，两审法院虽然未予支持（见一审判决书第28页、二审判决书第17页），但是，却根据《收条》认定“卢某某代陈某某与景×乐园公司已于2007年2月8日前就终止合作事宜达成了协议”，2007年2月8日合作开发协议终止，进而在没有其他可靠证据的条件下，判定合同已经“协商解除”。这样的认定和判决，其实就是把语焉不详、内容与“解除合同”情况下的授权范围有重大、实质性差别的《收条》，作为判定合同“协商解除”的决定性证据。

众所周知，在2004年至2007年，140余万元人民币的价值远非今日可比，本案审理中法院已经查明认定陈某某向景×乐园公司起码投入140余万元资金的事实，无论从一般社会生活经验来判断还是从商事法律观念来衡量，在没有其他可靠证据也没有其他任何解除条件的情况下，一个与授权人“授权范围”有重大、实质性差别的、金额只有2万元的所谓解除条件就能够“协商解除”投资上百万元投资的合同，无论如何都不合常理、不符合公平、正义的法律原则。所以，把《收条》作为“协商解除”合同的决定性证据显然过于轻率。

（五）“当事人协商一致”是《合同法》关于“协商解除”合同的法定要件，本案《收条》不具备“当事人协商一致”的内容和性质，不能发生“协商解除”合同的法律效果

《合同法》第93条第1款规定的“当事人协商一致，可以解除合同”，确定了“协商一致”是协商解除合同的充分必要条件。不具备“协商一致”这个法定要件的，无论怎样的语言和文字都不能在法律上构成“协商解除”合同的有效根据，不能发生“协商解除”合同的法律效果。

民商事合同的协商解除是一种双方民事法律行为，这是民事法律的常识，无可置疑。因此，“协商一致”就是当事人双方关于解除合同的意思表示一致，形成合意。在授权他人的场合，当事人的具体授权范围就是他解除合同条件的意思表示，双方意思表示一致的语言和文字才能构成“协商解除”合同的有效根据，才能发生按照意思表示“协商解除”合同的法律效果。

《收条》的内容和性质与陈某某在《授权委托书》中确定的“解除合同”情况下的授权范围的意思表示严重、实质性不一致，不能满足“当事人协商

一致”的法定要件，因此不能发生“协商解除”合同的法律效果。

从《收条》的性质讲，它是卢某某单方的、语焉不详的、与“解除合同”情况下的授权范围严重、实质性不一致行为的产物，不是“协商解除”合同的双方法律行为，不是“协商一致”意思表示的文书。所以，不能构成“协商一致”解除合同的有效证据，更不能发生“协商解除”合同的法律效力。

（六）有新的证据足以推翻原一、二审判决认定的案涉合同已经解除的事实

本论证依据的事实材料之第16、17、18、19项，是陈某某为提起再审而提出的新证据，其第16、18、19项为公证文书确认的事项，第17项为书证。

其第16项《通知书》证明，在2012年12月2日，卢某某致函景×乐园公司，声明，本人持有对方15%的股份，对方未经本人同意不得擅自转让及处分其股份；本人有权代表陈某某决定是否继续景×乐园项目合作及处理有关景×乐园项目事宜。这证明直到2012年12月2日案涉开发协议仍未解除。

其第17项《确认书》证明，在2012年景×乐园公司还在确认同意接受陈某某的委托，同意与卢某某协商案涉协议书“履行事宜”。这证明直到2012年双方尚在协商合同履行事宜，合同尚未解除。

其第19项卢某某证明，《收条》是2009年他签的字，拿2万元是要到监狱看陈某某，在此之前后，都没有与对方谈过解除合同的事，也未达成过任何书面或口头协议。这证明认定2007年2月8日双方达成解除合同协议不能成立。

其第18项赵某某证明，他当时在景×乐园公司工作，《收条》内容为其本人亲笔书写，书写时间为2009年7、8月间，是倒签为2007年2月8日。写条付款当时并没有提过解除合同等事宜。2012年《确认书》的有关内容为其亲笔修改。这进一步证明第17、19项证明为真，即从未有案涉合同达成过解除协议事宜。

以上新证据足以证明案中从不存在双方达成解除合同事宜，根据《授权委托书》和《收条》不能证明双方达成了解除合同协议。

专家们指出，在证据层面，《授权委托书》和《收条》对解除合同并不具有直接证据和主证据的证明效力，仅以此认定案涉合同解除，显系证据不足。

《授权委托书》和《收条》，在证据上，对于案涉协议及其解除，充其量只是间接证据和辅助证据，前者只证明有授权，后者只证明有收条，且授权是涉及两方面：若继续合作条件下的授权和解除协议条件下的授权；而《收条》涉及的是有“协议”和收款2万元。首先要明确，二者本身都不是“解除合同协议”，因为这都是单方面签字的法律行为。其次，如果要以二者来间接证明和辅助证明，根据授权先前已达成了解除合同“协议”，那就必须提出主张并提供先前达成的“解除合同协议”，但案内缺乏这一直接证据和主证据，甚至没有当事人敢提出这样的主张。在此情况下，仅凭这样两个间接证据和辅助证据，就得出存在解除合同协议的事实，显然是证据不足，不能成立的。

综上，上述新证据足以推翻原一、二审判决认定的案涉合同已于2007年2月8日解除的事实；本案《收条》的内容和性质与《授权委托书》确定的“解除合同”情况下的授权范围存在重大、实质性差别，景×乐园公司和卢某某都明知《授权委托书》的内容，但是并没有在《授权委托书》确定的“解除合同”情况下的授权范围内达到“协商一致”，本案没有证据能够证明存在《合同法》第93条第1款规定的当事人协商达成了解除合同协议的事实，因此，没有协商一致解除合同的法律效果，两审判决认定事实不清、证据不足、适用法律不当、应予纠正。

四、景×乐园公司和景×投资公司是关联公司，根据本案相关证据证明，黄某某存在利用该两个公司的人格，损害陈某某合同权利的主观恶意，该两个关联公司和黄某某存在相互串通损害陈某某的合同权利的事实，陈某某有权根据法律，请求人民法院判定黄某某和景×投资公司之间的股份转让合同无效，撤销其股份转让，判令景×乐园公司和陈某某继续履行《合作开发协议书》

第一，黄某某在签订《合作开发协议书》时虽然以法定代表人身份同意该协议书的内容，然而，他作为景×乐园公司的个人独资出资人，明知公司与陈某某合作开发的意思表示由他自己一人决定和实施、合作合同中公司一方权利义务的后果实质上由他一人承受，也明知“双方各占50%股份”所指股份是对他自己所持股份的约定。但是，后来在陈某某人身自由受到限制之时，其置“双方各占50%股份”的约定于不顾，还没有和陈某某合理解除合作开发的有关问题，就与王某某签订合作合同，将其 90%的股份转让给自己担任董事长的景×投资公司，导致陈某某的“股份取得权”受到损害，属于不遵守诚实信用、只顾自己利益而损害合同对方当事人的权益，主观应当属于恶意。

第二，黄某某明知陈某某的《授权委托书》给卢某某“解除合同”情况下的授权范围，明知陈某某为景×乐园公司付出了大量合作开发工作，投入了大量资金，竟然在合作伙伴人身自由受到限制、处于危难的条件下，主张《收条》上的 2 万元是与陈某某解除合同的对价，其目的应当是趁机以明显不合理的低价，取得陈某某对公司投入的大量资金以及开发工作的劳动成果，主观恶意明显。

第三，景×乐园公司是其会计账簿的所有人，当然明知账簿上记载的陈某某投入的资金是 140 余万元，但是，不顾事实、虚假陈述为陈某某“实际投资仅为 863 860 元”（见一审判决书第 14 页倒数第 9 行），其目的应当是侵吞其余部分，属于主观恶意。黄某某是景×乐园公司的董事长、法定代表人、持有该公司的全部股份，该公司完全由其掌控，所以，该公司罔顾事实的虚假陈述，应当是黄某某授意和决定的结果，表现了黄某某和景×乐园公司共同的主观恶意。

第四，黄某某既是持有景×乐园公司 100%股份的股东、董事长，也是景×投资公司的设立人之一和董事长，持有该公司 10%的股份，两公司是由其同一人担任董事长和股东，共同经营同一开发项目，依法属于关联公司。黄某某在没有和陈某某合理解除合作开发有关事务的情况下，将其股份的 90%转让给景×投资公司，造成串通损害陈某某合同权利的结果。由于黄某某身兼两个关联公司的董事长，两个公司应当明知黄某某的行为损害陈某某的合同权利但却实施了配合行为，所以有串通的客观事实和结果。根据《合同法》第 52 条第 2 项的规定，恶意串通损害第三人利益的合同无效，而且是自始、确定、绝对无效。

陈某某是无效合同的受侵害人，依法有权请求人民法院判定黄某某恶意不履行《合作开发协议书》、他和景×投资公司之间的股份转让合同自始无效，撤销黄某某和景×投资公司之间的股份转让，从而判令景×乐园公司与他继续履行该协议，并依法赔偿其损失。

综上所述，本案《合作开发协议书》合法、有效，陈某某按照该协议书履行了主要义务、并向景×乐园公司投入了大量资金，黄某某和景×乐园公司没有履行其合同义务，与关联公司景×投资公司串通而转让股份，造成陈某某不能在法律层面得到50%股份的重大障碍，损害了陈某某根据该协议书所享有的“股份取得权”；《收条》与《授权委托书》确定的“解除合同”情况下的授权范围有重大、实质性差别，不属于陈某某在《授权委托书》中关于“解除合同”情况下的授权范围的意思表示，因此不存在“当事人协商一致”解除合同的意思表示，案中没有证据证明存在“当事人协商一致”解除合同的协议，且新证据足以证明，案涉合同没有解除，本案不能发生“协商解除”合同的法律效力，黄某某向景×投资公司转让股份损害陈某某合同权利的行为，得到关联公司景×乐园公司和景×投资公司的配合，两公司之间、两公司和黄某某之间存在恶意串通损害陈某某合同权益的事实，陈某某依法有权通过合法程序，请求司法机关维护其合法权益。

故，根据《民事诉讼法》第200条第1项、第2项之规定，本案应依法提起再审，以纠正原审判决中的上述错误。

以上意见，供委托方和有关司法机关参考。

【瞽言刍议】

本案将一份《授权委托书》和一张《收条》，作为当事人双方解除案涉协议的确凿证据，无论从解除协议的主体形式上看，从内容实质上看，从证据上看，都无法确定解除协议。无论哪级法院，无论何种案件，一不小心就会出现错案。事实证明每个司法案件的公平正义，都不可期望能从天上掉下来，而是要靠我们法律共同体的共同奋斗，而主要的还是靠法官的良心和理性。

17. 声鹭公司与管理中心软件合同纠纷案

【论证要旨】

专家们指出，本案《合同书》确立了合法、有效的合同关系，声鹭科技有限公司（以下简称：声鹭公司）已经按照合同履行了自己的义务，某某省公安厅印章制作管理中心（以下简称“管理中心”）履行合同义务有所不足，依照法律、约定和情理，都应当向声鹭公司支付实际发生的系统升级费用和合理的维护费用。

【案涉简况】

论证委托方：声鹭公司

论证受托方：中国政法大学法律应用研究中心。

论证的事项：《某某省印章管理网络系统应用软件合同书》履行过程中系统升级和维护费用的争议问题。

参加论证的法学专家：中国政法大学、国家法官学院等四名权威民事法学专家。

委托方提供的案件材料：

1. 2003 年 6 月 20 日的《某某省印章管理网络系统应用软件合同书》（以下简称《合同书》）；

2. 2003 年 1 月 5 日某某省公安厅的《全省印章治安管理信息系统建设工作会议》文件；

3. 某某省人民政府办公厅文件：×政办发［2002］106 号；

4. 某某省公安厅文件：×公办［2002］258 号；

5. 某某省财政厅、物价局文件：×财综函［2002］416 号；

6. 某某省物价局、财政厅文件：×价发［2003］17 号；

7. 2006 年 9 月 7 日的《某某省印章治安管理信息系统升级改造方案》；

8. 2010 年 1 月 29 日管理中心的《证明》；

9. 2012 年 11 月 20 日管理中心的《声鹭印章治安管理系统使用情况介绍》；

10. 2013 年 9 月 26 日某某省公安厅治安管理总队的《声鹭系统为某某提供科学安全印章信息管理模式》；

11. 声鹭公司 2014 年 11 月 25 日的《某某省印章治安管理信息系统日常维护及升级情况》和《各地市印章维护情况说明》；

12. 某某省《13 市 14 家企业的印章治安管理信息系统调查表》；

13. 2014 年 2 月 11 日某某省印章行业协会的《印章治安管理信息系统维护服务协议》；

14. 某某省北方实验室有限公司 2015 年 7 月 1 日的《咨询意见》；

15. 声鹭公司 2015 年 9 月 1 日的《关于省厅治安管理总队对我公司〈某某省印章治安管理信息系统升级改造方案〉〈咨询意见〉的意见》；

16. 其他相关材料。

以上材料都是复印件，委托方对这些材料的真实性和来源的合法性负责。本专家论证意见以这些材料显示的情况为事实依据，并据此认定如下基本案情：

2003 年 6 月 20 日，声鹭公司与管理中心签订了一份《合同书》，约定：管理中心选用声鹭公司的印章管理网络软件作为全省印章治安管理网络软件；系统软件每套定价为 28 万元人民币，13 套共计 364 万元人民币；声鹭公司组织软件安装实施；技术服务要求声鹭公司对所提供的软件产品实行免费维护及升级，期限整个为工程验收后 36 个月等，合同还就其他事项进行了约定。2006 年 9 月 7 日，双方还另就升级改造共同制定了《某某省印章治安管理信息系统升级改造方案》。

合约签订后，声鹭公司依约在完成了案涉安装软件工程的基础上，认真履行了维护和升级义务。期间，管理中心除依约支付了安装工程款项以外，对技术服务特别是期限后维护的相关费用拒绝支付，对升级的相关费用 141.8 万元仅同意支付“68.9 万元至 71.8 万元”。

【论证意见】

声鹭公司因为与管理中心在履行《合同书》过程中，就该系统升级和维护的费用问题产生分歧意见，委托中国政法大学法律应用研究中心（以下简称“本中心”）进行法律专家论证、提供论证意见。本中心对声鹭公司提交的案件材料审查之后，认为符合论证的条件，于 2015 年 10 月 18 日邀请了在京四位法学专家举行了专家论证会，声鹭公司有关负责人参加了会议并接受了专家们的询问。专家们仔细研究了案件材料，结合相关法律进行了深入的讨论，在此基础上形成本论证意见。

专家们根据上述材料显示的情况和相关的法律规定，经过深入研究讨论，一致认为，根据《合同法》，本案《合同书》是合法、有效的民事合同，该合同确定了当事人双方的民事权利义务，因此，应当依据《合同法》考察合同当事人双方履行义务的情况，声鹭公司根据该《合同书》履行了自己的义务，对方当事人管理中心亦应当依照合同和相关规定履行自己的义务。

具体的意见分为以下三个方面：

1. 本案《合同书》是合法、有效的民事合同，依据《合同法》，在当事人双方之间产生具有法律效力的合同权利、义务和责任，当事人双方应当全面履行自己的义务和责任。

（1）本案《合同书》确定的合同关系，是以“专业网络软件使用”为核心的技术服务合同关系，因此，依据《合同法》的规定，双方当事人之间形成民事合同关系，各自根据该合同享有民事权利、承担民事义务和民事责任。

《合同书》开宗明义，约定“某某省公安厅印章制作管理中心（以下简称甲方）选用声鹭科技有限公司（以下简称乙方）的印章管理网络软件作为全省印章治安管理网络软件（包括省级、市级、区（县）级管理软件及印章生产制作软件）”。

《合同书》还约定了软件使用的价格、人员培训、技术资料的提供、技术服务等条款。

用《合同法》衡量这些内容，完全能够认定《合同书》确定的是民事合同关系，当事人之间是民事合同权利、义务和责任。因此，应当适用《合同法》的相关规定。

（2）本案《合同书》合法、有效，应当得到全面履行。

经查，该《合同书》不存在《合同法》关于无效合同规定的情形，因此，应当是合法有效的合同。

《合同法》第 8 条第 1 款规定“依法成立的合同，对当事人具有法律约束力”，第 6 条规定“当事人行使权利、履行义务应当遵循诚实信用原则”，第 60 条第 1 款规定“当事人应当按照约定全面履行自己的义务”。根据这些规定，本案合同当事人双方都应当信守合同、遵循诚实信用原则，全面履行自己的合同义务。

2. 根据前列案件材料显示的情况，声鹭公司已经履行了自己的合同义务。

（1）管理中心多年持续使用声鹭公司研发并交付给该中心的《声鹭印章治安管理信息系统》，并接受了声鹭公司对该系统的维护工作成果。

2006 年 9 月 7 日的《某某省印章治安管理信息系统升级改造方案》、2012 年 11 月 20 日管理中心的《声鹭印章治安管理系统使用情况介绍》、2013 年 9 月 26 日某某省公安厅治安管理总队的《声鹭系统为某某提供科学安全印章信息管理模式》、2014 年 11 月 25 日声鹭公司的《某某省印章治安管理信息系统日常维护及升级情况》和《各地市印章维护情况说明》、2015 年 7 月 1 日某某北方实验室有限公司的《咨询意见》、2015 年 9 月 1 日声鹭公司的《关于省厅治安管理总队对我公司〈某某省印章治安管理信息系统升级改造方案〉〈咨询意见〉的意见》等材料显示，声鹭公司已经按照《合同书》认真履行了自己的义务，管理中心受领了声鹭公司履行义务的给付，已经在全省使用声鹭印章治安管理信息系统多年，取得了良好的社会效益并收取了相当的费用。

这些材料证实，声鹭公司认真履行合同义务的情况，已经得到了管理中心和某某省公安厅治安管理总队的认可。

其中，2012 年 11 月 20 日管理中心在《声鹭印章治安管理系统使用情况介绍》中明确地认可：“声鹭科技有限公司开发的声鹭印章治安管理信息系统在我省所属 14 个地市安装实施，实现了全省统一联网，该系统从 2003 年安装使用至今，持续稳定运行，提高了公安机关防范、发现、打击伪造印章及利用伪造印章进行违法犯罪活动的能力。声鹭科技有限公司十年如一日，为各地市公安部门、印章企业提供了很好的技术支持及后续维护服务。”

2013 年 9 月 26 日某某省公安厅治安管理总队的《声鹭系统为某某提供科

学安全印章信息管理模式》也明确地认可："声鹭科技有限公司是国内实力雄厚的研发印章信息管理系统的专业化公司，自2003年某某省开始使用该系统后，十年来，为某某省科学安全管理印章信息做出了重要贡献，声鹭印章治安管理信息系统，从2003年开始在我省所属全部14个地市安装使用，系统设计先进，公章管理功能严格缜密，操作方便快捷，持续稳定运行，提高了公安机关防范、发现、打击伪造印章及利用伪造印章进行违法犯罪活动的能力。"

（2）管理中心已经长期使用了声鹭公司对声鹭印章治安管理信息系统升级改造的工作成果，并予以很好的评价。

2012年11月20日管理中心的《声鹭印章治安管理系统使用情况介绍》和2013年9月26日某某省公安厅治安管理总队的《声鹭系统为某某提供科学安全印章信息管理模式》均证实，声鹭公司于2010年升级开发了声鹭印章治安管理信息系统V6.0并通过公安部检测，2011年开始陆续对6个地市的系统进行了升级并运行良好，新系统功能更全、操作简单、安装维护便捷、验证可靠，进一步提升了印章治安管理水平。

（3）声鹭公司长期以来持续地对声鹭印章治安管理信息系统进行维护，投入了大量的人力、物力和财力。

声鹭公司2014年11月25日的《某某省印章治安管理信息系统日常维护及升级情况》和《各地市印章维护情况说明》显示，该公司长期以来根据《合同书》的约定，持续地对声鹭印章治安管理信息系统进行了有效的维护，取得了良好的效果。

对此，不但某某省《13市14家企业的印章治安管理信息系统调查表》能够证明，2012年11月20日管理中心的《声鹭印章治安管理系统使用情况介绍》，也明确地认可"声鹭科技有限公司十年如一日，为各地市公安部门、印章企业提供了很好的技术支持及后续维护服务"。

对印章治安管理信息系统的日常维护，离不开必要的人力、物力和财力的投入，声鹭公司因对该系统维护所投入的人力、物力和财力，应得到应有的补偿。

3. 证据显示，管理中心在履行自己的合同义务方面，存在严重不足，应当本着我国《合同法》规定的公平原则和诚实信用原则履行自己的义务。

根据上列案件材料，管理中心在系统升级和维护费用问题上没有履行其相关义务，存在严重不足。

（1）声鹭公司在《合同书》约定的免费升级和维护期限之外进行的系统升级和维护工作发生的费用，应当依据实际支出情况，得到补偿，管理中心应当本着诚实信用的原则履行付款义务。这是依法、依约、合情合理解决合同当事人之间争议的基本前提。

1）2006 年 9 月 7 日，声鹭公司与管理中心依约共同制订了《某某省印章治安管理信息系统升级改造方案》，该方案除了对系统背景、原则、内容作出约定外，特别对“经费预算”作了具体明确的规定，其是在上述双方 2003 年 6 月 20 日合约的基础上，特别就“升级”事项，作出的更为具体的意思表示，故对双方产生约束力。

2）声鹭公司改造工程方案完成后上报了请款报告，经某某省治安总队领导同意，报某某省厅领导批准，某某省政府财政厅于 2014 年 1 月下拨了升级改造费用“141.8 万元”，故其款项显为声鹭公司升级改造的专项资金，本应由声鹭公司享有。

3）2015 年 4 月，依某某省治安总队领导要求，声鹭公司找到有资质的第三方评估机构对案涉升级改造费用进行了司法评估，受托的北京某某建诚资产评估有限公司出具的某某建诚评字［2015］第 5107 号《资产评估报告书》结论为：1 418 952.60 元。因该评估报告是应管理公司的要求所作，故其应对评估结果承担责任。

4）某某省公安厅委托某某省北方实验室有限公司于 2015 年 7 月 17 日所出具的《咨询意见》，不产生对上述事实及证据的有效抗力，其理由：一是该文件出具的主体为“咨询单位”，而非具有鉴定资质的专门“评估机构”；二是出具的文件是《咨询意见》，而非《鉴定意见》；三是该咨询意见文末特别“声明”：请委托单位了解上述结果仅供内部参考，不能作为其他用途，特此声明。

5）《合同书》第 10 条“技术服务要求”约定了声鹭公司在工程验收后 36 个月内，对其所提供的软件产品实行免费维护。据此约定，声鹭公司在此期限之内进行的升级和维护，属于免费工作，即便付出人力、物力和财力，也不应要求补偿。但是，对于该期限之外的系统升级和维护工作，应当根据实际工作发生的费用，得到补偿。

如上所论证，我国《合同法》规定，依法成立的合同对当事人具有法律约束力；当事人行使权利、履行义务应当遵循诚实信用原则，既然《合同书》约定的免费升级和维护的期限是工程验收之后的36个月内，这个期限之外所进行的升级和维护，就不应该是免费的。管理中心对此期限之外声鹭公司进行的升级和维护工作，有支付费用的义务。

（2）管理中心应当支付其已经认可的升级改造的费用。专家们注意到，2006年9月7日的《某某省印章治安管理信息系统升级改造方案》详细地列明了该系统升级改造的具体内容和费用金额、但是，某某省公安厅委托某某省北方实验室有限公司评估所提供的《咨询意见》“建议软件开发费用估算在68.9万元至71.8万元之间”这个“估算”的费用金额，与《某某省印章治安管理信息系统升级改造方案》列明的费用金额有重大的差异，《合同书》双方当事人关于升级费用的争议，也就在于此一差异问题。

专家们还注意到，2006年9月7日的《某某省印章治安管理信息系统升级改造方案》和2010年1月29日管理中心的《证明》显示，2010年，管理中心先后两次认可《某某省印章治安管理信息系统升级改造方案》“情况属实”，均加盖公章，其中一次还有两位负责人的签名。

针对这些情况，专家们指出：

管理中心在2010年已经正式认可详细列明系统升级工作内容及其费用金额的《某某省印章治安管理信息系统升级改造方案》“情况属实”，当然就是认可了声鹭公司完成的工作和为完成升级改造所发生的相关费用。因此：

1）在法律层面，该中心认可了声鹭公司的升级费用金额，在声鹭公司和该中心之间依法产生了支付升级费用的权利义务，该中心应当按照自己认可的升级工作成果和费用金额承担付款义务，如果在享受升级工作成果带来的权利和利益多年之后，否定自己早先的认可，其实就是拒绝履行义务，不符合法律对权利义务的规定。

2）在公平、诚实信用原则方面，该中心取得了声鹭公司升级的工作成果、享受了权利和利益多年之后，又起意反复，委托一个公司进行所谓评估，按照这个公司“建议”的“估算”的费用额支付升级费用，明显不符合公平、诚实信用原则。

3）在合情合理方面，该中心属于公安机关，其加盖公章认可升级工作成果和费用金额的行为具有严肃性和公信力，2010年认可《某某省印章治安管理信息系统升级改造方案》“情况属实”，必然是经过严格认真的审核之后才实施的行为，在享受升级成果的权利和利益多年之后，又否定自己的认可，很难认为合情合理。

4）在事实方面，专家们还指出，某某省北方实验室有限公司作为商业单位，其提供《咨询意见》的行为是为委托人服务的商业行为，而2010年管理中心加盖公章认可《某某省印章治安管理信息系统升级改造方案》“情况属实”的行为，是《合同书》当事人在履行合同过程中，一方当事人同意对方当事人的要求或者说是“要约”的行为，具有“承诺”的性质和效力。从行为性质和行为的法律效力两个方面讲，该公司的《咨询意见》不具有推翻2010年管理中心加盖公章认可《某某省印章治安管理信息系统升级改造方案》“情况属实”的法律效力。管理中心不应该、也不能用这个《咨询意见》否定自己2010年的认可行为。合法、守约、合情合理的做法是，管理中心按照自己2010年的认可履行付款义务。

（3）管理中心应当对声鹭公司在免费维护期限之外的维护工作支付费用。

根据《合同书》第10条的约定，在工程验收之后36个月内，声鹭公司有义务免费地维护印章治安管理信息系统，这是声鹭公司免费维护的“约定期限”。对这个期限之外发生的维护工作，声鹭公司没有免费维护的义务。因此，声鹭公司在这个期限之外依据合同进行的系统维护工作，管理中心同意并接受维护工作成果的，应当按照公平、诚实信用原则支付合理费用。

专家们指出，根据某某省公安厅文件×公办［2002］258号、某某省财政厅、物价局文件×财综函［2002］416号、某某省物价局、财政厅文件×价发［2003］17号等文件的规定，每枚印章一次性收取防伪网络登记费80元，印章防伪网络登记所收费用，用于印章网络建设、维护及“金盾工程”建设，以及相关的管理支出。网络维护费用是合法、合规的费用。

声鹭公司在免费维护期限届满之后，对管理中心使用的印章治安管理信息系统长期、持续地进行了良好的维护，支出了相当的人力、物力和财力；管理中心享受了由此产生的权利和利益，取得了良好的管理效果，还收取了大量的登记费，无论是根据合同关系中权利义务一致精神还是依据《合同法》规定的公平原则和诚实信用原则，或者是社会公理，都应该对此予以合理的补偿。

更须指出的是，自2002年12月31日某某省财政厅、某某省物价局批复同意某某省公安厅《收取印章防伪网络登记费》后，某某省公安厅便据此在全省收费，直到 2009 年。根据某某省印章行业协会“服务协议”，按每枚印章税后 7 元标准收费。其中收费理由明确为保证系统正常运行、设备维护、故障修复等；而这些工作则均由声鹭公司承担。根据权利义务统一原则，也理应将其中的维护费支付给声鹭公司。

专家们建议，公安机关是人民政府机关，在合同关系中应该做出表率，信守公平原则，从合同对方当事人的工作成果享受权利和利益的条件下，应当给予对方合理的利益补偿。为公平起见，可以考虑从登记费的维护费用中安排一定比例，或者参考其他省市、自治区公安机关的做法，给声鹭公司合理的补偿。

综上，本案《合同书》确立了合法、有效的合同关系，声鹭公司已经按照合同履行了自己的义务，管理中心履行合同义务有所不足，依照法律、约定和情理，都应当向声鹭公司支付实际发生的系统升级费用和合理的维护费用。

以上意见供参考。

【簪言刍议】

本案论证的相对方为某某省公安厅所属部门，所谓，法律面前人人平等，专家们指出，公权力部门，更应诚信尊法，依约履行自己的合同义务，支付相应的补偿费用，以取信于民。可喜的是，该案经论证，案涉纠纷得到了顺利解决。

18. 帝和公司解散纠纷案

>>>>>>>><<<<<<<

【论证要旨】

公司经营管理僵局是司法解散的前提和基础条件。公司僵局是指公司因股东之间矛盾冲突，导致长期不能召开股东会或不能作出有效决议，经营管理严重困难。但案涉帝和房地产开发有限公司（以下简称“帝和公司”）由叶某为代表的大股东一方，合计持股 52.143%，从法律上对帝和公司具有控股与控制权，对公司日常的经营性决定和决议，只需要表决权过半数同意即可通过，因此，完全可以作出决议且具有法律效力，受到法律保护，故帝和公司不存在《公司法》及其司法解释中有关公司经营管理僵局的情形。帝和公司股东之间虽然存在矛盾冲突，但依然不满足司法解散的法定前提基础条件和其他必要条件，依法不应当判决解散帝和公司。至于帝和公司股东之间客观存在的矛盾，股东双方应当冷静、理性寻求其他救济途径而不应当通过申请司法解散帝和公司来解决。

如果仅以股东之间矛盾冲突激烈程度作为界定公司管理僵局的标准，罔顾公司控股股东的法定控制权，势必开启一个坏的先例。据此，现存的所有公司的小股东一旦与大股东产生矛盾冲突，就可效仿，故意制造激烈冲突甚至使用暴力，形成不可调和的状态，然后就可申请解散公司，如此势必严重影响市场的正常运行秩序，继而危及社会经济与交易安全。故帝和公司小股东一方利用事端，人为激化矛盾，甚至制造暴力冲突，扰乱公司正常经营秩序，以此作为请求判决解散帝和公司的理由，是法律所不容的。

【案涉简况】

论证委托方：欣闻加法咨询服务有限公司。

论证受托方：中国政法大学法律应用研究中心。

论证事项：帝和公司依法应否判决解散。

参加论证的专家：

中国政法大学、中国人民大学法学院、清华大学法学院四名民商法学权威教授。

专家论证所依据的案件材料：

1. 一审判决书（某某市中院民事判决书［2020］某01民初2××号）；
2. 二审判决书（某某省高院民事判决书［2021］某民终7×号）；
3. 最高人民法院指令某某省高院再审通知书（［2022］最高法民通2×号）；
4. 再审裁定书（某某省高院［2022］某民申12××号民事裁定书）；
5. 提请抗诉申请书；
6. 帝和公司工商登记资料；
7. 某某市某某区检察院公诉书-郑某案（某某检刑诉［2022］1××号）；
8. 其他相关的事实材料。

委托方欣闻加法咨询服务有限公司，向中国政法大学法律应用研究中心提交申请和案件材料，请求本中心就本案应否依法判决帝和公司司法解散问题，提供专家论证法律意见。本中心审阅了委托方所提交的案件材料之后，认为符合专家论证的条件，邀请了北京法律院校的上列专家教授，就案件材料显示的案件事实进行了研讨。专家们经过深入讨论，形成了本论证法律意见书，以供委托方和有关司法机关参考。

【论证意见】

一、关于帝和公司应否解散问题

专家们指出，这是本案的核心焦点问题。对此应当严格根据本案事实证据，依据下列法律规定和相关司法解释，来作出正确判断：

《公司法》第182条规定："公司经营管理发生严重困难，继续存续会使股东利益受到重大损失，通过其他途径不能解决的，持有公司全部股东表决权百分之十以上的股东，可以请求人民法院解散公司。"

最高人民法院《关于适用〈中华人民共和国公司法〉若干问题的规定（二）》（本文以下简称《公司法解释二》）第1条第1款规定："单独或者

合计持有公司全部股东表决权百分之十以上的股东，以下列事由之一提起解散公司诉讼，并符合公司法第一百八十二条规定的，人民法院应予受理：（一）公司持续两年以上无法召开股东会或者股东大会，公司经营管理发生严重困难的；（二）股东表决时无法达到法定或者公司章程规定的比例，持续两年以上不能做出有效的股东会或者股东大会决议，公司经营管理发生严重困难的；（三）公司董事长期冲突，且无法通过股东会或者股东大会解决，公司经营管理发生严重困难的；（四）经营管理发生其他严重困难，公司继续存续会使股东利益受到重大损失的情形。"

据此，专家们指出，对于公司应否解散，应当从公司经营管理是否发生严重困难，继续存续是否会使股东利益受到重大损失，能否通过其他途径解决纠纷，这三个条件来进行分析，这是《公司法》第 182 条的规定要求。该法条规定的公司应当解散的三个条件：前者，公司经营管理发生严重困难，是公司应当解散的前提基础条件；而后者，继续存续会使股东利益受到重大损失，通过其他途径不能解决的，是公司应当解散的两个递进性的必要性条件。三者必须同时具备，公司才具备应当解散的充分必要条件。

专家们同时还指出，在正确认定公司是否具备《公司法》规定的这三个条件时，又需要结合《公司法解释二》第 1 条第 1 款规定列举的四种事由，来进行综合分析判断，而不能将《公司法》规定的三个条件与该司法解释规定的四种事由割裂开来，孤立、片面地进行分析判断，否则就会导致认定事实、适用法律上的根本性错误。

下面我们就结合案情，分析一下帝和公司是否具备《公司法》规定的公司解散的三个条件：

（一）该公司是否具备经营管理发生了严重困难的公司解散条件

本案第一个需要正确认定的就是，该公司是否经营管理发生了严重困难，亦即该公司是否陷入了公司僵局。从法理上讲，所谓的公司经营管理严重困难，就是公司陷入了僵局，而只有公司经营管理发生了严重困难，即陷入僵局，该公司才可能需要司法解散；而公司经营发生了严重困难，陷入了僵局，是公司解散的前提基础条件。

那么，该公司是否经营管理发生了严重困难，陷入僵局呢？本案一、二审法院判决、再审法院裁定都认为该公司经营管理发生了严重困难，公司陷入了僵局，因而就具备了公司解散的前提基础条件，这就是本案最核心的问题。如果该公司确实存在着经营管理的严重困难，是陷入了僵局，那么该公司解散的前提基础条件就具备了。从本案的现象来看，该公司股东之间确实存在着矛盾，而且存在的矛盾和冲突比较尖锐，因而也就必然会对公司的经营管理造成负面影响，这当然是不言而喻的。但是这种情况是否就属于公司法上的公司僵局呢？这就需要做进一步界定，并不能说一个公司大股东和小股东之间存在着矛盾，甚至是激烈的冲突，就必然导致经营管理严重困难，而构成了公司僵局。对此，需要根据《公司法解释二》第1条第1款的规定，来进行具体分析。该司法解释对公司经营严重困难的情形，作了具体的列举，只有结合《公司法解释二》列举的公司经营管理严重困难的事由，亦即四项公司僵局的事由，才能对该公司是否具备经营管理严重困难，陷入僵局，作出正确判断。

1. 从《公司法解释二》第1条第1款规定列举的公司经营管理严重困难事由来看

该条司法解释一共列举了四项事由，这也就是公司经营管理严重困难，陷入僵局的四种具体表现：

（1）公司持续2年以上无法召开股东会或者股东大会，公司经营管理发生严重困难的；

（2）股东表决时无法达到法定或者公司章程规定的比例，持续2年以上不能作出有效的股东会或者股东大会决议，公司经营管理发生严重困难的；

（3）公司董事长期冲突，且无法通过股东会或者股东大会解决，公司经营管理发生严重困难的；

（4）经营管理发生其他严重困难，公司继续存续会使股东利益受到重大损失的情形。

由此可见，按照《公司法解释二》的上述列举，所谓的经营困难，亦即公司僵局，其实主要就是指前三种情况。第一种是，2年以上股东会或股东大会开不起会来，公司经营管理发生严重困难，公司陷入僵局；第二种是，股东会或股东大会开了会也作不出有效决议来，公司经营管理严重困难，公司陷入僵局；第三种是，董事长期冲突，股东大会也解决不了，公司经营管理严重困难，公司陷入僵局；第四种则是兜底条款。

纵观本案事实，公司股东之间确实发生了争议，内部有矛盾和斗争，甚至有的还比较尖锐和激烈，但是没有事实表明这个公司是开不起股东会或股东大会，开了会也作不出有效决议来，亦即没有事实表明，公司经营管理严重困难，公司陷入僵局。

由于本案仅反映为公司大小股东之间的矛盾和斗争，而与董事之间冲突无涉，因而本案主要涉及的就是上述司法解释第一、二种经营管理严重困难的公司僵局情况。现在就需要用主要事实证据来分析本案是否具备这两种经营管理严重困难的公司僵局情况：

对此，案中帝和公司和第三人提供了如下书证进行证明：

（1）帝和公司股东会决议（2016 年 10 月 20 日），证明帝和公司自 2016 年 10 月 20 日起就召开过股东会并形成股东会决议；

（2）帝和公司股东会决议（2018 年 7 月 18 日），证明：帝和公司全体股东于 2018 年 7 月 18 日形成股东会决议，同意叶某股权赠与三事项；

（3）帝和公司章程修正案，证明 2018 年帝和公司股东会决议通过公司章程修正案；

（4）帝和公司第十届股东第一次会议决议（2020 年 4 月 1 日）、第二次会议决议（2020 年 4 月 4 日），证明全体股东一致同意叶某股权转让事宜，并决议通过维持公司章程其他条款不变，各股东可申请召开临时股东会，并达成五项共识；

（5）帝和公司章程修正案（2020 年 4 月 13 日），证明帝和公司通过股东会决议，并形成公司章程修正案；

（6）滨海丽景一期剩余住宅房源分配方案（2020 年 7 月），证明帝和公司股东达成一致决议，可优先对子公司融资，享受高额利息回报股东福利；

此外，还有两份证据证明，帝和公司经营良好，项目有剩余房源可供帝和公司全体股东进行分配，公司股东均能享受股东福利，直到诉讼期间（2020 年 7 月），帝和公司股东还分得了滨江丽景项目免费房源，帝和公司下属公司项目正常经营。

以上见一审判决书第 28 页、第 31~34 页。

由上述证据证明，自 2016 年帝和公司创始人郑某某去世，郑家大股东一方与其他小股东一方产生矛盾开始，至 2018 年和 2020 年，帝和公司至少召开了 6 次股东会议并形成了有效股东会决议，既不存在公司持续 2 年以上无法召开股东会或者股东大会，公司经营管理严重困难的公司僵局情况，也不存在股东表决时无法达到法定或者公司章程规定的比例，持续 2 年以上不能作出有效的股东会或者股东大会决议，公司经营管理严重困难的公司僵局情况。

一审判决虽然承认帝和公司于2016年10月20日、2018年7月18日、2020年4月4日召开了三次股东会议并形成了决议，但认为，这些规定会议均系仅就股权转让事宜达成股东会决议，并未就帝和公司的经营管理达成任何有效决议，帝和公司股东矛盾激化至今未就公司运营管理事宜达成一致，故认为该公司经营管理严重困难，已陷入僵局。

专家们认为，该判决这一认定的错误有四：

第一，案中证据证明，帝和公司自2016年大小股东间产生矛盾至本案立案时间，至少召开了6次股东会议并形成了有效股东会决议，而不是只召开了3次股东会并形成了决议，这一认定与案件事实证据不符。

第二，案中证据证明，案涉股东会决议并非均系仅就股权转让事宜达成股东会决议，而并未就帝和公司的经营管理达成任何有效决议，这也是不能成立的：

（1）案涉上述公司决议虽然有相当部分涉及股权转让问题，但其中连带涉及公司章程修正决议问题，还涉及股东行使权利的决议问题，并且还有专门就公司股东的房源分配问题达成的决议，这些明显就是属于直接涉及经营管理问题的决议。

（2）即使是涉及股权转让问题的决议，也难言与经营管理无关。专家们认为，不仅不是无关，而且是有重要关联，认定公司转让事宜决议与公司经营管理无关，没有任何事实和法律依据。

第三，退一步讲，即使假定没有召开过公司经营管理方面的股东会议，也没有对公司经营管理方面达成过任何股东决议，那也不能据此就认定公司陷入了经营管理严重困难的僵局。因为没有召开股东会议，不等于无法召开股东会议，没有形成股东决议，不等于无法形成股东决议；而《公司法解释二》第1条第1款规定要求的是无法召开股东会议、无法形成股东决议。更重要的是，案中没有证据证明，自2016年至2020年4月间，公司曾提议过召开何种经营管理方面的股东会议，而因股东何种矛盾而无法召开该股东会议；也没有证据证明，因何种分歧，虽召开了经营管理方面的股东会议而无法达成股东决议，并且这种情形还持续了2年以上。

第四，关于判决书所谓“帝和公司股东矛盾激化至今未就公司运营管理达成一致”问题。根据一审判决反映的“查明事实”，帝和公司自成立至2020年4月4日之前，公司股东一直没有发生因经营管理问题的矛盾冲突，而导致无法召开股东会议并形成有效决议问题。该判决明确承认帝和公司分别于2016年10月20日、2018年7月18日和2020年4月4日作出了股东会议决议（见一审判决书第37页）。只是在2020年3月31日被告与第三人一方股东通知于2020年4月1日召开帝和股东会议，会议主题为修正公司章程、完善股东会和董事会及董事会管理制度，并发出相关文件作为会议审议文件，由于双方股东对此发生意见分歧，没能达成协议，并因此引起双方矛盾冲突激化，使之影响了公司的正常经营管理（见一审判决第38~41页）。

专家们指出，即使自2020年4月1日之后，该公司股东因对公司章程修改意见等发生了意见分歧，致使相关股东决议没能形成，并导致了矛盾冲突激化，但该种情形，并不符合《公司法解释二》第1条第1款第1项、第2项所规定的公司经营管理严重困难，公司陷入僵局的情形。因为这两项均规定，因公司无法召开股东会议、股东会无法达成协议而形成公司僵局的一个重要要件是，这种情形必须持续2年以上。而从该公司自2020年4月1日后股东发生意见分歧和矛盾冲突激化，达不成相关决议起，到本案立案时间2020年5月15日，相差也仅仅只有一个半月，这完全不符合该司法解释规定的因股东矛盾2年以上开不成股东会、达不成股东协议，经营管理陷入严重困难，而形成公司僵局的“2年以上”的时间要件。

2. 从该公司的股权结构情况来看

从一审判决认定的该公司的股东股权结构来看，该判决查明，帝和公司作为持股平台公司，其资产为持有达凯公司70%的股权，达凯公司持有积星公司99%的股权；而郑某某持有52.143%的帝和公司股权，其去世后其股权被其配偶叶某及女儿郑某1、郑某2继承，也就是说，在帝和公司中，案涉郑家大股东一方与小股东一方占股比例约为52%：48%，即大股东一方始终处于控股地位（见一审判决第45页）。

经查，该公司按公司章程对表决的多数的规定与《公司法》的规定是一致的，即一般决议是1/2多数表决，特别决议是2/3多数表决。在这种情况下，这个公司只要是一般性的决议，只要大股东方当事人同意，这个决议就一定能通过。因为他这方面占股比例为52%以上，只要他同意，其他的小股东的股权比例只占48%以下，是无法阻挡决议的。这本身就是说，在呈现出这样一个控股结构的情况下，其实这个公司股东会是不可能陷入僵局的；而真正的僵局都是发生在股权比例一方达不到多数的情况下。至于说可能存在达不到 2/3 以上的表决问题，2/3 以上表决的是特别事项，一般事项都是 1/2 以上表决。可以说，一个公司只要能够对一般事项通过决议，它的正常运转就是没有问题的。因为公司经营管理的问题通常都是一般事项，只要对通常的经营管理事项能够顺利达成决议，这个公司实际上就可以正常运转，而不会陷入僵局。当然，一般的经营管理事项作出来的决议可能完全代表了大股东意见，而可能是对小股东构成了欺压。但这种情况即使存在，也并不是公司经营管理严重困难的僵局问题，因为经营管理严重困难的僵局，指的是开不起股东会来，开了股东会也作不出有效决议来。至于说这个决议有问题，欺压了小股东，损害了小股东权益，那是另外的问题，而不是经营管理严重困难的僵局问题。

由上可见，一审判决认定该公司具备公司经营管理严重困难，陷入了公司僵局的公司解散的条件，与本案事实证据不符，更不符合《公司法》第 182 条和《公司法解释二》第 1 条第 1 款的规定，依法不能成立；既然该公司不具备经营管理严重困难的僵局的公司解散的前提基础条件，那么判决该公司解散，就属于认定事实和适用法律根本性错误。

（二）该公司是否具备继续存续会使股东利益受到重大损失的公司解散条件

专家们指出，既然如上所述，该公司并不存在经营管理严重困难的僵局问题，而这又是公司解散的前提和基础条件，因而，该公司继续存续会使股东利益受到重大损失就失去了前提基础，这是必然的逻辑关系。既然这个司法解散的前提基础条件不存在，讨论后边的问题，其实就没有实质意义了。但为了针对法院这方面的判决，专家们作了进一步的论证。

一审法院判决认为，因叶某及其女郑某 1、郑某 2 合计持有帝和公司 52.143%股权，根据其提出要通过的股东会决议文件，存在使原告方失去帝和公司的经营决策权的可能；由于帝和公司被叶某控制，原告方已不能正常行使参与公司经营决策的股东权利，其投资帝和公司的目的已无法实现，且帝和公司继续存续，将使其股东利益遭受重大损失。

可见，该法院判决认为，既然叶某一方对帝和公司有控股强势，且已实际控制了帝和公司，如果通过了相关股东会决议文件，该公司就进一步被其控制，这样原告方就有失去了正常行使股东权利的可能，该公司继续存续就会使其他股东利益受到重大损失。

专家们指出，这一认定的错误有四点：

1. 该认定显然有悖事实、法律

帝和公司本身就是一个始终由郑家控股的公司，而控股公司由控股人对公司行使控制权，这是控股公司的应有之义，是控股人对公司行使经营管理权的合法权利。如果说控股人以控股比例在股东会表决对公司行使控制权，或以此加强对公司的控制权，就会导致小股东有失去正常行使股东权利的可能，该公司继续存续就会使其他股东利益受到重大损失，那么所有控股公司也都有这种可能，所有控股公司就都具有这种解散的条件了，这显然是不能成立的。

2. 以一般可能性代替实然性，缺乏应有的事实根据和基础

认定公司继续存续会使其他股东利益受到重大损失，起码应当有事实证明，由于该控股股东的控股行为，已经使其他股东利益受到了很大损失，而且这种情况不改变会使其他股东受到重大损失。前者属于事实判断，后者是属于逻辑判断。但问题是，前者判断没有事实根据，后者判断没有充分的逻辑理由。相反，案中叶某方如上所举两份证据证明，对于帝和公司在下属公司的经营项目，直到诉讼期间（2020 年 7 月），帝和公司股东还分得了滨江丽景项目免费房源，而且还有剩余房源可供帝和公司全体股东进行分配，公司股东均能享受到应有的股东福利待遇；没有任何证据证明，案涉控股大股东会利用自己的控股地位，侵害或侵吞其他股东应分剩余房源的重大利益。因此，认为该大股东对公司的控制权继续存续会使其他股东利益受到重大损失，纯属无根据的推断，在逻辑上缺乏应有的根据和理由，因而不能成立。

3. 案涉公司股东争议的事项并没有产生实际影响

本案大股东一方提议通过公司章程修正案、公司议事规则等，企图加强对公司的控制，但相关提案并没有通过生效，因而并不会产生实际的法律效果，以此理由认为可能使其他股东利益蒙受重大损失，纯属主观臆断。

4. 认定该条公司解散的条件，缺乏公司僵局的前提基础

更重要的是，将公司继续存续会使其他股东受到重大利益损失作为公司解散的条件来认定，需要具备公司经营管理严重困难的僵局条件作为前提基础，缺乏该前提基础，不管其他股东是否会利益受损，均不构成公司解散的实质性的必要条件。

由上可见，认定该公司继续存续会使其他股东受到重大利益损失，具备解散公司的这一条件，没有事实根据和法律依据，依法不能成立。

（三）该公司是否具备通过其他途径不能解决的公司解散条件

一审判决认为，原告方和第三人方已处于矛盾冲突的状态，但双方仍未能达成共识，矛盾不可调和，已失去人和性合作信任基础，因此应认定帝和公司僵局状态已无法通过其他途径解决，即认定该公司具备了解散的条件。

专家们认为，该判决认定的错误在于公司解散对其前提基础的认定错误，即根据如上论证意见，该公司本来就不具备公司僵局的前提基础条件，何来公司僵局无法通过其他途径解决？正如，既然无的，何来放矢？在缺乏公司僵局的前提基础的情况下，将股东矛盾不能解决作为公司解散的条件来认定，就等于是在沙滩上盖楼，是立不住的。

总而言之，法院判决裁定认定帝和公司具备解散的三个条件，没有一个能立得住，尤其是公司僵局条件的认定严重违背事实、法律，因此应当依法予以纠正。

二、法院支持原告解散公司的主张，不利于实现法治的三个效果

专家们指出，人民法院的裁判要实现司法的法律效果、社会效果和政治效果的统一，但本案的裁判支持原告解散公司的主张，却只能产生负面的司法效果。

（一）从裁判支持原告解散公司的主张的违法性来看

由上述专家论证意见可知，本案帝和公司不存在公司解散的任何实质条件，裁判解散该公司，就是违法裁判，因而产生的法律效果就是负面的。

（二）从原告起诉解散公司的目的和事由来看

1. 从原告起诉解散公司的目的来看

原告起诉称，帝和公司持有达凯公司70%的股权，达凯公司持有积星公司99%的股权，而郑某某（去世后他的家人）持有帝和公司52.143%的股权，这样该大股东就直接掌控了帝和公司及其下属两个公司的控制权；而按照穿透持股计算，第三人方只占达凯公司36%的股权，而原告方和许某某已经合计持有60%的股权。为此原告起诉解散帝和公司，就是为了剥夺第三人方利用在帝和公司的控股权，实际控制下属两个公司权利，而实现原告方和许某某控制两公司的权利。

案涉法院裁判支持了原告方解散帝和公司的主张，实际上是支持其非法争夺下属两公司的控制权，这就破坏了帝和公司与下属两公司的合法有效的股权法律关系，甚至是对合法有效的公司秩序的非法破坏。

2. 从判决公司解散的事由来看

由以上论证可见，判决公司解散的事由，主要是原告方为摆脱帝和公司控股股东对公司的控制而发生了激烈冲突，而失去人和性，如果这样可以构成公司解散的条件，那么帝和公司解散后，第三人在其下属的两个公司中便失去了控股权，成了小股东，既然在帝和公司中这两方股东失去了人和性，那么在这下属两个公司中，也就同样失去了人和性，据此也就具有了公司解散条件，而应解散这两个公司。真如此，不仅就必然给全体股东带来重大损失，而且也必然带来不应有的社会问题。由此可以看出，这样判决必然产生严重的负面影响。

由上可见，为了发挥司法维护法律、社会秩序，维护公司正当合法的公司法律关系，维护各方当事人的合法权益的作用，本案不应裁判帝和公司解散，应以促进和维护公司各方股东的人和为重，使帝和公司正常存续，继续发挥其应有的正面作用。

（三）从公司法不能让人从过错甚至违法犯罪中获得利益的视角来看

案中有视频资料和书面证据等材料反映，帝和公司的小股东一方，为了达到解散帝和公司，实现非法剥夺大股东对帝和公司的法定控股权的目的，有采取激烈手段，暴力驱赶上班职工，抢夺公司经营与财务资料，用电焊焊死办公室大门，扰乱公司正常经营秩序，人为制造激烈冲突，故意形成股东之间矛盾不可调和的局面等情形；参与其中的小股东郑某已经被检察机关提起公诉，郑某也向检察机关认罪认罚。

专家们一致认为，对于帝和公司股东之间形成“不可调和”的矛盾激烈程度，与小股东故意实施的上述过错行为，甚至是违法犯罪行为，有直接关联，法院以此判决帝和公司解散，就等于是支持这些小股东从自己所实施的过错，甚至是违法犯罪行为中获得利益。

专家们指出“任何人不能因为自己的过错而获益”这是一个古老的法谚，也是一百多年来，所形成的世界立法司法通行的一条重要法律原则。其背后的假设为，如果允许人从自己的过错行为中获取利益，那么维持这个社会的秩序便会荡然无存，法律便失去了它赖以生存的基础。我国立法中《继承法》

第 7 条的规定，就是汲取了这一法律原则。在我国司法实践中，也常常引以为据。本案判决帝和公司解散，实质上就是支持了小股东方从自己的过错，甚至违法犯罪中获得利益。这就必然会产生严重错误的司法导向。

三、该案具备申请检察院抗诉的条件，第三人方应通过提起检察院抗诉，纠正原审裁判的错误

专家们指出，根据以上论证意见，原一二审判决、再审裁定，认定事实、适用法律均有根本性错误。本案第三人应依据《民事诉讼法》第 215 条、第 207 条第 3 项的规定情形，和依据《民事诉讼法》第 216 条第 3 项的规定情形，申请人民检察院依法提起抗诉，纠正原审判决裁定错误。

【瞽言刍议】

本案专家论证意见的亮点是，论证了公司解散的三个法定条件，公司经营严重困难的僵局条件是公司解散的前提基础条件，而继续存续会使股东利益受到重大损失和通过其他途径不能解决的条件，是前提基础条件的递进的两个必要条件。三者必须同时具备，缺一不可。

本案由于缺乏公司解散的前提基础条件，其余递进的两个必要条件就无从谈起，因而认定案涉公司具备解散条件就不能成立。

此外，专家论证意见指出，股东通过人为激化矛盾的方式，制造人和僵局，来达到解散公司的目的，法院判决不应予以支持；否则就是支持其通过自己的过错，甚至是通过违法犯罪手段，获得非法利益，这就直接违背了“任何人不能因为自己的过错而获益”的现代法治的重要原则。

19. 某某公司与中某集团等买卖合同纠纷再审案

【论证要旨】

第一，再审判决错误地免除了某某水泥厂破产管理人等一审被告向某某国土局交付土地出让金的义务，使案外人某某国土局以执行回转的方式负担了返还土地出让金的法律义务。

第二，再审判决还错误地免除了某某水泥厂破产管理人等一审被告向某某国土局交付违约金（性质为滞纳金）的义务，使案外人某某国土局以执行回转的方式负担了返还的法律义务。该违约金是国家债权，民事合议庭没有免除的权力。

第三，再审判决错误地驳回了某某水泥有限公司（以下简称“某某公司”）的诉讼请求，使某某公司通过拍卖取得土地使用权的合法权利，必然受到危害。

第四，再审判决危及了拍卖所得土地使用权，又必然影响到生活区的权益和公益性质的维护，影响了职工的切身利益，不利于维护安定团结的局面。

【案涉简况】

论证委托方：某某公司。

论证受托方：中国政法大学法律应用研究中心。

论证事项：最高人民法院［2016］最高法民再1××号民事判决是否具备抗诉事由、符合抗诉条件。

论证专家：中国社会科学院法学所、中国人民大学法学院、北京大学法学院、中国政法大学等五名民事法学权威专家。

案件判决情况：

某某公司与中国某某开发集团公司（以下简称“中某集团”）、某某水泥厂破产管理人、中某投资控股有限责任公司（以下简称“中某投公司”）买卖合同纠纷一案，经过了一审、二审和再审判决。

最高人民法院［2016］最高法民再1××号民事判决书（以下简称“再审判决”）作出的判决是：

（1）撤销某某省某某市中级人民法院［2012］某民初字第0××号民事判决及某某省高级人民法院［2013］某民终字第1××号民事判决；

（2）某某水泥厂破产管理人向某某公司支付土地转让款利息损失4 259 652.05元，中某投公司、中某集团对此承担连带责任；

（3）驳回某某公司的其他诉讼请求。

某某省某某市中级人民法院［2012］某民初字第0××号民事判决书（以下简称“一审判决”）作出的判决是：

（1）被告某某水泥厂破产管理人在判决生效后10日内向某某市国土资源局缴纳土地出让金2779.2万元及迟延交付的违约金336万元，并支付给原告某某公司利息损失425.965 205万元，被告中某投公司、中某集团承担连带责任；

（2）被告某某水泥厂破产管理人与中某投公司在判决生效后10日内将家属区移交给原告某某公司并将中央财政拨付的生活区破产补助费用移交给原告，中某集团承担连带责任；

（3）被告某某水泥厂破产管理人赔偿原告某某公司停工损失988万元，中某投公司、中某集团承担连带责任。

某某省高级人民法院［2013］某民终字第1××号民事判决书（以下简称“二审判决”）（某某水泥厂破产管理人、中某投公司、中某集团是上诉人），作出的判决是：

驳回上诉，维持原判。

【论证意见】

委托方某某公司，就最高人民法院［2016］最高法民再1××号民事判决应否予以撤销事项，向受托方提交案件材料和专家论证申请，请求受托方组织专家论证，提供专家论证意见。受托方审阅委托方提交的案件材料后，认为符合专家论证的条件，邀请五名论证专家于2019年4月21日在京召开了专家论证会。经专家们对本案认真审查、研究讨论，形成如下论证意见。

一、再审判决免除一审被告向某某国土局交付土地出让金、违约金的义务和责任，制造了法律困境，侵害了民营企业的合法权益和国家利益

再审判决书指出："还查明，本案二审判决书送达后，经司法强制执行，中某集团向某某国土局缴纳了土地出让金2779.2万元及逾期违约金336万元，向某某公司支付了利息损失4 259 652.05元，并赔偿某某公司停工损失988万元。某某国土局在收到上述土地出让金后，给某某公司办理了案涉拍卖土地国有土地使用权证，但某某市人民政府至今没有向中某集团返还上述土地出让金用于某某水泥厂职工安置。"（第17页）"某某公司目前已取得案涉拍卖土地的国有土地使用权证，案涉土地转让款是否应由某某水泥厂破产管理人交纳给某某国土局的问题，对某某公司有关民事权利的实现已没有影响。因此，某某水泥厂破产管理人未将土地转让款先上交财政而直接用于职工安置的做法这一违反财经纪律的行为，不应由人民法院直接加以处理，原审判决根据某某公司的诉请判令某某水泥厂破产管理人向某某国土局交纳案涉土地转让款及违约金的处理不当，本院予以纠正。"（第18、19页）

（一）某某水泥厂破产管理人应履行在土地使用权转让合同关系中的主给付义务，再审判决认定了这一义务及违反该义务的责任

给某某公司办理涉案土地的过户登记，是某某水泥厂破产管理人在转让合同关系中的主给付义务，而完成此主给付义务，须向第三人（某某国土局）交付土地转让金，向第三人（某某国土局）的履行义务（交付2779.2万元），是某某水泥厂破产管理人对某某公司完成主给付义务的前提条件，即其向第三人交付款项，是对某某公司履行义务的一部分。不向第三人履行，制造了权利瑕疵，对某某公司则构成违约责任。

再审判决实际认定了某某水泥破产管理人的主给付义务和违约责任："根据案涉《委托拍卖合同》及《提前付款协议》，某某水泥厂破产管理人在收到土地转让款后，须依约积极协助某某公司办理土地过户手续。而某某公司自2010年12月23日支付全部土地转让款至2013年11月19日本案原判决作出之时，仍未取得案涉国有土地使用权证。根据本案查明的事实，案涉土地之所以未能及时过户，主要原因在于某某水泥厂破产管理人未依政策规定将

土地转让款上交某某国土局。据此，原审关于某某水泥厂破产管理人未履行土地过户协助义务构成违约的认定，事实依据和法律依据充分。”（第19页）

（二）再审判决自相矛盾，制造了法律困境，侵害了民营企业和国家的双重利益

再审判决在承认某某水泥厂破产管理不向第三人（某某国土局）交付款项是违约的前提下，又判决撤销原审判决、驳回某某公司的相关诉讼请求，是自相矛盾的，制造了法律困境。

（1）既然查明了某某水泥厂破产管理人的违约事实，又承认某某公司的请求权，就不应当驳回某某公司的诉讼请求。再审判决实际剥夺了某某公司的请求权，侵害了民营企业的合法权益。

（2）驳回某某公司的诉讼请求，使某某国土局通过执行到账的土地出让金2779.2万元及逾期违约金336万元失去了合法原因（原判决被撤销），变成了不当得利。再审判决以法律的名义，侵害了国家利益。

（3）某某水泥厂破产管理人迟延交付土地转让金，对某某公司是违约行为，对国家是违法行为。驳回某某公司的诉讼请求，不但使国家在法律上失去了应得的本金2779.2万元，还保护了某某水泥厂破产管理人迟延交付的违约行为和违法行为，因为按再审判决，中某集团不但可以要求执行回转本金2779.2万元，还可以要求执行回转逾期违约金336万元（中某集团已经向法院提交了执行回转的申请）。

也就是说，再审判决否定了某某公司向国家、向某某国土局交付土地转让金（本金）的行政法律义务；否定了其迟延交付的行政法律责任。再审判决还同时否定了某某公司合同中的民事请求权。

（三）再审判决提供了向案外行政机关执行回转的依据，超越了民事诉讼的主管权限

再审判决指出：“某某市人民政府至今没有向中某集团返还上述土地出让金用于某某水泥厂职工安置。”（第17页）第三人（某某市人民政府与某某国土局是不同的行政主体）的返还，是另一法律关系（且为行政法律关系），不能以强制执行回转的方式实现。而再审判决，就是要以执行回转的方式返还给中某集团，是以判决形式违反了“收支两条线”的规定。再审法院按照民事诉讼的程序审理案件，是无权违反这种规定的。

某某国土局要求某某水泥厂破产管理人及时交付土地出让金，是行政法

上的请求权；某某公司要求某某水泥厂向第三人某某国土局交付土地出让金，则是依合同产生的民事请求权，具有民法上的请求权基础。这是两种性质不同的请求权。再审法院的判决，实质是要求案外行政机关返还土地出让金及违约金，这就超越了民事诉讼的“主管”范围，民事合议庭是没有这种权力的。

（四）再审判决偷换了诉讼标的

再审判决指出：“因某某水泥厂破产管理人未将土地转让款先上交财政而直接用于职工安置的这一违反财经纪律的行为，不应由人民法院直接加以处理。”（第 19 页）再审判决将此作为驳回某某公司诉讼请求的理由是不正确的，偷换了诉讼标的。因为，某某水泥厂破产管理人对土地转让款的使用，只是其违法（对某某国土局）、违约（对某某公司）的一个原因。

（五）再审判决免除一审被告交付土地出让金和违约金的义务、责任，使某某公司的民事权利面临现实危险

再审驳回某某公司诉讼请求最重要的理由是：“某某公司目前已取得案涉拍卖土地的国有土地使用权，案涉土地转让款是否应由某某水泥厂破产管理人交纳给某某国土局的问题，对某某公司有关民事权利的实现已经没有影响。”（第 18 页）

再审判决已经表明，某某国土局给某某公司办理了案涉拍卖土地国有土地使用权证的原因（前提）是收到了土地出让金（见第 17 页）。再审判决撤销了一、二审判决，驳回了某某公司的诉讼请求，某某国土局占有土地出让金失去合法依据，面临执行回转，其必然要对某某公司受让的土地使用权采取法律措施。

再审判决消灭了某某公司的请求权以及否定了其请求权基础，其土地使用权面临被剥夺或被追缴等额土地转让金及滞纳金的现实危险。

再审判决虽然提到向某某国土局交纳违约金（见第 19 页），但对该 336 万元违约金实际没有审理。该 336 万元违约金也被再审判决演变成不当得利。该 336 万元违约金是国家债权，不得放弃，再审判决将追缴该 336 万元的风险转嫁给了某某公司。

再审判决认为“对某某水泥厂有关民事权利的实现已经没有影响”，这在法律上是不能成立的，也不符合实际情况。

二、再审判决在某某水泥厂破产管理人移交生活区和侵权的两个诉请上，分别为适用法律错误、基本事实缺乏证明

（一）再审判决驳回对某某水泥厂破产管理人移交生活区的诉请，适用法律错误

再审判决指出："在某某水泥厂破产过程中，为保证企业破产后职工生活稳定，中某集团、中某投资公司要求某某公司必须全面接收企业生活区资产进行管理，全面承接企业社会职能。某某公司虽未支付任何生活区资产对价，但据此诉请某某水泥破厂产管理人向其过户该生活区土地、房屋等产权。本院认为，某某公司作为某某水泥厂破产财产的竞买人，无权对某某水泥厂的非破产财产主张权利，某某水泥厂管理人亦不得对企业非破产财产进行处置。"（第19、20页）"某某公司要求某某水泥管理人、中某投资公司协助办理生活区土地和房产过户手续的诉请请求，违反法律规定，本院不予支持。"（第20页）"中某集团、中某投资公司、某某水泥厂破产管理人向某某公司所表示的移交生活区资产的真实意思在于让某某公司承担起对生活区养护和保障的义务，以使破产企业职工生活不受影响，而非将属于职工的房产等产权无偿过户给某某公司。"（第20页）

（1）某某公司接受生活区等资产，是有对价的，并非无偿。也就是说，双方之间的合同是双务有偿合同，并非单务无偿合同。某某公司全面承接企业社会职能，需要财产及劳务的大量、长期投入，这是其承担的对价。设施的维护、人力的投入等，不可能不需要大量资金的支持。原属某某水泥厂的土地使用权等，某某公司要求过户登记给自己，是取得相应对价的合理要求。

（2）就双方移交生活区等资产，双方是有合意（合同）的。《民法总则》第142条第1款规定："有相对人的意思表示的解释，应当按照所使用的词句，结合相关条款、行为的性质和目的、习惯以及诚信原则，确定意思表示的含义。"再审判决只解释争议一方的"真实意思"，是不能成立的。

（3）双方移交生活区资产的协议（合意），虽然有对价，但不是一般以盈利为目的的交易合同，而是带有公益性质的双务合同，是有效合同。再审判决以"违反法律规定"为由驳回某某公司的诉请，属于《民事诉讼法》（2012年）第200条第6项"原判决、裁定适用法律确有错误的"的情形。

（二）再审判决驳回某某公司请求一审被告承担侵权责任的诉请，依据的基本事实缺乏证明

再审判决指出："根据某某市郊区人民法院［2012］郊刑初字第5×号刑事判决，因某某水泥厂职工围堵厂房、阻挠生产，某某公司被迫停工，产生停工损失988万元，某某公司据此诉请某某水泥厂破产管理人、中某投资公司、中某集团赔偿上述停工损失。经查，根据上述刑事判决，某某水泥厂部分闹事职工是某某公司的直接侵权行为人。虽某某水泥厂破产管理人、中某投资公司、中某集团依法负有妥善安置破产企业职工的义务，但没有证据证明其唆使或者参与了职工对某某公司实施的阻挠生产的行为，反而是多次与闹事职工对话，积极安抚职工情绪，协调解决职工诉求。因此，某某公司所提证据不足以证明某某水泥厂职工阻挠其正常生产行为系某某水泥厂破产管理人、中某投资公司、中某集团未履行妥善安置职工义务而引起。原审判决判令某某水泥厂破产管理人、中某投资公司、中某集团赔偿某某水泥988万元停工损失，缺乏证据支持，本院对某某公司的该诉讼请求，依法不予支持。"（第21、22页）

（1）某某公司的诉请及一、二审的判决，并不是因为一审三被告对第三人（部分职工）有教唆行为或者直接参与了第三人（部分职工）的侵权行为，而是因为三被告未妥善安置职工导致了第三人（部分职工）对某某公司实施了侵权行为。即是说，某某公司追究及原审法院判决的，是第三人（部分职工）侵权的原因行为。第三人（部分职工）的侵权行为与第三人侵权的原因行为，是两个不同的法律事实。再审"置换了"原审审理的法律事实。

（2）二审判决书就第三人（部分职工）侵权造成的988万元损失额指出："该损失的产生与三上诉人不按约履行自己的义务有直接因果关系，故中某集团、中某投资公司认为没有实施加害行为，不应承担该损失的观点与事实不符，本院不予支持。"（第13、14页）直接因果关系即相当因果关系，再审法院则回避了因果关系的审理，导致事实不清。

（3）举证责任分配不当。其一，某某水泥厂破产管理人等一审被告安置职工，是一项综合工作，未履行妥善安置职工义务的行为，应当包括不作为的形态，而不作为应当由被告承担举证责任。其二，某某公司的诉请，是针对原因法律事实，因此没有必要针对一审被告的教唆和直接参与行为举证。其三，再审举证责任分配不当，是导致事实不清的重要原因。

综上，再审判决认定的法律事实（包括否定原审的认定事实、认定三被告不构成侵权的事实），属于《民事诉讼法》（2012 年）第 200 条第 2 项“原判决、裁定认定的基本事实缺乏证据证明”的情形。

三、论证结论

再审最明显的一个错误是：免除了某某水泥厂破产管理人等一审被告向某某国土局交付土地出让金的义务，也就是以判决的形式使案外人某某国土局以执行回转的方式负担返还土地出让金的法律义务。

不仅如此，再审判决还免除了某某水泥厂破产管理人等一审被告向某某国土局交付违约金（性质为滞纳金）的义务，对该违约金也是以判决的形式使案外人某某国土局以执行回转的方式负担返还的法律义务。该违约金与职工安置是没有丝毫关系的。该违约金是国家债权，民事合议庭没有免除的权力。

某某国土局给某某公司办理土地使用权证的原因（前提），是通过执行取得了土地出让金及违约金。原审判决驳回了某某公司的诉讼请求，则原因（前提）消失，某某公司通过拍卖取得土地使用权的合法权利，必然受到危害。

通过拍卖取得的土地使用权与接受生活区资产是捆绑在一起的，再审判决危及了拍卖所得土地使用权，又必然影响到生活区的权益和公益性质的维护，不可能不影响职工的切身利益，这不利于维护安定团结的局面。

再审判决以法律的名义侵害了国家利益和某某公司的合法权益。

《民事诉讼法》（2012 年）第 208 条第 1 款规定：“最高人民检察院对各级人民法院已经发生法律效力的判决、裁定，上级人民检察院对下级人民法院已经发生法律效力的判决、裁定，发现有本法第二百条规定情形之一的，或者发现调解书损害国家利益、社会公共利益的，应当提出抗诉。”最高人民法院［2016］最高法民再 1××号民事判决书，符合《民事诉讼法》（2012 年）第 200 条第 2 项“原判决、裁定认定的基本事实缺乏证据证明的”和第 6 项“原判决、裁定适用法律确有错误的”的情形。

据此，专家们一致认为，本案具备抗诉事由，符合抗诉条件，建议最高人民检察院依法提出抗诉。

以上论证意见供参考。

【瞽言刍议】

本案再审历时数年，但其改判却存在诸多问题，这既危害了当事人合法权益，又危害了国家利益，同时还危害了职工利益、不利于安定团结。可见，将公平正义落实到每一个案件之中，真的是任重而道远！

20. 美丰公司、冯某某诉某某公司财产损害赔偿纠纷案

【论证要旨】

某某公司在再审中，对其申请执行的错误所造成的损失，应当负赔偿责任。

【案涉简况】

论证委托方：美丰矿业有限公司（以下简称“美丰公司”）。

论证受托方：中国政法大学法律应用研究中心。

论证事项：中国某某资产管理公司（以下简称“某某公司”）应否负赔偿责任。

论证专家：中国政法大学、国家法官学院、中国人民大学法学院等五名权威民事法学教授。

论证所依据的主要事实材料：

1. 某某自治区某某市中级人民法院民事判决书［2016］某01民初××号；
2. 某某自治区高级人民法院民事判决书［2016］某民终5××号；
3. 美丰公司、冯某某再审申请书；
4. 美丰公司、冯某某再审申请理由补充意见；
5. 某某自治区某某自治州中级人民法院民事判决书［2016］某23民初××号；
6. 某某铁路运输中级人民法院执行裁定书［2014］某中执异字第×号；
7. 某某铁路运输中级人民法院民事判决书［2014］某中民初字第×号；
8. 某某自治区高级人民法院民事判决书［2015］某民二终书字第××号；
9. 最高人民法院民事裁定书［2015］民终字第26××号；

10. 其他相关法律文书；

11. 其他相关事实材料。

【论证意见】

中国政法大学法律应用研究中心接受委托，就本案论证问题，邀请在京五位权威法律专家，于2017年3月22日召开了专家论证会。会前专家们认真审阅了论证所依据的事实材料，会上，就有关事实、证据、法律问题进行了详细核查、认真讨论、研究，在理清有关事实、证据的基础上，根据相关法律、司法解释与文件，形成如下一致法律意见：

一、申请执行人应当赔偿案涉损失具有明确的法律依据

某某自治区高级人民法院（以下简称“自治区高院”）［2016］某民终5××号民事判决认为：因法律及司法解释并未规定当事人申请执行时提供被执行人财产线索错误的，申请人应当赔偿被申请人因财产被查封所遭受的损失，故美丰公司、冯某某的上述主张无法律依据。专家们认为，这一判决认定是错误的，对此有明确的法律与司法解释可作为应当赔偿的直接依据。

（一）法释13号

最高人民法院《关于适用〈中华人民共和国民事诉讼法〉执行程序若干问题的解释》（法释［2008］13号）（以下简称“法释13号”）第20条第3款规定：“案外人请求停止执行、请求解除查封、扣押、冻结或者申请执行人请求继续执行有错误，给对方造成损失的，应当予以赔偿。”该条司法解释明确规定：申请人“应当”赔偿的三个条件：一是在再审程序中；二是申请执行人请求继续执行；其申请确有错误；三是给对方造成损失。本案完全具备其“应当”赔偿的三个条件。

1. 申请执行人是在再审程序中请求继续执行的

其一，某某铁路运输中级法院（以下简称“某铁运中院”）于2003年12月5日［2003］某中执凭字第××号中裁定：“终结执行。”该裁定送达后立即生效。

但2014年1月24日某某公司向某铁运中院提交《恢复执行申请书》和被执行人案涉《采矿许可证》作为申请执行标的，该院据此而查封了该《采矿许可证》。

对于已生效的“终结执行”裁定，认为确有新的证据足以提起再审、撤销原裁定，而恢复执行，这本身就是按照《民事诉讼法》第 227 条规定提起再审程序的处理。

《民事诉讼法》第 227 条规定，“……案外人、当事人对裁定不服，认为原判决、裁定错误的，依照审判监督程序办理；……”

据此，可以认定，某某公司作为执行申请人，在裁定“终结执行”发生法律效力的情况下，以确有新证据可撤销原“终结执行”裁定而申请“恢复”执行，并提供了《恢复执行申请书》及其新的事实证据，在程序法上，可以确认是在依照审判监督程序办理的过程中，请求“继续执行”或“恢复执行”的。

其二，当某铁运中院在执行异议案中作出［2014］某中执异字第×号执行裁定“中止”对案涉《采矿许可证》的执行，并送达后立即生效的情况下，某某公司“对该判定不服，又依据《民事诉讼法》第二百二十七条之规定提起诉讼”。该诉讼显示是该规定所明确的按审判监督程序办理的。

某某公司在该审判监督程序中于 2015 年 3 月 10 日提出了《续行查封申请书》申请对案涉《采矿许可证》续行查封。

据此，可以确认申请执行人在其所提起的审判监督程序中继续坚持并申请对案涉《采矿许可证》予以查封。

根据以上事实理由，可以确认，申请人某某公司是在对生效执行裁定提起审监程序中请求继续执行案涉《采矿许可证》的。

2. 申请执行人申请继续执行确有错误

在该案再审、一审程序中，申请人某某公司提出申请继续执行的理由是：“园丰煤矿外下的采矿权属于［2014］某中执字第××号执行案件被执行人昆仑公司可借执行的财产。”但一审法院判决［2014］某中发初中等×号确认：在园丰煤矿采矿权的归属无法认定的情况下，应不许可对案涉《采矿许可证》执行，因而判决：停止对案涉《采矿许可证》“续行查封申请”。而自治区高院作出民事判决［2015］某民二终字第××号认为：“涉案采矿权许可证登记的权利人是美丰公司（园丰煤矿），而不是昆仑公司，美丰公司与昆仑公司系不同的民事主体，不能因为昆仑公司的债务而直接执行美丰公司的财产。某某公司要求执行涉案采矿许可证项下采矿权的理由不能成立。”因此判决“驳回某某公司的诉讼请求”。

由上述生效判决确认，申请人某某公司在再审程度中申请继续执行确有错误。

3. 申请人在审判监督程序中申请继续执行给对方造成了严重损失（对此见证据第二部分内容）

由上可见，根据法释13号的规定，申请执行人应当赔偿案涉损失具有明确的法律和事实依据。

（二）《侵权责任法》

我国《侵权责任法》第6条第1款规定："行为人因过错侵害他人民事权益，应当承担侵权责任。"

本案自治区高院民事判决［2015］某民二终字第××号最终确定："涉案采矿权许可证登记权利人是美丰公司（园丰煤矿），而不是昆仑公司，美丰公司与昆仑公司系不同的民事主体，不能因为昆仑公司的债务而直接执行美丰公司的财产。某某公司要求执行涉案采矿许可证项下采矿权的理由不能成立。"

本案本来就于2003年被生效判决确定：被执行人昆仑公司无财产可供执行，该案件被终结执行，而某某公司却在案涉采矿许可证明显登记权利人是美丰公司（园丰煤矿）的情况下，明显以与事实不符的理由，将案涉采矿许可证作为被执行人昆仑公司的财产，通过审判监督程序，申请撤销原生效判决"终结执行"的裁决，而申请"恢复执行"，将案涉采矿许可证作为昆仑公司的财产加以查封。

不仅如此，当执行异议案某铁运中院作出［2014］某中执异字第×号执行裁定中止对园丰煤矿采矿许可证的执行并发生法律效力的情况下，某某公司竟然再次通过审判监督程序提起执行异议之诉；当一审法院再次作出停止对案涉采矿许可证指向的采矿权的执行的情况下，某某公司又再次提出上诉，继续申请查封案涉采矿许可证，直到本案二审法院最终驳回其诉讼请求，其仍不甘心，并进一步启动最高人民法院再审程序，直到被最高人民法院否定，不得已而撤诉。

某某公司在案涉采矿许可证明显登记在美丰公司（园丰煤矿）名下，而并不是登记在原被执行人昆仑公司名下的情况下，不顾起码的事实根据和法律依据，通过审判监督程序，申请将美丰公司的采矿许可证查封，且不顾执行异议之诉中被驳回其请求的裁决所确定的权利人不属于昆仑公司的事实，一审、二审直到再次启动再审，用尽一切法律程序以彻底败诉而告终。由此反映某某公司是在不顾事实以及法律和生效判决而恶意诉讼的主观恶意下，致使美丰公司无端被卷入其申请执行长时期的诉讼陷阱。

某某公司的无端申请执行，并无理缠诉，不仅使美丰公司陷入其长期恶意诉讼的陷阱，而且使在此期间案涉公司全面停产，且被迫为应诉付出了惨重的代价。某某公司由其过错申请执行，并无理缠诉的行为，对美丰公司所造成的损失，依照《侵权责任法》第6条第1款的规定，应当承担侵权责任。

二、申请人某某公司的申请错误给被执行人造成严重损失应负赔偿责任

自治区高院［2016］某民终5××号判决认为："美丰公司冯某某提供的证据证明其与多利公司之间为股权转让关系，故查封《采矿许可证》的行为并不必然影响冯某某办理股权过户登记，亦不必然导致其煤矿停产，故美丰公司、冯某某提交的证据不能证明其主张的损失与查封《采矿许可证》行为之间存在因果关系，其上诉主张的由某某公司赔偿各项经济损失共计46 944 335.75元亦无事实，本院不予支持。"专家们认为这一判决与事实法律不符。

（一）以必然因果关系作为判断行为与损害有无因果关系的根据，没有法律依据，也有违学界共识

其一，以必然因果关系作为判断有无因果关系的根据，缺乏法律规定和司法解释的依据。

其二，必然因果关系法，在民法学界并不被普遍认同。在学界普遍共认，也为德、法、日等各学界所公认的是相当因果关系法：在通常情况下，有此行为即足以发生此种侵害，即可以认为二者之间存在因果关系。

其三，损害赔偿解决的是实然性问题，即现实中是该行为是否确实导致了损害的发生需要负赔偿责任问题，而不是要解决必然性问题，即解决行为是否必然发生损害结果问题。以无必然性作为无因果关系的论断，在逻辑上也是讲不通的。

（二）查封《采矿许可证》的行为与案涉《股权及债权转让协议》无法继续履行并被解除之间存在因果关系

对此，美丰公司、冯某某提供的如下证据和有关法院确认的事实均可予以证明：

1.《股权及债权转让协议》；

2. 某某自治区某某自治州中级人民法院审理案涉股权转让协议纠纷案所作的民事判决书［2016］某23民初××号。

（1）该判决认为："原被告双方于2014年3月6日签订的《股权及债权转让协议》及双方于2014年3月7日签订的《〈股权及债权转让协议》补充协议〉系其真实意思表示，且不违反法律、行政法规的强制性规定，属合法有效合同。"

该判决确认涉案合同真实存在且合法有效，而原一审某铁运中院判决认为"原告方仅凭其提供的证据无法证实其与多力公司股权转让真实存在"，该认定直接对案涉股权转让纠纷案的与上述事实判决所确认的事实相冲突。

（2）该判决书中明确记载：原告要求解除上述协议的核心理由就是作为美丰公司核心资产的案涉《采矿许可证》被查封，使得转让协议项下核心目的不能实现。（见该判决书第3页、第12~13页、第15~16页）如其第16页记载："多力公司于2015年5月27日向某某自治州中级人民法院起诉，以采矿权被保全为由要求解除转让协议，代理人在庭审中多次表示因采矿权被保全拒绝履行转让协议，坚决要求解除转让协议。"

（3）该判决认为："在协议签订后，双方股权及债权转让所涉及的采矿权即被冻结，导致双方签订的协议长时间无法履行。"并以此作为双方公司解除协议的核心理由或根本原因。

以上判决所反映的事实也是以证明查封案涉《采矿许可证》是导致该协议被解除的根本原因。因为《采矿许可证》是美丰公司股权的核心资产，其长期被查封，且其权属后果难料，其何时能转让到受让方名下，甚至能否最终转让到受让方名下都难以预料。在这种情况下，任何一个受让公司都无法接受，任何一个受让人都会无法承受这样的法律风险。而选择拒绝继续履行协议和解除协议，便成了受让人的唯一选择。

专家们认为根据上述事实，可以得出结论，案涉协议被拒绝继续履行和被解除与案涉《采矿许可证》被查封之间明显具有不可否认的因果关系。

受害方因为该协议被拒绝继续履行，最后被解除，不可避免地使得该协议项下的利益丧失殆尽，而且还要背上沉重的违约责任等，因此蒙受了不可挽回的惨重损失。

（三）查封《采矿许可证》必然影响美丰公司、冯某某办理股权过户登记

由于案涉《采矿许可证》被查封，该证不能由登记在原某某县园丰煤矿

名下过户到其改判、更名后的美丰公司的名下，亦当然不能按照案涉股权转让协议履行由美丰公司名下再过户到多力公司的名下；而该《采矿许可证》作为美丰公司股权中的核心财产，其核心财产在转让上存在不可逾越的法律障碍，就必然影响美丰公司、冯某某依约办理股权过户登记。这种逻辑上的必然性，是由查封后的《采矿许可证》不可由权利人自由处分的法律属性所根本决定的。

为此，专家们一致认为，应确认，案涉《采矿许可证》被查封，是该许可证不能过户到美丰公司的名下，亦当然不能依照协议由美丰公司名下过户到多力公司名下，并导致协议项下的股权不能由美丰公司过户到多力公司名下，使合同相对方拒绝履行，并是该协议解除的根本原因所在。因此，该《采矿许可证》被查封，与案涉协议得不到履行并最终导致该协议被解除之间存在着不可否定的因果关系。

（四）案涉《采矿许可证》被查封导致案涉公司矿业停工，造成被执行人严重损失

《采矿许可证》是采矿权人行使开采矿产资源的法律凭证，是由采矿登记管理机关颁发的，授予采矿权申请人开采矿产资源的许可证明。《采矿许可证》只能由《采矿许可证》上登记的采矿许可的权利人专用，而不得为他人借用。由《采矿许可证》为登记权利人专有专用的法律属性，决定了采矿人必须是“证照统一”，即其只有营业执照的名称与《采矿许可证》的名称完全一致，才具有法定的采矿权的权能。

由于案涉《采矿许可证》被查封，无法将其过户到美丰公司的名下，使美丰公司只有变更后取得的营业执照，而公司不可能将《采矿许可证》过户到美丰公司的名下。在此情况下，美丰公司在法律上尚未取得法定的采矿权人的权能和资格，如果其继续采矿生产便属于无《采矿许可证》权能，即无采矿权人资格而开采矿产资源，便属于无证非法经营，就要依法承担民事行政甚至刑事的法律责任。故，美丰公司在此情况下，只能选择停产。

由上可见，案涉《采矿许可证》被查封与美丰公司停产之间，亦存在着不可否认的因果关系。

由于煤矿停产，不仅使其公司无营利可言，公司银行的贷款和民间借款无法按时偿还，并且因为《采矿许可证》被查封，导致该煤矿无法交易，无法寻找新的合作伙伴，无法融资，因国家规定，30 万吨以下矿井，2015 年 9

月必须关闭，使该煤矿错过了扩大规模的有利期限，即使案后解封了案涉《采矿许可证》，也因该矿规模原因，使该煤矿陷入被关闭的境地难以改变。

综上所述，因某某公司在审判监督程序中申请继续执行，使案涉《采矿许可证》被查封，由此导致《采矿许可证》过户，并导致案涉协议被拒绝履行并解除，导致美丰公司停产，对此造成的美丰公司的严重损失，某某公司应依法承担赔偿责任。

（五）案涉律师代理费用应纳入某某公司损害赔偿范围

最高人民法院《关于进一步推进案件繁简分流优化司法资源配置的若干意见》（法发［2016］21号）第22条规定："引导当事人诚信理性诉讼。加大对虚假诉讼、恶意诉讼等非诚信诉讼行为的打击力度，充分发挥诉讼费用、律师费用调节当事人诉讼行为的杠杆作用，促使当事人选择适当方式解决纠纷。当事人存在滥用诉讼权利、拖延承担诉讼义务等明显不当行为，造成诉讼对方或第三人直接损失的，人民法院可以根据具体情况对无过错方依法提出的赔偿合理的律师费用等正当要求予以支持。"

专家们认为，案涉当事人某某公司具有恶意诉讼、无理缠诉的明显特征，案中事实情况反映，当案性业已大白，涉案标的《采矿许可证》明显不在被执行人昆仑公司名下的情况下，其代理律师竟然为其提供巨额律师担保费用，在停止执行裁定生效后，又提起再审，败诉后，又再审，并经一、二审再败诉，又向最高人民法院提起再审。因此而使对方当事人无端卷入无理缠讼的陷阱，蒙受其本不应付的律师费用损失，应据此纳入损害赔偿范围。

专家们指出，至于本案赔偿的其他具体范围和数额问题，不属于本次专家论证解决的问题，相信通过本案诉讼双方举证、辩论，是完全可以加以理清的。

三、本案裁判应充分体现产权平等保护和对残疾人特别保护的原则

中共中央、国务院《关于完善产权保护制度依法保护产权的意见》指出，产权制度是社会主义市场经济的基石，而在实践中"利用公权力侵害私有产权、违法查封扣押冻结民营企业财产等现象时有发生"，为此要求"在事关产权保护的立法、执法、司法、守法等各方面各环节体现法治理念"，要求坚持平等保护原则"毫不动摇巩固和发展公有经济，毫不动摇鼓动、支持、引导非公有制经济发展，公有制经济产权不可侵犯，非公有制经济财产权同样不

可侵犯”。

最高人民法院《关于充分发挥审判职能作用切实加强产权司法保护的意见》（法发［2016］27号）规定：“坚持平等保护。坚持各种所有制经济权利平等、机会平等、规则平等，对各类产权主体的诉讼地位和法律适用一视同仁，确保公有制经济和非公有制经济财产不可侵犯。注重对非公有制产权的平等保护。”

据委托方反映某某公司以国有大公司的优势地位，强调以对国有财产特殊保护为由来对抗美丰公司的侵权赔偿请求，是其法院判决不予赔偿的重要原因之一。对此，专家们认为在本案再审程序中，美丰公司及其代理人可提请再审法院，根据上述根本原则，排除这种因素对本案公正审判的干扰。

此外，我国《残疾人保障法》（2008年）第34条规定：“国家鼓励和扶持残疾人自主择业、自主创业。”其第60条第1款规定：“残疾人的合法权益受到侵害的，有权要求有关部门依法处理，或者依法向仲裁机构申请仲裁，或者依法向人民法院提起诉讼。”第67条规定：“违反本法规定，侵害残疾人的合法权益……造成财产损失或者其他损害的，依法承担民事责任；构成犯罪的，依法追究刑事责任。”

专家们指出，本案受损害人冯某某是一名残疾人，其自主创业，实属不易，在无端受到某某公司侵害使其企业和其本人走上绝路之时，冯某某以民营小企业代表人、残疾人的身份跪倒在某某公司领导人面前，再三乞求他们不要继续违法侵害其公司和他本人，给其一条活路。但某某公司及其负责人竟然毫不动情，依然我行我素，继续将其残疾人及私营企业合法权益一直侵害到用尽一切法律程序和手段；并且当终审判决确定是其一再申请查封错误判决停止查封之后，仍到最高人民法院提起再审，坚持其错误申请。其后又在受害人冯某某及其私营企业依法提起赔偿诉讼中，千方百计制造借口逃避侵权赔偿的法律责任。凡此种种，其无论在法律上还是在道德上都是让人难以容忍的，对此，专家们一致建议再审法院根据中共中央“平等保护我国有产权原则”和《残疾人保障法》规定的“对残疾人及其财产不受侵犯的特别保护原则”，依法追究某某公司对其严重侵害的民事赔偿责任。

以上意见仅供委托方和司法机关参考。

【瞽言刍议】

这是一起某某公司以其优势地位，在一二审法院判决驳回其错误的执行申请的情况下，通过再审错误地继续申请查封案涉“采矿权证”又被再审法院驳回。但其在再审中又错误地申请执行，造成了被执行人的严重损失，应否负赔偿责任，原审法院却不予支持，认为没有事实和法律依据。专家论证从事实和法律及国家政策三个层面给予了法律支持。

本案论证可供再审错误申请执行造成损失的案件分析参考。

21. 国中某创公司、张某某与新某公司合同纠纷案

【论证要旨】

其一，张某某和国中某创投资有限公司（以下简称“国中某创公司”）不存在违约行为和违反《商品房买卖司法解释》第8条的行为，一审法院认为本案存在解除合同的法定事由，二审法院认为张某某、国中某创公司“根本违约”和违反该司法解释，认定事实错误，适用法律不当，判决结果不公，依法应当纠正；

其二，该案的处理，应当有利于本案当事人之间的《合作协议》合同目的的实现，案涉行为不影响国中某创公司和新某图书发行有限公司（以下简称“新某公司”）之间商品房买卖合同目的的实现，其继续履行，有利于案涉合同目的的根本实现。

【案涉简况】

论证委托方：广东某某律师事务所。

论证受托方：中国政法大学法律应用研究中心。

参加论证的专家：中国政法大学、中国人民大学法学院、清华大学法学院、国家检察官学院七名权威法学教授（具体略）。

委托方提供的案件材料：

1. 某某市新某公司的“民事起诉状”。
2. 某某市国中某创公司、张某某的“民事反诉状”。
3. 国中某创公司、张某某的“答辩状”。
4. 某某市某某区人民法院［2015］某法民一初字第16××号民事判决书。
5. 国中某创公司、张某某的“民事上诉状”。

6. 某某市中级人民法院［2016］某06民终60××号民事判决书。

7. 国中某创公司、张某某的“再审申请书”。

8. 诉讼财产保全申请书、财产保全担保函、担保公司相关资质材料。

9. 国中某创公司、张某某诉讼中提供的证据材料：

（1）国中某创公司企业法人营业执照、组织机构代码。

（2）张某某身份证复印件。

（3）成交确认书及成交确认书补充版。

（4）《国有建设用地使用权出让合同》。

（5）张某某、三川田公司、新某公司之间的《合作协议》。

（6）转款明细单及转款凭证。

（7）预售许可证。

（8）竣工验收备案表。

（9）提供资料通知及其附件。

（10）关于配合金海创意中心商场整体开业事宜的函。

（11）QQ通信记录。

（12）商品房买卖合同书。

（13）2014年3月14日新某公司和某某新某发行集团股份有限公司的《投资意向书》。

（14）2014年7月28日新某公司和某某新某发行集团股份有限公司的《关于转让“东平书城”项目的协议》。

（15）2015年2月13日张某某及国中某创公司与新某公司的《会谈纪要》。

（16）某某市宏创荣德税务师事务所有限公司的《某某市国中某创投资有限公司关于金海文化创意中心地块房地产开发项目投资分析报告》。

（17）某某市东平新某图书发行有限公司营业执照。

（18）某某国通服务管理有限公司某某新城分公司“营业执照”。

（19）2015年3月9日新某公司给某某国通服务管理有限公司某某分公司的《创意中心装修指南》和《业户手册》签收单。

（20）金海文化创业中心消防责任书。

（21）创意中心大厦装修承诺书、创意中心楼宇装修安全承诺书。

（22）创意中心装修施工现场防火安全管理细则。

（23）金海文化创业中心装修指南。

（24）新某书店 2、3 层装修施工违规处理事件簿。

（25）创意中心楼宇装修违章整改通知书及相关照片。

（26）停工通知。

（27）2014 年 6 月 23 日某某市国有建设用地使用权出让补充合同。

（28）某某市某某区档案馆 2016 年 9 月 23 日《证明》2 份。

（29）2015 年 7 月 31 日某某市某某区乐从镇发展和经济促进局“关于创意中心周边道路情况的说明”。

（30）《房地产权证》2 份。

（31）《商品房买卖合同》2 份。

10. 新某公司诉讼中提供的证据材料：

（1）《项目合作合同》（2010 年 11 月 9 日）。

（2）《国中某创公司章程》《股东会决议（增资）》《股东会决议（修改章程）》《企业信息查询》。

（3）《股东会决议（退股）》。

（4）《成交确认书》（2010 年 11 月 19 日）、《成交确认书（补充版）》（2010 年 12 月 7 日）。

（5）《国有建设用地使用权出让合同》（2010 年 12 月 13 日）。

（6）《土地使用权（国中某创公司）》（2010 年 1 月）。

（7）《终止（项目合作合同）协议书》（2011 年 6 月 13 日）。

（8）《公司合作协议》（2011 年 6 月 13 日）。

（9）《商品房预售许可证》（2012 年 12 月 24 日）。

（10）《竣工验收备案表》（2014 年 6 月 27 日）。

（11）《关于配合金海创意中心商场整体开业事宜的函》（2014 年 7 月 22 日）。

（12）《关于创意中心购房款的函》（2015 年 2 月 3 日）。

（13）《场地使用证明》（2015 年 2 月 13 日）。

（14）《会谈纪要》（2015 年 2 月 13 日）。

（15）《致股东张某某的函》（2015 年 2 月 16 日）。

（16）《申请转交场地的函》（2015 年 3 月 4 日）。

（17）《收楼确认书》（2015 年 3 月 9 日）。

（18）《停工通知》《致函》（2015 年 4 月 17 日）。

（19）《被逼停工照片》《因停工造成损失的凭证》。

（20）《新某公司购买物业已支付的本金及利息计算表》。

（21）《国中某创公司、张某某应支付违约金计算方法》。

（22）《张某某与梁某忠的电话录音资料》。

（23）违章建筑照片。

11. 2015 年 12 月 15 日新某公司给某某市某某区人民法院的《情况反映》。

12. 委托方提供的“合同纠纷案专家论证会议题”和“合作合同案件事实”。

以上材料都是复印件。委托方对这些材料的真实性和来源的合法性负责。专家们以这些材料显示的案件情况为事实根据，对之外的情况不发表意见。

委托方材料显示的案情：

2010 年 11 月 9 日，张某某、广州市三某田数码科技有限公司（以下简称“三某田公司”）、新某公司三方签订了《东平文化创意产业交易中心项目合作合同》（以下简称《项目合作合同》），约定三方组建成联合体参与某某市东平新城吉祥道以东、裕和路以南地块（以下简称“涉案地块”）的招标、拍卖，取得涉案地块的使用权进行开发建设。11 月 19 日，三方竞拍取得涉案地块使用权，出让金 8100 万元，与某某市某某区土地房产交易中心（以下简称“土地中心”）签订了《成交确认书》。2010 年 11 月 26 日，三方经协商成立项目公司——国中某创公司，股权比例是：张某某占 80%，三某田公司和新某公司各占 10%。12 月 7 日，三方、国中某创公司与土地中心签订《成交确认书（补充版）》，三方承诺作为国中某创公司的连带保证人，担保该公司履行挂牌文件及《某某市国有建设用地使用权出让合同》（以下简称《出让合同》）中的相关规定。12 月 13 日，国中某创公司与某某市国土资源局签订了《出让合同》，约定由该公司取得涉案地块的使用权，《出让合同》中有限制性规定：合同项下图书经营项目竣工验收后 5 年内不可转让，否则不予办理任何转让手续，图书经营需达到政府规定的相关要求；第二年经营品种不得少于 20 万种，销售额不少于人民币 3000 万元；三年内经营品种年增长不少于 10%，销售额年增长不少于 30%。国中某创公司依约全额支付了出让金 8100 万元，2011 年 1 月 26 日取得《国有土地使用权证》（某府（顺）国用［2011］第 05009××号）。

2011 年 6 月 13 日，三方约定终止《项目合作合同》，另行签订《某某市国中某创投资有限公司合作协议》（以下简称《合作协议》），各方的权利义务以《合作协议》为准。根据该协议：

1. 新某公司在国中某创公司有 10%的股份，负责涉案地块建设项目（以下简称“涉案项目”）中“东平文化创意产业交易中心书城”（以下简称“书城”）的经营，保证书城运营达到政府要求，并承担相应责任。

2. 新某公司在涉案项目中的“东平文化创意产业交易中心”（以下简称“交易中心”）建成且将其 10%的股权过户给张某某或其指定的第三方后，有优先权按照成本价购买西侧裙楼二、三层即“金海文化创意中心”P59 号铺之二、P61 号铺（以下简称“涉案物业”），作为书城使用（预计面积 9000 平方米至 10 000 平方米）。

3. 新某公司购买涉案物业的“成本价”的构成标准是：购买总价＝购买成本单价×购买的面积；购买成本单价＝项目开发总成本÷（项目总建筑面积－分配给某创网络公司的建筑面积）。

4. 关于涉案项目开发总成本，双方约定，在项目全部竣工验收合格后，双方签订涉案物业买卖合同前，双方委托有资质的中介机构对国中某创公司财务账册进行审计确定。

5. 国中某创公司、张某某应按与新某公司签订的买卖合同约定期限交付涉案物业。

6. 交易中心达到商品房预售条件及政府允许出售后 60 天内，张某某通知新某公司办理其 10%股权的过户手续，新某公司应在接到通知后 10 个工作日内将该股权过户给张某某或指定的第三方。

7. 涉案地块《出让合同》作为《合作协议》的附件，是该协议的组成部分。

《合作协议》还约定了新某公司支付购买涉案物业价款的方式及付清全款的时间，以及双方的违约责任等内容。

在《合作协议》履行过程中，2014 年 3 月，国中某创公司增资扩股，注册资本由 1000 万元变更为 1 亿元，张某某、新某公司、三某田公司三方的股份变更为 98%、1%、1%。

涉案项目于 2012 年 12 月 24 日取得《商品房预售许可证》［编号：顺预许字 201202××××号］，2014 年 6 月 27 日取得《房屋建筑工程和市政基础设施工程竣工验收备案表》。

新某公司在 2010 年 11 月 25 日至 2014 年 5 月 28 日之间，向国中某创公司支付 21 笔购房款，共计 5800 万元。

张某某和国中某创公司称，涉案项目竣工验收后，多次通知新某公司办理 1%股权过户手续及签订《商品房买卖合同》，均未得到新某公司的配合。2014 年 7 月 3 日，张某某和国中某创公司将包括购房合同等在内的资料交给新某公司，与其就签订《商品房买卖合同》事宜进行协商，新某公司也没有签约的表示。

同年 7 月 22 日，国中某创公司向新某公司发出《关于配合金海创意中心商场整体开业事宜的函》，要求其在 2014 年 7 月 30 日内完成界面的确认，并完成相关协议/合同的签订。但是，截至 2015 年 2 月 13 日之前，未能达成。

2015 年 2 月 13 日，张某某、国中某创公司与新某公司经协商形成《会议纪要》，确定：新某公司同意依约办理国中某创公司 1%股权转让手续；双方各聘请一家中介机构对涉案项目进行价格审计，差异部分依据该纪要相关部分处理；价格明确后，双方立即签订《商品房买卖合同》及按照约定办理款项结算支付。

2015 年 2 月 25 日，国中某创公司和张某某向新某公司交付了涉案物业 9761.86 平方米，双方于 3 月 9 日补办了交付手续。

国中某创公司和张某某根据《会议纪要》委托某某宏创荣德会计师事务所对涉案项目进行了价格审计，该所于 2015 年 6 月 30 日出具了《房地产开发项目投资分析报告》，认定涉案物业不含税单位成本为 7748.1 元/平方米。新某公司没有委托中介机构审计，也没有配合国中某创公司和张某某办理股权转让手续以及签订《商品房买卖合同》。

新某公司自 2015 年 2 月接收涉案物业后，由其全资子公司某某市东平新某图书发行有限公司（以下简称“东平公司”）进行装修。2015 年 4 月 17 日，涉案项目物业管理公司某某国通服务有限公司某某新城分公司（以下简称“物管公司”）以东平公司装修违规、未进行消防报批且多次通知整改无果及业主方协调原因为由，向该公司发出《停工通知》。新某公司一直未能办妥消防报建及完成整改，处于停工状态没有再进行装修。

2015 年 8 月 29 日，新某公司以张某某和国中某创公司存在拖延交付物业、拖延确定成本价及签订《商品房买卖合同》、阻碍装修等违约行为，导致其合同目的无法实现为由，向某某市禅城区人民法院提起诉讼，请求：解除合同关系、张某某和国中某创公司返还购房款 5800 万元及其利息、支付违约金等。

张某某和国中某创公司提起反诉，请求：继续履行《合作协议》、新某公司向张某某无条件转让 1%股权等。

一审法院在审理过程中，就涉案物业成本价的鉴定事宜，两次向新某公司释明，新某公司始终不同意鉴定。

禅城区人民法院［2015］佛城法民一初字第 16××号民事判决认为：国中某创公司与新某公司之间的商品房买卖合同关系成立，其 2015 年 10 月将部分涉案物业抵押给银行属于“先卖后抵”，符合最高人民法院《关于审理商品房买卖合同纠纷案件适用法律若干问题的解释》（法释［2003］7 号，本文下同）（本文以下简称《商品房买卖司法解释》）第 8 条规定的法定解除条件。判决：解除双方商品房买卖合同；张某某及国中某创公司向新某公司返还购房款 5800 万元及利息；张某某及国中某创公司向新某公司支付赔偿金 722.9 万元；新某公司将其所持国中某创公司 1%股权转让给张某某；驳回双方其他诉讼请求。

张某某和国中某创公司不服一审判决，上诉至某某市中级人民法院。某某市中级人民法院经审理认为：张某某及国中某创公司未履行审计确定成本价的义务、擅自将涉案物业“先卖后抵”，已构成根本违约；新某公司主张解除《合作协议》中的商品房买卖合同有事实根据和法律依据。2016 年 12 月 22 日判决，驳回上诉、维持原判。

张某某及国中某创公司不服二审判决，准备申请再审。

委托方委托论证的议题：

1.《出让合同》与《合作协议》的关系如何，可否分割？

2.《合作协议》包括合作开发、物业分配买卖、股权转让等内容，物业分配买卖关系与合作开发关系可否分割？

3.《合作协议》中的物业分配买卖关系能否单独解除？其解除后，是否影响《出让合同》关于图书经营义务的履行？

4. 新某公司是否构成违约？

5. 假使张某某及国中某创公司在确定涉案项目成本价中有一定过错，是否导致新某公司的物业分配买卖合同目的无法实现、达到解除合同的法定条件，新某公司是否有权解除物业分配买卖合同关系？

6. 本案是否适用《商品房买卖司法解释》？是否符合该司法解释第 8 条规定的“先卖后抵”的法定解除条件？

【论证意见】

委托方广东某某律师事务所因为国中某创公司、张某某不服某某省某某市某某区人民法院［2015］某法民一初字第 16××号民事判决（以下简称“一审判决”）、某某省某某市中级人民法院［2016］某 06 民终 60××号民事判决（以下简称“二审判决”）一事，委托中国政法大学法律应用研究中心进行法律专家论证，提供专家论证意见。中国政法大学法律应用研究中心审阅了委托方提供的案件材料后，认为符合本中心进行专家论证的条件，邀请了在京七名权威专家学者，于 2017 年 1 月 15 日举行了专家论证会议。专家们对委托方提供的案件材料和相关法律规定进行了研究讨论，充分地发表了意见。委托方有关律师在论证会上介绍了案件情况并接受了专家们的询问。专家们在深入研究讨论的基础上形成本论证意见，供委托方和有关司法机关参考。

专家们经过深入研究讨论，在掌握上列案件材料显示的案情的基础上，对委托方提出的议题按照其法律逻辑进行了整合，认为，鉴于本案一审判决认定本案存在解除合同的法定事由、二审判决认定张某某和国中某创公司“根本违约”，从而判决解除《合作协议》中的商品房买卖合同，因此，本案的焦点应当是以下四个问题：

1. 张某某和国中某创公司是否根本违约，《合作协议》中的商品房买卖合同关系是否应当按照《商品房买卖司法解释》第 8 条予以解除。

2. 在确定涉案物业成本价问题上，当事人双方的义务和责任如何。

3. 当事人之间的《合作协议》是什么性质的合同，如果《合作协议》中的商品房买卖合同关系解除，《出让合同》如何履行，新某公司是否应当继续承担《出让合同》中的义务。

4. 本案一、二审是否存在违法之处。

专家们就此四个问题，形成以下一致意见：

一、本案一、二审判决认定事实和适用法律均属错误，应当予以纠正国中某创公司已经按照约定交付了房屋，办理所有权转移登记尚未到《合作协议》和《出让合同》约定的时间，所以，不存在“买受人无法取得房屋”的法定情形；违约行为以违反合同约定为法定构成要件，二审判决认定国中某创公司的抵押构成根本违约没有合同根据和法律依据，认定事实错误，适用法律不当；从《商品房买卖司法解释》第8条规定的适用要件看，该公司的抵押行为并未发生该条规定的“导致商品房买卖合同目的不能实现，买受人无法取得房屋”的结果，没有影响买受人新某公司对已取得房屋的占有和使用，不具备该条规定的“行为结果要件”，所以，本案不具备适用该条司法解释的条件，不应解除合同

具体理由和根据如下：

（一）国中某创公司已经按照约定交付了房屋，新某公司接收了交付的房屋并对此没有异议，根据《合作协议》和《出让合同》，未到办理房屋所有权转移登记的时间，在交付约定房屋方面，国中某创公司不存在违约

国中某创公司与新某公司经协商形成《会议纪要》之后，2015年2月25日，国中某创公司向新某公司交付了涉案物业9761.86平方米，双方于3月9日补办了交付手续。本案一、二审判决均认定了这一事实，新某公司对此也没有异议，因此，国中某创公司在交付房屋方面，没有违约。

（二）国中某创公司的抵押行为虽然不妥，但是不构成违约。因为，违约行为以违反合同约定为构成要件，二审判决认为该公司“根本违约”，但是没有指明违反了哪一合同约定，显然是没有合同依据的错误认定

本案二审判决认为，国中某创公司在一审过程中将涉案物业中的P59号之二抵押给银行，是“先卖后抵”，“构成根本违约”，对于国中某创公司在二审过程中主动涂销抵押登记的行为，认为是“该违约行为已经发生”。（详见二审判决书第43页）

专家们指出，二审判决的这一认定，没有合同依据，违反关于违约行为的法律规定，属于认定事实错误。

根据《合同法》的规定，违约是不履行合同义务或者履行合同义务不符合约定的行为。认定违约行为，以违反合同约定为构成要件。

一审判决未认定国中某创公司违约，自无须指明违约的依据。二审判决

认定该公司“根本违约”但是没有指明违反了《合作协议》哪一条款的约定，或者是违反了当事人之间的哪一约定。新某公司也没有主张国中某创公司违反了双方之间的哪一约定。因此，应当认为，二审判决认定该公司“根本违约”没有合同根据也没有法律依据，不符合《合同法》关于违约行为的规定。

因此，二审判决以国中某创公司“根本违约”“该违约行为已经发生”作为理由判决解除涉案合同，没有合同依据，也没有法律依据，明显错误。

（三）国中某创公司的抵押行为，不符合《商品房买卖司法解释》第8条规定的解除合同“行为结果要件”，二审判决以该条为法律依据解除涉案合同，曲解了该司法解释，认定事实错误，适用法律不当

专家们指出，要正确适用法律，首先必须准确理解法律，对《商品房买卖司法解释》第8条的适用，首先必须准确理解其立法目的、条文含义、规范结构，理解其构成要件。

1.《商品房买卖司法解释》第8条规定了解除合同的“行为情形要件”和“行为结果要件”，二要件齐备的，构成解除合同的法定事由

根据《商品房买卖司法解释》第8条的规定，具有下列情形之一，导致商品房买卖合同目的不能实现的，无法取得房屋的买受人可以请求解除合同、返还已付购房款及利息、赔偿损失，并可以请求出卖人承担不超过已付购房款一倍的赔偿责任：①商品房买卖合同订立后，出卖人未告知买受人又将该房屋抵押给第三人；②商品房买卖合同订立后，出卖人又将该房屋出卖给第三人。

按照对法律条文解释方法中的目的解释、文义解释、结构解释等方法对《商品房买卖司法解释》第8条进行解释，该条司法解释有以下三个方面的内涵：

（1）该条的立法目的是防止房地产开发商利用“先卖后抵”“一房二卖”等方式，导致“买受人无法取得房屋”而受到损害。

（2）该条的文义确定了本条的适用对象和法律效果。适用对象是出卖人实施“先卖后抵”或者“一房二卖”行为“导致商品房买卖合同目的不能实现，买受人无法取得房屋”的情形；法律效果是买受人可以请求解除合同等。

（3）该条的逻辑结构，按照行为结果、行为法效、行为情形的排列，从

三个部分规定了适用本条的构成条件和法律效果。

第一部分规定的是“行为结果要件”，即该条中“导致商品房买卖合同目的不能实现，买受人无法取得房屋”。

第二部分是“行为的法律效果”，即“无法取得房屋的买受人可以请求解除合同、返还已付购房款及利息、赔偿损失，并可以请求出卖人承担不超过已付购房款一倍的赔偿责任”。

第三部分，是“行为情形要件”，即该条中第1、2项。

从该司法解释关于构成要件之间关系的规定看，有两个层面的要求：

第一个层面，“行为情形要件”和“行为结果要件”之间须有事实层面的必然因果关系。即出卖人“先卖后抵”或者“一房二卖”的行为在事实层面“导致商品房买卖合同目的不能实现的，买受人无法取得房屋”。

第二个层面，“行为情形要件”和“行为结果要件”这“两个要件之总和”与“行为的法律效果”之间有法律层面的因果关系。即“行为情形要件”和“行为结果要件”齐备的，才能发生买受人“可以请求解除合同、返还已付购房款及利息、赔偿损失，并可以请求出卖人承担不超过已付购房款一倍的赔偿责任”的法律效果。

总结以上，应当认为，适用该条司法解释必须“行为情形要件”和“行为结果要件”齐备，才能发生“行为的法律效果”，有“行为情形要件”而缺乏“行为结果要件”的，不能发生“行为的法律效果”。

2. 国中某创公司的抵押行为不具备《商品房买卖司法解释》第8条规定的“导致商品房买卖合同目的不能实现、买受人无法取得房屋”的行为结果，缺乏“行为结果要件”，二审判决曲解了该条司法解释，认定事实错误

专家们指出：本案二审判决曲解《商品房买卖司法解释》第8条第1项，认定事实严重错误。

对此有三点理由：

第一点，本案不存在《商品房买卖司法解释》第8条规定的解除合同的“行为结果要件”，二审判决片面强调该条第1项规定的“行为情形要件”，忽视了该条规定的“行为结果要件”，曲解了该条司法解释，认定事实错误。

如上所论证，《商品房买卖司法解释》第8条的立法目的，是防止房地产开发商利用“先卖后抵”“一房二卖”等方式，导致买受人无法取得房屋而

受到损害。因此，在出卖人的此等行为“导致商品房买卖合同目的不能实现，买受人无法取得房屋”的，买受人可以请求解除合同。

本案中，国中某创公司于 2015 年 3 月 9 日将房屋交付买受人新某公司，到国中某创公司 2015 年 10 月 19 日抵押，买受人新某公司已经取得并持续占有房屋 7 个多月，并开始装修，国中某创公司在二审过程中主动采取行动解除了抵押，新某公司仍然以买受人地位持续占有房屋。新某公司和一、二审判决始终都没有否认国中某创公司已经交付房屋、新某公司已经取得房屋的客观事实。

据此客观事实，国中某创公司的抵押行为不存在该条司法解释规定的出卖人的抵押“导致商品房买卖合同目的不能实现，买受人无法取得房屋”的情形，不具备该条规定的解除合同的“行为结果要件”。

第二点，本案二审过程中，国中某创公司主动解除了抵押，丝毫不存在因为抵押“导致商品房买卖合同目的不能实现，买受人无法取得房屋”的可能性，二审判决业已查明抵押已经解除、新某公司持续占有已经取得的房屋，错误地以“该违约行为已发生”取代《商品房买卖司法解释》第 8 条规定的“买受人无法取得房屋”的规定。

本案中，国中某创公司在新某公司取得房屋后将房屋抵押给银行，固然行为不妥，但是，该公司在二审过程中主动解除了抵押，新某公司持续占有已取得房屋的事实，证明完全不存在“导致商品房买卖合同目的不能实现，无法取得房屋”的情形，也根本不存在发生这种情形的可能性。在此条件下，就应当实事求是地认定买受人新某公司已经取得房屋且持续占有房屋，不存在“导致商品房买卖合同目的不能实现，买受人无法取得房屋”这一事实，从而认定不存在《商品房买卖司法解释》第 8 条规定的条件。但是，二审判决先是在没有合同根据和法律依据的条件下，错误认定国中某创公司“根本违约”，又以“该违约行为已发生”为理由，无视本案不存在“导致商品房买卖合同目的不能实现，买受人无法取得房屋”这一事实。其结果，实际上是用不存在的“根本违约”取代了《商品房买卖司法解释》第 8 条规定的“行为结果要件”。

第三点，涉案物业远未到使用权转移登记时间，新某公司业已取得房屋且持续占有房屋，抵押在诉讼过程中已经解除，不存在因国中某创公司曾经的抵押影响将来的房屋所有权登记问题。

《合作协议》第6.2.4条约定：涉案物业中若政府设定了限制转让期的，张某某应在限制转让期结束后30个工作日内办妥房产过户手续。《出让合同》是《合作协议》的组成部分，根据《出让合同》第21条，涉案项目中图书经营部分自项目竣工验收后5年内不可转让，否则不予办理任何转让手续。

新某公司根据《合作协议》购买涉案物业，不可避免地存在涉案项目图书经营部分房屋所有权和建设用地使用权转让问题，就必然受到上述《出让合同》的限制。因此，在涉案项目竣工后5年内，不能进行权利转让。

当下的事实是，新某公司已经取得房屋，二审过程中抵押已经解除，在《出让合同》限制的时间范围内，不能进行涉案物业权利转让。因此，国中某创公司曾经的抵押行为，对将来办理权利转让登记手续没有不利影响。

（四）本案国中某创公司的抵押与《商品房买卖司法解释》规定的抵押有实质性区别，不应适用该司法解释第8条第1项

国中某创公司和新某公司之间是公司与其股东的关系，国中某创公司抵押的房屋是公司按照合作关系以成本价优惠卖给股东的房屋，具有合作利益分配的性质和特点，该公司的抵押是在股东新某公司资金短缺不能及时交付购房款而公司经营需要资金，为了股东利益在内的公司经营进行贷款担保，且及时解除了抵押，无损于新某公司取得和持续占有房屋。

可见，新某公司购买涉案物业是基于合作关系当事人之间的利益分配，并非普通的商品房买卖。因此，区别于该司法解释规定的出卖人损害买受人利益进行抵押，导致买受人无法取得房屋的情况，所以，不应适用该司法解释第8条。

二、本案二审判决关于张某某和国中某创公司在履行确定项目成本价的义务上单方违约的认定，与本案证据证明且一、二审法院均认定的案件事实截然相反，因此，认定张某某和国中某创公司单方违约违背案件事实、自相矛盾，有失公正；涉案项目成本价未能确定，不应归咎于张某某和国中某创公司一方，新某公司因资金缺乏，在履行《会谈纪要》第1条约定方面自始至终的不作为，也是涉案项目成本价问题悬而不决的重要原因

二审法院认定，张某某、国中某创公司未履行审计确定项目成本价的义务，单方面存在违约行为。

至于这一认定的理由，据二审判决第 41 页至第 43 页记载，二审法院认定，《合作协议》没有约定双方确定项目成本价的具体程序和时间，张某某、国中某创公司和新某公司在随后签订的《会谈纪要》中对确定成本价的具体程序和时间进行了补充约定，即张某某、国中某创公司应在 2015 年 3 月 15 日将审计价格所需的财务账册的全部资料一式三份准备完毕，双方各聘请一家中介机构对项目进行价格审计，两家中介机构应在 30 日内出具审计报告。但是，张某某、国中某创公司未提供证据证明其在 2015 年 3 月 15 日将价格审计的全部资料准备完毕并向新某公司提交，自身亦未履行对项目进行价格审计并告知新某公司的义务，张某某、国中某创公司未按双方约定提交审计材料，迟迟未予确定涉案物业的成本价的行为将直接导致新某公司处于合同利益得不到有效保障、合同目的难以实现的境地。

专家们就二审判决的这一认定及其理由指出：

二审判决将涉案项目成本价未能确定归咎于张某某和国中某创公司一方，违背本案证据证明的事实，与一、二审法院均认定的事实自行矛盾，也不公正，新某公司因资金短缺，在履行《会谈纪要》第 1 条约定方面自始至终的不作为，是涉案项目成本价未能确定的重要原因。

理由和根据是：

(一)《会谈纪要》证明，一、二审法院也均已认定，双方当事人应当各聘请一家中介机构分别对项目进行价格审计，两家中介机构分别出具审计报告，因此，聘请中介机构进行价格审计，是双方当事人的义务，不是张某某、国中某创公司一方的单方义务。二审判决归咎于张某某和国中某创公司一方，认定该方当事人单方面违约，违背了该证据证明的事实，认定事实错误

关于双方当事人各聘请一家中介机构进行价格审计并分别出具审计报告的约定，《会谈纪要》第 1 条和上述二审判决书有明确记载，此不赘述。

必须指出的是，根据二审判决书第 41 页至第 42 页的记载，二审法院已经认定《会谈纪要》约定张某某、国中某创公司和新某公司双方各聘请一家中介机构对项目进行价格审计，两家中介机构应在 30 日内出具审计报告，既然如此，就理应认定当事人双方都有“各聘请一家中介机构对项目进行价格审计”的义务，进而查明认定当事人双方各自履行这一义务的事实情况。但是，二审判决却认定没有进行审计是张某某和国中某创公司单方面违约，其逻辑就是认为聘请中介机构审计是张某某和国中某创公司一方当事人的单方

面义务，这显然违背了证据证明的事实。

（二）本案二审判决将未能通过审计确定项目成本价全部归咎于张某某和国中某创公司一方当事人，与一、二审法院认定的事实自相矛盾，有失公正

1. 二审判决确认了一审法院查明的事实，又否定其查明的事实，自相矛盾

二审判决书第 40 页记载："本院对一审法院查明的事实予以确认。"据此，应当认为，二审法院概括确认了一审法院查明的事实，包括一审法院采信的证据。因此，如果否定一审法院查明的事实，就属于自相矛盾。但是，二审判决却存在一边概括确认、一边具体否定、自相矛盾的错误。

2. 一、二审法院均认定《会谈纪要》约定张某某、国中某创公司和新某公司双方各聘请一家中介机构对项目进行价格审计，两家中介机构应在 30 日内出具审计报告，就是认定当事人双方都有该项义务，是双方义务

也就是说，两审法院均认定，新某公司也有聘请一家中介机构对项目进行价格审计的义务，不是张某某和国中某创公司一方当事人单方面的义务。

一审判决没有认定张某某和国中某创公司一方违反此项义务构成违约，二审判决在新某公司自始至终不履行该义务的条件下，认定张某某和国中某创公司单方违约，无疑是否定二审法院自己关于双方义务的认定，自相矛盾。

3. 一审法院认定某某宏创荣德会计师事务所的《"金海文化创意中心"开发项目投资分析报告》是审计报告，二审判决既然表明"本院对一审法院查明的事实予以确认"，反过来又认为该报告是财税分析、涉税事项的专业意见，否定其中关于项目成本价"审计报告"的性质，否定一审法院认定的事实，属于自相矛盾

一审判决第 17 页记载，一审法院认为，该报告"虽非对涉案物业成本价的专项审计报告，但该审计报告亦包括涉案项目车库、商铺、写字楼的成本价在内，且原告经本院两次释明均表示不对涉案物业成本价委托审计，因缺乏反证否定该审计报告，本院对该证据的真实性予以确认"。这证明一审法院已经确认该报告属于审计报告，二审法院一边表示确认一审法院查明的事实，一边却否定该院查明的这一事实，自相矛盾。

4. 根据一审法院查明的事实，新某公司自始至终没有履行《会谈纪要》第 1 条约定的行为，甚至在一审法院两次释明的条件下仍然拒绝履行，证明该公司自始至终不履行该条的约定，二审判决既然确认了一审判决认定的事实，反过来又认为张某某和国中某创公司单方违约，自相矛盾

没有证据证明新某公司在一审诉讼之前有聘请中介机构进行审计的行为，也没有证据证明该公司曾经向国中某创公司索要过项目账册等供审计的材料，足以认为该公司对聘请中介机构审计一事始终采取消极行为。

尤其是，据一审判决书第 17 页记载，该公司经“本院两次释明均表示不对涉案物业成本价委托审计”证明该公司自始至终不愿聘请中介机构进行审计。

(三) 一审判决书的内容、《会谈纪要》及新某公司 2015 年 12 月 15 日给一审法院的《情况反映》等证明，新某公司自始至终不履行《会谈纪要》第 1 条约定义务的原因，是自身资金不足

(1) 一审判决书第 9 页记载：原告（即新某公司）针对两被告的反诉辩称“一开始的时候两被告承诺以 7000 元/平方米的价格购买涉案物业”。此点，证明新某公司一审中表达的对涉案物业成本价的期望值是 7000 元/平方米。

(2) 一审判决书第 7 页记载，张某某和国中某创公司对原告新某公司的答辩称，“原告对合同的交付期限及付款期限均无异议，但表示继续支付购房款较为吃力，向两被告申请将项目转让给某某新某发行集团股份有限公司，并向两被告提交了其与某某新某发行集团股份有限公司签订的《投资意向书》及《关于转让“东平书城”项目的协议》，两被告对此无异议，但最终因原告自身原因，直至两被告将房屋交付原告后，双方仍未能够签订书面的买卖合同”。

(3) 一审判决书“本院确认如下事实”部分的第 23 页至第 24 页记载：“原、被告确认”，“原告向被告国中某创公司提交了由原告与某某新某发行集团股份有限公司签订的《投资意向书》(落款时间：2014 年 3 月 14 日) 及《关于转让“东平书城”项目的协议》(落款时间：2014 年 7 月 28 日)。据《关于转让“东平书城”项目的协议》约定，原告同意将金海文化创意中心的二楼（部分)、三楼的房产（面积约 9300 平方米）的权利义务，以及原告在《合作协议》及《某某市国有建设用地使用权出让合同》的权利义务转让

给新某发行集团股份有限公司。该协议并载明，截至2014年6月17日止，原告共支付项目款为5800万元。后新某发行集团股份有限公司未履行上述协议”。

（4）《会谈纪要》第3条记载，双方当事人在该纪要中约定，由于丙方（即新某公司）资金紧缺，在丙方所购买的物业未办理过户前，根据双方共识，甲方“某某市国中某创投资有限公司”同意以丙方所购买的物业为“某某市东平图书发行有限公司”（注：该公司为丙方某某市新某图书发行有限公司的全资子公司）或丙方提供抵押担保。

（5）一审判决书第17页记载，在一审中，法院两次释明，新某公司始终不同意委托中介机构对涉案项目进行价格审计。

（6）新某公司2015年12月15日给一审法院的《情况反映》第1页至第2页显示，“据代理律师反映，法院认为购房成本价要进行评估，并有可能继续履行合约的趋向”。新某公司“是以服务于社会为宗旨的微利企业，因此企业的实力并不雄厚”。“若出现了上述的审理结果，新某公司将无力继续支付该费用。”

专家们指出，上述这些证据证明了三个事实：

第一个事实，新某公司在签订《合作协议》后，与新某发行集团股份有限公司签订《关于转让“东平书城”项目的协议》，将其在《合作协议》和《出让合同》中的权利义务转让给该公司，而该公司没有履行《关于转让“东平书城”项目的协议》，新某公司转让其合同权利义务的原因，是资金不足。

第二个事实，新某公司在《会谈纪要》中“自认”资金紧缺，在《情况反映》中“自认”如果对成本价进行评估、继续履行合同“将无力继续支付该费用”。

第三个事实，新某公司在一审中主张，张某某和国中某创公司一开始承诺该公司以7000元/平方米的价格购买涉案物业。但是，其后来取得的物业面积为9764.86平方米，即使按照该公司所称之价格，其应当交付的价款是6800余万元，先前交付了5800万元，有上千万元的差额。新某公司自始至终没有向张某某和国中某创公司主张7000元/平方米的价格，而是在《会谈纪要》中“自认”资金紧缺，在《情况反映》中“自认”“无力继续支付该费用”。

根据这三个事实，足以认定新某公司在取得涉案物业 9764.86 平方米之后，既不主张按照其声称的 7000 元/平方米价格交付购买款，也不积极按照《会谈纪要》的约定聘请中介机构进行审计，其真实的原因，是由于资金紧缺，不愿意继续履行《合作协议》。

（四）二审判决关于张某某和国中某创公司未按双方约定提交审计材料的认定，违背了《会谈纪要》证明的事实，属于没有合同根据地给该方当事人科以义务。《会谈纪要》约定的是张某某和国中某创公司将供审计的全部资料“准备完毕”，没有约定该方当事人承担了主动向新某公司提交全部资料的义务，相反，根据该纪要的文义和通常做法，新某公司应当主动向对方当事人索要审计材料，新某公司在一、二审中并没有主张向对方当事人索要审计材料而遭到拒绝，也没有这方面的证据，不能无根据地认定张某某和国中某创公司有主动提交材料的义务而没有提供，构成违约

二审判决书第 43 页记载，二审法院认定“张某某、国中某创公司未按双方约定提交审计材料”与《会谈纪要》第 1 条的约定明显不符。当事人双方在该条中的相关约定是：“就《合作协议》中 6.2.2 中项目价格进行财务账册审计事项，甲方同意在 30 日（2015 年 3 月 15 日前）内将全部资料一式叁份（两份交中介，一份备用）准备完毕。”可见，准备完毕的资料是备审计机构审计之用，并不是约定张某某和国中某创公司一方在新某公司拒绝审计的情况下，也要承担主动向其提交全部资料的义务。

事实是：没有证据证明张某某和国中某创公司一方在约定时间没有准备好审计材料。

在一、二审中，新某公司没有主张其曾经向对方当事人索要约定的审计材料而遭到拒绝。

没有证据证明张某某和国中某创公司曾经拒绝向新某公司提供审计材料。

一审判决没有认定张某某和国中某创公司未按约定向新某公司提供约定的审计材料。

二审判决书中没有认定张某某和国中某创公司拒绝向新某公司提供审计材料的证据。

所以，二审判决认定张某某和国中某创公司未按双方约定提交审计材料，没有任何证据，属于既无合同根据又无法律依据地给该方当事人强加义务。

三、《合作协议》属于以《出让合同》为基础和核心的、以合作开发、建设、经营涉案项目为目的的合同；受到涉案地块用途的决定，三方当事人的合同目的只能是合作开发、建设、经营涉案项目；新某公司依据国中某创公司股东的身份以成本价买卖商品房，具有合作关系当事人之间利益分配和公司对股东优惠的性质和特点，这种利益分配和优惠是为了实现《合作合同》的合同目的，两审判决认为新某公司买卖商品房的合同目的不能实现，背离了《合作协议》和《出让合同》确定的这一合同目的；尤为重要的是，解除商品房买卖关系，将会导致《合作协议》和《出让合同》因成本价没有确定这个并非不能妥善解决的具体问题而无法正常履行，从而产生《合作协议》特别是《出让合同》的目的不能实现、破坏某某市政府出让涉案地块发展本地文化产业规划从而损害社会公共利益的恶果

根据是：

（一）关于《合作协议》的性质，该协议的内容清晰地表明了该合同的性质属于以合作开发、经营涉案项目为目的的合同。张某某和国中某创公司与新某公司以成本价买卖商品房的目的，是为经营图书城而买卖涉案物业

1.《合作协议》首部中的序言部分开宗明义，表明了合同的性质是以合作开发、经营东平文化创意产业交易中心为目的的合同

该协议首部中的序言部分显示，“鉴于：甲方具有房地产项目开发的资金和经验；乙方已完成东平文化创意产业交易中心项目的前期策划、筹备等工作；丙方具有满足投标要求的图书经营资质和经验。甲、乙、丙三方已通过联合投标竞得东平文化创意产业交易中心（书城）项目用地，为更好地发挥各方优势，把东平文化创意产业交易中心（书城）打造成高品质、有特色的文化创意产业标志项目，带动某某文化创意产业发展，合作各方就共同设立‘某某市国中某创公司’相关事项，签订本合作协议，以共同遵守”。

合同序言是当事人集中、概括表达合同性质和合同目的部分，《合作协议》中的这些内容表达了三方当事人的合同目的，彰显了该合同的性质。

2.《合作协议》第1条“合作项目及合作模式”具体反映了该合同的性质属于以合作开发、经营东平文化创意产业交易中心为目的的合同

该条1.2显示：公司项目用地位于“东平新城公共文化综合体书城地块”，三方已联合竞投成功，并与国土部门签订出让合同。

该条 1.3 显示：合作三方将在项目用地上进行三个项目的项目运营：“（1）‘东平文化创意产业交易中心’实体项目；（2）东平文化创意产业交易中心电子商务交易平台；（3）东平文化创意产业交易中心书城。”

合作项目是当事人合作的对象和目标，是合作关系的标的，也是合同性质的具体化表现。合作模式不但是当事人合作的具体方式，也是合同性质的模型化表达。完全可以认为，《合作协议》的首部是该合同性质的集中、概括表现，而其第 1 条的这两款则是该合同性质的具体、模式化展示。

3. 《出让合同》是《合作协议》的组成部分，因此，《出让合同》对涉案项目的特定要求，决定三方当事人的合同目的必须是合作开发、建设、经营文化创意产业项目

按照《出让合同》第 5 条、第 13 条、第 16 条、第 21 条、第 33 条等合同条款，合作项目的建设、开发、运营必须符合《出让合同》关于涉案土地用途为科教用地和文体娱乐用地（图书经营、文化活动）的规定，所以，三方当事人的合同目的只能是合作、建设、经营《出让合同》确定的文化产业项目。

4. 受到《合作协议》特别是《出让合同》的决定，国中某创公司与新某公司之间商品房买卖合同的目的，只能是为实现图书经营而买卖涉案物业，必须服从于《合作协议》和《出让合同》的目的

《合作协议》第 8.4 条约定：“按照政府部门的规划及要求，丙方优先购买的物业必须用于图书经营。”该合同条款限定了国中某创公司与新某公司之间商品房买卖合同的目的。

（二）受涉案地块用途的限定，《出让合同》成为《合作协议》的基础和核心部分，三方当事人订立《合作协议》只能以合作开发、建设、经营涉案项目为合同目的

《合作协议》第 14 条约定：“交易中心项目的《国有建设用地使用权出让合同》作为本协议的附件，是本协议的有效组成部分，与本协议具有同等法律效力。”《合作协议》第 8 条之 8.1 约定，政府关于本项目的建设、开发、运营的相关要求、标准、指标等，以该项目《国有建设用地使用权出让合同》相关规定为准。这些条款决定了三个问题：

1.《出让合同》是《合作协议》的组成部分，《出让合同》中关于涉案项目建设、开发、经营的规定，是《合作协议》的依据

《合作协议》第 8 条中之 8.1 约定本项目的建设、开发、运营“以该项目《国有建设用地使用权出让合同》相关规定为准”，清楚地确定了这一问题。

2.《出让合同》是《合作协议》的基础和核心部分

首先，三方当事人根据《出让合同》取得涉案土地使用权，才得以签订《合作协议》，因此，《出让合同》是《合作协议》的基础。

同时，根据《出让合同》第 5 条、第 13 条、第 16 条、第 21 条、第 33 条等，合作项目的建设、开发、运营必须符合《出让合同》关于涉案土地用途为科教用地和文体娱乐用地（图书经营、文化活动）和商服用地的规定。因此，《出让合同》成为《合作协议》的核心部分之一。

3.《出让合同》中关于涉案项目建设、开发、经营的规定，是《合作协议》三方当事人的权利义务的主要依据，三方当事人的权利义务与《出让合同》紧密相连，不可分割

首先，从《合作协议》看，其第 3 条、第 4 条约定的三方当事人的权利、义务，是开发、建设、经营《出让合同》所定文化娱乐用地项目的权利义务，而且只能是这种权利义务。因此，《出让合同》的相关规定，不容置疑地是三方当事人权利义务的重要依据。

其次，从《出让合同》看，其不仅确定了涉案土地的用途限于建设、开发、经营公共文化娱乐项目，而且在其第 33 条第 4 款具体规定了违反该项目的违约责任，即：①该项目建设需与公共文化综合体总体设计要求保持一致，项目建设中未按公共文化综合体总体设计要求进行建设的，经某某市东平新城建设委员会（以下简称“东平管委会”）联合出让人和某某市城乡规划局查实，由出让人收取地价款 30%的违约金；②该项目经营中图书经营面积、3D 数字内容研发与制作、文化电子商务平台开发设计、国际动漫游戏承包服务配套经营面积及地价款 100%的违约金责任；③该项目经营中图书销售增长率要求及违约金责任；④该项目中文化创意交易电子商务平台会员数额要求、文化创意交易电子商务平台研发基地要求及违约金责任。

再次，从《出让合同》和《合作协议》的整体关系看，先有《出让合同》后有《合作协议》，三方当事人在联合竞投涉案地块成功的基础上，为了开发、建设、经营《出让合同》确定的公共文化项目，才签订《合作协议》，

可以认为，《合作协议》是为了实现《出让合同》所定开发、经营项目而产生的合同。

最后，从《合作协议》第 3 条、第 4 条和《出让合同》第 5 条、第 13 条、第 16 条、第 21 条、第 33 条之间的关系看，这些合同条款之间具有内在逻辑关联关系，《合作协议》第 3 条、第 4 条约定的三方当事人的权利义务，围绕着《出让合同》所定开发、经营项目具体展开，受到《出让合同》这 5 个条文的必然制约，与《出让合同》不可分割。

（三）受涉案地块用途的限定，当事人之间订立商品房买卖合同的目的，只能是实现《合作协议》特别是《出让合同》确定的合同目的，由新某公司用于图书经营，因此，本案商品房买卖的合同目的，与其他商品房买卖的合同目的有实质性区别

《出让合同》第 5 条、第 13 条、第 16 条、第 21 条、第 33 条等约定，新某公司购买涉案物业，只能从事图书业务、经营书城，《合作协议》第 4 条“各方的义务”中的 4. 3. 2 和 4. 3. 3 分别约定新某公司的义务是“负责图书城的经营，保证书城运营达到政府要求”“遵守附件《土地出让相关违约处罚条款》中书城运营商的规定及承担相应责任”。因此，该公司与国中某创公司订立商品房买卖合同的合同目的，不同于其他商品房买卖合同，必然只能是实现《合作协议》特别是《出让合同》的目的。

《合作协议》第 8. 4 条约定：“按照政府部门的规划及要求，丙方优先购买的物业必须用于图书经营。”该条还约定，张某某和三某田公司还要对新某公司违反政府这一规划和要求的行为承担连带责任。所以，国中某创公司和新某公司之间的商品房买卖合同的目的区别于其他普通的商品房买卖合同，受到《合作协议》和《出让合同》的限定，还与国中某创公司和三某田公司有直接的利害关系。

（四）《合作协议》限定了涉案商品房买卖合同的性质和合同目的，该合同的性质属于“附条件的商品房买卖合同”，当事人双方的合同目的是“将以成本价购买的物业作为书城使用，用于《合作协议》和《出让合同》确定的图书经营”。根据《合作协议》，将成本价购买的房屋用于图书经营才是合同目的

《合作协议》第 5. 2 条“关于股东权益”约定，除该协议第 6. 2. 1 条约定权利外，新某公司以成本价购买涉案物业是股东的权益，第 6. 2. 1 条约定，新某公司按成本价购买涉案物业“作为书城用途使用”。该协议第 8. 4 条则进

一步约定“按照政府部门的规划及要求，丙方优先购买的物业必须用于图书经营”。

根据这些约定，新某公司以成本价购买涉案商品房，实质是公司给股东的“附条件的利益”，“优先购买的物业必须用于图书经营”是商品房买卖合同所附条件。所以，这些合同条款关于商品房买卖关系性质的约定，决定了商品房买卖合同的性质是国中某创公司与其股东新某公司为实现《出让合同》要求的图书经营的合同，而这些约定对商品房买卖所附的条件，限定了该商品房买卖合同的目的，只能是为图书经营而购买房屋。

（五）解除本案商品房买卖关系，必然导致《合作协议》和《出让合同》无法正常履行，从而产生《合作协议》特别是《出让合同》的目的不能实现、破坏某某市政府出让涉案地块发展本地文化产业规划、损害社会公共利益的恶果

新某公司在《合作协议》中承担了使用涉案物业从事图书业务、经营书城的义务，如果解除商品房买卖合同，必然使该公司不能履行该项义务，而该公司不进行图书经营，必然导致国中某创公司违反《出让合同》中关于在涉案物业中必须进行图书经营的义务，发生《合作协议》特别是《出让合同》目的不能实现。

从社会效果方面看，如果新某公司因商品房买卖合同解除而不在涉案物业中从事图书经营，必然破坏某某市政府对涉案地块用途的规划，影响当地文化产业和人民群众文化生活，损害社会公共利益。

四、本案程序存在错误，解除商品房买卖合同导致新某公司不能履行《合作协议》和《出让合同》中经营书城从事图书业务的义务，必然产生对《出让合同》的违约，而张某某、三某田公司和新某公司均在《成交确认书（补充版）》中向某某市政府土地出让部门承诺，对国中某创公司的违约承担连带责任，三某田公司作为连带责任人，应当是本案的诉讼当事人，一、二审判决遗漏该当事人，属于程序违法

本案一、二审判决均认定：

张某某、三某田公司和新某公司三方联合成功取得涉案地块之后，2010年12月7日，土地出让部门某某市某某区土地房产交易中心与国中某创公司、新某公司、张某某、三某田公司签订《成交确认书（补充版）》，约定

张某某、三某田公司和新某公司三方作为国中某创公司的连带保证人，保证国中某创公司严格履行《某某市国有建设用地使用权出让合同》等合同中的规定，如国中某创公司不能履行上述地块挂牌文件、《某某市国有建设用地使用权出让合同》中有关规定，担保人将承担相关法律责任（见一审判决书第18页至第19页，二审判决书第20页）。

在涉案项目中经营图书业务，是涉案地块挂牌文件和《出让合同》的规定，在商品房买卖合同解除、新某公司不能经营图书业务的条件下，国中某创公司必然不能履行这两个文件的规定，产生相关的法律责任，三某田公司作为连带保证人，当然不能幸免，因此，三某田公司对本案有直接的利害关系，依法应当具有其诉讼地位，参加诉讼。虽然本案双方当事人均无此主张，依照《民事诉讼法》规定，法院应当主动追加，但是，本案一、二审法院均没有追加，程序存在错误。

综述以上，专家们认为，本案当事人之间的《合作协议》虽然约定了商品房买卖、股权转让等权利义务，但是，按照《出让合同》对涉案地块用途的规定，合作开发、建设、经营涉案文化产业项目，新某公司必须在涉案物业中从事图书经营，既是张某某、三某田公司、新某公司三方当事人的合同目的，也是国中某创公司和新某公司之间商品房买卖的合同目的。

在《合作协议》履行过程中，新某公司因为成本价确定问题和国中某创公司及张某某发生纠纷，但是，张某某和国中某创公司不存在违约行为和违反《商品房买卖司法解释》第8条的行为，一审法院认为本案存在解除合同的法定事由，二审法院认为张某某、国中某创公司“根本违约”和违反该司法解释，认定事实错误，适用法律不当，判决结果不公，依法应当纠正。

本案当事人之间的纠纷并非除解除合同之外再没有解决方法，建议论证委托方请求再审法院按照以事实为根据、以法律为准绳的原则，纠正一、二审判决的错误，以合法、稳妥的方法，合理确定当事人双方能够承受的项目成本价，促使新某公司有继续履行图书经营义务的场地条件，使《出让合同》的目的得以实现，合法、公正、符合社会效果地解决本案纠纷。

本案两审判决均忽略三某田公司的应有诉讼地位，程序存在严重错误，亦属必须纠正之处。

以上意见仅供参考。

【瞽言刍议】

本案论证的是一起较为复杂的合同纠纷案件，案件争议的核心问题是是否具备解除合同的条件：从约定解除来看，合同没有相关约定解除的条款；从法定解除来看，本案不存在合同目的不能实现的条件。故裁判解除合同没有事实和法律依据。此外，诉讼遗漏了应当参加诉讼的当事人，属于程序错误。故本案应当通过再审程序，纠正原审的错误。

22. 朗某公司与圣某公司建设工程施工合同纠纷案

【论证要旨】

其一，案涉某某市中级人民法院［2014］某民初字第1××号民事判决、某某省高级人民法院［2016］某民终7××号民事判决，在认定的基本事实，即案涉“省级验收”是否为竣工验收，以及工程质量是否存在重大问题，采信了无效协议中的无效条款和无证据能力的“省级验收为最终验收”的验收结论和检测报告，并据此认定该项目为质量合格、“竣工验收通过”，均为根本性的裁判错误。

其二，不接受浙江朗某新能源有限责任公司（以下简称“朗某公司”）对工程质量问题所提出的重新鉴定的申请，致使其错误地采信了无效的检测报告意见，属于程序违法。

其三，其依据所认定错误的基本事实，适用了最高人民法院《关于审理建设工程施工合同纠纷案件适用法律问题的解释》第2条，而不是第3条、第4条，不当裁判了要朗某公司承担支付对方工程款全款义务，属于适用法律不当。

【案涉简况】

论证委托人：朗某公司。

论证受托人：中国政法大学法律应用研究中心。

论证事项：案涉判决、裁定是否应当依法提起抗诉。

论证专家：中国人民大学法学院、中国社会科学院、国家检察官学院、中国政法大学四名权威法学教授。

论证所依据的主要事实材料：

1. 某某中级人民法院民事判决书［2014］某民初字第1××号；

2. 某省高级人民法院民事判决书［2016］鲁民终7××号；

3.《协议书》；

4.《补充协议》；

5.《付款协议》；

6. 圣某公司在施工前提供的《设计方案》；

7. 圣某公司施工完毕提供的《设计方案》；

8. 温州市发展和改革委员会文件（温发改能源［2014］190号）；

9. 圣某公司（圣某电源股份有限公司，以下简称“圣某公司”）提供的《浙江省建设工程基桩检测报告》；

10. 朗某公司提供的《浙江省建设工程基桩检测报告》；

11. 国务院令第293号；

12. 建设部141号令；

13.《光伏发电工程验收规范》；

14.《独立光伏系统技术规范》；

15. 最高人民法院《关于审理建设工程施工合同纠纷案件适用法律问题的解释》（当时有效，本文下同）；

16. 浙江省住房和城乡建设厅《投诉举报答复意见书》；

17. 该项目的立项部门组织专家检查出具的《浙江某某1.52MWP离网光伏发电示范项目检查意见》；

18. 财政部核查组对该项目组织检查的《检查意见》；

19. 当地供电部门、某某市东山街道办事处和村委会对圣某公司的联合致函；

20. 当地民众联名要求司法部门，对该项目进行实地检查、检验，对其工程质量作出公正的鉴定和裁判的请愿书；

21. 民事抗诉申请书；

22. 案涉诉讼中当事人双方提供的其他相关事实材料；

23. 朗某公司提供的其他证明材料。

以上事实材料均为复印件，委托人对事实材料的真实性和来源的合法性负责。

【论证意见】

中国政法大学法律应用研究中心接受委托，就论证委托人朗某公司与圣某公司建设工程施工合同纠纷一案所涉裁判是否应当依法提起抗诉问题，于2019年7月21日组织在京专家进行论证，上列专家出席了论证会。会前专家们审阅了论证所依据的事实材料，会上朗某公司法定代表人及其诉讼代理律师详细介绍了案件情况，专家们就案涉的裁判及其所依据的主要事实、证据和法律根据情况，进行了询问和核对；在查明事实的基础上，就案涉裁判所认定的事实、证据的运用、法律的适用问题进行了认真的研究讨论。其一致认为，本案所涉裁判在认定事实、证据运用、法律适用方面均存在根本性错误，具备依法提起抗诉的条件。具体论证意见如下：

一、将案涉"省级验收"结果"项目通过验收"认定为该项目的最终竣工验收"项目通过"，属于认定事实的根本性错误

（一）以当事人的无效约定条款，作为认定的依据，属于根本性错误

专家们指出，在本案中，对于温州市发展改革委员会受浙江省发改委、省能源局委托组织该项目验收的《浙江某某1.52MWp离网光伏发电示范项目竣工验收意见》作出的"项目通过验收"（省级验收）的结论，两审法院认定其为该项目的最终竣工验收的"项目通过验收"的结论，是对该验收结论定性的根本性错误，这是导致本案裁判根本错误的根源所在。

1. 将案涉"补充协议"的相关条款作为认定依据，而该"补充协议"及其相关条款是无效协议的无效条款，因而不足为凭。经查，案涉"协议书"及其"补充协议"，因圣某公司超越资质并非法转包工程，根据最高人民法院《关于审理建设工程施工合同纠纷案件适用法律问题的解释》第1条第1项和第4条的规定均应认定无效，该无效应当认定为全部无效，而不是部分无效。故据此，当事人在"补充协议"第2条第4项中约定"省级验收为本项目的最终验收"不足为凭。本案一、二审判决，均以当事人双方在"补充协议"中约定"省级验收为本项目的最终验收"为由，将其验收"项目通过验收"的结论，作为通过最终竣工验收的结论，都是将该无效"补充协议"中的这一无效条款有效化，并赋予其绝对化的效力，是完全错误的。

2. 该"最终验收"的条款与"国家标准"相冲突，不应以此作为标准来

判断该“省级验收”是否为该项目的最终竣工验收，而应以“国家标准”来作为该“省级验收”是否为该项目最终竣工验收的标准。在该纠纷中，既然案涉“协议书”及其“补充协议”均应认定为无效，且属于整体无效，案涉各级法院判决裁定亦均已裁判案涉合同无效，而“补充协议”的该无效条款又与“国家标准”相冲突，就当然应以“国家标准”而不是该无效约定条款作为判断该“省级验收”是否为该项目最终竣工验收的判断标准。

经查，住房和城乡建设部于2012年11月1日发布的《光伏发电工程验收规范》第4、5、6、7条明确规定，光伏发电工程验收要先后经过四项验收：

（1）“单位工程验收”，即先要由建设单位组织对工程土建、安装、绿化、安全消防进行验收。

（2）然后再进行“工程启动验收”，即应由建设单位和政府相关部门和电力主管部门等相关部门组成工程启动验收委员会，对工程启动进行总体评价，以确定该工程是否具备工程试运和移交生产验收的条件。

（3）单位验收和工程启动验收均为合格并具备工程试运和移交生产验收条件后，应由建设单位组建工程试运和移交生产验收组，主持“工程试运和移交生产验收”交接工作。验收合格，应签发“工程试运和移交验收鉴定书”。

（4）“工程竣工验收”。工程竣工验收应在试运和移交生产验收合格后进行。应由有关主管部门会同环保、水利、消防质监等部门组成工程竣工验收委员会，对工程建设进行全面验收，其验收不仅要包括对工程竣工资料是否完备，工程竣工报告是否属实，进行审查，并对工程是否合格作出总体评价；而且要对工程竣工决算报告及其审计报告，工程预决算执行情况进行全面审查验收，并应签发“工程竣工验收鉴定书”。

专家们认为，根据这一光伏发电工程竣工的验收国家标准，其竣工验收与一般建设工程，如房地产建设工程的竣工验收，有根本性的不同。它不是单对该工程的建筑施工质量进行的一次性的“最终验收”，而是要对建设工程质量和发电效果是否达到合同、设计要求，进行全面、实质性的验收；为此该标准特别规定了要进行先后相接的四项验收，而最后一项才是竣工验收；但案涉“省级验收”，并不是经三项验收后的最终验收，它也没有对工程发电情况进行实质性验收，充其量只能算作是“工程启动验收”，而决不能将其认定为“工程竣工验收”。该项的“工程竣工验收”应当是真正的“最终验收”，即在此之前应先有三项验收，而事实证明该“省级验收”却在此之前并没有进行过包括“工程试运和移交生产验收”在内的三项验收，更不存在应签发的包括“工程试运和移交验收鉴定书”对工程发电情况进行验收，而只是孤零零的一项验收；且其验收亦非全面性实质性的验收，其中也并没有包括对该工程发电情况的验收结论，并没有对此签发“工程竣工验收鉴定书”。可见，该“省级验收”既不具有竣工验收的先进行“工程试运和移交生产验收”等前三项验收合格的前提条件，也不具有竣工验收的最终实体验收的实质性结论内容，因此依据国家标准，该验收不具有竣工验收的基本条件和实体属性，因而并不属于竣工验收。

经查，某某省高级人民法院《全省民事审判工作会议纪要》（某法［2011］297号）第3条第8项“关于建设工程施工合同约定的工程质量标准与国家强制性标准不一致处理问题”规定：“建设工程质量关系到人民群众生命财产安全，关系到国家利益和社会公共安全，因此，国家对建设工程质量要求十分严格，建筑法、合同法在立法上均对建设工程质量作出明确规定并确定了建设工程质量的强制性国家标准。因此对于建设工程质量争议必须坚持质量第一的审判原则，依法通过司法手段确保工程质量符合国家规定的强制性安全标准。”但在本案中，某某市中级人民法院和某某省高级人民法院的案涉判决却根本违背了这一规定原则，其在案涉检测、验收问题上均没有坚持明确的国家标准和质量第一的要求，致使“依法通过司法手段确保工程质量符合国家规定的强制性安全标准”的要求实际落空。

（二）退一步讲，即使将“补充协议”及其上述条款按有效合同条款对待，亦不应将案涉“省级验收”视为“最终”竣工验收

《合同法》第125条第1款规定，当事人对合同条款的理解有争议的，应当按照合同所使用的词句、合同的有关条款、合同的目的、交易习惯以及诚实信用原则，确定该条款的真实意思。

根据合同整体解释的原则，合同条款是合同整体的一部分，与其他条款有着密切的联系。因此，不仅要从词句的含义去解释，还要与合同中相关条款联系起来分析判断，而不能孤立地去看待某条款，只有这样才能较为准确地确定该条款的意思。

据此，对于上述“省级验收为本项目最终验收”的性质是否为工程竣工

验收，不能仅根据该条款的词句的含义去解释，而更重要的是要与案涉合同其他相关条款联系起来分析判断。

双方“付款协议”第4款约定：“1. 项目通过省级验收后，将甲方应支付乙方60%工程款的剩余部分直接拨付给乙方；2. 项目经省级验收合格后，甲乙双方凭试运行结束的试运行报告，将甲方应支付给乙方的20%合同工程款直接拨付给乙方；3. 项目经省级验收后，甲乙双方约定的工程运行结束，凭工程运行报告，将甲方应支付给乙方除质保金之外的合同剩余工程款直接拨付给乙方。”关于“试运行报告”和“工程运行报告”在“补充协议”中有明确的约定，实际上，其试运行和工程运行的时限也均远远超越了省级验收的时限，即两个运行报告只能在“省级验收”后而不是在“省级验收”前提出。

可见，将案涉“省级验收”的“协议”中的所有条款联系起来，可以清楚地看出，如果“省级验收”是竣工验收，那么在其验收前，应当先有“两个运行”及其验收合格报告，且“省级验收通过”后，就应当约定支付工程款全款；但是，该“省级验收”却发生在“两个运行”及其报告产生之前，且“省级验收通过”后，仅约定支付工程款的60%；而“两个运行”及其报告却分别都是产生在“项目经省级验收合格后”，且据“两个运行报告”，分别约定还要支付工程款的20%和其余的应付部分。如果“省级验收”约定的真实意思表示属于竣工验收的性质，那么验收通过后就应当约定甲方付给乙方工程款全款，而不能是工程款的60%；而且，双方约定在“省级验收合格后”还要进行“两个运行”，并要根据其运行合格报告后，再分别支付其余的20%和剩余工程款。这就足以证明该“省级验收”双方约定的并不是该项目的竣工验收。

（三）当事人双方在诉讼中实际上也都承认该“省级验收”不是该项目的竣工验收

在诉讼中不仅朗某公司主张该“省级验收”并不属于竣工验收，而且圣某公司也实际承认该验收并不是竣工验收。圣某公司在起诉状中称协议双方约定的是“项目通过省级验收后，被告支付工程款760万元，试运行（2个月）结束后被告支付给原告工程款509.6万元；运行期（6个月）结束后支付工程款409.6万元”，并称“2014年6月18日，项目通过省级验收，2014年6月14日项目开始试运行，至原告起诉之日，试运行已经超过了2个月，已经到支付时间”。在这里，实际上，该公司正式明确承认，后两笔工程款是要分别在双方约定的“省级验收结束”的试运行2个月后和运行期6个月结束后支付。可见，圣某公司在起诉状中是正式明确承认，“省级验收”并不是竣工验收，因而不能根据“省级验收通过”就主张朗某公司要支付全部工程款。

专家们指出，案涉裁判，不顾当事人双方共同承认的事实，即案涉“省级验收”并不是项目的竣工验收，而是仅抓住无效协议中的无效条款中的“省级验收为本项目的最终验收”这一只言片语，就不顾案涉各协议中有关“省级验收”的所有条款的全面整体的清楚的真实意思表示，硬是将“省级验收”定性为该项目的竣工验收，并据此裁判朗某公司要承担支付工程款全款义务，显然属于根本性的裁判错误。导致这一错误发生的原因之一，可能与案涉裁判人员不懂得《光伏发电工程验收规范》这一国家特别标准的要求有关。

（四）此外，专家们已知悉，在朗某公司另案起诉圣某公司的案件审理过程中，经法院许可，已启动了其由浙江省发改委对案涉“最终验收”的定性和效力的审查确认程序和申请对该工程质量进行全面鉴定的程序

相信对此会作出一个正确的、客观明确的结论。专家们指出，届时朗某公司可以补交该确认和鉴定材料，以供司法部门参考。

二、案涉裁判将无证据能力的“检测报告”作为检测工程质量合格，并作为该工程整体验收通过的依据，属于重要证据采信和认定事实的又一根本性错误

经查，诉讼中当事人双方对该项目工程质量问题发生了根本分歧，为此，圣某公司提供了浙江省地球物理技术应用研究所出具的《钻孔灌注桩钻芯检测报告》（编号：DJ1214074-1314），证明工程质量合格；而朗某公司对该检测报告不予认可，又委托浙江大玮检测科技有限公司进行检测，出具的检测报告结论为工程质量不合格。案涉裁判均以“补充协议”中明确约定由圣某公司方负责委托有资质的检测单位进行检测，而该单位检测为合格，朗某公司却再以其单方委托的检测结果认定装基工程不合格进行抗辩，案涉裁判不予认可。

专家们认为，圣某公司方出具的“检测报告”无证据能力，不能作为定

案的根据。理由是：

其一，委托方不合法。案涉“补充协议”虽然有约定，由施工单位负责委托检测，但该“补充协议”及其该约定条款为无效协议的无效条款，理由已如上述，此不赘述。

其二，该约定直接违反了《建设工程质量检测管理办法》（建设部 141 号令）第 12 条的规定：“本办法规定的质量检测业务，由工程项目建设单位委托具有相应资质的检测机构进行检测。委托方与被委托方应当签订书面合同。检测结果利害关系人对检测结果发生争议的，由双方共同认可的检测机构复检，复检结果由提出复检方报当地建设主管部门备案。”

可见，无论是根据该办法该条第 1 款，还是根据该条第 2 款的规定，将施工方委托的有争议的检测报告作为工程质量合格的定案根据都是不能成立的。

浙江省住房和城乡建设厅出具的《投诉举报答复意见书》明确指出，该检测报告由施工方委托违反了“建设部 141 号令”的第 12 条规定，委托检测无效；同时该厅还经调查核实，明确确认，“该检测抽样数量不符合混凝土质量评定最小样本容量要求，不能作为该工程整体竣工验收依据”，以及“检测单位温州检测室”超范围检测，为此“责令杭州市建委”对检测单位违法违规行为“依法予以行政处罚”。专家们认为这一调查核实意见，是有着相当可靠的依据性的，应当是可以作为对该工程质量重新鉴定的理由加以确认的。案涉裁判在当事人双方各自都对对方委托检测意见不予认可的情况下，不采纳朗某公司提出的重新检测的申请，并违法违规片面采信圣某公司委托的检测意见作为定案根据，属于证据运用和采信上的根本性错误。

三、案中有充分证据证明案涉工程确实存在根本性的重大质量问题

（一）圣某公司私自调换该工程的设计方案，是造成该工程最终达不到合同目的的根本原因之一

经查，该工程属于“国家金太阳工程”，是由财政部投资补贴的民生工程，依据该项目立项的《可行性报告》该项目的目的是“取代油电”的能源项目，并于 2013 年 6 月 24 日通过某某市发改局组织的专家评审。为此，根据双方签订的《协议书》，圣某公司在施工前 2013 年 6 月 9 日提供的《设计方案》的设计目的为“取代柴油发电，柴油机供电作为后备供电：关键技术指标“最大蓄电池供电量 4MMH、无发电供电 3 天”；而圣某公司在该工程施工

完毕，进入试运行后于 2013 年 6 月提出该《设计方案》已篡改为另一套方案，该套方案将合同目的篡改为：与柴油机系统交替运行，作为柴油机供电的互补系统，关键技术指标变为“最大蓄电池供电量 3.5MMH，无发电供电 1 天”。朗某公司对圣某公司私自篡改设计方案不予认可。且，《建设工程勘察设计管理条例》第 28 条规定：“设计文件内容需要作重大修改的，建设单位应当报经原审批机关批准后，方可修改。”故，该篡改的设计方案应为无效。由于该施工单位私自篡改“设计方案”对设计方案的目的和重大指标作了根本性和重大性修改，致使该工程的施工质量达不到工程项目的立项和合同目的。

（二）该项目经检验、核查，完全达不到项目的要求和目的

1. 该项目的立项部门组织专家检查出具的《浙江某某 1.52MWP 离网光伏发电示范项目检查意见》明确：该项目“实际运行供电保障率仅为 47.5%，远远低于国家标准的 80-90%的要求”。

2. 财政部核查组于 2018 年 9 月 8 日对该项目组织核查其检查意见（《财政检查工作底稿》）为：“本项目目的为建设环保、节能的太阳能发电站，用于替代已有的柴油发电机”，“2017 年上网电量只达到设计发电量的 56.3%”“北麂岛太阳能发电只能满足居民生产、生活的一半”。

3. 当地供电部门、某某市东山街道办事处和村委会于 2015 年 1 月 15 日联合致函朗某公司，指出“自 2014 年 6 月份发电站开始运行至今，完全达不到预期效果，更给岛上渔民带来不便”，“太阳能发电跟柴油发电需要频繁切换，每天都要切换一至二次”，“很多电机被烧坏了”，“更会发生不可预见安全事故”，“全岛人民质疑”该项目是“豆腐渣工程”。

4. 当地民众联名情愿，要求司法部门对该项目进行实地检查、检验，对其工程质量作出公正的鉴定和裁判。

四、论证结论

综上所述，专家们一致认为，案涉某某市中级人民法院［2014］某民初字第 1××号民事判决、某某省高级人民法院［2016］某民终 7××号民事判决，在认定的基本事实，即案涉“省级验收”是否为竣工验收，以及工程质量是否存在重大问题，采信了无效协议中的无效条款和无证据能力的“省级验收为最终验收”的验收结论和检测报告，并据此认定该项目为质量合格、“竣工验收通过”，均为根本性的裁判错误；不接受朗某公司对工程质量问题所提出

的重新鉴定的申请，致使其错误地采信了无效的检测报告意见，属于程序违法；其依据所认定错误的基本事实，适用了相应的最高人民法院《关于审理建设工程施工合同纠纷案件适用法律问题的解释》第 2 条，而不是第 3 条、第 4 条，不当裁判了要朗某公司承担支付对方工程款全款义务，属于适用法律根本不当。

故，专家们认为，根据《民事诉讼法》第 200 条第 1、2、6 项，第 208 条、第 209 条的规定，本案具备人民检察院抗诉提起再审的条件，建议对本案依法提起抗诉。

以上意见仅供委托方和相关司法机关参考。

【瞽言刍议】

本案专家论证的是一个较为重大复杂的案件，案涉某某中级人民法院和某某省高级人民法院的判决、裁定错误。

其根本错误有三：

其一，将案涉“省级验收”结果“项目通过验收”认定为该项目的最终竣工验收“项目通过”，属于认定事实的根本性错误。

一是，以当事人的无效约定的条款，作为认定的依据，属于根本性错误。

二是，退一步讲，即使将“补充协议”及其上述条款按有效合同条款对待，亦不应将案涉“省级验收”视为“最终”竣工验收。

三是，当事人双方在诉讼中实际上也都承认该“省级验收”不是该项目的竣工验收。

其二，不接受朗某公司对工程质量问题所提出的重新鉴定的申请，致使其错误地采信了无效的检测报告意见，直接违反了《建设工程质量检测管理办法》（建设部 141 号令）第 12 条的规定。

其三，案涉裁判适用法律错误。

抓住了以上要害问题，严格依据事实法律，厘清案涉合同和关键证据的合法有效性问题，对案件就得出了无以反驳的论证结论。

本案核心问题是对于其关键证据如何正确审查判断问题。对此的论证可称范例。

23. 上诉人苗某某与被上诉人宋某某、贺某某、第三人贺文某执行异议之诉案

【论证要旨】

其一，执行异议人宋某某并未满足最高人民法院《关于人民法院办理执行异议和复议案件若干问题的规定》（2015 年）（以下简称《执行异议规定》）第 28 条所规定的任何条件，其执行异议不足以排除执行。

其二，执行异议人宋某某，并不是案涉工程款的债权人，其无权以自然人的身份取代该工程款的债权人荣成市泰某工贸有限公司签订的《抵顶房产协议》对案涉房产享有“合理的期待权”。

其三，案涉确认之诉判决虽然已发生法律效力，确认《抵顶房产协议》合法有效，但该判决出于当事人双方恶意串通，损害当事人利益，而非法无效，不足为凭。

【案涉简况】

论证申请人：苗某某，原审原告，二审上诉人。

论证单位：中国政法大学法律应用研究中心。

论证事项：原审判决是否应予撤销。

论证专家：中国政法大学、中国人民大学法学院四名权威法学专家（略）。

论证所依据的事实材料：

1. 山东省荣成市人民法院民事裁定书［2015］荣商重初字第×号；

2. 山东省荣成市人民法院民事裁定书［2015］荣商重初字第×-2 号；

3. 苗某某《起诉状》；

4. 山东省荣成市人民法院民事判决书［2017］鲁1082民初47××号；
5. 苗某某《上诉状》；
6. 山东省威海市中级人民法院民事判决书［2012］威民一初字第××号；
7. 山东省荣成市人民法院民事判决书［2015］荣商重初第×号；
8. 宋某某《上诉状》；
9. 山东省荣成市人民法院民事判决书［2016］鲁1082民初52××号；
10. 《抵顶房产协议》；
11. 贺某某《证明》；
12. 《房屋买卖契约》；
13. 荣成市房地产交易产权监理所《证明》；
14. 山东省威海市中级人民法院民事判决书［2016］鲁10民终14××号；
15. 其他相关事实材料。

以上材料均为复印件，论证申请人对上列事实材料的真实性和来源的合法性负责。

上述事实材料显示的案件争议事实是：2012年10月23日，荣某水产集团有限公司（以下简称“荣某集团”）因欠荣成市泰某工贸有限公司（以下简称“泰某公司”）工程款，其与第三人宋某某签订了《房屋抵顶协议》，约定将诉争房屋抵顶给宋某某用于偿还工程款，该房屋作价180万元，用房产抵顶130万元，宋某某另支付50万元给荣某水产集团有限公司。但该房产并没有过户。其后该房产被法院进行强制执行，而宋某某提出了执行异议之诉。

【论证意见】

中国政法大学法律应用研究中心接受委托，接授苗某某的申请，经审查认为该案符合本中心接受委托进行专家论证提供法律帮助的条件，本中心于2018年7月22日下午，邀请在京四名权威法学教授，进行了专家论证。论证前专家审阅了上述案件事实材料；会上对相关事实情况和证据进行认真质询和鉴别，经认真研究、讨论，对论证事项形成如下一致法律意见：

一、被告宋某某对案涉执行提出异议依法不能成立

经查，被告宋某某是依据《民事诉讼法》第225条和《执行异议规定》

第 5 条的规定，认为案涉法院执行侵害了其合法权益，即案涉房屋的所有权而提出执行异议的。而案涉生效判决已经确认，案涉房屋所有权并不归属宋某某，且案涉生效判决所认定的事实和所依据的证据足以证明，其对案涉房屋也并不享有任何合理的期待权。

（一）宋某某并不对案涉房屋享有所有权

宋某某主张自己对案涉房屋享有所有权，但已有生效判决确认宋某某对案涉房屋并不享有所有权。

经查，在案涉撤销赠与合同之诉中，在原一审、二审，发回重审一审及其二审审理过程中，宋某某都是在一审中作为有独立请求权的第三人，在二审中作被上诉人和上诉人的身份，而始终主张，案涉房屋归其所有。如原一审判决书第 4 页，发回重审一审判决书第 3 页至第 4 页均记载，宋某某主张“故诉争房屋应归我所有”。

但该案一审判决，依法撤销案涉房屋赠与合同，并依据《物权法》的相关规定，不动产物权的转移必须双方共同办理不动产物权的转移登记手续，不动产登记是不动产物权转移的生效要件，否则不发生物权变动的效力。贺文某将诉争房屋用于抵顶荣某集团的债务或者转卖他人，没有办理物权变更登记，即使第三人宋某某已经占有使用该房产，但所有权并没有发生转移。

宋某某并不享有该房产的所有权。而本案经宋某某上诉，二审亦判决“宋某某上诉请求不能成立”，原审判决“于法有据”，予以维持。

（二）宋某某并不对案涉房屋享有合理的期待权

本案异议之诉一审判决虽然未能判决宋某某对案涉房屋享有所有权，但认为其对房产享有“合理的期待权”。

专家们认为，“合理的期待权”是一个颇具争议的，在我国法律上并未确定的概念，而其享有的基础，起码是依据事实法律可以或一般应当享有的权利。但就本案所涉生效判决所确认的事实和相关证据，依据法律，宋某某无论如何都无权对案涉房屋享有所有权。

“合理期待权”的依据是《抵顶房产协议》，但宋某某却并不是以房抵债的债权主体。

案涉撤销赠与合同重审一审判决载，经审理查明，“2012 年 10 月 23 日，荣某集团因欠泰某公司工程款，其与第三人宋某某签订了《房屋抵顶协议》，约定将诉争房屋抵顶给宋某某用于偿还工程款，该房屋作价 180 万元，用房产抵顶130万元，宋某某另支付50万元给荣某集团”（见该判决书第4页）。该案重审二审判决认定：一审判决认定事实清楚、适用法律正确，因而驳回宋某某上诉，维持原判。

经查阅泰某公司工商登记材料，该公司为独立法人，宋某某既非该公司的法定代表人，也非该公司的股东。该公司作为法人，是独立的民事法律关系主体，对荣某集团所欠工程款独立享有债权。荣某集团即使以公司所有的房产抵顶该公司的债务，因债权人为该公司，而非宋某某，所以该房产应当抵顶给该公司，而非顶抵给宋某某个人。这是债权、债务清偿的相对性原则和法人权利义务独立的应有之义。故此，宋某某因非荣某集团的债权人，无权以债权人的主体享有荣某集团抵顶该债务而获得案涉房屋的“合理的期待权”。

根据以上两点理由，宋某某对案涉房屋既不享有所有权，又不享有“合理期待权”，他无权以个人名义对该房屋执行以对该房屋享有所有权或“合理期待权”为依据，而提出上述执行异议。

二、宋某某提出执行异议不符合《执行异议规定》第28条规定的条件

《执行异议规定》第28条规定：“金钱债权执行中，买受人对登记在被执行人名下的不动产提出异议，符合下列情形且其权利能够排除执行的，人民法院应予支持：（一）在人民法院查封之前已签订合法有效的书面买卖合同；（二）在人民法院查封之前已合法占有该不动产；（三）已支付全部价款，或者已按照合同约定支付部分价款且将剩余价款按照人民法院的要求交付执行；（四）非因买受人自身原因未办理过户登记。”

专家们指出，该条规定是一个完整的整体，只有完全满足该条所规定的所有条件，其执行异议才能成立。但本案宋某某的异议，不具有其规定的任何条件。

（一）关于第1项在人民法院查封之前是否已签订合法有效的书面买卖合同问题

异议之诉一审判决认定，“宋某某以泰某公司名义在荣某集团处承揽工程”，这进一步印证所欠工程款债权人应为泰某公司，而非自然人宋某某，所签抵顶房产协议的债权人和抵顶房屋的产权获得人应为泰某公司而非自然人宋某某；签订该合同的乙方主体应为泰某公司，宋某某无权以自然人身份取代该公司在该合同项下处分债权并获得合同项下应为公司所获得的抵顶房屋

的产权。以自然人身份取代公司法人而处分法人债权，并获得公司由此应获得的房产，没有事实和法律根据，因而该《抵顶房屋协议》应为非法无效。

（二）关于第2项是否在人民法院查封之前已合法占有该不动产的问题

异议之诉一审判决认定原告主张“2015年6月2日前已合法占有不动产”，即使宋某某如该判决所认定的，已在法院查封之前占有了该不动产，但该占有并非表明该公司是债权人和抵顶房屋依法应获房产的合法主体，故属于非法占有，因而不具有该项规定的条件。

（三）关于第3项是否已支付全部价款的问题

这里存在两个问题：

第一，宋某某作为自然人是否以个人所有资金支付了全部价款。经查他是以泰某公司的债权抵顶该房屋的价款。但没有事实和法律依据证明该公司的债权即为其个人资产，可以作为个人支付房产对价的资产；其个人将该公司的债权抵顶案涉房屋价款，并从而获得公司应享有的案涉房产，没有事实和法律依据，故不能认为宋某某个人支付了抵顶房屋的对价款。

第二，关于所付50万元是何人所付问题，宋某某出具一份署名“宿迁某贸易有限公司”的50万元人民币《银行承兑汇票》复印件证明宋某某已支付了案涉房屋的价款。但该《银行承兑汇票》是复印件，相对方当事人不予认可；而该汇票即使真实有效，也不能证明该汇票项下的50万元人民币为宋某某所支付，因为根据我国《票据法》的相关规定，个人是无权使用《银行承兑汇票》支付相关费用的。

由上可见，上述两方面事实、证据，均不能证明是宋某某个人支付了案涉房屋的全部价款。

（四）关于第4项是否为非因买受人自身原因未办理过户登记问题

在撤销赠与合同之诉原一审判决书（第3页）和重审一审判决书（第3页）中，都记载了第三人宋某某“述称”：“因税费太高，找相关人员进行协商过程中，因该房屋被法院查封，所以现在未完成过户。”由此证明，在法院查封前，宋某某是“因税费太高，找相关人员进行协商过程中”长期未办理过户登记。这个未办理过户登记的原因显然是出于个人原因。

同时，荣成市房地产交易产权监理所出具的“证明”称，该登记“因为手续不齐未继续办理”。据此亦进一步佐证，宋某某并不具有“非因买受人自身原因未办理过户登记”的条件。

根据以上逐条分析，宋某某并不具有《执行异议规定》第28条规定的四个条件中的任何一个条件，故并不具有该条综合要求的“符合下列情形且其权利能够排除执行的”条件，人民法院应予支持的执行异议的条件，故其执行异议依法不能成立。

三、确认“抵顶房产协议有效”的判决应当予以撤销

山东省荣成市人民法院民事判决书［2016］鲁1082民初52××号，判决案涉“抵顶房产协议有效”。在异议之初一审判决中据此生效判决认定“抵顶房产协议有效”。但专家们认为，这一判决是依法应当撤销的判决。

1. 该诉讼为当事人恶意串通侵害第三人合法权益的虚假诉讼。诉讼为当事人“打官司”，应为当事人通过法院解决争议纠纷的争讼，当事人之间存在争议和纠纷，是诉讼提起的必要前提。而如果当事人之间没有争议纠纷，而是默契、一致，而以虚假的争议、纠纷提起诉讼，并将真正争议、纠纷，一方排除在诉讼外，以便达到将当事人双方的默契、一致，通过法院判决加以确认，而将真正争议、纠纷一方排除在外，以便侵害其第三人的合法权益，即为当事人恶意串通侵害第三人合法权益的虚假诉讼。在民事法律关系中，这种诉讼在民事实体法上便是恶意串通，侵害他人合法权益的无效民事法律行为，在诉讼程序法上的具体体现。该虚假诉讼的目的，就是为实现双方恶意串通侵害第三人合法权益的实体法上的非法目的。

其一，从本案原、被告双方对“抵顶房产协议”的有效性来说，并不存在任何争议、纠纷，而是完全默契、一致，其诉讼目的不是通过法院解决他们之间的争议纠纷，而是通过法院将他们的默契、一致加以确认。

其二，对该协议有效性的真正争议、纠纷一方是苗某某，而他们并没有将他列为第三人让其参加诉讼，致使其诉讼权利遭到剥夺使法院判决该协议有效而侵害了苗某某的合法权益。

其三，从该诉讼提起的背景来看。该诉讼是在已有生效判决确认荣某集团应偿付苗某某借款1370万元及其利息，贺文某、贺某某对该还款义务承担连带责任；其后又在撤销赠与合同之诉中，一审法院确认赠与合同当事人贺某某、贺文某双方协议属恶意串通侵害第三人苗某某合法权益的合同，因而判决撤销赠与合同，确认案涉房产归贺文某所有，并对宋某某主张案涉房屋应归其所有的主张不予支持。在此案已上诉的情况下，宋某某与荣某公司、

贺某某相互串通，以虚假的争议纠纷，将真正争议、纠纷权利人苗某某排除在外，故意不将其列为第三人，一审法院也未将其追加为第三人，致使将双方的默契、一致以法院判决形式加以固定，当事人又不上诉，使其发生法律效力，以此作为撤销赠与合同纠纷二审的证据和理由，最终又将此判决作为“抵顶房产协议”合法有效的理由之一，提起执行异议和参与异议之诉的证据和理由。这一“诉讼”明显属于当事人宋某某与荣某集团及贺文某恶意串通侵害苗某某合法权益的虚假诉讼，故依法应予撤销。

2. 该法院在原告没有将苗某某列为第三人，而通过原撤销赠与合同原一审和发回重审一审审判，已充分知对该合同确认之诉有直接利害关系的情况下，依法应追加苗某某作为第三人参加诉讼，而该法院却并没有这样追加，其无论出于故意或者过失，但法律效果上都是对该案当事人的恶意诉讼的放纵，并且完全剥夺了苗某某依法参加诉讼，主张自己合法权益，并行使举证、质证、辩论和上诉、提起二审、参加二审诉讼的权利。这一完全剥夺第三人参加诉讼权利的诉讼判决，是非法无效，依法应予撤销的。

3. 该判决既认定原告宋某某与被告贺文某签订的房屋买卖契约只是为办理涉案房产过户使用，并非双方真实的房屋买卖合意，就应判决该合同依法不能成立，因为当事人双方真实意思表示，是合同依法成立的必要条件，但却判决“该买卖契约的效力不能否定”这显系故意偏袒案涉当事人。

4. 该判决既然在“本院认为”部分认定：原告宋某某是以泰某公司的名义在被告荣某集团处承揽工程，理应正确认定荣某集团所欠工程款债权人应为泰某公司，而非宋某某，以房抵顶工程欠款的权利人亦应为该公司；而案涉《抵顶房产协议》却将该房产抵顶给宋某某，而不是抵顶给该公司，显系张冠李戴，混淆了权利人的主体，故此应判决该协议无效，但该法院却作出了与此完全相悖的判决：判决将该房屋产权抵顶给宋某某而不是该公司的合同，为合法有效合同。

由上可见，执行异议诉讼一审法院以该确认之诉判决为由，认定《抵顶房产协议》有效，不足为凭。

四、关于二审法院对本案应当如何裁判的建议

根据以上事由，足以证明，执行异议人宋某某，其并不是荣某集团所欠工程款的债权人，其以自然人的身份取代该工程款的债权人泰某公司签订

《抵顶房产协议》没有事实和法律依据，其主张对案涉房产享有所有权，已为生效判决所否定，其对案涉房产享有“合理的期待权”，因案涉生效判决所确认的事实和证据，足以证明他既不是案涉工程款的债权人，故对案涉抵债房产并不享有合理的期待权，而真正享有期待权的充其量应为泰某公司；宋某某取代该公司享有工程款债权并享有抵顶该债权的房产所有权的“合理期待权”，没有事实和法律依据；案涉确认之诉判决虽然已发生法律效力，但该判决是当事人恶意串通，侵害他人合法权益的虚假诉讼，原告故意不将苗某某列为第三人，该审理法院明明应当将苗某某追加为第三人而不予追加，完全剥夺了其诉讼权利，所以该判决是应当依法撤销的判决。该判决即使未被依法撤销，即使由此而推定《抵顶房产协议》合法有效，但由于执行异议人宋某某并未满足《执行异议规定》第 28 条所规定的其他任何条件，其执行异议不足以排除执行，故此应当依据《民法通则》第 58 条第 4 项、《合同法》第 52 条第 2 项和《执行异议规定》第 28 条、《民事诉讼法》第 170 条第 2 项之规定依法判决：撤销一审判决，改判撤销原一审［2015］荣商重初第×号裁定书，驳回宋某某之执行异议。

以上意见供参考。

【瞽言刍议】

这是一起因执行房产引发的执行异议案。

首先，执行异议人主张其具有《执行异议规定》第 28 条所规定的排除执行的条件，经逐条审查，均不成立。

其次，执行异议人主张其对该房产享有的所有权或房产的“合理期待权”，来源于其工程款债务人以房产抵顶其债权，但经查，他并不是该工程款的债权人，故其主张在源头上就不能成立。

最后，作为主要证据的《抵顶房产协议》虽经法院生效判决确认“合法有效”，但该判决源自该诉讼系当事人恶意串通的虚假诉讼，因而非法无效，应予撤销，其据以主张的证据就不具有合法性。

据上，层层辩驳，得出了具有充分说服力的论证结论。

24. 广州市黄阁冷冻厂和裕洲制冷设备厂房屋被拆纠纷案

【论证要旨】

专家们指出，本案一、二审法院判决认为，案涉《征收补偿协议》第5条戊方放弃权利的效力对乙方具有拘束力，并认为当事人超过诉讼时效，而由此造成了其判决的根本性错误，严重侵害了当事人乙方的重大合法权利，因此专家们认为本案具备提起再审的条件，应当依法提起再审。当地政府部门也应当严格根据事实和法律，主动修正错误，依法保障当事人的合法权益，及时解纷息讼，履行法治政府实现法治公平正义的义务。

【案涉简况】

论证委托方：广州市黄阁冷冻厂和裕洲制冷设备厂（以下简称乙方、“案涉两厂”）。

论证受托方：中国政法大学法律应用研究中心。

委托论证的事项：案涉两厂的被拆房屋在征收补偿中是否应当依法得到保障。

参加论证的专家：中国政法大学、中国人民大学法学院、清华大学法学院、北京大学法学院等民法、行政法学五名权威教授。

委托方提交的本案案件事实材料：

1. 案涉《责令改正违法用地违法建设行为通知书》；
2. 案涉征收补偿协议；
3. 案涉行政复议相关事实材料；
4. 案涉行政诉讼相关事实材料；

5. 案涉民事诉讼相关事实材料；
6. 案涉两厂申诉、申请抗诉材料；
7. 案涉情况说明；
8. 其他相关事实材料。

以上事实材料都为复印件，委托方对这些材料的真实性和来源的合法性负责。专家们以这些材料显示的案件情况为事实根据提供论证意见。

【论证意见】

委托方因其两厂房屋征收被拆未予补偿纠纷一案，向受托方提交案件材料，委托受托方邀请有关法律专家进行论证、提供专家论证意见。受托方审阅委托方提交的案件材料之后，认为符合专家论证的条件，邀请了在京五名专家学者，于2019年9月8日举行了专家论证会。专家们在预先仔细研读委托方提交的案件材料显示的案件事实的基础上，进行了深入的讨论，形成如下一致法律证意见。

一、案涉两厂被拆房屋应当依法得到补偿保障

（一）案涉两厂被拆房屋属于当地政策规定的补偿安置范围

经查，案涉被拆两厂房屋，其中1500多平方米是当时蔡某某于1993年租用土地前购买的空置知青楼，其后至2004年建成了其余厂房。

按照《广州南沙集体土地房屋征收补偿安置指导意见》第6条的规定，房屋产权证不全或无产权证，需要补偿安置的，按照1988年12月31日前、2002年1月30日前、2007年6月30日前三个时间段，分别按100%、95%、90%进行补偿。《广州市人民政府征收土地公告》（穗府征［2015］22号，2015年3月4日）第5条规定，该公告发布后，被征地单位和个人抢栽抢种的农作物或抢建的建筑物不列入补偿的范围。可见，案涉房屋应纳入补偿安置范围。

（二）最高人民法院裁判（行政裁定书2018最高法行申5424号）认为，无证房屋不能直接和违法建筑画等号

该裁判认为，在房屋征收过程中，对因历史原因形成的没有建设审批手续和产权证照的房屋，行政机关应当在征收之前依法予以甄别，作出处理，不能简单将无证房屋一律认定为违法建筑，不予征收补偿；违法拆除因历史

形成的无证房屋造成损失的，也不能简单以无证房屋即为违法建筑为由，不予行政补偿。在行政机关没有充分证据证明被拆的无证房屋属于违法建筑的情况下，应当将房屋视为合法建筑，依法予以行政补偿。行政赔偿的项目、数额不得少于被征收人通过合法征收补偿程序获得的行政补偿项目、数额。

（三）穗国房［2015］515 号《责令改正违法用地违法建设行为通知书》以案涉房屋未办理建设用地审批和规划报建手续，违反《土地管理法》第 43 条和《城市规划法》（已失效）第 40 条为由，认定其为违法建筑。该认定：其一，有违法不溯及既往原则；其二，有违《城市规划法》（已失效）适用范围；其三，有违尊重历史情况实事求是处理历史遗留问题的政策。故依法不能成立

《责令改正违法用地违法建设的行为通知书》（2015 年 6 月 23 日穗国房南［2015］515 号）亦存在如下问题：

（1）主体不适格：相对人主体应列为两法人单位，而不应列为蔡某某；

（2）建设时间应确定为 1987 年至 2004 年；

（3）因与乌洲村租用山坡地建厂房有合同，每年缴纳地租，认定擅自占地建厂亦为不妥；

（4）责令收到本通知后 7 日内停止违法占地、违法建设行为，退还非法占用的全部土地不切合实际。

（5）最高人民法院明确，“城管无强制拆除违建的法定职权”，依据《行政强制法》第 13 条和《城乡规划法》第 68 条，现南沙区拆迁征收简单地用拆违建替代拆迁，这显然是一种简单粗暴的违法做法。而《南沙城管分局上报广州城市管理综合执法部门的征询违法建设定性处理意见》也确认案涉房屋不属违建，应按建筑成本 90%赔偿。

（四）据悉，在该项征收项目中，其他工厂和单位的相似情况的无证房屋，并没有被认定为非法建设，而是给予了补偿，相同情况有的补偿有的不予补偿，有失公平公正

此外，据悉，由于受对两法人单位“两违”定性的影响，同村与工厂相邻的在（乌洲村××街 36—38 号）两厂法定代表人的爷爷蔡开某名下的一栋三层 288 平方米的房子（有三证）也被违法强拆，而未予补偿，这也有违法治的公平公正原则。

关于征收补偿协议：

在 2011 年 12 月 20 日粤国土资（预）函［2011］169 号《关于广州南沙广汽丰田扩大产能及增加新品种建设项目用地的预审意见》中，已把两厂位置划入红线图，××公司表示通过测量、评估，也对两厂征收拆迁作了补偿。但该协议却仓促草签，对两厂房屋不予补偿，并出现多处问题：

（1）把代表租地签合同的蔡某某作为权利人列为签约的“戊方”，但在 2008 年乌洲村已出具证明土地使用权转由两厂租赁，而且租金一直由两厂支付，案涉房屋权利人应为两厂。

（2）国务院对拆迁多次强调“先补偿，后拆迁”，而“协议中”却是按拆迁的进度付款。

（3）南沙区土地开发中心评估委托书评估基准日期是 2014 年 1 月 21 日，而 3 次评估报告评估基准日期是 2013 年 11 月 24 日，评估委托书中有建筑物及附着物，第一、二次评估报告都有建筑物和附着物，分别为 6900 万元和 4000 万元，而最后却仅只有机械、存贷及苗木，而且评估细项中也没有涉及员工遣散事项。

（4）关于“自拆厂房”问题，其先以“两违”定性，再由乙戊方自拆；实际情况是进行强拆，并在开拆第三天就以拆迁员工不小心为由，被火烧掉整个厂房，过火面积过到 15 000 多平方米，为此还出动消防车 30 多台和 100 多消防员，用两天时间才把火扑灭。如真是责任事故，却对该重大责任事故不予立案、不予处理。

专家们认为，以上问题应当依法予以纠正。

二、关于《征收补偿协议》第 5 条的效力问题

专家们认为，《征收补偿协议》第 5 条戊方放弃案涉房屋补偿，并不具有对乙方的拘束力。理由如下：

第一，从物权关系来说，该房屋的物权属于乙方而不属于戊方。

第二，从主体关系来说，戊方作为自然人，乙方作为两独立法人，戊方并非乙方的法定代表人、股东或代理人，其无权代表、代理乙方。且乙方作为该协议的直接签约主体无需戊方代理。

第三，从亲属关系来说，戊方与乙方法定代表人虽系父子关系，但二者之间并非房屋共同共有关系，而房屋的物权分别归乙方两法人单位所有。故作为亲属关系中的父亲无权处分其非共有的其子女公司名下的物权。

第四，虽然戊方在《征收补偿协议》第5条中放弃了补偿要求，但乙方在协议的任何条款中都没有放弃补偿权利的意思表示。不能认为，乙方没有明确表示要求予以补偿，就视为其默认放弃补偿要求。专家们强调指出，案涉房屋补偿属于乙方的重大利益，其放弃重大利益的补偿要求，应当以书面明示的意思表示为准。

最高人民法院发布的判例［2014］浙甬商终字第369号的裁判要旨指出："民事权利的放弃必须采取明示的意思表示才能发生法律效力，默示的意思表示只能在法律有明确规定及当事人有特别约定的情况下才发生法律效力，不宜在无明确约定或者法律无特别规定的情况下，推定当事人对当事人权利进行放弃。"

案涉法院判决认为，戊方与乙方为父子关系，两厂为家族企业，戊方放弃权利，乙方没有明确反对，视为乙方默认，故认定乙方亦放弃了权利，没有事实根据和法律依据，依法不能成立。

三、关于本案诉讼时效问题

最高人民法院《关于审理民事案件适用诉讼时效制度若干问题的规定》(法释［2008］11号）第6条规定："未约定履行期限的合同，依照合同法第六十一条、第六十二条的规定，可以确定履行期限的，诉讼时效期间从履行期限届满之日起计算；不能确定履行期限的，诉讼时效期间从债权人要求债务人履行义务的宽限期届满之日起计算，但债务人在债权人第一次向其主张权利之时明确表示不履行义务的，诉讼时效期间从债务人明确表示不履行义务之日起计算。"

经查，案涉补充协议系对乙方的"机器设备、存货物质、青苗等进行征收补偿"，而并没有对乙方的房屋进行补偿达成协议，更不存在对该房屋补偿达成履行期限问题的协议。故对于案涉房屋补偿的诉讼时效，应当以当事人达成房屋补偿协议和履行期限时来依据上述司法解释加以确认。

专家们指出，本案的性质，不是侵权之诉，而是补偿协议争议之诉，故不能以当事人知道或应知道侵权之日起算诉讼时效，而应当以当事人达成的案涉房屋补偿协议的履行期限届满之日起计算。由于当事人迄今仍未对此达成协议，故此当事人至今在本案中也并没有超过诉讼时效。

四、关于本案的处理问题

有鉴于本案一、二审法院判决认为，案涉《征收补偿协议》第5条戊方放弃权利的效力对乙方具有拘束力，并认为当事人超过诉讼时效，而由此造成了其判决的根本性错误，严重侵害了当事人乙方的重大合法权利，因此专家们认为本案具备提起再审的条件，应当依法提起再审。当地政府部门也应当严格根据事实和法律，主动修正错误，依法保障当事人的合法权益，及时解纷息讼，履行法治政府实现法治公平正义的义务。

以上意见供委托方和当地政府部门、司法机关参考。

【瞽言刍议】

案涉厂房应予拆迁补偿，而不予补偿，先是以无证为借口，依法不能成立；后又认为是以默认而放弃了权利，还认为请求超过了时效。专家们指出以上理由均不成立。政府拆迁不能侵害公民的合法权益，这是依法行政的应有之义。

25. 中间门公司、某某公司 1、某某公司 2、王某某等合作开发煤矿案

【论证要旨】

其一，一审判决在责任主体范围的认定上是明显不正确的。王某某是假借公司名义，实施个人行为和获取个人利益的行为人。应当适用“揭开公司面纱”的规则。

其二，由于发生人格混同，王某某与某某公司 1 就返还 1 亿元对价款，应承担连带责任；此外，王某某还应与某某公司 1 就江苏中间门路桥有限公司（“中间门公司”）对煤矿的投资损失及 1 亿元的利息损失，按过错程度应当承担的部分，承担连带责任。

其三，《丰某奎煤矿合作协议》是无效合同，但王某某的返还 1 亿元对价款的连带责任，不受合同效力的影响。

【案涉简况】

论证委托人：中间门公司。

论证组织单位：中国政法大学法律应用研究中心。

论证时间：2016 年 4 月 18 日。

论证专家：中国政法大学、中国人民大学法学院、国家法官学院等五名权威教授。

论证依据主要资料：

1. 内蒙古自治区高级人民法院《民事判决书》［2014］内民三初第×号。

2. 中间门公司、某某公司 1、达拉特旗某某商贸有限公司（以下简称“某某公司 2”）签订的《丰某奎煤矿合作协议》（2012 年 2 月 9 日）。

3. 某某公司1与达拉特旗丰某奎煤矿签订的《土石方剥离及原煤生产承包协议书》（2011年1月5日）。

4. 某某公司1与某某公司2签订的《补充协议》（2011年1月5日）。

5. 丰某奎煤矿及宋某某、王某某、李某某签订的《三方转账协议》（2013年8月17日）。

6. 某某公司2、李某某的《情况说明》（2014年3月29日）。

7. 其他有关资料。

案件简介：

1. 2011年8月11日，中间门公司与李某某签订了《合作框架协议》，就3000亩煤田的施工权、开发权、受益权进行合作经营。依该协议，中间门公司支付给了李某某1.2亿元。当事人约定，李某某如不能与原告对其煤田进行合作经营，即应退还已收取的上述款项，并承担自收款之日至退还款之日的利息。

事后，李某某因无法履行约定，向原告退还了1950万元已收款项。

2. 2012年2月9日，由李某某斡旋，中间门公司、某某公司1、某某公司2签订了《丰某奎煤矿合作协议》，约定某某公司1以其享有的（承包的）667 000平方米煤田利用、受益权与中间门公司合作，各占50%（收益股）。中间门公司为取得50%的份额应向某某公司1支付对价1亿元，此1亿元由某某公司1代中间门公司向某某公司2支付。某某公司1的实际控制人李某某向某某公司2的股东王某某支付了1亿元。中间门公司进场对煤田开发。

3. 2012年6月，政府责令煤田停止施工。

4. 2014年3月，中间门公司以某某公司1、李某某、某某公司2、王某某为被告提起诉讼，请求法院判令：①被告返还中间门公司1投资款1亿元；②某某公司赔偿中间门公司损失7547万元；③四被告承担连带责任。

5. 内蒙古自治区高级人民法院［2014］内民三初第×号《民事判决书》（以下简称“一审判决”），判决某某公司1向原告中间门公司返还投入款1亿元，驳回了原告的其他诉讼请求，中间门公司向最高人民法院提起了上诉。

【论证意见】

一、中间门公司、某某公司1、某某公司2签订的《丰某奎煤矿合作协议》为无效合同

“一审判决”在“本院认为”中指出：“2012年2月9日，中间门公司、某某公司1、某某公司2签订的《丰某奎煤矿合作协议》系各方当事人的真实意思表示，且不违反法律、行政法规的强制性规定，并已经实际履行，应为有效协议。该协议实际履行两个月即停止履行，至今再未恢复履行，中间门公司已向法院起诉返还投入款，视为协议不再继续履行，故2012年2月9日中间门公司、某某公司1、某某公司2签订的《丰某奎煤矿合作协议》已实际解除。某某公司1与丰某奎煤矿之间《土石方剥离及原煤生产承包协议书》的效力问题，不是本案审理范围，故中间门公司提出某某公司1与丰某奎煤矿《土石方剥离及原煤生产承包协议书》无效，亦导致中间门公司、某某公司1、某某公司2签订的《丰某奎煤矿合作协议》无效的诉讼理由不能成立。”

1. 中间门公司对某某公司1的给付是1亿元，某某公司1对中间门公司的给付，是使中间门公司享有对《土石方剥离及原煤生产承包协议书》确定的对十四、十五标段的承包经营权按比例的收益。

某某公司1与丰某奎煤矿的《土石方剥离及原煤生产承包协议书》，虽然不是诉讼标的，但它是本案合同（《丰某奎煤矿合作协议》）的基础法律关系，也是本案合同是否有效的关键性证据，对基础法律关系，对关键性证据，肯定是不能回避的。一个合同（协议），在法律上履行不能，还能是有效合同吗？最明显的例子是，一个盗窃物的买卖，不能只审理当事人的意思表示是否真实，是否实际履行，而更要审理给付能否成立，或者说，要审理盗窃物能否为给付物。

2. “一审判决”已经认同《土石方剥离及原煤生产承包协议书》是《丰某奎煤矿合作协议》的附件（“一审判决”第26页），这个“附件”，是《丰某奎煤矿合作协议》成立、生效的前提，而这个“附件”本身是无效的。“一审判决”的这个认同，与其主张的“不予审理”，是自相矛盾的。

3. 《土石方剥离及原煤生产承包协议书》本质上是采矿权的分割转让，

在表现形式上是某某公司1承包丰某奎煤矿十四、十五标段667 000平方米土石方剥离及原煤生产，当然承包也是无效的。《矿产资源法》第6条规定："除按下列规定可以转让外，探矿权、采矿权不得转让：（一）探矿权人有权在划定的勘查作业区内进行规定的勘查作业，有权优先取得勘查作业区内矿产资源的采矿权。探矿权人在完成规定的最低勘查投入后，经依法批准，可以将探矿权转让他人。（二）已取得采矿权的矿山企业，因企业合并、分立，与他人合资、合作经营，或者因企业资产出售以及有其他变更企业资产产权的情形而需要变更采矿权主体的，经依法批准可以将采矿权转让他人采矿。前款规定的具体办法和实施步骤由国务院规定。禁止将探矿权、采矿权倒卖牟利。"作为对该条的贯彻，《矿业权出让转让管理暂行规定》（已失效）第38条规定："采矿权人不得将采矿权以承包等方式转给他人开采经营。"依据上述规定，《土石方剥离及原煤生产承包协议书》《丰某奎煤矿合作协议》均无效。

4.《丰某奎煤矿合作协议》虽然实际履行了两个月，但这并不能说明该协议有效，因该协议的给付（履行）属于法律不能，即某某公司1属于给付法律不能。对无效合同的实际履行，并不能使无效合同变成有效合同。

二、中间门公司投入款返还主体和损失赔偿主体包括王某某

"一审判决"认为，《丰某奎煤矿合作协议》"事实上已经解除"。尽管解除也要向中间门公司返还财产，但仍须明确合同的无效性质，以便准确处理财产后果，切实保护当事人的合法权益。《合同法》第58条规定："合同无效或者被撤销后，因该合同取得的财产，应当予以返还；不能返还或者没有必要返还的，应当折价补偿。有过错的一方应当赔偿对方因此所受到的损失，双方都有过错的，应当各自承担相应的责任。"上述责任，包括财产返还责任（不当得利的返还责任）和对投资损失的过错赔偿责任（缔约责任）。

（一）王某某是返还1亿元的责任主体，是连带责任人

中间门公司给付某某公司1、李某某1亿元的款项，不是对煤矿开发、经营的投资款，是对价款。由于《丰某奎煤矿合作协议》无效，就必然有返还财产的问题及利息损失的计算问题。

"一审判决"认为："考虑到本案合同履行期限较短，又没有证据证明合同履行过程中中间门公司有实际收益，故中间门公司主张返还投入款1亿元

的诉讼理由成立，某某公司1应向中间门公司返还投入款1亿元。”

返还1亿元是对的，关键是返还的理由和返还的主体是否正确。专家认为，由于《丰某奎煤矿合作协议》无效，1亿元投入款应按不当得利予以返还。

“一审判决”指出：“由于中间门公司已将合作价款汇入某某公司1，某某公司1同意由某某公司1直接向某某公司2支付，具体方式由某某公司1与某某公司2协商。另外，某某公司2法定代表人王汉某和股东王某某在江苏省常州市公安局侦查李某某涉嫌合同诈骗罪一案中认可李某某代表某某公司1向某某公司2股东王某某汇款支付了4400万元，并通过三方转让协议，由宋某某代李某某向某某公司2支付剩余的5600万元。某某公司1同意本应由中间门公司支付的1亿元，由其他主体支付。可视为中间门公司已向某某公司1支付1亿元，至于某某公司1，宋某某是否实际向某某公司2支付，不是本案审理范围，某某公司1可另行主张权利。”“一审判决”还认为：“王某某虽实际收到4400万元，并在三方转账协议上签字确认5600万元由宋某某代李某某向某某公司2支付，但其身份为某某公司2的股东，其上述行为是代表某某公司1所实施，中间门公司主张应由王某某承担返还责任的诉讼理由不能成立。王某某不负有向中间门公司返还投入款并赔偿损失的责任。”

专家认为，“一审判决”只判某某公司1一个主体返还1亿元是明显不正确的，王某某应当承担连带责任。

1. 王某某收取的4400万元，属于侵权型不当得利，所谓侵权，是指侵害中间门公司的财产权，所谓不当得利，是指其所获利益没有法律根据。

2. 表面来看，王某某只负担返还4400万元的责任（一审法院连这点都未判），其实，依法律他应当与某某公司1就1亿元投入款的返还，承担连带责任。《公司法》第20条规定：“公司股东应当遵守法律、行政法规和公司章程，依法行使股东权利，不得滥用股东权利损害公司或者其他股东的利益；不得滥用公司法人独立地位和股东有限责任损害公司债权人的利益。公司股东滥用股东权利给公司或者其他股东造成损失的，应当依法承担赔偿责任。公司股东滥用公司法人独立地位和股东有限责任，逃避债务，严重损害公司债权人利益的，应当对公司债务承担连带责任。”王某某已与某某公司2发生人格混同，应适用上述规定，令其与某某公司1就返还1亿元的债务承担连带责任。仅从“一审判决”的表述，就可以得出人格混同的结论。

（1）自始至终，都是王某某在决策，某某公司成为“面纱公司”“防火墙公司”。王某某是实际支配某某公司2行为的人。王某某的行为，不是“一审判决”所说的“代表”行为，“代表”行为，应当是某某公司2法定代表人王汉某的行为，王某某的行为，显然也不是代理行为。王某某对某某公司2，是支配行为。

（2）按王某某的意旨，某某公司2名下的款项，体外循环，不少款项汇到王某某指定的账户上。某某公司2的责任财产，明显减少，对债权人的清偿能力减少甚至丧失。如果让一个“空壳公司”承担巨额债务，拿钱的人在后边躲着，法院在客观上就成了恶意躲债人的工具。

（3）某某公司1、李某某2014年3月29日的《情况说明》写道：“合作款项1亿元已经全部向某某公司1及王某某付清。”他们向王某某付款，认为是履行合同义务，认同其是“真正合作的人”，否则不会向他付款。这是人格混同的一个佐证。

（4）人格混同的基础或表现，通常是财产混同。2013年8月17日，甲方（丰盛煤矿及宋云山），乙方王某某、丙方李某某签订的《三方转账协议》明确约定：“甲方同意承接丙方欠乙方煤炭款人民币一亿二千万元的债务。”这里，乙方王某某个人为1.2亿元的债权人，这是王某某与某某公司财产混同、人格混同明显的、不可忽视的证据。

（5）最高人民法院发布的15号指导案例，关联公司可以人格混同，从而“参照”适用《公司法》第20条。本案王某某是股东，且人格混同的事实比15号指导案例中的情形更加明显。

（6）人格混同，导致王某某逃避巨额债务，严重损害了债权人的利益，违背了法人制度设立的宗旨，违背了诚实信用原则。

（二）关于缔约责任

“一审判决”认为：“本案是合伙型联营纠纷，中间门公司选择与某某公司1合伙联营，亦要承担因此可能会产生的商业风险。”“一审判决”认定为是合伙，却要中间门公司一方承担合伙投资的损失（对价以外的损失），这是自相矛盾的，也是违反法律的。

专家认为，对中间门公司交给某某公司1、王某某1亿元对价款以外的损失（开采煤矿人工、设备等投入产生的损失以及1亿元的利息损失），属于缔约责任，不属于正常的商业风险。各方应按过错分担责任。由于王某某与某某公司2人格混同，对某某公司2过错责任部分，根据《公司法》第20条的规定，王某某应承担连带责任。

三、论证结论

“一审判决”在责任主体范围的认定上是明显不正确的。王某某是假借公司名义，实施个人行为和获取个人利益的行为人。应当适用“揭开公司面纱”的规则。

由于发生人格混同，王某某与某某公司2就返还1亿元对价款，应承担连带责任；此外，王某某还应与某某公司2就中间门公司对煤矿的投资损失及1亿元的利息损失，按过错程度应当承担的部分，承担连带责任。

《丰某奎煤矿合作协议》是无效合同，但王某某的返还1亿元对价款的连带责任，不受合同效力的影响。

以上论证意见供参考。

【瞽言刍议】

本案涉及合作开发煤矿纠纷，案涉相关合同的效力、财产返还、赔偿损失、“揭开公司面纱”及承担连带责任等问题，专家们的相关论证意见，可兹对相关问题的分析参考。

26. 姜某某与庞某某房地产转让合同效力纠纷案

【论证要旨】

其一，某某区人民法院于2001年1月16日作出的某经裁字第55号民事裁定书，存在未在诉讼中送达、查封标的不明确，据以查封的案件判决结果诉讼保全申请人败诉等因素，该裁定不具有诉讼保全裁定效力。

其二，某某区人民法院于2001年1月17日作出的某经初第55号协助执行通知未依法进行查封登记，属于法律禁止的重复查封，不产生限制第2900号办公楼产权过户的效力。

其三，姜某某与庞某某代理人签订《房地产经纪合同》是双方真实意思表示，不违反法律和法规强制性规定，合法有效。

【案涉简况】

论证委托方：姜某某。

论证受托方：中国政法大学法律应用研究中心（以下简称“本中心”）。

参加论证的专家：中国政法大学等四名权威专家。

论证事项：

1. 某某区人民法院于2001年1月16日作出的某经裁字第55号民事裁定书（以下简称“55号裁定”）是否合法有效？

2. 某某区人民法院于2001年1月17日作出的某经初第55号协助执行通知（以下简称“55号协执”）是否产生限制第2900号办公楼产权过户的效力？

3. 姜某某与庞某某代理人签订的《房地产经纪合同》（以下简称“转让

合同”）是否有效?

委托方提供的案件材料:

1. 证明材料;
2. 委托授权书;
3. 人民法院协助查询存款通知书（2003 年 9 月 13 日）;
4. 收据;
5. 收条;
6. 人民法院协助查询存款通知书（2003 年 9 月 2 日）;
7. 人民法院协助查询存款通知书（2003 年 9 月 5 日）;
8. 沈阳市房地产转让申请审批书;
9. 沈阳市某某区房产管理局转让批复;
10. 房产交易过程说明;
11. 产权证;
12. 房地产经纪合同;
13. 沈阳市某某区人民法院协助执行通知书;
14. 沈阳市某某区人民法院民事裁定书;
15. 委托公证书;
16. 档案核实说明;
17. 撤销权纠纷代理词;
18. 委托书;
19. 证明材料;
20. 第三人姜某某委托代理人代理词;
21. 房地产价格评估规定;
22. 文字鉴定异议书;
23. 辽宁省高级人民法院询问笔录;
24. 辽宁省高级人民法院民事询问笔录（2004 年 3 月 24 日）;
25. 辽宁省高级人民法院询问笔录（2004 年 8 月 13 日）;
26. 调查记录（2004 年 10 月 20 日）;
27. 辽宁省高级人民法院询问笔录（2009 年 10 月 22 日）;
28. 辽宁省高级人民法院民事判决书（2012 年 8 月）;
29. 沈阳市浑南区人民法院民事判决书（2015-033××）;

30. 辽宁省沈阳市中级人民法院民事判决书（2010年8月）；

31. 其他相关文件材料。

以上案件材料都是复印件，委托方对这些材料的真实性和来源的合法性负责。

本专家论证意见以这些案件材料显示的案件情况为事实根据，对之外的情况不发表意见。

案情简介：

2001年5月21日，委托人姜某某通过沈阳市某某信息服务部东顺分部中介得知，本村某某办公楼有意转让，经中介居间服务，与庞某某的代理人金某某、孙某某签订了《房地产经纪合同》，以192万元成交。姜某某按照合同约定支付了房价款，庞某某的代理人偿还了某某区法院审理的罗某某与庞某某债务纠纷案件执行标的款。2001年5月23日，某某区法院作出解除对第2900号房产的查封裁定，并将通知书下达给房地产管理部门，房屋登记主管部门批准了第2900号楼房产权过户登记，将该房产过户到姜某某名下。2001年5月26日，姜某某领取了该房产的《房屋所有权证》。

2001年1月16日，庞某某的另一位债权人杜某起诉庞某某及众仁公司并申请查封第2900号楼房，房屋主管部门认为该房屋已于2001年1月8日被某某区法院作出的民事裁定予以查封，属于重复查封，拒绝办理协助查封。

2001年8月，杜某诉至沈阳市中级人民法院，认为庞某某与姜某某恶意串通低价转让房产的行为，妨碍了其债权的实现，损害了其合法权益，要求撤销庞某某与姜某某的房产转让行为。案件经过一审、二审、再审多次审理最终判决姜某某与庞某某签订的《房地产经纪合同》无效。

目前，姜某某名下的第2900号房产面临被法院强制执行。

【论证意见】

委托方因2017年6月27日沈阳市某某法院执字第533号限期腾退房屋《公告》所涉及法律问题，为维护自身合法权益，委托本中心就案件争议的有关焦点问题给予法律论证，提供法律专家论证意见。

本中心对委托方提供的案件材料进行了预审，认为符合本中心专家论证的条件，邀请了中国政法大学等四名专家学者，于2017年8月13日，在京召开了专家论证会。与会专家认真研究了案件材料，详细分析了有关证据，尤其是相关法律文书形成的时间、当时的相关法律依据、各方当事人的主张和诉求，本着依法、客观、公平、公正的原则，经过深入研究讨论，形成本论证意见书，供委托方和有关司法机关参考。

专家们经过深入研究讨论，形成以下一致意见：

一、关于55号裁定效力问题

（一）程序效力

某某区法院依据杜某提出的诉讼保全申请和提供的担保，于2001年1月18日作出55号裁定，依据《民事诉讼法》第223条、最高人民法院《关于人民法院执行工作若干问题的规定（试行）》（法释［1998］15号）第38条中关于人民法院采取查封、扣押、冻结措施时，应当制作民事裁定，并送达被执行人和申请执行人的规定，该55号裁定应在依法送达时生效。

上列案件材料显示：该裁定于2001年3月16日采取张贴公告方式送达给庞某某及众仁公司，但某某区法院已于2月21日对杜某诉姜某某、庞某某众仁公司借贷纠纷一案作出了［2001］某经初字第70号判决书，加15天上诉期该判决最迟也于3月10日生效。而该判决所列被告没有庞某某，只有众仁公司，依据该判决由被告众仁公司承担偿还杜某债务责任。2001年3月16日某某法院在被查封楼房处以公告送达方式完成55号裁定的送达并生效，但此时，55号裁定将庞某某列为被执行人显然与生效判决结果严重不符，55号裁定生效晚于案件判决生效时间6日，形成查封案外人姜某某财产的法律状态和法律结果。

财产保全是为了依法审理案件所作的强制措施，在保全后当事人就取得了将来胜诉后可以就保全财产优先受偿的权利，法院则可以执行所保全的财产实现胜诉方的受偿和案件终结。依据《民事诉讼法》（1991年）第93条第2款的规定，人民法院接受申请后，必须在48小时内作出裁定；裁定采取财产保全措施的，应当立即开始执行。但是，某某区法院在作出55号裁定后远远超过48小时才执行，导致案件判决生效后才送达财产保全裁定的违反法定程序的结果。

（二）实体效力

仔细查阅55号裁定可知，该裁定没有直接作出冻结第2900号房产的执行意思，仅间接表示“或查封、扣押相应财产”该裁定优先查封被执行人的银行存款111万元。法院虽然将该裁定贴于第2900号房产所在楼房门口，但是，不仅作为案外人的姜某某，即便是其他任何人，看到张贴的55号裁定内容，也无法得出该裁定是对第2900号房产查封的裁定，无法得出第2900号房产已经被查封的认识。

按照《民事诉讼法》的有关规定和精神，对于不动产的查封，应当有明确的、具体的、准确的查封标的、财产类别，以便向有关登记部门送达协助执行通知书，确定查封方式。依据最高人民法院《关于适用〈中华人民共和国民事诉讼法〉若干问题的意见》（法发［92］22号，当时有效，本文下同）第101条关于“人民法院对不动产和特定的动产（如车辆、船舶等）进行财产保全，可以采用扣押有关财产权证照并通知有关产权登记部门不予办理该项财产的转移手续的财产保全措施”的规定，查封在房屋登记主管部门登记的房产时，在采取扣押房屋所有权证的同时向房产登记主管部门送达协助执行通知书。查封裁定的标的与协执标的应当具有一致性，与审理案件的被告主体具有相对性。从55号裁定的内容看，裁定的标的是被执行人的广义上的财产范围，并非具体财产标的即第2900号房屋产权，55号协执的标的与55号裁定标的不具有一致性。

（三）保全效力

查封是指人民法院将被执行人的财产贴上封条，或者通过登记机关对动产或不动产进行权属限定，禁止被执行人或其他人转移或处理。诉讼保全查封是一项保全性措施，其目的在于保证申请人案件胜诉后的顺利执行，保全查封裁定的效力至案件开始执行时自动转变为执行查封，实现保全目的，其效力具有可执行性。因此，具有可执行性效力的前提必须是申请诉讼保全的申请人获得审理案件的胜诉，一旦败诉，不仅丧失可执行性效力，保全效力同时灭失。

55号裁定的原告杜某，向某某法院提供担保提出查封被告庞某某所有的第2900号房屋。案件经过某某法院审理作出一审判决，判决众仁公司承担责任，庞某某不承担偿还义务。该判决送达后，双方均未提出上诉，一审判决生效。生效的结果是杜某诉庞某某偿还债务请求被驳回，杜某败诉。因此，杜某起诉案件一审判决生效之日，55号裁定对庞某某的财产保全效力灭失、不具有执行力。此案某某法院再审，属于另一个诉讼程序，杜某未再向受诉法院提出财产保全申请，整个再审诉讼过程中法院没有任何裁定查封庞某某第2900 号房产。因此，55 号裁定对第 2900 号房屋保全效力灭失，不具有执行效力。

二、关于 55 号协执效力问题

（一）法律效力

55 号协执的标的是房屋登记部门登记在庞某某名下的后桑林子村楼房一处，协执目的是冻结该房屋转让过户，因此 55 号协执的实质是发生查封房屋的法律效力。

卷宗材料显示：2001 年 1 月 8 日，庞某某的另一债权人罗某某起诉庞某某并提出财产保全申请，某某区法院作出民事裁定将第 2900 号楼房查封并在房产管理部门进行了查封登记。因某某区法院已经在房屋登记部门作了该房屋的查封登记，依据《民事诉讼法》（1991 年）第 94 条第 4 款："财产已被查封、冻结的，不得重复查封、冻结。"最高人民法院《关于适用〈中华人民共和国民事诉讼法〉若干问题的意见》第 282 条也规定，人民法院对被执行人的财产查封、冻结的，任何单位包括其他人民法院不得重复查封、冻结或者擅自解冻。很显然，我国法律禁止重复查封、冻结，房屋登记部门在协助冻结该房屋时没有法律依据。因此，55 号协执属于重复查封。

参照最高人民法院《关于人民法院民事执行中查封、扣押、冻结财产的规定》（法释［2004］15 号）关于设立轮候查封的规定。轮候查封是指两个以上人民法院对同一宗土地使用权、房屋进行查封，房地产管理部门为首先送达协助执行通知书的人民法院办理查封登记，对后来办理查封登记的人民法院作轮候查封登记。房地产管理部门对第一位查封办理登记之后，对后来办理的查封作轮候查封登记，而不是作查封登记。否则，就变成了重复查封。可见，轮候查封本身没有效力，是处于效力待定状态

55 号协执送达到房屋登记主管部门时，法释［2004］15 号并未出台和实施，因此不能作为轮候查封对待，排除轮候查封法律属性后，55 号协执的法律属性显然是重复查封，关于禁止重复查封的规定，《民事诉讼法》几经修正至现今均没有修改，轮候查封是 2005 年 1 月 1 日起为更好执行禁止重复查封而实施的查封秩序性规定。禁止重复查封则是法律所禁止的。

（二）协助效力

55号协执的协助单位很明确是“某某区房产局”而不是本案委托人姜某某，协助执行效力拘束于第2900号房产过户，当协助执行人拒收协助通知书并拒绝办理冻结登记时，其协执不发生协执效力。55号协执不同于55号裁定，以该协执经过公告而生效的观点没有法律依据。

（三）限制效力

查封冻结不动产过户是查封的最基本的法律效力即限制不动产所有权转移。55号协执因没有发生法律效力故不具有限制第2900号房产所有权转让过户的限制性效力，房屋登记主管部门批准庞某某与姜某某的过户申请是合法有效的行政行为。

认为庞某某与姜某某将法院查封冻结的第2900号房屋转让，属于认定事实上的错误。当第一个查封解除后，限制效力当即解除，作为同一受理案件的某某法院在解除协执的同时没有送达杜某案件的协助执行通知，过错不在房屋登记部门，亦不在庞某某。何况姜某某是在某某法院解除罗某某案件查封裁定的情况下办理的房产过户手续，55号协执不具有第2900号房产的限制过户的法律效力。

三、《房地产经纪合同》效力问题

（一）适用法律问题

评价合同效力适用的法律，必须是被评价的合同是该法律调整的对象。根据前列案件材料，涉及房地产经纪合同效力问题的最终判决，适用的是《城市房地产管理法》第38条：下列房地产，不得转让：“（二）司法机关和行政机关依法裁定、决定查封或者以其他形式限制房地产权利的”的规定，显然适用的是2007年修正版。然而，本案房地产经纪合同的成立时间是2001年，适用2007年《城市房地产管理法》明显是错误的，应当适用1995年1月1日实施的版本，1995年版第37条第2项与2007年版第38条第2项内容虽然没有变化，但是法律条目发生变化。实质上是修法之后的法律。

无论是1995年版还是2007年版的《城市房地产管理法》第2条第1款均规定：“在中华人民共和国城市规划区国有土地（以下简称国有土地）范围内取得房地产开发用地的土地使用权，从事房地产开发、房地产交易，实施房地产管理，应当遵守本法。”从卷宗材料显示：第2900号房产位于五三乡后桑林子村，占用的土地为该村集体建设用地。因《城市房地产管理法》的适用范围限制在“国有土地”上的房屋，对集体土地上的房屋没有法律效力。该法管理的是国有土地上的房地产开发和交易。因此，第2900号房产交易管理不适用该法，应当适用《土地管理法》的相关规定，对集体土地使用权处置后才可处理地上房屋。因此，终审判决存在适用法律不当问题。

（二）查封状态下合同效力问题

《合同法》第52条第5项规定，违反法律、行政法规的强制性规定的合同无效。对于该项中的“强制性规定”，最高人民法院《关于适用〈中华人民共和国合同法〉若干问题的解释（一）》第4条规定：“合同法实施以后，人民法院确认合同无效，应当以全国人大及其常委会制定的法律和国务院制定的行政法规为依据，不得以地方性法规、行政规章为依据。”最高人民法院《关于适用〈中华人民共和国合同法〉若干问题的解释（二）》第14条则明确规定，《合同法》第52条第5项规定的“强制性规定”，是指效力性强制性规定。可见，合同违反法律、法规的效力性强制性规定的才无效。

《城市房地产管理法》（1995年）第37条规定，“司法机关和行政机关依法裁定、决定查封或者以其他形式限制房地产权利的”，房地产不得转让。该规定属于行政管理范畴，法律强制规定房产管理部门在房产查封、冻结状态下不得为权利人办理产权过户登记手续，是对房地产过户登记的一种管理性强制规定。人民法院应当根据最高人民法院《关于适用〈中华人民共和国合同法〉若干问题的解释（二）》第14条之规定，区分效力性强制规定和管理性强制规定。违反效力性强制规定的，人民法院应当认定合同无效；违反管理性强制规定的，人民法院应当根据具体情形认定其效力。最高人民法院《关于当前形势下审理民商事合同纠纷案件若干问题的指导意见》第16条规定：“人民法院应当综合法律法规的意旨，权衡相互冲突的权益，诸如权益的种类、交易安全以及其所规制的对象等，综合认定强制性规定的类型。如果强制性规范规制的是合同行为本身即只要该合同行为发生即绝对地损害国家利益或者社会公共利益的，人民法院应当认定合同无效。如果强制性规定规制的是当事人的‘市场准入’资格而非某种类型的合同行为，或者规制的是某种合同的履行行为而非某类合同行为，人民法院对于此类合同效力的认定，应当慎重把握，必要时应当征求相关立法部门的意见或者请示上级人民法院。”

认为购买查封房屋的买卖合同无效是混淆了合同效力与登记效力，买卖合同是有效的，没有登记则是还没有取得物权效力。

2004 年最高人民法院、国土资源部、建设部联合发布的《关于依法规范人民法院执行和国土资源房地产管理部门协助执行若干问题的通知》第 21 条规定："已被人民法院查封、预查封并在国土资源、房地产管理部门办理了查封、预查封登记手续的土地使用权、房屋，被执行人隐瞒真实情况，到国土资源、房地产管理部门办理抵押、转让等手续的，人民法院应当依法确认其行为无效，并可视情节轻重，依法追究有关人员的法律责任。……"该规定应当属于行政管理的规定。而且该规定只是明确登记行为无效，没有规定转让合同也无效。

2005 年 1 月 1 日最高人民法院实施的《关于人民法院民事执行中查封、扣押、冻结财产的规定》第 26 条规定："被执行人就已经查封、扣押、冻结的财产所作的移转、设定权利负担或者其他有碍执行的行为，不得对抗申请执行人。第三人未经人民法院准许占有查封、扣押、冻结的财产或者实施其他有碍执行的行为的，人民法院可以依据申请执行人的申请或者依职权解除其占有或者排除其妨害。人民法院的查封、扣押、冻结没有公示的，其效力不得对抗善意第三人。"该规定明确了被执行人的转让行为不得对抗申请执行人，法院的查封没有公示不得对抗善意第三人。规定的基础是确认转让合同是有效的，若合同无效，就不存在不能对抗善意第三人的问题，而且本条的规定也取代了最高人民法院《关于转卖人民法院查封房屋行为无效问题的复函》。

《物权法》第 15 条规定："当事人之间订立有关设立、变更、转让和消灭不动产物权的合同，除法律另有规定或者合同另有约定外，自合同成立时生效；未办理物权登记的，不影响合同效力。"该规定说明合同是否有效依据合同法的规定，不登记不产生物权效力，不影响合同的效力，证明法律对合同效力与物权转让登记的效力作出了明显的区别。最典型的是关于抵押权的规定。《担保法》规定未经登记，抵押合同无效，但是《物权法》规定不登记抵押权无效，抵押合同有效。《物权法》明确地区分了合同效力与物权效力，故不能因为不能办理物权的登记而否定合同的效力。

《城市房地产管理法》规定的"不得转让"指的是不得进行物权变动，没有否定债权合同的效力。

购买查封房屋的转让合同是合法有效的，是双方真实意思的表示，只是房地产登记机关不受理转移登记。

（三）第 2009 号房屋转让合同效力问题

转让合同成立时，转让的楼房同时有两个查封裁定，签订转让合同的目的只为清偿罗某某起诉庞某某的案件，在签订房地产经纪合同时，某某法院受理罗某某案件作出的查封裁定在保全效力范围之内，如果说查封的房产转让合同无效，也应该是该合法裁定的法律效力优先于杜某起诉的查封裁定。但事实上合同双方在某某法院的配合下完成了产权过户，姜某某和庞某某在有效查封期间达成购买查封房屋合同，愿意在未过户前出资归还其所欠的债务，并促成法院解除查封，这在现今社会经常发生，这也是债务人清偿债务经常采用的方法。合同双方的交易没有损害债权人的利益，更谈不上损害国家、社会利益。而债权人杜某在得知房屋已经转让的情形下，认为庞某某低价转让侵害其利益，提出撤销权之诉，撤销庞某某与姜某某双方的买卖行为，经过法院认真审理、调查、评估最终认定不存在低价转让情形。在杜某起诉庞某某与姜某某撤销权一案，姜某某最终败诉，最终判决依据的是杜某起诉庞某某债务纠纷案件的查封裁定即 55 号裁定以及 55 号协执。但，该转让合同，同时也是在罗某某起诉案件的查封裁定效力下签订的，但一、二、再审法院均只字未提及罗某某申请查封裁定未解除情况下，庞某某与姜某某签订该转让合同的效力问题，默许了庞某某与姜某某在罗某某案件查封状态下的转让行为的效力。同是一个行为，一个有效、一个无效，构成两种法律状态，形成适用法律双重标准，明显属于适用法律的偏颇。

【论证结论】

鉴于以上分析，综合全案，依据当时的法律、司法解释，参照立法修正及新司法解释规定，本案：

1. 某某区人民法院于 2001 年 1 月 16 日作出的 55 号裁定，存在未在诉讼中送达、查封标的不明确，据以查封的案件判决结果诉讼保全申请人败诉等因素，该裁定不具有诉讼保全裁定效力。

2. 某某区人民法院于 2001 年 1 月 17 日作出的 55 号协执未依法进行查封登记，属于法律禁止的重复查封，不产生限制第 2900 号办公楼产权过户的效力。

3. 姜某某与庞某某代理人签订《房地产经纪合同》是双方真实意思表示，不违反法律和法规强制性规定，合法有效。

以上意见供参考。

【瞽言刍议】

本案的论证，涉及执行、重复查封、协助执行裁定及查封房产的转让合同效力等多重法律关系的有效确认问题，论证较好地分析了这些疑难问题，可作为执行案件的分析参考。

27. 进军公司与某某公司建设工程施工合同纠纷案

【论证要旨】

原审判决在是否具备验收条件和是否通过竣工验收程序、交付诉争标的厂房工程的实际时间、应支付工程价款、施工质量问题索赔金额认定、违约责任承担主体和合同条款适用等方面，存在多项重要错误和遗漏，符合再审条件。

【案涉简况】

论证委托人：北京进军世间美食有限责任公司（以下简称“进军公司”）。

论证受托人：中国政法大学法律应用研究中心。

委托论证主要事项：

1. 关于涉案工程在 2008 年 12 月 29 日是否已经达到竣工验收条件并且是否完成竣工验收手续的问题；

2. 关于进军公司项目厂房在 2008 年底是否交付使用，以及何时交付的问题；

3. 关于进军公司应向江苏某某建设集团有限公司（以下简称“某某公司”）支付工程款具体数额和利息起算时间的问题；

4. 关于进军公司反诉请求某某公司赔偿因施工质量问题造成的损失和承担违约责任的问题。

论证专家：由中国人民大学民商事法律科学研究中心、中国社会科学院、北京建筑大学房地产法律研究所、中国政法大学共四名民法学、建筑房地产法学教授进行论证。

委托人陈述的案件基本事实：

进军公司与某某公司于2008年2月3日签订《建设工程施工合同》。合同约定由某某公司承建进军公司食品加工厂改建钢结构工程，约定：开工日期为2008年2月15日，竣工日期为2008年4月16日，工期60天；合同价款：暂估价为人民币184万元整，工程价款按工程预算书约定合同价格，以实际工程量结算；进度款支付为材料进场30%，钢结构安装验收合格20%，钢结构竣工验收合格付到95%，5%保修金。同时约定，承包人不按合同约定交付工程的，按总价款30%赔偿发包人，保证金不退；不能按期交付工程的，自违约之日起按合同总价的1%向发包人支付违约金。施工过程中签署工程洽商单及补充协议，即《2008年3月8日02-C2-001洽商单》："替换工字钢材料"，有双方签字，没有提到补偿价款；施工单位主张补偿337 883.5元。《2008年4月12日01-C2-006洽商单》："钢结构基础和局部夹层"，洽商页金额115万元，洽商页双方有签字。《2008年4月25日01-C2-007洽商单》："钢结构基础和局部夹层"，洽商页金额45万元，约定结算，洽商页双方有签字。《2008年5月10日01-C2-008洽商单》："钢结构基础和局部夹层"，洽商页金额20万元，约定了要结算，洽商页双方有签字。《2008年5月17日01-C2-009洽商单》："钢结构工程"，洽商页金额130万元，约定了要结算，洽商页双方有签字。《2008年6月5日01-C2-010洽商单》："钢结构工程"，洽商页金额92万元，约定了要结算，洽商页双方有签字。《2008年6月14日01-C2-010洽商单》（此处编号应有误）："钢结构工程"，洽商页金额220万元，约定了电气材料品牌，洽商页双方有签字。《2008年7月30日03-C2-014洽商单》："屋面防水工程量"，洽商页确认面积8170平方米，确认金额21.7322万元，洽商页双方有签字。《2008年9月17日03-C2-046洽商单》："车间内部分墙面变更为瓷砖墙面"，洽商页确认金额1.5534万元，洽商页双方有签字。2008年10月22日《工程洽商书》："金额370万元；需要就工程量进行结算；签订后支付30万元，竣工后承包人提供完整的验收资料验收合格之日起一年后支付剩余340万元；承包人导致不能按时竣工、验收、结算的，向发包人每日支付合同总价款1%违约金。"涉案工程逾期且未经工程竣工验收和工程竣工结算，某某公司擅自撤场，进军公司自行对工程质量问题进行修复和补救。事经8年后，某某公司向进军公司索要剩余工程款。

此案现已经北京市顺义区人民法院和北京市第三中级人民法院一、二审作出裁决。

委托人提供的事实材料：

1. ［2015］顺民初字第209××号民事判决书。

2. ［2017］京03民终137××号民事判决书。

3. 《民事再审申请书》。

4. 2008年2月3日《建设工程施工合同》。

5. 编号02-C2-001、01-C2-006、01-C2-007、01-C2-008、01-C2-009、01-C2-010、03-C2-014、03-C2-046工程洽商单、2008年10月22日《工程洽商书》。

6. 监理会议纪要：2008年3月7日第二周、2008年8月6日第二十三周、2008年8月28日第二十六周、2008年9月23日第三十周、2008年10月7日第三十一周、2008年10月14日第三十二周、2008年11月4日第三十五周、2008年11月11日第三十六周监理会议纪要。

7. 2009年5月19日某某公司出具《确认函》，表述“地面严重开裂，无法竣工验收投入使用；共同委托建研院建筑工程检测中心（后改名为：国家建筑工程质量监督检验中心）检测，双方对检测结果认可”。

8. 2009年6月25日国家建筑工程质量监督检验中心出具《检测报告》，检验结论：细石混凝土厚度不满足设计要求；地面施工未设置伸缩缝；钢筋应为双层双向实为单层双向，裂缝为不规则裂缝，上下通透。处理建议：简单灌缝处理不能保证地面在后续使用过程中不继续产生裂缝。

9. 2011年6月《聚氨酯地面系统施工服务合同》。

10. 2015年1月15日总装备部工程建设监理部出具《关于北京进军世间美食食品加工厂工程相关的说明》，表述“五六千平方米通透裂缝；不具备竣工验收条件；否认《单位（子单位）工程质量竣工验收记录》代表竣工验收的效力；否认现场监理印章的效力，不是总装备部工程建设监理部印章”。

11. 2016年1月15日总装备部工程建设监理部项目部出具《某某公司提交的〈单位（子单位）工程质量竣工验收记录〉不是竣工验收合格的证明》，表述“地面质量不合格，不具备验收条件；没有室外工程、地基基础、主体结构验收资料，不符合程序；所盖项目监理部02号章不是监理部章，不具备效力；验收项目缺项44项，比例占66.7%；没有按照质检中心《检测报告》整改到位；没有签署竣工验收文件”。

12. 2016年1月19日中国建筑技术集团（设计单位）出具《某某公司提

交的〈单位（子单位）工程质量竣工验收记录〉不是竣工验收合格的证明》，表述“不满足《建筑工程施工质量验收统一标准》；没有进行地基、主体、装修、屋面验收；只提供了室内电气、给排水及采暖工程中的22项；没有按图施工伸缩缝，双层钢筋变单层钢筋，产生裂缝；没有通过竣工验收”。

13. 2018年7月18日中国建筑技术集团出具《某某公司提交的〈单位（子单位）工程质量竣工验收记录〉不是竣工验收合格的证明的情况说明》，表述“2016年1月出具证明时只盖了公章，是因为没有要求法人签字；补充法人签字；再次确认施工方存在大量不合规做法，不能验收合格”。

14. 2018年8月7日总装备部工程建设监理部出具《关于〈北京进军世间美食食品加工厂工程相关情况的说明〉的真实性说明》，表述“2015年1月出具证明时只盖了公章，是因为没有要求监理法人签字；补充法人签字”。

15. 一、二审庭审笔录。

16. 本案某某公司提供给法院的其他证据材料。

【专家意见】

中国政法大学法律应用研究中心接受委托，于2018年10月21日在京召开了专家论证会，与会四名教授参加了论证。会上专家们认真审阅了案件相关事实材料，就案中的关键事实情节向委托方律师进行了质询。经认真讨论研究，形成如下一致法律意见。

一、关于涉案工程在2008年12月29日是否已经达到竣工验收条件并且是否完成竣工验收手续的问题

根据进军公司提供的2015年1月15日总装备部工程建设监理部出具的《关于北京进军世间美食食品加工厂工程相关的说明》、2016年1月15日总装备部工程建设监理部项目部出具的《某某公司提交的〈单位（子单位）工程质量竣工验收记录〉不是竣工验收合格的证明》、2016年1月19日中国建筑技术集团（设计单位）出具的《某某公司提交的〈单位（子单位）工程质量竣工验收记录〉不是竣工验收合格的证明》的证据，以及进军公司两审后取得的2018年7月18日中国建筑技术集团出具的《某某公司提交的〈单位（子单位）工程质量竣工验收记录〉不是竣工验收合格的证明的情况说明》、2018年8月7日原总装备部工程建设监理部出具的《关于〈北京进军世间美

食食品加工厂工程相关情况的说明〉的真实性说明》的新证据，结合原审判决书认可国家建筑工程质量监督检验中心的《检测报告》、2009 年 5 月 19 日某某公司出具《确认函》的效力，以及某某公司在《确认函》中自认“由某某公司施工的北京进军世间美食有限责任公司厂房改造工程的地面工程出现了严重开裂现象，无法竣工验收投入使用”的证据，可以判定本案建设工程项目没有进行质量验收和完成竣工程序，尚未具备竣工验收条件。以上由工程项目监理单位、设计单位出具的多份关于本工程不具备验收合格条件的证明和说明文件，应当认可其证据合法性和证明能力。某某公司提交的 2008 年 12 月 29 日的《单位（子单位）工程质量竣工验收记录》证据，所载验收分部项目仅包括室内电气、给排水、采暖工程、室外电气、室外给排水、室外地面分部，缺少后续地基基础、主体结构等分部验收记录，不满足《建筑工程质量验收标准》关于单位（子单位）工程报请验收项目的完整性要求，达不到单位（子单位）工程进行竣工验收的标准，并且其验收记录亦没有建设单位进军公司同意验收的签章。《房屋建筑和市政基础设施工程竣工验收规定》等法规规章明确规定：建设单位是竣工验收程序的组织者，因此完善的竣工验收手续应当有建设单位的签认手续。在履行建设项目行政监管方面，完备的竣工验收程序，还要质量监督部门必须到场对整个验收过程进行监督，出具参与验收的工程质量监督过程文件，形成完备的上报城建档案部门验收的资料文件。本案未见以上文件和档案资料。

专家意见：综上专家们认为，案涉建设工程项目在 2008 年 12 月 29 日工程没有达到全部竣工验收合格条件，也没有履行完成全部竣工验收程序，没有形成完备的验收档案资料。根据相关司法解释原则，建设工程承包人请求支付合同价款的，都应以所建工程通过竣工验收达到质量合格标准为前提条件，因此本案争议工程为工程质量存在严重问题，未经验收不具备请求支付剩余工程价款的条件。

二、关于进军公司项目厂房在 2008 年底是否交付使用，以及何时交付的问题

首先，2009 年 5 月 19 日某某公司出具《确认函》，可以佐证关于地面开裂问题《检测报告》由双方当事人认可，合法有效。某某公司在《确认函》中曾自认有“无法竣工验收投入使用”。该证据如无其他效力瑕疵，应当作为认定在 2008 年 12 月 29 日没有达到合格交付条件的直接证据予以采信。其次，

从某某公司关于厂房已于2008年底交付与进军公司的举证来看，某某公司提供了进军公司开业照片和数份进军公司为当事人的他案裁判文书予以证明。该照片书证所载内容，为进军公司及中国餐饮工业化及配送实验基地在某一室内环境中进行开业活动的内容，并未直接显示进军公司是否利用该项目厂房进行生产活动的情况，而国家企业信用信息公示系统显示，进军公司成立于2007年11月14日。此外，某某公司提供的裁判文书都形成于2009年8月到2013年7月之间，文书所载内容也并未见关于进军公司是否在本案争议厂房内进行生产活动的直接表述和认定。因此，某某公司提供的上述证据属于待证事实的间接证据，且存在合理怀疑。原审判决对2011年8月后进军公司委托第三方加固维修的范围认定事实不清、证据不足，不能以局部的改造使用费用推定为全部工程的改造费用。

专家意见：综上，原审判决书对于进军公司在2008年底“实际占有”“使用”该厂房的认定，在转移占有的时间节点推定为2008年12月29日的证据不足，不符合《民事诉讼法》的证据规则要求。

三、关于进军公司应向某某公司支付工程款具体数额和利息起算时间的问题

招标后双方2008年2月3日签订的《建设工程施工合同》第5条约定“合同价款金额为：暂估为人民币184万元整，工程价款按工程预算书约定合同价格以实际工程量结算”，即约定了固定合同单价和竣工验收后进行结算的程序性条款。建设过程中2008年4月12日、2008年4月25日、2008年5月10日、2008年5月17日、2008年6月5日、2008年6月14日几份工程洽商单，约定的施工范围均超出原签订的钢结构改造合同之外，洽商单条款内容约定较为详细，均包含有工程量计量调价、结算条款，事实上已经成为数份独立发包的合同。无论是固定单价合同还是几份洽商单形成新的工程发包约定，都不能剥夺合同双方在支付合同价款前请求履行结算条款的权利。工程结算首先应当由承包人向发包人提出结算请求和结算文件，再由发包人对此进行应答。本案未见承包人就以上工程向发包人提出结算请求和结算文件，2016年4月19日庭审中，监理单位亦出庭作证没有收到过某某公司提交的结算材料，也就是说，本案双方对工程实际发生的工程量计量、结算工程款均未达成共同确认，因此，由法院直接按照合同书面约定的数额进行累加计算

确定工程款不当。其次，关于付款中的质量不合格质保金扣除项问题，两审法院既已认定地面开裂的事实和给进军公司造成损失的事实，在某某公司没有证据证明在质保期内履行了保修义务，进行返工修理达到合格使用标准的情况下，应当对合同约定的5%质保金进行相应的扣除，此处应属计算应付工程款中事实认定的错误。再次，进军公司因地面裂缝等质量问题所遭受的损失，由法院酌定扣除金额不当。此问题的论述见本意见书第四点。最后，原判决以 2008 年 12 月 30 日作为某某公司利息计算起算的时间节点错误，原因可见本意见书第一、二点论述。

专家意见：综上，本合同虽签为固定单价合同，履行中既有设计变更，又有工程洽商（经济洽商和技术洽商），按工程管理程序必须进行工程结算，且本案的部分工程洽商实际上已超出洽商范围，是一个新的单位工程，更应该重新按洽商条款进行结算，原审法院工程款的计算存在错误。

四、关于进军公司反诉请求某某公司赔偿因施工质量问题造成的损失和承担违约责任的问题

最高人民法院《关于审理建设工程施工合同纠纷案件适用法律问题的解释》（当时有效，本文下同）第 11 条规定："因承包人的过错造成建设工程质量不符合约定，承包人拒绝修理、返工或者改建，发包人请求减少支付工程价款的，应予支持。"第 13 条："建设工程未经竣工验收，发包人擅自使用后，又以使用部分质量不符合约定为由主张权利的，不予支持；但是承包人应当在建设工程的合理使用寿命内对地基基础工程和主体结构质量承担民事责任。"首先，无论进军公司在 2008 年底至今是否实际占有案涉工程项目，某某公司仍应在该工程使用寿命内对地基基础和主体结构质量承担民事责任。其次，关于工程质量问题的减价标准问题，原审判决认可 2009 年某某公司出具《确认书》和国家建筑工程质量监督检验中心《检验报告》的效力，已认定某某公司应当向进军公司承担减少价款的质量责任。《检验报告》内容显示，钢筋配置检测结果 24 个监测点中 22 个不符合设计要求；地面裂缝分布示意图中，产生裂缝范围为整个厂房范围。本案审理时距施工时间虽已经过 8 年，但原审在认定进军公司损失大小时，仍可根据设计图纸委托专业机构对进军公司因地面裂缝所受损失和修复成本进行工程造价鉴定，并结合进军公司对所发生的修复、返工、重做支付费用的证据综合判断，确定进军公司可

请求减价支付合同款的数额；而不应直接以“年代久远不具备鉴定条件”为由，直接酌定为减价18万元。进军公司二审中补充提供的2011年6月与北京奥之光建筑装饰有限公司签订的《聚氨酯地面系统施工服务合同》，真实性已由二审法院认可，其所载修复面积与价款“本院将结合其它证据综合予以认定”，但结论部分未见此部分论述和认定结果。此外，对于进军公司反诉请求按已支付合同款7 672 578元为本金按银行同期贷款利率计算违约金的请求，两审法院以施工合同和洽商记录中没有违约责任约定为由驳回进军公司要求某某公司支付违约金的请求，属于适用法律错误。施工合同专用条款32.2条约定：“承包人出现下列情形时，自违约之日起按日以合同总价款的1%向发包人支付违约金：…… (3) 所交付工程质量不符合协议、图纸、相关附件和有关国家和行业标准的规定时，承包人自费进行修复、返工重做的。”《工程洽商书》第十五、5部分约定：“如因承包人原因质量不能通过验收的，按日以合同总价款的1%向发包人支付违约金。”本案进军公司反诉请求某某公司按银行同期贷款利率支付违约金，主张的索赔违约责任标的低于合同违约责任条款约定的责任，未超出合同约定违约责任范围，于合同有所依据，法院适用法律错误。

综上所述，论证专家一致认为，原审判决在是否具备验收条件和是否通过竣工验收程序、交付诉争标的厂房工程的实际时间、应支付工程价款、施工质量问题索赔金额认定、违约责任承担主体和合同条款适用等方面，存在多项重要错误和遗漏，符合再审条件。

以上意见，供参考。

【瞽言刍议】

本案是一件较为复杂的建设工程施工合同纠纷案。案件的处理和专家的论证不仅需要具备建设工程施工合同方面的法律专业知识，而且需要具备建设工程施工方面的专业知识。本案的论证由于参与的专家兼顾了具备这两个方面的专业知识结构，使案件论证意见既能符合建设工程的事实情况，又能符合该案复合型合同的法律规定。与此同时，也提醒司法机关，在涉及较强的专门或专业知识较为复杂的案件时，聘请具有相关专业知识的陪审员参加案件的审理，具有重要意义。

28. 罗山黄土山源净水屋与“三创园”项目拆迁赔偿纠纷案

【论证要旨】

其一，对拟征土地及其补偿、社会保障问题拒不举行听证，构成严重违法；

其二，涉案的建设用地未批先征，构成严重违法；

其三，暴力非法拆迁构成严重违法；

其四，当地政府部门无权在涉案补偿款发放中处分当事人的民事权利；

其五，某某市罗山黄土山源净水屋可通过提起行政诉讼的途径主张自己的权利。

【案涉简况】

委托论证单位：某某市罗山黄土山源净水屋暨经营者曾某某 。

受托论证单位：中国政法大学法律应用研究中心。

论证事项：

1. 涉案项目是否构成“未批先征”等违法行为？
2. 涉案拆迁行为是否属于违法强制拆迁？
3. 某某市政府是否有权处分曾某某与曾清某家庭内部财产？
4. 涉案被拆迁人是否有权通过行政诉讼主张自己的权利？

论证专家：中国政法大学、北京大学等行政法学三名权威专家。

论证所依据的事实材料：

1. 《征地告知书》编号：某国土征告［2012］90 号；
2. 《征地告知书（存根）》编号：某国土征告［2012］90 号；

3.《致三创园（一期）项目苏内社区居民的一封信》；

4. 某某社区居委会2012年3月17日《会议纪要》；

5. 某某社区居委会2012年3月17日致某某国土资源局《报告》；

6. 某某社区居委会2012年3月17日致某某市“三创园”指导办公室《报告》；

7. 某某市人力资源和社会保障局2012年3月19日致某某街道某某社区居委会《回执单》；

8. 某某市中级人民法院《复议决定书》[2012] 某执复字第××号；

9. 某某市公安局《起诉意见书》某公刑诉字［2012］第019××号；

10.《会议纪要》三创办纪要［2013］×号；

11. 某某市国土资源局《关于曾某某信访事项处理答复意见书》某国土资答复意见书［2015］××号；

12. 某某市国土资源局致曾某某《国土资源信访事项复查意见书》某国土资信复［2015］1××号；

13. 某某市中级人民法院《行政判决书》2014某行初字第××号；

14. 柯某月2012年11月3日《出院记录》；

15. 曾某某2012年6月8日致某某市中级人民法院执行局《复议》；

16. 曾某某2012年6月13日致某某市中级人民法院院长《申告书》；

17. 某某市人民法院《拘留决定书》［2011］某执行字第1345号；

18. 某某市人民法院《拘留决定书》［2011］某执行字第1345号；

19. 某某市人民法院《拘留决定书》［1996］某法执字第20465-1号；

20. 某某市人民法院《拘留决定书》［1996］某执行字第20465号；

21. 某某市人民法院《拘留决定书》［1996］某执申字第20466号；

22. 某某市人民法院《拘留决定书》［1997］某法执字第20518号；

23. 某某市公安局《拘留通知书》［1997］某公拘通字［2012］02855号；

24. 某某市公安局《取保候审决定书》某公保字［2012］02056号；

25. 某某市看守所《释放证明书》某公看释字［2012］1417号；

26. 某某市公安局《监视居住决定书》居某公监居字［2013］03022号；

27. 某某市土地储备中心《关于申请收回某某市罗山黄土山源净水屋位于某某街道某某社区东洋西侧国有建设用地使用权的报告》；

28. 某某市创意创业创新园项目《土地房屋征收补偿安置协议书（住

宅）》SCY040 号；

29. 某某市创意创业创新园项目《土地房屋征收补偿安置协议书（住宅）》（无协议编号）；

30. 某某市创意创业创新园项目《土地房屋征偿协议书（企业）》SCY039 号；

31. 某某创意创业创新园项目《土地房屋补偿安置协议书（企业）》（无协议编号）；

32. 某某市国土资源局 2013 年 9 月 10 日《建设用地项目呈报材料》一书一方案；

33. 某某市住房和城乡规划建设局《关于原某某山罗山黄土山源净水屋位于某某街道某某社区东洋西侧国有土地用地新规划意见的复函》某建函［2013］611 号；

34. 曾某某 2014 年 12 月 24 日致某某市人民检察院《刑事报案书》；

35. 某某街道办事处 2013 年 12 月 20 日致曾某某《信访事项处理答复意见书》；

36. 某某市中级人民法院《行政裁定书》［2015］某行初字第 10 号；

37. 某某省高级人民法院《行政赔偿裁定书》［2015］某行终字第 1××号；

38. 曾某某 2015 年 5 月 30 日致某某市人民政府《行政赔偿申请书》；

39. 《法制日报》2013 年 11 月 19 日（专送件第 49 期）《情况汇报》［某某：重点项目征地拆迁未批先征］；

40. 涉案强拆现场照片 16 张；

41. 某某市人民政府某某街道办事处 2015 年 9 月 11 日致曾某某《信访事项处理答复意见书》某政某信复［2015］31 号；

42. 其他相关事实材料。

以上事实材料均为复印件，论证委托方对上述事实材料的真实性和来源的合法性负责。

依据上述论证所依据的事实材料和论证委托方的说明，本案的基本事实情况概括如下：

2012 年 3 月 7 日，某某市国土资源局、某某市人力资源和社会保障局以张贴方式，向村民发布编号某国土征告［2012］90 号《征地告知书》和《致三创园（一期）项目某某社区居民的一封信》，主要内容是：某某市人民政府的重点建设项目“三创园”拟征收某某村的土地和拆迁房屋，告知村民在五个工作日内申请听证和征地动迁进度计划。

2012年3月15日，某某村392名村民按《征地告知书》之规定以书面形式向某某市政府国土资源局申请对“关于编号：某国土征告［2012］90号征地案”举行听证会。申请听证的内容有：（1）要求向村民公开拟征收地块18.0311公顷的批准文件；（2）提供征地、拆迁安置的方案及依据；（3）拟征收地上附着物的评估机构和补偿标准；（4）要求参照相邻已征收和拆迁的补偿安置方案；（5）要求听证会全场录音录像。392名村民在听证申请书和授权委托书暨诉讼代表推荐书上签名捺指印后，交由社区居民委员会转交上级，某某居民委员会经两委开会研究后将村民的听证申请书、拟申请听证问题、授权委托书暨诉讼代表推荐书等一并上报给某某市国土资源局和某某市人力资源和社会保障局。392名村民推荐曾某某、曾某团、曾某兴、曾某目、曾某革等为申请听证和诉讼的代表人。

2012年3月19日，某某市人力资源和社会保障局向申请听证的村民代表出具一份收件回执单之后，没有举行听证会也没有任何回应。

2012年3月25日，某某市某某街道办事处和“三创园”项目负责人通过中间人李某（曾接受《法制日报》记者采访）和一名公安民警找曾某某做工作。

2012年3月29日，曾某某在自家门口被某某市人民法院的法警带走后，某某市人民法院以曾某某与李某民事执行案件中拒不履行法律文书所确定的义务为由，对曾某某采取连续6次的司法拘留措施（自2012年3月30日起至2012年6月27日曾某某被关押于某某市拘留所）。

2012年6月27日，某某法院对曾某某连续6次司法拘留之后，某某市公安局以曾某某涉嫌妨害公务罪为由，作出某公拘通字［2012］02855号《拘留通知书》，将曾某某从某某市拘留所转到某某市看守所进行羁押。

2012年9月4日，某某市公安局作出某公刑诉字［2012］第01902号《起诉意见书》，向某某市检察院移送审查起诉，经检察院审查，曾先后两次作出退回补充侦查的决定。

2012年12月31日，某某市公安局作出某公保字［2012］02056号《取保候审决定书》。

2013年12月31日，某某市公安局作出某公监居字［2013］03022《监视居住决定书》。

2012年4月起，某某市“三创园”项目办组织人员和机械在规划的范围内实施征地和拆迁行为。至2012年9月2日《法制日报》记者前往当地采访时，除某某市罗山黄土山源净水屋的厂房外，其周边的土地面目全非，所有的民房已拆掉。记者前往某某市国土资源局采访，对方坦言“还在报批中”（详见2012年9月6日《法治周末》报道内容）。

2012年9月24日，某某市政府组织拆迁人员并动用挖掘机等对某某市罗山黄土山源净水屋的厂房及设备进行强行拆除。当时曾某某的妻子以不惜损害身体的手段阻止无果。其中曾某某的妻子柯某月当场服农药自杀，后经医院抢救存活下来，其子女全被公安民警控制，并带回某某市公安局关押（详见强拆现场照片和柯某月服毒救治的病历）。

2012年11月6日，某某市政府“三创园”项目拆迁办负责人王某某等人携带空白某某市创意创业创新园项目《土地房屋征偿协议书（企业）》、某某创意创业创新园项目《土地房屋补偿安置协议书（企业）》前往某某市看守所，让曾某某在这两份空白协议书末页右下角乙方处签名。

2012年12月31日，某某市“三创园”项目办向柯某月的银行卡存入一笔700多万元作为某某市罗山黄土山源净水屋拆迁的补偿款，这比较“三创园”项目拆迁办的单方评估结果，本次发放给曾某某的拆迁款数额只是其中的50%（拆迁办评估补偿数额为1400多万元），另外50%的补偿款700多万元、40亩土地使用权调换、住宅房屋产权调换、过渡费、搬迁费等至今未落实。

从2013年6月25日某某市国土资源局答复意见显示：某某市“三创园”项目是市委、市政府实施“产业提升、城建提速”的战略部署的重要抓手，并已列入2012年省重点建设项目。其中，项目一期用地于2012年经某政地［2012］931号批准用地面积8.911公顷，于2013年经某政地［2013］77号批准用地面积10.5588公顷。［2013］77号的批复日期为2013年3月15日，此时，某某市罗山黄土山源净水屋的厂房包括曾某某的住宅早被拆迁完毕。另一份某政地［2012］931号批文的日期为2012年9月29日，这距离“三创园”征地告知书发布日期2012年3月也已过半年之久。

2013年11月19日，某某市国土资源局作出某国土资［2013］444号《关于办理国有建设用地使用权注销登记的通知》：（1）注销你单位（某某市罗山黄土山源净水屋）国用［2006］第01504号土地使用权登记；（2）你单位（净水屋）应于接到本通知之日起三日内将某国用［2006］第01504号土地使用权证交回我局，逾期不交，我局将予以公告废止。

2013年11月28日，某某市国土资源局在泉州晚报刊登《关于注销土地使用证的公告》，公告：原国有建设用地使用人某某市罗山黄土山源净水屋的一宗土地，列入某某市“三创园”改造建设范围内坐落于某某市某某街道某某社区东洋西侧9999平方米，土地使用证：某国用［2006］第01504号，经依法批准收回土地使用权。根据《福建省土地登记条例》和《土地登记办法》的相关规定，办理注销手续，现土地使用证书予以公告废止。

2014年3月31日，某某市罗山黄土山源净水屋（曾某某）就注销公告具体行政行为即土地行政管理一案，向泉州市中级人民法院起诉。经法院审理，判决确认某某市人民政府于2013年9月10日作出的某政地［2013］308号《某某市人民政府关于收回某某市罗山黄土山源净水屋国有土地使用权的批复》违法。

2014年9月间，某某市人民政府和某某市国土资源局分别作出《某某市人民政府关于撤销某政地［2013］308号文的决定》和《某某市国土资源局关于撤销某国土资［2013］444号文的决定》。

2015年3月间，某某市罗山黄土山源净水屋向人民法院提起行政赔偿诉讼，经两审法院审查后，认为根据法律规定，行政机关所作出的先行处理是单独提起行政赔偿诉讼的必经的诉前程序。据此，某某省高级人民法院和某某市中级人民法院分别作出裁定：对某某市罗山黄土山源净水屋的起诉不予受理。

2015年6月27日，某某市罗山黄土山源净水屋结合省高级人民法院和市中级人民法院的行政裁定书的精神，向某某市人民政府提出行政赔偿，申请书递交至今已超过法定决定期限，仍无作出任何决定。

2015年9月11日，某某市人民政府罗山街道办事处致曾某某《信访事项处理答复意见书》，对曾某某就征收企业补偿款发放、企业安置、住宅过渡费发放等的“信访事项”作出处理意见，对其所有要求不予接受，并要求其交出相关土地使用权原件，“以便办理相关交房手续”。

【论证意见】

中国政法大学法律应用研究中心接受委托就相关委托论证问题，于 2015 年 9 月 21 日在京召开了专家论证会，与会三名行政法学专家教授参加了论证。会前专家们详细审阅了本案论证事实材料，会上就有关事实证据问题认真询问了委托方相关人员，并根据本案事实情况，依据我国法律进行认真负责的研究、讨论、论证。

经论证，专家们形成如下一致法律意见：

（一）对拟征土地及其补偿、社会保障问题拒不举行听证，构成严重违法

国土资源部 2004 年 5 月 1 日起施行的《国土资源听证规定》第 19、20 条规定，主管部门在征地报批涉及拟定征地项目的补偿标准和安置方案和拟定非农业建设占用基本农田方案的，当事人对该事项要求听证的，“主管部门应当组织听证”。

国土资发［2004］238 号文件《关于完善征地补偿安置制度的指导意见》第 11 条规定：在征地依法报批前当事人申请对拟征地土地的补偿标准，安置途径申请听证的应当组织听证。

2007 年劳动和社会保障部、国土资源部《关于切实做好被征地农民社会保障工作有关问题的通知》（劳社部发［2007］14 号）第三部分规定：要严格执行国发 31 号文件关于“社会保障费用不落实的不得批准征地”的规定，被征地农民社会保障对象、项目、标准以及费用筹集办法等情况，要纳入征地报批前告知、听证等程序，维护被征地农民知情，参与等民主权利。对没有出台被征地报批前有关程序的，一律不予报批征地。

某某市国土资源局、某某市人力资源和社会保障局虽在征地报批前，于 2012 年 3 月 7 日以《征地告知书》的形式告知当地村民“有要求”举行听证的权利，但当同年 3 月 15 日其收到某某村 392 名村民举行听证会的申请后，不仅始终拒绝举行听证会，而且严重的是，竟然对村民的代表人曾某某做工作劝其放弃代表村民申请听证的权利。更为严重的是，当曾某某坚持不放弃代表听证的权利之后，竟遭到某某市人民法院以拒不履行法律文件所确定的义务为由，对其连续 6 次采取司法拘留措施，其后甚至以涉嫌妨害公务罪为由对其予以刑事拘留。凡此种种，不仅严重违反了上述法律文件关于“应当举行相关听证程序”的明文规定，而且在实体上构成了行政侵权的严重违法，

属滥用行政、司法权的违法、违规行为，对此，应当依法予以纠正。

（二）涉案的建设用地未批先征，构成严重违法

我国《土地管理法》（2004年，本文下同）第46条第1款规定："国家征收土地的，依照法定程序批准后，由县级以上地方人民政府予以公告并组织实施。"

由此可见，"先批后征"是土地征收法律的根本性规定，因而"未批先征"则构成严重违法。根据论证所依据的事实材料，在2012年4月份，涉案征地批文"还在报批中"，当地政府部门就开始组织实施征地，并对相关的民房实施了拆迁，同年9月24日对净水屋厂房、设备进行强拆。专家们认为，在涉案征地未经批准之前，当地政府所实施的拆迁甚至强拆行为，均为严重违法。

（三）暴力非法拆迁构成严重违法

我国《土地管理法》第83条和《土地管理法实施条例》（2011年修订）第45条规定："违反土地管理法律、法规规定，阻挠国家建设征用土地的，由县级以上人民政府土地行政部门责令交出土地；拒不交出土地的，申请人民法院强制执行。"由此可见，在我国，强制拆迁的合法主体只有人民法院，政府部门或其他单位、组织、个人都无权组织实施强制拆迁，政府部门认为应当强制拆迁的，必须申请人民法院强制执行；强制拆迁的依据，只能是人民法院根据强制执行申请，依据《土地管理法》第83条所作出的"强制执行裁决"，而绝不能是政府组织实施强制拆迁，政府部门认为应当强制拆迁的，必须申请人民法院强制执行；强制拆迁的依据，只能是人民法院根据强制执行申请，依据《土地管理法》第83条所作出的"强制执行裁决"，而绝不能是政府部门的相关"决定""通告""通知"或"命令"等。

证据显示，当地政府主管部门和相关拆迁组织，未经向人民法院申请强制执行，就于2012年9月24日擅自组织相关人员并以暴力手段，强行拆迁净水屋的厂房和设备，并将曾某某妻子柯某月打伤，导致其当场服农药自杀，并强行将其子女予以关押。这种行为不仅违反了上述法律的明确规定，而且属于滥用职权的严重侵权行为。

（四）当地政府部门无权在涉案补偿款发放中处分当事人的民事权利

根据我国法律和相关司法解释规定，涉案土地、房屋征收补偿安置协议，应属平等主体之间合同法律关系，故应在遵循平等自愿、公平有偿、诚实信

用原则的基础上，依法签订和履行涉案协议。

涉案协议甲方为某某市国土资源局，乙方为协议被征收土地及厂房的权利人，而该土地及厂房的权利人应当是某某市罗山黄土山源净水屋（某国用［2006］01504 号）。经查，净水屋是个体工商户，其经营者为曾某某。我国《民法通则》第 26 条规定，公民在法律允许的范围内，依法经核准登记，从事工商业经营的，为个体工商户。个体工商户可以起字号。第 28 条规定，个体工商户、农村承包经营户的合法权益，受法律保护。

经查，在签订涉案协议时，涉案土地、厂房权利人是净水屋个体工商户曾某某。某某省某某市中级人民法院《行政判决书》［2014］某行初字第××号，经审理查明：“某某市人民政府于 2006 年间向原告颁发某国用 2006 第 01504 号国有土地使用证，该土地位于某某街道某某社区东洋西侧，面积为 9999 平方米。”该判决已发生法律效力，这足以证明该土地使用权属于净水屋即其经营者曾某某。其后净水屋作为个体工商户登记，此前也并没有被终止。且某某国土资源局其注销该土地使用证的决定业经两级法院判决予以撤销。故，涉案土地的使用权仍属于净水屋即其经营者曾某某。而根据“房随地走”的房地产归属原则，涉案土地上的房屋权属也当然属于净水屋即其经营者曾某某。案中没有任何证据证明曾某某与其他人对涉案土地、房屋共同享有权利。因此，只有净水屋及其经营者曾某某有权作为涉案土地、厂房权利人，以协议乙方的主体签订和履行涉案协议。

专家们注意到，涉案土地上曾经设有一个法人单位某某远东姜厂［某土集用（企）第 10117××××］，但该单位早已被注销，其权利能力、行为能力已经终止。即使有人以此主张权利，或者曾某某弟弟曾清某主张共有其权利，那也属于另外的法律关系，应通过民事诉讼途径去解决，某某国土资源局对此无权处理。

协议甲方某某国土资源局以两自然人（曾某某和曾清某）作为乙方主体签订涉案协议将协议项下的补偿款分别归属于两自然人，并以此实际履行，是对上述法律规定的直接违反，是对涉案经营者的直接侵权，其实质是某某国土资源局故意剥夺了涉案土地、厂房的权利主体净水屋及其经营者曾某某作为独立主体签订涉案协议的权利，而将另一无权自然人也作为签订涉案协议的乙方主体。这既是对上述法律规定的直接违反，又是对乙方权利主体净水屋即其经营者曾某某合法权利的严重侵犯，也是对协议乙方合法主体经营者曾某某真实意思的直接违背。

而且，专家们有理由相信，某某国土资源局在让曾某某签署涉案补偿协议过程中具有欺诈性嫌疑，其根据是，让曾某某在某某看守所里签署的《土地房屋征收补偿安置协议书》中“乙方（被征收人）”一栏中系空白，“乙方（签字）”处则让曾某某签了字，而后，某某市国土资源局则将“乙方（被征收人）”一栏补写成曾某某、曾清某，而非写成“净水屋”；而在“乙方（签字）”处，又让曾清某补签了名。这样做，就非法造成了协议乙方主体为两自然人的既成事实。之所以要这样做，是因为甲方明知，如果让曾某某放弃将经营单位作为乙方主体而以两自然人作为乙方主体来签订涉案协议，他肯定是不会同意的。这种以偷梁换柱的欺瞒手段获取签署的协议，依法是不具有法律效力的。

故此，专家们认为，涉案土地、房屋的权利主体为净水屋即其经营者曾某某，而非两自然人，且以两自然人作为权利主体的“乙方”签字，是甲方以欺诈手段获取的，故甲方某某国土资源局无权将补偿款分别交付于两自然人，而剥夺净水屋及其经营者曾某某的合法财产权利，涉案甲方某某国土资源局行为不是是否有权处分曾某某兄弟内部财产的问题，而是甲方非法处分涉案净水屋即其经营者曾某某财产，是对其严重侵权的问题。

（五）某某市罗山黄土山源净水屋可通过提起行政诉讼的途径主张自己的权利

2013 年 11 月 19 日和 2013 年 11 月 28 日某某市国土资源局分别作出［2013］444 号《关于办理国有建设用地使用权注销登记的通知》和刊登于泉州晚报的《关于注销土地使用证的公告》。

2014 年 3 月 31 日，某某市罗山黄土山源净水屋（曾某某）就注销公告具体行政行为即土地行政管理一案，向泉州市中级人民法院起诉。经法院审理，判决：确认某某市人民政府于 2013 年 9 月 10 日作出的某政地［2013］308 号《某某市人民政府关于收回某某市罗山黄土山源净水屋国有土地使用权的批复》违法。

2014 年 9 月间，某某市人民政府和某某市国土资源局分别作出《某某市人民政府关于撤销某政地［2013］308 号文的决定》和《某某市国土资源局关于撤销某国土资［2013］444 号文的决定》。

2015 年 3 月间，某某市罗山黄土山源净水屋向人民法院提起行政赔偿诉讼，经两审法院审查后，认为：根据法律规定，行政机关所作出的先行处理是单独提起行政赔偿诉讼的必经的诉前程序。据此，某某省高级人民法院和某某市中级人民法院分别作出裁定：对某某市罗山黄土山源净水屋的起诉不予受理。

2015年6月27日，某某市罗山黄土山源净水屋（曾某某）结合某某省高级人民法院和某某市中级人民法院的行政裁定书的精神，向某某市人民政府提出行政赔偿，申请书递交至今已超过法定决定期限，仍未作出任何决定。

《国家赔偿法》第13条第1款规定：“赔偿义务机关应当自收到申请之日起两个月内，作出是否赔偿的决定。……”第14条第1款规定：“赔偿义务机关在规定期限未作出是否赔偿的决定，赔偿请求人可以自期限届满之日起三个月内，向人民法院提起诉讼。”据此，专家们认为，赔偿请求人某某市罗山黄土山源净水屋因其向赔偿义务机关某某市人民政府于2015年6月27日提出行政赔偿申请，至今而未作出是否赔偿的决定，其有权自申请之日起2个月内决定期满之日起3个月内，直接向人民法院提起国家赔偿诉讼。

至于某某市人民政府某某街道办事处2015年9月11日作出的《信访事项处理答复意见书》（某政某信复［2015］31号），因其不属于涉案赔偿义务机关作出的涉案是否赔偿的决定，故不影响赔偿请求人依法向人民法院提起国家赔偿诉讼。

以上意见，供参考。

【瞽言刍议】

这是一起政府机构非法征地、非法拆迁侵害行政相对人人身权利，非法拒绝行政相对人国家赔偿请求的严重行政违法的典型案件。值得充分肯定的是，案涉人民法院对于相关行政诉讼的裁决，对于行政相对人的权利给予了应有的保障。此案证明我国的公民在受到具体行政行为侵害时，已经敢于拿起法律的武器，而人民法院也已经能依据事实、证据，敢于维护公民的合法权益。

29. 精标公司与建政公司、曾某某建设用地使用权转让合同纠纷案

【论证要旨】

本案合同真实、合法有效，对当事人双方具有法律约束力，也是人民法院审判本案的最强证明力的证据。精标公司依约履行了自己的义务，建政公司虽有一些履约行为，但是，对合同约定的重大事项包括办理土地变性、增加容积率手续等关键义务没有如约履行，构成违约。案涉土地并非不能由工业用地改变为商业用地，本案合同对办理土地变性的风险责任分配已经有明确的合法约定，建政公司没有坚定不移地如约履行义务，才是最终无法办理土地变性的根本原因。当事人之间两起案件的二审判决既有认定事实不清的现象，又有认定事实错误问题，事实认定错误适用法律必然不当。［2019］最高法民申××44 号民事裁定理由不足。精标公司认真履约，受到的损失应当得到法律救济，建政公司违约且给精标公司造成损害，应当根据合同和法律承担责任。两起案件二审判决的错误和［2019］最高法民申××44 号民事裁定的不足应当得到纠正。

【案涉简况】

论证委托方：北京朱雀律师事务所。

论证受托方：中国政法大学法律应用研究中心。

论证专家：中国政法大学、中国人民大学法学院、清华大学法学院、国家法官学院等七名权威民事法学专家。

论证事实材料：

（一）最高人民法院［2019］最高法民申××43 号民事裁定及原审两级法院民事判决的相关材料：

1. 南宁市中级人民法院［2016］桂 01 民初 3×× 号民事判决书。

2. 广西壮族自治区高级人民法院［2018］桂民终××7 号民事判决书。

3. 精标公司的再审申请书和再审申请补充意见书。

4. 最高人民法院［2019］最高法民申××43 号民事裁定书。

5. 基建项目年度计划申报登记表（表 1）。

6. 2001 年基本建设项目计划表。

7. 建设用地规划许可证审批单、建设用地规划许可证。

8. 邕宁县人民政府邕政函［2003］2×× 号文件。

9. 精标公司授权南宁某某经营部和刘某 2012 年 3 月 12 日签订的《租赁合同书》。

10. 2012 年 3 月 17 日建政公司和刘某的《合作开发协议书》、及 2012 年 5 月 18 日的《补充协议》。

11. 2012 年 6 月 28 日精标公司和建政公司的《项目合作合同书》。

12. 2012 年 7 月 28 日精标公司和建政公司等的富家居国际建材广场《项目合作合同书》补充协议书。

13. 2012 年 8 月 9 日精标公司和建政公司的“关于补缴土地出让金及其滞纳金的《补充协议》”。

14. 2012 年 8 月 14 日精标公司盖章、邹某某签名的收条。

15. 2012 年 8 月 14 日曾某某给精标公司的“欠条”。

16. 南宁市良庆区人民政府［2012］1××号工作会议纪要。

17. 南宁市良庆区人民政府［2012］××号文件。

18. 南宁市五象新区开发建设指挥部办公室［2013］×号办公会议纪要。

19. 南宁市国土资源局南国土资发［2015］3××号文件。

20. 南宁市土地管理委员会［2016］×号会议纪要。

21. 南宁市五象新区规划建设管理委员会五象管委办［2018］3××号复函。

22. 南宁市规划管理局南规函［2018］25××号。

23. 南宁市良庆区城市管理局“关于查处五象大道××科技大楼西南侧二

层违法建筑的情况说明”。

24. 建政公司万象国际电科城项目立项申请书、万象国际电科城项目建议书、《基本建设投资项目登记备案表》。

25. 广西国正联合房地产评估咨询有限公司的评估文件。

26. 精标公司的“法庭询问代理词”。

27. 精标公司的“执行复议证据清单”。

28. ［2017］桂东博证民字第 14000 号南宁市东博公证处《公证书》。

（二）二审后，精标公司新提交的、新发现的主要证据：

1. 大沙田街道银沙社区居民委员会《证明》。

2. 邕宁县防雷管理中心防雷装置设计审核书（防雷审核书号［2003］第××6 号、防雷审核书号［2003］第××7 号）及对应的新建防雷装置设计审核登记表。

3. 2011 年度广西南宁市某某科技发展有限责任公司（45010801010GB000××宗）范围示意图。

4. 曾某某、陈某某、温某、朱某某等在 2012 年 8 月接收大沙田派出所询问的询问笔录。

5. 相关建筑图纸。

最高人民法院［2019］最高法民申××44 号民事裁定书及原审两级法院判决的材料：

1. 最高人民法院［2019］最高法民申××44 号民事裁定书。

2. 精标公司的再审申请书和再审申请补充意见书。

3. 广西壮族自治区高级人民法院［2018］桂民终××8 号民事判决书。

4. 南宁市中级人民法院［2017］桂 01 民初 1××号民事判决书。

上列材料都是复印件。委托方对这些材料的真实性和来源的合法性负责。本论证意见书以这些材料显示的案情为事实依据，对材料之外的情况不发表意见。

委托方提供的案件材料显示的案情如下：

邕宁县（去）防雷管理中心［2003］××6 号防雷装置设计审核书及其对应的新建防雷装置设计审核登记表均记载，精标公司综合楼 1 幢，地上 7 层、占地面积 400 平方米，高度 19. 98 米；［2003］××7 号防雷装置设计审核书及其对应的新建防雷装置设计审核登记表均记载，精标公司车间 5 幢，地上 5

层，占地面积 3960 平方米。

精标公司授权南宁市某某经营部与刘某于 2012 年 3 月 12 日签订的《租赁合同书》显示，刘某承租精标公司的位于南宁市某某开发区 25-×小区内约 25 亩土地及建筑面积约 18 000 平方米的地上建筑物，租期 20 年，第一年租金为 358 万元，第二租赁年起每年按上租赁年度租金总额递增 5%。

建政公司和刘某之间于 2012 年 3 月 17 日签订的《合作开发协议书》显示，双方约定合作开发上述金沙大道 434 号地块，土地面积 13 333.33 平方米，并具体约定了双方的权利义务。该协议书有建政公司盖章和法定代表人曾某某签名，第 6 页“项目土地使用权人及地上建筑物产权人确认签章”处有精标公司盖章。该协议书第 6 页还记载，南宁市某某经营部和刘某签订的《租赁合同书》是该协议书的附件三。2012 年 5 月 18 日，建政公司、刘某、南宁市某某经营部三方签订了《补充协议》。

精标公司和建政公司于 2012 年 6 月 28 日签订的《项目合作合同书》约定：精标公司作为甲方，建政公司作为乙方，双方本着“平等互利、诚实信用”的原则，就位于南宁市大沙田 25-×小区约 25 亩土地合作开发及股权转让事宜协商一致达成如下合同，双方共同严格遵守。项目名称，富家居国际建材广场（以下简称“本项目”）；合同第 2 条约定：“项目土地概况，土地使用权人为精标公司单独所有，土地面积 13 333.4 平方米（详见附件一：甲方与邕宁国土资源局《国有土地使用权出让合同》），实际占地面积约为 25 亩（以新补办的《国有土地使用权证》为准）；地上建筑物建筑面积约18 000 平方米；土地用途：工业用地。”合同第 4 条“合作步骤”约定：“在本合同生效之日当天，乙方应按甲方与刘某于 2012 年 3 月 12 日签订的 20 年租金总额中的前两年租金共计人民币柒佰叁拾叁万玖仟元整给甲方作为定金。甲方以本项目土地作价人民币壹亿陆仟捌佰万元作为固定的股权转让金。双方约定两年内（即 2012 年 5 月 28 日至 2014 年 5 月 28 日），乙方至少向甲方支付股权金额的 70%（1.176 亿元）；余下的股权金额的 30%（5040 万元），按中国人民银行同期同档贷款利息计算，并在 2015 年 5 月 28 日前必须付清。自始至终，乙方承揽办理本项目的一切相关证照与费用，但甲方应积极配合，并提供已有的原始资料及必要的盖章签字。”合同第 6 条约定，项目公司设立前，甲方积极配合乙方，以甲方公司名义将项目土地变性为商业用地，增加容积率，办理《国有土地使用权证》，乙方积极代甲方办理土地变性和增容手续以及办理《国有土地使用权证》。合同第7条“特别约定”：非乙方原因或因不可抗力因素，无法办理本项目土地的变性手续或新《国有土地使用权证》的，甲乙双方解除本合同。然后，继续甲方与刘某于2012年3月12日签订的《租赁合同书》的约定，由乙方继续履行刘某一方的责任与义务（原乙方已支付的定金可转做租金）。拆除甲方原有房屋及设施时，乙方应按拆除的建筑面积1500元/平方米人民币付给甲方作为押金，待乙方回建同等建筑面积竣工后甲方才退还所押之押金。如乙方未回建则按3500元/平方米补偿给甲方。乙方声明：本项目开发建设全程，已充分悉知甲方原有房屋的结构及安全现状和保证规范增建本项目的质量与安全，承诺如发生意外事故，造成乙方或第三方人员及财产损失的责任由乙方承担，与甲方无关。合同第8条“违约责任条款”约定，签订本合同前，乙方已知本合同标的该宗土地的现状和了解相关该宗土地的所有手续、证件的合法性与未完善的相关证件。乙方在开发建设与办理变性过程中，应充分权衡其风险及责任。如乙方无故不开发，同时又不按本合同第7条第1项的约定继续履行《租赁合同书》的，由乙方承担一切不利后果和连带的经济损失，本合同自行解除。甲方即收回土地及地上一切建筑物、附着物。该合同末页记载，甲方与刘某于2012年3月12日签订的《租赁合同书》是该合同的附件三。

2012年7月28日，精标公司和建政公司签订“富家居国际建材广场《项目合作合同书》补充协议书”（以下简称“补充协议书”），其第11条约定，原合同第4条第5款修改为：“自始至终，由乙方办理本项目的一切相关证照并承担相关费用，但甲方应积极配合，并提供已有的原始资料及必要的盖章签字。”“补充协议书”第6条约定，邹某某自愿作为甲方的连带责任保证人，“补充协议书”末页有邹某某的签名。

2012年8月9日，精标公司和建政公司签订“关于补缴土地出让金及其滞纳金的《补充协议》”，约定由建政公司先行垫付本项目土地的518万元土地出让金。本案法院审理，未认定建政公司已经补缴，建政公司也没有举证证明其已经履行先行垫付、补缴义务。

2012年8月14日，精标公司和邹某某出具收条，确认收到曾某某支付约定的定金“柒佰叁拾叁万玖仟元整”。

2012年8月16日，曾某某向精标公司出具欠条确认“今欠到广西南宁市精标公司拆迁房屋押金（1500元/平方米×18 000平方米）贰仟柒佰万元整

(27 000 000 元) 不计利息 (依照甲乙双方 2012 年 6 月 28 日《项目合作合同书》第 7 条第 5 款规定执行) (回建 18 000 平方米后本欠条无效) 欠款人:曾某某"。欠条上有曾某某的签名及指纹印，以及精标公司同意的签字和盖章。

《项目合作合同书》及"补充协议书"签订后，精标公司和建政公司分别履行了一些合同义务，但是，没有办理成项目土地变性手续。两公司之间因解除合同的责任、项目用地上建筑物的建筑面积是否 18 000 平方米、地上建筑物是哪一方拆除及赔偿责任、租金损失、733.9 万元定金等问题发生纠纷，双方分别起诉，后由南宁市中级人民法院并案审理。

精标公司为原告，诉请判决解除《项目合作合同书》及"补充协议书"，判令建政公司返还项目土地、赔偿地上建筑物被拆的经济损失 6300 万元、赔偿租金损失 6 019 099 元等。一审法院审理后作出［2016］桂 01 民初 3××号民事判决，支持了精标公司的主要诉讼请求。

建政公司为原告，诉请判令精标公司返还 733.9 万元定金并支付利息，一审作出［2017］桂 01 民初 1××号民事判决后，精标公司不服，上诉至广西壮族自治区高级人民法院；二审法院审理后作出［2018］桂民终 5××号民事判决，精标公司仍然不服，向最高人民法院申请再审，最高人民法院以［2019］最高法民申××44 号裁定，支持了建政公司退还 733.9 万元定金及利息的诉讼请求，精标公司依然不服。

建政公司、精标公司均对一审判决不服，各自上诉到广西壮族自治区高级人民法院；二审法院以［2018］桂民终 5××号民事判决，否定了一审判决认定的事实，对一审判决作了改判。精标公司对二审判决不服申请再审，最高人民法院以［2019］最高法民申××43 号民事裁定书裁定，提审［2018］桂民终 5××号案，再审期间中止原判决的执行。据论证委托方书面说明，在此裁定书送达精标公司之日后的第一个工作日，一审法院对精标公司作为第一查封申请人的本案查封财产采取了解封措施，其他查封申请人按照轮候查封规定，已经升位为查封的第一顺位，造成精标公司失去"首封"地位，有可能受到损失。

南宁市中级人民法院一审认定两公司之间的纠纷属于建设用地使用权转让合同纠纷，二审［2018］桂民终××8 号民事判决以及［2019］最高法民申××44 号裁定，均予认可。［2018］桂民终 5××号判决的认识相同，最高人民法院对［2018］桂民终5××号案尚未审理。

精标公司和论证委托方认为桂民终5××号民事判决和［2019］最高法民申××44号裁定以及［2018］桂民终××8号判决对本案事实认定错误，判决结果不公正，一审法院应当知道最高人民法院对［2018］桂民终5××号案的裁定却将本案查封财产解封。

【专家意见】

委托方北京朱雀律师事务所，因最高人民法院［2019］最高法民申××43号民事裁定书和［2019］最高法民申××44号民事裁定书所裁定之精标公司与建政公司、曾某某建设用地使用权转让合同纠纷案，向中国政法大学法律应用研究中心（以下简称“本中心”）提交专家论证申请和案件材料，请求对该案提供法律专家论证意见。本中心审查委托方提交的案件材料之后，认为符合专家论证的条件，邀请中国政法大学、国家法官学院、中国人民大学法学院、清华大学法学院等七名教授，于2019年9月23日召开了专家论证会，委托方有关律师参加会议向专家们介绍了案件情况，并回答了专家们的询问。专家们在预先研究案件材料了解案情、在会议上向委托方询问有关问题的基础上，针对案情，结合相关法律，进行了深入的研究讨论，形成本论证意见，供委托方和有关司法机关参考。

专家们经过深入研究讨论，认为［2018］桂民终5××号民事判决、［2018］桂民终××8号民事判决以及［2019］最高法民申××44号民事裁定在两案的审判中，采信证据有误，既有认定事实不清也有认定事实错误，判决结果缺乏证据支持，适用法律不当，依法应当纠正。一审法院对［2018］桂民终5××号案查封财产解封的裁定应当撤销、恢复查封原状。为明确起见，下面分四个部分详细展开论证意见及具体理由和根据。

第一部分　关于两案中合同的效力和性质

由于［2018］桂民终5××号民事判决案和［2018］桂民终××8号民事判决案以及［2019］最高法民申××44号民事裁定案涉及的合同是相同的合同，故对这些合同的效力和性质一并提出论证意见。

一、精标公司和建政公司的《项目合作合同书》及其“补充协议书”等合同，合法、有效，既是双方当事人真实意思表示的产物，也是双方各自权利义务的根据，还是对案件事实证明力最强的证据，人民法院应当严格根据该合同认定合同标的物的事实状况和法律状态，确认双方当事人的权利义务，裁判双方之间的合同纠纷。脱离合同或间接否定有效合同的约定，必然违背《合同法》

下面分两个方面展开论证。

(一)《项目合作合同书》及其“补充协议书”等合同，合法、有效，对合同当事人具有法律约束力

经审阅，精标公司和建政公司之间2012年6月28日的《项目合作合同书》与同年7月28日的“《项目合作合同书》补充协议书”、同年8月9日的“关于补缴土地出让金及其滞纳金的《补充协议》”不违反法律和法规，文字含义确定、清晰无歧义，必要条款齐备，是合法、有效的合同。

有效合同是双方当事人在各自意思表示真实基础上达成的一致意思表示，各自对合同的标的物、合同价款、双方的权利义务等都有完全清楚的认识和承诺。合同生效后，当事人没有在法定期间内主张撤销或者变更的，不能在法定期间届满之后直接或者间接地否认合同确定的标的物、合同价款、权利义务等。对此，《合同法》第8条明确规定：“依法成立的合同，对当事人具有法律约束力。当事人应当按照约定履行自己的义务，不得擅自变更或者解除合同。依法成立的合同，受法律保护。”

(二)《项目合作合同书》及其“补充协议书”是认定案件事实的最强证明力的证据，不能用其他证据取代这些证据

就本案而言，从《合同法》层面讲，两公司之间的合同对合同标的物的事实状况和法律状态、各自的权利义务等有具体、明确的约定，这一约定就是标的物事实状况和法律状态的根据，是他们之间权利义务的根据。从证据法的层面说，两公司在合同中对于标的物事实状况和法律状态的约定，以及权利义务的约定，既是双方当事人对标的物事实状况和法律状态以及合同权利义务的一致意思表示，也是订立合同时双方共同确认标的物事实状况和法律状态以及双方权利义务的最强证明力的证据。其他任何证据都不能取代合法、有效合同对于标的物和权利义务的约定。否则，就彻底破坏了合同的法

律效力和严肃性。

人民法院审判本案两公司之间的合同纠纷案件，应当严格按照《项目合作合同书》及其“补充协议书”“关于补缴土地出让金及其滞纳金的《补充协议》”等合同，认定合同标的物的事实状况和法律状态，确认双方的权利义务，根据这些证据，认定案件事实。如果偏离有效合同的内容，就会形成违背有效合同、违反《合同法》的裁判。

二、建政公司和刘某之间的合同合法、有效，与精标公司和建政公司之间的合同有直接的内在关联，是本案的重要证据之一

经审阅，建政公司和刘某之间于 2012 年 3 月 17 日签订的《合作开发协议书》，以及建政公司、刘某、南宁市某某经营部之间于 2012 年 5 月 18 日签订的《补充协议》，是合法、有效的合同。

由于《合作开发协议书》及《补充协议》约定的项目土地、地上建筑物就是精标公司和建政公司之间的《项目合作合同书》约定的项目土地和地上建筑物，而且《项目合作合同书》第 7 条也把《合作开发协议书》附件三即精标公司与刘某之间的《租赁合同书》作为两公司之间合同权利义务的依据之一，所以，《合作开发协议书》和《项目合作合同书》之间具有内在关联性。

鉴于这一事实，《合作开发协议书》及其《补充协议》是本案中足以证明案件事实的有效证据之一。

三、按照《项目合作合同书》及其“补充协议书”的内容，双方当事人之间的合同有五种性质和内容各不相同的权利义务，构成五种权利义务的复合合同，原审判决和裁定忽略合同约定的地上建筑物拆除、回建、租赁、征收补偿分配等方面的权利义务，片面强调建设用地使用权转让关系，简单化地适用司法解释，从而认为《项目合作合同书》是建设用地使用权转让合同，对合同性质的认识有实质性缺失，定性错误

理由如下：

（一）《项目合作合同书》明确区分了建设用地使用权和地上建筑物这两种性质和法律地位都不同的标的物，转让的标的物是建设用地使用权，拆除、回建、租赁的标的物则是建筑面积约 18 000 平方米的地上建筑物，地上建筑物征收补偿分配针对的也是这个标的物

土地是自然资源，土地上的建筑物是人工物、土地的附着物。二者在事实和法律上都是不同的财产。土地权利和地上建筑物的权利是不同的财产权利，公民和一般的法人能够依法取得建设用地使用权但是不能取得土地所有权，对地上建筑物却能够依法取得所有权，这是基本的法律常识。该合同中明确约定转让项目土地面积 13 333.4 平方米、拆除、回建、租赁地上建筑物建筑面积约 18 000 平方米，以及地上建筑物征收补偿分配等，明确区分了两种不同性质的标的物。同时，还明确区分了建设用地使用权是转让合同关系的标的物，地上建筑物则是拆除、回建、租赁的标的物以及征收补偿分配所依据的标的物。

（二）《项目合作合同书》对项目建设用地使用权和地上建筑物约定了不同的权利义务，前者是转让关系的权利义务，后者则分别约定了拆除、回建、租赁、征收补偿分配四个方面的权利义务；包括建设用地使用权转让在内的五种权利义务，合同约定不同，各自的性质和法律规定也不相同；五种不同权利义务共存于一个合同构成“复合合同”，也叫“混合合同”，不能简单根据某一权利义务确定合同性质

根据该合同的内容，双方当事人对项目土地建设用地使用权约定了转让的权利义务，对 18 000 平方米地上建筑物则约定了不同于转让的权利义务，即拆除、回建、租赁、征收补偿等四个方面的权利义务。

1. 地上建筑物拆除权利义务和约 18 000 平方米同等建筑面积回建的权利义务

该合同第 7 条第 5 款和第 6 款、第 8 条第 3 款和第 4 款均具体地约定了约 18 000 平方米地上建筑物四个方面的权利义务。其中，对拆除和回建的权利义务在第 7 条第 5 款约定：“拆除甲方原有房屋及设施时，乙方应按拆除的建筑面积 1500 元/平方米人民币付给甲方做为押金，待乙方回建同等建筑面积竣工后甲方才退还所押之押金。如乙方未回建则按 3500 元/平方米补偿给甲方。”

2. 地上建筑物租赁权利义务

该合同第7条第1款约定，非乙方原因或不可抗力因素，无法办理本项目土地的变性手续或新《国有土地使用权证》的，甲乙双方解除合同。然后，继续甲方与刘某于2012年3月12日签订的《租赁合同书》的约定，由乙方继续履行刘某一方的责任与义务（原乙方已支付的定金可转作租金）。

3. 地上建筑物征收补偿分配的权利义务

该合同第8条第4款约定："如项目用地被政府征收，土地补偿金归甲方；已投入建设的，地上建筑物、附着物的补偿约定为：其中房屋建筑面积18 000平方米的补偿归甲方；乙方后增建的建筑面积减去甲方原有的18 000平方米所剩余部分的补偿，在买卖不成的情况下，按20年比例分成，即已使用年限归甲方，未使用年限归乙方。"

上述条款明确双方当事人对18 000平方米地上建筑物的约定是：①拆除该地上建筑物，建政公司应按拆除的建筑面积向精标公司交押金；虽然建政公司否认自己拆除了该建筑物，但是约定拆除时建政公司要交押金是不容否认的事实；②建政公司需要"回建"约18 000平方米同等面积；③如果建政公司不"回建"约18 000平方米同等建筑面积，需按3500元/平方米标准补偿精标公司；④如果项目土地被征收，精标公司收取房屋建筑面积18 000平方米的补偿。这些约定与转让项目用地建设用地使用权的约定相比较，有明显且重大的差别。依据司法解释，13 333.4平方米项目土地是建设用地使用权转让约定，约18 000平方米建筑面积的地上建筑物则是拆除、回建、项目土地变性不成功时转为租赁、征收补偿的分配约定。由于标的物不同，权利义务不同，不能将地上建筑物的拆除、回建、租赁、征收补偿分配的权利义务等同于建设用地使用权转让权利义务，也不能以偏概全、混为一谈。

（三）《项目合作合同书》因其中不同性质和内容的权利义务的"复合存在"，决定其性质属于"复合合同"，不能简单适用最高人民法院《关于审理涉及国有土地使用权合同纠纷案件适用法律问题的解释》第24条把该合同定性为建设用地使用权转让合同

该合同不具备该司法解释规定的全部构成要件。该合同中虽然有"以本项目土地作价人民币壹亿陆仟捌佰万元作为固定的股权转让金"、精标公司不参与经营收取固定股权转让款等内容，但是，并存的还有地上建筑物拆除、回建、租赁、征收补偿分配等方面的权利义务。固定的股权转让金、建筑物

拆除、回建、租赁、征收补偿分配，这五种权利义务各自具有独立性，不单单是建设用地使用权转让。仅以地上建筑物租赁权利义务而言，该合同约定，建政公司也要按该合同第 7 条第 1 款履行《租赁合同书》约定的义务，足见地上建筑物租赁权利义务的独立性。

从精标公司是否参与项目开发经营而言，精标公司没有房地产开发经营的合法资质，只能在合法范围内进行开发经营的配合工作。《项目合作合同书》约定精标公司承担着配合义务，配合对方以自己名义申请土地用途变性、增加容积率、办理《国有土地使用权证》以及负责协调安置、补偿工作等项目开发许可手续的义务（见该合同第 6 条）。

第二部分　关于［2018］桂民终 5××号民事判决案

广西壮族自治区高级人民法院［2018］桂民终 5××号民事判决（以下简称“5××号判决”）在证据采信、事实认定方面存在错误，还存在认定事实不清、没有证据支持的主观判断、证据采信偏颇、判决结果与证据证明的事实不符等错误，应予纠正。

根据证据，5××号判决的错误有以下几个方面：

一、5××号判决认定本案合同履行中精标公司承担主要义务，因此解除合同精标公司承担主要责任、建政公司承担 30%责任的认定，与本案合同的约定相悖，严重不符，没有合同依据，认定事实错误

5××号判决认为，办理土地变性、增加容积率、补交土地出让金主要是精标公司的义务，精标公司作为土地出让方，土地的性质不符合约定的条件，且至诉讼前最终无法办理土地变性手续，应当承担主要责任。（见该判决书第 30 页）这一认定，与《项目合作合同书》的相关约定严重不符，没有合同根据。

（一）根据本案合同的内容，土地变性、增加容积率、补交土地出让金等，由建政公司负责办理，精标公司承担配合义务，双方当事人并未约定主要是精标公司的义务，也没有证据证明是精标公司的主要义务

有以下根据：

（1）双方当事人通过“补充协议书”修改后的第 4 条第 5 款约定，“自始至终”，由乙方即建政公司“办理本项目的一切相关证照并承担相关费用”，

精标公司承担的是积极配合，并提供已有的原始资料及必要的盖章签字的义务。

（2）《项目合作合同书》第6条是各方权利义务约定，根据该条，建政公司除了按时支付约定款项的义务，还承担着“积极代甲方办理土地变性和增容手续以及办理《国有土地使用权证》”的义务，精标公司承担的是配合乙方办理这些手续的义务，没有将办理这些手续约定为精标公司的主要义务。

（3）建政公司在一、二审中先后共提交了15份证据（一审10份，见一审判决书第11页；二审5份，见5××号判决书第23页至第24页），其中没有任何证据证明办理土地变性、增容手续、《国有土地使用权证》是精标公司的主要义务。

（4）双方当事人在质证过程中均没有主张办理土地变性、增容手续、《国有土地使用权证》是精标公司的主要义务。

（二）精标公司虽然是项目土地权利人，依据法律法规，办理土地变性、增容、《国有土地使用权证》手续只能用权利人的名义，但是，法律并不排除合同约定由对方当事人负责办理程序方面的具体事务，权利人只配合提供名义、资料、盖章签名等而无需亲力亲为，因此，在合同有效条件下，不能否定合同中关于由非权利人一方当事人办理手续这种约定的有效性

按照《民法通则》和《民法总则》确立的“自愿原则”，合同当事人有权在合法范围内自愿约定自己的合同权利义务。

本案合同明确约定建政公司“自始至终”“办理本项目的一切相关证照并承担相关费用”，“积极代甲方办理土地变性和增容手续以及办理《国有土地使用权证》”，精标公司承担积极配合即提供名义、资料和盖章的义务，没有亲力亲为办理这些手续的主要义务。

（三）建政公司没有按照合同履行义务

从本案一审判决书看，建政公司向一审法院提交了10份证据并说明了证明目的（见该判决书第11页），其中没有证明该公司已经依约履行了“积极代甲方办理土地变性和增容手续以及办理《国有土地使用权证》”和“办理本项目的一切相关证照”义务的证据，该公司也没有明确主张其积极履行了这些义务。一审法院根据证据认定建政公司根本违约，理由充分。

二审中，建政公司向法院提交了5份新证据并说明了证明目的（见5××号判决书第23页至第24页），其中同样没有证明该公司已经如约积极履行了

合同第 6 条和“补充协议书”第 11 条所约定义务的证据。二审判决明知没有证据证明该公司已经依约履行了这些义务，认定该公司对合同解除只承担 30%的责任，违反证据规则，不公正。

（四）没有证据证明精标公司不履行合同约定的配合义务

根据本案一、二审判决书中列明的证据和双方当事人的质证意见，建政公司没有举证证明精标公司不配合，也没有其他任何证据证明精标公司不履行配合义务。二审判决明知精标公司没有违反义务，认定该公司对合同解除承担主要责任即 70%的责任，没有事实根据和法律依据，违反证据规则。

（五）5××号判决把无法办理土地变性归咎于精标公司，认为该公司承担主要责任，违背《项目合作合同书》的约定，既无事实根据也没有法律依据

二审判决认为，精标公司是土地出让方，土地的性质不符合合同约定的条件，且至诉讼前最终无法办理土地变性手续，应承担主要责任（见该判决书第 30 页）。这一认识，与本案合同的约定完全相反，以主观臆断取代了双方当事人在合同中的一致意思表示。

《项目合作合同书》不但在第 4 条第 5 款和第 6 条中约定了建政公司负责办理土地变性手续，而且确定了办理土地变性和新《国有土地使用权证》的风险注意义务和责任的承担。其第 8 条第 3 款约定的“签订本合同前，乙方已知本合同标的该宗土地的现状和了解相关该宗土地的所有手续、证件的合法性与未完善的相关证件。乙方在开发建设与办理变性过程中，应充分权衡其风险及责任”表明精标公司已经向建政公司如实告知土地手续、证件未完善，以及在土地变性过程中存在可能无法完成变性的风险；第 7 条第 1 款约定了非因乙方原因或不可抗力因素而无法办理项目土地变性或新《国有土地使用权证》的，双方解除合同，乙方对无法完成土地变性不承担责任。相反，如果建政公司未积极履行义务或者履行义务不符合约定，则承担不利后果。换言之，建政公司在已权衡变性过程中的风险及责任的条件下，仍然承诺愿意办理土地变性手续，如果因建政公司原因没有完成土地变性，则应当承担由此产生的责任，即合同第 8 条第 3 款约定的不利后果。

《合同法》第 8 条规定，依法成立的合同，对当事人具有法律约束力，依法成立的合同，受法律保护，前引本案合同第 8 条第 3 款对双方当事人的法律约束力就是，建政公司确认，已知土地变性有风险但是愿意冒风险，未能办理成土地变性的，按照该款的约定承担不利后果。法律和法理上有“自冒

风险”的规则，意思是行为人明知有受损的风险，但是为了获取利益自愿冒风险而实施的行为。

行为人实施自冒风险行为有四种结果：①风险消除，行为人实现预期目的；②风险演变为损害，行为人不能实现预期目的且受到损失；③行为人采取妥当行为消除了风险因素，实现预期目的；④风险有消除可能，行为人实施妥当行为即能够消除但是行为人不采取消除行为或者行为不当，结果风险演变为损害，行为人不但不能实现预期目的反而受到损失。

根据合同第 8 条第 3 款，建政公司在权衡本案项目土地手续、证件未完善的风险和责任的基础上，承诺自愿承担“积极代甲方办理土地变性和增容手续以及办理《国有土地使用权证》”的义务，“自始至终”“办理本项目的一切相关证照并承担相关费用”（合同第 4 条第 5 款），应当就是“自冒风险”，其履行合同义务而完成土地变性工作时，就获得预期利益，如果其没有履行合同义务或者履行行为不恰当，土地变性目的不能实现，不但不能获得预期利益，还要遭受不利后果。根据双方当事人特别是建政公司在原审中提交的证据，该公司没有积极代精标公司办理土地变性手续的行为，土地变性目的不能实现，应当承担不利后果，精标公司不应当承担责任。

应当强调的是，合同当事人是否履行了合同义务和合同目的是否能够实现，是截然不同的两种法律现象。前者表明当事人是否按照诚实信用原则遵守合同的态度和行为，属于主观范畴；后者表明合同目的是否具备实现的条件而能否实现，归于客观范畴。从合同法层面讲，当事人依约履行义务，即便合同目的未能实现，在没有特别约定的条件下，也不能归责于当事人。相反，当事人没有履行合同义务或者履行不符合约定，合同目的未能实现的，就构成违约行为应当承担违约责任。如上所论证的，本案中，无论精标公司提供的证据还是建政公司提供的证据，都没有证明建政公司按照合同履行了自己的合同义务。据此，应当认为建政公司违反了合同。

5××号判决无视本案合同第 4 条第 5 款、第 6 条第 2 款第 1 项以及第 8 条第 3 款关于建政公司承担办理土地变性等手续义务的约定，在没有证据证明该公司已经如约履行了这个义务的条件下，以精标公司提供的土地的性质不符合合同约定的条件，且至诉讼前最终无法办得土地变性手续为理由，对合同解除应承担主要责任，明显是只看结果而不看建政公司未如约履行义务的违约行为，让守约的精标公司替违约的建政公司承担责任，认定事实错误，依据法律和法理应当予以纠正。

（六）案涉土地具有土地变性的可靠条件，建政公司未能坚定不移地如约履行义务，造成最终未能完成土地变性

关于案涉土地变性问题，南宁市政府有关机关先后作出许多决定，一直以正式文件的形式支持精标公司解决历史遗留问题。

据南宁市五象新区开发建设指挥部办公室办公会议纪要［2013］1号文件证实：2012年12月30日，南宁市市委、政府领导，五象新区开发建设指挥部领导、南宁市环保局、规划局、园林局等机关的负责人举行办公会议，会议决定同意把精标公司的项目土地由工业用地作为商业用地另行出让，由征地部对接精标公司，妥善处理历史问题。可见，案涉土地并非不能由工业用地变性为商业用地，而是建政公司消极，未能依约办理土地变性手续，造成了后来的结果。

二、对本案地上建筑物建筑面积认定错误

本案一审判决认定和采信的证据中，确凿的直接证据和间接证据形成完整的证据链，足以证明该案地上建筑物建筑面积约18 000平方米，5××号判决对一审判决确认的相关证据采取了忽略不计的做法，不予采信且不论述不采信的根据和理由，相反却采信了建政公司提交的10多年前的、不能证明2012年建筑物面积的文件，这明显错误。

以下是具体的根据和理由：

（一）《项目合作合同书》合法、有效，是最强证明力的证据，双方当事人在订立该合同时，一致确认建筑物建筑面积约18 000平方米，建政公司法定代表人在2012年8月16日的欠条中又一次予以确认，这是建政公司对地上建筑物建筑面积考察认定的结果，是该公司订立合同和最初履行合同时的真实意思表示，对该公司有法律约束力。5××号判决忽视了这一最强证明力的证据，认定事实错误

《项目合作合同书》第2条、第8条第4款均清楚地确认，项目土地的地上建筑物建筑面积约18 000平方米，建政公司法定代表人于2012年8月16日向精标公司出具的欠条又一次确认是18 000平方米（确认欠拆迁房屋押金1500元/平方米×18 000平方米，2700万元整，回建18 000平方米后本欠条无效）。此外，《项目合作合同书》第2条第1款，以及该合同末页约定的合同

附件三即精标公司和刘某于 2012 年 3 月 12 日签订的《租赁合同书》，也确认建筑物建筑面积是约 18 000 平方米。

《项目合作合同书》及其“补充协议书”是合法、有效的合同，是双方当事人一致的真实意思表示，因此，其是认定案件事实的最强证明力的证据，不能用其他证据取代这些证据。

从合同法层面讲，两公司在合同中对地上建筑物建筑面积的明确约定，是双方当事人签订合同之时对该建筑面积共同实地考察测量结果的一致的真实意思表示，是双方合同权利义务的根据。

从证据法层面说，两公司在合同中对于地上建筑物建筑面积的约定，既是双方当事人对该建筑面积一致真实意思表示的证据，也是订立合同之当时双方共同确认该建筑面积及其相关权利义务最强证明力的证据，其他任何证据都不能取代合法、有效合同的约定。否则，就彻底破坏了合同的法律效力。

人民法院审判合同纠纷，应当把有效合同作为最强证明力的证据，认定案件事实，如果背离有效合同，必然造成违反合同法和证据法的裁判结果。

5××号判决对双方当事人在《项目合作合同书》中确认建筑面积约18 000平方米的条款，没有作出不合法的认定和论述，只是简单地认为“因该建筑物属于未审批就使用土地的性质，没有报建手续，也没有取得建设用地许可证及房屋产权证书，不足以证明该建筑物面积为 18 000 平方米”。

应当指出，本案建筑面积“是”或者“不是”18 000 平方米，是客观事实，因此是事实判断的结论，而该建筑物的建设是否合法，则是法律价值判断的结论，二者不能混淆或者替代。正确的做法应当是通过证据审理查明“是”或者“不是”，进而认定案件事实，不应当用建设手续不合法这个法律价值判断的结论充当事实判断的结论。上引 5××号判决的认识，恰恰是用法律价值判断的结论充当了事实判断的结论，最终“屏蔽”了事实真相。

案件的事实是，建政公司在 2012 年先后与刘某、精标公司订立合同时均确认地上建筑物的建筑面积为约 18 000 平方米，其法定代表人于 2012 年 8 月中旬出具欠条时还确认无异议，直到诉讼时才彻底反言，与其在有效合同中的承诺直接矛盾。

为合法、公正裁判，就应当对合同中的有关条款是否有效作出认定和论述，做到事清理明。然而，5××号判决在整体上认定《项目合作合同书》合法有效的条件下，按照建政公司反言认定建筑面积，实际的效果就是否定了有效合同关于建筑面积的合法约定，发生“抽象肯定整体有效、具体否定部分无效”的错乱现象，认定事实错误。

（二）建政公司和刘某之间2012年3月17日签订的《合作开发协议书》真实、合法有效，与精标公司和建政公司之间的合同具有直接的关联关系，是本案的重要证据之一，5××号判决对该证据采取忽略做法，没有认定也没有论述，证据审理和采信有很大的欠缺，是认定事实错误的原因之一

对于《合作开发协议书》的真实性、合法性和有效性，本案双方当事人无异议，原审法院也无相反认定。

由于《合作开发协议书》的地上建筑物与《项目合作合同书》的地上建筑物是同一建筑物，而且《项目合作合同书》第7条也把《合作开发协议书》作为两公司之间合同权利义务的依据之一，所以，《合作开发协议书》和《项目合作合同书》之间具有内在关联性。

鉴于这一事实，《合作开发协议书》是本案中足以证明案件事实的有效证据之一。

《合作开发协议书》清楚地确认案涉建筑面积为约18 000平方米。该协议书是建政公司和案外人刘某签订的，具有客观性，因此有很高的可信度，本案一审判决采信该证据合法、合理。

纵览5××号判决书，对《合作开发协议书》这一能够证明案件事实的证据没有否定、没有采信，也没有论述。应当认为，二审法院采取的是忽略的做法。其结果，在证据审理和采信方面出现大的欠缺，造成认定事实错误。

（三）5××号判决无视建政公司按照约定的18 000平方米建筑面积向精标公司支付733.9万元的证据，认定事实错误

建政公司向精标公司支付733.9万元定金是根据合同约定、按照建筑面积18 000平方米计算的结果，证明建政公司不但在合同中确认此面积数量，在支付定金时依然确认无异议。5××号判决对此事实视而不见，是明显错误的。

（四）邕宁县防雷管理中心［2003］第××6号、第××7号“防雷装置设计审核书”及其对应的“新建防雷装置设计审核登记表”是涉案地上建筑物2003年建成时的官方材料，具有原始证据的效力，对案涉建筑面积的数量有较强的证明力

该两份审核表是2003年邕宁县有关官方机构出具的，证实当时精标公司有一幢综合楼，7层，占地面积400平方米；四幢车间，5层。占地面积3960

平方米，虽然没有直接证明建筑面积，但是单体建筑物的数量和占地面积的数量对合同确认的18 000平方米建筑面积有较大的证明力。

（五）南宁市良庆区人民政府2012年10月19日良政报［2012］××号文件是案涉建筑物的强有力证据之一，证明精标公司项目土地上此时的建筑物单体数量超过5××号判决认定的单体数量，具有间接否定5××号判决认定的建筑面积数量的证明力。5××号判决对该政府文件也予以忽略，采信证据存在又一欠缺，认定事实错误

5××号判决根据建政公司二审提供的证据，认定本案项目土地上的建筑物单体包括宿舍楼3500平方米、车间2400平方米、办公楼1500平方米，并以此和现留存的建筑物及两处被拆除的建筑物一一对应，从而认定项目土地上有三座单体建筑物（见该判决书第33页），进而认定案涉建筑面积只有7400平方米，否定18 000平方米。

南宁市良庆区人民政府2012年10月19日良政报［2012］××号文件《南宁市良庆区人民政府关于给予广西南宁市精标科技发展有限公司（五象大道434号宗地）用地补办手续的请示》（以下简称“良政报［2012］××号文件”）第2页明确认定：“（现五象大道434号）宗地13 333.4平方米的土地出让给精标公司”，“经实地勘察，该宗地上已完成建设，共建有1栋办公楼和4栋厂房，均处于闲置状态”。

5××号判决书中，没有二审法院经过实地勘察后认定本案项目土地有3栋建筑物的记载，其关于3栋建筑物的认定依据是精标公司《2001年基本建设项目计划表》（见该判决书第23页）。

两相比较，《2001年基本建设项目计划表》产生于2001年，良政报［2012］××号文件是2012年10月的政府文件，相差十年有余，这十年多时间中，精标公司有无新的基本建设不能依据十年前的公司文件确定。良政报［2012］××号文件是《项目合作合同书》之后的、与项目土地直接关联的政府文件，具有公信力，对2012年当时项目土地上建筑物单体数量的证明力，远高过十年前的公司文件。

违反逻辑和证据规则的是，5××号判决宁可采信十年前的公司文件，对《项目合作合同书》签订当年的、与合同项目直接相关的、具有公信力的政府文件，却不采信且不论述不采信的理由，简单引述了一下文件名称就一带而过，这一做法表现出采信证据的偏颇，违反证据规则。

（六）2019年7月南宁市国土测绘地理中心出具的《广西南宁市精标科技发展责任公司（45010801010GB00058宗）范围示意图》的底图是2011年官方进行土地调查时航拍形成的航飞影像图，非常直观清晰地再现了2011年涉案地上建筑物被拆除之前的客观状况，具有十分强大的证明力。该图该状况与上文良政报［2012］××号文件、邕宁县防雷管理中心［2003］第××6号、第××7号“防雷装置设计审核书”，以及其他材料银沙社区《证明》、谷歌历史地貌影像图、涉案土地宗地图等事实相互印证，进一步证明了上述证据的真实性

综上，邕宁县防雷管理中心的“防雷装置设计审核书”、建政公司和李某的《合作开发协议书》、同年双方当事人之间的《项目合作合同书》、建政公司按照《项目合作合同书》确定的18 000平方米建筑面积交付733.9万元定金的证据、建政公司法定代表人曾某某向精标公司出具的欠条、良政报［2012］××号文件、2011年度官方航飞影像图等一系列真实、合法、与案涉建筑面积有关联性的证据形成了“证据链”，足以证明本案双方当事人在合同中确认案涉建筑面积约18 000平方米的意思表示真实，该建筑面积也真实存在，5××号判决对精标公司有利的证据采取全部忽略、不采信也不论述理由的做法，于法不合、于理不通，采信证据有重大欠缺，认定事实存在根本谬误。

三、5××号判决对于拆除地上建筑物是哪一方当事人的义务、究竟是哪一方当事人拆除了涉案建筑物这些争议问题，认定事实不清，且在没有证据条件下认定双方当事人按照3∶7比例分担损失责任，构成严重错判，应当纠正

本案纠纷发生时，项目土地上大部分建筑物已被拆除，由于涉及损失责任承担问题，建政公司推诿责任。本案一审判决认定建政公司拆除了地上建筑物，判决该公司承担赔偿责任，5××号判决进行了改判，但是没有论证改判的证据，因此，该判决对此问题认定事实不清，没有证据支持。具体理由如下：

（一）5××号判决对哪一方当事人承担拆除建筑物的义务没有审清查明

《项目合作合同书》是双方当事人权利义务的根据，查明哪一方当事人承担拆除的义务，是实事求是地认定事实、确定责任的前提。

从《项目合作合同书》的内容看，根据相关条款和其他相关证据能够清

楚地看到双方当事人的真实意思表示。

该合同第7条第5款“拆除甲方原有房屋及设施时，乙方应按拆除的建筑面积1500元/平方米人民币付给甲方做为押金，待乙方回建同等建筑面积竣工后甲方才退还所押之押金”约定了“拆除建筑物押金义务”和“拆除建筑物押金义务人是建政公司”。建政公司法定代表人曾某某于2012年8月16日给精标公司出具的欠条，证明建政公司明确承认履行该款确定的“拆除建筑物押金义务”。

该合同第7条第6款的内容是：“乙方声明：本项目开发建设全程，已充分悉知甲方原有房屋的结构及安全现状和保证规范增建本项目的质量与安全，承诺如发生意外事故，造成乙方或第三方人员及财产损失的责任由乙方承担，与甲方无关。”这证明了建政公司对地上建筑物的结构与安全现状进行了实地勘察和了解，愿意将该建筑物作为拆除的对象和回建的依据。

为正确认定哪一方承担拆除建筑物的义务，应当查明审清两个具体问题：

（1）合同为什么约定“拆除甲方原有房屋及设施时，乙方应按拆除的建筑面积”承担“拆除建筑物押金义务”，而且建政公司法定代表人在合同签订之后近50天（2012年6月28到8月16日）向精标公司出具欠条承认履行该项义务？

（2）建政公司为什么在合同中“声明”“已充分悉知甲方原有房屋的结构及安全现状”“承诺如发生意外事故，造成乙方或第三方人员及财产损失的责任由乙方承担，与甲方无关”？其中的“意外事故”仅指项目工程施工中的意外事故，还是包括了因“甲方原有房屋的结构及安全”发生的意外事故？

查明了这些问题，对哪一方承担拆除建筑物合同义务的问题，就能够有接近实际的认识。

但是，二审法院没有按照合同解释的原理和法律要求对合同进行必要的解释，没有查明究竟是哪一方承担这一合同义务，最终导致认定事实不清，在没有证据的条件下判定当事人分担责任。

（二）5××号判决没有查明究竟是哪一方当事人拆除了案涉建筑物，无视相关证据形成的证据链，判定建政公司只对被拆除建筑面积中的2477.61平方米承担30%的赔偿责任，认定事实不清、证据不足，明显错误

5××号判决根据《2001年基本建设项目计划表》认定，项目土地上建筑物有三栋、建筑面积共7400平方米，现留存的建筑物经评估建筑面积为

3422.39 平方米，对应精标公司的基建规划应为宿舍楼 3500 平方米，2014 年 4 月 23 日被强制拆除的二层房屋对应精标公司的基本规划应为办公楼 1500 平方米，同时还认定，根据精标公司提交建政公司的开工仪式照片，应认定建政公司为履行土地出让合同，拆除了部分建筑物，精标公司因履行土地转让合同实际被拆除的建筑面积 2477.61 平方米（均见该判决书第 33 页），进而判定建政公司只对被拆除建筑面积 2477.61 平方米承担 30%的赔偿责任。

然而，建政公司在与精标公司签订合同之前和刘某签订《合作开发协议书》，确认案涉建筑物的建筑面积约 18 000 平方米，后来与精标公司的合同中也确认案涉建筑物建筑面积为约 18 000 平方米，建政公司法定代表人在其出具的欠条中又一次确认是约 18 000 平方米，建政公司向精标公司支付 733.9 万元定金同样也是按照 18 000 平方米计算的，这些都是建政公司在真实、合法有效合同中的真实意思表示和履行合同的真实行为。更重要的是，良政报［2012］××号文件是在双方当事人签订并履行部分合同义务之后的 2012 年 10 月，经过实地勘察后确认精标公司项目土地上有 5 座单体建筑，已经否定了《2001 年基本建设项目计划表》的建筑物数量。

（三）根据案卷原始证据材料，结合再审申请人新提交的证据材料，应当认定涉案土地地上 18 000 平方米建筑物实属建政公司、曾某某拆除的

根据案卷原始证据材料，应该认定建政公司、曾某某拆除了涉案地上建筑物？显然可以，而且应当。首先，从双方之间合同约定的内容来看，建政公司基于前期租赁合同以及双方的《项目开发合同书》及其“补充协议书”控制了涉案土地上的全部地上房产，并且有拆除涉案地上建筑物 18 000 平方米的愿望、意思表示；其次，从押金欠条、开工典礼的事实来看，建政公司及其法定代表人已经按照合同约定亲手书写了拆除涉案地上房产的押金条《今欠到》，也在现场召开了拆除涉案地上房产的开工仪式典礼，实施了拆除涉案地上房产的仪式性行为；最后，从精标公司新举证的大沙田派出所对建政公司曾某某及其他三人的询问笔录来看，正是曾某某控制并雇人拆除了涉案土地上的地上建筑物。因此，无论按照事实推定，还是根据证据判断，认定建政公司、曾某某拆除了涉案土地地上建筑物，证据确凿、事实清楚，足以认定。

5××号判决既没有查明认清拆除建筑物的合同义务属于哪一方当事人，又置上列证据形成的“证据链”于不顾，还无视良庆区政府文件，判定建政公

司只对 2477.61 平方米承担 30%赔偿责任，完全是认定事实不清、证据不足。

四、5××号判决对于建政公司赔偿精标公司租金损失问题的裁判，认定事实错误，一审法院［2016］桂 01 民初 3××号判决的相关认定，证据确凿、论述清楚、充分、合理，应予确认

《项目合作合同书》第 7 条第 1 款约定，非因建政公司原因或不可抗力因素无法办理土地变性，双方解除合同，建政公司继续履行精标公司和刘某签订的租赁合同的义务。后因项目土地变性不成功，精标公司向一审法院请求解除合同的同时，因地上建筑物被拆除，还请求判令建政公司赔偿其租金损失。

一审法院审理后支持了精标公司的诉讼请求。二审判决对此作了改判，不支持精标公司的这一请求。不支持的理由是："本案为土地使用权转让纠纷，而非租赁合同纠纷。双方在土地转让合同中特别约定非建政公司的原因或不可抗力因素，无法办理土地变性，双方解除本土地使用权转让合同，然后，建政公司才继续履行刘某一方的责任和义务。即建政公司履行租赁合同义务的时间是在土地转让合同解除后，而不是同时履行精标公司与刘某签订的租赁合同。精标公司因转让的土地无法变性于 2016 年 5 月才通过诉讼请求解除合同，且合同解除的责任不在于建政公司一方，因此，双方合同约定建政公司履行租赁合同义务的时间尚未开始。"

这一理由表面看起来似乎成立，但是经不起推敲。最简单的道理是，租赁合同的履行以租赁物的存在为充分必要条件。虽然订立租赁合同时可以没有租赁物，但是进入合同履行阶段就必须有租赁物，没有租赁物就构成"合同事实上不能履行"。本案中，作为租赁物的地上建筑物在 2012 年到 2013 年之间已被拆除，也就是租赁物已不存在，租赁合同早已不能履行。5××号判决认定在租赁物被拆除三年之后的 2016 年 5 月建政公司履行租赁合同义务的时间尚未开始，违反法律和法理，认定事实错误。

相反，本案一审法院［2016］桂 01 民初 3××号判决对租金损失的认定和判决（详见该判决书第 29 页，此不赘引），有据有理，合法妥当，应予肯定。

建政公司和曾某某一方拆除地上建筑物，造成精标公司双重损失，一是建筑物被拆除的损失，二是双方当事人之间合同约定的租金的损失。建政公司和曾某某一方未按合同履行义务，应当对其造成的这些损失承担赔偿责任。

第三部分　关于［2019］最高法民申××44 号民事裁定案

本案中，建政公司请求法院判令精标公司向其返还 733.9 万元定金及利息。733.9 万元定金是否应当返还，取决于建政公司是否违约。关于该公司是否违约的问题，本论证意见在“第二部分关于［2018］桂民终 5××号民事判决案”已有明确论证，不再重复。

经查阅本案一、二审判决书和［2019］最高法民申××44 号民事裁定书，有三个基本问题需要论证，并建议精标公司提请有关司法机关审查：

（1）本案一审判决对精标公司提交的证据 10~16 的真实性、合法性和证明力予以认可，采信的证据与判决的结果是否对接、一致。

（2）本案二审判决对一审判决采信的精标公司的证据是如何处理的。

（3）［2019］最高法民申××44 号民事裁定书裁定精标公司向建政公司返还 733.9 万元及法定孳息，理由是否充分、是否公正。

以下分别论证这三个问题。

一、本案一审法院［2017］桂 01 民初 1××号民事判决没有将其采信的精标公司的证据作为判决的依据

查阅一审判决书之后，认为一审判决对精标公司证据的审理和证据采信都符合民事诉讼法和最高人民法院关于证据的规定，能够证明案件事实，但是，判决结果却和采信证据的结果难以对接，逻辑混乱，不符合法律。

（一）对一审判决认证和采信证据结果的分析

该判决书第 8 页至第 9 页记载，原告即建政公司对精标公司的证据质证后，一审法院对精标公司提交的证据经审查认为：原告对证据 10、11 的真实性、合法性无异议，但对证明内容有异议，本院经审查认为原告未能提交相关证据证明办理土地变性及增容手续材料，仅认为被告提供的不是核心材料，根据最高人民法院《关于民事诉讼证据的若干规定》第 72 条，对被告提供该证据的证明力予以认可；原告对证据 12 的真实性、合法性无异议，被告证明目的为证明其依约将项目用地交付原告，原告拆除地上建筑物的事实，原告未能针对被告的证明内容提出异议，本院对被告该证据的证明力予以认可；证据 13~16，根据最高人民法院《关于民事诉讼证据的若干规定》第 70 条，由于原告仅否认证据的真实性，未能提供相反证据，本院对上述证据的证明

力予以认可。

另外，本案一审判决书第 15 页至第 18 页“本院认为”部分进一步明确认定，该出让土地上建筑面积为 18 000 平方米，建政公司明确知晓合同标的物的状态和相关证照未完善，自愿接受合同约束，精标公司已将涉案宗地及地上附着物移交建政公司，建政公司未提交证据证明其已办理土地变性、增容等相关手续，未按合同约定支付剩余款项，建政公司的行为构成根本违约，未提供证据证明精标公司违约，主张精标公司违约不能成立。

纵览一审判决书第 6 页至第 8 页、第 15 页至第 18 页的内容，可知一审判决认可和采信的这些证据证实了下列事实：

（1）精标公司依约履行了合同约定的办理土地变性、增容等手续时的配合义务（证据 10、11）；

（2）精标公司将项目土地及地上建筑物交付建政公司占有、建政公司拆除地上建筑物 18 000 平方米（证据 12）；

（3）精标公司合法取得项目土地并已出租，地上建筑物建筑面积 18 000 平方米，承租人已付租金 60 万元，由于和建政公司合作终止了与承租人的租赁关系，建政公司拆除建筑物后未按约履行义务，造成精标公司损失（证据 13~16）。

（4）建政公司的行为构成根本违约。没有证据证明精标公司违约。

（二）一审的判决结果与认证及采信证据的结果难以对接，逻辑混乱，不符合法律

根据本案合同和法律规定，违约方应当承受不利后果，包括无权要求返还定金。然而，本案一审在认定建政公司违约的条件下，却判决精标公司向其退回 733.9 万元定金。这一结果显然难以与认证和采信证据的结果形成法律逻辑上的对接，也不符合法律规定。

二、本案二审法院对一审判决所认可和采信的精标公司的证据采取了以偏概全予以否定的做法

本案二审中，建政公司提交了 5 份新证据，证明目的分别是否定地上建筑物建筑面积为 18 000 平方米，主张地上建筑物是违法建筑，项目土地是规划绿地用地、精标公司名下没有房屋所有权登记、不存在某某经营部土地使用权地籍类土地登记。

这5份证据得到二审法院的全部认可。在其认证意见部分，认定争议的地上建筑物的建筑面积是7400平方米，且为违章建筑，项目土地自2009年被南宁市政府规划为绿化地带（见××8号判决第15页）。

显而易见，××8号判决认定的建政公司的5份新证据说明：

1. 没有证明建政公司已经按照约定履行了合同义务

一审认定建政公司违约的证据没有被这些新证据推翻，也没有被××8号判决以证据否定。二审判决认定办理土地变性等手续并非建政公司一方的义务，就是认定建政公司有义务，不是认定没有这个义务，有义务而不履行，就是违约。

2. 未能推翻一审判决采信的证明精标公司将项目土地及地上建筑物交付建政公司占有以及建筑物被该公司拆除的证据

二审法院现场勘察看到的海鹰驾校从精标公司承租地上建筑物一楼的情况，且不论其是否成立，仅从该情况发生的时间点上看，这是2018年的事，是一审判决之后、二审审理过程中的事，不能证明2012年到一审期间土地和建筑物占有的状况，不能成为推翻一审采信的相关证据的事实。

3. 没有推翻一审判决采信的精标公司受到租金损失的证据

建政公司的5份新证据，没有涉及精标公司租金损失的问题，二审判决以本院已在另案5××号判决中进行认定及处理为由，对该问题未行审理，表明本案二审判决没有推翻一审判决对这一问题所采信的证据。

二审判决不但没有否定一审判决采信的这些证据，而且还明确认定“一审判决认定事实基本清楚”（见××8号判决第22页），但却以“办理土地变性、增加容积率、补交土地出让金并非建政公司一方的义务，而主要是精标公司的义务”“双方当事人亦同意解除合同”等为理由，判决精标公司向建政公司退回733.9万元定金及利息。把一审法院采信的、二审法院没有否定的这些证据及其证明的案件事实一笔勾销。其实质，是用二审采信的个别证据，湮没二审未能推翻的一审判决采信的证据，“以偏概全”，当然是错误的。

三、［2019］最高法民申××44号民事裁定书裁定精标公司向建政公司返还733.9万元及其法定孳息，理由不充足

该裁定认为：“本案争议焦点是精标公司是否应向建政公司退回定金733.9万元及利息。本案中，案涉土地非建政公司原因，最终无法完成土地变

性手续，且双方均已各自履行《项目合作合同书》中约定的义务。”在此事实基础上以《合同法》第97条之规定为法律依据，认定本合同系建设用地使用权转让合同，转让不成则合同解除，双方当事人的权利义务应恢复到合同未签订时的状态，定金733.9万元属合同已履行部分，应返还建政公司。

该裁定认定忽略了建政公司办理本项目的一切相关证照并承担相关费用的合同义务，对建政公司未依约办理土地变性、增加容积率手续的违约行为采取了无视的态度，对建政公司拆除地上建筑物给精标公司造成损失，还拒不照实赔偿的违背诚实信用原则的行为也未予关注。

本案中，尽管再审裁定认为建政公司向南宁市国土资源部门提交了《恳请办理〈国有土地使用证〉暨结清土地出让金的报告》，向有关部门提交了《项目立项申请书》等，然而，该公司没有按照合同约定办理土地变性、增加容积率的手续是证据证实了的事实，拆除地上建筑物给精标公司造成损害拒不赔偿也是事实，按照《民事诉讼法》以事实为根据、以法律为准绳的原则，应当对建政公司的违约行为和损害行为有起码的认定。

再者，尽管该裁定认为案涉土地因规划及其他因素，最终无法完成土地变性手续，但事实并非如此，前文已引证说明，南宁五象新区开发建设指挥部办公室办公会议纪要［2013］×号文件证实，2012年12月30日，南宁市市委、政府领导，五象新区开发建设指挥部领导、南宁市环保局、规划局、园林局等机关的负责人举行办公会议，决定同意把精标公司的项目土地由工业用地作为商业用地另行出让，由征地部对接精标公司，妥善处理历史问题。可见，案涉土地并非不能由工业用地变性为商业用地，建政公司未能始终如一地按照约定办理土地变性手续，才是根本原因。

鉴于以上，足以认为［2019］最高法民申××44号民事裁定书关于精标公司向建政公司返还733.9万元并支付利息的裁定，理由不充足，合理性不够。

同时，该裁定也不公正。本案中，精标公司因履行合同，依约实施了各种配合行为，是诚实信用的守约人，但是，该公司大量建筑物被拆除，除房产的损失外，能够收取租金的物质条件被永久性破坏而无法出租收取租金，损失巨大。建政公司有违约行为，一旦收回733.9万元及利息，其损失很小，而精标公司的损失则非常之大。按照该裁定，违约且损害对方的当事人承受很小的损失，而守约且受到违约方损害的当事人反倒遭受巨大损失。这种裁判结果，违背民法上的诚实信用原则和公平原则。

第四部分　关于最高人民法院民申××43 号裁定的效力以及一审法院对 5××号案查封财产的解封问题

最高人民法院民申××43 号裁定书裁定对 5××号案提审，再审期间，中止原判决的执行。虽然该裁定针对的是 5××号案，但是鉴于 5××号案和××8 号案的证据相同、基本事实一致，实质上是同一纠纷，因此，裁判结果就应当相同，最高人民法院民申××43 号裁定对××8 号案应有相当程度的实质性影响。为维护本案当事人的合法权益，并防止司法资源的浪费，××8 号案的执行问题应当特别谨慎。

最高人民法院民申××44 号裁定虽然驳回了精标公司的再审申请，但是，最高人民法院民申××43 号裁定是程序上的结论，最高人民法院对 5××号案尚未进行实体审理，不能因为××44 号裁定，就决定最高人民法院对 5××号案实体审理的结果。因为，如上所论证的，5××号案和××8 号案存在诸多依法应当纠正的重大、实质错误。相信最高人民法院对 5××号案的实体审理，能够纠正原审法院的这些错误，合法、公平、合理地裁定精标公司的权利和利益。

原审法院对本案查封财产的解封，不利于案件依法、公正的解决。最高人民法院民申××43 号裁定中“再审期间，中止原判决的执行”字面效力虽然针对的是 5××号案，但是，如上所述，5××号案和××8 号案证据相同、基本事实一致，实质上是同一纠纷，实体裁判结果应当相同。所以，最高人民法院民申××43 号裁定的实际效力应当覆盖双方当事人之间争议的全部、权利义务的全部。有鉴于此，××8 号判决的执行，应当中止，原审法院对查封财产的解封应当撤销，恢复到解封之前的法律状态。

综上所述，本案合同真实、合法有效，对当事人双方具有法律约束力，也是人民法院审判本案的最强证明力的证据。精标公司依约履行了自己的义务，建政公司虽有一些履约行为，但是，对合同约定的重大事项包括办理土地变性、增加容积率手续等关键义务没有如约履行，构成违约。案涉土地并非不能由工业用地改变为商业用地，本案合同对办理土地变性的风险责任分配已经有明确的合法约定，建政公司没有坚定不移地如约履行义务，才是最终无法办理土地变性的根本原因。当事人之间两起案件的二审判决既有认定事实不清的现象，又有认定事实错误问题，事实认定错误适用法律必然不当、判决结果不公正。[2019] 最高法民申××44 号民事裁定理由不足。精标公司认真履约，受到的损失应当得到法律救济，建政公司违约且给精标公司造成损害，应当根据合同和法律承担责任。两起案件二审判决的错误和［2019］最高法民申××44 号民事裁定的不足应当得到纠正。

以上意见仅供委托方和有关司法机关参考。

【瞽言刍议】

本案所涉合同《项目合作合同书》及其“补充协议书”按照其内容，是当事人之间创设有五种性质和内容各不相同的权利义务的法律关系的“复合合同”，亦称“混合合同”；该合同的合法有效，体现的当事人意思自治，应当得到法律的有效保障。这是依法处理本案的事实根据和法律适用的基础，应当依法得到充分尊重。

本案相关法院处理之所以产生一定的差误，一是对本案复杂的法律关系没有一一厘清，存在一定的混淆；二是对合同纠纷处理没能严格尊重当事人自治原则，始终坚持以案涉合同为根本依据，以正确确定双方当事人的权责利关系。

本案的论证意见，对正确认定相应复合合同纠纷双方当事人的权利义务关系，具有参考价值。

30. 蓝天公司及其负责人金某是否应对海某公司的拒付劳动报酬行为负责问题

【论证要旨】

案中没有证据证明，蓝天公司及其负责人金某与海某公司，二者形成了股权转让合同关系、投资协议合同关系及其他代表人、代理人关系；虽二者形成了购销合同关系，但并没有形成对海某公司的实际控制权，亦非海某公司支付其员工劳动报酬的义务人，从而直接实施了所控对海某公司员工拒付劳动报酬的行为，因而海某公司所被控涉嫌拒付员工劳动报酬行为，即使构成了犯罪，亦应由海某公司及其直接责任人负责，而与蓝天公司及其负责人金某无关。

【案涉简况】

论证委托方：蓝天公司。

论证受托方：中国政法大学法律应用研究中心。

委托论证的事项：蓝天公司及其负责人金某是否应对海某公司的拒付劳动报酬行为负法律责任。

参加论证的专家：中国政法大学、清华大学法学院等三名权威民商、刑事法学教授。

委托方提交的本案案件事实材料：

1. 代理律师《案情说明》；
2. 《股权转让合同》；
3. 《投资协议书》；
4. 关于海某公司《企业信用信息公示系统》材料；

5.《与王某某全部微信截图》;

6. 与海某公司有关《银行电子回单》;

7. 其他相关事实材料。

以上材料均为论证委托方所提供的材料，委托方对这些材料的真实性和来源的合法性负责。专家们以这些材料显示的案件情况为事实根据提供论证意见。

【论证意见】

蓝天公司就其应否对海某公司涉嫌拒不支付劳动报酬犯罪负法律责任问题，向受托方提交相关材料，委托受托方邀请有关法律专家进行论证、提供专家论证意见。受托方审阅委托方提交的案件材料之后，认为符合专家论证的条件，邀请在京三名民商、刑事法学专家，于 2019 年 9 月 22 日举行了专家论证会。专家们在听取了其委托律师情况介绍和仔细审阅委托方提交的案件材料显示的基础上，进行了认真研究讨论，形成本论证意见书，即：根据《刑法》第 276 条之一规定，海某公司及其直接责任人应对其所涉嫌拒付劳动报酬的行为，负法律责任，而蓝天公司及其负责人不应对海某公司涉嫌的拒付劳动报酬行为负法律责任。具体意见如下：

（一）蒋某的行为是否与蓝天公司有关

据悉，蒋某系由蓝天公司原开发部经理马某介绍，到海某公司任制鞋技术人员，负责海某公司的鞋类生产。蒋某与蓝天公司并无任何聘任关系，既非蓝天公司聘任的管理人员，亦非蓝天公司的职工，既非蓝天公司授权的代表人，亦非蓝天公司委托的代理人。故，蒋某在海某公司所涉嫌的拒付劳动报酬的行为，无论其是否构成犯罪，应责任自负，而与蓝天公司及其负责人员无关。

（二）蓝天公司及其负责人金某未成为海某公司的股东，不应对海某公司的拒付劳动报酬行为负法律责任

经查，海某公司股东王某某曾提出愿意将海某公司的股权出售给金某，由金某来做海某公司的大股东。期间，曾于 2019 年由海某公司股东王某某、张某某、刘某某与广州市蓝某某贸易有限公司（系蓝天公司关联公司，金某控股），协商签订《股权转让合同》，并起草了《股权转让合同》，但金某经过评估，认为海某公司的生产能力比较有限，其技术能力主要在做运动鞋而非高档女鞋方面，内部管理能力一般，在当地的信誉也不太好，收购的意义

不大，双方还是采用贸易的方式进行合作比较稳妥。最终，金某并未与王某某就海某公司股权转让事宜达成合意，双方既未在《股权转让合同》上签字、盖章，亦不存在任何实际履行行为，更不存在为此而进行的股权变更工商登记。

由于各方并没有签署该《股权转让合同》，且所起草的该《股权转让合同》第8条第8项还约定："如因各种原因，双方不能在2019年2月×日前办理工商变更登记手续，则本合同作废。双方可另行协商确定股权转让合同。"由于双方之后并没有在该《股权转让合同》上签字、盖章，该《股权转让合同》并没有发生法律效力，且双方在约定的时间，即2019年3月前，也并没有办理股权工商变更登记手续，故，该《股权转让合同》即使生效也早已在2019年3月前"作废"。由于蓝天公司及其负责人金某，依法从没有成为海某公司的股东，因而亦不应以其为海某公司股东为由，由其对海某公司2019年8月发生的拒付劳动报酬行为承担法律责任。

（三）蓝天公司及其负责人金某并不因有案涉《投资协议书》，而对海某公司的拒付劳动报酬行为负法律责任

经查，2019年1月，海某公司的股东王某某向蓝天公司实际控股人金某推荐在河南省睢县产业集聚区投资"年产600万双运动鞋（鞋材）生产项目"，并在此后，王某某将拟定好的关于该投资项目的《投资协议书》通过微信发给金某。协议各方包括睢县产业集聚区管理委员会（甲方）、蓝天贸易有限公司（金某实际控制，乙方）以及睢县董店乡人民政府（丙方）。2019年2月26日，金某向王某某个人账户支付了人民币1 000 000元，名目"投资款"。但最终，投资项目因为各种原因未能推动下去，《投资协议书》各方也并未签署，亦未实际履行；王某某也未向金某归还人民币1 000 000元。《投资协议书》第13条约定："本合同自甲乙丙三方的法人代表签字、盖章之日起即生效。"但该《投资协议书》甲乙丙三方的法人代表始终没有签字、盖章，因而该《投资协议书》既未发生法律效力，亦未实际履行。故不能以该《合作协议书》为据，认为蓝天公司依约租赁、回购、实际控制了海某公司，因而应对海某公司的拒付劳动报酬行为负责。

（四）蓝天公司不应因与海某公司所形成的购销合同关系而对海某公司的拒付劳动报酬行为负责

据悉，蓝天公司与海某公司虽未形成股权转让合同关系和投资合同关系，但海某公司却与蓝天公司形成了购销合同关系，双方形成合意，由海某公司

根据蓝天公司的定制需求生产和交付成品鞋。在蓝天公司不存在任何违约的情况下，海某公司却未能如约履行交付义务，仅完成了部分成品的交付。剩余数量的货物一直未交付，蓝天公司多次催告无结果。2019 年 8 月，海某公司的实际控制人王某某称，海某公司经营不善，无法支付员工工资，所以导致员工拒绝发货，如果蓝天公司再预付人民币 70 万元，就可以实现发货。蓝天公司又安排黄某某于 2019 年 8 月 4 日分两笔向海某公司的实际控制人王某某支付人民币 70 万元，但此后海某公司依然未予交货。蓝天公司与海某公司作为各自独立的法人单位，依法各自对自己的行为独立承担法律责任，而对外只对自己的行为负责。蓝天公司并不因与海某公司形成了购销合同的合意及其履行，而对海某公司拒付自己员工劳动报酬的行为负责。

【论证结论】

综上，案中没有证据证明，蓝天公司及其负责人金某与海某公司，二者形成了股权转让合同关系、投资协议合同关系及其他代表人、代理人关系；二者虽形成了购销合同关系，但蓝天公司并没有形成对海某公司的实际控制权，亦非海某公司支付其员工劳动报酬的义务人，从而直接实施了所控对海某公司员工拒付劳动报酬的行为，因而海某公司所被控涉嫌拒付员工劳动报酬行为，即使构成了犯罪，亦应由海某公司及其直接责任人负责，而与蓝天公司及其负责人金某无关。

以上意见，供委托方和有关公安、司法机关参考。

【瞽言刍议】

本案所涉海某公司拒付员工劳动报酬行为的责任与蓝天公司及其负责人是否有关问题。因证据显示，二者之间，只有购销合同关系，而无其他关联关系，根据违法犯罪责任自负原则，没有事实理由归咎于他人。本案论证主要是从公司关联关系和股权转让或控制的视角，分析案涉责任的承担问题，即从公司法和合同法的角度论证所涉责任的承担。

31. 潘某某诉梁某某欠款 300 万元及利息是否成立

【论证要旨】

一、二审法院加以确认，原告潘某某以《借款确认函》为证据起诉被告梁某某偿还 300 万元及利息，合法有效；但梁某某提起再审，提供的证据，即双方互付的资金流、票据流、证据流（三合一），证明案涉借贷法律关系并不存在，案涉《借款确认函》双方当事人意思表示虚假、无效，因而双方借贷法律关系并不成立。本案实质是虚假诉讼。

【案涉简况】

论证委托人：梁某某。

论证受托单位：中国政法大学法律应用研究中心。

委托论证事项：潘某某诉梁某某欠款 300 万元及利息是否成立。

论证专家：中国政法大学、中国人民大学法学院等五名教授。

论证所依据的事实材料：

1. 民事起诉状；

2. 借款确认函；

3. 借条；

4. 2007 年 10 月 15 日至 2009 年 3 月 27 日梁某某 3 笔与潘某某 23 笔收付款流水明细与汇总；

5. 2005 年 11 月 24 日至 2013 年 12 月 31 日梁某某与潘某某收付款流水明细与汇总；

6. 福州市鼓楼区人民法院 2015 年 7 月 6 日下午民事审判笔录（2015-3××）；

7. 福州市鼓楼区人民法院2015年8月20日上午民事审判笔录（2015-3××）；

8. 福州市鼓楼区人民法院民事判决书［2015］鼓民初字第3××号；

9. 福州市中级人民法院2016年3月10日下午开庭笔录［2016］闽01民终1××号；

10. 福建省福州市中级人民法院民事判决书［2016］闽01民终字1××号；

11. 福建省高级人民法院2017年5月5日上午庭审笔录［2017］闽民再××号；

12. 梁某英提交的梁某某与潘某某收付款流水的原始凭单；

13. 其他相关事实材料。

以上事实材料除第12项外均为复印件，委托人对上述事实材料的真实性和来源的合法性负责。

案情简况：

原告潘某某以《借款确认函》为证据起诉被告梁某某偿还300万元及利息，一二审法院加以确认，但梁某某提起再审，提供证据，即双方互付资金流、票据流、证据流（三合一），证明借贷法律关系并不存在，案涉《借款确认函》双方当事人意思表示虚假、无效，因而请求专家论证，予以法律帮助。

【论证意见】

中国政法大学法律应用研究中心接受委托，就委托人与潘某某所涉300万元借款及利息问题，于2017年6月4日在京召开了专家论证会。与会五名教授，会前详细审阅了论证所依据的事实材料，会前会中三次详细质询委托人梁某某，就梁某某在庭审中提交的有关300万元的双方的收付款流水与汇总和全部往来交付款流水与汇总及一一对应的原始凭单进行了认真核对，并对案涉《借款确认函》及《借条》，结合双方收付款流水与凭单情况进行认真分析。大家一致认为：案涉《借款确认函》是当事人以虚假的意思表示实施的民事法律行为形成的，潘某某据此起诉，一、二审法院均据此判决梁某某偿还潘某某借款本金300万元及支付利息，没有事实和法律依据，依法不能成立。具体意见论证如下：

一、关于《借款确认函》所反映的借贷法律关系是否真实存在问题

最高人民法院《关于审理民间借贷案件适用法律若干问题的规定》（法释

[2015] 18 号，本文下同）第 2 条第 1 款规定：“出借人向人民法院起诉时，应当提供借据、收据、欠条等债权凭证以及其他能够证明借贷法律关系存在的证据。”

本案的要害和实质就在于必须查明潘某某据以起诉的《借款确认函》所反映的双方的借贷法律关系是否真实存在。出借人潘某某要证明双方的借贷法律关系存在，起码要提供如下几方面的证据予以证明：

其一，要提供当时（2007 年至 2008 年）的借款协议，该借款数额为 300 万元，应当有书面借款协议，退一步讲也应有口头借款协议并有无利害关系人的相应证明。

其二，应有依约由潘某某打入梁某某账户的资金证明。

其三，由于是反映为该 300 万元本金至 2014 年 7 月底前未还，那么在此期间的双方的相互收付款流水及汇总中，梁某某应始终有欠付潘某某的 300 万元。

其四，由于反映利息按年利率 12% 计算，2011 年之前的利息已付清，2012 年度利息已支付 19.6 万元，那么在双方的收付款流水的记录中应当有对应的款项记录和相应的凭证，潘某某应提供其收款银行卡的记录予以证明。

其五，以上资金流向应当有相应的凭单予以证明。

但潘某某既提供不出当时的借款协议，又提供不出梁某某向其支付利息的凭证；其虽提供 2007 年至 2008 年通过其关联公司向梁某某管理的公司先后打入三笔 310 万元的款项，但这并不能证明该款项就是出借款；而且说 300 万元本金未还，这与双方收付款流水及汇总情况中并不存在双方始终有对其 300 万元的应付款固化在其中，完全不相符合。

由上可见，潘某某仅以《借款确认函》和 2007 年至 2008 年三笔付款为证，并不能证明双方之间的案涉民间借款法律关系真实存在；相反，从双方的收付款流水及汇总的情况来看，双方之间虽有长期的资金收付（走账）关系，但并不存在一个借贷性的、固化的 300 万元的借款法律关系真实存在其中。

二、案涉 310 万元收款梁某某已支付潘某某的证据潘某某无法否认

经查，自 2007 年 8 月 13 日至 2008 年 1 月 17 日对方确有 310 万元（而不是 300 万元）打入梁某某管理的公司账户，但是自 2007 年 10 月 15 日至 2009 年 3 月 29 日，梁某某公司有 23 笔打入潘某某账户 3 092 200.85 元，收付情况

基本持平。梁某某在庭审中一再强调，即使310万元是借款，那么该借款也早已还清，而且从双方全部收付款流水及汇总看，收潘某某款为6 865 945元而付潘某某为6 924 029.86元，总之不存在欠潘某某300万元及利息不还问题。由于该3笔款项在2007年10月到2009年3月之间已经有对应的付款证据，表明该款项关系业已消灭，即使认为310万元款项是借款，309万余元付款基本达到偿还借款、债权债务消灭的效果。且潘某某并没有在同一时间还存在相同款项权利的主张和证据，就此而言，《借款确认函》反映的借款事实并不属实。

上述最高人民法院《关于审理民间借贷案件适用法律若干问题的规定》第16条第1款规定："原告仅依据借据、收据、欠条等债权凭证提起民间借贷诉讼，被告抗辩已经偿还借款，被告应当对其主张提供证据证明。被告提供相应证据证明其主张后，原告仍应就借贷关系的成立承担举证证明责任。"

本案中，被告梁某某举证双方2007年至2009年和全部有关双方收付款流水及汇总和一一对应的并经银行确认原始凭证证明双方并不存在300万元的借贷关系，案涉310万元的收款已陆续付给对方309万元，以证明并不存在案涉300万元欠款问题。对此反驳的"举证证明责任"就由潘某某承担。但综观一、二审庭审笔录，潘某某及其代理人始终对此采取回避态度，而在再审庭审中，虽企图举证反驳证明，但仍举证不能。这种不予举证和举证不能的情况，应按照这一规定，由潘某某承担举证不能的实质结果责任。

三、关于对全案证据应坚持怎样的审查判断原则与方法问题

2008年最高人民法院《关于民事诉讼证据的若干规定》第64条规定："审判人员应当依照法定程序，全面、客观地审核证据，依照法律的规定，遵循法官职业道德，运用逻辑推理和日常生活经验，对证据有无证明力和证明力大小独立进行判断，并公开判断的理由和结果。"

最高人民法院《关于审理民间借贷案件适用法律若干问题的规定》第16条第1款规定，原告仅依据借据、收据、欠条等债权凭证提起民间借贷诉讼，被告抗辩已经偿还借款，被告应当对其主张提供证据证明。被告提供相应证据证明其主张后，原告仍应就借贷关系的成立承担举证证明责任。第2款规定，被告抗辩借贷行为尚未实际发生并能作出合理说明，人民法院应当结合借贷金额、款项交付、当事人的经济能力、当地或者当事人之间的交易方式、

交易习惯、当事人财产变动情况以及证人证言等事实和因素，综合判断查证借贷事实是否发生。

该司法解释第 19 条规定："人民法院审理民间借贷纠纷案件时发现有下列情形，应当严格审查借贷发生的原因、时间、地点、款项来源、交付方式、款项流向以及借贷双方的关系、经济状况等事实，综合判断是否属于虚假民事诉讼：……（二）出借人起诉所依据的事实和理由明显不符合常理；……（十）其他可能存在虚假民间借贷诉讼的情形。"

为此，专家们认为对全案证据应依据这一原则和上述司法解释规定，客观地、全面地、联系地、本质地看问题，而不应当孤立地、片面地、静止地、表面地分析判断，否则就会陷入主观片面性，为假象所迷惑，而看不清问题的实质。

（一）关于本案有无所涉借贷法律关系真实存在的问题

若主观地、孤立地、静止地、片面地、表面地看问题，案涉《借款确认函》所反映的借贷法律关系，不仅是真实可靠的，而且可以说是无可辩驳、确凿无疑的。其理由可以概括为以下几点：

其一，该《借款确认函》所反映的借贷关系，是完整的、清楚明确的，不仅有明确的双方的主体，而且有明确的借款总的数额 300 万元，还有借款的具体次数和具体时间，以及还款的明确时限，因而具备借贷法律关系合同要求的所有基础要件。

其二，该《借款确认函》所确认的 300 万元借款事实，有梁某某承认的相对应的时间打入的三笔款项共 310 万元可兹证明。

其三，该《借款确认函》更令人信服的是还确认了双方约定的年利率 12%的利息和该利息具体付清、未完全付清和未付的三个年限的具体情况。

其四，更令人难以质疑的是，该《借款确认函》不仅有梁某某亲笔签字，而且有其姐梁某红亲笔签字担保，还有梁某某所在公司的盖章保证。

其五，该《借款确认函》，虽为由潘某某事先打印，但在该《借款确认函》上还有梁某某亲自手写的"2014 年 8 月 6 日之前的所有借据以此据为准"，足见该《借款确认函》所反映内容属于其真实意思表示。

一二审判决正是根据以上几点理由作出案涉借贷法律关系真实存在的判断结论的。

但是，若是根据最高人民法院的上述审查判断证据原则和规定，综合全案证据，客观、全面、动态地、本质地看问题，全案证据所揭示的事实真相，就会完全揭穿《借款确认函》所反映的借贷关系存在的虚假。

专家们指出，根据梁某某所提供的双方资金收付全部流水及汇总和相关票据，以及潘某某方在再审程序中提供的相关对账凭据，在《借款确认函》背后存在着一个无可否认的双方自 2005 年 11 月 24 日至 2013 年 12 月 31 日的收付款项的动态的流水形成的“三流合一”问题。

第一流是资金流，即资金从潘某某的关联公司流向梁某某的公司，再由梁某某的公司流向潘某某的私人账户。其间潘某某先后有 12 笔共 6 865 945 元流入梁某某公司，而梁某某公司先后有 42 笔共 6 924 029. 86 元流入潘某某私人账户。即从 2007 年至 2008 年，潘某某有 3 笔共 3 100 000 元流入梁某某公司，而梁某某公司有 23 笔共 3 092 200. 86 元流入潘某某私人账户。

第二流是票据流，以上收付款项均有相应的收付款票据凭证可循。

第三流是证据流，上述资金流和票据流在案涉诉讼中就形成了相应的证据流，这就是当事人双方所提供的“对账”证据以兹举证、证明。

以上“三流”只有“合一”，即相互印证、吻合、一致，才能反映事实真相。事实胜于雄辩，用案中“三流合一”这一事实，就足以揭示案涉《借款确认函》所反映的双方借贷法律关系存在的虚假。其中最为明显的是：

其一，“三流”中并不存在一个潘某某 300 万元付款而梁某某不还，其中在梁某某公司的收付款额中始终存在有 300 万元未付潘某某的问题，即在该流水中，应始终有一块应付 300 万元的固化“冰块”，存在其中。但事实证明，该“冰块”早已“溶化”，而在当期 2007 年至 2008 年即以流水形式流入了潘某某的账户。这是考察和验证二者有无 300 万元借款的关键所在。

其二，“三流”中并不存在梁某某向潘某某《借款确认函》所反映的所付利息问题。这是考察和验证二者借贷法律关系是否真实存在的“试金石”，即如果“三流”中存在梁某某向潘某某付相应利息问题，就表明二者借贷法律关系真实存在；如果其中不存在梁某某向潘某某付相应利息问题，那就有力地揭穿了《借款确认函》所反映的借贷法律关系子虚乌有，完全虚假。梁某某的“三流合一”证据证明不存在偿付利息问题，潘某某方对“三流”中存在偿付利息问题举证不能，事实真相便显而易见。

由上可见，在本案“三流合一”中并不存在一个 300 万元的借贷法律关系问题，而只存在双方实际发生的资金收付即所谓的“走账”问题，这种

“走账”在法律上的性质，不属于本论证界定的问题，但可以肯定绝不属于民间借贷法律关系上的“借款”性质问题。

（二）关于《借款确认函》的签署当事人的意思表示是否真实问题

从表面上看，该《借款确认函》明显是当事人真实意思表示的行为结果，因为从梁某某方面来说，既有其亲笔签名的证明，又有其姐的保证签名，还有其公司盖章保证，案中并不存在胁迫与明显利益引诱问题。从日常生活经验而言，一个有着正常思维能力的人，且是从事公司管理有相应的财务经验的人，在正常情况下是不可能对此作出虚假的确认的。这也是一、二审法院信以为真的重要原因。并且，就是论证专家在对本案预审中，根据书面材料也曾产生过“无可辩驳”和“无以论证”的结论，可见这种证据在表面上的证明力和可信性及影响力之强。

但是事实胜于雄辩，当论证专家们详细质询了梁某某对事实真相的陈述，详细审阅了当事人双方举证的收付款流水及汇总，详细一一核对了梁某某提供的加盖有银行核对公章的相关原始付款凭单，真相就暴露在面前了，事实有力地揭穿了《借款确认函》所反映的借贷法律关系存在的虚假，揭示了双方当事人在《借款确认函》项下的意思表示的虚假。

双方当事人签署该《借款确认函》意思表示的真相反映在如下凭证的形成过程中：双方存在较长时期收付款（走账）的资金流通，潘某某为起诉梁某某需要，编造了梁对他欠款不还的证据，先是以莫须有的事实让梁某某向其亲笔书写一个“借条”，并让其姐在借条上以其“开发西湖写字楼1、2、3#楼”作为担保。但由于其内容借款期为从2013年1月至2013年12月底前，而这期间并没有任何相应资金由潘某某流向梁某某，以此起诉明显站不住脚。于是一计不成又生二计，他又于2014年8月6日将提前打印好的《借款确认函》让梁某某签了字，后又让其姐梁某红签字保证，后又让梁的公司盖章保证。于是借款凭证齐全，又有相对应的300万元的梁某某的收款证据，从而据此起诉，便顺理成章、万无一失。

但从上述过程却可以明显看出如下几方面的问题：

其一，潘某某打印签署《借款确认函》并让梁某某签字，让梁某红作保证签名，让梁的公司盖章保证，其真实目的是起诉梁的需要。

其二，梁某某以及梁某红对潘的起诉意图并没有任何警觉，而是出于对其本人的绝对信任，轻信潘某某编造的谎言，轻率地迎合他的要求。由于梁某某和潘某某是熟人、朋友、生意场上的合作人，特别是他还担任过银行行长等客观因素，梁某某在本案二审过程中和再审开庭时所持《借款确认函》是因为与潘某某是朋友，潘某某因其工程项目被施工方追讨工程款，为安抚施工方并证明他具备支付工程款的能力，请梁某某出具《借款确认函》帮忙，是为了给工程班组看而签名或保证，具有相应的可信性。如果潘某某告诉他，这是真正的双方《借款确认函》，将来可作为诉讼的依据，那么梁某某及其姐无论如何也是不可能对此签字"确认"的。

其三，关于梁某某超出常理的签字行为问题，任何人都会说，梁某某并不傻，即使傻也不会傻到这种程度；但事实就是事实，不由你不信。看一看梁某某 2013 年 6 月 6 日给潘某某打的"借条"和其姐梁某红对此以房产作担保的签字，就可以证明，对于子虚乌有的借款 300 万元，他就是可以签字、确认并由其姐以房担保，他能"傻"到亲自书写 2013 年 6 月 6 日的并不存在借款事实的欠条，并由其姐以房产保证签字，就不能"傻"到在潘某某事先打印好的并不存在借款事实的《借款确认函》上签字并由其姐签字保证确认吗?

其四，潘某某打印该《借款确认函》让梁某某等签字是为了以案涉三笔 310 万元的对梁某某的付款为据，起诉梁某某欠其"借款"300 万元及利息；而梁某某与其姐签署该《借款确认函》的目的并不是确认真有 300 万元的借款以供潘某某作为起诉证据之用。

以上分析证明，由于在事实面前，双方并不存在一个 300 万元的借款问题，而双方签署该《借款确认函》都是醉翁之意不在酒，该《借款确认函》并非当事人真实意思表示的行为结果。

(三) 关于《借款确认函》的真实合法性问题

从表面上看，该《借款确认函》具有真实性、合法性以及相当的可信性和证明力，但从实质上看，这一《借款确认函》既不真实，又不合法，且不具有任何证明力。

我国《民法总则》第 146 条第 1 款规定："行为人与相对人以虚假的意思表示实施的民事法律行为无效。"专家们指出，《民法通则》第 4 条规定了"诚实信用"原则，其第 55 条规定民事法律行为应当具备"意思表示真实"的必要条件，《合同法》有效的必要条件是当事人意思表示真实，不违背法律、行政法规的强制性规范，三者是一脉相承的。

由于《借款确认函》反映的借贷法律关系的存在不具有真实性，其并非出于当事人真实意思表示，因而该《借款确认函》属于以虚假的意思表示实施的民事法律行为的结果，故其不具有合法性，是无效的，不可以作为判决本案的定案根据。

四、关于本案的处理问题

综上所述，专家们认为本案提审应当根据《民事诉讼法》第170条第2项之规定，或撤销原判，发回重审，或根据本案查明的案件情况，撤销原判，改判驳回潘某某的诉讼请求。

专家们注意到，对于本案一、二审法院所判决的表面上看起来的“铁案”，福建省高级人民法院依法提起再审、裁定提审并开庭审理了本案。从庭审笔录上看，审判人员已经充分注意到了一、二审判决所反映出的主观片面性和表面性问题，而让双方当事人全面、充分地举证和补充举证，尤其是对全案账单、凭单，对案涉2007年至2008年的收付资金流水和汇总情况及全部收付款流水及汇总情况，结合案件原始凭单一一对应进行了综合性、实质性的核对，相信合议庭对本案真相已予以查明，相信本案会恢复案件本来面目，公平、正义的司法根本目的和要求，在本案中一定会得到实现。

以上意见，供参考。

【瞽言刍议】

俗话说，害人之心不可有，防人之心不可无。你能相信吗？一个公司经理能为了朋友在子虚乌有的300万元《借款确认函》上签字，并让其姐在《借款确认函》上签字担保吗？你不信、我也不信、法院也不信，所以他就在一二审中败诉。但他提起了再审，并请求专家论证提供法律帮助，开始专家预审，也不信，但经详细审查其提供的“三流合一”的证据，就不得不信了。根据一，双方的资金流、票据流、证据流，证明双方资金总体平衡，而并没有原告多出付款300万元的资金流和票据流的证据；根据二，原告也没有提供任何证据证明其是何时、何地、以何种方式，将300万元支付到被告名下。没有付款证据，仅凭《借款确认函》就能确认双方借贷法律关系真实有效吗？

最高人民法院《关于审理民间借贷案件适用法律若干问题的规定》第16条第1款规定，原告仅依据借据、收据、欠条等债权凭证提起民间借贷诉讼，被告进行抗辩，被告应当对其主张提供证据证明。被告提供相应证据证明其主张后，原告仍应就借贷关系的成立承担举证证明责任。

现本案被告举证证明双方资金往来平衡，并不存在原告多支付300万元的借款问题，在此情况下原告应负举证责任，即有责任举证证明，其是在何时、何地、以何种方式和途径，将300万元借款支付给被告的。事实是，原告自始至终举不出任何证据证明存在案涉300万元所谓借款的支付问题。证明案涉借贷法律关系子虚乌有，实质是虚假民事诉讼。法院不仅应驳回原告起诉，而且应当将其移送司法机关以虚假诉讼犯罪论处。

32. 某州仲裁委员会对沈某某不当得利裁决案

【论证要旨】

其一，双方之间的“协议书”合法、有效，是本案的有效证据。

其二，沈某某个人独资的缝配厂依法继受原缝配厂的民事权利能力和法律地位，合法取得案涉划拨土地证，该土地使用权应当由个人独资的缝配厂继续享有，直到某州土地管理机关按照法定程序收回该土地使用权为止。

其三，自来水公司主张 555 万元土地补偿款的请求，不但不能支持其仲裁请求，反而证明其伪造行为，一裁书裁决对自来水公司提交的证据予以采信，违反了证据规则。

其四，根据《民法通则》关于诉讼时效的规定和自来水公司提交的证据，自来水公司提起仲裁业已超过时效期间，一裁书裁定自来水公司未超过时效，与该公司所提交证据证明事实不符，违背法律规定。

综上，鉴于以上情况，一裁书应当撤销，建议司法机关依法审查，撤销该裁决书。

【案涉简况】

论证委托方：沈某某。

论证受托方：中国政法大学法律应用研究中心。

参加论证的专家：中国政法大学、中国人民大学法学院五名教授。

专家论证所依据的案件材料（略）。

前列材料显示的案件情况：

沈某某是某州某某房地产开发公司的控股人，得知集体企业某州缝配厂（以下简称“原缝配厂”）资不抵债濒临破产，该厂具有划拨取得的 56.4 亩土地的国有土地使用权，抵押贷款抵押给某州商业银行，无力还贷而不能解除抵押。出于打算采取依法改变土地用途性质的方法从而为公司开展房地产开发业务的目的，经过与原缝配厂协商，其以个人名义于2001年4月20日和原缝配厂签订了《某州缝配厂有偿出让企业产权的方案》（以下简称《出让产权方案》），并在出让产权方案的基础上签订了《沈某某有偿购买某州缝配厂协议书》（以下简称《购买协议书》）。此前，2001年3月27日，原缝配厂向某州产权交易中心提交了《兼并收购市缝配厂预计各项支出明细》（以下简称《预计支出明细》），在列出各项开支项目之后，注明“经核算：1808.68万元”，加盖了公章。同月30日，某州产权交易中心在该支出明细上注明“经核实，兼并收购市缝配厂预计各项支出约为壹仟捌佰零捌万陆仟捌佰元”，并加盖了公章。

2001年8月10日，某州某某区人民政府给原缝配厂的某政发［2001］81号文件《关于某州缝配厂有偿出让企业产权方案的批复》（以下简称“［2001］81号文件”）显示：“同意你厂按有关法定程序以1200万元交易价有偿出让企业产权给沈某某个人。产权出让后，企业债权债务由沈某某承担，人员安置按既定方案办理，转让收益处置权由某某区政府行使。”

2001年8月16日，某州产权交易中心完成了原缝配厂和沈某某之间的产权交易，该交易中心在购买协议书上盖章确认，出具了《某产交成字［2001］第01号产权转让成交确认书》（以下简称《确认书》）。

根据该《确认书》的显示：原缝配厂经广西某某联合会计师事务所资产评估，截至2000年12月31日原缝配厂资产总计8 876 695.98元，负债合计11 079 004.87元，净资产为负2 202 308.89元，全部有偿转让给沈某某；沈某某承担原缝配厂的全部债权债务，并接受安置原缝配厂的全体职工（包括离退休职工），至2000年12月31日止，原缝配厂职工总人数286人，其中正式退休职工123人；沈某某出资1200万元，用于支付《出让产权方案》第4条规定的应付款项。原缝配厂代表和沈某某在该确认书上签名。

根据《购买协议书》和《出让产权方案》，沈某某代原缝配厂偿还了对某州商业银行的抵押贷款及利息债务合计633万元，收回了抵押在该银行的划拨取得的国有土地使用权证。根据协议，原缝配厂将土地上的建筑物及相关设备全部转让给了沈某某，根据《出让产权方案》第7条第2款第1项，原缝配厂将国有土地使用证等证件、证照、印鉴等全部移交给了沈某某，沈某某则按照约定支付了 1200 万元的费用。

经过政府批准，原缝配厂变更登记为个人独资企业，继续沿用某州原缝配厂名称（以下称“缝配厂”），经营原缝配厂业务，沈某某为投资人。

2001 年 10 月 29 日，某州人民政府以某政函［2001］267 号函向某州土地管理局下达《某州人民政府关于收回东环路部分国有土地使用权并划拨给某州自来水有限公司的批复》，决定收回缝配厂使用的 37 605.4 平方米国有土地，扣除一部分用于道路、绿化用地后，划拨给自来水公司建设供水加压站，并“请办理有关手续”。因此，缝配厂的土地确定不能进行房地产开发。

在缝配厂的厂区建设自来水公司，涉及缝配厂的厂房、设备等建筑物的拆除、职工住房的拆除安置、职工（包括离退休职工）安置等诸多问题，自来水公司和缝配厂进行了补偿费用问题的商谈，2001 年 9 月 11 日，缝配厂为甲方、自来水公司为乙方签订了《协议书》，其第 2 条“乙方责任”确定，自来水公司“根据甲方现有厂房的办公楼以及住宅楼房的实际价值和安置职工的实际费用，乙方同意给予甲方总共补偿款人民币壹仟玖佰伍拾伍万元（19 550 000元），该补偿款包括土地、地面上的建筑物、构筑物、职工住房拆迁安置、职工（包括离休人员）安置、厂区内的水、电设施、相关的税费、经济损失等全部补偿费用”。

论证委托方提供的案件简介中提出，缝配厂和自来水公司签订补偿协议时，双方认可，以缝配厂产权交易之前原缝配厂向某州产权交易中心提交、经该交易中心核实确认的《预计支出明细》为基本依据，确定了 1955 万元的一揽子总价款，因此《协议书》并未逐项列出支出款项明细，没有土地补偿费的条款和约定。

按照 2001 年 9 月 11 日的《协议书》约定，缝配厂地上许多建筑物、设备不但要被拆除，缝配厂还要承担大量的拆除工作。后来，缝配厂按照协议书约定完成了员工安置拆迁工作和地上物拆除工作，履行了全部义务。自来水公司于 2001 年 12 月取得了该宗土地的国有土地使用证。

至 2004 年初，沈某某在支付了超过 1200 万元费用后，按照《购买协议书》和《出让产权方案》，尚有改制遗留而未解决的问题需要明确并再投资，2004 年 10 月 23 日，原缝配厂有关代表和沈某某在某州产权交易中心代表参与的条件下，进行了磋商，沈某某通报了偿还债务和安置职工等支出了 17 038 172.114元的情况，其中主要是偿还债务，偿还了银行贷款 633 万元，外债 370.36 万元，内债 42.15 万元，欠交的土地使用费税等 52.24 万元。仅偿还债务就达到 1097.75 万元。接近评估确认负债 11 079 004.87 万元，其他几乎全用在安置职工方面，由于协议中的一些事项还未执行完毕，如退休职工医疗保险费等，预计支出总数将超过 2000 万元。由此形成了原缝配厂三位代表、沈某某、某州产权交易中心代表共同签名的《关于对〈某州缝配厂有偿出让企业产权的方案〉的解释说明》（以下简称《说明》）。该《说明》显示：《出让产权方案》第 4 条中“沈某某支付 1200 万元，用于支付缝配厂的全部债权债务，并负责安置全体职工（含离退休职工），以沈某某支付完本条款所有应付缝配厂的以下款项的数额为准”的规定，应当理解为：沈某某负责支付该条款所列项目的全部费用，所支付的费用数额不受 1200 万元底线的约束。并解释了购买协议数中不含土地的内容，实际上是依据《城镇国有土地使用权出让和转让暂行条例》（1990 年）第 24 条提出的，该土地今后的权属和收益也应按国家的有关政策、法令确认。

2004 年 8 月 13 日，某某区人民政府致函自来水公司，称沈某某对该缝配厂的土地没有使用权，不能接收土地使用权补偿款。并提出该块土地的使用权补偿款应属于某某区人民政府。

2004 年 9 月，自来水公司以沈某某和缝配厂没有权利行使案涉土地的处分权、无权收取土地补偿费为由，向某州仲裁委员会提出了仲裁申请，请求返还土地补偿费不当得利 555 万元。2005 年 5 月，某州仲裁委员会作出了 2004 某仲案裁第 094 号裁决书（以下简称“一裁书”），裁决沈某某无土地使用权，收取土地补偿款没有合法根据，返还不当得利 555 万元给自来水公司。沈某某不服裁决，于 2005 年 6 月依法向某州中级人民法院提出撤销裁决请求。在这期间，沈某某也向某州仲裁委员会以约定不清、补偿无据为由提出仲裁。至 2007 年，随着某州仲裁委员会决定立案审理，沈某某还向某州中级人民法院提出撤回申请申诉的请求，并得到法院的准许。

某州仲裁委员会于 2017 年 5 月作出了 163 号裁决书（以下简称“二裁书”）。裁决自来水公司违反国家、地方政府土地征用拆迁政策，重新按拆迁政策补偿标准计算给沈某某补偿。裁定自来水公司应付拆迁补偿款 48 947 800 元。自来水公司不服该裁决，上诉至某州中级人民法院。某州中级人民法院以［2017］某民 26 号民事裁定书撤销了某州仲裁委员会［2007］某仲裁字第 163 号裁决书。目前，该案进入了一裁强制执行 555 万元不当得利返还自来水公司阶段。

【专家意见】

个人独资企业某州缝配厂投资人沈某某，因为对某州仲裁委员会“一裁书”关于他在缝配厂与某州自来水公司之间的建筑物、构筑物征购中不当得利的裁决不服，向中国政法大学法律应用研究中心（以下简称“本中心”）提交申请和案件材料，请求本中心对该裁决书提供专家论证法律意见，本中心审阅其提交的案件材料之后，认为符合专家论证的条件，邀请在京有关专家教授，对案件材料显示的案件事实进行了研讨。专家们经过深入讨论，形成本论证意见书，供委托人和司法机关以及有关机关部门参考。

一、案涉当事人之间的出让产权方案、购买协议书、原缝配厂在签订《出让产权方案》和《购买协议书》之前于2001年3月27日给某州产权交易中心的预计支出明细、缝配厂和自来水公司之间的《协议书》等文件，均合法有效，是证明案件事实的有效证据

第一，本案中，沈某某和原缝配厂之间的《出让产权方案》《购买协议书》，均属于书面形式的民事法律行为，符合当事人具有民事行为能力和民事权利能力、真实意思表示、内容不违反法律等法定的有效条件，因此，其合法、有效，是足以证明案件事实的证据。

第二，原缝配厂在和沈某某签订《出让产权方案》和《购买协议书》之前，于2001年3月27日向某州产权交易中心提交《预计支出明细》，该《预计支出明细》是原缝配厂一方独自形成、单独提交，某州产权交易中心同月30日予以盖章确认的，该明细真实、合法，与本案有直接的关联，是本案的有效证据。

第三，某州产权交易中心的《确认书》，在交易的依据、程序和结果等方面，未见违法违规的证据，也未见该交易中心和人民法院否认其效力的证据，故合法、有效，是证明案件事实的有效证据。

第四，关于2004年10月23日，原缝配厂三位代表、沈某某、某州产权交易中心代表共同签名的《关于对〈某州缝配厂有偿出让企业产权的方案〉的解释说明》，前列案件材料特别是某州仲裁委员会的“一裁书”，某州中级人民法院的［2017］某民26号民事裁定书，在该文件上签名的原缝配厂的三位代表，均未否定其真实性和合法性，因此该说明属于真实、合法的证据，具有证据的性质和效力。

第五，缝配厂和自来水公司之间的协议，属于民事法律行为，虽然在订立时存有效力方面的瑕疵，但是，根据《某州人民政府关于收回东环路部分国有土地使用权并划拨给某州自来水有限公司的批复》《关于审理涉及国有土地使用权合同纠纷案件适用法律问题的解释》第 11 条，该协议可以按照补偿性质的合同处理，因此，双方之间的《协议书》合法、有效，是本案的有效证据。对于该协议，一裁书裁定为“合法有效，协议当事人均应全面履行协议约定的权利和义务”。

二、根据法律法规和证据证明的案件事实，在购买协议书、某州产权交易中心确认书生效之后，沈某某个人独资的缝配厂依法继受原缝配厂的民事权利能力和法律地位，合法取得案涉划拨土地证，对本厂建筑物使用范围内的土地合法占有、使用和收益，该土地使用权应当由个人独资的缝配厂继续享有，直到某州土地管理机关按照法定程序收回该土地使用权为止

案涉 56.4 亩土地属于划拨的国有土地，这一点无需赘论。至于该土地使用权的问题，根据前列案件材料显示的案件情况和相关的法律法规，一裁书关于“原某州缝配厂被兼并收购后，其土地应由某州人民政府管理，个人独资企业某州缝配厂不享有该土地的使用权”的认定（见该裁决书第 16 页），既违背《城镇国有土地使用权出让和转让暂行条例》（1990 年）的有关规定，又不符合本案证据证实的案件事实，认定事实和适用法律明显错误。

具体有八个方面的理由：

（一）在法律层面，根据《城镇国有土地使用权出让和转让暂行条例》（1990 年）第 24 条的规定，缝配厂合法享有本厂建筑物的所有权，依法享有这些建筑物使用范围内的土地使用权，一裁书的认定明显违背该法律规定，适用法律错误

《城镇国有土地使用权出让和转让暂行条例》（1990 年）第 24 条规定：“地上建筑物、其他附着物的所有人或者共有人，享有该建筑物、附着物使用范围内的土地使用权。土地使用者转让地上建筑物、其他附着物所有权时，其使用范围内的土地使用权随之转让，但地上建筑物、其他附着物作为动产转让的除外。”这一法律规定，确立了我国土地及其地上建筑物权利变动时

“土地使用权跟随房屋所有权”的制度，土地上的建筑物的权利转移时，建筑物所依存的土地的使用权，也一并转移。

按照上述法律规定，沈某某和原缝配厂的企业产权交易完成时，原缝配厂建筑物的所有权转让给沈某某，紧接着沈某某作为投资人的缝配厂继受原缝配厂的民事权利能力和法律地位，同时也就对这些地上建筑物使用范围内的土地享有占有、使用的权利。

这是前引法律条文直接规定的效果。原缝配厂合法地出让其地上建筑物，根据前引法律条文，当然地发生“其使用范围内的土地使用权随之转让”的法律效果，即使在未来得及变更登记之前，也受法律的保护。

（二）在当事人双方的交易目的和结果方面，一裁书不顾正常的产权交易中建筑物转让的目的和法律效果，违背正常的建筑物交易习惯，其认识显然错误

在企业产权交易中，出让方出让建筑物的合同目的，是出让其对建筑物的所有权，取得价款；购买方的合同目的，则是通过支付价款，取得建筑物所有权及建筑物使用范围内土地的占有、使用等权利。建筑物的占有、使用均和其所依存的土地密不可分，如果只转让建筑物而受让人对建筑物使用范围内的土地没有占有、使用的权利，受让人就根本无法占有、使用建筑物，对建筑物的所有权就会受到严重的局限而不能实现，交易当事人双方就不能实现交易目的，从而就不能形成合法、有效的产权交易。

从建筑物与土地的关系来讲，土地是建筑物存在的基础，客观事实上不存在“空中楼阁”的建筑物。如果认为个人独资的缝配厂没有合法取得的建筑物使用范围内土地的使用权，无疑是认为建筑物可以离开土地而供企业占有、使用，当然违反起码的社会常识，违背当事人的交易目的，违反正常的交易习惯，是根本错误的。

（三）一裁书对当事人之间“不含土地”的约定，存在认识方法和理解方面的根本性错误，导致错误裁决

一裁书认为，“根据某州某某区人民政府（某政发［2001］81号）对原某州缝配厂下发《关于某州缝配厂有偿出让企业产权方案的批复》，同意原某州缝配厂按有关法定程序以1200万元交易价有偿出让企业产权给沈某某个人。以及《沈某某有偿购买某州缝配厂协议书》《某州缝配厂有偿出让企业产权的方案》的约定，转让原某州缝配厂资产给沈某某，不包括土地。则原某

州缝配厂被兼并收购后，其土地应由某州某某区人民政府管理，个人独资企业某州缝配厂和投资人沈某某不享有该土地的使用权”（一裁书第 15 页至第 16 页）。

一裁书的这一部分意见，有两个错误：

第一个错误，对当事人双方“不含土地”的约定，在认识和理解上过于片面和简单化。

关于《购买协议书》和《出让产权方案》中“不含土地”的约定，是本案中存在歧义的合同语词，双方当事人的真实意思究竟是什么，应当依据当时施行的《合同法》关于合同解释的法律规定和合同法律原理，不但按照合同的词句进行解释，而且要按照合同的全部条款、合同的目的、交易习惯、诚实信用原则，进行理解和解释。也就是综合使用文义解释、目的解释、体系解释、诚实信用原则解释的方法。

根据案件材料显示的事实，双方当事人的交易目的、正常的交易习惯和诚实信用原则，合理、正确的理解和认识应该是，由于案涉土地是划拨土地，不存在、也不能按照土地使用权交易市场规则“以有偿出售转让的形式”进行转让，所以双方约定对案涉土地不按照市场交易规则转让，并不能认为是双方当事人约定购买方受让原缝配厂的建筑物之后，受让方对这些建筑物使用范围内的土地不能享有占有、使用的权利，否则，无疑是让购买建筑物的一方只能困守在建筑物内，或者乘直升机进出其购买的建筑物。

一裁书支持自来水公司所持沈某某和个人独资的缝配厂没有土地使用权的主张，片面、简单地理解和解释了“不含土地”的含义，不但与前引《城镇国有土地使用权出让和转让暂行条例》（1990 年）第 24 条相悖，也违背双方当事人的合同目的和交易习惯，违反正常的社会生活经验。

第二个错误，对某州某某区人民政府某政发［2001］81 号对原缝配厂下发《关于某州缝配厂有偿出让企业产权方案的批复》的意涵进行曲解和擅自添加。

经查阅，该批复的内容是：“某州缝配厂：你厂报来的《关于某州缝配厂有偿出让企业产权的方案》收悉。经研究，同意你厂按有关法定程序以 1200 万元交易价有偿出让企业产权给沈某某个人。产权出让后，企业债权债务由沈某某承担，人员安置按既定方案办理，转让收益处置权由某某区人民政府行使。”

经查阅这个批复，可知：

其一，没有个人独资的缝配厂或者沈某某个人对购买的建筑物使用范围内土地有或者没有使用权的任何文字，整个批复的文义也不能得出这一方面的认识。

其二，其中“转让收益处置权由某某区政府行使”一句中，“处置权”指向的对象应当是“产权转让所得收益”，即产权转让收益的处置权由某某区而不是其他部门或者单位行使，“转让收益处置权”和“土地使用权”无论在文义上还是法律意义上都截然不同，丝毫没有案涉土地使用权由某某区人民政府行使的含义。

前引一裁书第15页至第16页的仲裁庭意见，错误地理解和解释了“转让收益处置权”的意思，对这一批复的意涵存在曲解和擅自添加成分的现象。

（四）《出让产权方案》《购买协议书》中的“不含土地”，其意涵应当是双方当事人之间“有偿出售转让”的资产中，不包含以有偿出售转让的形式有偿转让划拨土地使用权，不应当是排除受让人取得建筑物而没有对建筑物使用范围内土地的使用权。一裁书对“不含土地”的真实含义没有基本的说理，认识和理解错误

《出让产权方案》《购买协议书》中“不含土地”相关的完整文句是：“甲乙双方在自愿、平等、互利的基础上，经反复协商一致同意以有偿出售转让的形式，将某州缝配厂的全部资产（不含土地）有偿转让给沈某某。”

这个合同文句的完整意思，显而易见的是，甲乙双方之间约定，甲方将自己的全部资产按照“有偿出售转让的形式”转让给乙方，乙方同意按照这个形式购买受让甲方的全部资产，但是，甲方“有偿出售转让”的资产范围“不含土地”，换言之，就是甲方的土地权利不在“有偿出售转让”的范围内。双方当事人之所以这样约定，决定性的因素是：案涉土地属于划拨土地，不能采取“有偿出售转让的形式”转让和购买。

原缝配厂根据划拨而不是按照国有土地使用权出让形式取得该土地使用权，没有支付过出让金，因此无权按照“有偿出售转让的形式”转让，乙方也无权以“有偿出售转让的形式”购买。甲乙双方都明知该土地在事实上和法律上都不能“以有偿出售转让的形式”转让和购买，但是，无论在法律上还是事实上，都不能排除双方当事人以其他合法方式，将建筑物使用范围内

土地的使用权转移给购买人。

结合前引《城镇国有土地使用权出让和转让暂行条例》（1990 年）第 24 条的规定，以及前述当事人双方的交易目的等，对双方当事人之间约定的“不含土地”，合理的理解和认识应当是，案涉土地不包括在“有偿出售转让”的范围，但是，沈某某“以有偿出售转让的形式”取得约定的建筑物的同时，根据法律、合同、交易习惯和诚实信用原则，“不以有偿出售转让的形式”而是以其他合法方式取得了建筑物使用范围内的土地使用权。

（五）根据《出让产权方案》第 7 条的约定和原缝配厂对该约定如实履行的事实，沈某某及其个人独资的缝配厂除按照法律之外，依据“有偿出售转让形式”之外的合法方式，享有了案涉土地使用权

理由和根据是：

第一，原缝配厂和沈某某之间的《出让产权方案》合法有效。该方案不但具备有效民事法律行为的要件，而且经过有批准权的人民政府批准（见 2001 年 8 月 10 日某某区人民政府文件某政发［2001］81 号《关于某州缝配厂有偿出让企业产权方案的批复》），在实体上和程序上无可指责。

第二，《出让产权方案》第 7 条第 2 款第 1 项明确约定乙方即原缝配厂“应在监证部门的监督下向甲方移交一切有效证件、执照、证书、印鉴、协议、合同等有关人、财、物档案、资料及土地证件”。显然，其中的“土地证件”就包括了案涉土地使用证。据此约定，原缝配厂向沈某某移交案涉土地的土地使用证，是合同履行行为，因该方案经过某某区人民政府批准而生效，该履行行为合法、有效。沈某某则是根据有效合同的履行行为接受了案涉土地使用证，在综合法律规定和有效合同履行的条件下，享有案涉土地使用权。

总之，沈某某个人独资的缝配厂不是根据原缝配厂“有偿出售转让的形式”取得案涉土地的使用权，法律的具体规定和原缝配厂的合同履行行为是其享有案涉土地使用权的根据。

（六）在某州土地管理局执行法定程序收回缝配厂土地使用权之前，“某州人民政府关于收回东环路部分国有土地使用权并划拨给某州自来水有限公司的批复”不能具有直接收回案涉土地使用权的法律效力，不能直接发生个人独资的缝配厂失去案涉土地使用权的法律效果。一裁书简单地引用该批复作为根据，对某州土地管理机关当时是否按照法定程序收回案涉土地使用权，

包括是否作出、何时作出行政决定、有无行政决定文书以及是否送达相对人等未作审理和论述，存在错误

首先，人民政府不能不经土地管理机关而直接导致国有土地使用权收回、消灭。根据土地管理法律法规，土地管理机关是法定的专司土地管理职权的政府部门，国有土地使用权取得、转让、收回等，都必须由土地管理机关专门管理，由土地管理机关办理相关的手续，执行相关的法定程序。因此，人民政府的文件包括批复，不具有直接导致案涉土地使用权被收回的法律效果。某州人民政府关于收回东环路部分国有土地使用权并划拨给某州自来水有限公司的批复中“请于办理有关手续”，就是必须经过土地管理机关办理收回案涉土地使用权手续、才能发生土地使用权被收回法律效果的证明。

此外，在前列案件材料中，未见某州土地管理机关收回案涉土地使用权的行政决定文书。从分析的角度讲，假如没有，就不应该发生案涉土地使用权被合法收回的效果；假如有这种行政决定文书，相对人是原缝配厂、还是个人独资企业缝配厂抑或沈某某？如果是原缝配厂，从前列案件材料看，原缝配厂已经变更为个人独资企业，原缝配厂在行政决定作出之时是否存在？假如已经不存在，收回土地使用权的行政决定以原缝配厂为相对人事实上是没有相对人的，行政决定就会因为相对人不存在而失去法律效力。假如行政决定的相对人是个人独资的缝配厂或者沈某某，就证明土地管理机关确认该个人独资的缝配厂或者沈某某在《出让产权方案》生效后取得案涉建筑物的同时，享有建筑物使用范围内的划拨土地使用权。还有，在程序方面，假如有此种行政决定文书，是否送达相对人？如果没有送达，就属于程序不合法，也不一定具有法律效力。当然，这些只是假设性分析，应当以证据证实的案件事实为准。

（七）一裁书关于“原某州缝配厂被兼并收购后，其土地应由某州某某区人民政府管理”的认定，既无法律依据也无事实根据，应当属于臆断

人民政府代表国家行使国有土地所有权，从法律层面讲，国家所有权包括占有、使用、收益、处分四项权能，不存在所谓的“管理”。故一裁书关于“应由某州某某区人民政府管理”的认定，没有法律依据。在事实层面，前述某州人民政府的批复中，并没有对案涉土地使用权收回后土地由某某区人民政府“管理”的任何文字和文义，也推不出这个意思。且《出让产权方案》

和《购买协议书》也没有这一方面的条款。

（八）虽然案涉土地使用权没有登记在沈某某或者个人独资缝配厂名下，但是，根据前引《城镇国有土地使用权出让和转让暂行条例》（1990年）第24条的规定，以及《出让产权方案》和《购买协议书》履行的事实，原缝配厂应当不复存在、个人独资的缝配厂继受其法律地位和民事权利能力，案涉土地使用权归其行使，具有法律依据和事实根据

第一，依据上述暂行条例的规定，原缝配厂将案涉建筑物合法转让给沈某某之后，随之发生建筑物使用范围内的土地使用权合法转移给沈某某及其个人独资的缝配厂的法律效果。

第二，原缝配厂将其全部资产（不含土地）“以有偿出售转让的形式”转让给沈某某，个人独资的缝配厂经过人民政府批准、按照合法程序继受了原缝配厂的法律地位并具有民事权利能力，原缝配厂依法终止在而不存在享有和行使民事权利的可能性，案涉土地使用权依法由个人独资的缝配厂享有。

第三，如前所论证的，案涉土地使用权是划拨土地使用权，依法不能“以有偿出售方式”转让给沈某某，但是，双方当事人之间并没有排除由受让方承担支付划拨土地使用费的形式而采取“非有偿出售转让的形式”，将案涉土地使用权转移给受让方。

总结以上八个方面，一裁书关于个人独资的缝配厂不享有案涉土地使用权的认定，在法律上和事实上都是错误的，应当予以纠正。

三、自来水公司主张555万元土地补偿款的请求，与其提交的证据证明的事实完全相反，不但不能支持其仲裁请求，反而证明其伪造行为，一裁书裁决对自来水公司提交的这一明显不能支持其请求的证据，没有依证据规则进行审理，违反证据规则予以采信支持、程序违法

对证据的审理和作出采信或不采信以及相关的论证说理，既是依法公正裁决的必要，更是裁决案件的法定程序。一裁书的裁决，对事关当事人重大利害关系的证据没有进行“证据三性”的应有审理和采信不采信的论证说理，对足以影响案件公正裁决的证据忽略不计，裁决缝配厂和自来水公司1955万元费用中含土地补偿费555万元，程序存在严重瑕疵，应当纠正。

（一）一裁书对沈某某提交的原缝配厂向某州产权交易中心提交的预计支出明细这个重要证据没有进行应有的审理程序，没有采信或者不采信理由的论证说理，仲裁程序违法

缝配厂向仲裁庭提交了原缝配厂在产权交易之前的2001年3月27向某州产权交易中心提交的《兼并收购市缝配厂预计各项支出明细》(以下简称《预计支出明细》)，作为证据（在一裁书中被列为被申请人提交的“证据11”，见该裁决书第8页)。该预计支出明细在列出各项预计开支的项目之后，注明“经核算：1808.68万元”，原缝配厂加盖了公章；同月30日，某州产权交易中心在该预计支出明细上注明“经核实，兼并收购市缝配厂预计各项支出约为壹仟捌佰零捌万陆仟捌佰元”，并加盖公章。

仲裁审理过程中，自来水公司对该证据的质证意见是“对《兼并收购市缝配厂预计各项支出明细》证据，只是评估，收购支出1808.68万元不真实”(见一裁书第9页)。可见，自来水公司否认了该证据的证明力，但是未否定其真实性、合法性。

鉴于该《预计支出明细》是原缝配厂独立形成、单独向某州产权交易中心提交、某州产权交易中心核实并盖章确认的，对于沈某某和个人独资的缝配厂而言，该证据是客观证据，对案件事实有可靠的证明力和证明效果的合法证据。特别是，对于本案涉及的金额555万元问题，关系着当事人的巨大利益和案件的是非曲直。

因此，按照正常、合法的仲裁程序，本案仲裁庭应当对该证据的合法性、客观真实性、与案件的关联性进行审理并说明采信或者不采信的认定及理由。但是，一裁书的内容显示，本案审理程序中，对该证据的“三性”没有任何的审理、认定，没有采信或者不采信及其理由的丝毫论证说明。自来水公司的质证意见，只是认为收购支出1808.68万元不真实，不能替代仲裁委员会对该证据“三性”的审理以及采信或者不采信的论证说理。一裁书第11页第一自然段对该证据本身简单叙述，不是对该证据“三性”的认定和采信不采信理由的论述说明，因此，一裁书显示，仲裁庭对这一重要证据的审理程序有实质性缺陷，极不完整，仲裁程序不合法。

（二）一裁书对足以影响公正裁决的证据，未进行“证据三性”的完整审理，未进行采信或者不采信及其理由的论证说明，有意无意地进行了忽略或者掩盖，证据审理程序不合法

一裁书显示，自来水公司提交的证据14中，包括4份书证，其中之一是

《土地使用权征用转让意向协议书》（见该裁决书第 7 页），根据该裁决书第 11 页至第 12 页的内容，这一证据的基本内容，对自来水公司在与缝配厂签订协议书时是否知道或者应当知道缝配厂土地使用权的状况具有直接、明显的证明力和证明效果。但是，本案仲裁庭只对该证据进行了真实性的审理（见该裁决书第 7 页至第 8 页），对其合法性、与案件的关联性，特别是证明力和证明效果，没有丝毫的审理，也没有任何采信或者不采信及其理由的论证说明，并由此造成审理程序违法和违法裁决。

《土地使用权征用转让意向协议书》虽然已经失效，但是，其毕竟是真实的客观存在，对案件事实有证明作用，本论证意见书在下面第四个专题关于自来水公司申请仲裁的时效问题部分将提出具体意见。

（三）自来水公司 555 万元土地补偿款的请求，与其提交的证据证明的事实完全相反，严重虚假，一裁书裁决支持自来水公司土地补偿款请求的计算根据，与证据证明的事实根本不符，明显违反证据规则，仲裁程序违法

一裁书第 17 页显示：“（六）申请人根据《协议书》中乙方责任第一条约定，19 550 000 元补偿款包括土地、地面上的建筑物、构筑物，职工住房拆迁安置、职工（包括离休人员）安置、厂区的水、电设施、相关的税费、经济损失等全部补偿费用，依据某州某某会计师事务所的《某州缝配厂净资产评估报告》得出：地面上建筑物，构筑物价值为 3 986 383. 33 元；职工住房拆迁安置，职工安置：7 330 000 元；厂区内的水、电设施 50 000 元；相关税费：111 435 元，（补偿费 19 550 000×税费 5. 7%＝111 435 元）；经济损失费 1 000 000 元。土地补偿费为 6 069 266. 67 元。则申请人主张返还土地补偿费 5 550 000 元应予支持。”最终裁决缝配厂向自来水公司返还 555 万元，缝配厂企业财产不足返还的，沈某某以个人的其他财产予以清偿。

经查阅核实，一裁书列出的计算出 555 万元土地补偿款的五项金额，除地面上建筑物、构筑物价值 3 986 383. 33 元一项之外，其他四项金额均不是其所称为“依据”的《某州缝配厂净资产评估报告》中的数字，该裁决书所谓“依据某州某某会计师事务所的《某州缝配厂净资产评估报告》得出”的这四项金额，在该评估报告中没有任何记载，明显与该评估报告证明的事实不符。据此应当认为，这四项金额不但属于自来水厂假借该评估报告之名伪造的证据，也是一裁书违背证据规则没有审理的结果，仲裁机构如此操作，显然违反了证据规则，违反了仲裁规则，程序不合法。

本论证意见特别请求有关人民法院，对一裁书关于这五项金额的形成依据进行审查，明确是非曲直，还案件当事人以真实结果。

鉴于自来水公司主张、一裁书认定555万元补偿款的依据是案涉某某会计师事务所的评估报告，但是该评估报告证明的事实完全不予支持，金额数据属于主观臆造，严格意义上讲，构成伪造证据，根据《仲裁法》第58条第4款“裁决所根据的证据是伪造的”的规定，应依法撤销某州仲裁委员会［2004］某仲案裁字第094号裁决书。

四、根据《民法通则》关于诉讼时效的规定和自来水公司提交的证据，自来水公司提起仲裁业已超过时效期间，一裁书裁定自来水公司未超过时效，与该公司所提交证据证明事实不符，违背法律规定

一裁书裁定，“履行协议过程中，被申请人并未将转让某州缝配厂（个人独资企业）资产不包括土地的真实情况及时告知申请人，2004年8月13日，申请人才从某州某某区人民政府来函获悉，沈某某无权处理原某州缝配厂的国有土地。在此之前，申请人并不知道应支付的土地补偿款不应由被申请人所有，该厂的土地应属某州某某区人民政府管理，故本案仲裁时效应从申请人知道或者应当知道其权利被侵害之日即2004年8月14日起计算，申请人于2004年9月21日提起仲裁申请并未超过仲裁时效”（见该裁决书第18页）。

但是，根据自来水公司向仲裁庭提交的《土地使用权征用转让意向协议书》和2001年12月20日该公司取得缝配厂厂区土地使用权的事实，以及《民法通则》第137条关于“诉讼时效期间从知道或者应当知道权利被侵害时起计算”的规定，应当认为该公司提起仲裁请求早已超过诉讼时效期间。

（一）一裁书片面、选择性地适用《民法通则》关于时效期间开始计算的规定，对基本事实认定有重大遗漏、认识片面，适用法律错误

《民法通则》第137条规定，诉讼时效期间的开始计算，包括“知道”“应当知道”权利被侵害两种情况，“知道”是权利人明知其权利受到侵害和侵害人的情形；“应当知道”则是权利人即使主观上不知道，但是对自己权利被侵害有注意义务而应当知道的情形。在“应当知道”的情形，即使权利人主观上确实不知道其权利受到侵害，诉讼时效也开始计算。换一个角度讲，就是权利人“不知道”并且也“不应当知道”权利被侵害时，诉讼时效期间不开始计算；相反，权利人“应当知道”其权利受到侵害时，即使其主观上

"不知道"，诉讼时效期间也开始计算。这既是第 137 条的含义，还是司法审判和仲裁中历来通行的规则，也是无可辩驳的原理和共识。

据此，认定时效期间是否开始，既要考察民事主体"知道、不知道"其权利受到侵害，还必须查明其"是否应当知道"其权利受到侵害。如果只强调一面而忽略另外一面，必然陷入片面、造成漏洞，从而适用法律错误。

根据上引一裁书的内容，该裁决认定自来水公司主张"不知道"其权利受到侵害，对该公司"是否应当知道"其所主张的受侵害，没有丝毫的审查和认定，存在对基本事实认定片面、重大遗漏，适用法律错误的情况。

（二）自来水公司提交的《土地使用权征用转让意向协议书》（以下简称《意向协议书》）足以证实该公司在签订该协议书时已经明知原缝配厂"有偿出售转让的形式"的产权交易不含土地、沈某某及其个人独资的缝配厂没有按照"有偿出售转让的形式"取得案涉土地使用权；该公司最晚在 2001 年 12 月 20 日取得土地使用权证时，至少"应当知道"这一情况。一裁书查明认定了该《意向协议书》的真实性，认定了 2001 年 9 月 11 日《协议书》的有效性，但是对这两件协议书证明的事实采取了忽略抹杀且不论证说明理由的做法，无端放过了对自来水公司"是否应当知道"的审理且不加论证说理，从而错误地认定了本案的时效问题

1.《意向协议书》的内容对依法认定本案时效开始的问题具有重要参考价值

该《意向协议书》的内容证实，自来水公司在 2001 年 4 月 23 日已经明知原缝配厂"有偿出售转让的形式"的产权交易不含土地、沈某某及其个人独资的缝配厂没有按照"有偿出售转让的形式"取得案涉土地使用权。

一裁书第 11 页至第 12 页显示：2001 年 4 月 23 日，也就是同月 20 日沈某某与原缝配厂签订出让产权方案和购买协议书之后，自来水公司作为乙方，和沈某某为代表的某州千立房地产公司、嘉泰房地产公司签订了《意向协议书》，该《意向协议书》显示："乙方拟征用现属市缝配厂所有使用权土地 56.4 亩，用于兴建自来水供水设施。甲方在本意向协议签订后，负责继续按照与缝配厂签订的有关兼并收购合同协议实施兼并收购，在甲方获得市政府的批准文件后，双方再正式签订该宗土地的使用权转让合同。甲方应在 2001 年 6 月 15 日办理市政府有关批文和甲方的土地使用权证，以取得该宗土地使用权的完全处分权。"

由这些内容证实了以下事实：

第一，自来水公司是沈某某与原缝配厂签订《出让产权方案》和《购买协议书》之后，同沈某某一方签订《意向协议书》的。

第二，自来水公司知道至少应当知道沈某某与原缝配厂签订的《出让产权方案》和《购买协议书》的内容，知道沈某某没有按照“有偿出售转让的形式”取得缝配厂的土地使用权。

《意向协议书》约定沈某某一方在本意向协议签订后，“负责继续按照与缝配厂签订的有关兼并收购合同协议实施兼并收购”一句，能够证明该公司知晓沈某某和原缝配厂之间产权交易的性质和内容是企业产权兼并收购；“在甲方获得市政府的批准文件后，双方再正式签订该宗土地的使用权转让合同。甲方应在 2001 年 6 月 15 日办理市政府有关批文和甲方的土地使用权证，以取得该宗土地使用权的完全处分权”。这些语句，尤其是“甲方应在 2001 年 6 月 15 日办理市政府有关批文和甲方的土地使用权证，以取得该宗土地使用权的完全处分权”一句，不可辩驳地证明，签订《意向协议书》时，自来水公司明知沈某某一方没有案涉土地使用权证，没有该宗土地使用权的完全处分权。

2. 自来水公司在签订和履行《协议书》3 年之后的仲裁主张，实质上是“自认”其知道或者应当知道未经政府批准而所谓“私自高价受让”划拨土地的行为

该公司主张因为沈某某和其个人独资的缝配厂隐瞒事实，导致本公司为了取得该划拨土地多支付了 555 万元土地补偿费，这一主张，尽管没有得到有效证据支持，但是，构成了“自认”自己当时明知未经政府批准而所谓“私自高价受让”划拨土地，知道至少应当知道这种行为损害自己而故意实施。所以，本案时效期间依法应从该公司支付完 1955 万元开始计算。

涉案土地作为划拨土地，在法律上具有不同于按照市场交换规则进行转让和受让的规定，不能在未经政府批准的条件下高价私相转让和受让。自来水公司对此负有注意义务，属于“知道或者应当知道”。该公司在 2001 年 9 月 11 日与缝配厂签订《协议书》时知道至少应当知道这一点，签订和履行了《协议书》，3 年后却主张因个人独资的缝配厂隐瞒事实，多支付了 555 万元土地补偿费，以“不当得利”为名要求返还，尽管这一主张没有事实根据，但是，在实际上构成“自认”，是该公司“自认”当时自己是明知未经合法批准程序支付高额费用而私下受让划拨土地，显然，该公司当时已经“知道

或者应当知道”自己后来声称的受损害而有意实施了该损害行为。

首先，自来水公司在签订《协议书》时已经完全知道案涉土地的《土地使用证》的内容，明知该《土地使用证》记载的土地权利人是原缝配厂而不是沈某某或其个人独资的缝配厂。《协议书》第1条“甲方责任”第1款明确记载了《土地使用证》的号码，如果该公司对该土地证不清楚，就不可能列入《协议书》条款。因此，不存在沈某某和缝配厂不告知、隐瞒的情形，而是该公司明知而为之。

同时，《协议书》第1条第2款显示：缝配厂为甲方而“同意乙方拨用”该厂的土地，不是将土地“转让”或者“有偿转让”给自来水公司，更不是以555万元补偿费转让土地，协议书中也没有土地补偿款555万元的任何文字。“拨用”和“转让”截然不同，与“高额费用转让”更是风马牛不相及。自来水公司签订该合同条款，明知该条款的含义，3年后却没有事实根据的主张555万元是土地补偿款，借用某某区人民政府的文件否定《协议书》的条款，背弃自己当初签订和履行《协议书》的真实意思表示。如果当初该公司的合同目的之一是用555万元补偿费受让案涉土地，其明知未经合法程序而以高额费用受让划拨土地的行为，无疑是知道至少应当知道自己的行为损害自己而故意为之。

3. 自来水公司在与缝配厂进行巨额款项的合同行为时，对自己的行为以及行为后果负有“注意义务”，“应当知道”合同标的物及其权利状态，该公司与缝配厂订立和履行合同时，“应当知道”缝配厂以“有偿出售转让的形式”的产权交易不含土地、沈某某没有按照“有偿出售转让的形式”取得案涉土地使用权。其在仲裁中所声称的不知道，不能成为免除其“注意义务”和“应当知道”的理由

民法诉讼时效制度中的“应当知道”，是一种法律上的推定，即按照法律关于推定的规定，或者一般人的普遍认知能力，推断行为人应当知道其权利受到侵害而不论当事人事实上是否知道。在法律有规定的情形，按照法律规定推定；在法律没有具体规定时，按照一般人的普遍认知能力进行推定，只要客观上存在知道的条件和可能性，就属于“应当知道”。因此，“应当知道”属于完全民事行为能力人对自己权利的合理注意义务，

按照一般人的普遍认知能力和交易习惯，完全民事行为能力人在合法交易场所如正规的商场、交易机构之外同他人订立和履行合同时，买方应当对

合同标的物及其权利状态给予起码的了解，"应当知道"卖方对合同标的物有权出卖转让，以免卖方无权而自己轻率订约和履约导致自己的权益受到损害。这一点，既是通常的交易习惯也是对自己权利的注意义务。

自来水公司是国有企业法人，具有完全民事行为能力，在同他人进行交易尤其是大额交易时，因为其财产属于国家出资而负有高于一般人的注意义务，对合同标的物的权利状态应当有足够可靠的知晓。因此，该公司在与缝配厂进行巨额资金的合同行为时，对合同标的物及其权利状态不但负有一般人的注意义务，而且应当有高于一般人的注意义务，"应当知道"合同标的物及其权利的状态，从而在确定合同标的物及其权利状态不存在缺陷的条件下，才能签订和履行合同。该公司在履行合同约定的付款义务 3 年之后，声称自己订立和履行合同时"不知道"沈某某无权处理缝配厂的土地、应支付的土地补偿费不应由缝配厂所有，无疑承认自己在订立和履行合同中，对合同标的物及其权利状态没有尽到应有的注意义务，"应当知道"而"不知道"。因此，该公司"不知道"的声称，不能成为其免除"应当知道"的理由和根据，其申请仲裁的时效，应当从沈某某支付完 1955 万元之时开始计算。

综上所述，本案《出让产权方案》《购买协议书》、原缝配厂 2001 年 3 月 27 日给某州产权交易中心的《预计支出明细》、2001 年 9 月 11 日的《协议书》等案件材料均真实、合法、有效，是依法公正认定当事人权利义务和责任的有效证据；沈某某个人独资的缝配厂在合法兼并收购原缝配厂之后，继续合法地以某州缝配厂名义享有民事权利能力，依法能够对本厂建筑物使用范围内的土地享有划拨土地使用权，直至某州土地管理机关按照法定程序收回该土地使用权；自来水公司关于 555 万元土地补偿费的主张，不但不能得到其提交的证据的支持，相反证明其伪造证据；一裁书对本案时效开始时间的认定明显错误。鉴于以上情况，一裁书应当撤销，建议司法机关依法审查，撤销该裁决书。

以上意见供参考。

【瞽言刍议】

本案仲裁的案件实际上是对案涉土地使用权的确权，虽有一定的复杂性，但只要抓住本案的几个关键问题，就可对案件作出明晰的分析结论。本案论证可供分析土地使用权纠纷处理的参考。

33. 龙宝公司与南方医院《协议书》问题

【论证要旨】

案涉合同合法有效，应当依法履行。

【案涉简况】

论证委托方：北京龙宝科技发展有限公司（以下简称“龙宝公司”）。

论证受托方：中国政法大学法律应用研究中心。

参加论证的专家：中国政法大学、中国人民大学法学院、清华大学法学院等五名民事法学权威教授。

委托方提供的文件材料：

1. 南方医院试剂供应链延伸服务项目建设方案招标文件；

2. 《南方医院试剂供应链延伸服务项目建设方案协议书》；

3. 《南方医院试剂供应链延伸服务项目建设方案协议书》附件目录（附件一、试剂协议供货目录品种及价格；附件二、售后服务要求和承诺；附件三、甲方法人资格证明；附件四、乙方法人资格证明）；

4. 《南方医院试剂供应链延伸服务建设项目方案协议书》交接协议；

5. 南方医院 2017 年 9 月 30 日给龙宝公司的《关于试剂供应链延伸服务项目的函》；

6. 南方医院科研处《关于规范临床试剂管理的通知》；

7. 南方医院和龙宝公司 2018 年 2 月 5 日的《试剂供应链延伸服务项目推进会会议纪要》；

8. 龙宝公司的“案情简介”和请求论证的问题。

以上材料都是复印件，委托方对这些材料的真实性和来源的合法性负责。

专家们以这些材料显示的情况为事实根据，对之外的情况不发表意见。

【论证意见】

委托方龙宝公司因该公司与南方医院于2017年6月5日签订的《南方医院试剂供应链延伸服务项目建设方案协议书》（以下简称《协议书》）有关法律问题，向受托方提交案件材料和专家论证申请，请求提供专家论证意见。受托方审阅委托方提交的案件材料后，认为符合专家论证的条件，邀请在京五名专家教授，于2018年11月17日举行了专家论证会。委托方有关人员参加了会议，向专家们介绍了《协议书》的情况并回答了专家们的询问。专家们在仔细研究委托方提供的材料和相关法律、深入研讨的基础上，形成本论证意见，供委托方和有关司法机关参考。

专家们在深入研究讨论的基础上，形成如下一致意见。

一、龙宝公司和南方医院签订的《协议书》是合法、有效的民事合同，对双方当事人具有法律约束力，双方按照《协议书》享有权利，并应当依约履行义务

根据和理由如下：

（一）《协议书》属于平等主体的法人之间签订的明确双方民事权利义务的合同，适用《合同法》认定其法律效力

《协议书》是按照南方医院“试剂供应链延伸服务项目建设方案招标文件”，经过招标、投标程序之后订立的合同，根据该招标文件和《协议书》的内容，龙宝公司和南方医院都是以平等主体的法人的名义和资格，进行了招标、投标，在平等地位上协商一致按照招标文件签订了《协议书》，《协议书》的内容属于平等地位的法人为各自合法权益设立民事权利义务。因此，《协议书》符合《合同法》第2条第1款关于“本法所称合同是平等主体的自然人、法人、其他组织之间设立、变更、终止民事权利义务关系的协议”的规定，在其法律性质上，属于民事合同。

民事合同属于《合同法》调整的范围，《协议书》是民事合同，所以，应当根据《合同法》认定《协议书》的合法性和效力。

（二）《合同法》规定了合同成立和生效的条件，也规定了合同无效和可撤销的条件，《协议书》具备了合法、有效合同的全部要件，不存在无效或者

可撤销的瑕疵

《合同法》第 3 条至第 7 条、第 9 条、第 10 条、第二章等规定了合同成立和生效的条件，《民法通则》《民法总则》也有相关的规定；《招标投标法》对应当通过招标投标订立的合同作了相关的规定。《合同法》第 52 条、第 54 条等分别规定了合同无效、合同可撤销的条件。根据这些法律规定，《协议书》属于合法、有效的合同。

首先，《协议书》的双方当事人具有合格的权利能力和行为能力，订立《协议书》的资格合法。其次，龙宝公司和南方医院签订《协议书》意思表示真实、自愿。再次，《协议书》的内容和形式均合法，不存在《合同法》规定的合同无效或者可撤销的情形。最后，《协议书》符合南方医院招标文件的要求，满足了南方医院招标项目的需要。

（三）《协议书》依法成立，对龙宝公司和南方医院具有法律约束力，双方应当按照约定履行义务

《合同法》第 8 条第 1 款规定，依法成立的合同，对当事人具有法律约束力。当事人应当按照约定履行自己的义务，不得擅自变更或者解除合同。根据这一法律规定，《协议书》的双方当事人应当认真履行自己的义务。履行过程中有分歧问题的，应当本着诚实信用、信守合同的精神，充分协商，合法、合理、妥善地解决分歧问题。

二、《协议书》是在南方医院组织的依法公开招标、投标，评标、开标，龙宝公司满足南方医院招标文件的条件，被南方医院选定为备选中标单位之后，依法成立的合同，受法律保护

有以下几点根据和理由：

（一）龙宝公司通过参加南方医院组织的公开招标、投标和评标，满足其招标文件的条件，取得备选中标单位资格，《协议书》是在龙宝公司合法取得备选中标单位资格的基础上依法成立的合同

南方医院 2017 年 9 月 30 日《关于试剂供应链延伸服务项目的函》证实："龙宝公司：根据我院办公会决定和试剂供应链延伸服务项目招标结果，选定贵公司为试剂供应链延伸服务项目的备选中标单位，并于 2017 年 6 月 5 日与贵公司签订合作协议书。根据协议书内容，贵公司取得我院诊断试剂 5 年（不包括缓冲期）的配送权，配送时间为 2017 年 6 月 5 日至 2022 年 8 月

5 日。”

根据南方医院招标文件和上述函件的内容，第一，龙宝公司具备南方医院招标文件规定的投标资格，交纳了投标保证金，参加了投标；第二，龙宝公司按照南方医院的招标文件，在投标之后参加了南方医院组织的公开开标，在评标阶段，该公司的投标文件符合招标文件规定的评标要求；第三，南方医院根据院办公会决定和招标结果，选定龙宝公司为试剂供应链延伸服务项目的备选中标单位；第四，南方医院选定龙宝公司为备选中标单位之后，与该公司签订了《协议书》。

由上可见，南方医院是在龙宝公司取得备选中标单位资格的基础上，与该公司订立了《协议书》；龙宝公司是经过合法的投标、评标、中标，取得备选中标单位资格的条件下，成为《协议书》的当事人；《协议书》是南方医院组织公开招标、投标、评标的产物，是依法成立受法律保护的合同。

（二）南方医院在其他单位因履约问题而终止协议的条件下，按照招标结果选定具有备选中标单位资格的龙宝公司签订《协议书》，该《协议书》是合法招标、投标、评标的结果

根据上述南方医院《关于试剂供应链延伸服务项目的函》、龙宝公司参加投标、开标和南方医院评标结果，以及南方医院、国药集团某某有限公司、龙宝公司之间 2017 年 6 月 5 日的《〈南方医院试剂供应链延伸服务建设项目方案协议书〉交接协议》和龙宝公司的“案情介绍”等，国药集团某某有限公司先前与南方医院签订《南方医院试剂供应链延伸服务建设项目方案协议书》，不久因履行问题，终止了该协议，南方医院选定备选中标单位龙宝公司，依照招标文件、投标文件、评标结果等，签订了《协议书》，由龙宝公司实施南方医院试剂供应链延伸服务建设项目。因此，《协议书》是南方医院合法招、投标工作的结果。

（三）南方医院将龙宝公司选定为备选中标单位，在国药集团某某有限公司终止合同之后与龙宝公司签订《协议书》，在法律上、效率上、效果上都有良好的作用

依法、客观、中立、公正地看待问题，应当认为，龙宝公司经过南方医院的公开招标、投标、评标，被南方医院根据招投标和评标选定为备选中标单位，是一种具有高效率和高安全性的“意外情况处理预案”，对中标和签订合同后可能发生的影响试剂供应链延伸服务建设项目的意外情况，具有良好

的应对效果和处理功能。

从法律层面讲，备选中标单位符合公开招标、投标、评标的条件，具备了中标的标准和资格，设置备选中标单位，实质就是在法律意义上设置了“替补”和“补充”措施，南方医院实现其招标目的就有了安全、高效的法律效果。

从效率方面讲，通过合法的招投标程序，选定备选中标单位，一旦发生意外，备选中标单位即可在第一时间发挥“替补”作用，在无需重新投入人力、物力和时间的条件下，以最小的工作成本，最大限度地保障了试剂供应链延伸服务建设项目免受意外情况的不良影响。

从实际效果角度看，备选中标单位如同足球赛事中的“替补队员”，一旦场上队员因故下场，“替补队员”及时上场保障赛事正常进行。本案中，国药集团某某有限公司与南方医院签订《协议书》不久，因履行问题终止了该协议，属于对试剂供应链延伸服务建设项目严重不利的“意外情况”，如果没有备选中标单位这个“意外情况处理预案”，势必给南方医院造成不应有的麻烦甚至损失。而龙宝公司这个备选中标单位的设置，第一时间高效率地进行了“替补”，使得试剂供应链延伸服务建设项目能够正常开展，南方医院的招标目的也就得以正常实现。

综上所述，根据委托方提供的文件材料，龙宝公司和南方医院签订的《协议书》合法、有效，对双方当事人具有法律约束力，各方当事人应当本着信守合同、诚实信用的法律原则履行合同义务。在合同履行过程中发生分歧意见的，也应当遵照这些法律原则进行协商，合理、合法地解决分歧问题。

以上意见供委托方和有关司法机关参考。

【瞽言刍议】

本案论证涉及合同合法有效的事实和法律依据；其特殊性在于本案论证委托人作为招投标的备选中标单位，在原中标单位退出后，其“替补”原中招标单位的中标资格的合法有效性问题，专家们从合法上、效率上、效果上都给予了完全肯定性的论证结论。

34. 新月公司诉马某某、某某公司归入权纠纷案

【论证要旨】

其一，马某某是公司高管是由于该公司的单一从事涉伊项目和马某某作为驻伊总代表的身份决定的。

其二，马某某应承担归入权责任，有事实和法律依据。

【案涉简况】

论证委托单位：北京新月长城投资管理有限公司（以下简称“新月公司”）。

论证组织单位：中国政法大学法律应用研究中心。

论证事项：

1. 马某某是否为新月公司聘任的公司高管；
2. 马某某、某某公司是否应负案涉归入权责任。

论证专家：中国政法大学、中国人民大学法学院、中国社会科学院法学研究所等五名民法、公司法权威专家。

论证所依据的事实材料：

1. 原告《民事起诉状》；
2. 原告方证据材料；
3. 被告《民事答辩状》；
4. 被告方证据材料；
5. 某某区人民法院民事判决书［2017］某 0115 民初 15×××号；
6. 上诉方民事上诉状；
7. 上诉方补充证据材料；

8. 被上诉方二审答辩状；
9. 被上诉方补充证据材料；
10. 其他相关事实材料。

以上事实材料均为复印件，委托方对上述事实材料的真实性和来源的合法性负责。

【论证意见】

中国政法大学法律应用研究中心接受委托，就有关委托事项，于2017年10月22日在京召开了专家论证会，与会五名专家教授，认真审阅了本案论证所依据的事实材料，就本案一审判决对案件的事实认定、证据运用和法律适用问题进行了认真讨论研究，形成如下一致法律意见：被上诉人马某某被新月公司聘任为公司高管，其因对新月公司的不忠实行为所获得的收入，应承担归入权责任，而上海某某石油工程服务有限公司应对马某某的行为承担连带责任。某某区人民法院民事判决书［2017］某0115民初15×××号，判决马某某不是新月公司高管，不负归入权责任，而驳回原告起诉，事实认定、法律适用均为错误，依法应予纠正。现具体论证如下：

一、马某某是新月公司聘任的驻伊朗代表处的总代表、经理

（一）新月公司聘任马某某为驻伊朗代表处总代表、经理，合法有效

（1）新月公司与马某某于2007年7月18日所签《合作协议》真实、合法、有效，双方当事人对此均无异议，一审判决也对此予以确认。

（2）该协议确立了新月公司与马某某之间的聘任与被聘任的法律关系，马某某被聘任为新月公司雇员：驻伊朗代表处总代表、经理的身份不可否认。

该协议明确约定："经甲方股东会研究同意乙方为新月公司驻伊朗代表处总代表、经理。"双方对此予以签字确认，具有合法效力。《合同法》第8条规定："依法成立的合同，对当事人具有法律约束力……依法成立的合同，受法律保护。"

（3）马某某亦实际履行了新月公司驻伊朗代表处总代表、经理的职务。

某某市高级人民法院民事判决书［2015］高民（知）终字第××号确认："经审理查明：2007年9月29日伊朗OEOC向新月公司伊朗代表处的马某某先生发出题为'访问中国'的函（即前述《访问中国函》），载明：在此通

知您，在三个月卓有成效的合作及辛勤工作之后，现一支 OEOC 派出的代表团将前往中国进行访问……请您安排我们的访问，我们希望在已安排的有限期限内就整体项目进行讨论并最终落实。”

在此前后，马某某以新月公司驻伊朗代表处总代表、经理的身份，参与了新月公司与伊朗宗教领袖、石油部长及 OEOC 有关项目合作的一系列重大活动。

（4）某某人民法院民事裁定书［2015］民申字第 15××号亦确认：“陈某某在再审申请阶段提交的新证据亦证明，某某公司还存在利用其便利与新月公司的前雇员联络的行为。”

（5）2008 年 1 月 28 日新月公司致马某某《解除劳动合同证明》和《终止、解除劳动合同通知书》明确“通知”和“证明”：自 2007 年 7 月 18 日起，因马某某的“原因”，终止、解除了新月公司与其签订的自 2007 年 7 月 1 日至 2017 年 7 月 31 日止 10 年期限的劳动合同。对此，马某某没有提出异议。

由上可证，新月公司与马某某以签订的《合作协议》已形成了双方聘任与被聘任的合同法律关系。

（二）否定新月公司与马某某之间的聘任与被聘任的法律关系没有事实和法律依据

被上诉人《民事二审答辩状》称，双方是基于《合作协议》形成的松散合作关系，而并没有形成劳动聘任关系，马某某亦非上诉人员工。

《合同法》第 125 条第 1 款规定：“当事人对合同条款的理解有争议的，应当按照合同所使用的词句、合同的有关条款、合同的目的、交易习惯以及诚实信用原则，确定该条款的真实意思。”

对于案涉《合作协议》的性质究竟应理解为双方松散合作关系协议，还是双方聘任关系协议，应当从合同的目的、合同的各有关条款，作整体、实质解释。

（1）关于合同目的，该《合作协议》开宗明义，为拓展与伊朗石油部及国家钻井公司等部门开展项目合作，甲方经与马某某先生协商，达成关于甲方在伊朗设立代表处，以及总代表人选和佣金、责任事宜。可见，该《合作协议》虽名为“合作协议”，但这里的“合作”，是关于“开展项目合作”，而非与马某某“合作”，“协议”的性质是，为与伊朗开展项目合作而聘任马某某为公司驻伊朗代表处总代表、经理的协议，故实质为聘任协议。

（2）从协议各条款整体解释看，该协议内容共分为前言和六条，其前言是聘任目的，已如上述；第 1 条，为聘任内容，甲方聘任乙方为驻伊朗代表处总代表、经理；第 2 条，为乙方为甲方总代表的职权与职责；第 3 条，为聘任的佣金的计算与支付；第 4 条，为总代表的薪酬实行佣金和业务提成办法；第 5 条，为乙方的纪律；第 6 条，为合同期限。该协议通篇都是约定的聘任与被聘任的关系。由此生效协议，二者形成的聘任法律关系，马某某作为新月公司驻伊朗代表处总代表、经理的身份，不容随意否定。被上诉人主张，该公司没有缴纳社保、该协议没有约定劳动纪律，这并不能成为导致二者聘任关系无效的合法理由。

（3）一审判决也确认“从现在证据来看”，被告马某某是原告驻伊朗代表处的总代表、经理。最高人民法院的案涉裁定亦确认马某某为该公司“前雇员”。

专家们指出，案涉“协议”实际上是无名协议，其性质应看协议内容；合作性质的协议应以一定的物质条件为基础，如一方出地，一方出资，双方合作开发等，而本案协议是该公司与个人马某某的聘任问题，明显属于聘任协议性质。

可见，被上诉人答辩称马某某仅与新月公司是平等合作关系，而不是该公司的员工、雇员，不是该公司驻伊朗代表处总代表、经理，没有事实与法律依据。

二、马某某是新月公司高管的身份具有事实和法律依据

（一）一审判决否认马某某为新月公司高管的身份，明显违背事实与法律

1. 从事实层面上看

一审判决为了否定马某某为新月公司高管的身份虚构了一个事实，并错误地运用了证明责任。

（1）虚构了一个事实。一审判决认为：“原告与被告马某某也均确认被告马某某并不具有公司法或原告公司章程规定的高级管理人员职位和职务。”

专家们对此不解，既然原告确认被告马某某不具有公司法规定的高级管理人员职位或职务，那还有什么理由对马某某提起该案诉讼？本案一审的法律文书，从起诉状到原告律师代理意见，原告方均清楚明确地主张马某某为该公司高管，并对被告否认为公司高管予以明确反驳，而不存在原告方认可

马某某不是公司高管的事实。一审法院的这一判决是很不负责任的，竟将判决马某某不是公司高管，建立在虚构事实的基础上，这很值得上级法院关注、重视。

（2）错误运用证明责任。一审判决还认为："无任何证据证明被告马某某曾经行使过原告章程规定的原告公司经理的职权。"其指出新月公司对马某某是否实际行使了原告公司高管职权应负举证责任，但根据原告章程规定的"经理"职权内容，从现有证据来看，"无任何证据证明被告马某某曾经行使过上述原告经理的职权，因而不属于法律和章程规定的公司高级管理人员"。这一判决错误有三：

其一，错误地确定了证明对象。在此，案涉证明对象应正确确定为"被告马某某是否为新月公司聘任的公司高管"，而一审判决却将此确定为"被告马某某是否为新月公司聘任的公司章程规定的经理"，并将二者画等号，以后者取代前者。

其二，错误地分配了证明责任。2008 年最高人民法院《关于民事诉讼证据的若干规定》第 2 条第 1 款规定："当事人对自己提出的诉讼请求所依据的事实或者反驳对方诉讼请求所依据的事实有责任提供证据加以证明。"据此，一审判决应确定，一审原被告均有责任对其主张的事实"提供证据加以证明"，即原告有责任对自己主张马某某为其公司高管的事实提供证据加以证明，被告马某某也有责任对反驳原告主张其是该公司高管的事实提供证据加以证明。但一审判决只片面强调原告提供证据加以证明的责任，而故意或忽略了被告马某某的反驳应提供证据证明的责任。

其三，错误地作出了证明结果的判断。2008 年最高人民法院《关于民事诉讼证据的若干规定》第 2 条第 2 款规定："没有证据或证据不足以证明当事人的事实主张的，由负有举证责任的当事人承担不利后果。"这一规定要求法院对双方提供证据证明的结果要作全面判断，即要求对当事人双方各自举证证明情况作全面判断；要对原告方证明是否具有"明显优势"或"高度盖然性"作出判断，即看原告的证据达到了证明标准，作出最终正确判断，如果原告方未达到证明标准，由负有举证责任的当事人承担不利后果。

该判决对此的错误在于：一是作了片面判断，仅对原告提供证据证明作了片面判断，而没有对被告提供证据证明作出判断；二是更没有对二者举证证明作出比较判断，看原告方提供证据证明是否达到了证明标准；三是将原告"无任何证据证明被告马某某曾经行使过原告章程规定的原告公司经理的职权"作为原告举证不能，而裁判原告对其主张马某某是公司高管的事实承担举证责任的不利后果。这里的要害在于一审判决的这一观点，错误地建立在将公司高管限定在公司章程规定的公司经理的范围之内的基础上，由此而导致了一审判决一系列判断逻辑上的原则错误。

究其错误根本原因，很可能是一审法官还将公司高管的范围停留在《公司法》2005 年修改前的规定上。因为修改前的《公司法》对公司高级管理人员的规定范围是"董事、经理"，但修改后的《公司法》第 216 条已将其范围规定为：公司的经理、副经理、财务负责人，上市公司董事会秘书和公司章程规定的其他人员。由于一审判决将公司高管限定在公司章程规定的经理的范围内，并将公司经理、公司章程规定的经理与公司高管相互画等号，因而导致了上述运用证据认定本案马某某不是公司高管的根本错误。

经查，事实上原告方在一审已举证证明马某某履行了驻伊总代表、经理的公司高管职务，其举证、补充举证材料（1-17）已对此足以证明，而被告马某某，仅主要举证证明该公司未对其支付应付的工资报酬，但这即使真实，也不足以否定其为该公司驻伊代表处总代表、经理的高管身份。二者相较，原告方举证具有"明显优势"或达到了"高度盖然性"的证明标准。

2. 从法律层面看

（1）如上所述，一审判决认为，马某某虽系新月公司聘任的驻伊朗办事处总代表、经理，但并不是新月公司章程规定的经理，因而不是新月公司高管，这一认定实际是对修订后的《公司法》第 216 条的直接违背。

（2）根据现行《公司法》第 46 条第 9 项和第 216 条的规定，公司高级管理人员是指公司由其法定机构依据法定程序决定聘任的在公司管理层中担任重要职务，负责公司高层经营管理，掌握公司重要信息的人员，其中包括公司经理、副经理，财务负责人和公司章程规定的其他人员等。其中经理由董事会决定聘任或者解聘，对董事会负责，副经理、财务负责人由经理提请董事会决定聘任或解聘。

从本案新月公司对马某某的聘任和解聘情况来看，其都是经新月公司股东会决定的。因该公司未设董事会，其股东会既是公司的权力机构，又是公司实际的执行机构，故有权聘任和解聘公司的副经理和财务负责人等作为公司高管。

从马某某被聘任为公司驻伊朗办事处总代表、经理的职权和行使的管理职务来看，由于该公司为少数民族公司，当时专门从事中国对伊朗的石油钻机的销售服务中介业务，故公司驻伊朗办事处作为公司的前沿与核心的管理层与公司总部的管理层有同等重要性，甚至其是与公司生死攸关的核心管理部门。马某某作为公司驻伊朗办事处总代表、经理的管理层位阶，仅次于公司法定代表人、经理张某忠，他是公司所聘任的驻伊总代表，对伊代表公司，对公司而言，其独当一面，关系重大，是公司核心层、最高层的管理人员之一，而绝不属于公司一般中层的管理人员。同时，其行使的聘务行为，也体现了其与公司经理一起行使公司的最高层级的联络、谈判等经营管理活动。

从马某某所掌握的公司的信息情况来看，对于公司最重要的核心信息，公司与伊朗的宗教领袖、石油部长及 OEOC 的商业机会、商业信息、商业秘密，他均予掌握。对于一个管理人员，从其在管理中所掌握的公司信息的重要程度，可以明确地判断出其在公司管理层的位阶层级。一个公司管理人员，只有属于高级管理人员、核心层管理人员，才能掌握到公司最重要的、核心的信息和机密。

可见，从新月公司聘任和解聘马某某职务的权限和程序，其职责和行使职务的核心层和最重要层的管理和经营活动，以及其掌握公司核心信息和商业机会的情况来看，马某某均符合公司聘任的高级管理人员的条件。

对此，专家们认为，看一位公司管理人员是否为公司高管，不能机械地看公司对其聘任的称谓，聘任其为“经理”的不一定是高管，聘任其不是“经理”的不一定不是高管。在实际中，公司高管常被公司聘任为公司总裁、执行总裁、副总裁，主席、副主席，总经理、副总经理，总监、副总监，总代表、副总代表，等等，也有的直接聘为经理、副经理，因而不能仅看其称谓是否与公司法规定的公司高管的称谓相一致，也不能仅看其是否为公司章程所规定，而应看其职位的实质。公司高管应由公司董事会聘任，不设董事会的应由股东会聘任，是公司高层管理人员，而不是公司中层、基层管理人员。公司法规定的高管经理应为公司一把手，副经理应为公司经理的副手，副手可以设一名也可设多名，各掌一面，协助经理对公司进行高层管理。在本案中，马某某被聘任为该公司驻伊朗代表处总代表、经理，其作为公司驻伊朗代表处总代表，对外，代表公司；其作为公司经理，对内，协助公司一把手对公司涉外业务尤其是对公司驻伊朗代表处进行管理。由于其代表处是该公司的最重要的核心要害部门，其管理层级就应当属于高级别管理性质，其重要性也并不低于公司财务负责人对财务部门的管理，所以，从这个实质意义上看，其应当属于该公司的高级管理人员。专家们特别指出，由于该公司是单一的涉伊朗高级别经营业务的特点和公司驻伊朗代表处的核心重要性，决定了其公司驻伊朗总代表、经理对该公司的核心重要性，该职务掌握的是公司的命脉，其不是公司高管，那什么是公司高管？

一审判决以马某某不是公司章程规定的公司经理，也没有行使过该章程规定经理的职务为由，并认为其仅是公司的一个派出机构的负责人，否定其具有该公司高管的身份，既直接违背了《公司法》第 216 条和第 46 条的规定，也不符合该机构及其管理对该公司的核心重要性，属实事认定和法律适用的根本性错误。

三、马某某违反了对新月公司的忠实义务

（一）马某某对新月公司负有法定的忠实义务

《公司法》第 148 条和第 149 条规定，董事、监事、高级管理人员对公司负有忠实义务；不得利用职务便利为自己或者他人取得属于公司的商业机会，自营或者为他人经营与所聘任公司同类的业务，擅自披露公司秘密。可见，这里规定的公司高管对公司的忠实义务，是法定义务，而不是约定义务，不因对此有无约定而转移。

上诉人马某某作为新月公司聘任的高管，依法应对新月公司负有忠实义务，其以与新月公司无保密协议为由，推脱对新月公司的忠实义务，依法不能成立。

（二）马某某违反了对新月公司的法定忠实义务

被上诉人马某某在《民事二审答辩状》中称，其与某某公司合作时，与上诉人之间的合作协议已经解除，因此不违反对新月公司的忠实义务。但经查，上诉人与被上诉人的解聘时间为 2008 年 1 月 28 日，而被上诉人与某某公司签订《代理协议》的时间为 2008 年 2 月 1 日，即被上诉人被解聘后第 4 天即与某某公司签订了如此重要的《代理协议》，且其“代理协议”的内容又明显是为了将在新月公司掌握的商业机会、商业秘密，“联络”给某某公司。

上诉人的一审诉讼代理人以最高人民法院《关于民事诉讼证据的若干规定》第 9 条第 3 项规定，“根据法律规定或者已知事实和日常生活经验法则，

能推定出的另一事实”，当事人无需举证证明，由此推定出：马某某早在新月公司与其解聘前就与某某公司相“联络”，不然不可能在该公司与其一解聘，他就马上与中曼公司签订了将新月公司的商业机会与商业秘密取而代之的“代理协议”。

这一推定事实，应当说是言之成理，持之有故的。这个“理”和“故”，就是事实依据和法律依据。

其事实依据是：其一，马某某利用新月公司的职务之便，获取了新月公司的商业机会和商业秘密；其二，其与新月公司的解聘时间和与某某公司的签约时间；其三，其与某某公司签约代理事项的核心是代理了新月公司的商业机会、商业秘密；其四，其代理的结果是将新月公司的商业机会与商业秘密“联络”给了某某公司；其五，北京市高级人民法院、最高人民法院的生效判决、裁定及相关生效仲裁裁决，均确定案涉商业机会、商业秘密属于新月公司专有。

其法律依据是上述最高人民法院的司法解释。

可见，被上诉人以其“代理”行为系解聘后行为为由，推脱其应负的对新月公司的忠实义务，是没有事实和法律依据的。

四、马某某违反对新月公司的忠实义务，所得收入应归新月公司所有

(一) 有明确的法律依据

《公司法》第 148 条明确规定，公司高级管理人员违反对公司的忠实义务“所得的收入应当归公司所有”。据此，被上诉人马某某因违反对新月公司的忠实义务，将新月公司的商业机会与商业秘密“联络”给某某公司，其“联络”的结果是将新月公司中介的两个合同解除，而由某某公司取而代之，其为此获得了案涉代理收入 1450 万元，该收入依法应归新月公司所有。

(二) 归入权责任不以损害赔偿为前提，也不以满足损害赔偿为目的

一审判决认为，上诉人通过诉讼和仲裁获得了相应的赔偿，如果再主张本案系争的归入权，将会导致其获得远远超过因合同履行而获得的预期利益，因此该主张不具有合理性，从而驳回了上诉人的归入权诉讼请求。

该判决的错误在于对归入权的根本错误理解，即认为归入权是以损害赔偿为前提和以满足损害赔偿为目的。这一理解是与归入权的法律规定根本违反的，由此也导致其对归入权的法律规定的错误适用。

（1）《公司法》第148条所规定的归入权中没有任何一项是以给公司造成实际损失为前提的，而是规定，只要是属于所规定的八项对公司的不忠实行为，而由此“所得的收入应当归公司所有”，不论其行为是否给公司造成损失；其归入的数额，也并不是按损害赔偿的数额来确定，而是按“收入”的数额来确定。

（2）《公司法》于2005年修改前的第61条第1款曾规定：“董事、经理不得自营或者为他人经营与其所任职公司同类的营业或者从事损害本公司利益的活动。从事上述营业或者活动的，所得收入应当归公司所有。”而修改后的《公司法》第148条第5项则修改为：“未经股东会或者股东大会同意，利用职务便利为自己或者他人谋取公司的商业机会，自营或者为他人经营与所任职公司同类的业务。”其删除了关于从事损害公司利益的活动构成归入权的规定，其立法旨意，即为了明确归入权不以损害赔偿为前提和目的，且《公司法》对包括公司高管在内的人员对公司的损害赔偿问题另有规定，二者不能混为一谈。

（三）关于归入权与损害赔偿的竞合问题

在公司高级管理人员违反对公司的忠实义务，既给公司造成了损失，又获取了相应的收入的情况下，该公司高级管理人员就产生了责任竞合问题，即损害赔偿责任与归入权责任的竞合；相应的，其任聘的公司也就产生了权利的竞合，即损害赔偿请求权与归入权的请求权竞合。根据最高人民法院相关司法解释，在请求权竞合时，应作择一选择。

在本案中，依据案涉证据，被上诉人马某某的不忠实行为，既给公司造成了严重损失，即新月公司中介的两个合同被解除，其合同项下的可得利益完全落空，对此新月公司依法有权对其请求损害赔偿责任；同时，其行为又获得了相应的收入，对此新月公司依法有权对其请求归入权责任。根据司法解释，新月公司择一选择了请求归入权，而没有选择请求损害赔偿。这是当事人选择自由问题，依法并无不当。

在先前的相关诉讼与仲裁中，上诉人新月公司依法起诉了包括某某公司、相关负责人等在内的侵害其商业机会与商业秘密的责任，并得到了相应的赔偿，但在相关案件中新月公司并没有起诉马某某的任何责任，马某某也没有对此作出任何赔偿。而其他公司和个人的赔偿，依法不能视为是替代马某某作出了赔偿。所以在相关案件中，马某某与某某公司相“联络”给新月公司造成的损失，并没有得到追究，因而上诉人在本案中起诉马某某归入权责任，并不存在与曾起诉过其损害赔偿责任而产生竞合上的冲突问题，即并非对其同一行为而追究了其双重法律责任。

其实，从法理上讲，即使在另案中新月公司获得了马某某的一定的损害赔偿，如果其赔偿额远远小于其应赔偿额，新月公司在本案中依法仍可获得其收入额与曾赔偿额的差额部分；另外，如果在本案中新月公司获得了案涉收入，但该收入远远不能抵销该行为应负赔偿额的，新月公司仍然有权依法请求损害赔偿二者的差额部分。当然，这是新月公司请求权的选择权问题，在此无需多论。盖言之，在本案中上诉人的归入权的请求权并不存在违法不当和不合理的问题。至于案涉上海某某石油工程服务有限公司应负责任，这是由其与马某某的协议确定的，此亦不多论。故，一审判决因对案涉归入权事实错误认定和法律规定错误理解与适用，而造成了据此驳回上诉人一审请求权的错误，依法应予纠正。

以上意见供参考。

【瞽言刍议】

本案论证的是一起典型的地方保护主义的裁判案件。该公司是单一的对伊经贸的公司，而马某某则是公司聘任的公司驻伊全权总代表，其代表公司直接与伊朗领袖和部级高官进行经贸重大项目谈判的全程，其行为与公司的生死存亡密切攸关。权威专家为此明确指出，他不是高管，还有什么高管？但当地法院判决抓住其在公司章程上的经理地位没有明确列明，就硬是认为其只是公司一般派出机构的中层部门经理，而不属公司法意义上的高管。并由此得出结论：其将公司秘密和公司项目非法“联络”给他人，就不承担案涉“归入权”赔偿损失。实践证明，这类“认识类”的错案，需要予以高度的重视。

35. “美亚·榕天下”案

【论证要旨】

专家们指出，根据信赖保护原则，在本案中，政府承诺的事项（协议约定的义务）应当积极履行；政府未履行承诺因而造成不良后果，不应由相对人及利害关系人承担；由此造成的不良后果，能补救应当积极补救，不能补救的，亦应尽量保护相对人及利害关系人的合法权益；同时，根据政府具体行政行为合法性原则，政府的具体行政行为，应当具有合法性，否则，将因不具有合法性，失去可执行效力。而其合法性，不仅包括事实认定、证据运用、法律依据合法，还包括程序合法。本案涉及具体行政行为决定听证程序，公告、复议程序的保障问题，具体行政行为违法的可诉性保障问题；此外，还有行政一事不再罚的原则适用问题。诸如上述问题，相关政府部门，应尽量从严格要求政府具体行政行为合法性出发，从保护政府信赖当事人及利害关系人的合法权益出发，从有利于保护公民的善意取得利益出发，从有利于促进社会稳定出发，慎重地、妥善地处理本案问题。

【案涉简况】

论证委托人：美亚·榕天下小区业主代表刘某某、李某某、张某、李某1。

委托代理人：北京黎某君律师事务所黎某君律师等三名律师。

论证受托单位：中国政法大学法律应用研究中心。

论证专家：中国政法大学、中国人民大学法学院、北京大学法学院等四名行政、民事权威法学专家。

案件材料认可的事实和论证请求认可的事由：

2019年5月27日论证委托人美亚·榕天下小区业主（以下简称“美亚业主”），因与某某市人民政府等行政机关拆除美亚业主房屋纠纷一案，向中国政法大学法律应用研究中心（以下简称“专家们”）申请专家法律论证，以支持其主张的正确性和正当性，并提供了《关于美亚·榕天下小区拆除还是合法化问题论证申请报告》及争议双方提供的证据材料331页印刷版4册。按照美亚业主代理人的指名要求，邀请了在京四位专家，于2019年6月2日召开了与会专家论证会，现就美亚业主房屋是否应当拆除，还是改正（合法化）主要问题进行论证，以形成一致的专家论证法律意见，供论证委托人、司法、行政等机关参考。

专家们通过某某市政府以及有关行政机关对美亚业主房屋建设用地农转用作出的有关审批行政行为以及形成美亚业主房屋的建设、买卖的案件事实等情况等的研判，对论证委托人陈述的事实以及观点基本予以确认。专家们一致认为，某某市政府以及有关行政机关未依法律程序对某让2014-14、-15地块进行招拍挂、出让和许可重点项目建设“先挂账，后补办”等行政不作为、行政作为是形成美亚业主房屋违反建设程序而形成程序性违法建筑的主要因素；同时，某某市有关行政机关作出行政处罚前后未通知美亚业主，也未公示美亚·榕天下小区楼盘（以下简称“美亚小区楼盘”）为违法建筑也是导致美亚业主丧失利害关系人救济权利和形成房屋买卖法律关系的重要因素。

美亚航空涉及通用机场的建设和美亚航空旅游度假区的建设。美亚小区楼盘坐落在某某市某某镇侧的国营东和农场战斗队范围内，由美亚开发公司开发建设。小区规划共12栋9层楼房，2017年6月前建成9栋全部封顶并装修基本完工，总建筑面积55 116.6平方米。2017年3月左右对外进行公开销售507套（某某市政府统计，业主称1300户）。2018年12月美亚开发公司交房，美亚业主陆陆续续入住，2019年2月1日公告2月14日行政强制拆除，当日就违法强制拆除美亚小区楼盘4号楼162户套房，9426.48平方米……由于美亚业主强烈反对、聘请的律师团依法维权以及某某市政府等方面不详因素影响，至今暂停了对现存的8幢楼实施行政强制拆除的行政行为。

就目前美亚业主提交的证据材料证明，美亚航空机场建设用地涉及的某让2014-16地块已挂牌出让。美亚小区楼盘建设用地的某让2014-14、-15地块为何未挂牌出让不详？该两块地块均属于《某某用航空旅游度假区控制性详细规划》规划的两类居住用地的组成部分。

美亚小区楼盘建设意向起始于2013年8月8日。在投资意向方面：2014年4月4日，美亚旅游航空公司有限公司与某某市政府之间签订了《美亚航空国际通航中心项目投资意向书》（以下简称《投资意向书》），约定甲方（市政府）同意当规划条件发生变化，项目区邻近水库用地允许开发使用时，乙方（美亚）有优先开发权；乙方负责垫付项目区内土地征用、拆迁、安置和补偿等费用，同年4月10日又签订了《美亚航空国际通航中心项目补充协议》（以下简称《补充协议》），约定乙方（美亚）无息出借甲方（市政府）1.3亿元，专项用于甲方开展美亚国际通航中心项目的土地征收补偿工作，在完成该批土地"招拍挂"出让和缴完土地出让金之后30个工作日内，甲方分两次将本协议中约定的全部借款归还给乙方。2015年5月14日，美亚开发公司获得美亚小区楼盘项目立项备案，建设地点：某某美亚航空产业园北面B-20、B-22、B-24地块，即某让2014-14号、2014-15号。从2014年4月10日签订《补充协议》起至2015年9月29日《某某市人民政府专题会议纪要》止，在美亚小区楼盘建设使用的某让2014-14、-15（包括某让2014-16地块）农用地农转用土地批准方面，某某市政府与有关职能部门，并与海南农垦总局、东和农场等形成了20余份函件、会议纪要等文件。其中，2014年12月2日《关于某让2014-14、15、16号地块占用林地的复函》一并审批的某让2014-16地块已经挂牌出让，而某让2014-14、-15却不知何故未被挂牌出让？在规划方面形成了2015年5月20日的《某某市人民政府关于某某通用航空旅游度假区控制性详细规划的批复》、其后公示的该《控制性详规》，以及2015年10月8日《某某美亚航空国际旅游度假区启动区修建性详细规划专家评审会专家意见》等文件。特别是2015年9月某某市政府为了落实某某省范围内投资项目百日大会战的重要决策部署，在某某市范围内许可重点项目"先挂账，后补办"的先开工建设，后补办手续的实质性行政许可（指非依法律程序批准的而经行政机关允许开工建设的已实际发生的行政许可行为），导致美亚小区楼盘在未取得建设工程规划许可证的情形下于2015年10月开工建设，2016年4月等多次被某某市建设工程质量安全监督站要求整改；2017年6月13日某某市国土环境资源局（以下简称"某某市国土局"）对美亚小区楼盘作出没收全部新建的建筑物，并处罚款的行政处罚决定，美亚开发公司缴纳了罚款（是否移交房屋给某某市财政局不详）；某某市住房和城乡建设局（以下简称“某某市住建局”）于2016年4月20日立案审批调查，到2017年7月10日才作出拆除行政处罚，2019年2月才实施强制拆除；某某市住建局发布《某某关于楼盘的交易风险的提示 违规楼盘名录曝光［附表］》，其中没有美亚小区楼盘。

【论证意见】

2019年5月27日论证委托人美亚业主因与某某市政府等行政机关拆除美亚业主房屋纠纷一案，向中国政法大学法律应用研究中心申请专家法律论证，以支持其主张的正确性和正当性，并提供了《关于美亚·榕天下小区拆除还是合法化问题论证申请报告》及争议双方提供的证据材料331页印刷版4册。按照美亚业主代理人的指名要求，邀请了在京四位专家，于2019年6月2日召开了与会专家论证会，现就美亚业主房屋是否应当拆除，还是改正（合法化）主要问题进行论证，以形成一致的专家论证法律意见，供论证委托人、司法、行政等机关参考。

一、关于美亚小区楼盘是“拆除”还是“改正”的论证

2017年7月10日，某某市住建局作出某住建［2017］罚字第012号《行政处罚决定书》（以下简称“拆除行政处罚”），决定处罚责令美亚开发公司于2017年7月16日前自行拆除上述违法建设的房屋。

《城乡规划法》（2015年）第64条规定：“未取得建设工程规划许可证或者未按照建设工程规划许可证的规定进行建设的，由县级以上地方人民政府城乡规划主管部门责令停止建设；尚可采取改正措施消除对规划实施的影响的，限期改正，处建设工程造价百分之五以上百分之十以下的罚款；无法采取改正措施消除影响的，限期拆除，不能拆除的，没收实物或者违法收入，可以并处建设工程造价百分之十以下的罚款。”

《城乡规划法》（2015年）第64条规定对违法建筑处置的主要三个方式，即“改正”“拆除”“没收”，对“改正”和“没收”可以并处罚款。其中的“改正”，就是美亚业主所称的“美亚小区楼盘合法化”。所谓“改正”，是指未取得建设工程规划许可证或者未按照建设工程规划许可证的规定进行建设的，可以通过消除对规划实施的影响的，即补办相关建设手续而可以办理不动产产权登记的违法建筑的处置方式。所谓“拆除”，是指无法采取改正措施

消除影响的，在规定的期限内依法律程序采取爆破、挖掘机破坏主体结构等方法对违法建筑予以毁灭的处置方式。所谓“没收”，是指对不能拆除的违法建筑通过“改正”或合法化后采取回购、拍卖、自用等或由接收违法建筑行政机关自行决定拆除的处置方式。

对违法建筑并非都一拆了之。《城乡规划法》（2015 年）第 64 条规定的对违法建筑的处置方式首先就是“改正”，无法“改正”才限期拆除，不能拆除的就“没收”。

如果美亚小区楼盘尚可“改正”，那“拆除”就不能进行，二者是矛盾关系，只能选择其一；另外，本案还涉及某某国土局于 2017 年 6 月 13 日先行作出的没收美亚小区楼盘全部房屋的行政处罚决定而不能拆除的问题。

一个合法可以销售的楼盘，必须具备“五证”，即国有土地使用证或国有建设用地批准文件、建设用地规划许可证、建设工程规划许可证、建设工程开工许可证和商品房预售许可证。美亚小区楼盘至今没有“五证”中的一证，但却能顺利开工、竣工交付和对社会进行广告并销售，以形成了美亚业主。本案事实错综复杂，但，某某市政府许可美亚开发公司先建设后补办手续的事实清楚、证据确实充分（美亚业主已经就“先挂账，后补办”行政行为的证据予以公证保全）。

（一）关于某让 2014-14、-15 建设用地农转用审批问题

某某市政府在《补充协议》中约定承诺在 2014 年 8 月 1 日前完成一期起步区 690 亩用地的“招拍挂”出让工作。《补充协议》第 3 条约定：“甲方充分理解乙方的投资诚意，将积极推进土地收储及出让工作，力争于 2014 年 8 月 1 日前完成一期起步区 690 亩用地的‘招拍挂’出让工作。”但，2019 年 3 月 10 日，某某市政府在其某某万福网某某发布厅发布《关于依法处置“美亚·榕天下”违建项目有关情况的通报》称：“目前某某市政府只挂牌出让某让 2014-16 号地块用地，其他规划用地均未办理农转用审批和挂牌出让。”某让 2014-14、15 号地块没有挂牌出让，就意味着不能办理国有土地使用证，也就不能办理建设工程规划许可证等其他建设行政许可证照。

两地块依证据和法律可推定已经农转用审批。某让 2014-14、-15 号地块依其他证据和法律规定可推定已经农转用审批。2014 年 7 月 8 日某府函［2014］170 号《某某市人民政府关于收回某让 2014-14 号和某让 2014-15 号地块划拨国有土地使用权的函》起至 2015 年 4 月 7 日某府函［2015］74 号

《某某市人民政府关于收回国营东和农场划拨土地出让有关问题意见的函》止，经历了9个月收回国有土地农转用审批过程。

三个地块一纸批复，为何只花落某让2014-16地块。美亚航空国际通航中心项目共涉及某让2014-1、-15、-16三个地块，前两个地块为配套项目的两类居住用地等地块，后2014-16地块为美亚航空国际通航中心项目机场交通建设用地，三个地块一并批复，但只有一个地块最后挂牌出让。2015年1月29日，某某市政府作出《某某市人民政府关于储备某让2014-14号等三个地块的批复》（某府函［2015］17号）在鉴于条款称“你局《关于储备某让2014-14、-15、-16号地块有关问题的请示》（某土环资［2015］27号）收悉”，其第1条写道：“同意你局办理位于某某水库南侧地段，地块编号为某让2014-14、某让2014-15、某让2014-16号三个地块，总面积737.70亩的土地征收及农转用手续。在土地征收及农转用经依法批准并实施后，将该三个地块建设用地使用权予以储备。第二条第二款：……请按规定办理有关手续。”

两地块已经完成征地补偿工作。某让2014-14、-15地块已经完成重点项目征地青苗及地上附着物补偿清表工作。2015年3月3日《中共某某市委办公室、某某市人民政府办公室关于印发某某市重点项目万亩征地清表工作方案的通知》（某委办［2015］13号）第2条第1项规定：“……四是正在组织用地报批材料，政府安排年内上马的社会投资项目和政府投资项目，包括城市基础设施用地、民生工程项目（地块）用地的征地和青苗及地上附着物补偿和清表工作。”（第3页第4行起）该条第2项完成工作任务时间要求规定，第一阶段的工作任务必须在2015年7月底前全面完成。在附件《某某市重点项目征地清表工作任务汇总表》《东和农场重点项目征地清表工作任务表》中栏目标明序号为1的项目名称“美亚航空项目”，第一阶段，出让时间为未出让，位置为某某水库南侧，用途为交通运输、住宅、商服，总面积为372.13亩等。也就是说，美亚小区楼盘的清表工作在第一阶段的2015年7月底前全面完成。

某让2014-14、-15地块讨论挂牌出让底价。2015年4月7日，某某市政府作出《某某市人民政府关于收回国营东和农场划拨土地出让有关问题意见的函》（某府函［2015］74号）在鉴于条款称：“你局《关于收回东和农场国有土地用于商业开发项目建设有关问题的函》（某某局函［2015］54号，注：

未能收录该文件)。”其第 1 条规定：“收回国营东和农场位于某某水库东侧，编号为某让 2014-14 号和某让 2014-15 号两个地块，总面积 22.8126 公顷……”第 2 条意见：“同意你局派员列席参与上述两个地块招拍挂出让标底和底价的集体讨论决策。”一般情况下，如果没有经过批准农转用程序阶段，就谈不上某某市政府作出召开对某让 2014-14、-15 地块招拍挂出让标底和底价的集体讨论决策的行政行为。

某让 2014-14、-15 地块讨论挂牌出让底价，且某府函［2015］17 号同时作出对三个地块储备的行政行为，还有某让 2014-16 地块已经招拍挂出让的案件事实非常清楚，为此有理由推定该两地块已经获得农转用批复并由某某市政府收回储备。

以上事实不仅有某某市政府作出的审批行政行为，而且其依据也十分明确。《海南经济特区土地管理条例》（2014 年）第 62 条规定：“国有划拨农用地不得擅自改变用途用于非农业建设，确需转为建设用地的，应当依法办理农用地转用审批手续，由市、县、自治县人民政府收回国有土地使用权，并按规定供应土地。……”

但，目前论证委托人并未提供海南省农垦总局最后批准某让 2014-14、-15 地块农转用批复文件（琼农垦总局支持用地函件已有），因此，专家们认为的“某让 2014-14、-15 号地块依其他证据和法律规定可推定已经农转用审批”是推定事实。（参照最高人民法院《关于行政诉讼证据若干问题的规定》第 68 条第 3、5 项关于按照法律规定推定的事实、根据日常生活经验法则推定。）

（二）“双暂停”应不影响某让 2014-14、-15 地块供地

2016 年 7 月 9 日，海南省人民政府办公厅作出的《海南省人民政府办公厅关于落实省政府 2016 年 22 号文件有关问题的通知》（琼府办［2016］151 号）第 1 条进一步明确“两个暂停”的有关内容，该条第 1 项规定，“22 号文”下发之日前，市县已发布商品住宅用地使用权招拍挂出让公告，以及已依法批准改变土地用途、提高商品住宅用地容积率的，可以继续按照法定程序供应土地、办理改变土地用途及提高容积率、补缴土地出让金等手续。

琼府办［2016］151 号已经明确具备“已依法批准改变土地用途”，“可以继续按照法定程序供应土地”。专家们已经推定某让 2014-14、-15 地块已经获得农转用批复，由此，如果美亚小区楼盘“改正”或合法化，某某市政

府继续为美亚小区楼盘建设供地应不受“双暂停”政策实施的制约性影响。

（三）关于美亚小区楼盘建设为“先挂账，后补办”问题

2019 年 3 月 10 日，某某市政府在其某某万福网某某发布厅发布《关于依法处置“美亚 · 榕天下”违建项目有关情况的通报》称：“根据省委省政府相关文件精神，在海南根本不允许存在购房者所称的‘三边’房地产项目，类似“美亚 · 榕天下”的违建项目，都将按相关法律法规彻底处置。”

海南省不允许“三边”工程存在的要求，不等于某某市就不存在“先挂账、后补办”的开工建设后再补办土地建设审批手续的实际情况。

所谓“先挂账，后补办”，源于东莞项目建设先建设后补办土地等手续的经验。2013 年 1 月 14 日在东莞市政府常务会议上通过的《东莞市重大项目管理办法》第 32 条规定：“凡是采取‘先挂账、后补办’办理前期审批手续的项目，开工逾 6 个月仍未按承诺补齐完善相关手续，市重大办在接到相关部门投诉，经调查核实后，可由相关职能部门按照工作职责对该项目下达‘暂缓施工通知’，直到建设单位补齐完善审批手续后方可恢复施工。”

某某市政府效仿“先挂账，后补办”。某某市政府为完成海南省政府 100%开工要求，效仿“先挂账，后补办”促进重点项目上马建设。2015 年 9 月 3 日《海南省人民政府关于印发开展投资项目百日大会战工作方案的通知》要求“各市县、各单位新申报的政府投资和社会投资项目 100%开工，新申报的 2012 年以来的招商签约项目 100%开工（项目清单由省发展改革委员会汇总另行印发）”。

2015 年 10 月 9 日海南省人民政府网刊载于《海南日报》的《某某打响项目建设攻坚战》一文要求：实现“全市今年省重点项目开工率 100%，投资计划完成率 100%”等六个“确保”。在此次投资项目百日大会战工作中，某某市要求发改、财政、国土、住建、工信、商务等部门在办理项目建设审批手续时，采取“优先受理、限时办结、快审快办”“先挂账、后补办”等办法，提高审批速度，压缩审批时间，加快前期工作。不仅如此，2015 年某某市政府在《某某市投资项目百日大会战推进情况》《某某市 172 个重点项目累计完成投资 23. 7 亿元》《某某市今年计划投入逾 161 亿元建设 123 个重点项目》《某某市 2016 年服务社会投资百日大行动实施方案》公开信息中均明确采取“先挂账、后补办”等办法允许重点项目先开工建设、后补办手续。

美亚开发公司在 2015 年 10 月某某市政府发布“先挂账，后补办”规定

后开始施工建设美亚小区楼盘。据 2017 年 6 月 28 日某某市住建局作出的《关于某某市东和农场战斗队范围内违法建设情况的报告》称："美亚开发公司在位于某某市东和农场战斗队范围内建设房屋，于 2015 年 10 月份动工至今，共建设了九幢九层楼房，全部封顶，已装修基本完工，总建筑面积约 55116.6 平方米。"

目前，没有某某市政府或职能部门书面通知美亚开发公司在 2015 年 10 月开工建设的证据材料。但根据以上有关证据，专家们从逻辑上也推定美亚开发公司于 2015 年 10 月开工建设美亚小区楼盘应当与某某市有关行政机关的要求或实质性许可相关联，这很大程度上与海南省政府"新申报的 2012 年以来的招商签约项目 100%开工"要求吻合，也与某某市政府实现"全市今年省重点项目开工率 100%，投资计划完成率 100%"等六个"确保"相符。

不仅如此，专家们还从证据材料方面了解到某某市政府在相当长时间段里是在保护美亚小区楼盘的存续或落实"先挂账，后补办"规定的允诺。

即使对美亚开发公司作出了拆除行政处罚，但也并没有依法实施自行强制拆除程序。2016 年 4 月 8 日，某某市建设工程质量安全监管站向美亚开发公司多次下发《工程隐患通知书》(注：违法建筑建设时还有某某市质监站参与)。某某市质监站还分别于 2016 年 10 月 13 日、11 月 26 日、2017 年 3 月 7 日、7 月 4 日向美亚开发公司下发《建筑工程检查整改通知书》等。2016 年 4 月 20 日，某某市住建局对美亚小区楼盘建设第一期工程实际施工人温某波下发《海南省城建监察责令停止违法（章）行为通知》（责停字［2016］第 00003××号)。同日，某某市住建局对实际施工人温某波下发《海南省城建监察责令限期改正违法行为通知书》（限改字［2016］00002××号)。此时的"限期改正"就是要求美亚开发公司补办土地及建设手续；也符合某某市政府要求"先挂账、后补办"即先开工建设后补办手续的实质性行政许可。直至约一年两个月的 2017 年 6 月 21 日某某市住建局才作出《立案审批表》，2017 年 7 月 10 日才作出拆除行政处罚，直至过了约一年两个月才实施行政强拆(2019 年 2 月 1 日)，这些案件事实均有证据予以证明。2019 年 2 月 1 日突然实施行政强拆而一改保护存续或允诺初衷的原因不明。

某某市政府"先挂账，后补办"为实质性行政许可。其实质性行政许可或行政惯例、允诺为行政机关先行行为，以及签订《补充协议》的行政协议以形成"行政职责"。

最高人民法院行政判决书［2018］最高法行再205号载：政府会议纪要议定的职责属于政府法定职责——坤元公司诉福州市长乐区政府不履行法定职责案认为：“本院认为，本案的焦点问题为长乐区政府是否存在不履行职责的行为。具体分述之：一、关于政府会议纪要议定的事项是否属于法定职责的问题《中华人民共和国行政诉讼法》第十二条规定，人民法院受理公民、法人或者其他组织提起的下列诉讼：（六）申请行政机关履行保护人身权、财产权等合法权益的法定职责，行政机关拒绝履行或者不予答复的。第七十二条规定，人民法院经过审理，查明被告不履行法定职责的，判决被告在一定期限内履行。显然，此处的‘法定职责’的渊源甚广，既包括法律、法规、规章规定的行政机关职责，也包括上级和本级规范性文件以及‘三定方案’确定的职责，还包括行政机关本不具有的但基于行政机关的先行行为、行政允诺、行政协议而形成的职责。”

一般认为“信赖保护原则”的含义指基于维护法律秩序的安定性和保护社会成员正当利益的考虑，当社会成员对行政程序中的某些因素的不变性形成合理信赖，并且这种合理信赖值得保护时，行政主体不得更改这些行政程序或更改行政程序后合理补偿社会成员的信赖损失。

中共中央、国务院《关于完善产权保护制度依法保护产权的意见》（2016年11月4日）规定：“七、完善政府守信践诺机制　大力推进法治政府和政务诚信建设，地方各级政府及有关部门要严格兑现向社会及行政相对人依法作出的政策承诺，认真履行在招商引资、政府与社会资本合作等活动中与投资主体依法签订的各类合同……”

就美亚小区楼盘而言，某某市政府应当履行2014年4月10日与美亚代表签订的《补充协议》第3条关于“甲方充分理解乙方的投资诚意，将积极推进土地收储及出让工作，力争于2014年8月1日前完成一期起步区690亩用地的‘招拍挂’出让工作……”的约定，继续完成某让2014-14、-15的招拍挂、出让土地工作，进而补办小区项目建设所需五证（实际现可为四证）。

（四）关于“没收处罚”违反“一事不再罚”的论证问题

2017年6月13日，某某市国土局对美亚开发公司作出了某国土资察字［2017］91号没收行政处罚，其根据《土地管理法》（2004年）第76条“未经批准或者采取欺骗手段骗取批准，非法占用土地的，由县级以上人民政府土地行政主管部门责令退还非法占用的土地，……对符合土地利用总体规划的，没收在非法占用的土地上新建的建筑物和其他设施，可以并处罚款……”决定没收上述机场配套设施项目的新建的建筑物和其他设施且并处罚款。对此，美亚开发公司已经缴纳了罚款，建筑物是否移交某某市财政局情况不明。

2017 年 7 月 10 日，某某市住建局作出某住建［2017］罚字第 012 号拆除行政处罚，决定责令美亚开发公司于 2017 年 7 月 16 日前自行拆除上述违法建设的房屋。

一般认为，一事不再罚原则，是指行政机关对违法行为人的一个违法行为，不得以同一事实和同一依据，给予两次以上的行政处罚。《行政处罚法》（2017 年）第 24 条规定：“对当事人的同一个违法行为，不得给予两次以上罚款的行政处罚。”这是“一事不再罚”原则的法律依据。司法实践中，人民法院审查行政行为的合法性，也适用“一事不再罚”原则。

举一例说明，在海南省高级人民法院审理的三亚甲公司与三亚市水电局行政处罚案中，法院观点认为：水电局的行为违反《行政处罚法》第 51 条的规定，即：当事人逾期不履行行政处罚决定的，行政机关可以采取加处 3%罚款等三种方式处理，未规定可以再次作出处罚决定。因此，水电局第二次处罚违反法定程序。同时，对同一栋建筑物同时存在两个有效的处罚决定，亦有悖法理。

对同一栋建筑物作出两个有效的处罚决定，不仅有悖法理，同一行政级别的后一行政机关作出的处罚决定如否定前一行政处罚决定，后一行政处罚决定的效力就存在违法或无效的问题。对同一新建的建筑物和其他设施，行政机关先行作出了没收行政处罚，其他行政机关后又对这同一新建的建筑物作出拆除行政处罚，这就存在以下问题：其一，前一没收行政处罚已经生效，且已经执行（是否执行完毕不影响其法律效力的既定力，行政处罚决定书一经送达，即发生法律效力），后一拆除行政处罚根本无权对已经生效的其他同级行政机关作出的行政处罚决定予以否定，因而其作出的拆除行政处罚是违法或无效的；其二，对同一新建的建筑物没收行政处罚是保留房屋依法再行处置，拆除行政处罚是毁灭新建的建筑物，二者处置新建建筑物方式是矛盾关系，后一拆除行政处罚须予以撤销。

综上，不同行政机关不得对同一个违法行为给予先后两次以上相互矛盾的行政处罚，某某市住建局作出的拆除行政处罚当然违反“一事不再罚”原则。

法律和行政规章对没收财物作出了必须执行的规定。《行政处罚法》第53条第1款规定：“除依法应当予以销毁的物品外，依法没收的非法财物必须按照国家规定公开拍卖或者按照国家有关规定处理。”

《国土资源行政处罚办法》（国土资源部令第60号）第35条规定：“国土资源主管部门作出没收矿产品、建筑物或者其他设施的行政处罚决定后，应当在行政处罚决定生效后九十日内移交同级财政部门处理，或者拟订处置方案报本级人民政府批准后实施。法律法规另有规定的，从其规定。”

依据以上规定，没收行政处罚决定一经送达即产生法律效力，本案涉及的没收的建筑物已经是行政机关控制下的公开拍卖资产，该资产可以为国有或潜在的拍卖等买受人所有。如果，某某市政府继续批准强拆，可能会涉嫌滥用职权、故意毁坏公私财物罪等问题。专家们强调：请某某市政府一定依法行政，不要再作出批准强拆或亲自组织实施强拆的决策！

（五）自行强拆未依法定期限进行再行强拆没有法律依据

某某市政府自行组织实施强制拆除行为主体违法。某某市政府在美亚业主提起的行政复议答复书中陈述：2019年2月1日，答复人组织了各职能部门……对该公司的违法建筑4号楼予以强制拆除，拆除4号楼共162套，建筑面积约7350平方米，小区大门面积432平方米，四合院面积1464平方米。

《海南省查处违法建筑若干规定》第10条第1款规定：“城镇违法建筑当事人逾期不拆除的，负有查处职责的机关应当在五个工作日，将逾期未拆除的情况报告城镇违法建筑所在地市、县（区）、自治县人民政府。市、县（区）、自治县人民政府应当在十个工作日内责成有关行政执法机关实施强制拆除。”根据该地方性法规规定，某某市政府应该依法责成有关行政执法机关实施强制拆除，按照职权法定原则，实施强制拆除的主体只能是法定主体的某某市综合行政执法局，某某市政府作为批准机关，同时也是监督执法活动是否合法的机关，根本无权直接实施强制拆除，其实施强制拆除行为无法律授权，该主体违法。

超过批准行政自行强拆法定期限不能再行批准。某某市政府和相关职能部门超过强拆执行期限不能再行行使批准和实施对美亚小区楼盘进行强拆的职权。拆除行政处罚责令美亚开发公司于2017年7月16日前自行拆除违法建设美亚小区楼盘。2017年7月24日，某某市住建局发布了关于强制拆除违法建筑的公告，决定于2017年7月30日后向某某市政府申请批准对上述违法建设的房屋等建筑物实施强制拆除。该强拆公告发布后，在长达一年半时间内，某某市政府未批准向美亚小区楼盘批准行政强制拆除行政行为。

根据《海南省查处违法建筑若干规定》第 10 条第 1 款的规定，某某市政府最迟应于 2017 年 8 月 14 日作出批准决定实施行政强制拆除，而某某市政府时至 2019 年 2 月才组织实施行政强拆的拆除行政行为已经明显超过法定期限（是否批准强拆情况不明）。

《行政强制法》第 44 条规定："对违法的建筑物、构筑物、设施等需要强制拆除的，应当由行政机关予以公告，限期当事人自行拆除。当事人在法定期限内不申请行政复议或者提起行政诉讼，又不拆除的，行政机关可以依法强制拆除。"

程序正当即严格按照法定程序办事是依法行政法律原则的内容之一，超过法定期限实施自行行政强制拆除活动违反了依法行政法律原则。《行政强制法》未规定行政机关自行实施行政强制拆除的法定期限，但其第 44 条规定"行政机关可以依法强制拆除"；海南省地方性法规的《海南省查处违法建筑若干规定》第 10 条第 1 款规定"人民政府应当在十个工作日内责成有关行政执法机关实施强制拆除"，因此，某某市政府应当适用地方性法规规定。有观点认为，超过法定期限不能再行强制执行，行政机关应当撤销原行政处罚决定，重新立案调查作出行政处罚决定，再依法强制拆除，但，即使可以如此，本案因后于没收行政处罚，也不能再启动行政处罚程序。

二、关于美亚小区楼盘"改正"或"没收"合法化路径论证

（一）关于业主善意占有房屋的问题

《海南省行政处罚听证程序规定》（1997 年）第 3 条第 1 款、第 4 款规定："听证参加人包括当事人、案件调查人员和其他听证参加人。""本规定所称其他听证参加人是指证人、第三人、鉴定人和翻译人员等。"第 8 条第 3 项规定："听证员履行下列职权：……（三）通知证人和与案件的处理有利害关系的第三人。决定证人作证，决定听证参加人补充证据，决定延期、中止或者终止听证。"

2017 年 7 月 10 日某某市住建局作出拆除行政处罚决定前美亚开发公司已经将房屋销售给了美亚业主，行政机关在行政处罚作出前后不通知美亚业主和告知其救济权利，这一系列行政行为不符合法律规定。

在美亚业主购买房屋前后时间段里，某某市政府管辖范围内及其官网也没有公告、公示过关于美亚小区楼盘为无“五证”的楼盘，以及被行政处罚过的信息。美亚业主购买房后，某某市行政机关公布的“五证”不齐楼盘名单里也没有美亚开发公司销售的美亚小区楼盘为“五证”不全信息等。美亚业主购房前通过调查了解到美亚小区楼盘符合某某市土地利用总体规划、符合《某某通用航空旅游度假区控制性详细规划》，土地已经通过农转用批准，且作为重点项目的土地和建设手续可补办性事实情况等，才作出判断与美亚开发公司签订了认购协议并交纳了购买款。因此，美亚业主不知自己无占有房屋的权利且无重大过失……通过这一系列行为可判断美亚业主购买美亚小区楼盘属于善意占有房屋。

美亚业主在其主张权利进行行政复议和行政诉讼活动期间，以及人民法院未终审判决前或未解决本案争议前，善意占有并居住使用房屋具有正当性。某某市政府应当保护他们居住使用的权利，并促使有关职能部门和公共服务单位完善水、电全天供应并开通电梯解决老年人上下楼方便等问题，以体现对人民群众生活的关怀！

（二）“没收”与“改正补办手续”两条合法化路径论证

虽然，“没收”也需要将建设用地依法处置并完善相关规划、建设手续的合法化路径后才能进行拍卖等，或拍卖后完善规划、用地、建设手续使项目的合法化。但，“没收合法化”路径首先是在对没收行政处罚的效力确认的前提下进行，并依据《行政处罚法》第 53 条第 1 款、《国土资源行政处罚办法》（国土资源部令第 60 号）第 35 条的规定等，如按照国家规定公开拍卖或者按照国家有关规定处理、应当在行政处罚决定生效后 90 日内移交同级财政部门处理，或者拟订处置方案报本级人民政府批准后实施等。

而“改正补办手续”是否具有可操作性，要受行政机关目前所持有的有关证据材料是否与专家们的推定完全相符所制约（实际上某某市政府及职能部门政府信息公开里，目前美亚业主已经持有的也无法查询到），也受某某市政府上级行政机关的制约等。如某让 2014-14、-15 地块农转用已经实际批准，只因某某市政府及有关职能部门未安排挂牌出让等，“改正补办手续”在具有其他行政许可等条件下是具备可操作性的。当然，希望某某市政府及职能部门实事求是，遵循行政比例原则（行政比例原则是指行政主体实施行政行为应兼顾行政目标的实现和相对人权益的保护），依法、合理、合情化解本案矛盾。

综上，专家们指出，根据信赖保护原则，在本案中，政府承诺的事项（协议约定的义务）应当积极履行；政府未履行承诺因而造成不良后果，不应由相对人及利害关系人承担；由此造成的不良后果，能补救的应当积极补救，不能补救的，亦应尽量保护相对人及利害关系人的合法权益；同时，根据政府具体行政行为合法性原则，政府的具体行政行为，应当具有合法性，否则，将因不具有合法性，失去可执行效力。而其合法性，不仅包括事实认定、证据运用、法律依据合法，还包括程序合法。本案涉及具体行政行为决定听证程序，公告、复议程序的保障问题，具体行政行为违法的可诉性保障问题；此外，还有行政一事不再罚的原则适用问题。诸如上述问题，相关政府部门，应尽量从严格要求政府具体行政行为合法性出发，从保护政府信赖当事人及利害关系人的合法权益出发，从有利于保护公民的善意取得利益出发，从有利于促进社会稳定出发，慎重地、妥善地处理本案问题。专家们相信，在当前法治政府要求的大环境下，本案一定会得到正确的处理。

【瞽言刍议】

本案论证的是因政府行政行为引发案涉房屋强拆的行政纠纷案件，是一起较为重大复杂的行政纠纷案件。专家们紧紧抓住行政合法性和保障当事人政府信赖保护利益原则这个纲，层层展开，提出了合情、合法、合理的解决方案，以达到维护行政法治、保障当事人合法权益，实现公平正义的根本目的。

36. 某某公司与辛某某回迁协议纠纷案

【论证要旨】

专家们一致认为，第 4××号判决证据不足，认定事实错误，适用法律不当，判决结果不公正，依法应当纠正；内蒙古自治区人民检察院内检民（行）监［2017］150000000××号民事抗诉书的抗诉意见，应当得到支持。

【案涉简况】

论证委托方：内蒙古某某律师事务所。

论证事项：应否对案涉判决的抗诉予以支持。

参加论证的专家：中国政法大学、中国人民大学法学院、国家检察官学院等五名权威民事法学教授。

委托方提供的案件材料：

1. 某某房地产开发有限责任公司（以下简称“某某公司”）和辛某某签订的《城市房屋拆迁产权调换协议书》；

2. 某某家园广告图；

3. 某某二期设计图；

4. 内蒙古自治区乌兰浩特市法院［2012］乌民初字第 7××号民事判决书；

5. 内蒙古自治区兴安盟中级人民法院［2013］兴民终字第 1××号民事判决书；

6. 内蒙古自治区高级人民法院［2014］内民申字第 2××号民事裁定书；

7. 内蒙古自治区兴安盟中级人民法院［2013］兴中法民再字第×号民事裁定书；

8. 内蒙古自治区乌兰浩特市法院［2014］乌民初字第 26××号民事判

决书；

9. 内蒙古自治区兴安盟中级人民法院［2015］兴民终字第4××号民事判决书；

10. 内蒙古自治区高级人民法院［2016］内民申字第1××号民事申请再审案件应诉通知书；

11. 内蒙古自治区乌兰浩特市法院［2016］内2201民初28××号民事判决书；

12. 某某公司诉讼代理律师的代理词；

13. 某某公司的民事抗诉申请书；

14. 内蒙古自治区人民检察院内检民（行）监［2017］150000000××号民事抗诉书；

15. 内蒙古自治区高级人民法院［2017］内民抗××号民事裁定书；

16. 关于某某公司与辛某某房屋拆迁安置补偿合同纠纷一案的案情简介；

17. 某某公司的“为停访息讼法院竟然作出有悖事实和法律的判决，渴望监督纠正”。

以上材料都是复印件。委托方对这些材料的真实性和来源的合法性负责。

【论证意见】

委托方内蒙古某某律师事务所就本案民事纠纷问题，请求对该案进行法律专家论证、提供专家论证意见。受托方审阅委托方提交的案件材料之后，认为符合进行专家论证的条件，邀请了中国政法大学、中国人民大学、国家检察官学院的相关专家学者，于2017年7月3日在北京举行了专家论证会。委托方有关人员参加了论证会，向专家们介绍了案件情况，并接受了专家们的询问，回答了专家们提出的问题。与会专家们在深入研究讨论的基础上，形成本论证意见，供委托方和有关司法机关参考。

与会专家经过深入研究讨论，形成以下一致意见：

内蒙古自治区兴安盟中级人民法院［2015］兴民终字第4××号民事判决书（以下简称“第4××号判决”）认定事实错误，适用法律不当，应当予以纠正。

以下是具体的理由和根据：

一、第4××号判决认定某某公司“未按双方约定位置”向辛某某交付门市房，“辛某某主张其回迁安置商业楼位置朝向为西侧南向第1户（现标注为西侧2号）商业楼的事实成立，本院予以确认”并且以此为基础判决将某某公司开发的某某二期一号楼西侧南向第一户229.72平方米附带地下室归辛某某所有，明显违背《城市房屋拆迁产权调换协议书》中的相关约定，没有合同依据，缺乏基本证据，判决缺乏事实依据，不能成立

对此，有三点根据和理由：

（一）双方当事人之间的《城市房屋拆迁产权调换协议书》是合法、有效的合同，应当以该合同中关于回迁安置房的条款作为审判当事人之间纠纷的根据

用《合同法》第三章“合同的效力”的规定衡量《城市房屋拆迁产权调换协议书》（以下简称《产权调换协议书》），该协议书是合法、有效的合同，重审两审判决也都确认该协议合法有效。

经查，某某公司和辛某某签订的《产权调换协议书》第2条“被拆迁房屋产权调换安置方式”和第7条是当事人双方关于回迁安置房的约定。因此，这两个合同条文是认定当事人之间关于回迁安置房权利义务的合同依据。

《产权调换协议书》第2条第1款约定，某某公司作为甲方，向辛某某“提供位于某某二期西侧一号楼六单元502号，建筑面积80平方米/60平方米，用途商业/住宅”。

《产权调换协议书》第7条第1款约定：“产权调换后，乙方应回迁50平方米门市楼（一层）差异部分按1000元/平方米计算，多退少补。住宅应回迁60平方米双方互不找差价。（有地下室）”

既然《产权调换协议书》是合法、有效的合同，而根据《合同法》的规定，依法成立的合同对当事人双方具有法律约束力，因此，该协议书中的这两个合同条款是认定双方当事人之间关于回迁安置房权利义务的合同依据。对于双方当事人关于商业门市楼房的争议，依法应当按照《产权调换协议书》的这些约定，认定各方的权利和义务。

（二）《产权调换协议书》不仅对双方当事人具有法律约束力，人民法院也无权脱离或者违背有效合同，支持当事人没有合同依据的诉讼请求

两审判决均确认该协议是合法、有效的合同，就是确认其是全部有效的合同。

《合同法》第 8 条第 2 款规定："依法成立的合同，受法律保护。"据此，不仅合同当事人应当按照合同享有权利、承担义务，人民法院也无权在有效合同约定之外确定当事人的权利义务。

经查，虽然《产权调换协议书》第 3 条第 3 项约定了 30 000 元增加面积差价款，但是，其第 7 条第 1 款又明确约定"产权调换后：乙方应回迁 50 平方米门市楼（一层）差异部分按 1000 元/平方米计算，多退少补"。从合同文义解释、整体解释等解释方法角度讲，第 3 条在前，第 7 条在后，在后的条款与在前的条款含义不同的，在后的条款具有对在前的条款具体化、明确化的意涵和效力。因此，《产权调换协议书》第 7 条第 1 款的约定，应当是双方当事人关于回迁商业房屋面积的具体化、明确化的约定。从该款的内容看，"50 平方米"是具体面积，而"差异部分多退少补"则是处理门市楼房屋面积误差的明确约定。也就是说，双方当事人在该协议中已经约定了门市楼房屋的面积以"50 平方米"为准，一旦房屋面积实物和该约定面积有差异，按照 1000 元/平方米的标准，采用"多退少补"的方法处理差异部分。换言之，将来，甲方提供的门市房屋的面积，达到 50 平方米，即符合第 7 条第 1 款关于门市房屋面积的约定；提供的房屋面积不足 50 平方米的，才构成违约。

（三）第 4××号判决将"某某二期"西侧南向一号商业门市楼房 229.72 平方米及门市楼房附带地下室判归辛某某所有，没有合同依据，明显缺乏证据支持，判决的理由不能成立

如上所引《产权调换协议书》之条款，当事人双方已经明确约定"产权调换后，乙方应回 50 平方米门市楼（一层）差异部分按 1000 元/平方米计算，多退少补"。在该协议履行过程中，某某公司提出，向辛某某提供 53.7 平方米的商业房屋，辛某某在原审一、二审（乌兰浩特市法院［2012］乌民初字第 7××号民事判决、兴安盟中级人民法院［2013］兴民终字第 1××号民事判决）中，要求某某公司交付 80 平方米的商业房屋，原审两审判决也都支持了辛某某 80 平方米商业房屋的诉讼请求。尽管原审判决被兴安盟中级人民法院［2013］兴中法民再字第×号民事裁定撤销，但是，《产权调换协议书》

关于回迁门市楼房屋面积的约定证据确凿，不容否定；辛某某在原审中诉请80平方米的门市房屋，也属于客观事实。

重审一审时，辛某某请求某某公司交付案涉229.72平方米的门市房，属于没有合同依据的诉讼请求，乌兰浩特市法院［2014］乌民初字第26××号民事判决（以下简称“第26××号判决”）没有支持其诉讼请求。

重审二审法院第4××号判决背离《产权调换协议书》中关于回迁门市屋面积和位置的约定，认为“辛某某主张其回迁安置商业楼位置朝向为西侧南向第1户（现标注为西侧2号）商业楼的事实成立”（见该判决书第15页），从而把229.72平方米的商业房屋判归辛某某。

该判决，存在三个实质性错误：

第一个错误：《产权调换协议书》中并没有关于以“户”来确定回迁商业房屋的面积和位置的约定，第4××号判决却毫无证据地支持辛某某的请求。

辛某某主张其回迁安置商业楼位置和朝向为西侧南向第1户，属于没有合同依据和事实依据的主观诉求，而第4××号判决却在确认《产权调换协议书》合法、有效的同时，抛弃该协议书中关于回迁商业房屋面积和位置的相关约定，以“户”为根据，确定回迁商业房屋的面积和位置，没有任何证据支持。

第二个错误：适用最高人民法院《关于审理商品房买卖合同纠纷案件适用法律若干问题的解释》（2003年，本文下同）第3条错误。

该条是关于商品房销售广告和宣传资料与要约关系的规定。但是，本案中，《产权调换协议书》成立于2009年11月11日，而《乌兰浩特市天桥广告》刊登的某某二期楼盘销售广告是2010年3月10日，此时，该协议书早已成立、生效，之后的广告与之前订立合同阶段的要约毫无关系。第4××号判决援引上述司法解释第3条作为支持辛某某无合同依据的请求的法律根据，无疑是认为2010年3月10日的某某二期楼盘销售广告构成2009年11月11日成立的《产权调换协议书》的要约（见该判决书第14页至第15页）。然而，双方当事人于2009年11月11日签订《产权调换协议书》时，还没有某某二期楼盘销售广告，不存在的广告无论如何也不能够成为已经成立的合同的要约。第4××号判决的这一认定，显然是颠倒时间，错认因果，与案件事实不符，错误适用法律。

第三个错误：《产权调换协议书》第7条第1款明确约定辛某某“乙方应

回迁50平方米门市楼”，第4××号判决违背该合同，以房屋朝向问题混带房屋面积，判决某某公司向辛某某交付229.72平方米，缺乏合法依据。

本案当事人争议的房屋朝向，与房屋的面积是不同的两个问题。朝向问题有争议，问题出在《产权调换协议书》约定不具体、不明确，而房屋面积问题，该协议中却有具体、明确的条款约定，二者泾渭分明，不应混为一谈。即使在房屋朝向问题上应作出对辛某某有利的解释和判决，那么在房屋面积上也应作出合理、合法的认定。第4××号判决在房屋面积问题上的判决，没有合同依据，既不合理也不合法。

由上可见，第4××号判决背离当事人之间的合同，错误适用司法解释，在没有证据的条件下支持辛某某没有合同依据的诉讼请求，所以，认定事实错误，判决理由不能成立。

二、第4××号判决对于最高人民法院《关于审理商品房买卖合同纠纷案件适用法律若干问题的解释》有关条款的适用，存在根本性错误

该判决第18页记载，本案适用了最高人民法院《关于审理商品房买卖合同纠纷案件适用法律若干问题的解释》（以下简称《商品房纠纷解释》）第3条、第7条第1款、第14条第1款第2项等。该判决书的第14页至16页，也援引了这些司法解释。但是，结合本案事实分析研究这些条文，该判决在适用这些司法解释方面，存在与案件事实不符、前提条件不存在、适用条件阙如等错误。

（一）适用《商品房纠纷解释》第3条，存在与案件事实不符的错误

《商品房纠纷解释》第3条规定：“商品房的销售广告和宣传资料为要约邀请，但是出卖人就商品房开发规划范围内的房屋及相关设施所作的说明和允诺具体确定，并对商品房买卖合同的订立以及房屋价格的确定有重大影响的，应当视为要约。该说明和允诺即使未载入商品房买卖合同，亦应当视为合同内容，当事人违反的，应当承担违约责任。”

如前所论证，该条司法解释是关于商品房销售广告和宣传资料与商品房买卖合同要约关系的规定。其中，商品房的销售广告和宣传资料，出卖人就商品房开发规划范围内的房屋及相关设施所作的说明和允诺具体确定，并对商品房买卖合同的订立以及房屋价格的确定有重大影响的，应当视为要约，是确定销售广告和宣传资料构成“要约”的合理标准。尤其是“商品房的销

售广告和宣传资料对商品房买卖合同的订立以及房屋价格的确定有重大影响”这一界定，具有核心和根本性作用。也就是说，在订立商品房买卖合同过程中，出卖人的销售广告和宣传资料等“对商品房买卖合同的订立以及房屋价格的确定有重大影响的”，才“视为要约”。具体到本案，《产权调换协议书》成立于2009年11月11日，某某公司的“某某二期”销售广告发布于该协议成立之后的2010年3月10日，《产权调换协议书》的要约、承诺早已完成，该广告无论如何也不能穿越时间，逆返到当事人的合同订立过程而成为某某公司对辛某某的“要约”。因此，第4××号判决适用该条司法解释，时间错乱，显然不符合案件事实。

（二）第4××号判决认定的事实与《商品房纠纷解释》第7条第1款规定的前提条件相矛盾，适用该条款的前提条件不存在，因此，本案适用该款规定属于适用法律错误

从三个方面可以清楚地看出该判决的这一错误：

1. 按照《商品房纠纷解释》第7条第1款的规定，适用本款的前提条件是当事人在拆迁安置协议中“明确约定拆迁人以位置、用途特定的房屋对被拆迁人予以补偿安置”，即约定回迁房屋“特定化”，形成约定层面的“特定物”

《商品房纠纷解释》第7条第1款规定：“拆迁人与被拆迁人按照所有权调换形式订立拆迁补偿安置协议，明确约定拆迁人以位置、用途特定的房屋对被拆迁人予以补偿安置，如果拆迁人将该补偿安置房屋另行出卖给第三人，被拆迁人请求优先取得补偿安置房屋的，应予支持。”从该款的内容看，“明确约定拆迁人以位置、用途特定的房屋对被拆迁人予以补偿安置”是人民法院支持“被拆迁人请求优先取得补偿安置房屋”的前提条件。

2. 本案《产权调换协议书》对辛某某的回迁门市房的位置“约定不明确”、没有“特定化”，两审法院的判决也都确认了这一事实

首先，本案正是由于《产权调换协议书》对辛某某的回迁商业楼位置约定不明确，双方当事人各执一词才发生的纠纷。

其次，一审判决即第26××号判决明确地确认《产权调换协议书》对回迁门市房的位置约定不明确。该判决认定“关于双方争议的协议约定的辛某某回迁的某某二期西侧一号80平方米商业楼，是西侧西向的商业楼，还是西侧南向第一户商业楼”，“因回迁协议上未具体明确回迁商业楼房朝向”，“某某

公司应承担不利后果”，在认定该协议约定不明确的基础上，才“应认定”不维护某某公司的诉讼请求（见该判决书第10页）。

再次，二审判决即第4××号判决也确认了这一事实。该判决书第13页明确记载“本院经审理查明的事实除某某公司已交付辛某某住宅楼辛某某拒收外，其他事实与一审查明的事实一致，本院予以确认。”由此足以认为，二审判决也确认，回迁协议上未具体明确回迁门市房朝向，双方当事人发生纠纷的原因，就是《产权调换协议书》对辛某某回迁的是西侧西向的商业楼，还是西侧南向的门市房，约定不明确。

最后，第4××号判决书判定涉案229.72平方米楼房及地下室归辛某某，不是根据双方当事人《产权调换协议书》的约定，而是二审法院因该协议约定不明确，在错误适用《商品房纠纷解释》相关司法解释基础上背离当事人的合同作出的裁量。因此，该判决不是按照合同约定维护双方当事人的权利义务的结果，不能得出《产权调换协议书》明确约定某某公司以位置、用途特定的房屋对辛某某予以补偿安置，因而应适用《商品房纠纷解释》第7条第1款的结论。

3. 两审判决在确认《产权调换协议书》对回迁商业楼房约定不明确的条件下，适用《商品房纠纷解释》第7条第1款，不但自相矛盾，更重要的是，在确认的事实不具备该司法解释规定的前提下，适用法律错误

本案事实不具备该司法解释规定的前提条件，第4××号判决也确认《产权调换协议书》约定不明确，二审法院适用该司法解释认为辛某某对某某二期西侧南向第一户有优先权，明显适用法律错误。

（三）第4××号判决适用《商品房纠纷解释》第14条第1款第2项，存在法定适用条件阙如而导致适用法律不当的错误

该判决适用《商品房纠纷解释》第14条第1款第2项（以下简称“该项司法解释”），但是，本案事实和证据证明，本案缺乏该第14条规定的适用条件，不应适用该项司法解释，第4××号判决在案件欠缺法定适用条件的情况下适用该项司法解释，存在适用法律不当的错误。

1. 该项司法解释确定了适用条件，人民法院审判案件适用该项司法解释，应当满足其全部适用条件

《商品房纠纷解释》第14条规定：“出卖人交付使用的房屋套内建筑面积或者建筑面积与商品房买卖合同约定面积不符，合同有约定的，按照约定处

理；合同没有约定或者约定不明确的，按照以下原则处理：（一）面积误差比绝对值在3%以内（含3%），按照合同约定的价格据实结算，买受人请求解除合同的，不予支持；（二）面积误差比绝对值超出3%，买受人请求解除合同、返还已付购房款及利息的，应予支持。买受人同意继续履行合同，房屋实际面积大于合同约定面积的，面积误差比在3%以内（含3%）部分的房价款由买受人按照约定的价格补足，面积误差比超出3%部分的房价款由出卖人承担，所有权归买受人；房屋实际面积小于合同约定面积的，面积误差比在3%以内（含3%）部分的房价款及利息由出卖人返还买受人，面积误差比超过3%部分的房价款由出卖人双倍返还买受人。”

从该条的内容看，最高人民法院对适用该项司法解释明确规定了适用条件：

（1）须有出卖人向买受人“交付使用”房屋，但是房屋面积与合同约定有误差的客观事实。没有“交付使用”房屋事实的，或者交付的房屋的面积与合同约定的面积没有误差的，都不具备该条司法解释规定的适用条件。

“交付使用”就是将房屋的占有转移给买受人，由买受人占有。《商品房纠纷解释》第11条第1款对“交付使用”的含义有所规定，即“对房屋的转移占有，视为房屋的交付使用，但当事人另有约定的除外”。这一规定和该司法解释第14条中的“交付使用”有内在的逻辑关联，含义相通。

（2）须有出卖人向买受人“交付使用”的房屋的面积与房屋买卖合同约定的面积有3%以内或者超出3%的误差的事实。

（3）房屋买卖合同对“交付使用”的房屋面积误差的处理有约定的，按照约定处理；没有约定的，按照该项司法解释关于误差超出3%的具体规定予以处理。

（4）超出3%部分的房价款由出卖人承担，所有权归买受人的房屋，须是出卖人向买受人“交付使用”的房屋。即交付使用的、实际面积大于约定面积超出3%的那个房屋。

任何“完全的法律规范”都规定有本规范的适用条件，以便严格而又准确地适用法律处理相关纠纷案件。案件事实不能满足某个法律规范规定的适用条件的，就不能适用该法律规范处理该案件。否则，就会发生适用法律错误。

2. 本案事实不能满足《商品房纠纷解释》第14条规定的适用条件，不能适用该项司法解释关于面积超出3%的具体规定

原因很明显：

第一，两审判决均查明认定，某某公司提出向辛某某交付但是被辛某某拒收的门市房是53.7平方米，不是面积为229.72平方米的"某某二期"西侧一号门市楼房，所以，"某某二期"西侧一号门市楼房不是某某公司向辛某某"交付使用"且与合同约定面积有误差的房屋。因此，不能就229.72平方米的"某某二期"西侧一号门市楼房适用《商品房纠纷解释》第14条第2项的规定。

就本案而言，不存在某某公司向辛某某"交付使用"229.72平方米"某某二期"西侧一号商业门市楼房的事实。具体而言，就是不存在适用该项司法解释中"面积误差比绝对值超出3%，买受人同意继续履行合同，房屋实际面积大于合同约定面积的，面积误差比在3%以内（含3%）部分的房价款由买受人按照约定的价格补足，面积误差比超出3%部分的房价款由出卖人承担，所有权归买受人"的事实条件。所以，不具备适用该项司法解释的法定条件，第4××号判决就"某某二期"西侧一号229.72平方米的商业门市楼房适用该项司法解释，明显缺少法定的适用条件，适用法律错误。

第二，《产权调换协议书》第7条对回迁商品房的面积及其误差的处理，有具体的合同约定，依据《商品房纠纷解释》第14条的规定，应当按照约定处理当事人之间的争议。

《产权调换协议书》证实，本案属于该项司法解释规定的"合同有约定的，按照约定处理"的情况，因此，应当按照合同约定处理面积误差问题，不应当适用该项司法解释中关于面积"合同没有约定或者约定不明确的，按照以下原则处理"的规定。第4××号判决摒弃该协议书第7条的约定，违背了该项司法解释的规定，适用法律错误。

三、第4××号民事判决关于"某某二期"西侧一号门市楼房归于辛某某的判决，没有证据证明的事实，适用法律错误，有悖公平原则

本案当事人之间争议的焦点，一是房屋朝向，二是房屋面积。因为当事人之间订有合法、有效的合同，依据《合同法》第8条关于"依法成立的合同，对当事人有法律约束力""依法成立的合同，受法律保护"的规定，解决

争议的依据是《产权调换协议书》。就房屋朝向问题而言，虽然双方当事人各执一词，但是该协议书第 2 条明确约定是“某某二期西侧一号楼”、某某公司向辛某某提供、辛某某拒收的也是“某某二期西侧一号楼”的房屋。就房屋面积而言，《产权调换协议书》第 2 条第 1 款约定商业房面积 80 平方米，但是，第 7 条第 1 款又明确约定，产权调换后，辛某某应回迁 50 平方米门市楼。而“某某二期”西侧一号商业楼房既不是合同约定的房屋，也不是某某公司向辛某某“交付使用”的房屋。从本案事实看，“某某二期”西侧一号商业楼房不能等同于《产权调换协议书》第 2 条第 1 款约定的“某某二期西侧一号楼”，辛某某关于面积的诉讼请求违背《合同法》第 5 条的“公平原则”，第 4××号判决在没有证据支持、错误适用法律的情况下，支持其诉求，将与合同约定面积无关的房屋面积判归辛某某所有，导致双方当事人的权利义务在没有合法根据的条件下严重失衡，同样违背了“公平原则”。

综上所述，专家们一致认为，第 4××号判决证据不足，认定事实错误，适用法律不当，判决结果不公正，依法应当纠正；内蒙古自治区人民检察院内检民（行）监［2017］150000000××号民事抗诉书的抗诉意见，应当得到支持。

以上意见供委托方和有关司法机关参考。

【瞽言刍议】

这是一起较为复杂的民事案件。专家论证紧紧抓住应当以该有效合同中案涉条款作为审判当事人之间纠纷的根据这个纲，依据案涉证据证明的事实，揭示案涉判决违背该合同条款约定的实质，得出案涉判决应予纠正的论证结论。这是本案论证的一个亮点。

37. 某某能源集团、某某煤矿、某某煤炭公司与陕西某某公司侵权责任纠纷申诉案

【论证要旨】

原告方举证不足以证明案涉设备的所有权和使用权被被告侵占，被告不应承担侵权责任。

【案涉简况】

申诉人：内蒙古某某能源科技集团有限责任公司；

论证受托方：中国政法大学法律应用研究中心。

委托论证的事项：内蒙古某某能源科技集团有限责任公司应否承担案涉侵权责任。

参加论证的专家：中国政法大学、中国人民大学法学院等三名民事法学权威教授。

委托方向专家们提供了如下材料：

1. 内蒙古自治区乌海市海南区人民法院一审阶段材料：

（1）民事起诉状；

（2）原被告证据清单及对应证据材料；

（3）代理词；

（4）乌海市海南区人民法院作出的［2018］内0303民初12××号民事判决书。

2. 内蒙古自治区乌海市中级人民法院二审阶段材料：

（1）上诉状；

（2）上诉人证据清单及对应证据材料；

（3）代理词；

（4）乌海市中级人民法院作出的［2019］内03民终3××号民事判决书。

3. 其他相关材料。

以上材料均为复印件，委托方对上述材料的真实性和来源的合法性负责。

案件基本情况：

2019年6月12日，内蒙古自治区乌海市中级人民法院作出的［2019］内03民终3××号民事判决书对内蒙古某某能源科技集团有限责任公司（以下简称“某某能源集团”）、乌海市某某煤矿（以下简称“某某煤矿”）、内蒙古某某工贸集团某某有限公司（以下简称“某某煤炭公司”）与陕西某某矿业有限责任公司（以下简称“陕西某某公司”）侵权责任纠纷案作出终审判决，判决驳回某某能源集团的上诉请求，维持一审原判，即由某某能源集团支付陕西某某公司货款人民币15 933 627元及相应利息。申请人某某能源集团对原审终审判决不服，认为其没有实施侵权行为，不应当承担侵权责任。申请人申请内蒙古自治区高级人民法院对乌海市中级人民法院作出的［2019］内03民终3××号民事判决依法监督再审。

本案被申诉对象陕西某某公司作为原告于2014年7月25日向内蒙古自治区乌海市海南区人民法院提交《民事起诉状》。其以某某能源集团与某某煤矿、某某煤炭公司为共同被告。起诉称：2010年11月之前，陕西某某公司在被告二某某煤矿（被告二系个人独资企业，投资人是高某某）的矿井中投入采煤机、刮板输送机等采煤设备价值1800多万元，为被告二某某煤矿从事井下有偿采煤服务。2010年11月份，被告二某某煤矿将80%的股权转让给被告一某某能源集团，被告一某某能源集团成为被告二某某煤矿的绝对控股股东，并控制被告二某某煤矿的一切生产经营活动。2010年12月，被告一某某能源集团和原告取得联系，将被告二某某煤矿的井下采煤工作再次承包给原告，被告一某某能源集团、被告二某某煤矿将原告编制为被告二某某煤矿的采煤队。2011年6月25日原告和被告二某某煤矿签订了《某某二矿安全生产经济责任考核方案》（以下简称《方案》）。《方案》第1条第1款第3项约定“工期（考核期）2011年6月25日至2011年12月25日”，第10条第2款约定“采煤队（原告）投入的设备由矿方（被告二某某煤矿）租赁，租赁费与产量挂钩”；第10条第6款约定“考核期满后采煤队投入的全部设备，可以根据矿方的需要并符合行业标准，经双方评估作价后交付矿方，矿方同时支付采煤队设备款，矿方不需要的设备或不符合行业标准的设备由采煤队自行处理”。考核期满后，原告于2012年4月6日、4月25日分别将投入的设备移交给了被告二某某煤矿。2012年7月20日，被告一某某能源集团、被告二某某煤矿分别将原告投入被告二某某煤矿的设备委托资产评估事务所进行评估（其中，被告一某某能源集团评估原告的设备价值15 969 827元，被告二某某煤矿评估原告的设备价值4 035 636元），将所评估的设备分别作为自己的固定资产出资重新注册了新的公司被告三某某煤炭公司，并将评估的设备转让给了被告三某某煤炭公司。原告投入的设备到现在为止一直由被告二某某煤矿、被告三某某煤炭公司经营使用。原告和三被告多次协商偿还设备款事宜，三被告明确表示对原告投入的设备不予处理。后原告提起诉讼，请求被告一偿还原告设备款15 969 827元及相应利息，并请求被告二和被告三承担连带清偿责任。

本案一审经乌海市海南区人民法院审理后于2019年2月13日作出[2018]内0303民初12××号民事判决书。一审法院审查认为原告陕西某某公司法定代表人文某某将采煤设备租赁给被告某某煤矿为其提供有偿采煤服务，并将采煤设备移交被告某某煤矿，系双方当事人的真实意思表示，双方签订的《某某二矿采煤队安全生产经济责任考核方案》，本院予以确认。被告某某能源集团、某某煤矿明知该批采煤设备为原告所有，却将原告租赁给被告某某煤矿的采煤设备作为自己的资产分别委托资产评估事务所进行评估，并将所评估的设备出资注册新公司，已经侵害了原告的合法权益。因原告的设备已经作为资产被注册，已不存在返还的情形，根据《侵权责任法》第19条“侵害他人财产的，财产损失按照损失发生时的市场价格或其他方式计算”的规定，原告要求按照2012年7月10日由二被告委托阿拉善盟德众资产评估事务所做出阿德众评[2012]48号、49号资产评估报告书予以确认价格，经本院核实，阿德众评[2012]48号评估44项设备金额为15 933 627元，阿德众评[2012]49号评估11项设备金额为270 640.4元，故被告某某能源集团应赔偿原告设备款15 933 627元，被告某某煤矿应赔偿原告设备款270 640.4元。某某能源集团对一审判决不服并向乌海市中级人民法院提出上诉。乌海市中级人民法院于2019年6月12日作出[2019]内03民终3××号民事判决书，驳回上诉维持原判决。某某能源集团对原审终审判决不服，于2019年7月4日向内蒙古自治区高级人民法院提交《再审申请书》，申请内蒙古自治区高级人民法院依法对此案再审。

【论证意见】

为正确评价某某能源集团与陕西某某公司的侵权责任纠纷案件的性质及相关证据事实，依法维护申诉人的合法权益，特委托本中心聘请三位民事法学专家，就本案争议法律关系与再审申诉事项等问题进行咨询、论证，并出具专家论证法律意见书。2019 年 9 月 7 日，在京召开了论证会，三位专家均出席会议。经认真讨论研究，形成本论证意见，供委托人和相关司法机关参考。

与会专家在认真审读委托方提供的案卷材料和听取其对案件情况与材料介绍的基础上，根据我国现行的法律、法规和司法解释的规定，结合法学理论与实践，本着客观中立的态度就本案涉及的主要问题进行了充分、严谨的论证，并形成以下一致的论证意见：

（一）用益物权的客体里没有动产，陕西某某公司对案涉动产设备不享有用益物权，陕西某某公司作为侵权案件的原告主体不适格

陕西某某公司于 2013 年 10 月 16 日盖章的《某某二矿资产表》明确载明，案涉设备归白某某所有，陕西某某公司并非案涉动产设备的所有权人。陕西某某公司对案涉设备也不享有用益物权。用益物权只能针对不动产，例如土地承包经营权、建设用地使用权、宅基地使用权、地役权、自然资源使用权（海域使用权、探矿权、采矿权、取水权和使用水域、滩涂从事养殖、捕捞的权利）。用益物权的客体里没有动产，《物权法》第 117 条将动产纳入用益物权范围，仅仅是预留了通过特别法设立动产用益物权类型的空间，并不意味着可以将某些动产的用益关系解释为“用益物权”。乌海市中级人民法院认为动产也可以有用益物权的说法不准确。

可见，陕西某某公司对案涉设备既没有所有权，也不享有用益物权，其作为侵权案件的原告主体不适格。

（二）案涉设备为种类物，某某能源集团只是抄用了陕西某某公司的设备明细表，不能因此就认定某某能源集团将陕西某某公司的设备评估、注册、出资成立了某某煤炭公司，某某能源集团抄用设备明细表的行为不构成侵权

原审法院因为某某能源集团评估的设备与陕西某某公司主张侵权的设备一致就认为某某能源集团评估了陕西某某公司的设备的做法错误。

某某能源集团的行为不符合侵权责任的法律构成要件。

侵权责任的构成要件为侵权违法行为、损害事实、因果关系、主观过错四要件，四者缺一不可。

（1）其中损害事实的两个构成要素，一个是权利被侵害，另一个是权利被侵害而造成的利益损失，两个构成要素缺少任何一个，都不是侵权法意义上的损害事实，都不符合侵权责任构成要件的要求〔1〕。

本案中，陕西某某公司对案涉设备的权利并没有因为某某能源集团的抄用、评估、注册行为而受到任何侵害，也没有因此遭受任何财产损失。

文某某当时与某某能源集团合作，被编制为被告乌海市某某煤矿的采煤队，承包了井下的采煤工作，并负责提供、安装采煤设备，每采出一吨煤文某某收取50元采煤费用。也就是说，地面上和井下的设备一直是由文某某所支配，后由于骆驼山透水事故，政府下令整改导致被告乌海市某某煤矿关闭，双方的合作终止，因政策这一不可抗力因素造成的双方损失，应当各自承担。文某某本应尽快取出井下设备，并带走地面上的设备，来减少自己的损失，但是这么多年其没有采取任何补救措施，所以文某某所谓的损失是因为政策以及文某某自身的原因导致，并不是因为某某能源集团的抄用行为而造成，本案没有侵权责任构成要件所必需的损害事实。

（2）因果关系的概念是指违法行为作为原因，损害事实作为结果，在它们之间存在的前者引起后者、后者被前者所引起的客观联系〔2〕。

本案中，评估、注册、出资行为与某某能源集团的损失之间没有因果关系，某某能源集团只是抄用了案涉设备的明细表，并没有评估、注册、出资案涉的设备，也没有占有、使用、收益、处分案涉的设备，并不影响也没有损害陕西某某公司对设备享有的权益。所以，本案没有侵权责任构成要件所必需的因果关系。

（3）一个不可否认的事实是：案涉设备仍客观存在，其损坏亦并非为某某能源集团行为所致，其设备明细即使被抄用，但其设备产权并没有因此而被侵害，并没有因此而被他人过户、控制和使用、受益，设备的产权人、使用人的权益并没有失去，侵权事由缺乏应有的事实根据。

---

〔1〕详见杨立新：《侵权法论》（第4版），人民法院出版社2011年版，第169页。

〔2〕详见杨立新：《侵权法论》（第4版），人民法院出版社2011年版，第175页。

(4) 陕西某某公司的设备堆放在井下的部分，因其始终掌握控制权和使用权，其怠于止损而遭受损失，应由陕西某某公司自身承担。

由上可见，本案没有损害事实，也没有因果关系，侵权责任四要件缺少两个要件，所以某某能源集团不构成侵权。陕西某某公司要求某某能源集团承担侵权责任证据不足，其损失应由其自身承担。

(三) 被告某某煤矿并不是阿德众评［2012］49号评估报告的委托人，也不是某某煤炭公司的出资人，阿德众评［2012］49号评估报告的委托人和以实物形式出资成立某某煤炭公司的出资人均是高某某，被告某某煤矿作为本案被告主体不适格，不构成侵权责任

阿德众评［2012］48号评估报告书的委托人是某某能源集团，阿德众评［2012］49号评估报告书的委托人是高某某，高某某和某某能源集团各自委托评估完设备后，以评估的设备实物出资成立了某某煤炭公司，高某某实物出资所占的股权比例为20%，某某能源集团实物出资所占的股权比例是80%。某某煤矿与评估行为没有任何关系，某某煤矿既不是评估委托人，也不是某某煤炭公司的出资人，更没有接收案涉设备，不是本案的适格被告。

某某煤矿的企业性质是个人独资企业，《个人独资企业法》第2条规定："本法所称个人独资企业，是指依照本法在中国境内设立，由一个自然人投资，财产为投资人个人所有，投资人以其个人财产对企业债务承担无限责任的经营实体。"从中可以得出的逻辑关系是：当个人独资企业对外负有债务时，投资人要以个人财产承担无限责任，即企业负债在前，投资人承担责任在后；企业应当承担责任时，原告可以将投资人列为共同被告。但本案并非这种情形，本案即便存在侵权，那也应由投资人高某某承担侵权责任，而不是由某某煤矿承担侵权责任。

另外，《个人独资企业法》第2条仅规定了个人独资企业的投资人对本企业的财产享有所有权，并以其个人全部财产对本企业的债务承担无限责任，并没有规定投资人名下的所有财产都是个人独资企业的财产，也没有规定投资人在个人独资企业之外的其他对外投资行为或者负债行为要由个人独资企业来承担连带责任。所以，本案没有追加高某某为一审被告，径直判决由某某煤矿承担侵权责任系事实认定和法律适用严重错误。

综上分析和论证，与会专家一致认为，根据委托人提供的本案材料，依照我国民事相关法律及有关司法解释等规定，可以明确作出如下论证结论：

某某能源集团依法不应承担案涉侵权责任。

以上意见，供参考。

【瞽言刍议】

从本案法律关系上看，似乎较为复杂，但抓住本案的实质，即案涉设备的所有权和控制权这个核心问题，案涉问题就可以得到正确解决。

38. 某某堡村集体土地使用权收回案

【论证要旨】

本案涉及行政诉讼和民事诉讼两个方面：

（一）关于行政诉讼

1. 案涉公民对某某县政府收回集体土地使用权的批复的行政起诉，属于人民法院行政诉讼的受案范围。因为，该批复属于涉及当事人实体民事权利义务的行政决定（批复）事项，且已公开外化，相对人对之提起行政诉讼，属于人民法院应当依法受理的范围。

2. 该批复主要证据不足，且适用法律错误，严重侵害当事人合法权益，依法应予撤销。其中包括，以村委会替代村经济合作社申请批复，以村委会为名收回，涉嫌实为县政府征收土地使用权，严重违法，应予撤销。

（二）关于民事诉讼

1. 本案不能够由该村委会替代村经济合作社收回集体土地使用权。

2. 在某某堡村村民委员会没有依法给予村民补偿的情况下，法院不能支持其交回宅基地、腾空房屋的诉讼请求。

3. 该补偿费的补偿标准应当有合法的依据，并且应当经过与经济组织成员的充分讨论通过，每位成员的补偿费如何计算，并张榜公布，以做到公开、公平、公正。

4. 法院应当受理当事人对“收回集体土地使用权及补偿安置方案的决议提起民事诉讼”。

【案涉简况】

论证委托人：某某县古陶镇某某堡村股份经济合作社成员：郭某某、张某某、雷某某、王某某、邓某某。

论证受托单位：中国政法大学法律应用研究中心。

论证事项：

1. 行政案件：

（1）某某县政府收回集体土地使用权的批复是否属于行政诉讼受案范围？

（2）某某县政府收回集体土地使用权的批复是否应予撤销？

2. 民事案件：

（1）本案是否能够适用集体土地使用权收回模式（《土地管理法》（2004年，本文下同）第65条，即2019年修正的《土地管理法》第66条）？

（2）在某某堡村村民委员会没有依法给予村民补偿的情况下，法院能否支持其交回宅基地、腾空房屋的诉讼请求？

（3）村民能否对于收回集体土地使用权及补偿安置方案的决议提起民事诉讼（是否属于民事案件受案范围）？

论证专家：中国政法大学、北京大学法学院、中国人民大学法学院等五名教授。

论证所依据的主要事实材料：

1. 《会议记录》及相关公示照片；

2. 《关于收回某某堡村部分村民集体土地使用权的请示》；

3. 《某某县人民政府关于收回某某堡村部分村民集体土地使用权请示的批复》；

4. 某某县政府发布的《关于某某堡村城中村改造收回土地使用权及拆除置换地上附着物的公告》，公告的附件包括了《某某堡村城中村改造拆迁货币化补偿安置方案》；

5. 委托人相关土地使用证、房产证、相关证明；

6. 某某县官方媒体发布的《某某县城市总体规划》、某某县2018年政府工作报告摘录的内容；

7. 某某县官网发布的信息公开内容《某某古城“某某堡”旅游服务基地建设项目》；

8. 某某县人民政府2016年11月28日批准的《某某县城市棚户区及城中村改造实施方案》；

9. 《某某县城某某片区城中村改造服务单一来源公示》《某某县某某堡村

片区城中村改造项目政府购买服务协议》；

10. 某某省政府《政府信息公开答复书》；

11. 某某省政府《关于某某县二〇〇七年度第二批次建设用地的批复》；

12. 某某县政府《关于某某县二〇〇七年度第二批次建设用地的请示》；

13. 某某省政府《行政复议决定书》；

14. 某某县人民政府房屋征收管理办公室作出的《政府信息公开答复书》；

15. 《某某县房屋征收补偿协议书》；

16. 其他相关事实材料（包括民事案件、行政案件相关法院一审、二审裁判文书）。

以上事实材料均为复印件，委托方对上列事实材料的真实性和来源的合法性负责。

案件事实情况：

某某县人民政府规划在某某县某某堡村所在地块（紧邻某某古城），进行旅游集散中心项目的建设。2017 年 4 月，村委会召集 56 名党员代表、村民代表，讨论通过《某某堡村拆迁改造货币补偿安置方案》。2018 年 9 月上报某某镇人民政府。某某镇政府上报某某县政府。某某县政府 2018 年 9 月 10 日作出《关于收回某某堡村部分村民集体土地使用权请示的批复》。2018 年 9 月 12 日，某某县政府发布《关于某某堡城中村改造收回土地使用权及拆除置换地上附着物的公告》，公告的附件包括《某某堡城中村改造拆迁货币化补偿安置方案》。某某堡村进而启动拆迁程序。

因村委会无法与委托人达成补偿协议，村委会提起民事诉讼，诉讼请求是腾空房屋交回宅基地。该案件已经作出一审判决，支持了村委会的诉讼请求。委托人已经提起上诉，二审法院已经开庭，目前没有作出二审判决。

在民事诉讼过程中，委托人提起行政诉讼，诉讼请求是撤销某某县政府《关于收回某某堡村部分村民集体土地使用权请示的批复》。一审法院作出裁定，驳回起诉。理由是该批复属于收回集体土地使用权的程序性环节之一，不产生外部法律效力，不属于行政诉讼受案范围。委托人提起上诉，二审定于 2020 年 9 月 17 日开庭。

另，委托人中的两户提起民事诉讼，诉讼请求是撤销被告某某堡村村委会作出的关于收回某某县某某镇某某堡村城中村改造范围内集体土地使用权并拆除置换所有地上附着物，以及某某堡村城中村改造拆迁货币化补偿安置方案的决议。一审法院作出裁定，不予受理。理由是不属于民事案件受理范围，认为依据《村民委员会组织法》第27条，应向乡镇政府反映，要求改正。委托人提起上诉，二审法院维持了该裁定。委托人已提起再审申请，目前在再审过程中。

【论证意见】

论证专家接受委托邀请，于2020年9月12日在京召开了专家论证会，与会五名专家出席会议，在会前审阅论证事实材料的基础上，对本案论证事项所涉及的事实认定、证据运用和法律适用问题，进行了认真的审查鉴别、分析研究，并就案涉相关问题，询问了委托方代理律师。在弄清事实的基础上，根据法律规定，形成一致法律意见。

一、行政案件

（一）关于案涉公民对某某县政府收回集体土地使用权的批复的行政起诉，是否属于人民法院行政诉讼的受案范围问题

1. 法律规定

我国现行《行政诉讼法》有关行政诉讼受案范围的规定由三个部分组成：

一是对受案范围的总体划定，《行政诉讼法》第2条第1款规定："公民、法人或者其他组织认为行政机关和行政机关工作人员的行政行为侵犯其合法权益，有权依照本法向人民法院提起诉讼。"

二是《行政诉讼法》第12条正面列举了受案范围，规定人民法院受理公民、法人和其他组织对11种行政行为和其他认为侵犯其合法权益的行政行为不服提起的诉讼。

三是《行政诉讼法》第13条规定了对不可诉行为排除的四种事项。

专家们指出，本案符合《行政诉讼法》第2条和《行政诉讼法》第12条列举的第12项应受理的事项，即认为行政机关侵犯其他人身权、财产权等合法权益的，提起诉讼的应当依法受理；而不属于《行政诉讼法》第13条所规定的不可诉行为的四种事项。

2. 该批复属于认为该行政行为侵害了当事人财产权，对此起诉应当纳入行政诉讼的受案范围

专家们指出，对于政府机关作出批复、函和复函的行为是否属于行政行

为问题，《国家行政机关公文处理办法》（国发［2000］23 号）第 9 条对行政机关的公文种类作出了 13 类明确的规定。根据行政法规定及行政法学法理，一般不能将上述行政机关之间内部的公文认定为行政行为。但是，如果行政机关以“批复”“函”的形式作出了涉及特定公民、法人或者其他组织权利义务的行政处理，具有法律效力，影响行政相对人的权利或义务，则依法认定为行政行为。当事人对行政处理不服，依法向人民法院起诉的，人民法院应予受理。

行政机关所实施之行政行为，根据其目的作为划分依据，是针对主体自身内部管理事务，还是针对社会上的管理事务，可将其分类为内部行政行为与外部行政行为。内部行政行为调整规范公权力主体内部的关系，外部行政行为调整规范公权力与私权利的关系。而具体到政府部门的行政批复行为，则是一类行政机关依照法律法规所赋予的职责对其下属机构所进行的监督管理行为，原则上用以调整规范上、下级政府部门之间公权力的关系，因此属于内部行政行为。但如果行政批复涉及外部相对人的特定事项，可能对行政机关外部相对人的权益产生实际影响，即该批复行为已经外部化，所产生的被批复事项效力及于行政机构外部相对人，进而影响到了该外部相对人的实际权益，从而使此类行政批复转变为外部行政行为。

最高人民法院再审判例认为：行政批复的实质性外化与形式性外化，将实际对行政相对人产生影响，也实际影响到该行政批复是否满足可诉性的标准。行政批复的外化标准，按照性质可划分为实质性外化与形式性外化：实质性外化，即指行政批复的下达与实施，对除行政机关之外的行政相对人的权利与义务产生了实际影响；形式性外化，广义上指行政相对人通过一定渠道获得并了解了行政批复的内容，严格意义上指行政批复的公开和公告。

此外，最高人民法院判例认为，当行政批复同时满足实质性外化与形式性外化的条件时，就产生内部行政行为外化的效果，进而具备可诉性要求。例如，在河南九象商贸有限公司与国家工商行政管理总局商标局行政批复纠纷再审一案（［2013］行提字第 2 号）中，最高人民法院经再审提审后认为“上级行政机关对下级机关请示的内部批复能否作为可诉的具体行政行为取决于两个因素：一是该批复是否通过一定途径已经外化；二是该批复是否直接对相对人权益产生影响……鉴于该批复已通过一定的途径公开，客观上对行政相对人的权益产生了直接影响”，进而认为涉案行政批复具备可诉性条件，遂指令一审法院继续审理；又如在陈某珠、陈某雄土地行政管理再审审查一案（［2017］最高法行申 8918 号）中，最高人民法院也确认了一审法院认定《批复》并非内部行文，而是对外产生法律效力的观点。

最高人民法院 2013 年指导案例 22 号，即魏某高、陈某志诉来安县人民政府收回土地使用权批复案（最高人民法院审判委员会讨论通过 2013 年 11 月 8 日发布），认为地方人民政府对其所属行政管理部门的请示作出的批复，一般属于内部行政行为，不可对此提起诉讼。但行政管理部门直接将该批复付诸实施并对行政相对人的权利义务产生了实际影响，行政相对人对该批复不服提起诉讼的，人民法院应当依法受理。

从本案实际情况来看，相关行政行为的依据是：

（1）2004 年修正的《土地管理法》第 65 条规定："有下列情形之一的，农村集体经济组织报经原批准用地的人民政府批准，可以收回土地使用权：（一）为乡（镇）村公共设施和公益事业建设，需要使用土地的……依照前款第（一）项规定收回农民集体所有的土地的，对土地使用权人应当给予适当补偿。"

从上述法律规定来看，农村集体经济组织，为乡（镇）村公共设施和公益事业建设，需要使用土地的，"经原批准用地的人民政府批准"，该审批和批准行为是法定的主体的法定职责行为。

（2）该批准行为的直接后果，是导致农村集体经济组织收回集体土地使用权的决定产生行政法律效力，即产生确定力、拘束力、公定力、执行力。同时，该批准行为产生了收回集体经济组织成员集体土地使用权的结果。即该批准行为对委托人的权利义务产生直接影响。

（3）在此情况下，尽管涉案的批复采取的是"批复"的形式，但无法否认的是，其产生的法律效力是行政批准的法律效力，并且这种效力绝不仅是对内的效力，而且也是对外的效力，其直接导致了收回委托人集体土地使用权的后果，直接影响了委托人的合法权益。

结合该批复的实施情况，该批复作出后，某某县政府作出《关于某某堡村城中村改造收回土地使用权及拆除置换地上附着物的公告》，公告的附件包括《某某堡村城中村改造拆迁货币化补偿安置方案》。实际上是将该批复公开外化并付诸实施，从而对委托人的权利义务产生了实际影响。

故人民法院对涉当事人实体民事权利义务的行政决定（批复）事项，在公开外化的情况下，相对人对之提起行政诉讼，无疑应当依法受理。

3. 该批复亦明确自身属于行政诉讼可诉范围

经查，该批复第 4 条明确载明："集体土地使用权（宅基地使用权）人可以在知悉本批复内容之日起六十日内申请复议或向人民法院提起行政诉讼。"

由上可见，人民法院对相对人就该批复提起的行政诉讼，依法应当受理。一审法院判决以该批复属于收回集体土地使用权的程序性环节之一，不产生外部法律效力，不属于行政诉讼受案范围为由，驳回原告起诉没有事实和法律依据，是完全错误的。

（二）关于某某县政府收回集体土地使用权的批复是否应予撤销问题

《行政诉讼法》第 70 条规定："行政行为有下列情形之一的，人民法院判决撤销或者部分撤销，并可以判决被告重新作出行政行为：（一）主要证据不足的；（二）适用法律、法规错误的；（三）违反法定程序的；（四）超越职权的；（五）滥用职权的；（六）明显不当的。"

专家们指出，本案具有该法条第 1 项、第 2 项等的规定情形。

1. 主要证据不足

（1）该宗土地使用权名义上是由该村委会收回，用于乡村公益建设，但县政府的批复中缺少用于乡村公益建设的基本证据，不包括其起码应包括的：该公益项目的名称；该公益项目的规划许可；该公益项目的实施方案等。

（2）根据《土地管理法》第 65 条（2019 年修正的《土地管理法》第 66 条）规定，收回土地使用权，应由农村集体经济组织报经原批准用地的人民政府批准，但案中缺少该某某堡村集体经济组织"某某县某某镇某某村股份经济合作社"的请求批准的报告和该经济组织经全体股东大会通过的收回土地使用权的相关决议。

（3）该宗土地使用权名义上是由该村委会收回，用于乡村公益建设，但涉嫌与该县总体规划相矛盾。

据悉，该宗土地使用权已经纳入某某县《某某古城"某某堡"旅游服务基地建设项目》。

经查，某某县人民政府官网载《某某古城"某某堡"旅游服务基地建设项目》，某某县人民政府 2016 年 11 月 28 日批复房管局文件附件 1，明确将某某县某某村片区，纳入该基地建设项目范围，并明确"该项目由县政府开发"。

上述事实显示，该宗土地使用权名义上是由该村委会收回，用于乡村公益建设，但不仅村委会没有提供规划许可的村委会公益建设的许可，而且该说辞直接与某某县对此的政府旅游基地建设的明确规划相矛盾。据此可以有理由使人产生合理怀疑，该村委会不是为自己的公益建设而收回，而是为某某县政府的旅游基地建设而“收回”，亦即，名为村委会“收回”，实为代替县政府“征收”。

专家们指出，本案应当查明，案涉补偿费用的资金来源，如果来自开发商，那就涉嫌不是在搞村集体的公益事业；如果来自政府拨款，那就涉嫌是在搞变相征收。

如果后续事实证明，该村委会收回该土地使用权后，再由县政府予以征收，用于旅游开发，那就是在故意规避直接征收农村集体土地使用权，属于滥用职权。

2. 适用法律根本错误，严重侵害了当事人的合法权益

（1）适用的主体错误。

《土地管理法》第 65 条规定，收回土地使用权的主体是“集体经济组织”，就本案而言，应当是“某某县某某镇某某村股份经济合作社”，而不应当是该村村委会。

专家们指出，按照法律规定，村委会和村集体经济组织是两个独立组织。根据《村委会组织法》，村民委员会是村民自我管理、自我教育、自我服务的基层群众性自治组织，实行民主选举、民主决策、民主管理、民主监督，是我国农村实行的村民自治制度的主要组织载体。而根据《宪法》和《农业法》等法律，村集体经济组织则是我国农村集体经济制度的主要组织形式。《民法总则》第 101 条规定：“居民委员会、村民委员会具有基层群众性自治组织法人资格，可以从事为履行职能所需要的民事活动。未设立村集体经济组织的，村民委员会可以依法代行村集体经济组织的职能。”据此，在已经设立村集体经济组织的情况下，以村委会代替村集体经济组织行使《土地管理法》第 65 条规定的其收回土地使用权的职权，实属主体违法，其后果是导致该收回土地使用权的行为无效。

（2）适用《土地管理法》第 65 条规定批准的其收回土地使用权错误。

《土地管理法》第 65 条规定“ 有下列情形之一的，农村集体经济组织报经原批准用地的人民政府批准，可以收回土地使用权”，在没有该农村集体经

济组织报请，也未提供该农村集体经济组织的任何相关文件的情况下，某某县政府即批准该村委会可以收回土地使用权，直接违背了该法条的规定。

（3）未经村集体经济组织全体成员讨论决议，程序严重违法，侵害了当事人的合法权益。

专家们指出，未经村集体经济组织全体成员（股东）讨论决议，收回集体经济组织的土地使用权，严重侵害了该经济组织成员的合法权益。

该行为涉嫌构成《土地管理法》第 78 条规定的法律责任："无权批准征收、使用土地的单位或者个人非法批准占用土地的，超越批准权限非法批准占用土地的，不按照土地利用总体规划确定的用途批准用地的，或者违反法律规定的程序批准占用、征收土地的，其批准文件无效，对非法批准征收、使用土地的直接负责的主管人员和其他直接责任人员，依法给予处分；构成犯罪的，依法追究刑事责任。非法批准、使用的土地应当收回，有关当事人拒不归还的，以非法占用土地论处。非法批准征收、使用土地，对当事人造成损失的，依法应当承担赔偿责任。"

综上，由于该批复同意收回该土地使用权，主要证据不足，适用法律法规错误，违反法定程序，侵害了当事人的合法权益，根据《行政诉讼法》第 70 条第 1 项、第 2 项和第 3 项的规定，应当依法撤销。

二、民事案件

（一）关于本案是否能够由该村委会收回集体土地使用权问题

专家们认为：不能。理由是：

《土地管理法》第 65 条规定：收回土地使用权的主体是村集体经济组织，收回模式的前提是用于"乡村公共设施和公益事业建设"。

但其一，本案收回的主体是该村委会而不是该村经济组织，即"某某县某某镇某某堡村股份经济合作社"。

且其二，未能提供该村公益项目的任何证据。

其三，《民法总则》第 99 条第 1 款规定："农村集体经济组织依法取得法人资格。"但该收回事项未经该法人单位股东集体讨论决议。

可见，该收回事项，主体无效，项目存疑，未经合法决议通过，在法律上无效。依法应予撤销。

（二）关于在某某堡村村民委员会没有依法给予村民补偿的情况下，法院能否支持其交回宅基地、腾空房屋的诉讼请求问题

专家们意见：不应支持。理由是：

其一，《土地管理法》第65条规定："……依照前款第（一）项规定收回农民集体所有的土地的，对土地使用权人应当给予适当补偿。"

专家们强调指出，农民宅基地及其地上住宅的收回和腾退，案涉农民的直接生存权和居住权，当这种补偿没有兑现之前，农民的生存权、居住权，得不到保障，宅基地使用权人有权拒绝交出宅基地，故不应让村民先交出宅基地，之后才给予补偿。

其二，参照《国有土地上房屋征收与补偿条例》第27条第1款的规定：实施房屋征收应当先补偿、后搬迁。本案也应参照这个原则执行。

（三）关于补偿费是否合理问题

专家们认为，该补偿费的补偿标准应当有合法的依据，并且应当经过经济组织成员的充分讨论通过，每位成员的补偿费额如何计算，须张榜公布，以做到公开、公平、公正。如果有悬殊，应当有合理解释。

此外，专家们指出，土地使用权收回后，该土地使用权上的项目建设收益部分，原土地使用权人有分红的权利；假如收回后，该宗土地使用权被政府征收，征收费与收回费的差额部分，应当归属该原土地使用权人。

（四）关于法院应否受理当事人对"收回集体土地使用权及补偿安置方案的决议提起民事诉讼"问题

专家们意见：应当受理。理由是：

《物权法》第63条第2款规定：集体经济组织、村民委员会或者其负责人作出的决定侵害集体成员合法权益的，受侵害的集体成员可以请求人民法院予以撤销。

法院裁定认为：

依据《村民委员会组织法》第27条：村民会议可以制定和修改村民自治章程、村规民约，并报乡、民族乡、镇的人民政府备案。村民自治章程、村规民约以及村民会议或者村民代表会议的决定不得与宪法、法律、法规和国家的政策相抵触，不得有侵犯村民的人身权利、民主权利和合法财产权利的内容。村民自治章程、村规民约以及村民会议或者村民代表会议的决定违反前款规定的，由乡、民族乡、镇的人民政府责令改正。因此对该起诉不予

受理。

专家们认为，按照法律规定，村民委员会和村集体经济组织是两个独立组织。村民委员会是村民自治组织，是我国农村实行的村民自治制度的主要组织载体。而根据《宪法》《农业法》《民法总则》等法律，村集体经济组织则是我国农村集体经济制度的主要组织形式。对二者不能加以混同。

《村民委员会组织法》第 27 条针对的是村民会议、村民代表会议关于村民自治事项作出的决定违法时规定的救济途径；而《物权法》第 63 条所规定的是：集体经济组织、村民委员会或者其负责人作出的决定侵害集体成员物权时，受侵害的集体成员可以请求人民法院予以撤销的救济途径，二者并行不悖，不应混淆。

由上，法院对该起诉应依法受理，而不应驳回起诉。

（五）关于反诉问题

当事人在法定期间依据《民事诉讼法》第 51 条之规定提起了撤销相关决定的反诉，这是正确处理本案的关键所在。对此，人民法院应当依法处理，而不应当不予理睬，如果对此不予受理，应当在判决书中对不予受理的判决事由予以载明。

（六）关于中止审理的问题

在民事案件审理过程中（诉讼请求是腾空房屋交回宅基地），委托人提起行政诉讼，诉讼请求是撤销某某县政府《关于收回某某堡村部分村民集体土地使用权请示的批复》。在此情形下，当事人申请法院中止审理该民事案件，理由是行政案件的审理结果，直接关系民事案件的诉求能否得到支持。根据《民事诉讼法》第 150 条，对此一审法院应当予以支持。

以上意见供参考。

【瞽言刍议】

本案论证事涉某某县政府批复某某村委会收回农民土地使用权纠纷。专家们指出，以村民委员会替代村集体经济组织收回，其主体、决定、程序均为违法；涉嫌以村集体公益建设收回为名，实为替代县政府搞工程项目征收土地，严重违法。故案涉经济组织成员，有权提起相关行政诉讼、民事诉讼，以维护自己的合法权益。

因案涉县政府和乡镇、村民委员会在本案中的共同利益关系，当事人的起诉权，被以各种借口剥夺。这一“民告官”的案件，当事人只好委托律师求助于专家们给予法律帮助。

本案的论证对于“批复”类行政行为的起诉受理，以及相对人土地使用权的合法权益的保障案件，具有参考价值。

39. 福建省某某五中诉某某实验中学等五被告合同纠纷案

【论证要旨】

专家们认为：某某五中与四个自然人被告所签订的《协议书》已于2009年5月13日解除；某某五中要求某某实验中学于2009年5月13日后继续履行《协议书》义务没有法律依据；自2006年起自2009年5月13日间，某某五中在没有证据证明某某实验中学向学生家长收取《协议书》约定的建设赞助费的情况下，要求某某实验中学支付10%建设赞助费，没有事实依据和政策法律、法规基础，且该项主张已超过诉讼时效。

【案涉简况】

论证委托方：福建省某某实验中学。

论证受托方：中国政法大学法律应用研究中心。

论证事项：原告诉讼请求是否成立。

论证专家：中国政法大学、清华大学法学院、中国人民大学法学院等四名权威教授。

论证所依据的有关诉讼资料：

1. 民事起诉状、变更诉讼请求申请书及应付合作回报款统计表。

2. 原告提供的证据材料：

第一组：事业单位法人证书；

第二组：公民基本身份证明、户籍资料查询结果、民办非企业单位登记证书；

第三组：《协议书》；

第四组：某政［2001］文 182 号《某某市人民政府转发市教委关于某某一中、某某五中实行高、初中分离及社会力量合作举办分校的方案的通知》；

第五组：某教社办［2001］7 号《关于对某某五中分校〈办学协议书〉的批复》；

第六组：某委巡办［2017］41 号《关于对某某一中、某某五中与社会力量合作办学存在的突出问题开展专项整改的报告》、某教办［2017］180 号《某某市教育局办公室关于做好与社会力量合作办学存在的突出问题整改工作的通知》；

第七组：某某市直三所民办学校收费标准公布、2013 年某某市直三所民办学校收费标准公布、某价［2015］92 号《某某市物价局关于市直民办学校学费等有关问题的复函》；

第八组：某某市民办学校年检申请表、基础教育基层统计报表、福建某某实验中学 2004 年至 2017 年毕业生情况表；

第九组：某某实验中学 2012 年至 2014 年度收入支出明细；

第十组：某某市物价局关于某某实验中学、某某外国语中学学费、住宿费收费标准等有关问题的复函（某价［2017］89 号）；

第十一组：情况说明及居民身份证；

第十二组：某实中［2008］文 002 号《关于申请代发分离教师工资的报告》、某五中［2008］03 号《关于实验中学“申请代发分离教师工资的报告”的回复函》。

3. 答辩状、代理词及补充代理意见。

4. 被告实验中学提供的证据材料：

第一组：《协议书》；

第二组：《关于同意某某五中终止与社会力量合作举办某某实验中学办学协议的批复》（某教综［2009］15 号）、《通知》《解除合作办学协议通知书》；

第三组：《关于对某某一中、五中分校与社会力量合作办学情况的反馈意见》（闽教基［2002］121 号）、《关于“某某五中分校”更名为“福建省某某实验中学”的报告》（某五分校［2004］文 7 号）、《关于某某五中分校更名的批复》［某教社办［2004］2 号］、关于某某科技中学的互联网信息、《关于终止与社会力量合作办学协议有关事宜的通知》（某教社［2008］5 号）、

《关于2010年三地区初中招生工作的意见》(某教中［2010］12号);

第四组:《福建省人民政府办公厅转发省教育厅等部门关于鼓励社会力量办学民办学校若干意见》(闽政办［2001］235号)、《教育厅等七部门印发〈福建省2005年治理教育乱收费工作实施意见〉的通知》(闽教监［2005］5号);《关于印发〈某某市2005年治理教育乱收费工作实施意见〉的通知》(闽教监［2995］5号)。

以上事实材料均为复印件,委托方对上述事实材料的真实性和来源的合法性负责。

【论证意见】

中国政法大学法律应用研究中心接受委托,就委托方的委托事项,于2018年10月25日在京召开了专家论证会。与会四名教授出席,提供了专家论证法律意见,另有一名北京大学行政法学教授提供了专家咨询意见。专家们经认真审阅相关论证材料,询问有关案情,根据本案事实和相关法律,形成如下一致法律意见。

一、该合作办学《协议书》已于2009年5月13日最终依法解除

专家们一致认为,对于该协议的解除,无论从民事法律关系和行政法律关系方面分析,其最终都于2009年5月13日依法解除。

(一)从民事法律关系看

(1)2009年5月4日,原告致函某某实验中学董事会、某某实验中学,根据教育局批复,通知其协商终止合作办学事宜。

(2)2009年5月13日,原告致函某某实验中学董事会、某某实验中学,根据《民办教育促进法》以及实施条件和相关法律、法规规定,《协议书》的履行条件发生了根本性变化,导致合同目的无法实现为由,通知其“解除合作办学协议”。

(3)其后,某某实验中学董事会、某某实验中学(本案五被告)对其不持异议,亦未对此《通知》提出异议之诉或仲裁申请。

《合同法》第96条规定:“当事人一方依照本法第九十三条第二款、第九十四条的规定主张解除合同的,应当通知对方。合同自通知到达对方时解除。对方有异议的,可以请求人民法院或者仲裁机构确认解除合同的效力。法律、

行政法规规定解除合同应当办理批准、登记等手续的，依照其规定。”

本案原告以《合同法》第94条的规定解除合同，被告未持异议，故应依据《合同法》第96条规定，该合作办学协议，最终于2009年5月13日解除。

（二）从行政法律关系看

该合作办学协议的解除，虽然并无法律、行政法规的明文规定，应当办理批准登记手续，但由于该合同解除属于涉及教育管理的重要事宜，故应当事先得到当地教育行政管理部门的批准。而如下事实证明该协议的解除已事先得到了某某教育局的批准。

（1）2008年12月25日，某教社［2008］5号文件载：“鉴于你们两校与社会力量合作举办民办学校已经没有实质性的合作行为，你们两校也于2007年分别提出终止合作举办某某外国语中学、某某实验中学的报告，经局务会研究，原则上同意你们两校分别与合作方终止合作举办某某外国语中学，某某实验中学的协议。”

（2）2009年4月30日《关于同意五中终止与社会力量合作举办某某实验中学办法协议的批复》（某教综［2009］15号）载：某某五中已于2009年4月30日前向某某市教育局行文要求终止合作办学的请示。

根据以上情况，原告已经事先履行了就合作办学协议解除事宜向某某市教育局的申请事宜，某某市教育局已正式行文批准同意该合作办学协议终止。由于某某市教育局是某某市政府的教育主管职能部门，对外代表市政府行使教育主管的职能，故其批准同意该协议的终止，就是代表市政府的具体行政行为，而无需另行由市政府批准决定。

二、该协议解除后协议所确定的权利义务消灭，原告主张被告继续履行义务，没有合法依据

专家们指出，该协议解除终止后，其所确定的权利义务归于消灭，原告诉求被告在合同解除终止后要继续履行该合同项下的义务，诉求其后还要支付“合作回报款”，没有法律依据。

三、关于诉讼时效问题

经查，原告诉请：“依法判令五被告立即共同支付原告自2001年至2017

年应付的合作回报款共计人民币 7521.9647 万元（具体计算依据及金额详见应付合作回报款统计表）。并称：自 2001 年起至 2006 年期间，各被告便未按照《协议书》约定足额支付当年度的合作回报款，自 2007 年起至 2017 年期间的合作回报款至今分文未付。”

经查，根据双方《协议书》第 4 条第 5 项的规定，有关“回报款”需要对“每年收取的建设赞助费按比例使用”，即，每年应按比例支付当年的“回报款”。作为债权请求权的诉讼时效，《民法通则》第 135 条的规定：“向人民法院请求保护民事权利的诉讼时效期限为二年，法律另有规定的除外。”而 2017 年 10 月 1 日起施行的《民法总则》第 188 条第 1 款规定：“向人民法院请求保护民事权利的诉讼时效期限为三年。法律另有规定的，依照其规定。”根据《民法通则》和《民法总则》的规定，诉讼时效期限从知道或者应当知道权利被侵害起计算。

根据以上情况，专家们认为，对于本案的诉讼时效，可以从三个方面加以分析：

第一，从协议每年应按比例支付当年的“回报款”的约定来看，对每年少支付和未支付当年的“回报款”的知道或应当知道其侵权之日，应从当年应付款的第二年起两年内计算。

第二，对该协议原告通知终止协议之日的 2009 年 5 月 13 日之前，原告认为其权利尚有被侵害的，其诉讼时效应从 2009 年 5 月 13 日起两年内计算。

第三，对于原告认为 2009 年 5 月 13 日之后其权利被侵害的，因为协议确定的合同权利义务实体权利消灭，其债权请求权的诉讼时效的要件事实就不复存在，因而就不存在适用诉讼时效问题。

由上可见，对于原告 2009 年 5 月 13 日之前权利被侵害的诉请的诉讼时效计算，无论是按每年的第二年算起，还是至迟按 2009 年 5 月 13 日起算，也都超过了应按《民法通则》和《民法总则》规定计算的两年诉讼时效的期限。除非原告举证的证据证明确有存在诉讼时效中断、中止事由，否则，本案的起诉无疑已经超过了诉讼时效。而本案原告在起诉中，并没有主张其有诉讼时效中断、中止的事由，案中也未发现原告举证证明其确有诉讼时效中断、中止的事由。故，原告某某五中的诉讼请求已超过诉讼时效。

四、关于2006年至2009年5月13日的支付回报款问题

原告认为：该期间的合作回报款各被告也应足额支付。但被告答辩称，因情势变更、政策发生了变化，其收费情况也随之发生了变化，已失去了支付相关“回报款”的政策和事实基础。

专家们认为，对此应从三个层面加以分析：

第一，从合同层面看，协议第4条第5项约定，原告有权从“分校”向学生家长收取的学校建设费助费中收取10%的回报费，而收取的前提是“分校可以向学生家长收取学校建设赞助费”。

第二，从政策层面看，协议签订之时，国家政策并无明文规定禁止民办学校向学生家长收取学校建设赞助费。但2005年3月31日福建省教育厅等七部门下发《福建省2005年治理教育乱收费工作实施意见》，根据中央纪委第五次全会、国务院第三次廉政工作会议和全国教育纪检监察工作会议精神，明确规定：“禁止任何学校收取或变相收取与招生入学挂钩的赞助费、捐资助学费等。”某某市教育局等七部门于2005年4月5日印发的《某某市2005年治理教育乱收费工作实施意见》亦作了同样规定：“严禁任何学校收取或变相收取与招生入学挂钩的赞助费、捐资助学费等。”可见，自2005年3月31日起，某某实验中学，已失去了“可以向学生家长收取学校建设赞助费”的政策基础。

第三，从证据事实情况看，2006年5月6日《某某实验中学关于申请制定收费标准的报告》及其收费“报备表”（某实中［2006］文09号）和某某市教育局某教计［2007］9号文、某某市物价局某价［2007］43号文，均对向学生家长收取建设费予以取消；案中原告没有举证证明实验中学自2006年后尚有向学生家长收取建设赞助费的证据。

综上，原告主张自2006年起至2009年5月13日止，被告仍需向原告支付每年收取学生家长建设赞助费10%的回报，没有事实依据和政策、法律、法规基础。

五、关于某某五中合作办学条件、履行情况、合作对价及报酬问题

根据协议，原告所提供的合作办学条件共包括以下几项：一为使用某某五中的无形资产和教学资源；二为在师资、教研、科研以及在办学初期的实

验设备、设施、场所等方面提供支持和指导；三为协助进行教学实验与招生等。

依照《合同法》，作为合作一方，应当严格履行合同义务，提供约定办学条件。某某五中要求实验中学依协议支付对价的前提，除有可分配建设赞助费外，就是某某五中已合格履行合同义务。根据实验中学陈述及前述证据材料，某某五中所提供的合作条件情况如下：

第一，某某五中无形资产的利用情况。根据被告某某实验中学所提供的证据材料及陈述，某某实验中学初期冠名“某某五中分校”，后于 2004 年 5 月 26 日，依某教社办［2004］2 号文，“某某五中分校”更名为“福建省某某实验中学”。虽“某某五中分校”的更名系因政策变化，但自更名之日起，被告实验中学即未再使用某某五中的无形资产，原告自此未再提供该项办学条件。

第二，原告办学初期所提供的教学实验设备、设施、场所等方面的支持。按被告某某实验中学陈述，实验中学仅于 2001 年使用某某五中吕某某大楼，自 2002 年 8 月起被告实验中学开始使用自有的教学场所、设备及设施，自此，原告即未再提供该项合作条件支持。

第三，教研、科研支持。据某某实验中学陈述，在办学初期，某某五中洪某某校长担任某某五中分校董事，自“某某五中分校”于 2004 年 5 月 26 日更名为“福建省某某实验中学”后，某某五中校长即未再担任某某五中分校董事，亦不再以任何形式向某某实验中学提供教研或科研等方面的支持和指导。自此，某某五中未在向某某实验中学提供该项合作办学条件的支持。

第四，某某五中的师资支持。据实验中学陈述及前述证据材料，某某五中依当时政策及各校普遍做法，在某某五中依政策不再开办初中的背景下，分流部分初中教师由某某实验中学重新聘用。教师分流后，与某某实验中学形成新的独立劳动关系，某某实验中学独立承担包括报酬支付在内的全部用人责任，该聘用关系与某某五中无关。教师的后续劳务提供不得视为某某五中的师资支持。另，原告也没有举证证明其提供了“协议”约定之外的合作成本，故原告也没有理由以办学成本或其他方式，依公平原则向被告主张其他形式的合作回报或补偿。如有，原告的主张也超过了诉讼时效。

六、结论性意见

根据上述分析，专家们认为：①某某五中与四个自然人被告所签订的《协议书》已于2009年5月13日解除；②某某五中要求某某实验中学于2009年5月13日后继续履行《协议书》义务没有法律依据。③自2006年起至2009年5月13日，某某五中在没有证据证明某某实验中学向学生家长收取《协议书》约定的建设费助费的情况下，要求某某实验中学支付10%建设费助费，没有事实依据和政策法律、法规基础，且该项主张已超过诉讼时效。

专家们的结论性意见：原告诉讼请求不能成立。

以上意见供参考。

【瞽言刍议】

本案论证的是合办民办学校合同纠纷，对于民办学校合同纠纷处理，有参考价值。

40. 某某担保公司与交行某某分行保证合同纠纷案

【论证要旨】

本案中山东某某时代海洋科技发展有限公司（以下简称“某某时代公司”）和交行某某分行的行为违背了诚实信用原则和公平原则，以恶意行为造成应有的抵押担保未能设立，导致山东某某融资性担保有限公司（以下简称“某某担保公司”）在为某某时代公司代偿之后无法得到应有的抵押权而受到损失，根据我国担保法律制度，某某担保公司不应当承担保证责任。

【案涉简况】

论证委托方：某某担保公司。

论证受托方：中国政法大学法律应用研究中心。

论证事项：某某担保公司应否承担保证责任。

参加论证的专家：中国政法大学、中国人民大学法学院等四名权威民事法学专家。

委托方提交的案件材料：

1. 某某担保公司的“民事起诉状”；

2. 交行某某分行的“答辩状”；

3. 某某担保公司诉讼代理人的“代理词”；

4. 山东省某某市某某区人民法院［2018］鲁 1002 民初 2014 号民事判决书；

5. 交行某某分行的“民事上诉状”；

6. 某某担保公司的二审“民事答辩状”；

7. 2014 年 11 月 10 日的《交通银行山东省分行与山东某某融资性担保有

限公司关于个人贷款和小企业授信担保业务的合作协议》;

8. 某某时代公司与交行某某分行之间的《流动资金借款合同》;

9. 某某担保公司和交行某某分行关于为某某时代公司担保的《保证合同》;

10. 某某担保公司为某某时代公司代还借款的《代偿凭证》;

11. 某某担保公司为某某时代公司垫付贷款利息的《垫付贷款利息凭证》;

12. 交行某某分行向某某时代公司贷款的“授信业务档案;

13. 某某时代公司工商登记材料;

14. 某某市海洋时代生物科技有限公司（以下简称“海洋时代公司”）工商登记材料;

15. 企业活期明细信息（某某时代公司-某某建行）;

16. 某某时代公司 2014 年在某某商行 450 万元贷款档案材料;

17. 最高人民法院法律文书 2 份;

18. 某某时代公司失信人信息查询（天眼查打印件）;

19. 海洋时代公司 2015 年 3 月 25 日“股东会决议”;

20. 2015 年 3 月 25 日海洋时代公司和某某担保公司订立的关于海洋时代公司同意用公司名下文国用［2013］第 1101××号土地提供抵押担保的协议书。

以上材料都是复印件，委托方对这些材料的真实性和来源的合法性负责。

本论证意见以上列材料显示的案件情况为事实根据，对这些材料之外的案件事实不发表意见。

【论证意见】

委托方因某某担保公司与交行某某分行保证合同纠纷案，向受托方提交案件材料，请求提供专家论证意见。受托方在审阅委托方提交的材料之后，认为符合专家论证的条件，邀请中国政法大学、中国人民大学法学院有关专家教授，于 2018 年 7 月 22 日举行了专家论证会，委托方有关负责人向专家们介绍了案件情况，回答了专家们的询问。专家们仔细研究了案件材料和相关法律，并进行了深入的讨论，在此基础上形成本论证意见，供委托方和有关司法机关参考。

专家们经过深入研究讨论一致认为，本案证据显示，交行某某分行同其债务人某某时代公司办理涉案贷款业务时，同意某某时代公司提供抵押担保，某某时代公司向某某担保公司确认交行某某分行同意其提供抵押担保，涉案贷款由抵押和保证双重担保。在此担保情形下，某某担保公司一旦为某某时代公司代偿借款，就能够从交行某某分行获得主债权和抵押权，因此，某某担保公司与交行某某分行订立《保证合同》时对该抵押担保的设立有合法的信赖利益，对设立后的抵押权有可得利益。但是，交行某某分行在《保证合同》签订之后放弃了抵押担保的设立，导致原本由主债务人某某担保公司抵押担保和某某担保公司保证的双重担保改变为只有某某担保公司的保证；加之，交行某某分行应当提前从某某时代公司收回贷款但是有意不提前收回。其结果，不但损害了某某担保公司订立《保证合同》的信赖利益，而且还导致某某担保公司在为某某时代公司代偿借款之后，本应取得抵押权而无法取得，本应不受损失而因此受到巨额损失。交行某某分行的这些行为，造成某某担保公司损失，其主观有过错，应当承担相应的法律责任。某某时代公司利用其关联公司海洋时代公司，以自始就不打算实施的抵押担保欺骗某某担保公司为其贷款提供保证，具有欺诈的行为和故意，交行某某分行知道某某时代公司的这一欺诈，以不办理抵押设立放纵某某时代公司的欺诈，应当按照《担保法》第 30 条认定保证人某某担保公司不承担保证责任。

下面从六个方面说明具体的理由和根据。

一、从相关证据看，交行某某分行同意对其债务人某某时代公司提供的土地使用权设立抵押担保，是某某担保公司同交行某某分行签订《保证合同》的合法信赖利益和前提条件

对此，有以下理由和根据：

（一）某某时代公司向某某担保公司确认将以涉案土地使用权为交行某某分行设立抵押担保，证据确凿

某某担保公司向一审法院提交文国用［2013］第 1101××号土地使用权证项下土地使用权的《房地产估价报告》复印件以及与海洋时代公司订立的协议书，证明了某某时代公司在向交行某某分行申请借款时，向其确认将以所涉土地使用权向交行某某分行抵押担保，某某时代公司和交行某某分行在庭审中对这一事实均予以确认（见一审判决书第 8 页）。

（二）交行某某分行同意将以某某时代公司提供的文国用［2013］第1101××号土地使用权证项下土地使用权，为涉案贷款提供抵押担保，该分行在一审庭审中也确认这一事实，证据确凿

交行某某分行关于涉案贷款的《交通银行某某分行授信业务档案》中的《交通银行［授信申请］审批通知书》、某某时代公司的“承诺保证书”等证据，均清楚、确定地证明了这一事实。

一审判决书第8页记载，一审法院查明，交行某某分行和某某时代公司当庭确认将会以该土地使用权证项下为涉案贷款设立抵押担保。

（三）某某时代公司和交行某某分行之间设立土地使用权抵押担保，某某担保公司能够有效降低保证风险，避免损失；某某担保公司认为交行某某分行和某某时代公司之间将要设立的抵押担保是其签订《保证合同》的信赖利益和前提条件，具有合法性和合理性

从法律层面讲，依法设立的土地使用权抵押权是担保物权，担保效力可靠，某某时代公司向某某担保公司、交行某某分行提供文国用［2013］第1101××号土地使用权证项下土地使用权的《房地产估价报告》复印件，确认以该土地使用权为涉案贷款提供抵押权，交行某某分行也同意设立抵押担保，而一旦交行某某分行和某某时代公司如期设立抵押担保，交行某某分行有抵押权，如果某某时代公司不能偿还贷款，某某担保公司为其代偿之后就能够从交行某某分行取得债权和抵押权，对抵押物行使优先受偿权，不但保证风险会大幅度降低，而且在代偿之后能够有效地避免损失。所以，某某担保公司对交行某某分行和某某时代公司将要设立抵押担保，有法律层面的信赖利益。

某某担保公司主张，由于某某时代公司向交行某某分行提供土地使用权抵押担保而交行某某分行同意设立抵押担保，本公司相信债权人和主债务人能够诚实信用、如期设立抵押登记，一旦为某某时代公司代偿，就能够得到抵押权，所以签订《保证合同》具有良好的条件，同交行某某分行订立《保证合同》存在信赖利益，才与交行某某分行签订《保证合同》。该公司的这一主张，于情有理，于法有据。

二、交行某某分行放弃应有的抵押担保的设立，导致某某担保公司丧失应有的抵押权，其行为具有违法性；放弃行为与某某担保公司丧失应有权利之间有因果关系，主观上具有只顾自己利益而放任某某担保公司丧失应有权利的恶意

理由和根据如下：

（一）交行某某分行放弃抵押担保的设立，加大了某某担保公司的保证风险

交行某某分行明知某某担保公司为其债务人某某时代公司提供连带保证，放弃其债务人向某某担保公司确认、自己同意的抵押担保的设立，其结果是把原本应当既有抵押担保又有保证的法律关系改变为某某担保公司单独承担保证责任，某某担保公司的担保风险因此加剧。

（二）某某担保公司对涉案贷款应有的抵押权具有合法的期待利益和可得利益，交行某某分行明知某某担保公司具有这一期待利益和可得利益，只顾自己的利益而放弃抵押担保的设立，导致某某担保公司在代偿借款之后无法取得本应取得的抵押权，其行为不具备合法性，不应得到人民法院的支持

保证人代债务人偿还债务的，主债权转移至代偿的保证人，相关的抵押权并不消灭，随同主债权一并转移至保证人。这是法律人众所周知的法律规则。

交行某某分行如果诚实信用设立抵押，涉案贷款有抵押权和保证双重担保，某某担保公司在某某时代公司不能偿还贷款而代偿之后，就能够从交行某某分行获得主债权和抵押权，能够就抵押权的优先受偿权回收代偿款本金和利息。因此，某某担保公司对涉案贷款应有的抵押权具有期待利益和可得利益。

交行某某分行明知某某担保公司是其债务人某某时代公司的保证人，明知某某时代公司提供抵押担保而自己同意设立抵押担保，但是，在与某某担保公司订立《保证合同》之后，放弃抵押担保的设立，使涉案贷款应有的抵押担保落空，从根本上恶化了某某担保公司的担保条件，导致某某担保公司在代偿借款之后无法得到应有的担保物权，受到损失。

表面看来，是否设立抵押担保，是债权人的选择权利和自由，但是，任何权利和自由都不能以损害他人为目的，任何行为人对自己可能致使他人受损害的行为都有注意义务和不得实施该种行为的义务。明知自己行为能够致他人损害而有意实施、追求或者放任损害结果发生的，都是恶意行为，具有违法性。

交行某某分行在其债务人某某时代公司向某某担保公司确认将设立抵押担保、本分行同意将会进行设立抵押担保的条件下，与某某担保公司订立《保证合同》之后放弃抵押担保设立，使某某担保公司在代偿借款之后应有的抵押权落空，明显属于只顾自己利益、损害利害关系人合法权益的行为，违背了诚实信用原则，而且有悖正当的商业伦理，不能认为善意，也不具备合法性。

交行某某分行放弃抵押担保设立的行为，造成某某担保公司在代偿借款之后无法得到应有的抵押担保权利，其不法行为与某某担保公司之间的抵押担保的落空损失有法律上的因果关系。

（三）交行某某分行放弃应有的抵押担保的设立，主观上具有只顾自己利益、放任利害关系人丧失应有抵押担保权利的恶意

1. 交行某某分行明知应当进行抵押担保的设立

该分行关于涉案贷款的《交通银行某某分行授信业务档案》中的《交通银行［授信申请］审批通知书》多处记载了关于文国用［2013］第1101××号土地使用权证项下土地使用权抵押的事项，该档案中的某某时代公司的“承诺保证书”也清楚地表明了该抵押担保的问题，证明该分行对抵押担保设立一清二楚。

2. 交行某某分行明知抵押担保能够减轻某某担保公司的保证风险，放弃抵押担保的设立将会加大某某担保公司的保证风险

该分行是专业的商业银行，对贷款业务中同时存在抵押担保和保证的法律规定负有应知应会的义务，而且，因为其经营大量此类业务也有相当的经验，知道至少应当知道，涉案贷款设立了抵押担保的，保证人某某担保公司的保证风险就小得多，并且，一旦某某担保公司代偿借款，主债权和抵押权就能够转移给某某担保公司；相反，放弃抵押担保的设立，某某担保公司代偿借款后将没有原先合理预期的抵押权，会处于极为不利的地位。

3. 交行某某分行在签订《保证合同》和向某某时代公司发放贷款之后，只顾自己的利益，故意放弃抵押担保的设立

关于此一事实，不但存在该分行的放弃行为，而且，该分行在一审法院庭审中公然声称“涉案贷款有原告的保证担保已经足以抵御风险，无须再办理抵押手续，故贷款发放后并未要求某某时代公司办理上述土地的抵押事宜”。其主观恶意十分明显。

4. 交行某某分行放弃抵押担保的设立，是只顾自己的利益，不惜加重保证人某某担保公司的保证风险、导致某某担保公司无辜丧失代偿借款后应有抵押权的恶意行为

如上所论证，交行某某分行明知放弃抵押担保的设立，某某担保公司代偿借款后将没有原先合理预期的抵押权，会处于极为不利的地位，但是，却只顾自己的利益，认为涉案贷款有某某担保公司的保证担保已经足以抵御风险，无须再办理抵押手续而不进行抵押担保的设立。这种行为，无论在法律和法理上还是商业伦理上，都不是善意，应当属于损害他人合法权益的恶意行为。

三、交行某某分行在应当设立抵押担保而有意不设立的同时，明知应当提前收回涉案贷款而不予提前收回，把不能收回涉案贷款的风险转嫁给某某担保公司，是造成某某担保公司代偿受到不应有损失的重要原因之一

涉案贷款的《交通银行某某分行授信业务档案》中某某时代公司 2015 年 3 月 27 日的“承诺保证书”显示，该公司因现有土地抵押手续尚未办理完毕，现承诺交行某某分行给予该公司放款一个月以内办理完毕土地抵押手续，否则交行某某分行有权收回给予该公司发放的贷款。

交行某某分行在 2015 年 3 月 27 日之后的一个月内、外均没有和某某时代公司办理抵押担保的设立，明知某某时代公司没有履行该承诺也没有及时收回贷款，在没有实施抵押设立行为的条件下，坐等贷款期限到来，其行为目的，应当是自认为已经把担保风险全部归于某某担保公司承担，只要自己不受损失，无需顾及自己行为对某某担保公司造成的严重不利。事实上，由于交行某某分行在没有办理抵押设立手续的条件下还有意地不及时收回贷款，为债务人某某时代公司提供了既不按照承诺办理抵押手续又得以长期使用涉案贷款的便利条件，以及某某担保公司为其代偿但是无法获得应有抵押权的损失。

诚实信用、公正、不损害他人是法律的基本原则，无论是合同法还是担保法或者民法总则，都是如此。交行某某分行这种为了自己的利益而损害他人合法权益的行为，违背了诚实信用、公正和不损害他人的法律原则。

四、《交通银行山东省分行与某某担保公司关于个人贷款和小企业授信担保业务的合作协议》显示，某某担保公司和交行某某分行之间不是普通的保证合同关系，而是基于贷款授信担保业务合作关系所建立的保证合同关系，但是，该分行只顾自己的利益、故意不进行抵押担保设立、在不进行抵押担保设立条件下不及时收回涉案贷款的行为，明显属于违背诚实信用原则和公正原则，损害对方合作者合法权益的行为，人民法院不应当支持这种行为

根据《交通银行山东省分行与某某担保公司关于个人贷款和小企业授信担保业务的合作协议》第3条，交行某某分行是该合作协议项下合作业务的主办行，与某某担保公司形成一定时期内相对稳定的合作关系。

合作关系当事人应当本着合作、互利的精神，诚实信用地实施合作行为，在合作过程中不采取损害合作对方权益的行为，这是起码的法律规则。交行某某分行明知应当进行抵押设立行为，减少合作对方某某担保公司的保证风险，但是却以“涉案贷款有原告的保证担保已经足以抵御风险，无须再办理抵押手续”为由，有意不办理抵押设立，而且明知在不设立抵押的条件下应当提前收回贷款故意不收回，导致某某担保公司无法在代偿借款之后取得应有的抵押权，受到不应有的损失，交行某某分行的行为严重地违背了诚实信用原则和公正原则。

五、根据相关证据材料，某某时代公司利用其关联公司海洋时代公司，以自始就不打算实施的抵押担保欺骗某某担保公司为其贷款提供保证，具有欺诈的行为和故意，交行某某分行知道某某时代公司的这一欺诈，以不办理抵押设立配合了某某时代公司的欺诈，应当按照《担保法》第30条认定保证人某某担保公司不承担保证责任

前列案件材料中的“20. 2015年3月25日海洋时代公司和某某担保公司订立的关于海洋时代公司同意用公司名下文国用［2013］第1101××号土地提供抵押担保的协议书”证明，在某某担保公司和交行某某分行签订《保证合同》之前，某某时代公司通过其关联公司海洋时代公司，于2015年3月25日和某某担保公司订立了这份海洋时代公司同意用公司名下文国用［2013］第1101××号土地提供抵押担保的协议书，对某某担保公司明确进行了用抵押物担保如期偿还涉案贷款的意思表示。某某担保公司相信其意思表示，才与交行某某分行订立了《保证合同》。

如上所论证，交行某某分行的《交通银行某某分行授信业务档案》中的《交通银行［授信申请］审批通知书》和某某时代公司的“承诺保证书”，证明该分行知道应当设立抵押担保。

在某某担保公司相信某某时代公司会和交行某某分行设立抵押担保、与交行某某分行订立《保证合同》的条件下，交行某某分行向某某时代公司发放了贷款，取得了主债权和保证债权，某某时代公司则取得了贷款。

然而，案件的后续发展事实和相关证据证明，某某时代公司自始就没有设立抵押担保的打算，2015 年 3 月 27 日，即签订《流动资金借款合同》《保证合同》的当天，某某时代公司就给交行某某分行提交“承诺保证书”，要求交行某某分行“给予我公司一个月以内办理完毕土地抵押手续”，之后就一直没有任何办理抵押的意思表示和实际行动。据此，完全能够认定该公司自始至终就没有为涉案贷款办理抵押担保的真实意思，其对某某担保公司实施了虚假的抵押担保意思表示，导致某某担保公司在违背真实意思的情况下，为其提供了保证。

在某某时代公司的担保欺诈过程中，交行某某分行在接受某某时代公司“承诺保证书”之时，已经明知自己应当和该公司如期办理抵押担保手续、设立抵押，但是，不仅在“一个月以内”没有办理，而且始终不采取办理行动，属于明知某某时代公司没有抵押担保的真实意思而予以配合的行为。

最高人民法院《关于适用〈中华人民共和国担保法〉若干问题的解释》第 40 条规定：“主合同债务人采取欺诈、胁迫等手段，使保证人在违背真实意思的情况下提供保证的，债权人知道或者应当知道欺诈、胁迫事实的，按照担保法第三十条的规定处理。”《担保法》第 30 条第 1 项规定，“主合同当事人双方串通，骗取保证人提供保证的”，保证人不承担民事责任。

本案中，某某时代公司和交行某某分行的行为，符合上引司法解释第 40 条规定的情况，应当按照《担保法》第 30 条的规定，判定某某担保公司不承担保证责任。

六、本案不应适用《交通银行山东省分行与某某公司关于个人贷款和小企业授信担保业务的合作协议》第 7 条的约定

该合作协议第 7 条约定：“乙方同意，甲方授信业务同时受借款人第三方

提供的抵押或质押担保的，乙方放弃要求甲方首先处理抵押物或质物的权利而直接承担连带保证责任。”交行某某分行在其“民事上诉状”里援引这一条，主张“无论是否存在物的担保”某某担保公司“都应当首先承担保证责任”，为其恶意不办理抵押设立、损害某某担保公司权益的行为开脱。

交行某某分行的这个主张属于故意曲解和混淆事实。

第一，该条的适用，以“受借款人第三方提供的抵押”为前提条件，本案中不存在该条中所约定的“第三方提供的抵押”，而是主债务人承诺提供抵押但未抵押，且债权人配合主债务人不办理抵押。所以，不存在适用该条的前提条件。

第二，该条的含义，是在有借款人第三方抵押或者质押担保的条件下，保证人不能要求债权人先行使抵押权或者质权，而应当先履行保证责任；保证人履行保证责任之后，债权人的债权和担保物权一并转移至保证人，由保证人向主债务人主张债权和担保物权。无论如何也不能包含保证人履行保证责任放弃主债权和担保物权、但是不能得到主债权和担保物权的意思。

第三，本案中，交行某某分行和某某时代公司不进行抵押权设立，是导致应有的抵押权没有成立，某某担保公司因此丧失了应有的抵押权，不存在“放弃要求甲方”即交行某某分行“首先处理抵押物”的问题。

由于以上三点，本案不应适用该合作协议第 7 条，《保证合同》中相同内容的条款也不应适用。

综上所述，本案中某某时代公司和交行某某分行的行为违背了诚实信用原则和公平原则，以恶意行为造成应有的抵押担保未能设立，导致某某担保公司在为某某时代公司代偿之后无法得到应有的抵押权而受到损失，根据我国担保法律制度，某某担保公司不应当承担保证责任。

以上意见供参考。

【瞽言刍议】

这是一起较为复杂的民事案件。专家们抓住案涉抵押担保法律关系这个纲，以案涉相关约定及其履行的事实、证据和法律规定，厘清双方的权利义务关系，从而得出论证结论，思路清晰、条理分明、有理有据，有一定的参考价值。

41. 董某诉王某某不当得利纠纷申请再审案

【论证要旨】

其一，不当得利纠纷案，应由原告负举证责任。案涉法院以原告主张“没有法律上的原因”即为消极事实，而被告主张取得利益“具有法律上的原因”即为积极事实为由，判决应由主张取得利益“具有法律上的原因”即为积极事实的被告负举证责任。该判决没有任何法律依据，且与最高人民法院的判例不符，亦与法理相悖，故不能成立。

其二，该判决认为，案涉货币曾为原告占有，根据“货币为种类物，占有即所有”的一般原则，即可认定原告对上述款项“具有合法权益”。证人刘某某一审出庭确认暂存于其名下的款项属于原告董某，据此，原告已完成了举证证明责任。被告则应对转款行为的合法举证证明，但被告举证不足，故应负败诉后果责任。该判决的逻辑就是，案涉货币我曾占有，我就“具有合法权益”，因此，现该货币转到你的名下，你就应负举证责任，证明你是“具有法律的原因”，否则你就是“不当得利”。如果这一逻辑成立，那么被告会说，现在案涉货币是由我占有，我就对其“具有合法权益”，我就完成了举证责任，你说我“不当得利”，你举证证明。这岂不成了谁说谁有理了吗？可见，还是要回归于由原告还是被告对“不当得利”负举证责任的法律规定的依据问题上。

【案涉简况】

论证委托方：陕西威能律师事务所。

论证受托方：中国政法大学法律应用研究中心。

论证事项：对本案原审判决应否提起再审。

参加论证的专家：三名专家从略。

委托方提供的案件材料：

（一）裁判文书

1. 某某市中级人民法院 2018 某 01 民初字 1973 号民事判决书；

2. 某某省高级人民法院 2019 某民终 1095 号民事裁定书；

3. 某某市中级人民法院 2020 某 01 民初字 100 号民事判决书；

4. 某某省高级人民法院 2020 某民终 1020 号民事判决书；

（二）法律文书

1. 民事起诉状；

2. 民事答辩状；

3. 民事上诉状；

4. 相关代理词、质证意见、答辩状；

5. 再审申请书；

（三）证据材料

1. 案卷原被告提交的全部证据材料；

2. 新证据材料；

3. 其他相关事实材料。

以上材料均为复印件，委托方对这些材料的真实性和来源的合法性负责。

委托方因董某诉王某某不当得利纠纷一案，就本案原判决应否提起再审事宜，向受托方提交专家论证申请和案件材料，请求代为邀请专家论证，提供专家论证法律意见。受托方在审阅委托方提交的案件材料后，认为符合专家论证的条件，邀请中国政法大学、中国人民大学三名专家教授，于 2021 年 1 月 20 日在京召开了专家论证会。专家们在仔细研究委托方提交的案件材料、向委托方询问有关情况、深入讨论的基础上，形成一致法律意见：

即本案原审判决确有根本错误，依法应当提起再审。

专家们根据论证材料，将本案基本案情概括如下：

穆某与董某某于 2011 年登记结婚，婚后生育一子董长某，董某系董某某与前妻所生之女。二人婚姻存续期间，其共有财产均由董某某名下公司中负责投资理财的刘某某打理。

据王某某称，穆某与董某某婚后初期感情尚好，但后来，因董某某对穆某实施家暴，从2014年起，感情开始恶化，后夫妻关系紧张。2017年10月，董某某为缓和与穆某夫妻关系的矛盾，以及补偿穆某之母王某某的心理伤害，与穆某协商后，双方同意将董某某与穆某放的本案案款近2.8亿元给付穆某，作为董某某对穆某及本人的精神补偿和婚姻保障。但终因双方感情破裂，2018年7月，穆某正式起诉离婚，并要求分割财产，董某某为了不让穆某分得财产，让刘某某配合，一方面将其名下财产进行转移，另一方面让刘某某配合董某起诉王某某不当得利，企图追回王某某名下的案涉2.8亿元财产。因管辖问题，离婚案于2020年经加拿大法院判决离婚，但根据加拿大法律，其夫妻共有财产在离婚案中并没有得到分割。

经查，其夫妻共有财产均来自董某某的煤矿经营收入，且多为现金收入。为防范风险并保值增值，其收入分别打入穆某、董某、刘某某等人的名下，约有20多亿元。2016年董某某因行贿罪被判刑，根据董某某及刘某某的陈述，永清县法院查封了其包括穆某、董某名下在内的存款，并将其中的共13亿元予以没收。其余则予以解封，其中就包括案涉董某于2014年存入刘某某名下的1亿元，该笔存款于2017年3月9日董某让刘某某转存于刘某某的名下，并将董某某的存单销户；同时又将董某名下的另一笔1.76亿元存单同样销户，转存于刘某某的名下。两笔存单本息共存入2.8亿多元，两笔均为一年期定期存单。

2017年3月13日，穆某凭刘某某交给她的两份存单、身份证原件和告知的存单密码，将案涉两份存单的2.8亿多元转存于其母王某某的名下。案中刘某某称，是应穆某要求，将案涉其名下的两份存单和其身份证原件及存单密码亲自交付给穆某的。

2018年8月20日，原告董某起诉被告王某某，私下转移并侵占原告财产，没有合法依据，要求返还原告。

在原一审中，原告主张案涉财产是本人所有，其暂存于刘某某名下，被告未经本人同意私下转移并占有原告的财产没有合法依据，被告应负有返还义务。

被告辩称，其并没有私下转移原告财产，案涉款项系董某家人赠与给被告，并由王某某之女穆某安排刘某某与其一起去银行办理了销户与转移手续，故被告占有案涉款项有合法依据。

法院判决认为，该两笔款项系原告暂存至刘某某名下的存款，被告未经原告同意将此刘某某名下的存款销户，并提取该存单本息共 2.8 亿多元，转存于自己名下，没有法律依据，原告有权请求被告返还不当得利，故判决被告返还该财产。

经被告上诉，二审法院裁定认为：本案董某以不当得利为由提起诉讼，一审法院认定案涉款项属董某所有。根据一审查明，2017 年 3 月涉案款项从董某名下已转存于刘某某名下，对于该款项所有权的归属一审法院采信证人刘某某的证言认定属于董某。但是，刘某某在明知涉案款项属于董某所有的情况下，为何在穆某向其索要涉案两张存单和身份证时，不提前告知董某？既然是董某的财产刘某某为何要听从于穆某的要求将存单交与穆某？且据刘某某陈述其在交付穆某后告知董某，董某也只是说“知道了”，董某对刘某某将存单交付给穆某的行为并没有提出异议。二审中，王某某主张涉案款项为董某之父董某某和其女儿穆某的共同财产，并且董某某已经给予穆某。本案中刘某某是听从董某某和穆某还是听从于董某？其负责管理的财产是属于董某还是属于董某某和穆某的共同财产？一审法院对涉案款项权属的基本事实没有查清。因此裁定，撤销原判，发回重审。

重审一审中，原告以提交的两张存单是其名下，后转存于刘某某名下，并出具刘某某《情况说明》，证明是董某暂存于其名下的，而不是刘某某所有，以此证明案涉款项是属于原告的款项，并以被告未经自己同意而转移其财产为由，证明其转移没有合法依据。

被告王某某则以案涉银行销户的《零售业务凭证》［2020］西莲证民字第 1232 号公证书、微信聊天记录截图、协助冻结存款通知书、河北省永清县人民法院［2016］冀 1023 刑初 1××号刑事判决书以及穆某的视频声明等证据，证明案涉存款，是董某某与穆某的共同财产，董某某已经在 2017 年 7 月份处分归穆某所有；刘某某向王某某转款时，董某、董某某、刘某某均知情，证明董某起诉不当得利无事实依据。

重审一审法院认为，原存款存于董某名下，系董某个人财产，刘某某亦确认系暂存在其名下的董某的所有财产，故董某对该两笔款项享有完全的、排他的权益。

被告主张将涉案款项转移至自己名下有合法依据，但被告没有证据证明案涉款项在穆某及董某某的名下；其以河北省永清县人民法院刑事判决书，协助冻结存款通知书欲证明董某名下所有的财产系董某某家庭共同财产，没有事实根据和法律依据；其提交的一份通过邮件发送的财产分割协议书，无法确认收件人身份，邮件中所载的分割财产协议书亦未经各方签署，该协议不能证明案涉财产经过分割归穆某与王某某所有；其提供的微信聊天记录截图，因未提交原始载体，无法核实微信聊天的相对方，同时该证据亦无法证明案涉款项已归穆某与王某某所有；被告称其转移案涉款项时刘某某知情并予以配合，而刘某某予以否认并出庭证明其未随同王某某去银行办理过案涉款项转移事宜，且账户注销凭证上仅有被告王某某本人签名，并没有刘某某签名。故判决被告辩称理由证据不足，对原告的诉请予以支持。

重审二审中，上诉人王某某请求调取相关银行案涉款项支取留存的全部资料，并申请调取永清县法院关于董某某涉案的卷宗材料，以此查清案涉董某名下的财产为董某某夫妻共有财产。

但该院认为关于调取银行案涉支取留存的全部资料和永清法院关于董某某案卷材料，前者没有必要，后者与本案无关，根据相关民事诉讼法司法解释，对被证事实无关联、无意义、无必要的，人民法院不予支持。

关于本案的举证责任，该院认为对于消极事实与积极事实，应由主张积极事实的当事人负举证责任，主张王某某取得存款“没有法律上的原因”即为消极事实，而王某某主张取得利益“具有法律上的原因”即为积极事实。一审判决认为上诉人王某某应当举证证明其占有案涉款项具有合法根据，这一举证责任分配和认定并无不当。

且该院认为，“货币为种类物，根据占有即所有的一般原则，被上诉人董某对上述款项具有合法权益”。刘某某一审出庭确认暂存于其名下的款项属于董某，据此，被上诉人董某已完成了举证证明责任。上诉人则应对转款行为的合法根据举证证明，但一审中，上诉人称该存款其占有系董某某家人的赠与，而二审中又称系董某某与穆某的共同财产，董某某全部给予穆某，属穆某所有，前后说法不一，亦均未提供充足的证据证明。且刘某某名下的销户凭证上的签字显示，均为上诉人所签，并没有刘某某签字。上诉人王某某转移案涉款项没有取得被上诉人董某的同意，其占有没有合法依据。故判决驳回上诉，维持原判。

【论证意见】

专家们指出，原二审裁定尖锐地提出几个反问，明确指出原一审判决认定基本事实不清：其一，对于案涉该款项究竟是属于董某，还是如王某某主张的案涉款项为董某之父董某某和穆某的共同财产，并且董某某已经给予穆某，事实不清；其二，刘某某的案涉行为是听从于董某某和穆某还是听从于董某，事实不清；其三，刘某某管理的财产是属于董某的还是属于董某某和穆某的共同财产，事实不清；其四，案涉财产的转移是否具有合法性事实不清。

对于上述基本事实，发回重审一审和二审法院，在原告没有提出新的证据足以证明其主张事实，被告提供的证据被拒绝采信，提出的调取新证据的申请被驳回、不予支持的情况下，案涉基本事实仍然均没有予以查清，故重审一、二审法院只能靠举证责任后果承担来作出自己的判决依据，故将举证责任分配给被告而导致被告败诉。

专家们认为重审一、二审法院判决对案涉基本事实的确认及其举证责任的分配，都具有根本性的错误，依法应通过再审，纠正其判决错误。现具体论证如下：

一、关于本案所涉财产所有权归属问题

专家们指出，诚如原二审法院裁定所指出，正确确认本案财产的所有权归属问题，是正确认定本案的基本事实问题，这是对本案正确处理的前提、基础、核心与归宿。而要正确确定这一基本事实，不能脱离案涉财产的产生和处分的背景，而且要正确分配当事人双方对此的举证责任。

（一）关于背景问题

案涉财产的背景问题主要涉及三方面问题：

其一，案涉财产的本源问题，从存款本源来看，其中一笔 1 亿元的存款于 2014 年存于董某名下，第二笔存款 1.76 亿元于 2017 年 3 月存于董某名下。2014 年至 2017 年董某仅 20 多岁，她不存在其他特殊收入能获得这近 2.8 亿元的财产，其财产来源只能是其父亲董某某的公司收入所得。

其二，2014 年至 2017 年在董某某与穆某的婚姻存续期间内，如果董某某将自己的近 2.8 亿元财产转存于董某名下，未经穆某同意，将此财产所有权转移到董某名下，案涉财产也只能定性属于其夫妻共同财产。

其三，2017 年前后，正是穆某与董某某产生感情纠葛闹离婚的时期，其两笔巨额存款从刘某某的名下转入王某某的名下，如刘某某是根据董某某的

指示将其名下的财产让穆某转入王某某的名下，案涉财产就是合法转移为王某某所有。

据此，案涉财产的所有权归属只有三种可能：一是为董某所有；二是为合法转移为王某某或穆某所有；三是为其夫妻共同所有。

(二) 举证责任问题

根据2008年最高人民法院《关于民事诉讼证据的若干规定》(本文以下简称《民事证据规定》) 第1条，原告对自己起诉主张事实负举证责任，而被告对自己反诉主张的事实负举证责任。该条明确了当事人双方结果的举证责任，至于被告反驳原告的起诉与原告反驳被告的反诉所主张的事实，则负有行为的举证责任。结果的举证责任须达到高度盖然性的证明标准，而行为的举证责任，则只须达到一定的可信性，致使对方当事人举证达不到高度的盖然性即可。在法律、法规和司法解释没有明确规定的情况下，不容许法官将举证责任倒置进行分配。在本案中，原告就应对不当得利成立条件事实负有行为和结果的举证责任，而被告仅对反驳对方所主张事实负有行为的举证责任，而没有法律、司法解释及证据规则规定，在此种情况下，原告对其主张事实负有结果的举证责任。

(三) 原告对其财产所有权是否完成了举证责任

原告主张被告不当得利，其前提条件是要证明案涉财产是归属她所有，并足以反驳为对方合法所有，对此负行为与结果的举证责任，对此不存在任何疑义。案中原告的主张与举证的情况如下：

(1) 原告主张案涉财产系其生母给其财产，但没有提供任何证据予以证明。

(2) 原告主张其财产系存于其账户，“占有即所有”，且转存于刘某某的名下是其所有的款项暂存于刘某某的名下，刘某某亦证明是董某的财产暂存于其名下，而不是他的个人财产。

对此，一、二审法院判决认为，原告对其主张案涉财产属于她个人所有已完成举证责任，足以证明其对此享有完全的排他性的财产所有权。但这是不能成立的。

专家们认为：

其一，就“占有即所有”而言，对于货币这一种类物，一般而言并无不妥，但即使如此，学界也存在质疑，起码不应绝对化。如果可以据此而绝对化地判决，那么刘某某名下的存款就应判归刘某某所有，刘某某所有的财产转存于王某某名下，就应判归王某某所有。如此按照该一、二审判决的逻辑，案涉 2.8 亿多元款项现存于王某某名下，就应当以此判决案涉财产归属王某某所有。

专家们指出，为了正确确认案涉巨额财产的所有权归属，不能机械地、绝对化地以“占有即所有”为由，认为原为董某名下的款项，即为董某所有；而应是只有在原告举证排除了案涉财产是穆某与董某某“暂存”于其名下的夫妻共有财产和案涉财产是经董某某处分给穆某和王某某所有财产的可能，并达到高度盖然性的情况下，才能够具有重审一审法院判决所应确认的“完全的、排他的权益”的法律效果。但案中原告没有举出任何证据排除案涉财产是暂存于其名下的穆、董夫妻共有财产，也没有证据足以排除案涉财产是根据董某某的指令，合法转移至王某某名下的财产。

在上述情况下，轻率断言原告对其主张案涉财产所有权属于她个人所有的事实已完成了举证责任，且具有了“完全的、排他的权益”的法律效果，未免过于武断、主观、片面，依法不能成立。

（3）从刘某某的证言而言。从刘某某在某某市中级人民法院的庭审笔录中，可以清楚地看出，其对案涉财产实际上有三种说法：

其一，他说：“穆某问我要存单，我就给了，我也没有考虑过这个财产是谁的。”这就是说，他当时不确定该财产是属于谁的，穆问他要，他就将存单交给了她，认为她对该存单有处分权，这实际上是其确认案涉财产是穆某夫妻的共有财产。

其二，他说：“是穆某问我要，因为穆某是董某的继母，穆某问我要，我就给了。”这实际上他认为该财产属于董某家庭的共有财产，穆某有权处分该笔财产。

其三，他的另一种说法是：“当时是董某委托我，我就认为是她的钱。”但这种说法不仅与上述两种说法自相矛盾，而且不合常理。因为既然他认为是董某的财产，那么在此情况下将存单、密码和自己的身份证原件亲自交给穆某，让其处分该款项只有两种可能情况，一是事先征得了董某的同意，是合法行为；二是未经董某同意，而将董某所有的“委托”暂存于他名下的款项擅自同意并支持穆某转存于他人的名下，他就构成了对涉案 2.8 亿多元资产的严重侵权！

如真如此，当他事后告知董某的时候，董某就不应只是说“知道了”，而后事经一年又不管不问，直至一年后，才起诉王某某不当得利，而不起诉始作俑者刘某某的侵权责任！这诚如原二审法院裁定所认定的，是完全不合逻辑，完全说不通的。

重审一、二审法院对刘某某的证言，掐头去尾，只留下一句刘某某也证明案涉财产系原告所有，并不顾其严重的不合逻辑、不合常识，硬是以此佐证董某自称案涉财产系其所有的主张，这是完全不能成立的。

（四）被告以反证反驳原告主张事实，对反证应负的是行为举证责任

专家们指出，这是对反证事实的行为的举证责任，而不是结果的举证责任。对反证事实举证只要能达到一定的可信性即可，而不必达到高度的盖然性；只要达到了一定的可信性，行为举证责任就转移到原告方，原告就有责任以本证驳倒被告反证举证证明事实的可信性，并达到高度盖然性的证明标准。

在本案中，被告是通过以下两个方面以反证予以证明的：

其一，是举出经公证的电子数据予以证明。该公证的电子数据内容含有如下两方面内容：一是从穆某电子邮箱中下载的“协议”，“协议”时间是2017年7月8日20：38，内容为：“（1）三份理财信托总资产6亿元人民币，其中2.8亿元归穆某所有，其中董长某1亿元，穆某1亿元，王某某8000万元，作为董某某对以上三人的赔付，剩余3.2亿元分配给董某、董某1、董某2，由父亲董某某执行分配。期间6亿元资产所产生利息归穆某持有，并将利息中的1000万补充给董某、董某1、董某2，之后董某某不必支付任何抚养费用给穆某及董长某；（2）关于董长某的抚养权、监护权和探视权问题的约定；（3）三年之内董某某可随时选择是否离婚，离婚后双方不得分配对方财产。（4）董某、董某1、董某2不得以任何形式与穆某及董长某争夺其母子名下任何现金，股票，房产等资产。”

该“协议”如果真实、合法有效，将会产生如下法律后果：①案涉的王某某名下2.8亿元存款，是据此“协议”而处分的财产，该款项所有权应归属于穆某1亿元，董长某1亿元，王某某8000万元，而由王某某代持；②董某无权争夺案涉的2.8亿元存款；③穆某由此而无权再分割其余的夫妻共有财产。

若无效，则该证据证明，案涉2.8亿元存款是穆某夫妻的共有财产，该

财产是由王某某占有的属于穆某夫妻共有的财产。

其二，是从穆某手机下载的微信聊天记录截图。时间是2017年10月8日10：13；2017年10月9日16：13，00：44，00：37，00：35。其内容为董某某："你们名下所有的资产包括你妈名下的两亿八都归你！""我说过的都算数。""你和你妈所有名下资产，包括两亿八都给你！你妈爱钱已经疯狂了。""你和你妈爱钱！两亿八给你！"穆某回应："那我谢谢你了。"

专家们指出，如这两份证据一份系经过公证的电子数据、一份系手机中储存有原始载体的截图具有真实性，即可证明：一是，2017年3月9日案涉的款项从刘某某名下由穆某转存于王某某名下，是由董某某决定的，刘某某是根据董某某的指示将其夫妻共有财产转移至王某某名下，由王某某与穆某及董长某所有。二是，2017年10月8日、10月9日，董某某在微信中，对案涉存于王某某名下的2.8亿元存款的所有权又三次确认，并说"说话算数"，董某对此不得争夺！

（五）重审法院判决对当事人双方举证的评判违法

原告本证仅以"占有即所有"为由和证人刘某某承认是董某委托其暂存，证明案涉财产归其所有，法院判决认为已达到了其为"完全的，排他性权益"的程度，显系不能成立，此不赘述。而当被告以上述公证证据反证案涉财产属于经合法转存于其名下的原告之父董某某将其控制下的夫妻共有财产处分给穆某等所有，其证明达到了相当的可信性的程度的时候，法院理应要原告以本证反驳被告的举证，并达到高度盖然性的程度，但法院并没有这样做，在原告没有举出任何本证反驳的情况下，法院判决竟以否定该公证证明的证据的证据能力，否定其证明效力。这实际上是将结果举证责任强加于被告，是完全违背证据规则的。

就这份经公证证明的证据"协议"和"聊天记录"的证据能力而言，《民事证据规定》第7条规定"已为有效公证文书所证明的事实"，"当事人无须举证证明"，据此应认为，该公证书证明：有"协议"双方约定，王某某名下的案涉财产归属穆某等三人所有，对此，董某某事后又在聊天记录中，明确三次加以"确认"，并说"说话算数"，不许董某争夺！对此事实，被告无须举证证明，原告反驳该事实主张，应负举证责任，其举证应达到高度盖然性的证明标准。法院应让董某履行举证责任，举证证明其"协议"是伪造的，起码应以其父亲董某某的证言证明"协议"是假的，"聊天记录"是伪造的，但原告并没有举证证明，据此就应评判原告因举证不能而应负不利后果的风险责任。但重审一、二审法院判决却反其道而行之，竟然以否定公证书确认的证据事实的证据能力为由，免除了原告的举证责任。重审一审法院判决称：该“协议”未经各方签署，微信聊天记录截图未提供原始载体，因而无效，不足为证。但专家们认为，只要案中没有证据证明案涉经公证的“协议”与“聊天记录”是伪造变造的、不具有真实性，或不具有相关性和合法性，就应确认其效力；而本案并没有任何有效证据否定该公证证据的“三性”，故否定其证据能力和证明效力，没有事实根据和法律依据，亦没有任何证据支持，因此该评判意见，属主观臆断，而依法不能成立。

二、关于案涉财产所有权转移的合法性问题

专家们指出，本案原告起诉的是不当得利案件，除了原告应负举证责任证明案涉财产属其个人所有之外，原告还要负举证责任证明案涉财产转移至王某某名下，不具有合法性，亦即“没有法律上的原因”；故案涉财产转移是否合法，即为本案的第二个需要查明的焦点问题，如果合法，即不存在不当得利问题，如果不合法才产生不当得利问题。而判断其转移是否合法则涉及两个根本问题，一是刘某某是否有权同意并支持穆某转移案涉财产所有权问题；二是兴业银行办理案涉财产所有权转移是否因违法违规而无效的问题。原告只有证明了其中一个问题，或两个问题都证明，即证明转移是非法无效的，其起诉主张的被告不当得利才能依法成立。

（一）关于刘某某是否有权同意并支持穆某转移案涉财产所有权的问题

（1）案中一个不争的事实是，是刘某某亲自将自己名下的两份存单和自己的身份证原件交付给穆某，并将存单密码亲自告诉了穆某；作为董某某公司的专业的理财师，其以该行为表明其是同意并支持穆某将案涉财产所有权进行转移的，这是无可辩驳的事实；不论是刘某某是应穆某的要求所为还是其主动所为，无论是刘某某亲自到场帮助转移财产，还是其未到场是由穆某和她母亲到场办理转移财产，无论是刘某某其存单销户手续上是否有刘某某的签字，这些都不影响刘某某上述行为属于同意并支持穆某财产转移的性质。

（2）刘某某同意并支持穆某转移财产所有权是否具有合法性。

如果其具有合法性，只能是出于两种情况：一是案涉财产虽曾存在于董某名下，但是属于由董某某控制的穆某夫妻的共有财产，并且得到了董某某

的指示，而其才同意并支持穆某转移该财产的所有权的；二是他认为该财产属于董某交由他，由他代管的财产，他是经董某同意将该财产交由穆某进行所有权转移的。二者应必居其一。

如果刘某某既未得到董某某的指示，又未征得董某的同意，就自作主张，擅自同意并支持穆某转移案涉财产的所有权，这就是严重侵权，当然其转移财产就不具有合法性，因而王某某才构成不当得利。

(3) 原告董某欲证明不当得利，就得证明刘某某同意并支持穆某转移案涉财产非法无效，她就必经举证证明，该转移财产行为既未征得她本人同意认可，又未得到其父亲董某某的指示或许可，二者必须同时具备。

其一，关于是否经过她本人同意，董某本人表示未经她本人同意，但刘某某的证言证明说，将存单、身份证原件给了穆某并告知其存单密码后，“给完后跟董某说过”，“董某说‘知道了’”。对于这么重大的事项，一方面刘某某说仅是事后告诉了董某，而事先不征得她同意，明显不合情理；而且即使是如他所言，是事后告知了她，而她只是说“知道了”，而并没有坚决予以反对，要求返回该财产，而是在一年后才通过本案起诉不当得利，要求追回该财产，故应有理由相信，该财产所有权转移或事先征得了董某的同意，或起码是事后得到了董某的认可，故以未征得董某同意，刘某某同意并支持穆某财产转移侵权非法，依法不能成立，此其一。

其二，问题的要害在于，刘某某是否事先得到了董某某的同意。

案涉财产的本源是出于董某某公司的经营所得，这是不争的事实，即使刘某某的行为事先未征得董某同意，而是根据董某某的指示同意并支持财产转移的，而董某事后知晓，也并未反对，而是予以默认，刘某某的行为也不属于非法、侵权而无效。

案中原告并没有举证证明其父亲董某某并没有指示或同意刘某某的同意并支持财产转移的行为，刘某某也始终没说，该行为既没有得到董某某的授权，又未得到原告的认可，而是其擅自做主的行为。如果事实确是刘某某擅自作主，董某完全可以取得其父亲的证言，并得到刘某某的相应证言，二者相互印证，就将该转移行为的非法性坐实了。但是案中并没有董某提供的这两方面的重要证言。故原告对刘某某行为的违法性未能举证证明，而未证明非法，即应推定为合法。

其三，如果原告有足够证据证明刘某某的行为具有非法性，那么刘某某的行为属于严重侵权，原告就应当以侵权之诉起诉刘某某等，而不应起诉王某某不当得利。而原告却并没有起诉刘某某等侵权，而是起诉王某某不当得利，其背后的诉讼逻辑只能是出于起诉的利害考量：如果起诉刘某某侵权，刘某某作为专业理财师，一定会拿出其掌握的确凿证据，证明其并不侵权，而是事先得到了董某某的指示，并得到了董某的同意，以此来对抗自己对这笔巨额资金的风险责任，因为他在这一重大风险责任面前是绝不会不留下证据，足以排除其不能承受的侵权责任的，其关键就在于他是专业的理财师！

可见，原告董某不追究刘某某的侵权责任，而追究王某某的不当得利责任，只能是基于明知刘某某的行为并不属于侵权行为，并且明知刘某某掌握足够证据可证明其行为并不侵权，故越过刘某某的责任而追究王某某的责任，可以让刘某某隐瞒其事先得到董某某的指示，事先征得原告同意的事实，并且让刘某某配合自己的诉讼，只能是，如此而已。

上述的起诉考量事实，也反证了刘某某的行为不可能具有非法性。

（二）关于兴业银行办理案涉财产转移是否违法违规不具有合法性问题

经查，在诉讼中原告并没有提出兴业银行办理案涉财产转移违法违规不具有合法性的主张，更没有提供相关证据对此予以证明。案中涉及的刘某某是否到场办理转移手续，是否在其存单销户手续上亲自签名，经查银行相关规定，亦不存在违法违规从而导致转存存单的民事法律行为无效的问题。故应当认定，从办理转存手续而言，案涉财产转存于王某某名下，不存在因银行违法违规而导致转存行为无效问题。

由上可见，原告没有提供有效证据足以证明关于案涉财产所有权转移非法无效，故原告主张王某某为不当得利没有事实和法律依据。

三、关于举证责任应否倒置问题

《民事证据规定》第 1 条明确规定了原告对起诉主张的事实负举证责任，被告对反诉主张的事实负举证责任。为此，除非有举证责任倒置的明确的法律法规或司法解释的明确例外规定，或有司法领域公认的证据规则的明确例外的惯例可循，否则不得任意确定举证责任倒置。

专家们指出，对于本案涉及的不当得利纠纷的争议事实，迄今为止，并没有任何法律法规或司法解释以及公认的证据规则惯例，规定对原告主张的不当得利的成立要件事实应将举证责任倒置，从而可免除原告的举证责任，而将举证责任倒置于被告。

就不当得利的成立条件而言，原告应对“对方取得财产利益”“己方受到损失”“利益与损失有因果关系”“没有法律依据”负有全面的主张事实的举证责任。

在本案中就“没有法律依据”而言，原告起码要举证证明如下事实：

其一，案涉财产是归属原告所有，对此证明要达到高度盖然性的证明标准，并足以排除是穆某夫妻共同财产和其父董某某有权处分给穆某、王某某所有的相当程度的合理怀疑。

其二，要举证证明财产管理人刘某某既未经其父亲董某某授权，也未事先征得自己同意，事后自己也没有追认，而是刘某某擅自做主同意并支持穆某将案涉财产所有权进行转移，或举证证明，该财产转移系由兴业银行违法违规操作，该转移行为在法律上无效，并对此证明达到了高度的盖然性。

原告只有对以上两项事实举证证明，并达到了证明标准，才能确认其完成了举证责任。

但在本案中，原告董某对第一项事实，仅以款项原存于自己名下，刘某某也承认是自己的财产，证明是自己所有的财产，这既没有举证足以排除是董某某、穆某夫妻共同财产，也没有任何证据排除是其父亲有权处分的财产的相应的合理怀疑，举证严重不足。

对于第二项事实，原告则完全没有举出任何证据，而这都涉及的是本案的核心问题。

在原告举证不足、举证不能的情况下，被告无需举证，充其量只需履行行为的举证责任，其举证也无须达到高度的盖然性的标准，只须达到使对方举证效果没有达到高度盖然性即可。

所以，正确分配举证责任和评判双方举证效果，应由原告对主张不当得利的成立条件事实负全部举证责任，鉴于其举证不足，特别是对要害事实举证不能，应判决由其承担举证后果责任。

但重审二审法院却判决认为，一审判决认为让被告王某某负证明其占有案涉款项具有合法根据，这一举证责任分配和认定并无不当。理由是，董某主张王某某取得存款“没有法律上的原因”即为消极事实，故应由王某某证明“具有法律上的原因”的积极事实，由其承担对此的举证责任，举证容易且更符合法律逻辑。

专家们指出，这是完全错误的，理由是：

其一，没有法律依据。在我国并不存在对不当得利的“不当”事实即“没有法律上的原因”有举证责任倒置的规定，没有法律依据而分配举证责任倒置，其性质属于违反法律规定。

其二，自相矛盾，自我否定。原二审中，二审裁定通过几个尖锐的问题，明显地是将案涉不当得利的成立条件事实的举证责任分配给原告，认为实属其举证证明的事实不清、证据严重不足；而重审二审法院换了合议庭成员，就将原二审裁定的举证责任分配给原告并评判其举证不足，完全不管不顾；而是反其道而行之，在原告没有提供新证据的情况下，一方面对案涉财产所有权归属，认为原告已完成举证责任，使所有权问题，达到证明是“完全的”“排他性利益”的程度；另一方面，将“没有法律上的原因”的举证责任违法强加到被告身上。二审法院竟然可以因合议庭组成人员的不同，而任由不同合议庭对举证责任分配及其履行评判进行相互矛盾的裁判？

其三，从法律逻辑而言，对于不当得利的“不当”“没有法律上的原因”，不可以形式化地解释为“消极事实”，因为任何积极事实都可随意解释为“消极事实”。例如，对主张的“侵权事实”“犯罪事实”这样的积极事实，也可以随意解释为“不法事实”“非法事实”，照此逻辑，对指控他人犯罪，或起诉他人侵权都可以此为由将举证责任倒置于被告。

结合本案事实，原告应举证证明的事实，即刘某某同意并支持穆某转移案涉财产的所有权，系未经其父董某某授权，也未经原告同意或认可，这虽表面上也似乎是消极事实，但由原告举证应属更为容易，但为什么原告不举证？专家们强调指出，这是很值得引起高度重视的！为什么自始至终原告没有拿出证据，由其父亲书面或出庭作证证明刘某某的行为未经其授权；为什么刘某某自始至终不证明其行为既未经董某某授权，又未经董某同意和认可，是其个人自作主张的行为。而该证据的证明又是查明案涉有无“合法根据”的关键。可见，由于重审一、二审法院判决违法免除了董某应负的举证责任，才导致了判决结果的违法和不公。

其四，对于不当得利之“获利没有法律依据”的举证责任分配问题，尽管我国学界存在争议，但是，即使是同意将举证责任分配给被告的学者，也只是将此限制在非给付型不当得利的情况，而对于给付型不当得利，因给付方距离给付“有无法律根据”的证据事实相对较近，而受益方则距离较远，并难言给付事实无法律根据即为消极事实，且无法律倒置的例外规定，故凡权威专家，均认为应由原告负举证责任。有学者认为：“无法律上的原因（给付目的缺失）”应当由原告举证，因为原告（不当得利请求人）是使财产发生变动的主体，控制着财产的变动，由其承担举证责任较为合理。专家们同意这一观点。

在本案中，作为原告董某的委托管理人刘某某同意并支持案涉财产转移，作为给付方原告一方（由刘某某协助证明），负给付“无法律上的原因”“较为合理”。对此，被告方代理律师列举的最高人民法院发布的典型判例（中国审判案例要览〈2012 民事审判案例卷〉）载：上海市中级人民法院［2011］沪一中民一（民）终字第 921 号，其判决就体现了原告对此负举证责任的判决要旨，即该判决认为：根据《民法通则》第 92 条之规定，关于不当得利的规定属于请求权形成规范，故对其构成要件事实，包括其中之一的“无法律上的原因”应由不当得利返还请求权人承担举证责任，亦即请求权人应对给付缺乏给付原因，负举证责任。

专家们同意上述观点。同时指出，在最高人民法院公布的典型判例中，还找不到持相反观点的判例。

四、关于被告方两项请求法院调取证据的申请被驳回问题

经查，原一、二审中，被告方多次提出书面申请，请求由法院调取两项证据，均被法院以不必要和无关为由予以驳回。

专家们认为该两项申请调取的证据事实，与案件不仅有关，而且有重要关联，不仅有必要调取，而且调取这两项证据，很可能是查明本案焦点事实的关键所在。因此，原一、二审判决以两项申请无必要、与无意义为由，予以驳回，属于适用法律不当。故，据此提起再审也应当是符合《民事诉讼法》第 200 条第 5 项规定的“对审理案件需要的主要证据，当事人因客观原因不能自行收集，书面申请人民法院调查收集，人民法院未调查收集的”提起再审条件的。此不多论。

总之，因重审法院一、二审判决确有根本错误，故本案应依法通过最高人民法院提起再审纠正原审判决的错误。

以上意见供参考。

【瞽言刍议】

本案论证的是一起“不当得利”纠纷案件，争议标的2.8亿元。原二审高级人民法院认定原告负举证责任，而证明事实不清，证据不足，因而裁定发回重审；而重审二审高级人民法院在原告没有补充任何新的证据的情况下，将举证责任倒置于被告，因而以被告举证不足，判决被告败诉。同一个二审高级人民法院，在原二审裁定中裁定原告负举证责任，因其举证不足，而发回重审；而同一个高级人民法院，在重审案二审中因换了合议庭成员，就判决被告负举证责任，被告举证不足，应负败诉责任。

在司法实践中，常常有这样的见解，即对所谓的“谁主张，谁举证”，认为是原告对自己主张的事实负举证责任，而被告对自己主张的事实，也要负举证责任。其错误在于，没有分清结果的举证责任和行为的举证责任，即一般情况下，原告对于自己的诉讼主张事实，负结果的举证责任，而被告对反驳原告诉讼主张的事实，负行为的举证责任。原告的结果举证责任，以达到高度的盖然性为满足，而被告的行为举证责任，则以使原告举证达不到高度盖然性为满足。一般而言，负举证责任，是指结果举证责任，而行为举证责任，应称之为提出证据责任，以此避免引起混乱。

在民事诉讼中，原告负举证责任是通例，而被告负举证责任为特例，只有在法律或司法解释明确规定，或有公认的司法惯例的情况下，才可以将举证责任倒置于被告。

在本案中，对于不当得利构成的三个要件事实，没有法律和司法解释规定或公认的惯例，应倒置由被告负举证责任，故应由原告负举证责任。这也是专家们的权威观点，且最高人民法院也没有进行倒置的例外判例。

本案重审的高级人民法院以构成不当得利的要件事实“没有法律上的原因”为消极事实，而被告主张取得利益“具有法律上的原因”即为积极事实，因而应由主张积极事实的被告，对此负举证责任。其错误在于：

其一，没有任何法律依据；其二，没有任何判例和惯例可循；其三，与法理相悖。之所以说与法理相悖，是因为消极、积极事实的举证责任分配原则的根源在于对其举证的难易，即谁容易举证谁应负举证责任，所谓“说有容易，说无难”，故谁说“有罪”“是侵权”谁负举证责任，谁说“无罪”“不是侵权”，谁不负举证责任。但对于消极、积极事实，不能作表面的机械性理解，否则，将“不当得利”作为消极事实，就应由法律明确规定倒置由被告负举证责任。但法律并没有这样规定。这并不是法律规定的失误，而是因为一般而言，诚如有学者所言：“无法律上的原因（给付目的缺失）”应当由原告举证，因为原告（不当得利请求人）是使财产发生变动的主体，控制着财产的变动，由其承担举证责任较为合理。本案论证专家们同意这一观点。

此外，该法院判决以“货币占有即所有”为由，判断原告完成了举证责任，并由此将实质性举证责任倒置于被告，也同样是违背法律规定的。

42. 建设工程施工合同纠纷上诉案

【论证要旨】

梧州市某某投资开发有限公司（以下简称“某某公司”）没有履行案涉BT合同中之先履行义务，严重违约在先；洪宇建设集团公司（以下简称“洪宇公司”）及广西梧州市某某项目投资管理有限公司（以下简称“项目公司”）被迫停工行为系行使先履行抗辩权；某某公司在案涉合同没有解除的情况下，对某某工程项目再次招标进一步严重违约；某某公司应当承担违约责任。

【案涉简况】

论证委托单位：洪宇公司、项目公司。

论证受托单位：中国政法大学法律应用研究中心。

论证事项：洪宇公司、项目公司与某某公司因在广西梧州市某某工程项目建设过程中产生争议，现委托专家针对各方在履约过程中是否存在违约行为、由谁承担违约责任及梧州市中级人民法院［2017］桂04民初4×、7×号案件一审判决是否应予撤销问题进行论证；对广西梧州市某某工程项目建设过程中各参建单位（某某公司、洪宇公司、项目公司及三家施工承包单位）之间的法律关系及相关责任进行论证。

论证专家：中国政法大学、中国人民大学法学院、清华大学法学院五名民事与行政法学的权威教授。

论证所依据的事实材料：

梧州市中级人民法院［2017］桂04民初4×、7×号案件中，原、被告各方提供的证据材料，包括但不限于以下材料：

1. 2011 年 12 月，某某公司发布的广西梧州市某某工程《建设—移交招标文件》。

2. 2012 年 2 月 28 日，某某公司向洪宇公司发出的《中标通知书》。

3. 2012 年 4 月 24 日，洪宇公司依约组建成立广西梧州市某某项目投资管理有限公司（即项目公司）工商资料。

4. 2012 年 7 月 25 日，梧州市人民政府作出梧政函［2012］224 号《关于我市某某（建设—移交）工程回购资金来源问题的批复》。

5. 2012 年 9 月项目公司组织考察施工承包单位，三家施工承包单位（江苏中泰桥梁钢构股份有限公司、中铁上海工程局集团有限公司、河南省第一建筑工程有限责任公司）中标的相关材料。

6. 2012 年 12 月 13 日某某公司与洪宇公司签订的《广西梧州市某某工程项目建设—移交合同》。

7. 2013 年 2 月 28 日某某公司发出的《开工令》。

8. 2013 年 7 月 26 日至 2013 年 8 月 8 日，梧州市某某公司竞拍得到梧拍桂［2013］10 号地块（193 亩土地）。

9. 2014 年 12 月 24 日，梧州市某某公司将本应用担保回购的 193 亩土地向中国民生银行股份有限公司南宁分行进行抵押他用。

10. 2014 年 4 月 16 日项目公司向某某公司发出的《关于梧州市某某申请暂时停工的报告》。

11. 2014 年 9 月 23 日梧州市某某公司向洪宇公司发出《关于恢复某某项目建设的函》。

12. 2014 年 11 月 28 日某某公司正式以洪宇公司和项目公司为被告提起诉讼的材料。

13. 2015 年 4 月 7 日三家施工承包单位中的中泰公司在广西高级人民法院起诉项目公司及洪宇公司主张工程款及违约金 1.6 多亿元的材料。

14. 最高人民法院［2016］最高法民再 4××号民事裁定书。

15. 2017 年 7 月 28 日，梧州市某某投资开发有限公司对某某工程再次招标，其中，江苏某某泰桥梁钢结构工程有限公司中标相关材料。

16. 梧州市中级人民法院［2017］桂 04 民初 4×、7×号民事判决书。

17. 其他相关事实材料。

以上事实材料均为复印件，论证委托单位对上述事实材料的真实性和来源的合法性负责。

【专家意见】

中国政法大学法律应用研究中心接受委托单位申请，邀请在京五位专家教授，就广西梧州市某某项目履约过程的相关问题，于2019年4月14日，在京召开了专家论证会。与会专家详细审阅了上述事实材料，并对关键事实、证据进行了认真核对与质询，根据事实、法律，一致认为，该两份判决均应予以撤销。

具体论证意见如下：

一、梧州市某某公司没有履行案涉BT合同中之先履行义务，严重违约在先

（1）根据《项目建设—移交合同》第1.1.3条：“招标文件及补遗书为合同组成部分”、第1.2条：“上述文件互相补充”；《建设—移交招标文件》第28.1条：“招标人在签订《建设—移交合同》后并在项目公司注册成立28日内，须对中标人所组建的项目公司完成有效足额的资产抵押。梧州市政府批准同意以梧州市南岸片区规划的城市商住综合用地约550亩土地在本项目的回购期内出让获取的收益作为本项目的回购资金来源。”

《中标通知书》备注2：“在建设期及回购期期间，本项目回购担保土地上报市政府批准后，转到梧州市某某公司名下。”

已生效的最高人民法院［2016］最高法民再4××号民事裁定书确定：“本院再审认为，《建设—移交合同》第1.1条约定，建设-移交合同及双方达成的相关协议、中标通知书、招标文件及补遗书等均构成该协议的组成部分，故上述招标文件、中标通知书关于回购担保的约定亦属于案涉《建设—移交合同》的组成部分，原审判决应据此对案涉协议的相关组成部分进行综合审查认定。”

上述法律文件充分表明：《建设—移交招标文件》和《中标通知书》作为《项目建设—移交合同》的组成部分，与《建设—移交合同》有机地组成一个整体，互相补充，其内容对合同双方均具有约束力。

（2）《建设—移交招标文件》第28.1条包含的应有之义为：首先，招标人应在签订《建设—移交合同》后并在项目公司注册成立28日内，须对中标人所组建的项目公司完成有效足额的资产抵押；其次，该足额的资产抵押物

具体指向为梧州市南岸片区规划的城市商住综合用地约 550 亩土地；最后，以该 550 亩土地在本项目的回购期内出让获取的收益作为本项目的回购资金来源。

对于《建设—移交合同》中的第 5.2 条，该条款第 1 项只是明确了回购期内的回购资金来源，并不是回购担保；第 2 项明确了某某公司必须提供足额的担保物。这与招标文件第 28.1 条相互印证，互相补充。

（3）洪宇公司依约于 2012 年 4 月 24 日组建成立项目公司，梧州市人民政府于 2012 年 7 月 25 日作出梧政函［2012］224 号《关于我市某某（建设—移交）工程回购资金来源问题的批复》，批准同意以梧州市南岸片区规划的城市商住综合用地约 550 亩土地在本项目的回购期内出让获取的收益作为本项目的回购资金来源。

此时某某公司早应将梧州市南岸片区规划的城市商住综合用地约 550 亩土地抵押至项目公司名下作为回购担保。从材料显示，项目公司在施工过程中，就该回购担保事宜一直主动与某某公司进行沟通协商，某某公司自始至终从未就问题正面回应。这说明某某公司从根本上就没有保证将梧州市南岸片区规划的城市商住综合用地约 550 亩土地作为回购担保，其在招标文件和相关文件里的表述只是将梧州市南岸片区规划的城市商住综合用地约 550 亩土地作为宣传，以便吸引相关公司投入巨额资金，完成其城市建设任务，实际上根本无法保障相关公司的回购权益。某某公司对项目公司提供足额有效的资产抵押是案涉 BT 合同开工建设的前提条件，是合同目的能否实现的诚信基础及先决条件。在某某公司对项目公司没有完成足额有效资产抵押进行回购担保的条件下，要项目公司全额垫资 6 亿多元建成某某项目，必然导致项目公司没有任何投资保障，更不具有可靠的融资条件，这显然违背了合同的公平原则及权利与义务相一致原则。

（4）梧州市人民政府的（梧政函［2012］224 号）批复不等于某某公司履行了上述先履行义务，该批复在主体、内容、形式上根本不具备任何回购担保的效力。

根据《担保法》的规定，合法有效的财产抵押担保应当具备如下条件：其一，抵押担保物必须是抵押担保人依法享有处分权的财产；其二，抵押担保人与抵押担保权人，应当以书面形式订立抵押担保合同；其三，抵押担保人不转移对抵押担保物的占有，当其不履行债务时抵押担保权人有权依法以该财产折价或者以拍卖、变卖该财产的价款优先受偿。且，根据《担保法》第42条的规定，抵押物需进行登记的，还必须办理抵押登记手续。

而在本案中，梧州市某某公司既没有提供自己的足额的财产作为抵押物，也没有与项目公司签订书面财产抵押担保合同，更没有保证抵押物的占有不予转移和抵押权人的优先受偿权，也更不存在对抵押物的登记。

（5）材料显示，项目公司经向梧州市土地管理局查询，2013年7月26日至2013年8月8日，梧州市某某公司竞拍得到梧拍桂［2013］10号地块（193亩土地）。2014年12月24日，梧州市某某公司将本应用担保回购的193亩土地（面积128 734.18平方米）向中国民生银行南宁分行进行抵押做其他用途，抵押期限自2014年12月24日至2016年12月9日，某某公司以自己的行为再次明显违约。

综上，论证专家们据此综合认定，某某公司在案涉合同中负有的先履行义务为：①在项目公司注册成立28日内，须对中标人所组建的项目公司完成足额有效的资产抵押。②及时将梧州市南岸片区规划的城市商住综合用地约550亩土地抵押至项目公司名下作为回购担保，做到“在建设期及回购期期间，本项目回购担保土地上报市政府批准后，转到梧州市某某投资开发有限公司名下”。③若合同约定的担保物价值少于乙方为本项目投入的建设资金，则甲方应当对不足部分资金额度另行提供乙方认可的担保。

但是，某某公司在取得梧州市人民政府批复后，根本没有按合同约定履行上述先履行义务，其行为已经构成严重的先期违约。

二、洪宇公司及项目公司被迫停工行为系行使先履行抗辩权

如前所述，某某公司对项目公司提供足额有效的资产抵押是案涉BT合同开工建设的前提条件，是合同目的能否实现的诚信基础和先决条件。

某某公司在招标文件第28.1条中明确资产抵押回购担保是为了确保项目公司项目投资及回购利益的实现，有利于项目公司的融资保障。项目公司正是基于对某某公司公开承诺的信任，才善意诚信地先行开展项目工程建设，但在其完成近2亿元的工程量时，鉴于某某公司一直拒不履行资产抵押和回购担保条款，其只能通过停工方式明确自己的态度来保障自己的合法权益。《合同法》第67条规定：“当事人互负债务，有先后履行顺序，先履行一方未履行的，后履行一方有权拒绝其履行要求。先履行一方履行债务不符合约定

的，后履行一方有权拒绝其相应的履行要求。”项目公司根据某某公司拒不履行合同约定的资产抵押和回购担保的先履行义务，为防止由此而造成对自己更大的损失，而采取了停工措施，这是完全符合上述《合同法》第67条规定的，其停工行为属于行使先履行抗辩权，是于法有据的合法行为。并且，退一步讲，即使洪宇公司、项目公司具有先履行义务，但某某公司以在合同约定期限内拒不履行资产抵押和回购担保基本义务，洪宇公司及项目公司也有充分理由相信某某公司有丧失商业信誉、丧失或者可能丧失履行债务的能力的情形；项目公司通知某某公司停工的行为也完全符合《合同法》第68条第1款的规定：“应当先履行债务的当事人，有确切证据证明对方有下列情形之一的，可以中止履行：（一）经营状况严重恶化；（二）转移财产、抽逃资金，以逃避债务；（三）丧失商业信誉；（四）有丧失或者可能丧失履行债务能力的其他情形。”

因此，项目公司停工的行为属于民法的私力救济行为，其行为也符合《合同法》的相关规定，其行为并不构成违约；相反，某某公司在前期消极履行合同约定义务，后期又以实际行为积极表明拒不履行合同基本义务，其行为已构成了先期违约，应当承担先期违约责任。《合同法》第108条规定：“当事人一方明确表示或者以自己的行为表明不履行合同义务的，对方可以在履行期限届满之前要求其承担违约责任。”

综上，项目公司依法停工行为，系合法行使先履行抗辩权，不应对此承担因停工而产生的相关损失赔偿的法律责任；而某某公司先期严重违约，应对由此而造成的损失，承担相应的赔偿责任。

三、2017年7月28日某某公司对某某项目再次招标严重违法

《合同法》第96条规定：“当事人一方依照本法第九十三条第二款、第九十四条的规定主张解除合同的，应当通知对方。合同自通知到达对方时解除。对方有异议的，可以请求人民法院或者仲裁机构确认解除合同的效力。法律、行政法规规定解除合同应当办理批准、登记等手续的，依照其规定。”在本案中，案涉合同既没有成就通知解除的生效条件，也没有成就裁判解除的生效条件，广西梧州市某某项目的争议还处于梧州市中级人民法院审理过程中，某某公司就于2017年7月28日就项目工程进行再次招标，由江苏某某泰桥梁钢结构工程有限公司中标，其行为明显属于进一步的违约行为，这一行为

严重侵害了项目公司对已经完成的工程量的债权，依法应当承担相应法律责任。

四、本案 BT 模式中各方主体之间的法律关系

本案某某项目是一种建设工程施工二次招标型 BT 模式：项目主办方（某某公司）通过（第一次）招投标法定程序，选定仅承担投资职能的投资人，由投资人组建具有法人资格的项目公司并由项目公司作为建设单位对 BT 项目进行投资、融资、建设组织和管理，包括项目公司自行投资、融资、办理工程建设有关审批手续、通过公开的第二次招投标程序选择施工承包商，投资人亦可以参与项目公司组织的第二次招标而成为总包方。这种模式的最大特点是项目的施工承包商要由项目公司另行再通过合法、公开的第二次招投标程序确定，而不是由项目主办方在选择项目投资人的同时确定。

（1）项目主办方（业主）某某公司与项目投资人洪宇公司之间的法律关系，系建设方与投资人的法律关系。

（2）洪宇公司与项目公司之间的法律关系，系投资、管理法律关系。

（3）项目公司与三家施工承包单位的法律关系，系建设工程施工合同发包与承包的法律关系。

（4）项目公司在 BT 项目回购前的法律地位：建设单位。

（5）洪宇公司并没有参与项目公司组织的二次招标，没有成为总承包方，仅仅担任了组建项目公司并对项目公司进行管理的主体职能。

（6）洪宇公司与三家施工承包单位没有合同法律关系。

由上可见，因梧州市某某公司严重违反合同先履行义务，致使相关施工承包单位起诉项目公司及洪宇公司，其责任在于梧州市某某公司；从涉案工程各参建单位之间的法律关系分析，施工承包单位起诉洪宇公司没有合同依据及法律依据。

五、梧州市中级人民法院在一审审判程序中存在违法情况

（1）梧州市中级人民法院对广西壮族自治区高级人民法院［2016］桂民初××号之二民事裁定书的合并审理指令置之不理，违反法律程序。

（2）梧州市中级人民法院对洪宇公司、项目公司的工程造价司法鉴定申请置之不理，并对项目公司已经完成的工程量不予认定，是剥夺或限制当事

人的诉讼权利。这势必导致项目公司在源头上没有工程款支付给三家建设工程承包施工单位，亦侵害了三家施工承包单位的合法权益，明显违反法律程序。

（3）据悉，梧州市某某公司的诉讼代理人彭某权原系梧州市中级人民法院的法官，其先后以律师身份及公民身份进行代理，若查证属实，均属违法。

综上所述，专家们一致认为，在广西梧州市某某项目建设过程中，是梧州市某某公司严重违约在先，项目公司的停工行为属于行使先履行抗辩权，不应对此承担违约责任；梧州市某某公司构成先期违约，应由其承担相应的违约责任。梧州市中级人民法院［2017］桂04民初4×、7×号民事判决在认定事实、适用法律方面明显错误，与最高人民法院［2016］最高法民再4××号民事裁定书的主旨相悖，依法应予撤销。

以上意见供参考。

【瞽言刍议】

本案的论证是要着重正确解决两个基本问题：

其一是，要解决本案BT合同的法律关系的正确认定问题。这里又涉及要确认三个主要问题：①合同合法有效；②按履约的先后顺序，确认为先履行抗辩权；③根据BT合同的性质，确认在合同未予解除的情况下，二次招标违法。由此才能正确确定相关法律责任。

其二是，正确确定案涉先履行抗辩权问题。

抓住了这两个基本问题，案涉法律责任问题就可得到正确解决。

43. 许某某诉王某某、武某某、沈某借贷纠纷案

【论证要旨】

本案专家论证，从厘清借款与投资款的根本区别出发，以案中证据证明了：①公司章程没有载明其股东的姓名或者名称、股东的出资方式、出资额和出资时间；②也未向其签发出资证明书；③股东名册也未记载其为股东的姓名或名称、出资额等；④该公司也未将其作为股东向公司登记机关登记；⑤若作为隐名股东，也没有其与公司显名股东形成投资的合意的有效证据证明。⑥且借款人承诺要限期还款。据上足以证明，案涉1000万元是借款而非投资款，借款人应承担还款义务。

【案涉简况】

委托人：许某某。

受托单位：中国政法大学法律应用研究中心。

论证专家：中国政法大学和中国社会经济决策咨询中心三名专家，具体从略。

论证事项：

1. 许某某将个人账户资金分两次转入武某某个人账户，后转入某某市某某印染有限公司（以下简称“某某印染”）再转入某某市某某农村小额贷款有限公司（以下简称“某某公司”），其资金是否属于许某某投资。

2. 王某某为许某某出具的承诺书是否具有还款约束力。

论证依据材料：

1. 许某某民事诉状（2014年7月10日）；

2. 某某市人民法院［2014］某民初字第00853号民事判决书；

3. 许某某民事上诉状（2015 年 9 月 20 日）；

4. 王某某、武某某民事上诉状（2015 年 9 月 21 日）；

5. 某某市中级人民法院［2015］某中民终字第 05733 号民事判决书；

6. 王某某、武某某民事再审申请书（2016 年 3 月 11 日）；

7. 许某某意见书（2016 年 8 月 23 日）；

8. 某某省高级人民法院询问笔录和调解笔录（2017 年 1 月 11 日）；

9. 某某市公证处［2014］某某证民内字第 3956 号公证书（短信内容公证）；

10. 王某某向许某某出具的《承诺书》；

11. 南京某某司法鉴定所［2014］文鉴字第 562 号《文件检验鉴定意见书》；

12. 司法鉴定科学技术研究所司法鉴定中心［2014］数鉴字第 2××号《鉴定意见书》（附对话内容文字记录）；

13. 银行卡转账凭条（许某某账户转入武某某账户）；

14. 许某某代理律师向农行经办人员李某某、张某某、范某某作的调查笔录；

15. 银行卡取款凭条、转账支票；

16. 某某市某某公司的企业登记信息；

17. 某某印染（现变更为江苏某某纺织科技有限公司）的企业登记信息；

18. 其他相关事实材料。

以上事实材料均为复印件，委托人对事实材料的真实性和来源的合法性负责。

案情概要：

许某某诉称：沈某因其个人需要，分别于 2010 年 10 月 12 日和 2011 年 5 月 12 日向其提出借款 700 万元和 300 万元，共计 1000 万元，将其本人存款账号资金分两次转出，经沈某安排同意汇入武某某个人银行账户。2013 年年底，许某某要求沈某归还借款，沈某称该款已转给王某某使用，需从王某某处取回后归还。经多次催要后沈某向许某某转交了由王某某于 2014 年 6 月 13 日签署的《承诺书》一份，表示该款由王某某直接归还，但王某某未归还。2014 年 7 月，许某某向常熟市人民法院提起民事诉讼，要求沈某、武某某、王某某共同归还民间借款 1000 万元及利息。

沈某、王某某、武某某辩称：未与许某某形成民间借贷关系，许某某汇款是向某某印染股权投资，将股权委托在王某某、武某某实际控制的某某印染名下，并由某某印染向某某公司作为股权投资以实际投入，许某某分得红利。

2015 年 9 月 2 日，某某市人民法院作出一审判决，判决王某某、武某某归还许某某 1000 万元。许某某、王某某、武某某均提出上诉，2016 年 2 月 1 日，某某市中级人民法院作出二审判决，判决王某某、武某某归还许某某 1000 万元并支付相应利息。2016 年 3 月，王某某、武某某向某某省高级人民法院提出再审申请。

【论证意见】

许某某诉沈某、王某某、武某某民间借贷纠纷一案，历经一审（某某省某某市人民法院）、二审（某某省某某市中级人民法院），现某某省高级人民法院进行再审审查。委托人委托本中心对本案争议焦点即：分两次汇入武某某个人账户的 1000 万元资金是否属于股权投资款，王某某为其出具的承诺书是否具有还款约束力问题，进行专家论证。本中心在组织专家论证前，将委托人提供的文件资料转送各位专家详细查阅和研究，对主要争议事实、证据庭审质证情况邀请许某某的委托代理律师来本中心接受了各位专家的询问。

本中心于 2017 年 5 月 25 日，在京召开了专家论证会，论证三名专家均到会出席本次论证，经全体专家认真研究案件事实、资金流动情况、证据材料、两审法院判决等，认为纠纷的关键问题是许某某将个人账户资金分两次转入武某某个人账户后转入某某印染再转入某某公司，所汇资金是否形成股权投资法律关系，王某某为许某某出具的承诺书是否具有还款约束力。经专家认真、详细地分析证据、纠纷形成的过程、双方主张，结合法律及司法解释，本着公平、公正、权威的原则，出具本专家论证法律意见书。

一、关于股权投资问题

（一）股权投资应具备的法律特征

依据我国现行《公司法》《物权法》《民法通则》的相关规定，股权投资主要概括为：发起认缴出资、扩股吸收股东增资和股权转让并购出资。股权投资是投资人自愿出资并成为公司股东或实际控制人的投资行为，该行为应当具备如下法律特征：

其一，股权投资是以意思表示为要素，依其意思表示的内容而引发为公司出资、公司扩股和股权转让等行为，其结果都是投资人成为公司的股东。

其二，股权投资是双方或多方的民事法律行为，是民事主体在平等自愿的基础上互相或平行作出的意思表示，且意思表示一致而达成的出资、扩股或股权转让协议。

其三，股权投资都是以投资公司成为公司股东为目的的民事法律行为。

其四，订立、履行股权投资共同意思表示，应当符合法律、法规的规定，依法进行股权投资。

其五，股权投资依法登记，即具有法律效力，未经登记不得对抗第三人。

（二）对许某某资金流动结果分析

第一流动，许某某资金流向武某某账号。

许某某在实施汇款行为前后，没有任何证据表明其与武某某形成收购某某印染股权或为某某印染增资的共同意思表示，证据表明其汇款的意思表示是向沈某出借资金，在汇款前与某某印染股东武某某没有签署股权转让协议、委托王某某、武某某代为持股协议、委托某某印染代为持有某某公司股权协议，资金流动的结果是武某某个人取得1000万元资金的控制权。许某某既未成为某某印染的显名股东也未成为实际出资人。截至许某某起诉前，某某印染的股权登记显示，未发生股东变更或股权变更的事实，许某某为某某印染股东的观点，除王某某、武某某辩称以外，没有任何证据支撑。因此，许某某与某某印染不构成股权投资法律关系。

第二流动，武某某将全部资金汇入某某印染账号。

武某某向某某印染账户汇款的目的是履行某某印染取得某某公司股东地位。武某某在实施汇款前后，没有任何证据证明取得许某某的授权或委托，属于武某某个人意思表示，在某某印染未增资的情况下，显然构成武某某与某某印染之间的借贷或投资法律关系，该法律关系与许某某之间不存在权利义务重合与交叉。

第三流动，某某印染将资金汇入某某公司账户。

某某印染作为具备法人资格的投资主体与某某公司的其他股东共同组建某某公司并开展经营活动，依据某某公司股东会决议，某某印染应当履行股东出资、增资义务和取得某某公司经营权利。某某印染将1000万元分别汇入某某公司账户属于履行其股东义务，同时在事实和法律方面也构成某某印染完成股东出资义务取得了某某公司的股东权利状态。资金流动的结果直接与某某印染形成股权投资法律关系，从该资金流动过程和流动结果看，某某公司其他股东未与许某某形成股权投资或增资的意思一致表示。本案中王某某、武某某、沈某以及某某印染均未向法庭出示相关证据，对此予以佐证。因此，许某某不是某某公司的登记股东或实际出资人，与某某公司其他股东未形成股权投资法律关系。

（三）依据法律分析

依据我国现行《公司法》对公司股权、股东的相关规定，股东股权的反映形式为：①公司章程载明：《公司法》规定，公司章程应当载明股东的姓名或者名称，股东的出资方式、出资额和出资时间。②出资证明书：《公司法》规定，有限责任公司成立后，应当向股东签发出资证明书，作为股权凭证。③股东名册记载：《公司法》规定，有限责任公司应当置备股东名册，注明股东姓名或名称、出资额等。④股东登记：《公司法》规定，公司应当将股东的姓名或者名称向公司登记机关登记；登记事项发生变更的，应当办理变更登记。未经登记或者变更登记的，不得对抗第三人。因此，自然人或法人作为公司股东在公司章程、股东名册、工商登记中应显示股东姓名或名称、投资额、投资时间等登记信息，同时股东应持有公司签发的出资证明书。本案中，王某某、武某某、沈某主张许某某出资占5%的股权在某某印染股权中，但从案卷证据资料显示，许某某在某某印染、某某公司两个公司章程、工商登记、股东名册中均未有股东记载，且也没有显示其为实际出资人的书面协议予以证实。

最高人民法院《关于适用〈中华人民共和国公司法〉若干问题的规定（三）》（2014年修正）第24条第1款规定："有限责任公司的实际出资人与名义出资人订立合同，约定由实际出资人出资并享有投资权益，以名义出资人为名义股东，实际出资人与名义股东对该合同效力发生争议的，如无合同法第五十二条规定的情形，人民法院应当认定该合同有效。"据此可以看出，实际出资人（或称隐名股东）身份的识别，至少包含两个特征：一为实际出资；二为隐名股东与显名股东之间的合意。本案中，王某某、武某某、沈某辩称许某某不愿意让别人知道股权投资行为，不愿签署股权代持协议，但没有证据证明且于理不通。在未提供任何法律认可的能够证明许某某与某某印染、王某某、武某某之间有股权投资合意的相关证据的情形下，应当由主张方承担举证不能的法律后果责任。

三、对王某某承诺书问题的分析

（一）关于《承诺书》应当履行义务的核心问题

2014年6月13日王某某出具的《承诺书》载："许某某在2010年10月12日及2011年5月12日转入武某某银行卡壹仟万元，因某某小贷公司目前经营困难，本人承诺，小贷公司清算减资时优先偿还（全额本金），最迟不超过2016年6月底。"从该承诺可以看出，《承诺书》的核心是王某某认可归还许某某1000万元，归还的义务主体是王某某，归还的金额是1000万元，归不归还选项是归还。特别是许某某与王某某的谈话录音文字记录证实：王某某多处表示确认归还。因此，当法院通过司法鉴定，鉴定结论证实承诺书是王某某本人所签之际，王某某构成归还许某某1000万元的责任主体，一、二审法院以此判定王某某、武某某归还许某某1000万元，证据确凿、认定责任准确、判决责任主体正确。

（二）承诺应坚守诚信原则

按照承诺，王某某无论再有何种拖延不归还的理由，归还的最迟时间都不应超过2016年6月底，这是承诺归还时间期限的底线。至于《承诺书》中载明"因经营困难，小贷公司清算减资时优先偿还"的承诺，不是附条件的民事法律行为中的"附条件"，是用以归还1000万元资金来源的优先考量，不能理解为某某公司未减资而可以免除王某某的归还责任，如果这样理解与其限期归还的真实意思表示相悖，且不符合我国民事法律行为诚信原则。

（三）某某公司减资是期待权

某某公司注册资本的减少不仅应经某某公司股东大会决议，而且还需要银监会等行业主管机关的依法审计、审核、批准等，非王某某一人能够决定的事件，"减资"有可能发生，也有可能不发生。因此，不能断章取义，应当综合全案分析，"减资优先归还"的承诺只是归还资金的一种期待权的优先偿付的方法，而不是归还的必要条件。

（四）依据法律分析

依据我国现行《民法通则》对公民民事法律行为的相关规定，王某某出具《承诺书》是合法有效的民事法律行为，其《承诺书》所设立的归还1000

万元的义务并不是附条件的。王某某出具《承诺书》明确“转入武某某卡”的1000万元由其归还，是一种与资金流动性质无关的民事承诺，承诺到达许某某并接受时构成合同法律关系，产生法律约束力。王某某、武某某在再审申请中认为《承诺书》“未有王某某向许风归还1000万元的意思”，既不符合承诺的实际意思表示，也不符合民事法律行为的诚信原则。

四、专家论证结论

鉴于以上分析，论证专家一致认为：

其一，许某某账户转入武某某账户的1000万元资金，与某某印染、某某公司不构成股权投资法律关系。

其二，王某某本人承诺真实、合法、有效，对王某某具有法律约束力，其应当依诚信原则，承担归还许某某1000万元的义务。

其三，本案一、二审法院判决王某某、武某某对许某某承担还款责任合法有据，应当予以维持。

以上意见供参考。

【瞽言刍议】

这是一起借款人以所涉借款实为投资款为由，拒绝还款的典型案例。即使法院正确判决确定其为借款，借款人要承担还款义务，借款人仍坚持申请再审，拒不还款，这足见，应该提高老赖的违约成本。

本案论证对于厘清涉及借款还是投资款的案件性质具有参考价值。

44. 无锡雪浪换热器厂与某某公司仲裁案

【论证要旨】

其一，案涉生效仲裁裁决和民事判决已确定案涉合同应当继续履行，申请人在被申请人相关项目中的相应股权权益，应当得到保障；其裁决和判决的既判力不容否定。这是既判力的权威性、稳定性、排他性的应有之义。故，对于仲裁申请人的案涉合同继续履行和所涉 200 万吨项目的相关股权的权益，依法应予保障。

其二，申请人的仲裁请求，具有合法依据：一是为使其股权权益加以量化，使之具有可执行力的需要；二是具有合法证据和事实依据。被申请人对此具有反驳的权利和提供相应事实证据的义务。

其三，被申请人以申请人没有在案涉项目中投资为由，否定申请人的案涉股权权益，依法不能成立：一是申请人没有投资，是基于被申请人排斥申请人投资，而非基于申请人拒绝投资的过错所致；二是对于申请人履行案涉投资义务，非本案仲裁审理的范围，因为被申请人对此没有提出反请求。

其四，被申请人主张申请人的案涉股权权益因第二期建设项目被政府取消，其案涉股权权益随之被消灭，没有事实和法律依据：一是从案涉裁决内容来看，申请人的股权权益并非限制在第二期项目中的权益；二是申请人的股权权益与第二期建设项目并无一一对应关系；三是案涉第二期建设项目被政府依法撤销，是由于被申请人的过错所致，而与申请人无关；四是被申请人主张第二期项目被政府依法撤销，属于不可抗力，其不应承担任何责任，专家们指出，该政府行为并非属于不可抗力，且即使在不可抗力中，因被申请人的迟延行为造成的损失，被申请人也是依法难辞其咎。

【案涉简况】

申请人代理人提供如下案件基本事实：

某某公司（下称“被申请人”）200万吨/年焦化产能的形成分前后两阶段。

第一阶段：2002年被申请人设立某某市瑞达焦业有限公司（下称“瑞达”，建设60万吨/年焦炉，生产焦炭和煤气。瑞达的注册资本为1020万元，其中被申请人出资900万元，股权比例为88.27%，瑞昌水泥有限公司（被申请人的全资子公司）出资120万元，股权比例为11.73%。

2018年3月，被申请人收购了瑞昌水泥有限公司的股权，成为一人公司。

瑞达的设立只完成了60万吨/年焦化产能的上游系统，基于以下原因还须建设其配套的下游系统：

首先是国家环保要求解决焦炉排污问题；其次是被申请人自身技术需求，煤气不经净化输送至炼钢炉，冬天至冰点以下时管道冻结，需停产清理。一个冬季需停产三次，每次三天，停产一天被申请人的经济损失达1000万元；再次是煤气净化的同时可以生产出粗苯和硫铵等副产品以增加经济效益。

当时被申请人资金紧张无力建设其60万吨/年焦化产能的下游配套设施，遂于2005年通过招商引资方式与无锡雪浪换热器厂（下称“申请人”）签订合同，设立某某瑞丰焦化有限公司，工商登记核准为某某瑞丰煤气净化有限公司（下称“瑞丰”）。瑞丰注册资本为1000万元，其中被申请人出资200万元，股权比例为20%；申请人出资800万元，股权比例为80%。

瑞达与瑞丰形成上下游配套体系：上游的配煤系统、焦炉系统和下游的煤气净化系统、化产回收系统形成了完整的产业链。完整的产业链不仅形成了有形资产（厂房、设备等），还生成一种新价值——产能。产能即生产能力，它是在有形的生产设施基础上形成的无形资产，可进入生产要素市场交易，按135元/吨计算，60万吨/年焦化产能的市场价为8100万元。

60万吨/年焦化产能形成的全部资产（有形、无形）为上下游企业瑞达和瑞丰共有，瑞达享有60万吨/年产能的上游权益，瑞丰享有60万吨/年产能的下游权益。在瑞丰所有的60万吨/年焦化产能下游权益中，被申请人占20%份额，申请人占80%份额，申请人的份额是其向瑞丰投资5000万元形成的，包括有形资产和无形资产两部分。

第二阶段：2013 年国家供给侧改革导致产业政策调整，某某省政府因此颁布《浊漳河流域焦化化工等企业整顿治理工作方案》（被申请人证据 4-7）。在此背景下，被申请人原有 60 万吨/年焦化产能已不符合要求，需升级至 200 万吨/年。通过政府协调，被申请人以原有的 60 万吨/年焦化产能为基础又整合了某某煤气公司所属的气源厂 23 万吨/年、某某焦化公司 64 万吨/年、某某市劲牛焦化有限公司 52 万吨/年的产能，使其总产能达到 200 万吨/年。

200 万吨/年焦化产能的新生产设施分两期建设：一期工程 140 万吨（被核准为 135 万吨）于 2016 年 8 月建成投产，同时瑞达、瑞丰的 60 万吨/年焦化产能停产。该 60 万吨焦化设施本应于 2013 年拆除，因被申请人高炉需要焦炭和煤气，因此政府同意两次延期至一期工程开工投产。瑞达焦化炉现拆除，瑞丰的化产回收设施尚在。

二期工程 65 万吨/年生产设施因被申请人未在规定的时间开工建设而被政府取缔。

【论证意见】

委托方无锡雪浪换热器厂（即申请人）因与某某公司（即被申请人）仲裁一案，就其仲裁申请请求，应否依法支持问题，委托中国政法大学法律应用研究中心进行法律专家论证，提供专家论证意见。本中心审阅了委托方提供的案件材料后，认为符合本中心进行专家论证的条件，邀请了五名民事法学专家，在京召开了专家论证会议。专家们对委托方提供的案件材料和相关法律规定进行了研究讨论，充分地发表了意见。委托方代理律师在论证会上介绍了案件情况并接受了专家们的询问。专家们在深入研究讨论的基础上形成本论证意见，供委托方和仲裁庭进行仲裁参考。

现将专家论证意见及事实理由阐明如下：

一、关于案涉合同应否继续履行，申请人应否拥有案涉请求的股权权益问题

专家们指出，该问题，已由案涉仲裁机构作出的生效裁决和法院作出的生效民事判决予以解决。

某某市仲裁委员会裁决书［2017］某仲裁字第 0104 号所载的第一项裁决："双方 2005 年 4 月 7 日签订的《合资组建某某瑞丰焦化有限公司合同书》

（组建公司注册名称为某某瑞丰煤气净化有限公司）继续履行，申请人拥有被申请人建设的200万吨/年大型焦化项目后续配套的粗苯、硫铵等化工产品回收项目中60万吨/年部分80%的股权。”

某某省某某市中级人民法院民事判决书［2019］某04民初37号判决，驳回了某某有限公司解算某某瑞丰焦化有限公司的诉讼请求。

专家们认为，民事诉讼中，法院作出的判决具有既判力，这毋庸置疑。而对于仲裁裁决，《仲裁法》第9条第1款作了明确规定：“仲裁实行的一裁终局制度。裁决作出后，当事人就同一纠纷再申请仲裁或者向人民法院起诉的，仲裁委员会或者人民法院不予受理。”这表明仲裁裁决对此所确定的当事人双方权利义务关系的法律效力，即生效仲裁裁决禁止当事人就同一事实申请后续的仲裁或诉讼，与民事诉讼法所确定的民事生效判决的既判力所涉及的“一事不二审”的原则，并无二致。尽管对于生效仲裁裁决的既判力在学术界存在着不同意见的争论，但对于上述《仲裁法》规定的“一事不二裁”与《民事诉讼法》所规定的“一事不二审”所涉及的既判力，却并不存在任何异议，因而这属于“有法可依，有法必依”的严格执法问题。

据此，专家们明确指出，上述案涉生效仲裁裁决和民事判决只要没被依法撤销，其裁决和判决的既判力，就不容否定，这是既判力的权威性、稳定性、排他性的应有之义。故，对于仲裁申请人的案涉合同继续履行和所涉200万吨项目的相关股权的权益，依法应予保障。

二、申请人提出的仲裁申请请求应依法予以支持

（一）申请人有权提出案涉仲裁申请

1. 该仲裁申请请求，具有生效仲裁裁决的基础依据

既然申请人案涉仲裁裁决项下的股权权益得到了［2017］某仲裁字第0104号仲裁裁决的依法确定，基于该生效仲裁裁决的既判力和形成力，仲裁申请人完全有权请求人民法院保障其该股权的权益。但当仲裁申请人据此请求人民法院通过执行程序保障其该合法权益时，却因该裁决项下的权益不具有“量化”的给付内容，其执行申请因不具有执行力而被人民法院予以驳回。为此，仲裁申请人就只能依法提出案涉仲裁申请请求，以便通过本案仲裁裁决将该仲裁裁决项下具有既判力和形成力的权益加以量化，使该权益具有可具体给付的执行力，使该权益保障在法律上得到具体实现。故，仲裁申请人

的案涉申请请求，是依法实现其该合法权益具有执行力的必要保障，在法律上应当依法得到支持。

2. 该仲裁申请请求，具有合法依据

申请人的第一项仲裁请求为：裁决被申请人支付从2016年8月11日起至2020年12月31日期间200万吨/年大型焦化项目后续配套的粗苯、硫铵等化工产品回收项目中60万吨/年部分80%的股权收益款为41 986 218.28元。

案涉上列仲裁请求，是"申请人依据某某市仲裁委员会向国家税务局某某市郊区税务局调取的数据，经专业会计精确计算，申请人拥有被申请人建设的135万吨/年大型焦化项目后续配套的粗苯、硫铵等化工产品回收项目的股权比例为35.5%，自2016年8月11日起至2020年12月31日期间应得股权收益款：41 986 218.28元，详见无锡雪浪换热器厂股权收益计算表，另附：2016.8.11—2020.12.31四家产品价格对照表"（见《变更仲裁申请书》）。被申请人如果不同意该具体请求主张，有权提出反驳意见，并有提出反驳证据的义务。如果没有相反证据证明仲裁申请人的上列请求所据以认定的证据不具有证据能力，其据以计算方法有误，那么在法律上，其请求主张就应依法得到支持。

此外，申请人已于2021年11月24日向某某仲裁委员会提出鉴定申请，请求依法对某某有限公司60万吨/年焦化产能升级改造后200万吨/年焦化产能中的粗苯、硫铵项目2016年8月12日至2020年12月31日期间的粗苯、硫铵产生的利润进行鉴定，以确认申请人从2016年8月12日至2020年12月31日应当获得的利润。专家们认为，必要时，仲裁庭可对此依法进行鉴定。

同理，如果申请人的第一项仲裁请求，依法应得到支持，那么其第二项请求，即确定其后仍可享有相应的分红的权益，也应依法得到支持。

（二）被申请人以仲裁申请人在案涉项目建设中没有投资为由，否定其案涉股权权益，依法不能成立

其一，案涉生效仲裁裁决和民事判决已经确定仲裁申请人有继续履行案涉合同的权利和"申请人拥有被申请人建设的200万吨/年大型焦化项目后续配套的粗苯、硫铵等化工产品回收项目中60万吨/年部分80%的股权"的权益。该拥有的权益并没有确定是以申请人参加投资为前提。

需要强调的是：申请人向瑞丰投资形成的有效资产中的无形资产60万吨产能已实际进入了200万吨产能中，这是仲裁申请人拥有60万吨/年部分

80%股权权益的基本事实依据。

其二，案涉项目仲裁申请人没有参与相关投资，不是申请人的主观过错造成的，而是因被申请人将申请人抛开，拒绝申请人参与投资建设造成的。被申请人以申请人没有履行相应投资义务为由，反驳对方主张享有的案涉股权权益，因申请人在投资义务的履行上并无过错，依法不能成立。

其三，申请人享有案涉股权权益，并应承担相应的投资义务，但履行该投资义务并非本案仲裁审理的范围。

《仲裁法》第27条规定："申请人可以放弃或者变更仲裁请求。被申请人可以承认或者反驳仲裁请求，有权提出反请求。"据此，本案审理的是申请人提出的"变更仲裁请求"，而被申请人没有依法提出反请求，即反请求申请人承担案涉投资义务，故被申请人主张申请人应当承担投资义务，并非本案审理的请求范围。被申请人若坚持要求申请人履行案涉相应的投资义务，应当另行申请仲裁裁决。

（三）被申请人主张申请人的案涉股权权益因第二期建设项目被政府取消，其案涉股权权益随之被消灭，没有事实和法律依据

其一，从案涉裁决内容来看，申请人的股权权益并非限制在第二期项目中的权益。

某某市仲裁委员会裁决书［2017］某仲裁字第0104号所载的第一项裁决载："申请人拥有被申请人建设的200万吨/年大型焦化项目后续配套的粗苯、硫铵等化工产品回收项目中60万吨/年部分80%的股权。"据此可见，申请人的案涉股权权益包含在"被申请人建设的200万吨/年"大型项目中，并非限制在第二期建设项目中。

其二，申请人的股权权益与第二期建设项目并无一一对应关系。

专家们指出，"被申请人建设的200万吨/年"大型项目是一个整体，申请人的股权权益也包含在该整体项目中，并非限制在第二期建设项目中，这既有仲裁裁决的合法依据，也有客观的事实依据。

（1）从仲裁裁决依据来看，上述仲裁裁决对此已经载明，此不赘述。

（2）从事实情况来看，申请人的权益包含在60万吨产能/年部分下游的80%的股权之中，而第二期建设的产能为65万吨/年，二者并无一一对应的关系；且更重要的是，当第一期建设项目竣工后开工之日，就是案涉原有60万吨产能/年部分停工之日。该事实足以证明，该原有项目，与第一期项目有

直接关联，而非只与第二期项目有关；否则该原有项目就不应当在第一期项目开工之日停工，而应当在第二期项目开工之日停工。

可见，被申请人主张申请人权益只与其第二期建设工程有关，没有事实和法律依据。

其三，案涉第二期建设项目被政府依法撤销，是由于被申请人的过错所致，而与申请人无关。

某某市工业和信息化局［2019］401号通知文件载："二期65万吨未建焦化产能"因为"超过两年以上未有实际进展"而"予以压减"。经查，因"超过两年以上未有实际进展"项目被撤销，其责任完全是由被申请人的过错所致，而与申请人无涉。据悉，一是被申请人完全拒绝申请人参与项目建设，当被申请人缺乏资金时，申请人要求投入资金，亦被被申请人拒绝。可见，责任完全在于被申请人。

其四，被申请人主张第二期建设项目被撤销，为不可抗力所致，因而被申请人不应承担责任，该抗辩理由依法不能成立。

案涉第二期项目被政府依法撤销，并非由不可抗力所致，因为该事实并非属于"不能预见、不能避免并不能克服的客观情况"，此不赘论；而即使假定属于由不可抗力所致，被申请人对此也难辞其咎。

《合同法》第117条规定："因不可抗力不能履行合同的，根据不可抗力的影响，部分或者全部免除责任，但法律另有规定的除外。当事人迟延履行后发生不可抗力的，不能免除责任。本法所称不可抗力，是指不能预见、不能避免并不能克服的客观情况。"

《民法典》第590条亦规定："当事人一方因不可抗力不能履行合同的，根据不可抗力的影响，部分或者全部免除责任，但是法律另有规定的除外。因不可抗力不能履行合同的，应当及时通知对方，以减轻可能给对方造成的损失，并应当在合理期限内提供证明。当事人迟延履行后发生不可抗力的，不免除其违约责任。"

本案的第二期项目被政府撤销，完全是由被申请人迟延履行项目建设义务所致，其造成的损失的责任后果，应由被申请人承担。

（四）被申请人以申请人不是被申请人股东为由，否定申请人的仲裁申请请求，依法不能成立

其一，申请人并不是以被申请人股东的身份请求分配被申请人的利润，

而是以案涉合资公司股东的身份，仲裁请求该合资公司的另一股东即被申请人，偿付因其以优势地位所侵占的该合资公司的应得的股权权益。

其二，申请人的该股权权益，已由生效的仲裁裁决所依法确定，本次申请人的仲裁请求，仅仅是为将该股权权益加以具体量化而已。

其三，申请人和被申请人在先以“股东出资纠纷”为案由的仲裁请求，已由生效的原仲裁裁决所确定，本次的仲裁请求，仅仅是原案该生效裁决所衍生的仲裁而已，故本案诉请所涉的申请人与被申请人在主体上和所诉请的主张在程序法与实体法上，并无不当。

三、论证结论

综上，专家们一致认为，申请人的仲裁请求，应当依法得到支持。

【瞽言刍议】

余认为，一般而言，仲裁裁决与民事判决的效力包括既判力、形成力和执行力。而执行力，则是通过民事执行程序使判决中所确定的给付义务得以实现的效力；亦即为，仲裁裁决或民事判决中具有给付内容时，当事人可以据此在义务人没有履行义务的情形下，申请法院强制执行的效力。本案所涉原仲裁裁决和民事判决所确定的申请人的案涉股权权益，虽然具有既判力和形成力，但并不具有执行力。因为其并不具有确定量化的给付义务效力，而执行力则是以具有给付内容为基础的，亦即“执行名义应当有给付内容”。案涉原仲裁裁决所确定的申请人的股权权益，虽具有既判力和形成力，但没有量化的有给付义务内容的执行力，因而申请人的执行申请被人民法院依法驳回。本案仲裁申请，就是申请人请求依法解决其股权权益具有量化给付的执行力问题。

45. 中简公司、桃花源公司、陈某某、吴某某与某山公司企业借贷纠纷案

【论证要旨】

本案二审判决认为，中简公司与桃花源公司人格混同，桃花源公司应对中简公司的债务承担连带责任；陈某某是中简公司的实际控制人，根据《公司法》（2013 年，本文下同）第 20 条第 3 款的规定，应对中简公司的债务承担连带责任。

对于是否人格混同，是个证据证明问题，专家们指出，认定人格混同证据不足，而案中证据足以证明二公司不存在人格混同问题。

关于陈某某是否应对中简公司债务承担连带责任问题：

其一，涉及证据证明问题，即有何证据足以证明陈某某是中简公司的实际控制人，和其具有符合《公司法》第 20 条第 3 款的内容是“公司股东滥用公司法人独立地位和股东有限责任，逃避债务，严重损害公司债权人利益的，应当对公司债务承担连带责任”的事实情况。对此，原告负有举证责任。但一审判决认定，原告举证不足；而二审，在原告没有提供任何新证据的情况下，就认定上述证明对象为依法成立，显系证据不足。

其二，涉及法律适用问题，即是否可以参考适用《公司法》第 20 条第 3 款问题。对此，专家们指出：

1. 该条款没有规定实际控制人为该条款适用的主体；

2. 亦不可“参照”适用该条款。

理由是：

《民法总则》第 178 条第 3 款规定：“连带责任，由法律规定或者当事人约定。”该条款没有规定实际控制人的连带责任，案涉当事人也没有约定连带

责任。故“参照”《公司法》第 20 条第 3 款认定诉讼当事人的连带责任，没有法律根据，构成超越权限任意扩大该强制性法律规范的适用范围。

《公司法》第 20 条第 3 款的规定是强制性法律规范，除立法解释和司法解释外，即使是高级人民法院也无权对该法律规范进行扩大解释和扩大适用范围。连带责任是加重责任，法律没有明确规定、当事人也没有合法约定的，不能构成连带责任。故参照适用该条款，是违背法律规定的。

【案涉简况】

论证委托方：北京易准律师事务所。

论证受托方：中国政法大学法律应用研究中心。

论证专家：中国政法大学、中国人民大学法学院、清华大学法学院、北京大学法学院等五名教授。

委托方提供的案件材料：

1. 某某市中级人民法院［2016］某 06 民初 4××号民事判决书；
2. 某某省高级人民法院［2019］某民终 7××号民事判决书；
3. 某某省高级人民法院调查笔录；
4. 某山公司的代理意见；
5. 桃花源公司的民事上诉状；
6. 某山公司的民事上诉状；
7. 陈某某、吴某某的民事答辩状；
8. 某某市中级人民法院［2013］某民一初字第 1××号民事判决书；
9. 中简公司、某山公司、中国工商银行烟台某支行之间的抵押借款合同及补充合同；
10. 某某市某某区人民法院［2012］某执字第 6××-3 号执行裁定书；
11. 某某市中级人民法院［2011］某商初字第××号民事判决书；
12. 私营企业登记信息查询结果；
13. 中立德会计师事务所有限公司验资《报告书》；
14. 某某市某某区法院 2014 年 6 月 5 日、6 月 9 日的执行笔录；
15. 中简公司和重庆某某置业有限公司 2013 年 6 月 30 日的《股权转让协议》；
16. 中简公司和重庆某某置业有限公司 2013 年 8 月 1 日的《股权转让协议》；
17. 中简公司 2013 年 6 月 30 日给上海某某建筑装饰工程有限公司的股权

转让通知书；

18. 桃花源公司2012年11月29日的股东会决议；

19. 桃花源公司章程；

20. 桃花源公司2013年8月16日股东会决议。

其他有关材料。

以上材料都是复印件，委托方对这些材料的真实性和来源的合法性负责。

委托方提供的案件材料显示的案情：

中简公司为偿还工商银行某支行的借款，向某山公司借款7000万元，某山公司支付该借款后取得中简公司债权人和抵押权人地位。后中简公司将其土地使用权评估价值8102.97万元其中的3430万元出资给桃花源公司，且未能按照约定向某山公司偿还借款本息。某山公司将中简公司、中简公司的关联公司桃花源公司、中简公司的实际控制人陈某某、中简公司的股东吴某某诉至某某市中级人民法院（以下简称“一审法院”），请求判令中简公司返还借款本金2528万元及利息，桃花源公司、陈某某、吴某某承担连带责任。一审判决中简公司应向某山公司偿还借款及利息，桃花源公司承担连带责任，陈某某、吴某某不承担连带责任。某山公司不服，上诉至某某省高级人民法院（以下简称“二审法院”），二审法院判决除维持一审法院对中简公司和桃花源公司的判决外，改判陈某某对中简公司的债务承担连带责任。所持理由是，中简公司是桃花源公司的股东，两公司在一起办公地址混同、共用一个保险箱，财务人员混同、财务出入账的经手人交叉混同、管理人员和实际控制人混同，桃花源公司代中简公司付款；陈某某是中简公司的实际控制人，利用中简公司的公司法人人格，将中简公司评估价格8102万元的土地使用权作价3430万元作为出资成立了桃花源公司，向关联公司桃花源公司无理由输送利益，以明显不合理的低价作价出资，明显不是一个商事主体正常的经营行为，造成中简公司资产减少，无力清偿债务，给某山公司直接造成损失，参照《公司法》第20条第3款规定确认桃花源公司、陈某某承担连带责任。诉讼中，中简公司、桃花源公司以山东中立德会计师事务所有限公司验资《报告书》证明，设立桃花源公司时，案涉土地使用权评估价值为8102.97万元，全体股东确认的价值为8102.97万元，其中3430万元作为注册资本，两审法院未采信。桃花源公司在一审和二审中均提出了诉讼时效抗辩，均未获两审法院支持。

【论证意见】

中国政法大学法律应用研究中心接受委托，代为邀请七名民事法学专家，就本案所涉问题，于2019年10月20日召开了专家论证会，与会专家们经过仔细研究委托方提供的案件材料、向委托方询问有关案情、深入讨论之后，形成一致意见如下。

一、本案二审法院判决陈某某对中简公司所欠某山公司的借款债务承担连带清偿责任，事实不清、证据不足，适用法律不当

原告请求被告陈某某作为实际控制人对上述债务承担连带责任，依法应对其主张事实完成两项举证责任：一是证明陈某某为该公司实际控制人，且该实际控制人是其主张承担连带民事责任的主体；二是该实际控制人利用其控制地位，实施了滥用公司独立地位逃避债务、损害原告利益的行为，依法应承担连带清偿责任。但原告并没有完成这两项举证责任。一审判决对此作出了正确评判；二审判决改判支持原告主张，但证据不足，其确认的基本事实缺乏证据证明，且适用法律错误。

（一）二审法院在一审法院正确认定根据原告举证，不能认定陈某某应当对中简公司债务承担连带责任，二审法院在某山公司没有提供新的证据的情况下，改判认定陈某某应当承担连带责任，证据显系不足

本案一审中，原告某山公司主张陈某某、吴某某作为中简公司实际控制人，滥用公司独立地位逃避债务，损害原告利益，应对中简公司债务承担连带责任。对此问题，一审法院认定，陈某某虽然被已经生效的刑事判决书和裁定书认定为中简公司的实际控制人，但是原告对其的上述主张提供的中简公司与上海某某建筑装饰工程有限公司出资设立桃花源公司、中简公司将其在桃花源公司的股权全部转让给重庆某某置业有限公司，本院民事调解书及验资报告等证据，不能直接作为认定陈某某作为中简公司实际控制人利用公司独立地位逃避债务损害原告利益的证据，据此，没有支持某山公司请求判令陈某某承担连带责任的主张（见一审判决书第13页至第14页）。

专家们认为，这一认定无疑是完全正确的。因为，这些证据：①完全不能证明，上述行为是陈某某作为实际控制人而实施的；②也不足以证明实施该行为是属于他利用了公司独立地位而逃避债务，损害原告利益的行为。

某山公司不服一审判决上诉到二审法院，坚持要求陈某某对中简公司承担连带责任。二审法院审理后作出［2019］某民终7××号民事判决书（以下简称“二审判决书”）。

经查阅，二审判决书第17页至第18页记载了二审法院组织当事人交换证据和质证的情况。根据该部分文字，只有陈某某、吴某某提交五份证据、某山公司对该五份证据的质证意见、二审法院认证这些内容，并没有某山公司向二审法院提交证据及质证、法院认证的内容。据此，能够认定，某山公司在二审中没有提交新的证据，也据此，应当认为二审法院在某山公司没有提供新的证据的情况下，对一审判决进行了改判，判决陈某某对于中简公司对某山公司的债务承担连带责任，该判决显系证据不足。

（二）确凿证据证明，中简公司向桃花源公司出资时，案涉土地评估价格是8102.97万元，全体股东确认的价值亦为8102.97万元，而是将其中的3430万元作为向桃花源公司出资的注册资本，并不是把该项土地使用权的全部价值作价为3430万元而出资，二审法院对此事实未能查清，显系认定事实不清，甚至属于认定事实根本错误

专家们指出，中简公司向桃花源公司出资，究竟是将价值为8102.97万元的土地使用权故意以明显低价3430万元作为向桃花源公司的出资，还是将该土地使用权作价8102.97万元，仅将其中的3430万元向桃花源公司出资，这是必须依法查清的基本事实问题，对此，容不得半点含糊。

本案中，某山公司向一审法院提交的证据中的中立德会计师事务所的验资报告中确认，福山区连福路北侧国有土地使用权即案涉土地使用权，面积41 247.00平方米，评估价值为8102.97万元，桃花源公司全体股东确认的价值为8102.97万元，其中的3430万元作为注册资本。

根据该验资报告，应当认为，中简公司将案涉土地使用权经合法评估机构评估并经桃花源公司全体股东确认，价值为8102.97万元，其是把“其中”的3430万元作为向桃花源公司的出资，而不是将土地使用权的全价故意明显降低而向桃花源公司出资。

本案诉讼中，一审法院根据该验资报告以及其他有关证据，没有认定陈某某应当承担连带责任（见一审判决书第13页至第14页）。应当认为，一审法院对该验资报告给予了合理的注意和对待。

但是，二审法院认为陈某某控制的中简公司以明显不合理的低价作价出

资，将中简公司的财产无理转出，向关联公司输送利益造成中简公司资产减少，滥用法人人格给某山公司直接造成损失，然后认定陈某某对中简公司的债务承担连带责任。分析其原因，应当是其对该验资报告中关于经过评估的且经过桃花源公司全体股东确认的8102.97万元土地使用权价值，“其中”的3430万元作为注册资本的内容，采取了忽视或者故意忽略的做法，显系认定事实不清，甚至是根本错误。

（三）二审法院对《公司法》第20条第3款的“参照”行为，属于越权扩大强制性法律规范的适用范围，既没有法律依据也违反法理，适用法律明显不当

1. 从立法情况来看

（1）《公司法》的规定

2005年修订的《公司法》第一次明确规定了“实际控制人”的概念，但是整部《公司法》只有三处涉及“实际控制人”，除第216条对其概念作出规定外，仅在第16条，规定了公司为实际控制人提供担保的特别表决程序，而在第21条规定了实际控制人利用关联关系损害公司利益的，要负赔偿责任。可见，这两条规定，均旨在保护公司利益而非债权人利益。相反其在第20条规定对侵害债权人利益而应承担连带清偿责任的情况下，却又在责任主体上将实际控制人排除在外。可见，《公司法》之所以在此不将实际控制人规定为侵害债权人利益而应承担赔偿责任甚至连带清偿责任的主体，究其原因，这并不是立法上的疏漏，而是出于立法上的慎重。据此可见，在《公司法》第20条第3款明确不予规定实际控制人负有对债权人连带清偿责任的情况下，任何法院无权“参照”该条款，判决实际控制人对债权人承担连带清偿责任，否则，即为违法。

（2）《公司法》相关司法解释的规定

最高人民法院《关于适用〈中华人民共和国公司法〉若干问题的规定（二）》（法释［2014］2号）规定，因实际控制人原因造成公司债权人利益在公司清算程序中受损时，债权人有权主张实际控制人对公司债务承担相应的民事责任。但这仅涉及公司在解散和清算程序中实际控制人对债权人的责任问题，不能由此而以偏概全推导出实际控制人可对公司债权人负有普遍责任；同时，该规定也显然对本案没有适用或“参照”余地。

最高人民法院《关于适用〈中华人民共和国公司法〉若干问题的规定

（三）》（法释［2014］2号）第14条第2款规定："公司债权人请求抽逃出资的股东在抽逃出资本息范围内对公司债务不能清偿的部分承担补充赔偿责任、协助抽逃出资的其他股东、董事、高级管理人员或者实际控制人对此承担连带责任的，人民法院应予支持……"同样，该规定也显然只适用于实际控制人协助股东抽逃出资的情况，实际控制人对公司债权人承担连带责任，而也绝不适用于本案情况。

（3）《证券法》的相关规定

《证券法》中虽然有多处对实际控制人的有关义务和责任作出了规定，但其也只是规定实际控制人对投资人承担责任，而对公司外的债权人并没有规定负有相关责任，更没有规定负有任何连带责任；同时，本案也不适用《证券法》，其规定更没有对本案法律适用有任何"参照"的余地。

由上可见，通过《公司法》及其司法解释和《证券法》对实际控制人的规定来看，在实际控制人对债权人是否应当规定负民事责任或连带清偿责任的问题上，除上述司法解释规定的清算和抽逃资金两种情况外，均持否定态度；并且在最高人民法院公布的指导案例中，也同样找不到可"参照"《公司法》第20条第3款，判决实际控制人承担连带清偿责任的典型案例可寻。故，二审法院对本案"实际控制人""参照"上述法条，判决其对债权人负有连带清偿责任，在法律上是存在无法逾越的根本障碍的，二审法院以此支持原告的请求，找不到任何合法性的依据和合理性的请求权基础。

2. 从《公司法》第20条第3款规定情况来看

第一，适用的主体不当。《公司法》第20条第3款规定："公司股东滥用公司法人独立地位和股东有限责任，逃避债务，严重损害公司债权人利益的，应当对公司债务承担连带责任。"由此可见，该条明确规定，对公司债务承担连带责任的是滥用公司法人独立地位和股东有限责任的"公司股东"。本案中，陈某某并非中简公司的股东，《公司法》中没有公司实际控制人具有公司股东地位的规定。因此，适用该款规定属于适用主体错误。

第二，"参照"《公司法》第20条第3款认定诉讼当事人的连带责任，没有法律根据，构成超越权限任意扩大该强制性法律规范的适用范围。

《公司法》第20条是强制性法律规范，除立法解释和司法解释外，人民法院无权对该法律规范进行扩大解释和扩大适用范围。连带责任是加重责任，法律没有明确规定当事人也没有合法约定的，不能构成连带责任。所有这些，都是属于基本的法律规则和常识。

《民法总则》第 178 条第 3 款规定："连带责任，由法律规定或者当事人约定。"在本案中，当事人并没有约定该"连带责任"，二审法院认定的连带责任，应当属于法定责任，但其认定却直接违背了法定原则。二审法院认定，陈某某是中简公司的实际控制人，进而就"参照"《公司法》第 20 条第 3 款，认定陈某某视同为"股东"，对中简公司的债务应承担连带清偿责任。这种以"参照"来据以认定的违法之处在于：其一，我国没有任何法律有关于公司的实际控制人，可视同为"股东"而应承担"股东"连带责任的规定；其二，这种将连带责任的主体将"股东""参照"为实际控制人，既没有任何明确的法律规定依据，也没有任何明确的司法解释规定依据。这种"参照"在法律适用层面属于违法行为，在逻辑证明层面属于偷换概念行为，在司法权限层面属于超越司法权限的无效行为。这种以"参照"方式突破法律和司法解释，任意扩大强制性法律规范适用范围的行为，在司法实践中，是决不允许的，否则，法定原则将成为一纸空文。

二、中简公司是桃花源公司的股东之一，两公司之间虽然存在关联关系，但是，桃花源公司有自己独立的意志、独立的利益、独立的财务和财产，不具备"公司人格混同"的实质要件，桃花源公司不应当对中简公司的债务承担连带责任

本案二审判决书第 20 页至第 21 页显示，二审法院认为，"认定公司人格和股东人格是否存在混同，最根本的判断标准是公司是否具有独立意志和独立利益，最主要的是公司的财务或财产与股东的财务或财产出现混同"。二审法院的这一认识符合当下公认的"揭开公司面纱"或者"法人人格否认"的规则和法理，应当认为是关于考察分析公司人格和股东人格是否混同问题的抽象标准和逻辑大前提，这无疑是正确的。但是，二审法院在确认这一正确的抽象标准和逻辑前提的情况下，却犯了"抽象肯定、具体否定"，以及"逻辑混乱"的错误。

（一）本案中，无论一审还是二审，都没有证据证明桃花源公司没有独立意志和独立利益，相反，该公司具有公司法人的独立意志和利益。两审法院对桃花源公司的人格独立问题认识错误

两审法院认定两公司人格混同所依据的某某区法院的执行笔录，不但属

于“孤证”没有其他客观证据佐证，而且，该执行笔录记载的是执行人员“搜查中简公司的财务室”的情况（见2014年6月5日上午的“执行笔录”第1页），不能作为桃花源公司没有独立意志和独立利益的证据。

公司法人的意志，由公司章程和股东会决议形成。公司章程决定公司法人意志的大原则和大方向，股东会对具体事务形成个别性的意志，桃花源公司具有公司章程、股东会，股东会决议等形成公司意志，认为该公司没有独立意志不符合客观实际。

公司法人的独立利益包括公司的有形资产和无形资产、债权、经营范围、税务条件等。桃花源公司既有独立的有形资产和无形资产，也有独立的经营范围和税务条件等，如果认为其没有独立的利益，也不符合事实。

两审法院虽然认识到认定公司人格和股东人格是否存在混同，最根本的判断标准是公司是否具有独立意志和独立利益，但是，在没有证据证明桃花源公司没有独立意志和独立利益的情况下，认定该公司人格和其股东人格混同，显然是属于在具体判断上否定了其肯定的正确抽象标准，即对正确标准抽象肯定、具体否定，并导致其逻辑混乱。

（二）本案中，没有证据证明、两审法院也没有认定桃花源公司没有独立的财务和财产，相反，两审法院凭借的某某区法院“执行笔录”恰恰证明桃花源公司有独立的财务和财产，与其股东的财务或财产不存在混同。两审法院在对桃花源公司财务、财产独立问题上，背离其确认的最主要的判断标准，形成“抽象肯定、具体否定”、逻辑混乱的错误

某某区法院2014年6月5日上午的执行笔录第2页记载：

执行人员问：“你是中简公司的会计？贵姓？你们公司的出纳是谁?”中简公司会计答：“我姓张，我是中简公司的会计，我们公司目前没有出纳，我一人兼任。”

执行人员问：“那你是干什么的?”（问财务室另一人）被问人答：“我是桃花源公司的会计。”并且说：“我只负责桃花源公司的会计工作，不负责现金。”

该执行笔录的这些内容，证明桃花源公司有自己独立的财务会计人员。有独立的财务会计人员就有独立的财务会计记账和财务会计账簿。反过来讲，如果没有独立的财务和财产，就不会有独立的财务会计人员和独立的财务会计账簿。因此，无论从事实层面还是事理层面，都充分证明桃花源公司有独

立的财务和财产。

某某区法院2014年6月9日的执行笔录第2页记载，执行人员向中简公司财务总监刘某某等人宣布“对你公司出示的2012年度、2013年度记账凭证予以扣押，另行出具扣押清单”。扣押中简公司的记账凭证并未对桃花源公司的会计记账造成不利影响，可见扣押中简公司的记账凭证与桃花源公司的财务会计账簿没有任何关系。这证明中简公司有其独立的财务会计、财务、财产，桃花源公司的财务会计账簿及其财务、财产和中简公司不存在混同。

两审法院以某某区法院的执行笔录这个“孤证”作为认定桃花源公司与其股东人格混同的证据，但是，对该执行笔录的内容没有全面考量，其结果，一方面确认“认定公司人格和股东人格是否存在混同，最根本的判断标准是公司是否具有独立意志和独立利益，最主要的是公司的财务或财产与股东的财务或财产出现混同”。另一方面却不顾该执行笔录中显示的桃花源公司财务和财产均独立于中简公司的内容，显然是对自己确认的标准“抽象肯定、具体否定”，逻辑混乱。

（三）有没有独立的财务或财产，是认定公司人格混同的实质条件，桃花源公司有独立的财务和财产，虽然在某些具体事务和管理方面与其股东存在杂乱现象，但是，不具备人格混同的实质条件

1. 证据证明，桃花源公司不但有独立的财务，而且有独立的财产，具备了公司法人独立人格的物质条件

公司作为企业法人，人格独立是其独立承担民事责任的前提条件，也是资格条件，同时，以享有财产权且以其财产作为独立承担民事责任的物质条件，也就是人格独立的财产条件。因此，有没有独立的财务或财产，是公司人格是否与其股东人格混同的实质性条件。

根据以上论证所引据的某某区法院执行笔录，桃花源公司有独立的财务。根据某山公司提交的证据中立德会计师事务所有限公司验资报告书，桃花源公司有独立的财产。此外，桃花源公司进行公司登记时经工商行政管理机关核准并存档的公司登记文件也能够证明桃花源公司有独立的财产。

2. 桃花源公司在经营中的杂乱现象，属于公司管理中的不正规现象，不应当成为否定其具有独立财务和独立财产、人格独立的理由

两审判决列举了“两公司在一起办公，经营地址混同；两公司共用一个保险柜，财务人员混同，财务出入账的经手人交叉混同；管理人员和实际控

制人混同，陈某某是中简公司董事长，陈某欣是陈某某儿子，陈某欣负责桃花源公司的采购；桃花源公司代中简公司付款”。等现象，作为两公司人格混同的理由，从而给出两公司“人格混同”的结论。但是，这些现象中，没有任何一种现象能否定桃花源公司具有财务和财产独立的实质条件。而且，这些现象中，许多都经不起推敲：①本案一、二审判决书中关于两公司住所地的记载，证明两公司各有自己的住所，表明两公司地址不同。②某某区法院执行笔录证实，桃花源公司和中简公司各有其独立的财务会计和记账凭证，所谓“财务人员混同”“财务出入账的经手人交叉混同”没有事实根据；两公司虽然共用一个保险箱，但是，根据该执行笔录，桃花源公司没有保险箱借用中简公司保险箱，而且两公司的现金有区分明显并不混用，不应认为现金混同。③某某区法院的执行笔录中有“陈某某是中简公司董事长”“陈某欣负责桃花源公司的采购”的记录，证明二人虽然是父子，但是在不同公司中有不同职位和不同工作，不是“管理人员和实际控制人混同”的关系。所以，根据该执行笔录，恰恰证明两公司之间不存在“管理人员和实际控制人混同”。④至于“桃花源公司代中简公司付款”，证明桃花源公司是“代”中简公司付款并不是无偿“为”中简公司付款。况且，某某区法院执行笔录记载，由于中简公司资金紧张，桃花源公司才“代”付款，并且“有借据”（见某某区法院2014年6月5日执行笔录第2页），证明两公司财务和财产有严格区分，不存在混同。

专家们指出，认定两公司人格混同，案中起码应有两公司财务、财产混同的审计报告证明。但案中对此的判决却只字不提，仅此就足以证明对此的认定缺乏起码的必要证据。

中简公司和桃花源公司都是民营企业，在管理方面具有一般民营企业的通常现象，比如家族性、管理不正规、兼职等，和国有公司的正规公司治理机制不可相提并论。某某区法院执行笔录显示的情况，证明这两个民营企业存在这些现象，也是两公司存在需要正规化、规范化管理的问题。但是，依法、实事求是地看待这些现象，都不构成“公司人格混同”的根据和理由。

（四）桃花源公司管理方面的缺陷，没有造成和中简公司“公司人格混同”的客观效果

“公司人格混同”有一个特点，就是人格混同的公司给公司的相对人造成无法区分的客观效果。

本案中，没有证据证明桃花源公司或者中简公司的相对人对两公司无法区分，从某某区法院的执行笔录和其他有关证据看，某山公司和福山区法院执行人员对中简公司有清晰的区别认知，并没有把该公司混同于桃花源公司。

三、二审判决对本案诉讼时效问题的认定，根据不足，缺乏说服力，应当予以纠正

关于本案是否超过诉讼时效的问题，二审判决书第 23 页显示，二审法院认为，本案的借款于 2013 年 8 月 6 日到期之后，某山公司一直在主张权利。2016 年 7 月 5 日，某某区法院公告中简公司名下“某某花园小区”1 号楼、15 号楼、16 号楼商品房拟拍卖，发布公告要求案外人持相关证据主张权利。2018 年 2 月 5 日该院执行笔录和执行计算清单载明了截止 2017 年 5 月 17 日拍卖成交确认书之日，中简公司尚欠某山公司欠款本息。因此，2016 年原告提起本案诉讼，并未超过法定的诉讼时效期间。

但问题是：

（1）2016 年某山公司起诉时，关于诉讼时效的起算点是什么时间？本案借款到期日是 2013 年 8 月 6 日，中简公司在此日期没有偿还借款本息，依法应该从何日开始计算诉讼时效？

（2）2016 年某山公司何月何日起诉？起诉的时间和诉讼时效起算的时间是什么关系？起诉时，法定的诉讼时效期间是几年？

（3）在 2016 年某山公司起诉之前的几年中，该公司有没有主张权利？如有，有什么证据？

（4）二审判决书第 23 页罗列的 2016 年 7 月 5 日、2018 年 2 月 5 日、2017 年 5 月 17 日，与诉讼时效期间有什么关系？

二审法院对这些基本的问题都没有起码的说明，没有最低限度的说理和证据证明，尤其是没有对“本案的借款于 2013 年 8 月 6 日到期之后，某山公司一直在主张权利”的认定事实，列举任何必要证据加以证明。因此，二审判决对这一问题的认定，缺乏起码的必要的证据证明，不具有应有的说服力。中简公司、桃花源公司、陈某某等对二审法院关于本案诉讼时效问题的认定持有的异议，有足够的合理性。

综上所述，中简公司应当对某山公司的欠款债务独立承担清偿责任，二审法院判决陈某某和桃花源公司对中简公司的债务承担连带责任，证据和理

由显系不足，认定事实不清、适用法律不当。

综上所述，专家们一致认为，一、二审有关判决事实不清、证据不足，对基本事实缺乏证据证明、认定错误；以“参照”认定实际控制人负连带责任，适用法律越权、错误。根据《民事诉讼法》第200条其第2项关于“原判决、裁定认定的基本事实缺乏证据证明的”规定，第6项关于“原判决、裁定适用法律确有错误的”规定，具备了依法提起再审的法定条件。专家们建议，以上判决错误应通过再审程序予以纠正。

以上意见供参考。

【瞽言刍议】

这是一起二审法院以公司人格混同和参照《公司法》第20条第3款，判决桃花源公司和中简公司实际控制人裁定连带责任的案件。

专家们的上述论证意见，对于划清公司人格混同的举证证明的界限和是否可以“参照”适用《公司法》第20条第3款认定连带责任问题，具有参考价值。

46. 招商银行某某支行诉某某公司债权转让合同纠纷案

>>>>>>>><<<<<<<

【论证要旨】

本案招商银行股份有限公司大连某某支行（以下简称“招商银行某某支行”）向中国某某资产管理公司大连办事处（以下简称“某某公司”）债权转让条件已经成就，某某公司应当支付转让款。

某某公司收取的财务顾问费名不符实，实际是收购不良债权的风险费，在已经取得风险费的情况下，又不愿意收购，是不公平的。对本案债权转让协议，应当依诚实信用原则进行解释，解释的后果不得显失公平。

本案不存在中止诉讼的情形，不应当中止诉讼，也不宜变相中止审理。

【案涉简况】

论证委托人：招商银行股份有限公司。

论证时间：2016 年 7 月 19 日。

论证地点：中国政法大学海淀校区科研楼。

论证专家：中国政法大学、清华大学法学院、北京大学法学院等五名民事法学权威专家。

论证依据主要资料：

1. 某某公司、招商银行某某支行、大连天兴房地产开发有限公司（以下简称“天兴公司”）、大连北府集团有限公司、刘本某、刘某签订的《中小企业财务顾问及不良资产收购综合服务业务合作协议》（2012 年 7 月 19 日）。

2. 招商银行某某支行与某某公司、天兴公司签订的《监管协议》（2012 年 7 月 19 日）。

3. 招商银行某某支行《民事起诉状》(2015年7月23日)。

4. 原告提供证据目录、补充证据目录、补充证据目录二、补充证据目录三。

5. 招商银行某某支行《律师代理意见》。

6. 某某公司《答辩状》(2015年11月1日)。

7. 某某公司代理律师《代理意见》。

8. 招商银行某某支行诉天兴公司及担保人金融借款合同纠纷一案《调解书》(［2014］辽民二初字第000××号,2014年10月30日)。

9. 其他有关资料。

案件概要:

2011年4月20日,招商银行某某支行与天兴公司签订《固定资产借款合同》,向天兴公司发放4.5亿元贷款,并由天兴公司以其在建的北府茗苑项目作为抵押,刘本某、刘某等作为保证人承担连带责任保证。借款合同签订后,招商银行某某支行向天兴公司发放贷款2.5亿元。在借款合同履行过程中,2012年7月19日,某某公司、招商银行某某支行、天兴公司、大连北府集团有限公司、刘本某、刘某签订了《中小企业财务顾问及不良资产收购综合服务业务合作协议》(以下称《业务合作协议》),约定某某公司收购招商银行某某支行不良债权及为天兴公司提供财务顾问服务,即若2014年4月29日贷款到期而天兴公司无法偿还,且不存在协议约定的"暂缓收购情形",则某某公司无条件受让天兴公司全部债权;同时约定某某公司向天兴公司收取财务顾问费用。

同日,招商银行某某支行、某某公司、天兴公司签订了《监管协议》,约定了招商银行某某支行及某某公司对天兴公司贷款的共同监管职责及招商银行某某支行的监管范围。《业务合作协议》及《监管协议》签订后,招商银行某某支行又向天兴公司发放贷款1.6亿元,贷款总额达到4.1亿元。借款合同履行过程中,招商银行某某支行向天兴公司收回部分贷款本金,剩余贷款本金393 783 373.15元及利息天兴公司无力归还。

2014年4月29日贷款到期而天兴公司不能偿还剩余贷款本息,招商银行某某支行于4月30日向某某公司发送《债权转让提示通知书》,要求某某公司按照《业务合作协议》的约定履行债权收购义务,支付转让价款,某某公司拒绝履行。双方就债权收购问题多次协商未果。

2015年7月23日，招商银行某某支行以某某公司到期未履行《业务合作协议》中的债权转让协议为由，提起诉讼，请求某某公司继续履行合同，承担违约责任，并赔偿损失。被告某某公司抗辩理由主要有三：其一，“北府名苑”未能办理以答辩人为抵押权人的第二顺位抵押登记。其二，①原告诉请答辩人履行《业务合作协议》，就必须举证其对“北府名苑”进行了有效监管；②“北府名苑”项目目前的状况，不能证明贷款项下的抵押担保、保证担保措施持续有效。其三，原告主张由答辩人受让标的债权截至开庭日不符合《业务合作协议》约定的受让条件。

自原告招商银行某某支行向一审法院提交《民事起诉状》，至今已经长达一年，法院仍未作出一审判决。

【论证意见】

中国政法大学法律应用研究中心接受委托，就本案委托论证的问题，于2016年7月19日在中国政法大学召开了专家论证会，与会五名专家到会，审阅了案件论证材料，听取了委托方的情况介绍，对案件事实材料进行了质询。经认真研究讨论，形成如下一致意见：

一、债权转让协议的条件已经成就

（一）债权转让协议成就的标准

《业务合作协议》包括委托监管及债权转让等多种法律关系。其中，债权转让协议条件已经成就。

《业务合作协议》第4.1、4.2条规定了条件成就的标准。

第4.1条规定：“2014年4月29日全部贷款到期日后，若丙方（天兴公司）未能足额偿还贷款本息且不存在第4.2条的情形，甲方（某某公司）有义务受让主合同项下的全部债权，甲乙双方不再另行签订《债权转让协议》，各方权利义务依据本协议以下约定履行，但为办理抵质押变更登记之目的需要签署该协议的，由相关方按照本协议约定内容另行签署。”

第4.2条规定：“未达到以下标准，甲方有权暂缓收购乙方（招商银行某某支行）不良贷款。4.2.1乙方（招商银行某某支行）在贷款期间全面履行了甲、乙、丙三方签署的大连‘北府名苑’项目《监管协议》，按协议约定对‘北府名苑’项目进行监管。4.2.2贷款到期后，贷款项下的抵押担保、保证担保措施继续有效。”

（二）债权转让协议条件已经成就

（1）借款人天兴公司未能足额偿还贷款本息，这是条件中的第一个要件，该要件已经具备。

（2）第二个要件是招商银行某某支行在贷款期间全面履行了《监管协议》。只要完成了《监管协议》的“规定动作”，就是履行了监管义务，不能因为贷款演变成不良资产，就是未履行监管义务。即不能以形成不良资产为由，倒推未进行有效监管。

某某公司对招商银行某某支行的请求和主张进行了反驳，要求招商银行某某支行对履行监管义务进行举证，其实，按民事诉讼证据规则，应由某某公司对招商银行某某支行不履行监管义务或履行监管义务不符合约定进行举证。

对形成不良资产，某某公司应当承担风险。

其一，演变成不良资产的可能性，双方都是有预见的。招商银行某某支行为了规避这种风险而签订协议；某某公司为获得风险收益而签订协议。本案债权转让协议具有射幸性质，双方获得的给付系于不确定的情况。某某公司作为商事主体、作为收购不良资产的专业性公司，对贷款转化为不良资产风险应当是有充分预见的。

其二，《监管协议》在引言部分规定：乙方（某某公司）应丙方（天兴公司）的请求，为丙方提供中小企业财务顾问及收购不良资产综合服务。《监管协议》通篇未提及财务顾问的服务内容。《业务合作协议》第3条（财务顾问服务条款），也没有具体约定服务的内容，主要内容是财务顾问费的计付标准和支付方式。所谓财务顾问费，实际是某某公司收购不良债权的风险费。

其三，依《监管协议》第1条，招商银行某某支行、某某公司对贷款是共同监管。

（3）第三个要件是，贷款到期后，贷款项下的抵押担保、保证担保措施持续有效。这个要件也是成立的。

其一，根据了解到的情况，贷款到期后，招商银行某某支行并没有放弃抵押权和保证权，在债权未得到清偿的情况下这种放弃几乎是不可想象的。招商银行某某支行还在某某公司的要求下对债务人天兴公司及其担保人提起了诉讼并进行了财产保全。也就是说，贷款到期后时至今日，贷款项下的抵押担保、保证担保措施一直持续有效，这个要件的成立是没有问题的。贷款到期，作为债权担保的抵押和保证进入实行期，对抵押物变价、受偿的多寡、对保证债权实现的多寡，实际上与抵押担保、保证担保的存续（继续），都没有关系。所谓不良资产，必然与缔约时正常价值的资产有所差别，是劣于债权价值的资产。如果抵押权、保证权都能按照预期实行，就等于没有不良资产了，也等于没有风险了，也就没有射幸合同的存在了，债权转让就没有意义了，本案中某某公司就可以只拿财务顾问费，而无需承担任何风险。这样，合同就成为一方利益的合同。

其二，《业务合作协议》第4.6条规定：甲（某某公司）、乙（招商银行某某支行）、丙（天兴公司）三方约定贷款到期前一个月，如丙在《监管协议》项下的销售回款专用账户余额不足以偿还甲方的开发贷款剩余本息，乙、丙双方负责配合甲方签署相关抵押合同，在货款到期日前办理完成“北府名苑”项目以甲方为抵押权人的第二顺序抵押登记。贷款到期并触发收购条件后，甲将转让款一次性划至乙方账户，乙方承诺于款到后15个工作日内，办理主合同项下乙方为抵押权人的抵押权解押手续。

以上约定，是不能履行的条文，也是无意义的条文。

其一：第二顺序抵押权是对另一个债权而言，不是指同一债权前后两个主体中第二主体可以享有第二顺序抵押权。比如，A享有一个100万元的货款债权，B享有一个80万元承揽费债权，A可以是第一顺序的抵押权人，B可以是第二顺序的抵押权人。如果A将把货款债权转让给B，A自己是第一顺序抵押权人，B不能作为第二顺序抵押权人，因为抵押权的顺序（顺位），是解决两个以上债权谁优先受偿问题的。因此，招商银行某某支行成为第一顺序抵押权人后，某某公司不能就将要受让的同一债权（不丧失同一性的债权）办理第二顺序抵押权登记。

其二，《合同法》第81条规定：“债权人转让权利的，受让人取得与债权有关的从权利，但该从权利专属于债权人自身的除外。”招商银行某某支行将对天兴公司的债权转让给某某公司时，作为从权利的抵押权、保证权自动转让给某某公司，不需要设立第二顺序抵押权，当然也不需要在转让债权后解除第一个抵押。

综上，本案转让债权的条件已经成就，某某公司应当履行自己的债务。

二、本案债权转让的时点与方式、《调解书》是否对债权转让产生影响及债权人的形成权

（一）本案债权转让的时点与方式

《业务合作协议》中的债权转让，是附生效条件（停止条件）的债权转让合同，但本案债权并不在债权转让协议条件成就时自动发生转移。

《业务合作协议》第1.6条规定："债权转让日：甲方向乙方支付转让价款之日。"依据该条，债权转让的方式，是以某某公司支付价款的方式转让。所以招商银行某某支行的诉讼请求是请求某某公司支付转让价款，从而完成该债权转让的交易，并不是先实现债权的转让，再支付转让款。在本案，以支付价款的方式移转不良债权，是某某公司的主要合同义务。或者说，支付价款是某某公司的主给付义务。

（二）《调解书》是否对债权转让产生影响

天兴公司到期未履行主债务，招商银行某某支行应某某公司的要求对天兴公司提起诉讼，在法庭的主持下签订了《调解协议》，制作了《调解书》，目前《调解书》在执行阶段。在执行阶段也属于在诉讼阶段，债权还能否转让？

（1）《合同法》第79条规定："债权人可以将合同的权利全部或者部分转让给第三人，但有下列情形之一的除外：（一）根据合同性质不得转让；（二）按照当事人约定不得转让；（三）依照法律规定不得转让。"依照该条规定，处于诉讼阶段中的债权符合转让条件，若有限制也只能是第3项"依照法律规定不得转让"，但是目前无论实体法还是程序法中均没有禁止转让的规定。因此，诉讼程序中的债权在法律上是可转让的。

（2）基于债的相对性和债的相容性，招商银行某某支行对某某公司的债权，虽然处在执行阶段，仍可以转让，在法理上无任何障碍。

（3）我国审判实践承认诉讼阶段债权的转让。最高人民法院在审理涉及不良资产转让纠纷案件中出台了有关司法解释和批复，各级法院审理相关案件均在适用。

（4）本案如果实现了债权的转让，可在执行程序中申请变更执行当事人，或者由某某公司与招商银行某某支行达成委托协议，由一方作为另外一方的受托人参与执行程序。

（三）债权人的形成权

对于到期债权，是请求债务人继续履行，还是请求债务人赔偿损失等，债权人有选择权，这种选择权是一种形成权。本案中，招商银行某某支行有权主张某某公司继续履行债权转让协议，也可以依照《合同法》第 94 条的规定通知某某公司解除合同并要求其赔偿损失。如果法院置债权人的形成权于不顾，在债权人依法选择了维护自身合法权益的途径时，却要求其坐等《调解书》的执行，而不对债权人的主张进行审理，这种做法客观上也是对债权人利益的侵害。

三、本案不存在中止诉讼的情形，法院不应当中止诉讼

案件在审理过程中需要中止诉讼的，应当符合法律的规定，即案件的审理遇有中止诉讼的法定情形。《民事诉讼法》（2012 年）第 150 条规定："有下列情形之一的，中止诉讼：（一）一方当事人死亡，需要等待继承人表明是否参加诉讼的；（二）一方当事人丧失诉讼行为能力，尚未确定法定代理人的；（三）作为一方当事人的法人或者其他组织终止，尚未确定权利义务承受人的；（四）一方当事人因不可抗拒的事由，不能参加诉讼的；（五）本案必须以另一案的审理结果为依据，而另一案尚未审结的；（六）其他应当中止诉讼的情形。中止诉讼的原因消除后，恢复诉讼。"

在招商银行某某支行诉某某公司债权转让合同纠纷一案的诉讼过程中，不存在上述法律规定的中止诉讼的情形：

其一，《民事诉讼法》第 150 条第 1 项至第 4 项规定的情形，即"（一）一方当事人死亡，需要等待继承人表明是否参加诉讼的；（二）一方当事人丧失诉讼行为能力，尚未确定法定代理人的；（三）作为一方当事人的法人或者其他组织终止，尚未确定权利义务承受人的；（四）一方当事人因不可抗拒的事由，不能参加诉讼的"。本案根本不存在上述情形，因此，法院亦不会以上述情形的理由之一而中止本案审理，在此不予赘述。

其二，《民事诉讼法》第 150 条第 5 项规定的情形，即"（五）本案必须以另一案的审理结果为依据，而另一案尚未审结的"。首先，这项规定应当以前一个正在审理的案件即未决案件为前提，该案的审理结果将会影响到本案。该情形在本案中同样也不存在。招商银行某某支行诉某某公司债权转让纠纷案件是基于双方签订的《业务合作协议》订立的转让条款，而其申请强制执

行天兴公司的［2015］朝执第 00041 号案件，是以［2014］辽民二初字第 00051 号《调解书》为依据的，即两个案件所依据的法律事实和理由完全不同。其次，两个案件所处的诉讼阶段不同，前者正处在普通程序中的一审审理阶段，后者是对已经通过审判程序确定的债权所进行的执行程序阶段，二者不存在任何关联。招商银行某某支行诉某某公司债权转让纠纷一案，是诉讼案件，运用普通程序审理；招商银行某某支行申请强制执行天兴公司一案，是执行案件，运用执行程序处理。两个案件的当事人、法律关系和所依据的法律事实都是不同的，更为关键的是，招商银行某某支行诉某某公司债权转让纠纷一案的审理，并不需要以执行案件的结果作为根据，或者说，执行案件的结果并不会影响到诉讼案件判决或其他方式终结诉讼的公正性，也不会影响到某某公司的正当利益。最后，即使执行程序中出现了众多案外人提出执行异议的情况，那也只是案外人对招商银行某某支行作为申请执行人请求法院通过强制手段实现生效法律文书确定的债权的质疑，与招商银行某某支行诉某某公司的案件也是没有任何关系的。因此，《民事诉讼法》第 150 条第 5 项规定对本案的审理不可以适用。

其三，《民事诉讼法》第 150 条规定的第 6 项，即“（六）其他应当中止诉讼的情形”。

这一弹性的兜底条款可能涉及的情形在本案也不存在。因为，在民事诉讼理论上，通说认为，中止诉讼的情形应当是由于该情形的存在客观上会阻碍正在进行的诉讼案件的审理，从而导致正在进行的诉讼因该情形的存在而无法正常进行。而目前同时存在的招商银行某某支行与某某公司的“某某诉讼案”和招商银行某某支行申请执行的“天兴执行案”这两个案件，不存在任何这样的情形，因此，该项规定对正在审理中的招商银行某某支行诉某某公司的债权转让合同纠纷案件也是不适用的，本案不符合中止诉讼的情形。

此外，从法理上讲，其一，债权人有权选择债权的实现方式，有权规避法律上存在的风险，在法律允许的范围内，有权要求相关利害关系人承担其根据法律或有效的合同承担其应当承担的法律责任。其二，人民法院应当平等地保障双方当事人的合法权益，在考虑保护一方当事人利益的同时，应当考虑另一方当事人合法利益的保护。就本案而言，虽然天兴公司到期不履行还款义务，致招商银行某某支行形成了不良债权，但该不良债权恰恰是某某公司依《业务合作协议》从招商银行某某支行受让的债权标的。某某公司未履行约定的债权收购义务，未向招商银行某某支行支付受让该笔债权对价，在已经构成违约的情况下，其要求招商银行某某支行先行向天兴公司主张债权以达到保全天兴公司财产的目的。招商银行某某支行为了避免损失的扩大，对天兴公司及担保人提起诉讼并进行了保全，并取得法院确认抵押担保和保证担保措施持续有效的《调解书》。但之后，某某公司仍未履行《业务合作协议》约定的义务，招商银行某某支行才对其提起了诉讼。招商银行某某支行的做法并不属于当事人就同一个债权进行重复主张的情形，是诉权的正当行使。法院审理案件过程中适用相关的法律制度，应当遵循法理，平等保护招商银行某某支行和某某公司的利益，而不应当通过审判权的行使干预和影响当事人对诉权行使的选择权。其三，对于“其他应当中止诉讼的情形”不应无限度地扩大解释，而要与事实相关联，在运用法律解释权认定实体问题和程序问题时，更应本着诚实、善意、合法合理的理念行使裁量权。诉讼中止情形的运用不当，不仅有损案件的公正审理，也会直接损害诉讼效率的实现，无法保障当事人的实体权益。

四、论证结论

本案招商银行某某支行向某某公司债权转让条件已经成就，某某公司应当支付转让款。

某某公司收取的财务顾问费名不副实，实际是收购不良债权的风险费，在已经取得风险费的情况下，又不愿意收购，是不公平的。对本案债权转让协议，应当依诚实信用原则进行解释，解释的后果不得显失公平。

本案不存在中止诉讼的情形，不应当中止诉讼，也不宜变相中止审理。

以上论证意见供参考。

【瞽言刍议】

本案对《业务合作协议》项下的债权转让及其所设的抵押担保、保证担保的多重法律关系的成立要件，依据事实法律、司法解释和法理原则进行了有效梳理，并对本案是否可以中止诉讼问题作出了论证，从而对论证问题得出了有充分说服力的结论。这一案件的论证可作为对于相关法律关系问题的分析参考。

47. 陈某某案涉执行异议、异议之诉及涉嫌拒不执行法院判决裁定等罪案

【论证要旨】

本案的关键是，如何正确确认案涉股权是否属于陈某某代持戴某某的股权。

专家们认为：

其一，案涉《代持股协议》真实性有重大疑义，有待通过司法鉴定予以解决；该协议即使真实，但因为属于附生效条件协议，而生效条件没有成就，故没有发生法律效力，不足为凭。

其二，案中戴某某提供的证据，均不能证明其对案涉工程项目投入任何资金，相反陈某某提供的证据证明其对案涉项目投入了数亿资金，因此没有证据证明，案涉项目公司的股权属于戴某某，从而形成了陈某某对戴某某的实际代持关系。

其三，由于股权代持关系不成立，由此而引申出的拒不执行法院判决裁定罪就依法不能成立。法院通过公安立案刑事案件协助其民事案件执行，是违反公安机关不得插手民事案件的明确规定的，应当依法予以纠正。

【案涉概况】

论证委托方：陈某某。

代理人：董艳国，北京市汉卓律师事务所律师。

论证受托方：中国政法大学法律应用研究中心。

论证事项：

1. 案涉代持股权法律关系是否依法成立？

2. 陈某某涉嫌拒不执行法院判决裁定等罪依法是否成立?

3. 关于本案民事裁定程序与刑事立案侦查的违法性问题。

论证专家：中国政法大学、中国人民大学法学院、北京大学法学院、国家检察官学院五名民事、刑事权威法学教授。

委托方提供的论证材料：

1. 对某某区人民法院［2022］某0302民初2131号案外人执行异议之诉案某某公（刑）立字［2019］××815号拒不执行判决、裁定案某某公（经）立字［2022］00734号虚假诉讼案实体权利义务管辖、刑事民事交叉处理、代持股权证据适用专家论证申请书（14页）。

2. 附件（39件共392页）：

2.1. 润某公司登记信息；

2.2. 众某公司登记信息；

2.3. ［2014］某某执民字第2329号之五协助执行通知书；

2.4. ［2021］某0302执异145号执行裁定书；

2.5. ［2021］某03执复134号执行裁定书；

2.6. ［2021］某03执复30号裁定书；

2.7. ［2021］某03执复31号裁定书；

2.8. 某某区法院立案通知书；

2.9. 某某区法院开庭传票；

2.10. ［2021］某0302执异861号执行裁定书；

2.11. ［2021］某0302执异861号执行裁定书；

2.12. ［2022］某0113民初1194号民事裁定书；

2.13. 2019年12月11日22时10分陈某某讯问笔录；

2.14. 2022年5月7日与警员谈判现场录音；

2.15. 2022年5月16日与警员谈案现场录音；

2.16. 某某公安分局虚假诉讼取保候审决定书；

2.17. 某某检察院取保候审决定书；

2.18. 润某公司工商登记信息-证1；

2.19. ［2018］某100民初11343号民事判决书-证2；

2.20. ［2021］某001民终10489号民事判决书-证3；

2.21. 天眼查信息-证4；

2.22. ［2020］某 03 民终 5378 判决书-证 5；

2.23. 天眼查信息-证 6；

2.24. ［2022］某 0108 民初 2239 号判决书；

2.25. ［2022］某 0113 民调 6197 号案；

2.26. 被告证据目录及证据一.1，代持股协议书；

2.27. 被告证据一.2，股东授权委托书；

2.28. 被告证据二，承诺书；

2.29. 被告证据三，某某市某某区世贸布艺城地块合作框架协议及附件1-14；

2.30. 被告证据四，流水；

2.31. 被告证据五，润某公司股权冻结信息；

2.32. 被告证据六，情况说明；

2.33. 被告证据七，2021-5-13 日，通话录音；

2.34. 被告证据八，陈某某账户进出资金对比表、转入陈某某账户收入一览表；

2.35. 被告证据九，2011 年众某房开投资大致情况一览表；

2.36. 被告证据十，附件 6；

2.37. 被告证据十一，潘某某情况说明；

2.38. 被告证据十二，刑事控告状；

2.39. 司法鉴定申请书。

3. 其他相关事实材料。

委托方陈某某案涉执行异议、异议之诉纠纷一案和涉嫌拒不执行法院判决裁定等罪一案，委托中国政法大学法律应用研究中心进行法律专家论证，提供专家论证法律意见。中国政法大学法律应用研究中心审阅了委托方提供的案件材料后，认为符合本中心进行专家论证的条件，邀请了五名权威教授，在京召开了专家论证会议。委托方代理律师在论证会上介绍了案件情况并接受了专家们的详细询问。专家们对委托方提供的案件论证材料和相关法律规定进行了认真研究讨论，充分地发表了意见。专家们在深入研究讨论的基础上形成本论证意见，以供委托方和相关公安司法机关参考。

【论证意见】

第一部分 委托方介绍的案件背景情况

2017年6月30日，陈某某与某某置业有限公司（以下简称“某某置业”）发起设立某某投资管理有限公司（以下简称“润某公司”），股权比例陈某某35%，某某置业65%。2021年7月14日，润某公司股东某某置业变更登记为杭州某云公司（以下简称“某云公司”），2017年7月14日至今，润某公司工商登记信息股东陈某某（35%），股东某云公司（65%）。上述内容见润某公司登记信息（附件1）。

2002年6月18日，杭州众某房地产开发有限公司（以下简称“众某公司”）成立，股东经多次变更，2011年10月31日，股东变更为赵某某、潘某某，2017年7月20日，变更为一人股东戴某（100%股权），戴某持股一日，2017年7月21日戴某将股权转让于杭州润某，杭州润某付戴某1000万元股权转让款，至今润某公司持有100%众某公司股权。上述内容见众某公司股权登记信息（附件2）。

1. 民事程序

（1）2013年申请执行人钟某某，被执行人戴阿某、李某某、戴某某、重庆神农公司、重庆国港公司、重庆某某医药有限公司借贷纠纷案在某某区法院执行局立案并进入执行程序。（法院没有告知文书和材料从［2014］某某执民字第2329号之五协助执行通知书（附件3）和其他材料推定。）

（2）前案因其他裁判文书和司法程序转变为，申请执行人冯某某，被执行人戴某某，执行标的380万元。2014年3月23日。某某区人民法院作出［2013］某某执民字第4347-1号执行裁定书。裁定书内容：申请人冯某某，被申请人戴某某无财产可供执行执行程序终结。（法院没有告知文书和材料从其他材料推定。）

（3）根据［2015］某某商初字第4637号、［2017］某0302民初12013号、［2012］某某商初字第1249号、［2017］某0302号民初12016号、［2013］某某商初字第3995号、［2017］某0302民初12018号、［2013］某某商初字第3987号、［2017］某0302民初5935号、［2020］某03民初5935号等民事判决书，某某法院执行局关联钟某某、戴阿某、李某某、戴某某、冯某某、谢某某六名当事人，结合借贷、担保、婚姻等法律关系，最终转变为：申请执行人谢某某、被执行人戴某某、执行标的380万元。（法院没有告知文书和材料从［2021］某0302执异145号执行裁定书（附件4）推定。）

（4）2021年2月，陈某某通过其他渠道得知：查封冻结案外人杭州众某房地产开发有限公司20%股权（附件3）。嗣后，得知润某公司35%股权被查封冻结。某某法院查封冻结润某公司股权的证据为：2019年12月11日某某公安分局制作的陈某某讯问笔录中一句话“我（陈某某）持有的润某公司股权都是戴某某的”。

（5）案外人陈某某申请执行异议，2021年5月13日，某某区人民法院作出［2021］某0302执异145号执行裁定书（附件4）。裁定书内容：本院认定陈某某系代戴某某持有润某公司投资额为350元的股权证据不足，对此进行冻结不妥，本院予以纠正。

（6）2021年5月25日，谢某某对［2021］某0302执异145号执行裁定申请复议。

（7）2021年9月13日，某某市中级人民法院作出［2021］某03执复134号执行裁定书（附件5）。同案不同判（附件6、7）裁定书内容：本院认为陈某某提出的异议请求，是基于实名股权而主张的实体权利。根据最高人民法院《关于人民法院办理执行异议和复议案件若干问题的规定》第8条……依照《民事诉讼法》第227条规定进行审查。发回某某区人民法院重新作出裁定。

（8）2021年9月9日，戴某某诉陈某某合同纠纷［2021］某0102民初7207号案，某某区人民法院立案审理（附件8）。此案即戴某某诉陈某某润某公司35%股权代持纠纷。某某区法院通知2021年11月3日开庭审理（附件9），戴某某于2021年11月2日撤诉。

（9）发回重审程序中，陈某某向某某法院递交《申请执行人谢某某与陈某某“讯问笔录”质证意见》《申请执行人谢某某与案外人陈某某质证意见（1-7）》《司法鉴定申请书》《申请执行人谢某某所涉［2021］某0302执异861号案中止审理申请书》。

（10）2021年12月17日，某某法院出具［2021］某0302执异861号执行裁定书（附件10）。裁定内容：驳回陈某某异议请求（维持冻结）不服裁定中院复议。2021年12月19日，陈某某向某某法院递交复议申请。2022年

1月24日（37日后），某某法院出具［2021］某0302执异861号执行裁定书（附件11）。裁定内容："如不服本裁定，可以向中院申请复议"补正为"如不服本裁定，十五日内向本院提起诉讼"。

（11）2022年1月，陈某某诉润某公司、戴某某确认润某公司35%股权确认一案某某区人民法院立案审理，2022年4月12日作出［2022］某0113民初1194号民事裁定书（附件12），裁定内容：以润某公司股权被某某法院执行程序查封冻结为由驳回陈某某诉求，某某市中级人民法院维持。至此，陈某某、戴某某股权代持一案管辖权已被某某法院执行局牢牢抢在手中。

（12）2022年2月8日，陈某某在某某区人民法院的短信催促和逼迫下，无奈向某某法院提起执行异议之诉，至此［2021］某0302执异861号执行裁定书的错误后果延伸至诉讼程序。2022年7月22日、8月12日某某法院民事审判庭二次开庭审理［2022］某0302民初2131号案外人执行异议之诉案。现某某法院未裁决此案。

2. 刑事程序

（1）2018年12月5日，某某法院将被执行人戴阿某（戴育某弟弟、戴某某弟弟）涉嫌拒不执行判决、裁定的相关线索和材料移送某某公安分局。2019年7月22日，某某法院将被执行人戴某某（戴育某弟弟、戴某叔叔）涉嫌拒不执行判决、裁定的相关线索和材料移送某某公安分局，某某公安分局以某某公（刑）立［2019］54815号刑事立案。2019年8月1日，某某法院将被执行人潘某某（戴某某大嫂、戴某母亲、戴育某妻子）涉嫌拒不执行判决、裁定的相关线索和材料移送某某公安分局。

（2）2019年9月23日，某某法院执行局向某某公安分局发函，认为陈某某为潘某某、戴某某代持润某公司30%股权。进一步指导公安机关侦查方向。公安机关对戴某、林某某、陈某某等人进行讯问。

（3）2019年12月11日，陈某某被某某区刑侦大队警员强行带至某某市公安局某某派出所，对陈某某以拒不执行判决、裁定罪进行讯问，制作2019年12月11日22时10分陈某某讯问笔录（附件13）。

（4）2019年12月11日22时10分陈某某讯问笔录非法进入"1.4民事执行程序"，即成为执行程序中查封案外人杭州众某房地产开发有限公司20%股权的证据。2009年12月18日，公安机关冻结陈某某润某公司35%股权。之后，除电话询问一人外，近两年时间没有任何侦查行为，没有调取任何证据材料。

(5) 2021年8月24日 (20个月后),“民事执行程序1.6”执行复议陈某某至某某市中级人民法院接受谈话。谈话结束某某公安分局警员当着法官和代理律师的面将陈某某戴上手铐,羁押讯问至凌晨。2019年12月11日及2021年8月24日,公安警员两次讯问内容都是“拷问陈某某代持戴某某股权问题”。

(6)“1.9民事执行程序”(发回重审程序中),陈某某向某某法院执行局提出反驳意见和材料。2021年12月20日,某某法院以反驳意见和材料为由,将案外人陈某某涉嫌虚假诉讼犯罪移送某某公安分局。某某公安分局某某公(经)立字［2022］00734号虚假诉讼刑事立案。

(7) 2022年5月7日,某某区公安分局刑侦大队两警员至杭州市,与陈某某和代理人林某某协商此案(附件14);5月16日,至杭州与陈某某和辩护人交流拒不执行判决、裁定案情况(附件15)。要求陈某某在他们提供的不予信访的文件上签字(被拒)。

(8) 2022年5月31日7时,陈某某被某某区侦查人员传唤,因虚假诉讼罪被刑事拘留30日(附件16)。某某公安经侦大队三名警员,故意不告知家属羁押地点、不告知办案警员和联系人,让陈某某和家属受到极大的恐吓、担心和无奈。

(9) 2022年8月11日,陈某某拒不执行判决、裁定案某某区人民检察院立案审查起诉(附件17)。辩护律师阅卷2477页,卷宗内容包括全部［2022］某0302民初2131号案外人执行异议之诉案民事起诉状和证据材料。同时发现2019年7月22日(立案)至2021年7月14日2年没有戴某某讯问笔录,全部卷宗没有戴某某2021年7月14日第一次讯问笔录,戴某某7月15日决定取保候审。某某公安分局以拒不执行判决和裁定罪主要嫌疑人戴某某另案处理为由,没有将其与陈某某共同移送至某某检察院。

第二部分　专家们对案涉执行异议、执行异议之诉一案的论证法律意见

一、关于案涉裁决证据是否能足以证明代持法律关系依法成立和已经生效问题

这是本案需要厘清的第一个基本问题。

本案的要害或实质问题是案涉润某公司35%的股权，是否为陈某某代持戴某某股权问题，亦即陈某某与戴某某代持股权法律关系是否依法成立和有效问题。

专家们指出，要正确确定案涉股权代持关系，应当首先在法理上明确以下几点：

其一，股权代持行为从本质上来说是一种合同行为，其产生并非根据法律的规定，而是基于双方的合意。即股权代持行为的产生首先需要由股权的实际出资人与名义出资人订立委托代为持股的合同。只有股权的实际出资人与名义出资人之间订立了相应的委托代为持股的合同，双方之间的股权代持关系才能形成。但是，既然股权代持行为本身属于一种合同行为，那么其代持合同的效力问题，即其是否有效或已经发生法律效力，就成为确认双方代持法律关系是否成立需要正确确定的问题；而对此的正确确定当然应当遵从合同法对于合同效力认定的相关法律规定。故此，虽然最高人民法院《关于适用〈中华人民共和国公司法〉若干问题的规定（三）》（法释［2014］2号）第24条对股权代持行为予以明确规定，但该规定只是明确了其合法地位，并不代表只要存在股权代持行为即当然为有效或已经发生效力，因而其效力问题依法应当由人民法院根据合同法的相关的法律规定来加以判断。

其二，基于上述理由，专家们指出，对于本案的争议主要是解决以下两个基本问题：一是案涉代持合同是否依法成立问题；二是该合同是否有效或已经发生法律效力问题。

其三，既然股权代持行为的本质属于一种合同行为，那么对于股权代持行为而言，其一旦产生纠纷便具有了合同纠纷的性质。对于代持股关系，就应当考察其是否基于委托关系形成，委托关系是否为双方法律行为，是否有双方当事人建立委托关系的共同意思表示，签订了委托合同或者代持股协议，

并且要审查该协议是否依法成立和发生了法律效力；对于未签订合同的，则要考察当事人是否有确凿证据，充分证明有事实代持行为，而单方法律行为不能建立委托代持股权关系。

其四，案涉裁决认定股权代持法律关系成立、有效，需要对此有确凿的证据足以证明。

经查，2021 年 12 月 17 日，某某法院出具［2021］某 0302 执异 861 号执行裁定书（以下简称“861 号执行裁定书”）证明案涉股权代持关系依法成立，具有法律效力，其裁决依据为：①《代持股协议》；②《股东授权委托书》；③《承诺书》；④讯问笔录；⑤相关裁判文书（见该裁决书第 7 页）。但专家们认为这些证据并不能证明该裁定认定的代持股权法律关系依法成立并具有合法效力。

（一）从对《代持股协议》审查情形来看

判断双方之间是否存在代持股关系，应当首先审查双方是否具有相应的代持关系合法有效的约定依据。

专家们指出，案涉 861 号执行裁定书据以认定代持关系成立的主要依据为《代持股协议》，但该《代持股协议》其真实性存在重大疑义，且其生效条件并未成就。

1. 其真实性存在重大疑义

案内证据显示：

（1）陈某某认为《代持股协议》虚假，陈某某多次申明，其从未签署过“代持股协议书”。

（2）陈某某与房某某已经于 2013 年 8 月 16 日离婚，因而就不能在 2017 年 7 月 17 日的该协议上签字，其儿子陈高某也并未签过字，并且在异议之诉中，被告亦当庭承认代持协议房某某、陈高某签字为虚假。这就证明该协议涉嫌故意伪造。

（3）2021 年 10 月 15 日，某某法院执行局组织陈某某谈话并交换证据，申请人当即提出“代持股协议书”虚假。2021 年 10 月 29 日，陈某某通过微法院提交了《司法鉴定申请书》，同时用快递向法院邮寄了《司法鉴定申请书》书面材料，要求对《代持股协议》签名的真实性进行司法鉴定。结果，执行局并未组织司法鉴定，也并未回复理由，但却以此“股权代持协议”作为 861 执行裁定书的主要依据。

（4）2021 年 10 月 28 日 9 时 11 分，陈某某到某某区刑事侦查大队。办案警员四人将陈某某带至刑事侦查大队二楼询问室，警员李某某拿着《代持股协议》《股东授权委托书》《承诺书》对陈某某说“我们是受法院委托，需要你的指纹、笔迹、掌纹，对上述材料进行鉴定”；当场对陈某某提取了指纹、掌纹、笔迹。结果在拒不执行判决、裁定案侦查阶段和虚假诉讼案侦查阶段某某公安分局均未向陈某某告知鉴定结果，移送审查起诉卷宗亦未见组织鉴定材料和鉴定意见。

（5）2022 年 8 月 12 日，某某法院民事审判庭执行异议之诉第二次开庭，被告人戴某某举证出示“代持股协议书”。原告代理律师当庭表示“此件虚假，要求鉴定”。庭后律师得知 2021 年 10 月 28 日某某公安分局组织了鉴定程序，申请人通过微法院提交了《陈某某诉谢某某、戴某某执行异议之诉案调取鉴定结果申请书》，同时邮寄书面申请书，现未见调查结果，也未见回复和理由。

（6）近期，陈某某经再三思考，在执行异议之诉程序中又向某某法院第三次提出对《代持股协议》进行司法鉴定申请。申请鉴定该协议书是否为原件；鉴定陈某某签名的真实性；鉴定陈某某三处指纹的真实性；鉴定房某某、陈高某签名的真实性。

综上，专家们认为，在该协议书的真实性存在重大疑义，法院委托公安机关进行司法鉴定拒不出示鉴定结果，陈某某再次申请对其司法鉴定，其代理律师多次申请调取司法鉴定意见未果的情况下，案涉法院竟然置该协议书的重大疑义和相关司法鉴定的结果于不顾，置陈某某及其代理律师的申请进行司法鉴定的请求于不顾，竟然以完全没有查证属实的该《代持股协议》认定案涉代持股法律关系成立，故其主要证据未经查证属实，依法不能成立。

专家们严肃指出，本案在对该《代持股协议》的真实性作出合法有效的司法鉴定意见之前，是决不可对案涉代持股关系成立作出肯定性意见的。

2. 该协议所约定的代持股权缺乏有效性

该协议第 2 条约定，乙方作为甲方的代持人，“代甲方持有项目公司中占公司总股本 49%的股份，股份比例如有不一致，以甲方与合作方签订的合作协议为准”。由此可见，该协议所约定的代持股权的有效性是“甲方持有项目公司中占公司总股本 49%的股份”或“以甲方与合作方签订的合作协议为准”的“股份”。但经查，案中并没有任何证据证明戴某某作为“甲方持有项目公司中占公司总股本49%的股份”，也没有其占“以甲方与合作方签订的合作协议为准”的任何“股份”，即在该协议中所约定的戴某某在项目公司中49%的股份和“以甲方与合作方签订的合作协议为准”的“股份”，没有任何证据证明，系子虚乌有。既然没有证据证明戴某某在项目公司有需代持所约定的股份，那么代持其股份就无从谈起，你没有证据证明你在项目公司中有约定的股份，那么你让人家代持所约定的股份就不可能具有有效性。

3. 该《代持股协议》的生效条件没有证据证明已经成就

专家们指出，即使该《代持股协议》依法成立，但该代持协议是一份附条件生效的协议书，在没有证据证明该条件已经依法成就的情况下，该协议就没有在法律上发生效力。

《合同法》第45条规定：“当事人对合同的效力可以约定附条件。附生效条件的合同，自条件成就时生效。附解除条件的合同，自条件成就时失效。当事人为自己的利益不正当地阻止条件成就的，视为条件已成就；不正当地促成条件成就的，视为条件不成就。”

《民法典》第159条亦规定：附条件的合同，当事人对合同的效力可以约定附条件。附生效条件的合同，自条件成就时生效。附解除条件的合同，自条件成就时失效。当事人为自己的利益不正当地阻止条件成就的，视为条件已成就；不正当地促成条件成就的，视为条件不成就。

在本案中，该《代持股协议》第2条约定：“甲方与第三方签订合作协议后，乙方作为甲方的代持人，持有并作为上述项目公司工商登记的显名，代甲方持有项目公司中占公司总股本49%的股份，股份比例如有不一致，以甲方与合作方签订的合作协议为准。”

可见，该协议明确约定该代持股协议的生效条件是在“甲方与第三方签订合作协议后”，即，只有在甲方与第三方签订合作协议后，乙方才有权利和义务作为甲方的代持人，持有并作为上述项目公司工商登记的显名，代甲方持有项目公司中所占公司总股本49%的股份，股份比例如有不一致，以甲方与合作方签订的合作协议为准。

但案中没有证据证明，戴某某作为甲方与第三方签订过合作协议，因而该《代持股协议》中“甲方与第三方签订合作协议后”的代持股法律关系生效的条件没有成就，根据《合同法》第45条和《民法典》第159条关于“附生效条件的合同，自条件成就时生效”的规定，由于附生效条件的该协议，其生效条件并没有成就，故该协议并没有生效。

可见，一个没有生效的代持股协议，是不可能以此确定案涉代持法律关系的权利义务的。

总之，《代持股协议》其真实性具有重大疑义，其所约定的代持标的的股权不具有确定性和有效性，并且该协议并没有发生法律效力，因此是决不可作为人民法院确定案涉代持股权具有真实合法有效性的定案根据的。

（二）从对《股东授权委托书》（以下简称“该委托书”）的审查情形来看

1. 该委托书签订的前提条件并不成立

专家们指出，该委托书签订的前提条件是其开宗明义明确的“委托人系杭州润某投资管理有限公司的显明股东（委托人仅挂名、实际投资人是戴某某）”。但如上所述，案涉《代持股协议》并没有生效，因而并没有产生二者之间的股权代持与被代持的权利义务关系。既然二者之间不具有代持与被代持的权利义务关系，那么以此为前提进行反向“股东授权委托”就不具有合法依据；因前提不成立，由前提引申出来的权利义务关系，也就当然不能成立。所谓无源之水、无本之木，是不会产生任何“水”与“木”的实际效力的。譬如，以借贷关系为例，二者借贷关系并不成立，以子虚乌有的借贷关系为前提而引申出的“借贷授权关系”当然也就不能成立，因而就不会产生“借贷授权关系”的法律效力，此不赘言。

2. 从对该委托书的履行情况进行审查来看

专家们指出，该委托书即使真实，那也没有任何证据证明戴某某履行过任何所授权的权利义务。该委托书在本案中，其实就是一纸空文，对于双方并没有发生任何约束力，而且也并没有发生任何实际法律效力。

3. 以此证明二者具有代持股法律关系，在逻辑上是犯了循环证明的逻辑错误

专家们指出，该委托书的成立是建立在二者确立了“代持股”法律关系的前提基础之上，而这个前提在该委托书中并没有得到证明。现在以得不到证明二者具有代持股法律关系的该委托书，反过来证明二者具有“代持股”法律关系，岂不是以待证事项来反向证明该待证事项吗？这样的循环证明在逻辑上是不具有任何确定性的。

（三）从对《承诺书》的审查情形来看

专家们指出，《承诺书》和案涉代持法律关系没有任何关联，即证据上没有关联性。该《承诺书》的内容完全是为了保障在杭州众某公司因股权转让而获得的股权转让款归戴某某和戴某所有，款项归戴某某支配，承诺人不得擅自使用、私自动用，否则要承担侵占责任。尽管其中有“因股权转让及合作需要”签订该《承诺书》的字样，但从中并不能证明该款项是否用于了“合作需要”。因而，该《承诺书》并不能证明戴某某实际上以此款项用于了“合作需要”。故以该《承诺书》证明戴某某用此款对合作项目进行了投资，因而形成了案涉代持法律关系，显然在逻辑上是推不出这样的结论的，故，依法不能成立。

（四）从对案涉讯问笔录审查情形来看

专家们指出，该讯问笔录在案涉执行异议和执行异议之诉程序中完全不具有证据能力。

1. 从作为刑事案件证据来看

该讯问笔录来自某某公安分局对陈某某的侦查讯问，不论其讯问程序是否合法，根据审判中心原则和证据查证原则，一切证据只有经过庭审双方当事人质证、查证属实才能作为定案根据。现在该讯问笔录在相关刑事案件中，并未经庭审双方当事人质证，并经法庭查证属实，并作为定案根据，且为相关生效判决裁定所确定。可见，在刑事案件中，该讯问笔录是否能够作为定案根据，尚属不具有法律的确定性，怎么能擅自拿来作为本案民事程序的定案根据呢？

2. 从作为民事执行异议和执行异议之诉程序的证据来看

（1）证据来源不具有合法性。在我国民事法律程序中，并没有任何法律规定可以从尚未审结的刑事案件中直接调取任何证据材料。

（2）经查，该讯问笔录并没有在上述民事程序中，经过出示宣读和当事人质证，因而不能作为定案根据。

（3）从该讯问笔录被用来证明案涉 861 号执行裁决书的内容和根据来看，应当是被作为当事人陈述中的“当事人承认”来对待的。

最高人民法院《关于民事诉讼证据的若干规定》第 3 条规定：“在诉讼过程中，一方当事人陈述的于己不利的事实，或者对于己不利的事实明确表示承认的，另一方当事人无需举证证明。在证据交换、询问、调查过程中，或者在起诉状、答辩状、代理词等书面材料中，当事人明确承认于己不利的事实的，适用前款规定。”

专家们指出，该讯问笔录并非在民事程序中的当事人陈述，更非当事人在案涉民事程序中的“当事人承认”，并且也并不符合当事人“在证据交换、询问、调查过程中，或者在起诉状、答辩状、代理词等书面材料中”的当事人承认的规定条件。相反，在案涉民事程序中，陈某某不仅没有这样的陈述承认，而且对于案涉刑事程序中的“讯问笔录”的真实、合法性一直予以坚决否定。

可见，该讯问笔录在案涉民事程序中没有任何合法的证据能力和证明价值可言。

（五）相关裁判文书

经查，这些裁判文书，只能证明案涉股权代持争议的裁判过程，并没有任何生效判决裁定确定了案涉代持股法律关系依法成立和发生了法律效力，故不足为据。对此，无需赘论。

由上可见，根据对上述证据的逐一审查，没有一项可以作为案涉裁决认定该股权代持法律关系成立、有效的合法有效的证据，更不能奢谈据此而足以证明了。

二、关于是否实际形成案涉代持法律关系问题

这是本案需要厘清的第二个基本问题。

专家们指出，根据以上论证分析，得出结论，本案没有证据证明当事人签订了合法有效的代持股权合同，由此而形成了代持股权法律关系；但案中是否有确凿证据充分证明双方当事人有事实代持行为？

专家们认为，对此应主要从双方谁实际投入了案涉项目经营资金、谁实际履约参与了公司经营管理、谁应分得公司利润这三个方面来进行考察，结合全案证据对此得出判断结论。

（一）从投入资金情况来看

专家们指出，判断双方之间是否有实际代持行为，应当以委托方是否提供资金投入（包括注册资金投入和流动资金投入）为基本依据。

从注册资金来看，润某公司的注册资金是认缴 1000 万元，其中陈某某认缴 350 万元，占股 35%；而戴某某并没有认缴，也谈不到占股比例问题。那

么，戴某某是否以流动资金形式投入了润某公司所属众某公司房地产项目相应比例的资金呢？对此，专家们对戴某某提供的相关资金流水进行了逐一审查：

1. 戴某某证据四，银行流水证据（附件第347页）。专家们认为上述转出款即使来源于润某公司受让股权的对价款1000万元（附件第350页），也无法证明这些款项是用于了润某公司的项目经营

（1）第一笔，发生时间为2016年10月22日，金额200万元，而此时，润某公司还没有成立（其成立于2017年6月30日），众某公司股权亦未转让给润某公司，故该款项与投资润某公司项目无关。

（2）第二笔，没有证据证明是所付给众某公司的日常经营款；相反，戴某某提供的证据八收入一览表（附件第364页）显示该款项是转入了归某某的个人账户，而归某某本人则与众某公司和润某公司并无任何关联。

（3）第三笔，付款单位是某云公司而不是戴某某和戴某，故不能证明是戴某某所付润某公司的投资款或众某公司的经营款。

（4）第四笔，收款人是李某某，而李某某与润某公司和众某公司并无关联，故不能证明是戴某某对润某公司的投资款和众某公司的经营款。

（5）第五笔，付款人是谷某某，不是戴某某或戴某，故不能证明是戴某某所付润某公司的投资款和众某公司的经营款。

（6）第六笔，付款人是缪某某而不是戴某某或戴某，同样不能证明是戴某某所付润某公司的投资款和众某公司经营款。

综上，专家们认为上述流水证据证明该六笔证据，每一项都不能证明是戴某某所付润某公司的投资款和众某公司的经营款，其款项与戴某某的投资与经营案涉项目，在证据上没有任何关联。

2. 陈某某提出的书面证据、工商信息、《合作框架协议》、判决书及其他材料，足以证明陈某某是案涉实际投资人和实际股东

（1）股东（发起人）出资情况：陈某某认缴出资350万元（附件第16页）。《公司法》规定认缴出资人承担到期出资（正常）、加速出资（破产）和连带责任（转让后）等责任，这里不予赘述。

（2）案中《某某市某某区世贸布艺城地块合作框架协议》。该协议是案涉项目合作双方签订的合作经营该项目的权利义务关系的正式协议。其主体双方，甲方为陈某某，乙方为某云公司，即双方为合资公司润某公司的两个

股东，双方明确约定了在合作项目中的具体的权利义务关系，尤其是甲方陈某某对投资款项承担的重大责任和具体履行合同的重大义务等。签约人甲方是陈某某本身，而非作为戴某某的代理人。可见，该项目的投资建设和戴某某无关。

（3）陈某某庭后提交资金投入证据《2017 年 6 月 30 日以后陈某某个人向润某及众某公司资金投入和承担责任情况说明》内容如下：

其一，2017 年 11 月 16 日 200 万元、2018 年 5 月 16 日 300 万元用于推进双方共同项目进行。陈某某个人现欠某云公司借款本金 500 万元，利息 400 万元。见［2022］某 0108 民初 2239 号判决书（附件第 265 页第 1、2、7、8 行）。

其二，2017 年 7 月 24 日 800 万元、2018 年 5 月 26 日 300 万元，根据《合作框架协议》（附件第 284 页第 3 行），用于项目前期工作。陈某某个人现欠某云公司 1100 万元，见［2018］某 0110 民初 11343 号判决书（附件第 231 页第 19 行）。

其三，2018 年 2 月 6 日 1.5 亿元，用于项目地块西区拆迁和债务处理。陈某某个人实际欠某云公司借款 1.5 亿元，见［2018］某 0110 民初 11343 号判决书（附件第 230 页第 9、16 行）。

其四，2017 年 10 月 21 日至 2022 年 5 月 16 日，陆续投入项目资金 4.2626 亿元，陈某某现欠某云公司借款 4.2626 亿元，见［2022］某 0113 民调 6197 号案（附件第 268、269 页）。

其五，2021 年 12 月 15 日 3500 万元，用于项目地块拆迁债务处理等费用支付，陈某某个人欠款 3500 万元，见［2021］某 01 民终 10489 号判决书（附件第 236 页第 10 行）。

上述项目投资款约 6 亿元已全部用于该项目实际投入，该借款责任、偿还责任均由陈某某本人承担，有判决书为证。即，判决书认定上述责任由陈某某个人承担而与戴某某无涉。

综上，案中证据显示，戴某某从润某公司取得了 1000 万元股权转让款，但没有证据证明其资金用于了润某公司投资或该案涉项目的经营；相反，陈某某提供的证据足以证明，其向润某公司及房产项目投入的资金是根据《合作框架协议》向股东某云公司借款约 6 亿元，陈某某个人承担该项目经营约 6 亿元借款责任，有案涉判决书和诉讼材料确凿证明，其资金数额和资金用途清楚明确，至今无相反证据可予推翻。故专家们认为，陈某某作为润某公司的实际股东，认缴350万元，占股35%，不仅有该公司公示的公司登记、公司章程、公司股东名册等正式证明，而且有案涉《合作框架协议》合同直接证明，并且其在履行《合作框架协议》的过程中，还有生效判决确定的因承担该合同责任而承担案涉6亿多元借款的重大责任而进一步充分证明。

（二）从谁依约参与了公司经营管理情况来看

判断双方之间是否存在实际代持股关系，还应当看谁依约参与了公司经营管理。根据《股东授权委托书》，戴某某应当以名义股东陈某某的代理人的名义参与公司的经营管理；根据《合作框架协议》，陈某某应当以自身的名义参与公司经营管理。但没有证据证明戴某某以名义股东代理人的身份参与过案涉公司的任何经营管理。

1. 戴某某无法举证证明其参与了公司的经营管理

（1）戴某某没有证据证明其曾经到过润某公司和众某公司，没有证据证明其曾到过公司房地产项目所在地；更没有证据证明其参与公司登记、股东会会议等，案涉股东会决议，全部是陈某某签名，而不是由戴某某依约以陈某某代理人的名义签名。

（2）陈某某在执行异议之诉诉讼程序中向合议庭申请润某公司、某云公司负责人出庭未获法庭允许，而该负责人可以充分证明，戴某某从未参与过该公司的经营管理。

（3）戴某某所举证的证据《股东授权委托书》，显示戴某某承担润某公司和众某公司11项工作事项，但其没有举出任何证据证明曾参与完成其中的任何事项。

2. 陈某某任公司监事，全面参与了公司的经营管理

（1）杭州润某投资管理有限公司股东会决议，选举陈某某为公司监事，陈某某任监事至今，履行《公司法》第53条规定的职责。

（2）陈某某参与公司经营管理包括如下内容：参与股东会决议（附件第2页）；签署公司章程（附件第7页）；参与股东会决议（附件第8页）；参与股东会决议（附件第8页）；修改公司章程（附件第14页）；签订《合作框架协议》（附件第293页）等。

（3）履行《合作框架协议》中重要的拆迁工作；《合作框架协议》约定：

甲方（陈某某）债务纠纷、拆迁等有较深入的了解，有能力有资源推动地块的债务纠纷解决及后续拆迁的进行（附件第 280 页）；甲方应负责启动拆迁，并在法院和解执行裁定出具后 4 个月完成项目全部拆迁（附件第 285 页）。其中：①［2021］某 01 民终 10489 号判决书“甲方（陈某某）同意向乙方（张某）支付拆迁补偿款人民币总额 3500 万元”。（附件第 236 页）②［2021］某 01 民终 10489 号判决书“陈某某、众某公司和某云公司均认可张某为案涉项目地块的拆迁签约、债务处理、引进合作方等方面投入大量人力、物力，确认张某已完成协议书项下的全部工作，对欠付张某 1000 万元补偿款的事实均无异议，故张某诉请陈某某支付剩余补偿款 1000 万元，于法有据”（附件第 238 页）。

上述两项证据证明，陈某某负责拆迁工作，陈某某委托张某为其完成拆迁工作，陈某某为此向张某支付拆迁款 3500 万元。

综上，戴某某没有任何证据明其参与过公司的任何经营管理；而陈某某任公司监事，同时全面参与了公司的经营管理，全面负责组织管理公司房地产项目拆迁事宜。

（三）从公司应分配盈利情况来看

判断双方之间是否存在实际代持股关系，还可以从双方谁应获得公司赢利分配的情况来加以判断。

根据《公司法》第 4 条，公司股东依法享有资产收益权。赢利分配是发起设立公司的目的，得到赢利分配更是股东（某云公司）和润某公司对其股东身份的认可。

其一，戴某某没有任何证据其可获得公司收益或可获得受益预期。

其二，陈某某现在未获收益，但解封后即可获得相应收益。

（1）2019 年 12 月 18 日，某某公安冻结陈某某润某公司 35%股权；2020 年 11 月 13 日，众某公司股权被某某法院查封（附件第 166 页），在此之前房地产项目在推进和经营过程中，尚未实际产生利润，陈某某当然尚未得到利润分配。

（2）2019 年 12 月 18 日至现在，润某公司、众某公司股权被某某法院、某某公安重复查封，某某公安机关到润某公司、众某公司现场查封、警告，而润某公司房地产项目经营成功，可以分配到利润，但是因司法介入无法分配利润，也不敢分配利润。

（3）润某公司股东某云公司出借给陈某某约6亿元资金作为项目投入，说明其信任和认可陈某某；陈某某对张某拆迁付款得到众某公司的担保（附件第236页），说明信任和认可陈某某。某云公司和润某公司负责人多次表示只要公司解除查封就可向陈某某分配公司利润。

由上可见，无论从对公司的经营实际的投资情况，还是从对公司的实际经营管理情况以及对公司分配的可预期的实际情况，案中没有证据证明，戴某某是案涉公司的实际股东，与陈某某实际形成了股权代持法律关系；相反，有充分证据证明，陈某某不仅是该公司的显明股东，而且在实际上，也以股东身份对公司项目进行了6亿多元的投资，而且全面参与了公司的经营管理，具有合法有效的公司利润分红的预期，故其不是名义股东，而是实际股东。

综上，案中证据足以证明陈某某是案涉润某公司的35%股权的实际股东，而非戴某某的代持股东；案中不仅公示的润某公司材料不能证明戴某某是润某公司的实际股东，而且，其相关书证和投资银行流水亦完全不能证明其实际向润某公司和众某公司支付了投资款或项目经营款，故认定其为润某公司的实际股东，而陈某某仅是其股权代持人，在证据上不仅是证据不足，而且实质上是没有证据证明，依法完全不能成立。

第三部分　关于涉嫌刑事犯罪问题的专家法律意见

专家们指出，某某公安分局先后以涉嫌拒不执行法院判决裁定罪和虚假诉讼罪对陈某某进行立案侦查，其指控罪名均完全不能成立。

一、指控陈某某犯拒不执行法院判决裁定罪决不成立

案中材料显示，2019年12月11日，某某区刑警大队对陈某某以拒不执行法院判决裁定罪进行了讯问，并制作了讯问笔录。

最高人民法院《关于审理拒不执行判决、裁定刑事案件适用法律若干问题的解释》第1条规定："被执行人、协助执行义务人、担保人等负有执行义务的人对人民法院的判决、裁定有能力执行而拒不执行，情节严重的，应当依照刑法第三百一十三条的规定，以拒不执行判决、裁定罪处罚。"

该规定十分明确地规定了构成本罪的三个根本条件：其一，主体必须是对于法院判决裁定具有执行义务的人；其二，对于法院判决裁定有能力执行；

其三，拒不执行而且情节严重。三者必须同时具备。其基本前提是有法院生效判决裁定确定了犯罪主体负有的执行义务。但本案并没有生效判决裁定确定陈某某具有案涉执行义务。

本案确认陈某某对于生效判决裁定具有执行义务的前提是，要有生效判决裁定确定为，案涉被查封冻结的润某公司35%的股权是陈某某代持的股权。但案中没有任何证据证明，有生效判决裁定为，案涉被查封冻结的润某公司35%的股权是陈某某代持的股权。相反，案中证据显示，对于案涉润某公司35%的股权的被查封冻结，陈某某提出了执行异议，并于2022年2月8日提出了执行异议之诉，主张该股权是本人所有而非代持，但至今法院还并没有作出判决裁定确定案涉股权是其代持，更谈不上是有发生法律效力的判决裁定确定了该股权是其代持了。既然没有生效判决裁定确定案涉股权是陈某某代持，那么就没有任何生效判决裁定确定了陈某某对案涉生效判决具有执行义务，指控其涉嫌拒不执行法院判决裁定罪，就没有任何事实和法律依据，故依法不能成立。

二、指控陈某某涉嫌虚假诉讼罪决不成立

案中材料显示，2022年5月31日，某某公安分局以陈某某涉嫌虚假诉讼罪对其拘留30日。

我国《刑法》第307条之一规定：虚假诉讼罪是以捏造的事实提起民事诉讼，妨害司法秩序或者严重侵害他人合法权益的行为。

最高人民法院、最高人民检察院《关于办理虚假诉讼刑事案件适用法律若干问题的解释》第1条规定为："采取伪造证据、虚假陈述等手段，实施下列行为之一，捏造民事法律关系，虚构民事纠纷，向人民法院提起民事诉讼的，应当认定为刑法第三百零七条之一第一款规定的'以捏造的事实提起民事诉讼'：（一）与夫妻一方恶意串通，捏造夫妻共同债务的；（二）与他人恶意串通，捏造债权债务关系和以物抵债协议的；（三）与公司、企业的法定代表人、董事、监事、经理或者其他管理人员恶意串通，捏造公司、企业债务或者担保义务的；（四）捏造知识产权侵权关系或者不正当竞争关系的；（五）在破产案件审理过程中申报捏造的债权的；（六）与被执行人恶意串通，捏造债权或者对查封、扣押、冻结财产的优先权、担保物权的；（七）单方或者与他人恶意串通，捏造身份、合同、侵权、继承等民事法律关系的其他行为。隐

瞒债务已经全部清偿的事实，向人民法院提起民事诉讼，要求他人履行债务的，以‘以捏造的事实提起民事诉讼’论。向人民法院申请执行基于捏造的事实作出的仲裁裁决、公证债权文书，或者在民事执行过程中以捏造的事实对执行标的提出异议、申请参与执行财产分配的，属于刑法第三百零七条之一第一款规定的‘以捏造的事实提起民事诉讼’。”

根据以上规定，专家们指出，陈某某参与本案所提出的执行异议和执行异议之诉，只是依法维护自己合法权益的行为。案中没有任何确凿的证据证明，其是“以捏造的事实提起民事诉讼”；案中也没有任何证据证明，陈某某是伪造了哪些证据，捏造了哪些事实，也没有任何证据证明案中有任何以上司法解释规定的“以捏造的事实提起民事诉讼”论的法定情形之一。故，认定陈某某涉嫌虚假诉讼罪追究其刑事责任，没有任何证据以及事实根据和法律依据，依法决不成立。

综上，专家们认为，案涉公安机关立案侦查陈某某的两个罪名，明显不能成立，建议该公安机关应当尽快解除对陈某某的强制措施，依法撤销案件；如该案已经移送起诉，检察机关应当依法作出不起诉决定。

第四部分　关于案涉法院以执行标的异议替代执行行为异议，以抢夺案涉执行标的权属管辖权，以及案涉刑、民交叉中问题的专家论证法律意见

一、关于案涉法院混淆两种执行异议界限，抢夺执行标的权属管辖权问题

（一）对两种执行异议不应相互混淆、相互替代

专家们指出，根据《民事诉讼法》第 232 条和第 234 条，其所规定的执行异议所针对的对象不同，第 232 条可称为对执行行为的异议，第 234 条可称为对执行标的的异议。

执行行为异议，其核心是异议人认为其合法权益受到人民法院违法执行行为的侵害，从而提起的执行异议。最高人民法院《关于人民法院办理执行异议和复议案件若干问题的规定》（2020 年修正）（本文以下简称《执行异议复议规定》）第 5 条列举了构成执行行为异议的事由，包括：认为人民法院的执行行为违法，妨碍其轮候查封、扣押、冻结的债权受偿的；认为人民法院的拍卖措施违法，妨碍其参与公平竞价的；认为人民法院的拍卖、变卖或

者以物抵债措施违法，侵害其对执行标的的优先购买权的；认为人民法院要求协助执行的事项超出其协助范围或者违反法律规定的；认为其他合法权益受到人民法院违法执行行为侵害的情形。总之是异议人是对法院执行行为的异议。

而执行标的异议，其核心则是案外人认为法院对于执行标的所有权属的裁决侵害了自己的所有权，或者有其他足以阻止执行标的转让、交付的实体权利提出排除执行的异议。其异议的法定事由或者依据是案外人主张对执行标的享有所有权，或者有其他足以排除强制执行的实体权利，包括物权、债权、期待权、股权等实体权利都可以成为异议的依据。总之是对法院执行裁定的标的权属的异议。

作为人民法院对于执行异议的受理问题，应当首先明确：提出的异议是执行行为异议还是执行标的异议。二者界限分明，而决不应随意混淆和相互替代，否则就会导致滥用法律而侵害异议人的合法权益，而应予依法纠正。

（二）案涉相关法院裁定以执行标的异议违法替代了实际上的执行行为异议

（1）根据案中证据显示，2021 年 2 月，陈某某得知润某公司 35%股权被查封冻结，某某法院查封冻结润某公司股权的证据为：2019 年 12 月 11 日某某公安分局制作的陈某某讯问笔录中一句话“我（陈某某）持有的润某公司股权都是戴某某的”。

陈某某作为利害关系人，对于某某法院查封冻结润某公司 35%的股权的行为申请执行异议，认为该执行行为违法，侵害了自己的合法权益。该执行异议，明显对于执行查封冻结该股权的行为违法提出的执行异议，明显是属于执行行为异议，是《执行异议复议规定》所明确的对执行中的“查封、扣押、冻结”的行为的违法提出的异议，其否定相关讯问笔录的证据能力，也属于对执行行为根据的证据所提出的异议，因而所提出的异议，完全是执行行为异议，而非属于执行标的异议，故应适用《民事诉讼法》第 232 条的规定。

（2）2021 年 5 月 13 日，温州市某某区人民法院作出［2021］某 0302 执异 145 号执行裁定书（附件 4）。裁定内容为：“本院认定陈某某系代戴某某持有杭州润某投资管理有限公司投资额为 350 万元的股权证据不足，对此进行冻结不妥，本院予以纠正。”该裁定明显是依照《民事诉讼法》第 232 条和《执行异议复议规定》的规定，按照执行行为异议，即冻结行为的合法性，进行了裁决，并得出了其冻结该股权行为不妥、依法予以纠正的裁决结论，是完全正确的。

（3）2021 年 5 月 25 日，谢某某对［2021］某 0302 执异 145 号执行裁定申请复议。2021 年 9 月 13 日，温州市中级人民法院作出［2021］浙 03 执复 134 号执行裁定书（附件 5）。裁定内容："本院认为陈某某提出的异议请求，是基于实名股权而主张的实体权利。根据《最高人民法院关于人民法院办理执行异议和复议案件若干问题的规定》第八条……依照民事诉讼法第二百二十七条规定进行审查。发回某某区人民法院重新作出裁定。"

该裁定认定，本案是"执行过程中，案外人对执行标的提出书面异议"，因而可适用《民事诉讼法》第 227 条的规定，是将案涉执行的执行行为异议混淆为执行标的异议，从而导致其适用法律的根本性错误。

专家们指出，该裁定之所以错误，就在于对于陈某某的执行异议原先曾正确裁定为执行行为异议，却人为错误地替代为执行标的异议。其中的关键在于陈某某的执行异议是直接指向法院查封冻结股权的行为，即认为是其执行行为违法，而非是法院执行裁定确定的标的即股权的权属违法。

对此可以从以下两个方面来审查说明：

其一，从所涉法院执行裁定的内容来看：案涉执行的裁定是查封冻结案涉股权的裁定，该裁定的性质为执行行为裁定，而非对执行标的权属的裁定；亦即，案涉裁定是对案涉标的查封冻结行为的裁定，而非对该股权标的权属所作出的实体性裁定。关键是该裁定虽然是要查封冻结案涉股权标的，但却并不是对该股权标的的权属，作出实体性裁定结论。所以，该裁定属于执行程序性、行为性裁定，而非对查封冻结标的的权属所作出的实体性的归属裁定，而且如果是真的作出了这样的实体性裁定，那也是非法无效的，此不待论。

其二，既然该裁定仅是执行程序性、行为性裁定，而非实体性、权属性裁定，那么陈某某的执行异议也就必然属于针对该执行程序性、行为性裁决的异议，而不可能是针对该查封冻结的股权标的的实体性裁定的异议；进而言之，本案所涉法院至今也并不存在一个对该股权标的权属的执行裁定，那么陈某某何来一个对并不存在的对执行标的权属裁定而提出异议呢？案中即使是陈某某对执行标的提出了归自己所属的证据，但那也只是为了证明执行裁定的查封冻结行为，没有确凿根据，该行为是违法的；而决非是对抗一个并不存在的法院对股权标的权属的裁定，决不是在主张自己对该股权标的的实体权利。故该院裁定认为，本案执行异议是“案外人对执行标的主张权利”，而不是对该标的查封冻结的行为提出异议，即是属于执行标的异议，而非执行行为异议，是应适用《民事诉讼法》第234条、第227条的规定，而不是适用该法第232条规定，是将该案执行行为异议故意混淆为执行标的异议，从而导致了适用法律的根本性错误。

（三）案涉法院的对于执行异议性质的替代行为，目的在于抢夺案涉股权实体管辖权

（1）本案温州中院发回重裁后，2021年12月17日，某某法院彻底改变了原裁定对执行异议的正确的定性，将案涉执行异议定性错误地替代为执行标的异议，并由此而出具了［2021］某0302执异861号执行裁定书（附件10）。裁定内容为：驳回陈某某异议请求（维持冻结），不服裁定可向中院复议。陈某某向某某法院递交了复议申请，37日后，某某法院又出具［2021］某0302执异861号执行裁定书（附件11）。裁定内容：将“如不服本裁定，可以向中院申请复议”补正为“如不服本裁定，十五日内向本院提起诉讼”。这样，该院就将案涉股权权属的实体诉讼管辖权，掌控在自己的管辖之中。

（2）案涉实体权属之诉：

其一，2021年9月9日，戴某某曾诉陈某某合同纠纷［2021］某0102民初7207号，杭州市某某区人民法院立案审理（附件8）。此案即戴某某诉陈某某润某公司35%股权代持纠纷。某某区法院通知2021年11月3日开庭审理（附件9），戴某某于2021年11月2日撤诉。

其二，2022年1月，陈某某诉润某公司、戴某某确认润某公司35%股权确认一案杭州市临平区人民法院立案审理，2022年4月12日作出［2022］某0113民初1194号民事裁定书（附件12），裁定内容：以润某公司股权被某某法院执行程序查封冻结为由驳回陈某某诉求，杭州中级人民法院维持。

至此，陈某某、戴某某股权代持一案执行和实体审理的管辖权已被某某法院牢牢掌控在手中。

专家们指出，案中明明显然是执行行为异议，为什么一定要违法搞成执行标的异议？明明是应当适用《民事诉讼法》第232条规定，为什么一定要适用《民事诉讼法》第234条的规定？明明是应当裁定案涉执行行为，即查

封冻结行为是否违法，应当予以撤销；而案涉实体问题，即案涉股权标的的归属问题，应当通过当事人提起案涉股权归属的确认之诉来解决，为什么一定要把它违法纳入案涉法院执行异议之诉的法院掌控之下呢？专家们认为，对此是值得深思的。

二、刑事程序和民事程序是两个独立的程序不应相互配合和相互干涉

根据如上所论，案涉公安机关立案侦查的陈某某拒不执行判决裁定罪和虚假诉讼罪，两个罪名均依法不能成立，案涉的“讯问笔录”并不具有证据能力，对此不予赘述。

但，案中先是由某某法院将民事程序中的不实的相关情况移送某某公安分局进行刑事追诉，并委托其对陈某某进行“讯问”和对《代持股协议》进行司法鉴定，目的是让其为某某法院民事程序提供陈某某承认案涉股权为其代持股权的口供和《代持股协议》等为真实有效的证据。

后是由温州中院通过裁定和某某法院通过861号执行裁定书将执行行为异议，错误地作为执行标的异议和异议之诉。其目的是，一方面将案涉执行标的股权，违法确定为陈某某代持股权，以便达到违法确定股权归属，以确认陈某某的执行异议和异议之诉均不成立，而“依法”驳回其异议和异议之诉的诉请目的；另一方面又可为某某公安分局提供其拒不执行法院判决裁定的股权权属和有执行义务的依据。这种通过进行中的刑、民程序，相互交替地寻求由对方为自己提供裁判和侦查依据的做法，在现实中是十分罕见的，也是依法决不容许的：对于相关法院来说，是涉嫌求助公安机关插手民事裁判，而对于相关公安机关来说，则明显是属于插手民事纠纷，二者都是中央三令五申明令禁止的行为。

至于案中反映案涉的有关机关、人员应当严格执行法律问题，关于某某公安分局是否在插手经济纠纷中有违法乱纪问题，某某法院有关人员是否有对执行异议人打击报复等问题，专家们认为，这是应当由当地有关纪检部门审查办理的问题，不属于本案专家论证的范围，专家们对此不发表任何意见。

以上意见仅供参考。

【瞽言刍议】

本案是一起重大疑难的民刑交叉案件，本案既涉及民事实体和程序、证

据问题，又涉及刑事实体和程序、证据问题，还涉及民刑相互干预问题。专家们指出，实质是民事求助刑事插手协助问题。抓住民事违法这个纲，本案就可以顺利解决这一复杂问题。本案论证的一大亮点是对民事合同的真实性和有效性的论证，其中对证据的效力和合同的附条件生效的合同性质的论证，可以说是切中要害的。

本案论证意见，主要可供对执行异议、执行异议之诉纠纷案件分析研究参考。

48. 某某众合公司资产拍卖行政处罚纠纷案

【论证要旨】

本案的重大行政处罚决定，事实不清、证据不足，依法应予撤销。

【案涉简况】

论证委托单位：某某越秀房地产开发投资有限公司（以下简称“越秀公司”）。

论证受托单位：中国政法大学法律应用研究中心。

论证专家：中国政法大学、中国人民大学法学院三名行政法学专家。

论证事项：某某州工商行政管理局（以下简称“某某工商局”）作出的德工商处字［2014］第08号行政处罚决定（以下简称“本案处罚决定”）是否应当依法予以撤销。

论证所依据的事实材料：

1. 某某工商局作出的德工商处字［2014］第08号行政处罚决定书；
2. 某某工商局所提供的行政处罚决定依据的全部证据卷宗材料；
3. 某某州越秀房地产开发投资有限公司的行政复议申请书；
4. 云南省工商行政管理局行政复议决定书（云）工复字［2015］1号；
5. 某某越秀房地产开发投资有限公司专家论证申请书；
6. 其他相关事实材料。

以上材料均为复印件，委托人对上述事实材料的可靠性及来源的合法性负责。

【专家意见】

中国政法大学法律应用研究中心接受越秀公司委托，就某某工商局作出的德工商处字［2014］第08号行政处罚决定是否应当依法撤销问题，于2015年4月11日在京召开了专家论证会，与会论证专家仔细审阅了本案的事实材料，就案中的一些关键性问题，询问了案件承办律师，经认真研究讨论，形成如下一致意见，即涉案处罚决定，事实不清、证据不足，依法应予撤销。具体意见和理由如下：

一、本案处罚决定系重大处罚决定，应达到但未达到对处罚所依据的主要事实有较高的证明要求和标准

（一）涉案处罚决定系重大处罚决定

涉案拍卖标的是某某州委州政府相关领导小组委托拍卖的南疆宾馆及办公区，其拍卖成交额分别达到5280万元和1464万元，共达6744万元，其处罚决定不仅宣告拍卖无效，而且对竞买人越秀公司罚款741.84万元，对另一竞买人云南省仁慧某某投资有限公司（以下简称“仁慧公司”）罚款337.2万元，共罚款1079.04万元。此外，该处罚决定还涉及两公司所交竞买保证金的处理问题，并且更严重的是还涉及两公司的资信评级和今后参加竞买活动的资格认定问题。为此，专家们认为，这一处罚决定无论对于越秀公司还是对于仁慧公司都是十分严厉的重大处罚决定，涉及两公司重大的合法权益，因此应当慎重作出，在事实认定、证明要求上应要有更为严格的要求，需达到较高的证明要求和标准。

（二）本案处罚决定没有达到相应的证明要求和标准

我国行政法对行政处罚的证明要求和证明标准总的要求和规定，是要达到事实清楚、证据确凿。虽然在行政法律层面没有更为细化的要求和标准，但在行政法理尤其是行政证据法理层面，学界是有共识的，即要求达到高度的盖然性。在我国，民事案件要求达到明显优势（有称亦为高度盖然性）的证明要求和标准，而刑事案件则要求达到案件事实清楚、证据确实充分，排除一切合理怀疑的证明要求和标准；而行政诉讼的证明要求和标准则要高于民事诉讼，虽低于刑事诉讼但更接近于刑事诉讼。因此，行政处罚案件的证明起码应做到主要案件事实清楚、证据确凿，无重大合理怀疑。但本案处罚决定所依据的事实存在其他可能性，其相关证据存在重要合理怀疑，案中没有证据能足以排除这些其他可能性和重要合理怀疑，故不能认为，本案处罚决定达到了行政处罚所应达到的证明要求和标准。

二、仁慧公司的举报和相关陈述及证言存在不实的重大的可能性和重要合理怀疑而没有得到排除

（一）仁慧公司及其相关人员与案件有重大利害关系，从而存在导致其举报和证明不实的重大可能性和重要合理怀疑

1. 仁慧公司与案件有重大利害关系

仁慧公司作为本次拍卖会的竞买人因竞买标的①南疆宾馆，与另一竞买人发生了重大的激烈的利害冲突。二者均强烈希望自己能竞买到标的①。案中录音资料显示，仁慧公司代理人“李董”多次声称：“这块地我们看中的是临街”，“做地产的人嘛”，“这个大家都知道……难道我们会傻到放弃第一块去拍第二块”。仁慧公司法定代表人李某说得更清楚：“我们既然可以拿出（资金）同样的来参与这个项目的竞争，来作为这个项目的开发……就不要去玩这个什么几百万一两百万这种事实……不然的话我们就重来一回试试。”并且还说：“这个地最低的价格，6500万元我们都有很高的利润。”由于仁慧公司很看重竞买涉案拍卖标的①，大有势在必得的意图，但实际上因种种原因却没有竞买到拍卖标的①，就极有可能为达此目的而举报越秀公司“串拍”，以便达到取消本次拍卖结果，而“重来一回试试”的目的。从仁慧公司举报结果来看，果然达到了其举报被本案行政决定宣布拍卖无效的效果，为此其宁可冒对自身罚款337.2万元的风险。也就是说，本案处罚决定虽然使其受到了几百万元的罚款损失，但却可以给其带来宣告本次拍卖无效的更大的利益，其背后隐藏的只能是在今后重新拍卖该标的物时，以直接、间接的身份，对该标的物势在必得的利益。这种怀疑不是无根据的猜测，而是有根据的合理怀疑。由于仁慧公司具有这种动机、目的，其举报事实、陈述、证言证据，因这种重大利害关系，就难免有夸大甚至捏造事实之重大嫌疑。

2. 仁慧公司相关人员有为报复越秀公司而举报、证明不实的重大可能和重要合理怀疑

案中《谈话录音》证据显示，“李董”在较短的“谈话”中有六次提到越秀公司“杨总”对她进行“威胁”，对其人身安全构成威胁，并反复说“我真的很生气”并扬言说：“不要把女人惹急了，惹急了女人报复起来也是恐怖得很的一桩事情。”并且说：“但是如果想叫我们拍拍屁股就走掉，我们永远都会成敌人。”

出于这种强烈的报复心理，仁慧公司及其相关人员的举报、证明就很难做到实事求是，而很可能夸大甚至捏造相关事实，因而存在严重不实的重大可能性与重要合理怀疑。

（二）仁慧公司及其相关人员的举报和证明的主要事实其重大不实的可能性和重要合理怀疑相关证据不能排除

本案处罚决定书认定的基本事实是：越秀公司对仁慧公司拍卖前有三次“劝退”行为，并提出分别按80%和20%的股权比例合作开发的议案，因与仁慧公司代理人李某某提出的70%和30%的占股比例不同，双方未达成一致意见；在拍卖中“当仁慧公司举了第三次牌竞价到5260万元时，杨某某回头与李某某说：搞什么还要举牌，同意你们按照70%、30%比例合作开发，仁慧公司遂停止举牌竞价，双方达成了串通协议，即：约定南疆宾馆的买受人为越秀公司，办公区的买受人为仁慧公司，竞买后双方按越秀公司占70%、仁慧公司占30%的股权比例合作开发；南疆宾馆由越秀公司以5280万元价格竞买；在办公区竞拍前，杨某某与李某某交谈，说已通知越秀公司不举牌参加办公区的竞买，由仁慧公司举牌，在办公区的竞拍中（起价1164万元），越秀公司自始至终未举牌应价，当仁慧公司与2号竞买人周某某竞价激烈时，杨某某转身与李某某说：“他要是认得我来举，就不敢再举了，如果我来举，他就认得是我们合作的，说完后直接替仁慧公司举牌竞价，并说‘举到停为止’，最终办公区由仁慧公司以1464万元竞买”。

本案处罚决定书所认定的主要事实为：①双方在拍卖前发生过三次劝退行为；②双方在拍卖前围绕着“八二”开还是“七三”开的合作问题有协商未果的事实；③拍卖中双方达成了按“七三”开合作协议和对办公区竞买“举到停为止”的合意。以上主要事实均依据仁慧公司举报材料、其当事人陈述及其工作人员的证言加以证明；而被举报方越秀公司当事人陈述及证人证言却对此均予以否认；案中其他证据包括会上录像资料、会后录音资料及与案件无利害关系的证人证言，只能印证双方在会前有过接触、会中有过双方交谈、杨某某给仁慧公司举牌的事实，但双方交谈内容、是否有劝退交谈内容、是否有交谈协议内容、会中是否达成了“串通协议”，却完全不能证明。可见，在此种情况之下，处罚决定所认定的主要事实，仅靠仁慧公司举报材料、其当事人陈述及其证人单方言词证据的片面证明，而其言词证据又具有重大的不实的可能性和重要的合理怀疑不能排除，因而其证明显然未达到事实清楚、证据确凿的证明要求和标准，其所认定的事实不能形成完整的证据链条，因而不能成立。

三、案中的录音资料不能印证案中的主要事实，更不能排除举报方举报、证明的重大不实的可能性和重要的合理怀疑

（一）该录音资料具有诱导性取证的明显特征

该特征表现在如下几个方面：

1. 举报方主动约被举报方谈话所取得的录音资料

从录音的谈话内容中反映，李某说：“我反复发了三个信息，都不回，打电话也不回”；“李董”说：“而且我打电话，晚上无论如何见一面，你们也没有任何反应”。可见是举报方主动再三约被举报方来谈话，并进行录音的。

2. 约谈录音的目的不是商量“合作”事宜，而是为了给举报提供证据

谈话中“李董”说：“这个事情也发生了这么多，现在我相信你们没有合作的意向，我也没有合作的意向，这个是肯定的，因为什么呢？大家再合作已经失去了相互信任的基础，可能你们不信任，我也不信任你们。”既然明知双方互不信任，双方都没有合作的意向，那么为什么要三番五次地一定要约被举报人谈话并录音呢？合理的解释只能是一个，即“醉翁之意不在酒”，谈话不是为了协商合作，而是为了获取举报所需录音证据，以便将其举报事实用录音的形式，将对方承认的谈话录下来，此外别无其他解释。

3. 谈话中“李董”、李某进行了反复诱导

其表现为：

（1）“李董”、李某在谈话中反复说了六次“杨总”对他们进行威胁，对其人身安全构成威胁，其目的显然是获得“小杨”以某种形式的承认，起码是默认，以便其举报事实得到被举报人的“口供”证实。

（2）“李董”坚持说“杨总”“接着来一个保证，说如果你放弃这个给我，我给你300万元”“后来他又说，我们一起做，谈股份”“杨总说如果我们放弃，就和我们一起合作”。李某说：“三轮、三轮，在杨总说这话之后，我们就说好嘛，就得了。在第二次拍卖过程中拿着我们的牌。”

（3）明明知道双方已无互信基础，但“李董”却三次提出让越秀公司给“议价300万元”以让其接盘，其用意很大可能也是让对方认可而制造举报所需证据。

（二）该录音资料并没有印证举报方举证事实的真实性

作为被举报方的谈话者为其公司法定代表人杨某某的亲属杨永某，他并未与杨某某同时参加与对方谈话，在该录音谈话中他对于对方“李董”、李某所说“杨总”威胁他们、承诺给他们300万元、“一起合作”、“谈股份”，反复说“这些和我说，我不清楚”，共说“这我不清楚”有8次之多，最后一次说：“你上面讲的这些，我也不了解情况，我也不清楚。”可见，谈话中举报方所说的有关事实，也只是自说自话，并没有在对方的谈话中得到认可或印证。

（三）录像资料不能印证举报方举证事实的真实性

现场录像资料由于录音效果很差，根本听不到双方交谈的内容。虽然从录像上看双方确有交谈情况和杨某某某为对方举牌情况，但并不能证明通过交谈“双方达成串通协议”，更不能证明双方所达成“协议”按70%、30%分配合作股权的内容。

（四）越秀公司相关人员的陈述和证言，否认双方有串通协议的“串标”事实

（1）经查，某某工商局对杨某某的询问笔录，对涉及其“劝退”仁慧公司、会前与仁慧公司达成共同开发协议、在会中双方交谈“协议”内容一概予以否认，并辩解是对方请他帮她举牌，并认可其举牌效力。

（2）某某工商局对杨某某的询问笔录申明不了解对方与杨某某交流内容，申明其应对方约谈，其内容与“串标”无关，并明确否认其有劝退对方参加竞买的行为。

（3）某某工商局对杨曙某、李嘉某、王某某、陈某某的询问笔录显示，他们均表示双方“串标”事实不清楚、不认可。

由此可见，某某工商局对被举报方的9份询问笔录，没有一份对举报方所举报的任何“串标”事实有任何认可，均否定有所谓“串标”事实。

此外，其他与案件纠纷无利害关系的证人证言，均不能证实所举报事实，更不能排除举报事实不实的可能性与合理怀疑。

综上所述，综合审查判断全案证据，从客观公正的角度可以得出，也只能得出如下结论：①双方在拍卖会前确实曾有过接触，接触交流有涉及竞拍方面的内容；②在拍卖会中双方有过交谈和替代举牌行为；③关于双方会前有商谈“合作协议”，会中有形成“串通协议”并按“协议”“串标”事实，

仅有举报方的陈述、证言证明，而被举报方的陈述、证言均予以否认，而案中的实物证据录音、录像资料，对双方“串标”事实内容并不能加以印证。鉴于举报方及其相关人员与案件有重大利害关系，其举报、陈述、证言有重大的不实的可能性和重要合理解释，案中没有确凿的证据能予以排除，因而仅据此不足以认定双方确有“串标”事实，故涉案行政处罚决定认定的主要事实不清、证据不足，依法不能成立。

四、本案在行政程序上存在重要瑕疵

（1）在行政处罚决定程序中，应将本次拍卖委托方和受托方列为第三人，因为他们也与本案拍卖有效、无效认定及处罚决定有直接利害关系。但该处罚决定却未将他们列为第三人，因而是侵害并剥夺了其在行政决定程序中的申辩权利。

（2）在涉案行政复议程序中，应将仁慧公司列为行政处罚决定程序中的当事人，在该程序中认真听取其对行政处罚决定的意见，以维护其在该程序中的程序权利、实体权利，并有助于进一步查明案件真相，但该权利因其未被列为复议程序中的当事人而被完全剥夺。

五、对本案应当如何处理

（一）程序处理

鉴于本案属于重大的行政处罚决定纠纷，在全省、全地区有重大影响，且当地政府及司法机关与案件有相当的利害关系，故建议本案应依法提交云南省高级人民法院作为行政诉讼一审立案或指定其他中级人民法院审理提起的行政诉讼案件。

（二）实体处理

鉴于本案行政处罚决定所认定的处罚事实属于主要事实不清、证据不足，故绝不宜在行政诉讼中作出维持原处罚决定的裁判，应依法撤销原处罚决定；又鉴于案件证据显示，双方拍卖会前确有交流涉案竞买事宜，拍卖会中确有双方交谈并代为举牌的违反拍卖会纪律的事实，双方虽不能被认定确有“串标”的事实，但确有“串标”的重大嫌疑，故建议在行政诉讼程序中，由审理法院主持当事人各方协调解决涉案拍卖的效力及相关违纪的处理问题。

以上意见供参考。

【瞽言刍议】

本案论证的行政处罚案件，主要是从行政处罚决定是否达到相应的证明要求和标准的角度，对案件中的主要证据的证明效力进行了认真审查判断，得出了案涉处罚决定其主要事实不清，证据不足，不能排除重大合理怀疑，依法不能成立、应予撤销的论证结论。

本案论证对行政诉讼中审查判断证据是否达到证明要求和标准，具有参考意义。

49. 周某某撤销《赠与协议》确认《股东转让出资协议》与《股权转让协议》无效案

【论证要旨】

其一，《赠与协议》是一份附撤销条件的协议，当事人周某某行使撤销权的条件已经成就，其对于《赠与协议》依法享有撤销权；

其二，“两协议”系无效协议，当事人周某某对其依法享有请求法院确认合同无效权利。

【案涉简况】

委托论证单位：北京某某律师事务所。

受托论证单位：中国政法大学法律应用研究中心。

论证事项：案涉《赠与协议》《股以转让协议》的有效性及其撤销权、确认合同无效问题。

论证专家：中国政法大学、中国人民大学法学院等三名民事法学权威专家教授。

论证所依据的事实材料：

（一）《赠与协议》部分

1. 民事起诉状；

2. 变更民事起诉状；

3. 管辖异议申请书（周俊某、冯某某）；

4. 陕西省西安市中级人民法院［2015］西中民一初字第000××-1号民事裁定；

5. 管辖权异议上诉状（冯某某、周俊某）；

6.《赠与协议》;
7. ［2014］西雁证民字第7××号公证书;
8.《西安市雁塔区公证处询问笔录》;
9. 西安新旭邦投资有限公司工商登记基本信息;
10. 授权委托书;
11. 情况说明。

（二）《股权转让协议》部分

1. 民事起诉状;
2. 诉讼保全申请书（西安新旭邦持有的银川旭邦100%股权）;
3. 陕西省西安市中级人民法院［2015］西中民四初字第000××号民事裁定书;
4. 诉讼保全申请书（北京北方公司持有的西安新旭邦96.18%股权）;
5. 陕西省中级人民法院［2015］西中民四初字第000××-2号民事裁定书;
6. 管辖权异议申请书（冯某某、北京北方公司）;
7. 陕西省西安市中级人民法院［2015］西中民四初字第00007-1号民事裁定书;
8. 管辖权异议上诉状（北京北方公司、冯某某）;
9. 陕西省高级人民法院［2015］陕立民终字第000××号民事裁定书;
10. 起诉状补充的事实和理由;
11. 一审庭审代理词;
12. 陕西省西安市中级人民法院［2015］西中民四初字第000××-3号民事裁定书;
13. 民事上诉状;
14. 陕西省高级人民法院［2016］陕民初5××号民事裁定书;
15. 西安市碑林区人民法院［2014］碑民初字第044××号民事裁定书;
16. 西安新旭邦投资有限公司工商登记基本信息;
17. 银川东方旭邦科教信息技术有限公司工商登记企业信息;
18. 银川东方旭邦科教信息技术有限公司企业变更信息;
19. 西安新旭邦投资有限公司股权变更工商登记信息;
20.《股权转让协议》;
21. 税收缴款书;

22. 《赠与协议》；

23. ［2014］西雁证民字第7××号公证书；

24. 授权委托书；

25. 情况说明；

26. 庭审笔录；

27. 张大某证人证言；

28. 刘苑某证人证言；

29. 张惠某证人证言；

30. 邢某某证人证言；

31. 刘凯某师证人证言；

32. 周中某证人证言；

33. 西安新旭邦投资有限公司复核评估报告书摘要陕兴评核字［2016］第0××号；

34. 银川东方旭邦科教信息技术有限公司净资产价值评估报告摘要海峡评报字［2015］第××号；

35. 北京北方投资集团有限公司拟了解西安新旭邦投资有限公司净资产价值评估报告摘要海峡评报字［2014］第××号；

36. 银川东方旭邦科教信息技术有限公司复核评估报告摘要陕兴评核字［2016］第0××号。

以上事实材料均为复印件，委托单位对上述事实材料的真实性和来源的合法性负责。

【专家意见】

中国政法大学法律应用研究中心接受委托，对案件论证问题，召开了专家论证会，在京三名专家出席了会议。会前专家们详细审阅了论证所依据的事实材料，会上专家们对相对事实、法律问题进行了认真核实、研究、讨论，形成了一致的法律意见，现具体论证如下：

一、《赠与协议》是一份附撤销条件的协议

《合同法》第45条、第46条规定：当事人对合同的效力可以约定附生效条件期限条件和解除条件等。

本案《赠与协议》第 3 条、第 4 条、第 5 条分别附设相应条件：

（一）其第 3 条附设了办理过户的期限条件即“不超过八年”

经了解，《赠与协议》原电子版设定的过户期限为签订协议“八年后”，而在公证时，经公证员提出“八年后”时间太长，然后才改为“不超过八年”。但其基本含义为该《赠与协议》并不要在短时间内履行并过户。其原因在于“丙方在管理公司或资产方面的经验不足”，短时间不过户由家长来管理，可以保障丙方的权益。

（二）其第 5 条附设了赠与撤销条件，即在标的权益“存在不能”为丙方单独享有的风险条件下，赠与方可以解除而要求撤销赠与，返还股权

其第 5 条约定：“本协议生效后，标的财产及标的财产有关的权利和利益，应由丙方单独享有。丙方现有或将来的亲属（包括但不限于丙方的父母、配偶、子女或其他亲属）不得享有标的财产及财产的收益。如甲方认为丙方的任何亲属享有了标的财产及财产的收益，或者甲方认为标的财产及财产的收益在事实上或法律上存在不能为丙方单独享有的风险，甲方有权要求丙方应立即将受赠财产（股权）无偿返还给甲方。”

专家们认为，这一条中的“甲方”应当解释为即其所享撤销权的，也包含“乙方”。理由是：

其一，案涉《公证书》证明案涉股权即“上述股权的财产收益为冯某某、周某某的夫妻共有财产”。本案所涉股东权益，经查，属于夫妻共同共有，我国《婚姻法》第 17 条第 2 款规定：“夫妻对共同所有的财产，有平等的处理权。”夫妻双方出卖、赠与属于夫妻共有的财产，应取得一致的意见。而《物权法》第 95 条规定：“共同共有人对共有的不动产或者动产共同享有所有权。”在共同共有中，各共有人平等地对共有物享受权利和承担义务。

据此，在上述赠与协议中，甲方（妻）享有的权利，应视为是乙方（夫）与甲方（妻）平等享有的权利。

其二，从《赠与协议》主体来看，因赠与标的为甲、乙双方共同所有，因此赠与方主体为甲、乙双方，而受赠方为丙方。甲、乙双方对《赠与协议》平等地、共同地享有权利和承担义务。

其三，从赠与与解除撤销赠与的实体权利归属看，赠与的是夫妻共有财产，而解除撤销赠与协议返还财产的权益也仍归属于夫妻双方共有。

其四，从行使解除撤销权来看，甲方（妻）享有附条件要求丙方返还赠

与财产的撤销权利，乙方（夫）亦当然平等享有附条件的撤销权，要求返还赠与财产权利。

可见，根据上述事实与理由，（乙方）周某某与（甲方）冯某某对案涉《赠与协议》享有平等权利，承担平等义务。周某某（甲方）享有附条件的撤销权要求丙方（女儿）返还所赠与财产权，即对《赠与协议》享有附条件的撤销权。

二、《赠与协议》并未履行，且所涉股权亦并未过户，仍属夫妻共有财产

经查，《赠与协议》签订后，至今并未得到实际履行，案涉股东、股权变更至今并未依法变更登记到相关公司股东名册中；更未在工商机关过户登记到受赠人周俊某的名下。

《公司法》第73条规定，公司股权变更需在公司履行股东变更手续，由公司依法决定并应当由公司注销原股东的出资证明书，向新股东签发出资证明书，并相应修改公司章程和股东名册中有关股东及其出资额的记载。但经查，涉案公司并没有履行有关股东、股权的变更手续，其股东身份和相应股权亦没有在股东名册上由冯某某变更为周俊某。

且《合同法》第187条规定："赠与的财产依法需要办理登记等手续的，应当办理有关手续。"《公司法》第73条规定，公司股东及股权变更，应当办理变更登记。但案涉股东股权亦没有在公司登记机关进行变更登记。

根据以上事实理由，专家们认为案涉股东、股权并没有发生变更的法律效力，案涉股权仍然属于夫妻共有财产。

三、涉案《股东转让出资协议》与《股权转让协议》为无效协议

（一）《股东转让出资协议》与《股权转让协议》（以下简称"两协议"）是无处分权人签订的侵害股权共同所有人处分权的无效协议

《合同法》第51条规定："无处分权的人处分他人财产，经权利人追认或者无处分权的人订立合同后取得处分权的，该合同有效。"

两协议签订之时，两协议项下所涉冯某某名下的股权，仍属夫妻关系存续期间周某某与冯某某共同共有的财产。根据《婚姻法》第17条的规定，夫妻双方处分共同所有的财产，应当取得一致意见。两协议转让夫妻共同所有的股权，未经周某某同意，并且也未经周某某追认，其目的是瞒着周某某，

故意剥夺周某某的处分权，当然遭到周某某的反对，这种无处分权人所签的处分共同所有人财产的事后又得不到处分权人追认的协议，依法当然属于无效协议。

（二）两协议是当事人恶意串通侵害第三人利益的协议

《合同法》第52条第2项规定，恶意串通损害第三人利益的合同为无效合同。

专家们认为涉案两协议即为出让方与受让方双方恶意串通损害第三人周某某利益的合同。其事实与理由如下：

1. 双方当事人明知案涉股权为夫妻共有财产却相互串通故意绕开财产共有人周某某而仅以冯某某为财产所有人签订两协议

之所以说当事人双方对股权为共有是明知，对冯某某而言无须多言，而对受让方当事人北京北方投资集团有限公司（以下简称“北方公司”）而言则有以下事实证据可以证明：

（1）案中有一份《授权委托书》，系周俊某授权冯某某根据经公证的《赠与协议书》与北方公司洽谈、签署股权转让协议。

（2）其后，双方当事人签订的两协议却是直接以冯某某名义签订的协议。根据上述两项事实足以证明或可以充分断定以下事实情况：

其一，北方公司已审阅了经公证的《赠与协议》书，而该公证书则明确证明“上述股权的财产权益为冯某某，周某某的夫妻共有财产”。

其二，之所以未以此授权而以冯某某代理周某某签订协议合同，是因为后经查，案涉股权所有权并未过户到周俊某的名下。

其三，既了解到案涉股权虽经赠与，但所有权并没有转移，仍为夫妻共有财产，当事人双方就应当由冯某某征得周某某的一致同意的意见，而由冯某某与周某某共同签订两协议，但两协议当事人却都故意瞒着周某某，绕开他以冯某某一人为主体签订其夫妻共有财产的转让协议。

根据以上事实与理由，专家认为有充分的事实和理由可以认定两协议当事人是明知转让的是夫妻共有财产，却故意相互串通绕开夫方周某某，而侵害周某某的必要的财产处分权。

2. 双方当事人采用阴阳合同的手段，以明显低于市场公平估价转让款转让案涉股权，反映了双方相互串通的主观恶意

案中存在两份协议，一份是冯某某与北方公司所签《股东转让出资协

议》，该协议名为转让西安新旭邦投资有限公司（以下简称“新旭邦公司”）出资4809万元，实为转让公司96.18%的股权，因该协议第2条明显约定，出资转让后，出资方的股东权利、义务由受让方享有和承担。

另一份是北方公司与冯某某、冯节某签订的，签订内容是转让“新旭邦公司”，冯某某名下96.18%的股权和冯节某名下的3.82%的股权。而转让费都是“人民币叁亿元整”。而“新旭邦公司”的资产价值经陕西兴华方正资产评估有限公司评估损失（陕兴评核字［2016］第005号），评估基准日为：2014年12月25日，评估复核结果为：该公司的“净资产价值测算为95 337.79万元”。

协议双方当事人采取阴阳合同的形式，并以超低于市场公平评估的价格转让案涉股权，专家们认为有充分理由确信，双方当事人具有相互串通损害第三人周某某利益的主观恶意。

3. 从案涉转让协议签订的背景情况来看，明显具有相互串通损害第三人周某某的利益的目的

据律师案情介绍，案涉《赠与协议》签订后不久，冯某某便向周某某提出离婚要求，并要求分割周某某名下的一半财产。为了防止冯某某私下转让夫妻共同财产，也因夫妻感情已经破裂，周某某提起离婚诉讼，在离婚诉讼期间，2014年12月30日，周某某向法院提交了财产保全申请书，要求冻结冯某某名下的新旭邦公司的96.18%股权及银川东方旭邦科教信息技术有限公司（以下简称“银川东方旭邦公司”）1%的股权，法院于2015年1月4日作出冻结裁定，但执行中发现2014年12月30日即将新旭邦公司96.18%的股权变更到北方公司的名下；同日冯某某将其在银川东方旭邦公司名下的1%的股权转让给了新旭邦公司。

根据以上情况，专家们认为冯某某在离婚诉讼中未经周某某同意，在周某某力图冻结案涉财产的情况下，私下与北方公司签订夫妻共有的股权转让协议，并采取紧急手段将案涉共有财产转让并过户到北方公司的名下。北方公司在明知案涉股权属于夫妻共有财产的情况下，积极配合冯某某并以超低价格予以受让，明显具有双方相互串通损害第三人利益的性质与目的。

根据以上事实与理由，专家们认为案涉两协议根据《合同法》第51条和第52条第2项之规定属无效协议。

故，周某某作为赠与人对于《赠与协议》依法享有撤销权，作为财产共

有人，对两协议依法享有请求法院确认合同无效的权利。

（一）当事人周某某对于《赠与协议》依法享有撤销权

1. 当事人周某某行使撤销权的条件已经成就

《赠与协议》第5条附设了赠与撤销条件，即“认为标的财产及财产收益在事实上非法律上存在不能为丙方单独享有的风险”的条件下，甲方（抑或乙方）有权撤销赠与，要求丙方立即将受赠财产（股权）无偿返还。（以上论证见本论证意见第一（一）部分。

专家们认为，以上撤销条件成就，理由如下：

其一，作为女儿即丙方的母亲的冯某某，明知案涉股权业经《赠与协议》赠与女儿丙方，但却将赠与女儿的股权以个人名义（而非授权代理人名义）与北方公司签订该股权转让协议，由此将赠与女儿的共有财产通过转让占为个人所有。根据合同的相对性原则，谁转让股权，谁就必然占有股权转让的对价款；即使冯某某辩解说，此后会将转让款转交给受赠人女儿所有，但专家们认为这也足以会让周某某有充分理由“认为标的财产及财产收益在事实上或法律上存在不能为丙方单独享有的风险”因而成就了《赠与协议》第5条约定并由甲方冯某某享有和乙方周某某同样享有的赠与撤销权，而要求返还赠与财产。

其二，在本案中，作为受赠方周俊某，本来是提供《委托授权书》全权委托冯某某代理其案涉股权转让事宜，但冯某某违背该项委托擅自以个人名义转让案涉股权，并签订两协议，直接侵害了周俊某签订两协议的主体权利。这也是存在案涉股权及其收益不能为其“单独享有”风险的另一方面的重要证据。

2.《赠与协议》经公证不构成周某某行使赠与撤销权的障碍

专家们认为注意到案涉《赠与协议》业经公证处公证，其赠与行为的真实、合法性受公证证明保证；但同意该公证的协议是附设了撤销条件的协议，同样也受公证证明的保证。因此，只要该条件成就，赠与人就具有了经公证确认的撤销赠与要求受赠人返还赠与财产的权利。

（二）案涉股权共有人周某某，依法享有请求法院确认“两协议”无效的权利

两协议既然属无效协议，那么在法律上就属自始无效。

请求法院确认协议无效，不仅可由无效协议的签订主体行使，而且也当

然可以由被无效协议直接侵害权益的有独立请求权的“第三人”行使。两协议的签订、履行直接侵害了周某某“两协议”的标的股权的共同享有权，周某某当然有权依法请求法院确认合同无效。

鉴于两协议出于冯某某与北方公司恶意串通侵害第三人周某某的利益，故过户到北方公司名下的案涉股权不属于其公司善意取得，该公司对其行为亦应承担相应责任。

以上意见仅供委托单位和有关司法机关参考。

【瞽言刍议】

本案所涉是夫妻离婚前后，对于所赠与财产和公司股权转让以及股东变更等处理纠纷一案的论证意见。论证主要涉及赠与的撤销条件是否成就，所涉公司股权转让的两协议的合同无效的确认处理问题。案涉标的数亿元，重大而并不复杂。只要正确厘清案涉赠与法律关系和案涉两协议项下的公司股权转让法律关系及其所涉效力问题，本案就可得到正确解决。

50. S 某某诉 L 某某赠与合同纠纷案

【论证要旨】

本案实体审理一审判决以本案案由即所涉法律关系实质不是赠与合同法律关系为由，否定本案应当适用赠与合同相关规定，其认定事实、适用法律根本错误；实体审理二审判决，认定案涉股票账户款项所有权早已转移于受赠与人 S 某某，以此否定赠与人 L 某某行使对该赠与合同条款撤销权的合法性，并判决本案适用简易交付，系认定主要事实、适用法律的根本性错误。根据《民事诉讼法》第 207 条第 2 项、第 6 项之规定，应当依法提起再审。

【案涉简况】

论证委托方：L 某某。

论证受托方：中国政法大学法律应用研究中心。

论证事项：本案案由的变更所涉法律问题；本案实体判决是否确有错误，应否提起再审。

参加论证的专家：在京五位民事法学权威专家。

委托方 L 某某向中国政法大学法律应用研究中心提交申请和案件材料，请求本中心就本案相关法院对案由确定的法律问题和法院实体裁判是否确有错误，应否提起再审问题，提供专家论证法律意见。本中心审阅了所提交的案件材料之后，认为符合专家论证的条件，代为邀请在京五位民事法学教授，就案件材料显示的案件事实进行依法研讨。专家们经过深入讨论，形成了本论证法律意见书，以供委托方和有关司法机关参考。

【专家意见】

专家们的论证法律意见如下：

一、关于本案案由变更所涉法律问题

（一）本案一二审裁判对案涉案由的认定相互矛盾、逻辑混乱

1. 经查，在本案管辖异议程序，一审裁定（广东省某某市某山区人民法院民事裁定书［2021］粤0305民初7××号，下同）认定，本案的案由是“原告S某某与被告L某某赠与合同纠纷一案”。

2. 而管辖异议二审裁定（广东省某某市中级人民法院民事裁定书［2021］粤03民辖终15××号，下同）则认定，本案的案由是“上诉人S某某因与被上诉人S某某夫妻财产约定纠纷一案”（这里的上诉人应为L某某，而该裁定错误地认定为S某某）。其认定的理由为：本案中，被上诉人基于《婚前财产协议》中的赠与条款以赠与合同纠纷为由提起本案诉讼，但该协议中的赠与属于婚姻家庭关系中特殊的附条件的赠与，在《民事案件案由规定》的二级案由婚姻家庭纠纷项下已规定了三级案由夫妻财产约定纠纷的情况下，本案不再适用二级案由合同纠纷项下的三级案由赠与合同纠纷或四级案由附义务赠与合同纠纷，故本案为夫妻财产约定纠纷。

3. 本案实体审理一审判决（广东省某某市某山区人民法院民事判决书［2021］粤0305民初7××号，下同）却仍然认定，本案属于“原告S某某诉被告L某某赠与合同纠纷一案”，但其判决中却认为根据管辖异议二审法院裁定，“本院亦即一夫妻财产约定纠纷作为案由”。

4. 本案实体审理二审判决书（广东省某某市中级人民法院民事判决书［2022］粤03民终151××号，下同）却实际上改变观点，认定本案属于“S某某与上诉人L某某赠与合同纠纷一案”，从而是实际上纠正了原认定本案案由属于“夫妻财产约定纠纷”的认定，至于为何纠正了原管辖异议案中认定本案案由是“夫妻财产约定纠纷”的错误，却并没有给予任何解释和说明。

据上可见，一二审法院裁判对本案案由的认定，存在着根本性的矛盾和逻辑混乱：

其一，既然管辖异议一审法院裁定认定本案案由为“赠与合同纠纷”，而管辖异议二审法院却认定将其改为“夫妻财产约定纠纷”，那么在该裁定已发生法律效力的情况下，实体审理一审法院，从程序上讲，就应当将本案案由改为“夫妻财产约定纠纷”。但是，该实体审理一审法院却在案由部分仍将本案案由认定为“赠与合同纠纷”，而却在判决内容上则又认为根据管辖异议二

审裁定，“本院亦即以夫妻财产约定纠纷作为案由”。

其二，在二审实体审理中，某某中院在未纠正原裁定对案由认定为“夫妻财产约定纠纷”的情况下，竟然将该生效裁定对案由的这一认定，不做任何解释和说明就改为了“赠与合同纠纷”。

专家们指出，在本案案由的认定问题上，之所以出现上述根本性的矛盾和逻辑混乱情况，完全是由管辖异议二审法院裁定对于本案案由作出了错误认定，而实体审理法院判决却不敢依法纠正该认定错误，实体二审判决虽然认定了原认定案由的错误，但却不敢公开纠正原认定案由的错误。

（二）本案案由应确定为“赠与合同纠纷”，管辖异议二审法院将本案案由认定为“夫妻财产约定纠纷”的错误应当依法明确地予以纠正

专家们指出 本案案由应确定为“赠与合同纠纷”，管辖异议二审法院将本案案由认定为“夫妻财产约定纠纷”是根本性的错误，由此产生的错误影响，应当依法予以明确纠正。

1. 从确定案由的原则来看

专家们指出，民事案件案由原则上应当依据当事人诉争的民事法律关系的性质来确定，而当事人诉争的民事法律关系的性质，则是由诉争纠纷的核心和实质决定的。在本案中，当事人诉争的纠纷虽然涉及夫妻财产约定问题，但诉争纠纷的核心和实质，却是对夫妻婚前财产的赠与协议条款约定的争议问题，因而其争议的法律关系的性质应为双方当事人对赠与合同纠纷性质，故，本案案由应明确确定为赠与合同纠纷。

本案管辖异议二审裁定认为，本案中，被上诉人基于《婚前财产协议》中的赠与条款以赠与合同纠纷为由提起本案诉讼，但该协议中的赠与属于婚姻家庭关系中特殊的附条件的赠与，在《民事案件案由规定》的二级案由婚姻家庭纠纷项下已规定了三级案由夫妻财产约定纠纷的情况下，本案不再适用二级案由合同纠纷项下的三级案由赠与合同纠纷或四级案由附义务赠与合同纠纷，故本案为夫妻财产约定纠纷。该裁定认定之所以形成如上根本性的错误，其根本原因在于以本案争议的财产为婚前约定财产的特殊性，掩盖其为争议财产的赠与合同纠纷的核心与实质，以便使该案纠纷的解决尽量脱离赠与合同相关法律规定的适用。因而这一错误不仅是导致该裁定对管辖权异议的裁定适用法律的错误，也为实体审理中的赠与合同纠纷的事实认定和法律适用错误埋下了祸根。

2. 从最高人民法院关于民事案由的相关规定来看

最高人民法院修改后的《民事案件案由规定》自 2021 年 1 月 1 日起施行。

在本案中所涉及的条款有如下两类案由：

一类，即其规定的“第二部分，婚姻家庭、继承纠纷”，为第一级案由。

其该第一级案由项下的“二、婚姻家庭纠纷 ”，为第二级案由。

其该第二级案由项下的第“19. 夫妻财产约定纠纷”，为第三级案由。

本案管辖异议二审法院裁定，即是以该类的第三级案由作为本案案由的。

另一类，即为其规定的“第四部分合同、准合同纠纷”，为第一级案由。

其该第一级案由项下的“十、合同纠纷”，为第二级案由。

其第二级案由项下的“102. 赠与合同纠纷”，为第三级案由。

本案实体审理法院判决最终确定的案由即为该类案由的第三级案由“赠与合同纠纷”。

专家们指出，在该规定有明确的“合同纠纷、准合同”一类案由项下的第三类案由“赠与合同纠纷”的情况下，不以“赠与合同纠纷”作为本案案由，而以第一级案由“婚姻家庭、继承纠纷”项下的第三级案由“夫妻财产约定纠纷”作为本案的案由，就是舍本逐末，混淆了本案法律关系的实质。

3. 从最高人民法院相关判例来看

专家们认为，在本案实体审理中，被告提出其掌握的一个“尚方宝剑”，即是最高人民法院［2013］民申字第 4××号民事裁定书，其认为：“已经明确无论是什么财产纠纷，属于赠与就应当按照赠与合同处理，除非婚姻法有相应规定，在没有相应规定的情况下，就应适用赠与合同审理。”专家们指出，该裁定的要旨，明确了只要是属于财产赠与，无论其财产来源和性质有任何特殊性，都不足于影响其核心与实质是属于赠与性质的普遍性，故应一律按赠与合同法律关系审理，并适用赠与合同的法律规定。专家们有理由相信，正是根据该判例要旨，二审实体法院才在判决中实际承认了本案案由为“赠与合同纠纷”。

专家们指出，由于管辖异议二审法院对本案案由认定错误，不仅导致了其对管辖问题裁定依据错误，而且导致一审实体法院错误地改变了本案案由认定，而且由此对本案法律关系的性质产生了错误认定，甚至对整个案件的实体审理，都不可避免地产生了负面影响。但由于对本案争议案由即法律关系实质的认定错误，从而导致了相关法院对管辖权认定的错误，甚至由此对实体审理造成了相应的错误影响，但该错误影响并没有得到应有的清除。

二、关于本案实体判决是否确有根本性错误，应否依法提起再审问题

专家们认为，本案实体判决确有根本性错误，应当依法提起再审。

（一）关于是否应适用赠与合同相关规定问题

原告 S 某某在实体审理中主张，既然管辖异议二审生效裁定，已将本案案由确定为“夫妻财产约定纠纷”，“所以关于《合同法》赠与合同专章规定不适用于本案”。

被告 L 某某则引用了最高人民法院［2013］民申字第 4××号民事裁定书，认为该裁定已经明确，尽管婚前的财产赠与与夫妻对婚前婚后财产的约定有联系，“但两者之间具有独立性，法律关系性质并不相同”，因此，丝毫不影响本案对合同法中的赠与合同法律规定的适用。

实体一审法院判决认为，既然管辖异议二审法院裁定将本案案由确定为“夫妻财产约定纠纷”，“本院亦即以夫妻财产约定纠纷作为案由”。因为“本案的赠与条款系包含在夫妻财产约定的协议之中，与一般赠与行为必然有所不同。”“该赠与条款实质系原被告对各自婚前个人财产以及夫妻共同财产进行整体分配的其中一项”，因而“并不能单独切割，也不能任意撤销”。可见该院判决以此从法律适用上否定了赠与人的任意撤销权。

实体二审判决则认为，本案中双方签订的两份《婚前财产协议》系双方自愿处分权利，合法有效。该赠与条款约定“受《中华人民共和国民法典》合同编第十一章赠与合同内诸法律规定的调整。L 某某该上诉理由成立，本院予以支持”。

专家们认为，既然如上述专家所论，本案案由应确定为“赠与合同纠纷”，管辖异议二审裁定将本案案由却确定为“夫妻财产约定纠纷”，系适用法律错误，应当依法予以纠正；那么，上诉人和实体一审判决，根据管辖异议二审裁定对本案案由确定的“夫妻财产约定纠纷”，认为本案不应适用或不完全适用对于“赠与合同”的相关法律规定，就是无视本案争议纠纷属于双方当事人“赠与合同”法律关系核心和实质，是属于认定事实和适用法律的错误，应当依法予以纠正；既然本案纠纷的核心与实质，是“赠与合同纠纷”，那么适用关于赠与合同的法律规定，就理所当然。对此，实体二审判决

就此确定，该赠与条款约定受《民法典》“合同编”第十一章赠与合同内诸法律规定的调整。L某某该上诉理由成立，本院予以支持。”这实际上，是对于该院管辖异议裁定在本案案由即法律关系的实质问题上的一种纠正；亦即该裁定承认了本案争议的法律关系的实质是赠与合同法律关系，因而也就理所当然承认对于该争议应受“赠与合同内诸法律规定的调整”，从而认定L某某该上诉理由成立，依法予以支持。专家们认为，对此的裁定无疑是正确的，应当予以肯定，但应据此而严格执行。但可惜的是，这一判决意见，在根本上并没有得到实际执行。

（二）关于是否正确适用赠与合同的相关法律规定问题

专家们指出，实体审理法院在根本上并没有正确适用赠与合同的相关法律规定。

1. 实体审理一审法院裁定在根本上并没有正确适用赠与合同的相关法律规定

从上述可见，实体审理一审法院判决既然根据管辖异议二审裁定，错误地将本案案由从“赠与合同纠纷”改为“夫妻财产约定纠纷”，也就不可避免地将本案争议的法律关系实质，错误认定为并非赠与合同法律关系，因而实际上就是支持了上诉人S某某的上诉理由，即关于“《合同法》赠与合同专章规定不适用于本案”。该判决亦认为该案在根本上不适用赠与合同的相关法律规定。

该院判决由此认为，案涉赠与行为与一般赠与行为必然有所不同，该赠与条款实质系原被告对各自婚前个人财产以及夫妻共同财产进行总体分配的其中一项，被告应向原告履行；被告不能任意撤销，其不履行该财产分配，于法无据，也系不诚信的行为，“故本院对被告的该项抗辩不予采信”。专家们认为，这一判决意见，实际上是以该赠与财产来源和性质是夫妻对婚前婚后财产的特殊性，否定该赠与合同受赠与合同的相关法律规定调整的普遍性，从而否定了被告依法撤销该合同的合法性，并由此作出了被告必须无条件地向原告履行该赠与财产的错误判决。

专家们认为，由于本案所涉法律关系的实质是当事人双方赠与合同法律关系，无论其所涉赠与财产的性质、来源及与其他财产的关联有何不同，既然是属于被告所有的合法的赠与财产，就应整体上一律纳入赠与合同的相关法律规定来依法调整，而除非法律另有规定。最高人民法院的上述判例的判例要旨，也对此予以明确，具有普遍性指导意义。特别是其中引用了《关于适用〈中华人民共和国婚姻法〉若干问题的解释（三）》第 6 条的规定："婚前或者婚姻关系存续期间，当事人约定将一方所有的房产赠与另一方，赠与方在赠与房产变更登记之前撤销赠与，另一方请求判令继续履行的，人民法院可以按照合同法第一百八十六条的规定处理。"专家们认为，本案应当参照该规定，适用赠与合同的相关法律规定。

应当指出的是，在赠与财产涉及夫妻婚前婚后财产处分问题时，除非婚姻法有相应规定，在没有相应规定的情况下，就应适用赠与合同审理。这就是说，除非婚姻法有明确规定，在何种情况下，并不适用赠与合同审理，否则"就应适用赠与合同审理。"而涉及本案情况，婚姻法并没有对此有相应可以或应当不适用赠与合同审理的规定，因此就"应适用赠与合同审理"。故，该实体二审判决以该赠与财产的特殊性，否定被告依据赠与合同相关规定行使撤销权的合法性，并据此强制被告人必须履行交付赠与财产的行为，不仅是于法无据，而且是直接违背了赠与合同的相关规定。

2. 实体审理二审法院判决认定事实和适用赠与合同的相关法律规定的根本错误

二审实体审理法院判决，虽然表面上承认案涉该约定受赠与合同内诸法律规定的调整，但在具体判决的适用中，却仍然予以大打折扣：

（1）错误地以赠与财产所有权转移为由，否定被告行使赠与合同撤销权的合法性。

该裁定虽然引用《民法典》第 658 条第 1 款规定："赠与人在赠与财产的权利转移之前可以撤销赠与。"并据此指出赠与人在财产转移之前可以行使任意撤销权；但却错误认定本案被告行使的任意撤销权，是在赠与财产的权利转移之后，因而判决是"L 某某不再享有对该赠与财产的任意撤销权"。专家们指出这是完全不能成立的。

其一，该判决认定 L 某某行使任意撤销权是在该赠与财产的权利转移之后的依据和理由不能成立。

该判决认为：

①"双方在上述协议第九条明确约定'该子账户一致由女方负责操作与交易'即双方均确认在赠与合同实际履行前，涉案款项已由受赠人 S 某某实际控制和使用。"

②“双方还约定在赠与条件成就后，‘无论上述子账户项下资产盈余或亏损，……该赠与资产归女方个人所有’，则表明L某某对S某某实际控制和使用该账户并非基于其上诉状中所称的对S某某的委托或授权，而是基于其默许S某某对款项的实际使用和处分，并确认在赠与条件成就后S某某对账户内款项余额的所有权，因此，本案情形有别于一般意义上赠与合同签署前后赠与人与受赠人对财产的控制转移状态，L某某主张财产权利并未发生转移，显然与事实不符。”

③“在此情况下，双方关于案涉款项在赠与条件成就时即归S某某所有的约定，其法律性质为简易交付，即《民法典》第二百二十六条规定的‘动产物权设立和转让前，权利人已经占有该动产的，物权自民事法律行为生效时发生效力。’据此，赠与条件成就时，即发生归S某某个人所有的法律效果。L某某作为赠与人，不再享有对该赠与条款的任意撤销权。”

专家们指出，以上判决意见的根本错误在于：将该子账户一致由女方负责操作与交易，混同于双方均确认在赠与合同实际履行前，涉案款项已由受赠人S某某实际控制和使用；并将此混同于该账户资金所有权已经转移于受赠人；即其错误地确认了三项等式，即：女方负责操作与交易该子账户=实际控制和使用该子账户的款项=对该账户内款项余额具有了所有权。

专家们认为这一三项等式的认定是根本错误的：

其一，该子账户一直由女方负责操作与交易，并不等于案涉账户的款项已由受赠人女方实际控制、占有和使用，更不等于女方实际上对账户的款项具有了所有权。这是由股票账户的款项所有权的特殊性所决定的。根据证券交易的相关规定，任何人开设任何股票交易账户，都必须持自己的有效身份证件，亲自到证券交易所办理专有的证券交易账户开设手续，该交易账户项下的资金依法归于账户开设户主所有。虽然账户户主可以委托他人对该账户负责操作与交易，但是不管该账户的资金盈余与亏损，该资金均存在于该账户之上，由该账户户主占有、控制、所有。未经该户主同意，并提供相应的证件，办理相关手续，任何人，包括负责对该账户操作与交易的人，都无权，且实际上也不可能将该账户的款项进行占有、转移、使用。因为股票的资金，包括股票和资金的都不可以私下直接转让：

一是，上市股票虽是可以转让给他人，但不可以私下直接转让。股票转让过户必须双方持本人有效身份证件、账户卡在交易时间到原证券交易所营业部办理较复杂的转让手续。

二是，股票账户里的资金虽然也可以转让给他人，但也是不可以直接转给他人的。用户只有通过银证转账的方式将股票账户的资金转入个人借记卡账户里面，然后再通过银行转账的方式才能将资金转让给别人。

本案所涉股票账户的股票和资金均未经过这个必要的转让手续，因此，其占有和所有权利始终没有发生任何转移。

其二，如果该账户由女方操作与交易，就等于女方实际占有和取得了该账户款项的所有权，那么为什么女方不能自主将该账户的资金转移到自己的名下？为什么该账户的户主，能够自主将该账户注销，并将该账户的款项进行转移呢？可见，这一事实本身就表明案涉账户款项自始至终，都没有被女方实际占有，其所有权始终并没有转移到女方名下。

其三，如果女方负责操作与交易该账户，就等于有权占有、使用该账户资金，该账户资金就等于转移到了该女方名下，那么，该账户在双方签订该赠与合同条款之前，该账户就已经由女方负责操作与交易，岂不是在此之前，该账户资金就已经转移到女方所有了吗？既如此，何来多此一举，签订什么赠与条款呢？

其四，该判决对该赠与条款所附条件的性质认定错误。

本案所涉赠与合同条款，是附条件的赠与合同条款，该所附条件即是："男方同意，男女双方婚姻关系存续满一年，或因男方过错导致双方婚姻关系终止的，无论上述账户下资产盈余或亏损，该子账户内的总资产（包括资金余额与股份），全部赠与女方，该赠与资产归女方个人所有。"该判决认为："双方关于涉案款项在赠与条件成就时即归 S 某某所有的约定，其法律性质为简易交付"，"据此赠与条件成就时，即发生归 S 某某个人所有的法律效果"。可见，该判决将该赠与合同所附条件，认定为无需赠与人完成赠与行为，该财产所有权即时就转移于 S 某某的条件。但是，这一认定是根本错误的：

根据该约定，"男女双方婚姻关系存续满一年"，这明显是赠与合同所附生效条件，而该合同生效条件的成就，就是赠与人开始履行赠与行为条件的成就，在此情况下，只有赠与人完成赠与行为，将该账户款项"全部赠与女方"，即将该账户款项全部转移于受赠与人，该款项所有权才最终归属于受赠与人；而赠与人要完成该款项的赠与行为，则需要亲自到该账户开设的证券交易所，办理销户、清产，并将全部资金交付转移受赠人等金融和财务手续。但这些赠与行为从未履行，更谈不上完成，故，该受赠人对于该账户款项从没有获得所有权。实际上，该赠与合同所附生效条件成就后，由于当事人双方种种矛盾冲突，赠与人就不想再履行该赠与行为，最后，赠与人是在该股票账户上的款项原封不动没有任何转移的情况下，实施了撤销行为，将该账户注销，并将该账户的款项转移到自己的其他普通账户，从而以实际行为完成了其对该赠与合同的撤销。因此专家们认为，赠与人L某某是该在资金产权没有转移的情况下依法行使了撤销权，因而是合法有效，无可指责的。

3. 该院判决认定案涉赠与合同约定，“其法律性质为简易交付”，该认定系根本错误

该判决对此所引用的法律依据是《民法典》第226条规定：“动产物权设立和转让前，权利人已经占有该动产的，物权自民事法律行为生效时发生效力。”其据此认为，“赠与条件成就时，即发生归S某某个人所有的法律效果”。

专家们认为这也是完全不能成立的。

（1）在本案中权利人并没有占有该不动产。

根据该条法律规定，“动产物权设立和转让前，权利人已经占有该动产的”，是“物权自民事法律行为生效时发生法律效力”，亦即构成简易交付的前提。但本案受赠人在该动产赠与“转让”前并没有占有该动产。

本案所涉动产是赠与人股票交易账户上所其存入的2000万元港币及其交易产生的盈余款项。而该款项即货币作为一般等价物，其特点是占有与所有不可分离，因为其“占有即所有”，这是我国民法理论与实务界的共识；而简易交付的构成前提则是该动产的占有和所有具有可分性，即“动产物权设立和转让前，权利人已经占有该动产的”，但其却没有获得该动产的所有权，这样才可产生该“物权自民事法律行为生效时发生法律效力”的简易交付的法律效果。

例如，某甲将一部手机借给某乙使用，某甲将手机交付某乙后，该手机已被某乙占有，但某乙还并没有获得该手机的所有权，该手机所有权仍归某甲所有；而其后，某甲表示将该手机赠与某乙，某乙表示接受，在某乙表示接受，双方赠与合同成立起，在法律上，即产生了简易交付的法律效果。

而作为动产的货币则不同，如果某乙依法个人占有了一定数额的货币，

根据“占有即所有”的原则，某乙即个人获得了该一定数额货币的所有权，且该所有权具有排他性。这时，某甲就不能以该一定数额的货币的所有人的身份，与某乙签订协议，将该一定数额的货币赠与某乙，因为该货币从某乙占有时起，就已归属某乙所有，而不是归属某甲所有，因此，在这种情况下，也就不可能产生某甲将该货币赠与某乙的简易交付的法律效果。

（2）在本案中，实际上受赠人也从来没有占有该涉案动产即该股票账户上的款项。

如上论证所述，虽然受赠人在签订赠与合同条款之前，就由赠与人授权受赠与人对该子账户负责操作与交易，但这并不表明，受赠人就据此已取得了对该账户的款项的占有权。因为该股票账户的款项已被该股票账户牢牢锁定，未经股票账户户主同意并亲自办理相关手续，该子账户负责操作与交易的人，是不可能进行任何转移和使用的。

相反，如果受赠人早已占有该款项，那么她就获得了该款项的所有权，她就有权自主转移、使用该款项，若真如此，那她就不可能始终不将该款项转移和使用，该款项也就不可能不经她本人同意就会被赠与人转移走。可见从这正反两方面的事实证明，受赠人是始终并没有对该账户款项予以占有。

据上，既然受赠人始终并没有对该股票账户的款项予以占有，那么简易交付的前提就不能成立，实体二审判决认为本案适用《民法典》第226条规定的简易交付，就依法不能成立。

（3）实体二审判决以简易交付为由否定赠与人行使对该赠与协议条款的撤销权的合法性，依法不能成立。

专家们指出，如上论证意见所述，既然受赠人始终没有占有案涉股票账户上的款项，该款项的所有权始终没有发生转移，赠与人L某某是在该款项所有权没有转移的情况下，行使对案涉赠与合同条款的撤销权，这完全符合行使撤销权的条件，其行使的撤销权合法有效，依法成立，应当依法予以支持。

三、论证结论

综上所述，实体审理一审判决以本案案由即所涉法律关系实质不是赠与合同法律关系为由，否定本案应当适用赠与合同相关规定，其认定事实、适用法律根本错误；实体审理二审判决，认定案涉股票账户款项所有权早已转移于受赠与人S某某，以此否定赠与人L某某行使对该赠与合同条款撤销权的合法性，并判决本案适用简易交付，系认定主要事实、适用法律的根本性错误。根据《民事诉讼法》第207条第2项、第6项之规定，应当依法提起再审。

以上意见供参考。

【瞽言刍议】

民事案件案由是由民事法律关系的实质决定的，不可任意确定，也不能从表面现象来确定；作为货币的所有权转移应当以其占有的转移为依据；简易交付应以“权利人已经占有该动产的”为前提。违背这些基本前提条件的裁判，就不具有司法的正当性。